차자 표기·중세 국어·근대 국어·어문 규정

학교 문법의 이해

2

[제2판(수정)]

차자 표기·중세 국어·근대 국어·어문 규정

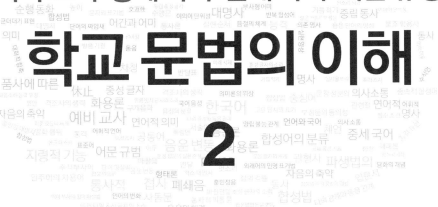

학교 문법의 이해

2

나찬연 지음

경진출판

머 리 말

　'학교 문법(學校文法)'은 국어를 규범대로 바로 쓰도록 하기 위하여 학교에서 가르치는 문법을 이른다. 곧, 학교 문법은 초등학교와 중·고등학교의 교육과정에서 제시한 내용에 기반하여 문법 교과서에 반영되어 있는 문법 교육의 체제와 내용이다.

　지은이는 2000년 무렵에 학교 문법을 종합적으로 해설하는 책을 발간하려는 계획을 세웠다. 이러한 뜻에서 발간한 첫 책이『한글 맞춤법의 이해』이었고, 그 후로 '현대 국어, 중세 국어, 근대 국어, 훈민정음, 표준 발음법, 국어 의미론' 등 학교 문법의 내용을 풀이하고 보충하는 교재를 잇달아 발간하였다. 그동안의 노력이 헛되지 않아서 2016년 1월에는 학교 문법의 교육 내용을 종합적으로 기술한 책을『학교 문법의 이해』라는 제목으로 간행하였다. 그 후 교육과정이 개편됨에 따라서, '2015 개정 교육과정'에 따른『고등학교 언어와 매체』에 기술된 교육 내용을 반영하여, 이번에 제2판의『학교 문법의 이해 1』과『학교 문법의 이해 2』를 새롭게 내놓게 되었다.

　지은이는 학교 문법의 내용을 두 권의 책에 나누어서 실었다.『학교 문법의 이해 1』에서는 현대 국어의 공시적인 모습을 중심으로 하여, '음운론·형태론·통사론·의미론·화용론·국어의 특징' 등의 학교 문법 내용을 다루었다. 그리고『학교 문법의 이해 2』에서는 국어사와 문자론를 중심으로 하여, '차자 표기법·중세 국어·근대 국어·어문 규정'을 다루었다. 특히『학교 문법의 이해 2』에서는 근대 국어의 문법 현상을 중세 국어와 비교하면서 기술함으로써, 학습자들이 15세기의 중세 국어로부터 19세기 말의 근대 국어에까지 국어사의 흐름을 이해할 수 있도록 하였다.

　『학교 문법의 이해 1』과『학교 문법의 이해 2』는 다음과 같은 방법으로 내용을 기술하였다. 첫째, 이 책에서 쓰인 문법 용어와 내용 체제는 대체로 '2015 개정 교육과정'에 따른『고등학교 언어와 매체』에 기술된 대로 따랐다. 둘째, 학교 문법의 내용을 쉽게 소개하고자 하는 기본 취지를 살리기 위해서 지은이의 개인적인 견해를 밝히지 않았다. 셋째, 학교 문법의 내용에는 포함되어 있지 않지만 이미 학계에서 인정받고 있는 이설(異說)은 글상자에 넣어서 별도로 기술했다. 넷째, 중세 국어와 근대 국어에 관련된 내용은 제7차 교육과정에 따른『고등학교 문법』(2010)에서 기술된 내용을 기본 골격으로 삼고, 학계에서 널리 통용되는 보편적인 이론을 덧보태어서 기술하였다.

이 책에는 지은이가 앞서 간행한 저서의 내용이 많이 반영되어 있다. 곧, 『언어·국어·문화』, 『표준 발음법의 이해』, 『현대 국어 문법의 이해』, 『현대 국어 의미론의 이해』, 『국어 어문 규범의 이해』, 『훈민정음의 이해』, 『중세 국어의 이해』, 『중세 국어 강독』, 『근대 국어 강독』 등에 기술된 내용이 이 책에 실려 있다. 또한 이 책에는 앞선 학자들이 이루어 놓은 연구의 내용도 함께 반영되어 있다. 곧, 최현배 선생님의 『우리 말본』, 허웅 선생님의 『우리 옛말본』, 『국어학』, 『국어 음운학』, 『16세기 우리 옛말본』, 이기문 선생님의 『국어사 개설』, 고영근 선생님의 『표준 중세 국어 문법론』, 김동소 선생님의 『한국어 변천사』, 이광호 선생님의 『근대 국어 문법론』, 임지룡 선생님의 『국어 의미론』 등에 기술된 일부 내용이나 예문이 이 책에 인용되었음을 밝힌다. 머리말의 짧은 글을 통해서나마 선행 연구자분들께 감사의 뜻을 밝힌다.

끝으로 지은이와 오랜 세월을 함께 공부한 '학교 문법 연구회'의 권영환, 김문기, 박성호 선생님과, 부산대학교 대학원의 국어국문학과에서 박사과정을 이수 중인 나벼리 군이 이 책의 내용을 구성하는 데에 많은 도움을 주었음을 밝힌다. 그리고 경진출판의 양정섭 대표님께 감사의 말을 전한다.

지은이는 이 책이 현직 국어과 교사와 중등학교 교사 임용 시험을 준비하고 있는 예비 교사, 그리고 외국인들에게 한국어를 가르치는 한국어 교사에게 학교 문법에 대한 입문서가 될 수 있을 것으로 기대한다.

2020년 2월
지은이 씀

차 례

3부 근대 국어

4부 어문 규정

차 자 표 기 ⬤1부

차자 표기

우리나라에 한자와 한문이 전래된 것은 B.C. 1세기인데, 그 이후로는 한자와 한문을 이용하여 국어를 표기하는 수단으로 삼았다. 애초에는 중국어를 적는 데에 쓰는 한문을 습득하여 국어를 한문 문장으로 적는 것으로 글자 생활을 하였겠지만, 국어와 중국어의 구조적 차이 때문에 한문으로써 국어를 표기하기는 매우 어려웠다.

따라서 기왕에 사용하던 한자와 한문을 이용하여 국어를 표기하는 수단을 모색하기 시작하였는데, 이러한 표기법을 '차자 표기법(借字表記法)'이라고 한다. 차자 표기법의 종류로는 '고유 명사의 표기법, 서기문식 표기(誓記文式 表記), 이두(吏讀), 향찰(鄕札), 구결(口訣)' 등이 있다.

제1장 고유 명사의 표기

이 땅에서 살았던 고대인들은 한자를 이용하여 고유 명사인 인명, 지명, 국명, 관직명을 표기하는 노력을 보였는데, 이러한 노력은 국어 표기의 가장 이른 단계에서 이루어졌다.

한자는 각 글자마다 뜻을 나타내는 '표의적인 기능'과 소리를 나타내는 '표음적인 기능'이 있으므로, 한자를 이용하여 국어를 표기하는 방법은 두 가지가 있었다. 첫째는 '음차(音借)'로서 한자의 소리를 취하여 국어를 표기하는 방법이고, 둘째는 '훈차(訓借)'로서 한자의 뜻을 취하여 국어를 표기하는 방법이다.

(1) ㄱ. 므를 먹고
    ㄴ. 水乙 食古

예를 들어서 (ㄱ)의 '므를 먹고'를 한자를 빌려서 (ㄴ)처럼 표기할 수 있었다. 이때에
'믈'과 '먹-'을 각각 '水'와 '食'으로 표기한 것은 한자의 뜻을 빌려서 표기한 음차이며,
'-을'과 '-고'를 각각 '乙'과 '古'로 표기한 것은 한자의 음을 빌려서 표기한 훈차이다.
　이처럼 한자의 음과 훈을 빌려서 땅 이름이나 사람 이름, 관직 이름과 같은 고유 명사
를 표기한 예가 『삼국사기』나 『삼국유사』에 실려 있다.

(2) 淸風縣　本沙熱伊縣　　　　　　　　　　　　　[삼국사기 권35, 지리 2]
　　청 풍 현　　본 사 열 이 현

(2)에서 '淸風縣(청풍현)'은 중세 국어에서 부사로 쓰인 '서늘히(寒)'와 관련이 있는 말이
다. 아마 '서늘한 바람'이 많이 부는 고을'이라는 뜻으로 '沙熱伊縣(사열이현)'이라는 땅
이름이 붙은 것 같다. 곧 '서늘히'라는 순우리말을 한자의 음을 빌려서 '沙熱伊'로 표기한
것이다.
　이처럼 땅 이름만 한자를 빌려서 표기한 것이 아니라, 아래와 같이 사람의 이름도
한자를 빌려서 표기하였다.

(3) 赫居世王 … 蓋鄕言也 或作弗矩內王 言光明理世也 [삼국유사 권1, 신라 시조]
　　혁 거 세 왕　　개 향 언 야　혹 작 불 구 내 왕　언 광 명 리 세 야

(3)에서는 '赫居世王(혁거세왕)'을 '弗矩內王(불구내왕)'으로 표기하였는데, 이를 '光明理世
(광명이세)'로 그 뜻을 풀이하였다. 이를 종합하면 '弗矩內'는 '블ᄀ(ᄀ) 뉘(밝은 세상)'을
한자의 소리로 적은 것이고, 이 말의 뜻을 '赫居世'로 적은 것이다.[1]
　이처럼 한자의 음과 훈을 빌려서 땅 이름이나 사람 이름과 같은 고유 명사를 표기한
것은 국어를 표기한 가장 초기 단계의 방법이다.

제2장 서기문식 표기와 이두

　원래 고립어인 중국어를 표기하는 데에 쓰였던 한자와 한문으로 첨가어인 국어의 문

---

1) '赫居世'에서 '赫(붉을 혁)'은 용언의 어간인 '붉-'을 훈차하여 표기하였으며, '居(있을 거)'는 관형사
　형 전성 어미인 '-은'을 음차하여 표기하였으며, '世(누리 세)'는 '뉘'를 훈차하여 표기하였다.

장을 표기하는 것은 매우 어려웠고 불편하였다. 따라서 한자의 음과 훈(訓: 새김)을 빌려서 우리말의 문장을 표기하는 '차자 표기법(借字表記法)'이 생겼는데, 이것이 '이두'이다. 이두(吏讀)는 특정한 시대에 완성된 것이 아니라, 삼국 시대부터 초기의 형식이 발달하기 시작하여 통일 신라, 고려, 조선 시대까지 쓰인 차자 표기법이다. 이러한 이두는 국어의 입말을 표기하는 방식에 따라서 '초기의 이두'와 '본격적인 이두'로 구분할 수 있다.

2.1. 서기문식 표기

'초기의 이두'는 한문 문장의 그대로 쓰되 어순만 국어의 문장에 맞게 바꾸어 표기하는 방법인데, 이를 흔히 '서기문식 표기(誓記文式 表記)'라고 한다. 곧, '서기문식 표기'는 한자를 빌려서 적되, 중국어의 어법을 완전히 무시하고 국어의 어순에 맞도록 한자를 나열하는 표기법이다. 그리고 국어에 나타나는 일부 문법 형태소를 한자를 이용하여 표기하기도 했다.

서기문식 표기의 예로서, 경주군 견곡면 김척리 석장사 터의 뒤 언덕에서 발견된 '임신서기석(壬申誓記石)'에 새겨진 다음의 (4)와 같은 글이 있다.

(4) 任申年六月十八日, 二人幷誓記, 天前誓, 今自三年以後, 忠道執持, 過失无誓, 若此事失,
임신년육월십팔일 이인병서기 천전서 <u>금자삼년이후</u> <u>충도집지</u> <u>과실무서</u> 약차사실
天大罪得誓, 若國不安大亂世, 可容行誓之, 又別先辛未年 七月卄二日大誓, 詩尙書禮傳
천대죄득서 약국불안대란세 <u>가용행서지</u> 우별선신미년 칠월입이일대서 <u>시상서예전</u>
倫得誓三年
륜득서삼년

(5) 任申年六月十八日, 二人幷誓記, 天前誓, <u>自今</u>三年以後, <u>執持忠道</u>, <u>誓无過失</u>, 若<u>失此事</u>, <u>誓得大罪於天</u>, 若國不安大亂世, <u>誓可容行之</u>, 又別先辛未年 七月卄二日大誓, <u>誓倫得時</u>尙書禮傳三年

(4)의 문장에 쓰인 한자의 순서를 바꾸면 (5)와 같은 온전한 한문이 된다. 이처럼 서기문식 표기법은 한자를 국어의 어순과 동일하게 배열하여 사용하였기 때문에, 국어의 입말을 표기할 때에는 한문을 그대로 쓰는 것보다 나은 점이 있었다. 그러나 국어의 조사나 어미와 같은 문법 형태소를 서기문식 표기로는 적을 수 없었기 때문에 큰 불편이 따랐다.[2]

서기문식 표기 중에서 이른 시기에 된 것으로 추정되는 또 하나의 예로서, 서기 591년에 제작된 경주 남산의 '신성비(新城碑)'의 비문이다(안병희·이광호, 1993: 19).

---

2) 다만, 문법 형태소로는 '之'가 동사의 종결형을 표시하고 있다(이기문, 1998: 62 참조).

(6) 辛亥年二月卄六日 南山新城作節 如法以作後 三年崩破者 罪教事爲 聞教令誓事之
　　　신해년이월입육일　남산신성작절　여법이작후　삼년붕파자　죄교사위　문교령서사지

(6ㄱ)의 문장에서 밑줄 친 부분은 (6ㄴ)과 같은 국어 문장의 어순에 따라서 한자를 재배열하였으며, '節, 以, 爲, 敎, 令, 之' 등은 한자의 훈(訓)을 빌려서 국어의 입말을 표기한 예이다.[3] (6ㄱ)의 초기 이두문은 국어의 어순에 따라서 한자를 배열하였고, 비록 일부이기는 하지만 한자의 훈을 빌려서 국어의 어휘나 문법 형태소를 표기한 문장으로 볼 수 있다.

2.2. 이두

'초기 이두'인 서기문식 표기의 형태에서 더욱 발전된 표기가 '후기 이두'이다. 이는 국어의 조사나 어미와 같은 일부 문법 형태소를 한자를 이용하여 표기하여, 국어의 입말을 더욱 온전하게 표기한 것이다. 곧 문장의 중심을 이루는 의미부는 한자의 뜻을 빌려서 표기하되, 서기문식 표기처럼 국어의 어순에 맞게 하였다. 반면에 국어의 형식 형태소와 일부 극소수의 명사나 부사 등은 국어의 음에 맞는 한자를 빌려와서 적었다.

(7) 凡僧道取妻妾者 杖八十還俗 女家同罪離異 寺觀住持知情 與同罪 若僧道假託親屬或僮
　　범승도취처첩자　장팔십환속　녀가동죄이이　사관주지지정　여동죄　약승도가탁친속혹동
　　僕爲名求聚而僧道自占者 以奸論　　　　　　　　　　　　　　　　　　　　　　[대명률]
　　복위명구취이승도자점자　이간론

(8) 凡僧人等亦 取妻妾爲在乙良 杖八十遣 還俗爲弥 女家罪同遣 離異爲乎矣 寺院住持亦 知情
　　　　　　　　　흐겨늘랑　　　　고　　　　며　　　　　고　　　　호오딕　　　　　　이
　　爲在乙良 罪同齊 僧人亦 妄稱親族及奴子等乙 委爲 求婚爲如可 自聚爲妻妾爲在乙良 犯奸
　　흐겨늘랑　제　이　　　　　　　　들흘　호야　　하다가　　　　　　흐겨늘랑
　　以 論爲乎事　　　　　　　　　　　　　　　　　　　　　　　　　　　　　　　[대명률직해]
　　로　흐온일

(7)은 완전한 한문식 문장인 『대명률』(大明律, 1367)의 문장이다. 그리고 (8)은 1395년에 발간된 『대명률직해』(大明律直解)인데, 이는 (7)의 한문 문장을 이두문으로 바꾸어서 적은 것이다.[4] (8)의 후기 이두문에서 아래에 덧말이 적힌 글자가 이두 글자인데, 이를 중세 국어와 현대 국어로 옮기면 대략 다음과 같다.

---

3) 節=디위(때), 以=-로(방편), 爲=삼다, 敎=-게 ㅎ다(사동), 令=-게 ㅎ다(사동), 之=문장의 종결
4) 조선조 태조는 명나라 형률인 『대명률』을 그대로 사용했는데, 그것은 중국의 것이었기 때문에 우리나라 형편에는 맞지 않는 것이었고, 또한 어려운 글귀도 많아서 이로써 형(刑)을 다스리기는 여간 어려운 일이 아니었다. 그러므로 태조(太祖) 임금은 이두로써 이것을 번역하게 했는데, 이것이 바로 『대명률직해』이다.

(9) 等＝들ㅎ(들), 亦＝이, 爲在乙良＝ㅎ겨늘랑(하거들랑), 遣＝(ㅎ)고, 爲弥＝ㅎ며(하며), 爲
乎矣＝ㅎ오되(하오되), 齊＝(ㅎ)제(-라 : 명령형 어미), 等乙＝들흘(-들을), 爲＝ㅎ야(하
여), 爲如可＝ㅎ다가(하다가), 以＝으로/ᄋ로, 爲乎事＝ㅎ온일(한 일)

그 밖에도 '矣身(＝의몸 : 이 몸, 저), 私音丁(＝아름뎌 : 사사로이), 更良(＝가싀야 : 다시), 此樣
以(＝이 양ᄋ로 : 이와 같이), 有去等(＝잇거든 : 있거든), 他矣(＝나믜 : 남의), 必于(＝비록),
令是良置(＝시기여두 : 시키어도), 不冬(＝안들 : 아니, 不), 曾只(＝일즉 : 일찍)' 등의 이두 글자
가 후기 이두문에 많이 쓰였다(허웅, 1983: 287 참조).

(10) 凡奴婢毆家長者皆斬   [대명률]
　　　범 노 비 구 가 장 자 개 참

(11) 凡奴婢亦 家長乙 犯打爲在乙良 並只 斬齊   [대명률직해]
　　　　　이 　　　을 　ㅎ 겨 늘 랑 　다모 기 　　　제

후기 이두문의 또 다른 예로서 한문 문장인 『대명률』의 (10)과 같은 구절을 『대명률직해』
에서 이두문으로 (11)의 (ㄱ)처럼 표기한 것도 있다. (10)과 (11ㄱ)을 비교하면, (10)은
완전한 한문의 어순을 하고 있지만 (11ㄱ)의 이두문은 국어의 어순인 '주어－목적어－서
술어'의 짜임을 하고 있다. 그리고 일부 용언의 어간과 부사의 의미부는 '爲(ㅎ-), 並(다모
-)'로 적었으며, 형식 형태소인 국어의 조사는 '亦, 乙'로 용언의 어미는 '在乙良(-겨늘랑),
只(-기), 齊(-제)'로 적었다. (11ㄴ)의 글은 (11ㄱ)의 이두문을 다시 현대어로 옮긴 것이다.
　이처럼 이두는 한자의 음과 뜻의 중의 어느 하나로 읽힌다. 하지만 그것을 어느 쪽으
로 읽어야 하는가 하는 데에는 일정한 기준이 없었다. 예를 들어서 '明'의 글자는 현대어
에서는 /명/으로만 읽히지만, 이두에서는 소리로 읽어서 /명/으로 읽을 수도 있고 뜻으
로 읽어서 '붉-'으로도 읽을 수 있다. 이두에서 발음으로 읽은 것은 음절 글자의 특징이
고, 뜻으로 읽은 것은 단어 문자의 특징이라고 할 수 있다. 그러므로 엄격히 말하면 이두
문자는 '단어－음절 문자'로 볼 수 있다.

제3장 향찰

　통일 신라 시대 사람들은 한자의 소리나 뜻을 이용하여 국어의 문장, 특히 향가(鄕歌)
의 노랫말을 적는 방법을 생각해 내었는데, 그것이 곧 '향찰(鄕札)'이다.[5]

3.1. 향찰의 표기 원리

이두는 한문 문장의 어순을 국어의 어순으로 바꾸고 일부 문법 형태소에 한정해서 한자의 음과 훈을 빌어서 표기했기 때문에 이두로는 국어의 입말을 전면적으로 표기할 수는 없었다. 이와는 달리 향찰은 국어 입말의 문장을 그대로 한자를 빌려서 표기하되, 실질 형태소와 문법 형태소를 모두 한자의 음(音, 소리)과 훈(訓, 뜻)을 빌려서 표기했다. 이 점에서 향찰은 한자를 사용해서 국어를 전면적으로 적은 표기법으로 볼 수 있다.

향찰을 사용하여 국어를 표기할 때에는, 대체로 국어의 실질 형태소는 한자의 뜻을 이용하여 적었고(훈차, 訓借), 문법 형태소는 한자의 음을 이용하여 적었다(음차, 音借). 향찰의 쓰임에 나타난 몇 가지 규칙성을 찾아 보면 다음과 같다.

첫째, 한 음절로 된 단어의 끝소리나, 두 음절 이상으로 된 단어의 끝 음절의 소리를 한자의 음을 이용하여 보태어 썼다.

    (12) ㄱ. 道尸 : [길]+/ㄹ/

         ㄴ. 夜音 : [밤]+/ㅁ/

         ㄷ. 掃尸 : [쓸]+/ㄹ/

    (13) ㄱ. 秋察 : [ᄀ᷆슬]+/슬/

         ㄴ. 慕理 : [그리]+/리/

         ㄷ. 寢矣 : [자리]+/이/

(12)와 (13)에서 첫 글자를 뜻으로 읽으면 '길, 밤, 쓸'과 'ᄀ᷆슬, 그리-, 자리'로 읽을 수 있다. 그런데 단어의 소리를 좀 더 분명하게 나타내기 위하여, (12)처럼 한 음절로 된 단어의 끝소리인(종성) /ㄹ/, /ㅁ/, /ㄹ/과 동일한 소리를 나타내는 한자인 '尸, 音, 尸'로써 보충하여 적거나, (13)처럼 두 음절 이상으로 된 단어의 끝음절인 /슬/, /리/, /이/와 동일한 소리를 나타내는 한자인 '察, 理, 矣'로써 보충하여 적었다.

둘째, 조사나 어미 따위의 문법 형태소들은 대체로 한자의 음을 빌려서 적었다(음차).

    (14) ㄱ. 君隱父也

         ㄴ. 毛如云遣去內尼叱古

---

5) '향찰(鄕札)'이란 용어는 『균여전』(均如傳)에 실린 최행귀(崔行歸)의 역시(譯詩) 서문에 쓰인 말이다. 최행귀는 향찰을 당문(唐文, 漢文)에 대립되는 뜻으로 사용하였는데, 향가(鄕歌)의 문장과 같은 우리말의 문장이라는 뜻으로 썼다.

(15) ㄱ. 君隱 父也
　　　님금 은　아비 야

ㄴ. 毛如 云遣 去內尼叱古
　　 몯 다　니르고　가 ᄂ 니 ㅅ 고

(14)에서 밑줄 그은 요소는 조사나 어미와 같은 문법 형태소들인데, 이들은 한자의 음을 빌려 와서 읽었다.[6]

셋째, 체언·부사·용언 어간 등의 실질 형태소는 그 형태소의 뜻에 대응되는 한자로 표기하였다(훈차).

(16) ㄱ. 용언의 어간 : 浮(뜨-), 用(쓰-)

ㄴ. 체언, 부사　: 君(님금), 地(따), 月(돌); 又(쏘)

(ㄱ)에서 '浮'와 '用'은 각각 용언의 어간인 '뜨-'와 '쓰-'를 한자로 표기한 것이며, (ㄴ)에서 '君, 地, 月' 등은 체언인 '님금, 따, 돌'을, '又'는 부사인 '쏘'를 한자로 표기한 것이다. 이들 한자는 모두 한자의 뜻을 빌려서 국어를 적은 예이다.

3.2. 향가에 쓰인 향찰의 모습

『삼국유사』에 실려 있는 서동요(薯童謠)와 처용가(處容歌)의 향가 작품을 통해서 향찰이 실제로 쓰인 모습을 살펴본다.

〈 '서동요'에 나타난 향찰 〉 고려 시대에 일연(一然, 1206~1289) 스님이 간행한 『삼국유사』권2 무왕조(武王條)에는 서동요(薯童謠)의 향가와 함께 그 설화(說話)가 실려 전한다. 백제의 서동(薯童: 백제 무왕의 어릴 때 이름)이 신라 제26대 진평왕 때에 지었다는 민요 형식의 노래이다. 여기서는 '서동요(薯童謠)'에 나타난 향찰 표기의 모습을 살펴본다.

[향찰 문]	[중세 국어 해독문]	[현대어 해독문]
善化公主主隱	善化公主니믄	선화공주님은
他密只稼良置古	늠 그스지 얼어 두고	남 몰래 교합(交合)해 두고
薯童房乙	맛둥방올	맛둥방을
夜矣卯乙抱遣去如	바민 몰 안고 가다	밤에 몰래 안고 갔다

---

6) 다만, '毛如(몯다)'는 예외적으로 부사인데도 음차를 했다.

여기서 '서동요'의 향찰문을 양주동의 해독에 의거하여 간략히 분석한다.[7]

(17) ㄱ. 善化公主 : 善化公主(한자, 音)

ㄴ. 主隱(니믄) : 님(님, 訓) + 隱(은 : -은, 音)

ㄷ. 他(눔) : 눔(남, 訓 : 명사)

ㄹ. 密只(그스지) : 密(그스 : 그윽-, 訓) + 只(지 : -지, 音)

ㅁ. 稼良(얼러) : 稼(얼 : 얼다, 교합하다, 訓) + 良(어 : -어, 音)

ㅂ. 置古(두고) : 置(두 : 두-, 訓) + 古(고 : -고, 音)

ㅅ. 薯童房乙(맛둥바올) : 薯童(맛둥 : 맛둥, 訓) + 房(방 : 방, 音)+乙(을 : -을, 音)

ㅇ. 夜矣(바미) : 夜(밤 : 밤, 訓) + 矣(이 : -에, 音)

ㅈ. 卯乙(몰) : 卯(모 : 모르다, 訓) + 乙(ㄹ : -ㄹ, 音)

ㅊ. 抱遣(안고) : 抱(안 : 안다, 訓) + 遣(고 : -고, 音)

ㅋ. 去如(가다) : 去(가 : 가다, 訓) + -∅(과시)- + 如(다 : -다, 音)[8]

(ㄱ)의 '善化公主'에서 고유명사인 '善化公主'는 한자로 표기되어 있는데, 아마도 한자의 음으로 표기한 듯하다. (ㄴ)의 '主隱'에서 '主'는 존칭의 접미사인 '-님'으로 훈차하였으며, 隱(은)은 주제를 나타내는 보조사 '-은'으로 음차하였다. (ㄷ)에서 '他'는 체언인 '눔'으로 훈차하였으며, (ㄹ)의 '密只'에서 어근인 '密'은 '그스-'로 훈차하였고, '只'는 부사 파생 접미사인 '-지'로 음차한 것으로 추정한다. (ㅁ)의 '稼良'에서 '稼'는 어간인 '얼-'로 훈차하였으며, 연결 어미인 '良' '-어'로 음차하였다. 그리고 (ㅂ)의 '置古'에서 '置'는 어간인 '두-'로 훈차하였으며, '古'는 연결 어미인 '-고'로 음차하였다.

그리고 (ㅅ~ㅋ)의 향찰은 다음과 같이 읽었을 것으로 추정한다. 먼저 (ㅅ)의 '薯童房乙'에서 '薯童'은 고유 명사인 '맛둥'으로 훈차하였으며, '房'은 '방'으로 음차하였으며, '乙'은 '-을'로 음차하였다. (ㅇ)의 '夜矣'에서 '夜'는 명사인 '밤'으로 훈차하였으며, '矣'의 부사격 조사인 '-의'로 음차하였다. (ㅈ)의 '卯乙'은 '몰'로 읽었는데, 여기서 '卯'는 '모르다'의 어간인 '모르-'로 훈차하였으며, '乙'은 파생 부사인 '몰'의 끝소리 /ㄹ/을 음차한 것이다. (ㅊ)의 '抱遣'에 '抱'는 어간인 '안-'으로 훈차하였으며, '遣'는 연결 어미인 '-고'

---

7) 참고로 김완진(1980)에서는 '서동요'를 다음과 같이 재구하였는데, 이를 풀이하면 다음과 같다.
(중세 국어 재구) 善化公主니리믄 / 눔 그슥 어러 두고 / 薯童 방올 / 바매 알홀 안고 가다 /
(현대 국어 풀이) 善化公主님은 / 남 몰래 짝 맞추어 두고 / 薯童 방을 / 바매 알을 안고 간다 /
8) 중세 국어에서는 동사에 시제 형태소가 실현되지 않으면 과거 시제로 해석해야 한다. 따라서 '去如'는 '갔다'로 옮기는 것이 옳다.

로 음차하였다. (ㅋ)의 '去如'에서 '去'는 어간이 '가–'로 훈차하였으며, '如'는 평서형 종결 어미인 '–다'로 음차하였다.9)

〈 '처용가'에 나타난 향찰 〉 『삼국유사』 권2의 '망해사(望海寺) 조(條)'에 처용가(處容歌)가 실려 있는데, 이 노래도 향찰로 표기되어 있다.

[향찰문]	[중세 국어 해독문]	[현대어 해독문]
東京 明期 月良	시ᄫᆞᆯ 블긔 ᄃᆞ래	서울 밝은 달에
夜入伊 遊行如可	밤 드리 노니다가	밤이 깊도록 노니다가
入良沙 寢矣 見昆	드러ᅀᅡ 자리 보곤	들어 잠자리를 보니
脚烏伊 四是良羅	가로리 네히어라	다리가 넷이어라
二肹隱 吾下於叱古	둘흔 내해엇고	둘은 내 것이고
二肹隱 誰支下焉古	둘흔 뉘해언고	둘은 뉘 것인고
本矣 吾下是如馬於隱	본ᄃᆡ 내해다마른	본디 내 것이다마는
奪叱良乙 何如爲理古	앗아늘 엇디ᄒᆞ릿고	빼앗거늘 어찌하겠는가?

이 노래에 관한 정확한 해독은 아직 이루어지지 않았지만, 양주동 님의 해독에 따르면 대략 위과 같이 중세 국어와 현대 국어로 옮길 수 있다(양주동, 1965: 378 이하 참조).

여기서 처용가의 앞 부분에 있는 두 구(句)를 양주동 님의 해독에 의거하여 간략히 분석한다(허웅, 1983: 284 참조).10)

먼저 처용가의 전체 8구체 중에서 앞의 4구에 쓰인 향찰을 형태소 단위로 분석한다.

(18) ㄱ. 東京(시ᄫᆞᆯ) : 東(시 : 동쪽, 訓) + 京(ᄫᆞᆯ : 벌, 訓)

　　ㄴ. 明期(블긔) : 明(ᄇᆞᆰ : 밝–, 訓) + 期(의 : –은, 音)

　　ㄷ. 月良(ᄃᆞ래) : 月(ᄃᆞᆯ : 달, 訓) + 良(애 : –에, 音)

　　ㄹ. 夜(밤) : 夜(밤 : 밤, 訓)

　　ㅁ. 入伊(드리) : 入(들 : 들–, 訓) + 伊(이 : –이, 音)

　　ㅂ. 遊行如可(노니다가) : 遊(노– : 놀–, 訓) + 行(니 : 가–, 지내다, 訓) + 如(다 : –다, 訓, 音) + 可(가 : –가, 音)11)

---

9) '去可'에서 '如'은 원래 '같다'의 뜻을 나타내는데, '~답다' 등의 어휘에서 나타나는 형용사 파생 접미사인 '–답–'의 뜻을 훈차한 뒤에, 다시 /답/의 /다/를 음차한 것으로 보인다.

10) 아래의 향찰에서 훈차한 형태소에는 '訓'으로 음차한 형태소에는 '音'으로 표시하였다.

11) 향찰 '如'의 표기 방법에 대하여는 위의 〈서동요〉에서 '去如'의 해설을 참조하기 바란다.

ㅅ. 入良沙(드러사) : 入(들 : 들-, 訓) + 良(어 : -어, 音) + 沙(사 : -아, 音)

ㅇ. 寢矣(자리) : 寢(자리 : 자리, 訓) + 矣(/이/, 音)

ㅈ. 見昆(보곤) : 見(보 : 보-, 訓) + 昆(곤 : -고는, 音)

ㅊ. 脚烏伊(가로리) : 脚烏(가롤, 가를, 가둘 : 다리, 訓) + 伊(이 : -이, 音)

ㅋ. 四是良羅(네히어라) : 四(네ㅎ : 넷, 訓) + 是(이 : -이-, 音) + 良(어 : -어-, 音) + 羅(라 : -라, 音)

(ㄱ)의 '東京'은 지금 말의 '서울'인 '싀볼'을 표기한 것이다. 그 당시의 서울은 경주이며 이 경주를 '東京'이라고도 하였으므로, '東京'은 훈차하여 고유어인 '싀볼'로 읽었다. (ㄴ) 의 '明'은 '볽-'으로, (ㄷ)의 '月'은 '돌'로, (ㄹ)의 '夜'는 '밤'으로, (ㅁ)의 '入'은 '들-'로, (ㅂ)의 '遊行'은 '노니-'로 훈차하였다. 이들 형태소들은 모두 실질 형태소였는데 주로 한자의 뜻으로 읽었다.

그런데 중국말에는 일반적으로 문법 형태소가 발달하지 않았다. 따라서 국어의 문법 형태소를 한자로 적는 방법은 그리 쉽게 해결되지 않았다. (ㄴ)의 '볼긔'에서 '-의', (ㄷ) 의 '도래'에서 '-애', (ㅁ)의 '드리'에서 '-이', (ㅂ)의 '노니다가'에서 '-다가'에 대응되는 중국말이 없었으므로, 이러한 문법 형태소를 적을 수 있는 한자도 없었다. 그러므로 그 당시의 사람들은 이러한 문법 형태소를 적는 데에는 한자의 음을 빌려 와서 표기하는 방법을 생각하였다(音借).

이에 따라서 '볼긔'의 '-의' 부분은 따로 떨어져 발음되지 않으므로, '期'를 써서 '-긔' 로 음차하였다. '도래'도 그와 비슷한 방법으로 '月'과 '良'으로, '드리'의 '-이'는 '伊'로, '노니다가'의 '-다가'는 '如可'로 적어서 음차하였다. 여기서 '如'로써 '다'를 적은 이유는 '비슷하다(如)'의 뜻을 가진 말에 '-답다'가 있었던 탓이 아닐까 생각되는데, 이는 일차적 으로 '如'를 1차적으로 '-답-'으로 훈차하고 난 뒤에 2차적으로 /다/로 음차한 것이다. 그리고 '可'는 /가/의 음과 일치하므로 /가/로 음차하였다.12)

(ㅅ~ㅋ)까지의 향찰은 다음과 같이 풀이할 수 있다. 곧 (ㅅ)의 '入良沙(드러사)'에서 어간인 '入'은 '들-'로 훈차하였으며, '良'는 연결 어미인 '-어'로 음차하였고, '沙'는 보조 사인 '-아'로 음차하였다. (ㅇ)의 '寢矣(자리)'에서 '寢'은 '자리'로 훈차하였으며, '矣'는

---

12) 참고로 김완진(1980)에서는 '처용가'를 다음과 같이 재구하였는데, 이를 풀이하면 다음과 같다.
   (중세 국어 재구) 東京 볼기 도라라 / 밤 드리 노니다가 / 드러사 자릴 보곤 / 가로리 네히러라 /두브 른 내해엇고 / 두브른 누기핸고 / 본딕 내해다마라는 / 아사늘 엇디호릿고 /
   (현대 국어 풀이) 東京 밝은 달에 / 밤 들이 노니다가 / 들어 자리를 보니 / 다리가 넷이러라 / 둘은 내해였고 / 둘은 누구핸고 / 본디 내히다마는 / 빼앗은 것을 어찌하리오.

'자리'의 마지막 모음 /이/로 음차하였다. (ㅈ)의 '見昆(보곤)'에 '見'는 어간인 '보-'로 훈차하였고, '昆'은 어미인 '-곤'으로 음차하였다. (ㅊ)의 '脚烏伊(가ᄅ리)'에서 '脚烏'은 명사인 '가롤/가를(=가들)'로 훈차하였고, '伊'는 주격 조사인 '-이'로 음차하였다. (ㅋ)의 '四是良羅(네히어라)'에서 '四'는 수사인 '네ㅎ'로 훈차하였고, '是'는 서술격 조사인 '-이-'로 음차하였다. '良'는 선어말 어미인 '-어-'로 음차하였고, '羅'는 평서형 종결 어미인 '-라'로 음차하였다.

다음으로 처용가의 전체 8구 중에서 뒤의 4구에 쓰인 향찰을 형태소 단위로 분석한다.

(18) ㄱ. 二肹隱(둘혼) : 二(둘 : 둘, 訓) + 肹(ㅎ : /ㅎ/, 音) + 隱(은 : -은, 音)

ㄴ. 吾下於叱古(내해엇고) : 吾(내 : 나의, 訓) + 下(해 : 것, 音) + 於(어 : -어-, 音) + 叱(ㅅ : -ㅅ-, 音) + 古(고 : -고, 音)

ㄷ. 二肹隱(둘혼) : 二(둘, 訓) + 肹(ㅎ : /ㅎ/, 音) + 隱(은 : -은, 音)

ㄹ. 誰支下焉古(누해언고) : 誰(누 : 누구, 訓) + 支(ㅣ : -의, 音) + 下(해 : 해, 것, 音) + 焉(언 : -언-, 音) + 古(고 : -고, 音)

ㅁ. 本矣(본ᄃᆡ) : 本(본 : 音) + 矣(ᄃᆡ : 디, 音)

ㅂ. 吾下是如馬於隱(내해다마어른) : 吾(내, 나의, 訓) + 下(해 : 것, 音) + 是(이 : -이-, 訓) + 如(다 : -다, 訓, 音) + 馬(마 : /마/, 音) + 於(어 : /어/, 音) + -隱(란 : /란/, 音)

ㅅ. 奪叱良乙(앗아늘) : 奪(앗 : 앗-, 訓) + 叱(/ㅿ/ : '앗-'의 말음 /ㅿ/ 표기, 音) + 良(아 : 아, 音) + 乙(늘 : -늘, 音)

ㅇ. 何如爲理古(엇디ᄒᆞ릿고) : 何如(엇디 : 어찌, 訓) + 爲(ᄒᆞ : 하-, 訓) + 理(리 : -리-, 音) + 고(고 : -고, 音)

(ㄱ)의 '二肹隱(둘혼)'에서 '二肹'은 수사인 '둘ㅎ'을 훈과 음으로 표기한 것인데, '肹'은 '둘ㅎ'의 /ㅎ/의 음을 표기하였다. 그리고 '隱'은 보조사인 '-은'로 음차하였다. (ㄴ)의 '吾下於叱古(내해엇고)'에서 '吾'은 '나'의 관형격인 '내'로 훈차하였으며, '下'는 의존 명사인 '해(것)'로 음차하였다. '於'는 선어말 어미 '-어-'로 음차하였고, '叱'은 감동 표현의 선어말 어미인 '-ㅅ-'으로 음차하였다. '古'은 연결 어미인 '-고'로 음차하였다. (ㄹ)의 '誰支下焉古(누해언고)'에서 '誰'는 미지칭의 인칭 대명사인 '누'로 훈차하였으며, '支'은 관형격 조사인 '-ㅣ'로 음차하였다. 그리고 '下'는 의존 명사인 '해(= 것)'를 음차하였으며, '焉'은 선어말 어미의 '-거-'와 의문형 어미인 '-ㄴ고'의 일부 소리인 /ㄴ/으로 음차하였다. 마지막으로 '古'는 의문형 어미인 '-ㄴ고'의 /고/로 음차하였다. (ㅁ)의 '本矣(본ᄃᆡ)'에서 '本'은 한자 '本(본)'으로 음차하였으며, '矣'은 'ᄃᆡ'의 'ᄃᆡ'으로 음차하였다. (ㅂ)의 吾下是如馬於隱(내해다마어른)에서 '吾'는 관형격의 인칭 대명사인 '내'로 훈차하였으며,

'下'는 의존 명사인 '해(= 것)'로 음차하였다. '是'는 서술격 조사인 '-이-'로 훈차하였으며, '如'는 평서형의 종결 어미인 '-다'로 훈차와 음차를 한 것이다. '馬'는 종결 보조사인 '-마어른'의 /마/로 음차하였으며, '於'은 /어/로 음차하였고 '隱'은 /란/으로 음차하였다. (ㅅ)의 '奪叱良乙(앗아늘)'에서 '奪'은 어간인 '앗-'으로 훈차하였으며, '叱'은 '앗-'의 말음 /ㅅ/으로 음차하였다. 그리고 '良'는 선어말 어미인 '-아-'로 음차하였으며, '乙'은 연결 어미인 '-늘'로 음차하였다. (ㅇ)의 '何如爲理古(엇디 ᄒ릿고)'에 '何如'는 부사인 '엇디'로 훈차하였고, '爲'는 'ᄒ다'의 어간인 '하-'로 훈차하였다. '理'는 미래 시제의 선어말 어미인 '-리-'로 음차하였고, '古'는 의문형 종결 어미인 '-고'로 음차하였다.

제4장 구결

서기문식 표기에 문법소 부분을 보완한 것이 이두식 표기이다. 이와 비슷하게 원 한문 글은 그대로 두고, 국어의 문법적인 관계를 표시하는 문법소 부분만을 한자의 음과 뜻을 빌려 와서 표기한 방법이 '구결(口訣, 토, 입곁)'이다.

구결은 한문을 읽을 때에 그 뜻을 이해하기 쉽게 하기 위한 방편으로, 이두의 표기법을 한문의 문장이나 구절 사이에 이용한 것에 불과하다. 곧 한문 원문을 읽을 때에 원 한문을 그대로 두고 문장이나 구절 사이에 토를 삽입한 것이다.[13] 구결로 표기할 때에 처음에는 한자를 그대로 쓰다가 차츰 한자의 약체(略體)를 쓰게 되었다. 나중에 한글이 창제되고 나서는 일부 문헌에서는 구결을 대신 하여 한글로 표기하기도 하였다.

다음의 (20)은 조선 중종 때에 나온 『동몽선습』(童蒙先習, 1541)에 실린 구결의 예인데, 여기서는 한자를 그대로 구결로 사용하였다.

(20) 天地之間萬物之中厓 唯人伊 最貴爲尼 所貴乎人者隱 以其有五倫也羅 是故奴 孟子伊 曰 父子
有親爲弥 君臣有義爲弥 夫婦有別爲弥 長幼有序爲弥 朋友有信是羅 爲時尼 人而不知有五常
則其違禽獸伊 不遠矣理羅 [동몽선습]

(21) 天地之間萬物之中厓 唯人伊 最貴爲尼 所貴乎人者隱 以其有五倫也羅 是故奴 孟子伊 曰 父
　　　　　　　　　애　　　　　이　　　ᄒ니　　　　　　　는　　　　　　　라　　　　로　　　　　이

---

13) 이두문은 한자의 배열 순서를 국어의 어순으로 바꾸거나 국어의 일부 문법 형태소를 한자를 빌려서 표기하였기 때문에, 이두문에서 이두식 한자를 제외하면 문장이 성립하지 않는다. 반면에 구결은 한문 문장을 읽기 쉽게 하기 위하여 보조적으로 삽입한 것에 지나지 않기 때문에, 구결문에서 구결로 쓰인 글자를 빼어내면 온전한 한문 문장이 된다.

子有親爲弥(ᄒᆞ며) 君臣有義爲弥(ᄒᆞ며) 夫婦有別爲弥(ᄒᆞ며) 長幼有序爲弥(ᄒᆞ며) 朋友有信是羅(이라) 爲時尼(ᄒᆞ시니) 人而不知有五常 則其違禽獸伊(이) 不遠矣理羅(리라)

(22) 厓=-애/-에, 伊=-이, 爲尼=ᄒᆞ니, 隱=-는/-은, 羅=-라, 奴=-로, 爲弥=-ᄒᆞ며, 是羅=-이라, 爲時尼=ᄒᆞ시니, 理羅=-리라

(20)에서 밑줄이 그어지지 않은 부분은 온전한 한문 문장이고 밑줄을 그은 부분은 구결이다. 구결은 주로 한문의 구절과 구절 사이에 문법소의 역할을 하는 말을 표기하는 데에 사용되었는데, (20)에서 밑줄 그은 구결 부분은 (22)와 같이 읽었다.

그리고 구결문은 (20)처럼 온전한 한자로 표기되기도 하였지만, 다음의 (23)처럼 한자의 자형을 줄여서 표기하기도 하였다.

(23) ㄱ. 父母ㄗ天性之親、亽生而育之ソロ愛而敎之ソ尔
ㄴ. 父母ᄂᆞᆫ天性之親이라生而育之ᄒᆞ고 愛而敎之ᄒᆞ며

(24) 父母는 天性之親이다 生而育之하고 愛而敎之하며

(23)에서 (ㄱ)은 구결을 한자의 약자(略字)로 표기한 것인데, 'ㄗ, 、, 亽, ソ, ロ, ソ, 尔' 등이 약자로 된 구결이다. (23ㄱ)의 'ㄗ'은 '隱'자의 한 쪽을 딴 것인데 그 음은 /은, 는/이나 때로는 /ㄴ/만을 나타낸다. '、'는 '是'의 밑 부분으로 /이/ 또는 반홀소리 /j/로 읽는다. '亽'는 '羅'의 약체인 '罖'의 밑 부분을 딴 것으로 /라/로 읽었으며, 'ロ'는 '古'의 밑부분으로 /고/로 읽었다. 'ソ'는 '爲'의 윗 부분을 딴것으로 /ᄒᆞ/로 읽었으며, '尔'는 '彌(弥)'의 오른쪽 부분만 딴 것으로 /며/로 읽는다(허웅, 1983: 291의 내용을 참조).

이처럼 구결은 대부분 한자의 음을 취하였는데, 예를 들어서 '爲尼'에서 '爲(ᄒᆞ)' 등은 한자의 뜻으로도 읽혔지만 실제로는 '하다(爲)'라는 뜻과는 관계없이 쓰였다. 따라서 구결은 표음 문자(表音文字)이며, 표음 문자 중에서도 음절 문자(音節文字)에 해당된다. 훈민정음이 창제된 이후에는 (23ㄱ)에 쓰인 구결문을 (23ㄴ)처럼 훈민정음 글자로서 표기하기도 했다.

중세 국어 ②부

[이 책에서 인용한 15·16세기의 국어 문헌]

약어	문헌 이름	발간 연대	
용가	용비어천가(龍飛御天歌)	1445년	세종
훈해	훈민정음 해례본(訓民正音解例)	1446년	세종
석상	석보상절(釋譜詳節)	1447년	세종
월천	월인천강지곡(月印千江之曲)	1448년	세종
훈언	훈민정음 언해본(訓民正音諺解)	1450년경	세종
월석	월인석보(月印釋譜)	1459년	세조
능언	능엄경언해(愣嚴經諺解)	1462년	세조
법언	묘법연화경언해(妙法蓮華經諺解(法華經諺解)	1463년	세조
몽언	몽산화상법어약록언해(蒙山和尙法語略錄諺解)	세조 때	세조
금언	금강경언해(金剛經諺解)	1464년	세조
선언	선종영가집언해(禪宗永嘉集諺解)	1464년	세조
원언	원각경언해(圓覺經諺解)	1465년	세조
구언	구급방언해(救急方諺解)	1466년	세조
내훈	내훈(內訓, 일본 蓬左文庫 판)	1475년	성종
삼행	삼강행실도(三綱行實圖)	1481년	성종
두언-초	분류두공부시언해(分類杜工部詩諺解 初刊本)	1481년	성종
금삼	금강경삼가해(金剛經三家解)	1482년	성종
영남	영가대사증도가 남명천선사계송(永嘉大師證道歌 南明泉禪師繼訟)	1482년	성종
구간	구급간이방언해(救急簡易方諺解)	1489년	성종
육언	육조법보단경언해(六祖法寶壇經諺解)	?	?
악궤	악학궤범(樂學軌範)	1493년	성종
속삼	속삼강행실도(續三綱行實圖)	1514년	
훈자	훈몽자회(訓蒙字會)	1517년	중종
번소	번역소학(飜譯小學)	1518년	중종
번노	번역노걸대(飜譯老乞大)	16세기 초	중종
번박	번역박통사(飜譯朴通事)	16세기 초	중종
소언	소학언해(小學諺解)	1587년	선조
악가	악장가사(樂章歌詞)	?	?

제1장 문자와 음운

1.1. 훈민정음

〈 훈민정음의 창제 〉 글자 체계로서의 '훈민정음(訓民正音)'은 세종 25년 음력 12월(1444년 양력 1월)에 창제되고, 세종 28년 음력 9월(1446년 양력 10월)에 반포되었다. 훈민정음의 제자 원리와 용례 및 훈민정음의 창제 과정은 『훈민정음 해례본』(訓民正音 解例本)에

訓民正音
國之語音異乎中國與文字
不相流通故愚民有所欲言
而終不得伸其情者多矣予
爲此憫然新制二十八字欲
使人人易習便於日用矣
ㄱ牙音如君字初發聲

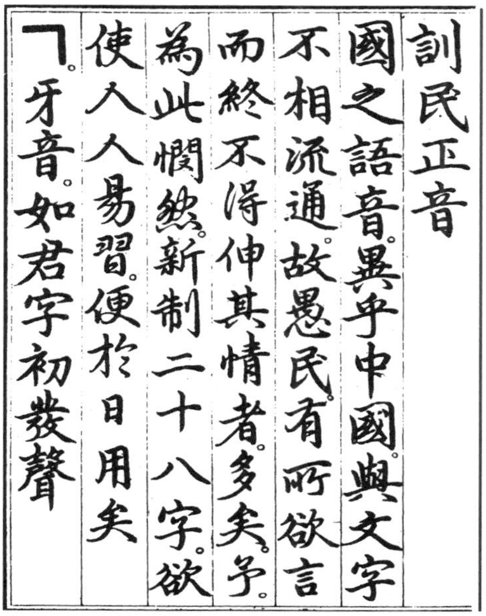

〈그림 1〉 훈민정음 해례본

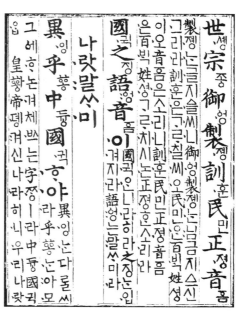

〈그림 2〉 훈민정음 언해본

자세하게 기술되어 있다.

〈 **훈민정음 해례본** 〉『훈민정음 해례본』은 1446년 음력 9월 상순(正統 十一年 九月 上澣)에 발간된 한문본으로서 『간송 전형필본』이라고도 한다. 이 책은 1940년에 경북 안동군에서 발견되었는데, 현재 국보 70호로 지정되어 있으며 1997년에 유네스코가 지정한 세계 기록 유산에 등재되어 있다. 『훈민정음 해례본』의 내용은 다음과 같이 짜여 있다.

---

1. (어제 훈민정음)
    ① (어제 서) : 훈민정음 창제의 동기와 목적 소개
    ② (예   의) : -자모의 형태와 음가 소개
                -글자의 운용법 소개
2. 훈민정음 해례 : 제자해, 초성해, 중성해, 종성해, 합자해; 용자례
3. (정인지 서) : 창제의 동기와 목적, 정음의 우수성, 정음 창제의 경위

〈표 1〉 훈민정음 해례본의 내용 체제

1.1.1. 제자의 일반 원리

훈민정음의 제자 원리는 『훈민정음 해례본』의 '제자해'에 자세하게 기술되어 있다.

(1) ㄱ. 正音二十八字 各象其形而制之。   [훈해 제자해]
    ㄴ. 훈민정음 28글자는 각기 그 모양을 본떠서 만들었다.

위의 기록은 훈민정음의 기본적인 제자 원리가 '상형(象形)'의 원리임을 밝히고 있다. 곧 초성(자음) 글자는 그것을 발음할 때에 작용하는 발음 기관의 모양을 본떠서 글자를 만들었고, 중성(모음) 글자는 하늘(天)이 둥근 모양과 땅(地)이 평평한 모양, 그리고 사람(人)이 서 있는 모양을 본떠서 만들었다.

1.1.2. 초성 글자의 제자 원리

초성 글자는 소리를 낼 때의 발음 기관을 상형함으로써 'ㄱ, ㄴ, ㅁ, ㅅ, ㅇ'의 상형자를 만들고, 이들 글자에 '가획'의 방법을 적용하여 다른 글자를 만들었다. 그리고 종성 글자

는 따로 만들지 않고 초성 글자를 다시 사용하였다.

〈**상형**〉 '훈민정음 해례본'의 '제자해'에는 초성(자음) 글자의 제자 원리를 다음과 같이 밝히고 있다.

(2) ㄱ. 初聲凡十七字。牙音ㄱ象舌根閉喉之形。舌音ㄴ象舌附上腭之形。脣音ㅁ象口形。

齒音ㅅ象齒形。喉音ㅇ象喉形。　　　　　　　　　　　　　　[훈해 제자해]

ㄴ. 초성은 모두 17자이다. 아음(어금닛소리, 牙音)인 'ㄱ'은 혀의 뿌리가 목을 막는 모양을 본떴다. 설음(혓소리, 舌音)인 'ㄴ'은 혀가 윗잇몸에 붙는 모양을 본떴다. 순음(입술소리, 脣音)인 'ㅁ'은 입의 모양을 본떴다. 치음(잇소리, 齒音)인 'ㅅ'은 이의 모양을 본떴다. 후음(목구멍소리, 喉音)인 'ㅇ'은 목구멍의 모양을 본떴다.

초성 글자를 만든 일차적인 원리는 '상형(象形)'이다. 곧 상형자인 'ㄱ, ㄴ, ㅁ, ㅅ, ㅇ'은 소리를 낼 때에 관여하는 발음 기관의 모습을 그대로 본떠서 만들었다.

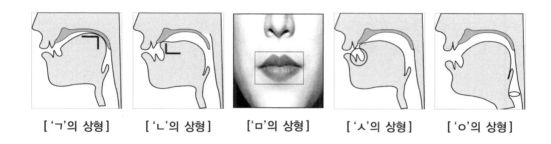

['ㄱ'의 상형]　　['ㄴ'의 상형]　　['ㅁ'의 상형]　　['ㅅ'의 상형]　　['ㅇ'의 상형]

'ㄱ'은 그 소리를 발음할 때 혀의 뒷부분(뒤혀)이 올라가서 입천장의 맨 안쪽 부분(연구개)을 막는 모양을 본떠서 글자의 꼴을 만들었다. 'ㄴ'은 혀끝이 윗잇몸에 닿는 모양을 본떴다. 'ㅁ'은 별도의 글자를 만들지 않고 한자의 '口' 모양을 그대로 가져와서 입의 (네모진) 모양을 본떴고, 'ㅅ'은 이의 (뾰족한) 모양을, 'ㅇ'은 목구멍의 (둥근) 모양을 그대로 본떴다.

〈**가획**〉 초성 글자를 만드는 데에 적용한 두 번째 원리'는 '가획(加劃)'이다. 곧 상형의 원리로써 'ㄱ, ㄴ, ㅁ, ㅅ, ㅇ'의 상형자를 먼저 만들고, 나머지 글자는 소리가 세어짐에 따라서 획을 더하는 원리를 사용하여 글자(=가획자)를 만들었다.

(3) ㄱ. ㅋ比ㄱ 聲出稍厲 故加畫。ㄴ而ㄷ ㄷ而ㅌ ㅁ而ㅂ ㅂ而ㅍ ㅅ而ㅈ ㅈ而ㅊ ㅇ而ㆆ

ㆆ而ㅎ 其因聲加畫之義皆同 而唯ㆁ爲異。　　　　　　　[훈해 제자해]

ㄴ. ㅋ은 ㄱ에 비하여 소리가 약간 세게 나오므로 획(劃)을 더하였다. ㄴ과 ㄷ, ㄷ과 ㅌ,

ㅁ과 ㅂ, ㅂ과 ㅍ, ㅅ과 ㅈ, ㅈ과 ㅊ, ㆁ과 ㆆ, ㆆ과 ㅎ은 그 소리를 말미암아서 획을 더하는 뜻은 모두 같으나, 오직 ㆁ만은 다르다.

상형자에 획을 더하여 글자를 만든 것은 'ㄱ'보다 'ㅋ'이 소리가 세게 나고, 'ㄴ'보다 'ㄷ'이 더 세게 나고, 'ㄷ'보다는 'ㅌ'이 더 세게 나기 때문이다. 결국 소리의 세기를 획을 더해서 나타낸 것이다. (3)의 내용을 정리하여 표로 보이면 다음과 같다.

	상형자	1차 가획자	2차 가획자	이체자(異體字)
아음(牙音)	ㄱ	ㅋ		ㆁ
설음(舌音)	ㄴ	ㄷ	ㅌ	ㄹ
순음(脣音)	ㅁ	ㅂ	ㅍ	
치음(齒音)	ㅅ	ㅈ	ㅊ	ㅿ
후음(喉音)	ㅇ	ㆆ	ㅎ	

〈표 2〉 초성 글자의 가획 원리

1.1.3. 중성 글자의 제자 원리

중성(모음) 글자는 상형의 원리에 따라서 'ㆍ, ㅡ, ㅣ' 세 글자를 만들고 나서, 나머지 중성 글자는 'ㆍ, ㅡ, ㅣ'를 합성하여 만들었다.

〈상형〉 중성 글자 중에서 으뜸이 되는 'ㆍ, ㅡ, ㅣ' 세 글자는 '상형(象形)'의 원리로 만들었다.

(4) ㄱ. 中聲凡十一字。ㆍ(…) 形之圓 象乎天也。ㅡ (…)形之平 象乎地也。ㅣ(…)形之立 象乎人也。　　　　　　　　　　　　　　　　　　[훈해 제자해]

　　ㄴ. 중성은 모두 11자이다. ㆍ는 (…) 그 형상이 둥근 것은 하늘을 본떴다. ㅡ는 (…) 그 형상이 평평한 것은 땅을 본떴다. ㅣ는 (…) 그 형상이 서 있는(立) 모양인 것은 사람을 본떴다.

'ㆍ'는 하늘(天)의 둥근 모양을, 'ㅡ'는 땅(地)의 평평한 모양을, 'ㅣ'는 사람(人)이 서 있는 모양을 본떠서 글자를 만들었다.

〈합성〉 상형자인 'ㆍ'와 'ㅡ'와 'ㅣ'를 합성(合成)하여 초출자와 재출자를 만들었다.

(5) ㄱ. ㅗ(…)其形則·與一合而成(…)。ㅏ(…)其形則ㅣ與·合而成(…)。ㅜ(…)其形則一
與·合而成。ㅓ(…)其形則·與ㅣ合而成。 [훈해 제자해]

ㄴ. ㅗ는 그 모양이 ·와 ㅡ가 합쳐서 이루어졌다. ㅏ는 그 모양이 ㅣ와 ·가 합쳐서 이루어
졌다. ㅜ는 그 모양이 ㅡ와 ·가 합쳐서 이루어졌다. ㅓ는 그 모양이 ·와 ㅣ가 합쳐서
이루어졌다. [훈해 제자해]

(6) ㄱ. ㅛ與ㅗ同而起於ㅣ。ㅑ與ㅏ同而起於ㅣ。ㅠ與ㅜ同而起於ㅣ。ㅕ與ㅓ同而起於ㅣ。

ㄴ. ㅛ는 ㅗ와 같으나 ㅣ에서 일어난다. ㅑ는 ㅏ와 같으나 ㅣ에서 일어난다. ㅠ는 ㅜ와
같으나 ㅣ에서 일어난다. ㅕ는 ㅓ와 같으나 ㅣ에서 일어난다. [훈해 제자해]

(7) ㄱ. ㅗㅏㅜㅓ始於天地 爲初出也。ㅛㅑㅠㅕ起於ㅣ 而兼乎人 爲再出也。ㅗㅏㅜㅓ之
一其圓者 取其初生之義也。ㅛㅑㅠㅕ之二圓者 取其再生之義也。[훈해 제자해]

ㄴ. 'ㅗ, ㅏ, ㅜ, ㅓ'는 천지(天地)에서 비롯하므로 초출(初出)이 된다. 'ㅛ, ㅑ, ㅠ, ㅕ'는 ㅣ에
서 일어나서 인(人)을 겸하므로 재출(再出)이 된다. 'ㅗ, ㅏ, ㅜ, ㅓ'에서 그 원(圓)을 하
나로 한 것은 초생(初生)의 뜻을 취했다. 'ㅛ, ㅑ, ㅠ, ㅕ'에서 그 원(圓)을 둘로 한 것은
재생(再生)의 뜻을 취했다.

'ㅗ'는 '·'에 'ㅡ'를 합성하여서 만들었으며, 'ㅏ'는 'ㅣ'에 '·'를 합성하여서 만들었다. 'ㅜ'
는 'ㅡ'에 '·'를 합성하여서 만들었고, 'ㅓ'는 '·'에 'ㅣ'를 합성하여서 만들었다. 그리고
'ㅗ, ㅏ, ㅜ, ㅓ'처럼 'ㅡ'나 'ㅣ'에 '·'를 하나 더하여 만든 합성 글자를 '초출자(初出字)'라고
하는데, 이는 단모음을 적은 글자이다. 반면에 'ㅛ, ㅑ, ㅠ, ㅕ'처럼 'ㅡ'나 'ㅣ'에 '·'를
두 개 더하여 만든 글자를 '재출자(再出字)'라고 하는데, 이는 'ㅣ계'의 상향적 이중 모음
을 적은 글자이다.

초출자와 재출자의 제자 원리와 음가를 표로 보이면 다음과 같다.

초출자			재출자		
글꼴	글자의 합성	음가	글꼴	글자의 합성	음가
ㅗ	· + ㅡ	/ o /	ㅛ	· + · + ㅡ	/ jo /
ㅏ	ㅣ + ·	/ a /	ㅑ	ㅣ + · + ·	/ ja /
ㅜ	ㅡ + ·	/ u /	ㅠ	ㅡ + · + ·	/ ju /
ㅓ	· + ㅣ	/ ə /	ㅕ	· + · + ㅡ	/ jə /

〈표 3〉 초출자와 재출자의 제자 원리

상형자(·, ㅡ, ㅣ), 초출자(ㅗ, ㅏ, ㅜ, ㅓ), 재출자(ㅛ, ㅑ, ㅠ, ㅕ)는 하나로 된 글자인데, 이들을 아울러서 '일자 중성자(一字中聲字, 홑 중성 글자)'라고 한다.

1.1.4. 글자의 운용법

『훈민정음』의 예의에서는 글자의 운용에 관한 규정으로서, '종성법, 연서법, 병서법, 성음법, 부서법, 사성법'에 관한 규정을 두고 있다.

〈종성법〉 15세기 국어에서 종성에서 발음되는 /ㄱ, ㄴ, ㄷ, ㄹ, ㅁ, ㅂ, ㅅ, ㅇ/의 8개가 있었는데, 종성 글자는 따로 만들지 않고 초성의 글자를 다시 사용하였다.

(8) ㄱ. *終聲復用初聲*。   [훈해 예의]
      ㄴ. 종성은 초성을 다시 사용한다.

이처럼 종성 글자를 따로 만들지 않은 것은, 초성이나 종성의 소리가 음절 속에서 실현 되는 위치만 다를 뿐이지, 둘 다 동일한 소리라는 것을 인식하고 있었기 때문이다.

〈연서법〉 'ㅇ'을 순음 글자인 'ㅂ, ㅃ, ㅍ, ㅁ'의 아래에 이어서 적으면 순경음 글자인 'ㅸ, ㅹ, ㆄ, ㅱ'이 된다. 이렇게 두 글자를 위아래로 이어서 새로운 글자를 만드는 방법을 '연서(連書)'라고 한다.

(9) ㄱ. ㅇ*連書脣音之下 則爲脣輕音*。   [훈해 예의]
      ㄴ. ㅇ를 순음의 아래에 이어 쓰면 순경음(脣輕音)이 된다.

순경음은 순음인 /ㅂ/, /ㅃ/, /ㅍ/, /ㅁ/을 발음할 때에 입술을 가볍게 하여 공기를 내뿜는 소리이다. 순경음을 적는 글자로는 'ㅸ, ㅱ, (ㆄ, ㅹ)'의 네 가지가 있겠으나, 우리말을 적는 데에는 'ㅸ'만이 쓰였고 'ㅱ'은 한자음을 표기하는 데에만 쓰였다.

〈병서법〉 초성과 종성의 글자를 합해서 사용할 때에는 두 글자를 왼쪽에서 오른쪽으로 나란히 잇대어서 쓰는데, 이를 '병서(竝書)'라고 한다.

(10) ㄱ. *初聲合用則竝書 終聲同*。   [훈해 예의]
       ㄴ. 초성을 합쳐서 사용하려면 나란히 쓰라. 종성도 마찬가지다.

병서 글자로는 두 가지가 있다. 먼저 현대어의 된소리 글자처럼 같은 글자를 나란히 적는 것을 '각자 병서(各自竝書)'라고 하고, 다른 글자를 나란히 적는 것을 '합용 병서(合用竝書)'라고 한다.

(11) ㄱ. **各自竝書**: ㄲ, ㄸ, ㅃ, ㅆ, ㅉ, ㆅ, (ㆀ, ㅥ)

　　ㄴ. **合用竝書**: (초성): ㅳ, ㅄ, ㅶ, ㅷ; ㅺ, ㅼ, ㅽ, ㅾ; ㅴ, ㅵ

　　　　　　　　　　(종성): ㄳ; ㄵ; ㄺ, ㄻ, ㄼ, ㅀ

현대어에서 합용 병서는 종성에서만 쓰이지만, 15세기 국어에는 초성에도 'ㅳ, ㅄ, ㅶ, ㅷ; ㅺ, ㅼ, ㅽ, ㅾ; ㅴ, ㅵ' 등의 합용 병서 글자가 쓰였다.

　〈 성음법 〉 훈민정음을 창제한 학자들은 원칙적으로 초성, 중성, 종성이 합해져야 소리가 이루어지는 것으로 생각했다. 또한 이러한 생각에 따라서 글자도 초성과 중성, 혹은 초성, 중성, 종성의 글자를 합쳐서 적어야 한다는 규정을 두었는데, 이러한 규정을 '성음법(成音法)'이라고 한다.

(12) ㄱ. **凡字必合而成音.**　　　　　　　　　　　　　[훈해 예의]

　　ㄴ. 무릇 글자는 반드시 합쳐져야 소리가 이루어진다.

음소 글자인 훈민정음은 낱글자 단위로 하나하나 풀어서 적는 것이 원칙이다. 하지만 훈민정음의 창제자들은 위와 같은 규정을 두어서 낱 글자를 음절 단위로 모아서 적게 하였는데, 이와 같은 규정을 둔 데는 다음과 같은 현실적인 이유가 있었다.

　곧 한자(漢字)의 한 글자에 대응되는 소리는 음소가 아니라 음절이기 때문에, 한자의 한 글자와 한글의 한 글자가 표현하는 소리의 단위가 일치하지 않았다.

(13) ㄱ. **君**군, **覃**땀, **呑**튼, **彆**볃, **卽**즉, **侵**침, ……

　　ㄴ. **君**ㄱㅜㄴ, **覃**ㄸㅏㅁ, **呑**ㅌㆍㄴ, **彆**ㅂㅕㄹㆆ, **卽**ㅈㅡㄱ, **侵**ㅊㅣㅁ, ……

음절 단위로 발음하는 글자인 한자의 한 글자에 맞추어서 적기 위해서는, 훈민정음 글자를 (ㄱ)처럼 초성, 중성, 종성을 모아서 적어야 한다. 만일 (ㄴ)처럼 음소 단위의 낱 글자로 풀어서 적으면 한자 한 글자에 대응되는 훈민정음 글자가 세 글자 혹은 네 글자가 된다. 한자와 한글을 함께 쓸 것을 고려하면 (ㄱ)처럼 낱 글자를 모아서 쓸 수밖에 없었다. 이러한 성음법의 규정에 따라서 종성이 없는 한자음을 훈민정음으로 적을 때에는, 음가가 없는 'ㅇ'을 종성의 자리에 넣어서 적었다.

(14) 快쾡, 那낭, 步뽕, 彌밍, 慈쭝, 邪썅, 虛헝, 閭령

(14)의 한자들은 초성과 중성의 소리만 발음되는 글자인데, 종성의 자리에 소리가 나지 않는 'ㅇ'을 표기하여서 초성, 중성, 종성을 맞추어서 적었다.

〈부서법〉 초성은 단독으로 발음되지 않으므로 반드시 중성을 붙여 써야 한다. 그런데 중성 중에서 어떤 것은 초성의 아래에 붙여 쓰고, 또 어떤 것은 초성의 오른쪽에 붙여 쓴다는 규정을 두었는데, 이러한 규정을 '부서법(附書法)'이라고 한다.

(15) ㄱ. ·ㅡㅗㅜㅛㅠ 附書初聲之下。ㅣㅏㅓㅑㅕ 附書於右。   [훈해 예의]
    ㄴ. '·, ㅡ, ㅗ, ㅜ, ㅛ, ㅠ'는 초성의 아래에 붙여 쓴다. 'ㅣ, ㅏ, ㅓ, ㅑ, ㅕ'는 (초성의) 오른쪽
       에 붙여 쓴다.

(16) ㄱ. 中聲則圓者橫者在初聲之下 ·ㅡㅗㅜㅛㅠ是也。縱者在初聲之右 ㅣㅏㅓㅑㅕ是
       也。
    ㄴ. 중성 중에서 둥근 것과 가로 그은 것은 초성의 아래에 놓이는데, '·, ㅡ, ㅗ, ㅜ, ㅛ,
       ㅠ'가 그것이다. 위에서 아래로 그은 것은 초성의 오른쪽에 놓이는데, 'ㅣ, ㅏ, ㅓ,
       ㅑ, ㅕ'가 그것이다.   [훈해 합자해]

위의 (15)와 (16)은 부서법에 대한 규정으로서, '·, ㅡ, ㅗ, ㅜ, ㅛ, ㅠ'는 초성의 아래에 붙여 쓰고, 'ㅣ, ㅏ, ㅓ, ㅑ, ㅕ'는 초성의 오른쪽에 붙여 쓴다는 규정이다. 곧 중성 가운데 에서 둥근 것(·)과 가로 그은 것(ㅡ, ㅗ, ㅜ, ㅛ, ㅠ)은 초성 밑에 두고, 위에서 아래로 내리 그은 것(ㅣ, ㅏ, ㅓ, ㅑ, ㅕ)은 초성의 오른쪽에 둔다는 것이다.

(17) ㄱ. ᄀ, 그, 고, 구, 교, 규
    ㄴ. 기, 가, 거, 갸, 겨

부서법에 따라서 초성 'ㄱ'에 중성을 붙여 쓰면 (17)처럼 된다. 이렇게 특정한 중성 글자 가 초성 글자에 붙을 때의 위치를 정해 둔 것은, 글자의 모양을 전체적으로 네모의 모양 으로 유지하여 한자의 글꼴과 조화를 이루도록 하기 위한 것이다.

〈사성법〉 훈민정음은 초성, 중성, 종성의 글자 이외에도 '방점(傍點, 四聲點)'을 찍어서 '성조(聲調, 소리의 높낮이)'를 표시하였다.

(18) ㄱ. **左加一點則去聲 二則上聲 無則平聲。入聲加點同而促急。** [훈해 예의]

　　ㄴ. (글자의) 왼편에 한 점을 찍으면 거성(去聲)이요, 둘이면 상성(上聲)이요, 없으면 평성(平聲)이다. 입성(入聲)은 점을 찍는 것은 같으나 촉급하다.

사성법은 글자의 왼편에 점을 찍어서 소리의 높낮이를 표시한 것이다. 거성(去聲, 가장 높은 소리)은 한 점을 찍으며, 상성(上聲, 처음에는 낮았다가 나중에는 높은 소리)은 두 점을 찍었고, 평성(平聲, 가장 낮은 소리)은 점을 찍지 않았다.

『훈민정음』에서 규정한 방점의 사용법을 정리하여 표로 보이면 다음과 같다.

사성 (四聲)		좌가점 (左加點)	용례	소리의 성질	
				해례본	언해본
비입성 (非入聲)	거성(去聲)	一 點	·갈(刀), ·키(箕)	擧而壯	뭇 노픈 소리
	상성(上聲)	二 點	:돌(石), :범(虎)	和而擧	처서미 눗갑고 내죵이 노픈 소리
	평성(平聲)	無 點	벼(稻), 콩(大豆)	安而和	뭇 눗가본 소리
입성 (入聲)	거성(去聲)	一 點	·몯(釘), ·톡(頤)	促而塞	샐리 긋돗는 소리
	상성(上聲)	二 點	:낟(穀), :깁(繒)		
	평성(平聲)	無 點	독(甕), 녑(脅)		

〈표 4〉 방점의 운용법

『훈민정음 해례본』의 '종성해'에 따르면, 'ㆁ, ㄴ, ㅁ, ㅇ, ㄹ, △'과 같은 불청불탁(不淸不濁)의 글자를 제외한, 나머지 전청(全淸)과 차청(次淸)의 글자가 종성으로 쓰일 때에는 입성이 된다고 하였다.

(19) ㄱ. **ㆁㄴㅁㅇㄹ△六字爲平上去聲之終 而餘皆爲入聲之終也。** [훈해 종성해]

　　ㄴ. 'ㆁ, ㄴ, ㅁ, ㅇ, ㄹ, △'의 여섯 자는 평성, 상성, 거성의 종성이 되고, 그 나머지는 모두 입성의 종성이 된다. [훈해 종성해]

입성은 소리의 높낮이와는 관계없이 짧고 빨리 끝나는 음절의 소리이므로 '평성, 상성, 거성'과는 구분된다. 곧, 입성(入聲)은 '독(甕), :속(內), ·톡(頤) ; 긷(柱), :낟(穀), ·몯(釘) ; 녑(脅), :깁(繒), ·입(口)'처럼 종성이 폐쇄음인 /k/, /t/, /p/으로 된 음절이다. 따라서 입성을 다시 높낮이의 특징에 따라서 '거성적 입성'에는 한 점, '상성적 입성'에는 두 점을 찍었고, '평성적 입성'에는 점을 찍지 않았다.

이러한 방점은 16세기 초기 문헌에서부터 사용법에 혼란을 보이다가, 『동국신속삼강행실도』(1617)와 같은 17세기 초반에 간행된 문헌부터는 방점이 표시되지 않았다.

{ 훈민정음 해례본에 제시된 초성 글자의 소리 체계 }

『훈민정음 해례본』의 '초성해'에서는 초성의 글자 체계를 23글자 체계로 제시하였다. 이는 단일 초성 글자인 17자와 각자 병서의 글자인 6자를 아울러서 글자 체계를 제시한 것이다.

조음 위치(五音) \ 조음 방법(淸濁)	全淸 (예사소리)	次淸 (거센소리)	不淸不濁 (울림소리)	全濁 (된소리)
牙音 / 엄쏘리	/ㄱ/ 君군	/ㅋ/ 快쾡	/ㆁ/ 業업	/ㄲ/ 虯뀹
舌音 / 혀쏘리	/ㄷ/ 斗둫	/ㅌ/ 呑툰	/ㄴ/ 那낭	/ㄸ/ 覃땀
脣音 / 입시울쏘리	/ㅂ/ 彆볋	/ㅍ/ 漂푱	/ㅁ/ 彌밍	/ㅃ/ 步뽕
齒音 / 니쏘리	/ㅈ/ 卽즉 /ㅅ/ 戌슗	/ㅊ/ 侵침		/ㅉ/ 慈쯩 /ㅆ/ 邪썅
喉音 / 목소리	/ㆆ/ 挹흡	/ㅎ/ 虛헝	/ㅇ/ 欲욕	/ㆅ/ 洪ᅘᅩᇰ
半舌音 / 반혀쏘리			/ㄹ/ 閭령	
半齒音 / 반니쏘리			/ㅿ/ 穰샹	

〈표 1〉 초성 글자의 소리 체계

초성의 소리는 먼저 '오음(五音)', 곧 조음 위치에 따라서 초성의 소리를 '아음, 설음, 순음, 치음, 후음, 반설음, 반치음'으로 나누었다. 첫째로 /ㄱ/, /ㅋ/, /ㆁ/, /ㄲ/은 혀의 뿌리로써 어금니의 근처(여린입천장 근처)를 막아서 내는 소리이므로 '아음(牙音, 엄쏘리)'이라고 한다. 둘째로 /ㄷ/, /ㅌ/, /ㄴ/, /ㄸ/은 혀끝으로 윗잇몸을 막아서 내므로 '설음(舌音, 혀쏘리)'이라고 한다. 셋째로 /ㅂ/, /ㅍ/, /ㅁ/, /ㅃ/은 두 입술을 막아서 내는 소리이므로 '순음(脣音, 입시울쏘리)'이라고 한다. 넷째로 /ㅈ/, /ㅅ/, /ㅊ/, /ㅉ/, /ㅆ/은 혀끝으로 윗니 근처를 막거나 접근시켜서 내므로 '치음(齒音, 닛소리)'이라고 한다. 다섯째로 /ㆆ/, /ㅎ/, /ㅇ/, /ㆅ/은 목에서 나는 소리이므로 '후음(喉音, 목소리)'이라고 한다. 그리고 /ㄹ/은 설음인 /ㄷ/, /ㅌ/, /ㄴ/과 같은 위치에서 나되 혀끝이 완전하게 닫히지 않는 점이 /ㄷ/, /ㅌ/, /ㄴ/과 다르므로, '반설음(半舌音, 반혀쏘리)'이라고 한다. 마지막으로 /ㅿ/은 치음인 /ㅅ/, /ㅈ/, /ㅊ/과 같은 위치에서 나되, 유성음과 유성음 사이에서만 실현된다는 제약 때문에 '반치음(半齒音, 반닛소리)'이라고 한다.

다음으로 '청탁(淸濁)', 곧 소리를 내는 방법과 힘의 강도에 따라서 초성의 소리를 '전청, 차청, 불청불탁, 전탁'으로 나누었다. 이들 소리 가운데서 '전청(全淸)'인 /ㄱ, ㄷ, ㅂ, ㅈ, ㅅ, ㆆ/은 약한 소리인 '예사소리(軟音)'에 해당하며, '차청(次淸)'인 /ㅋ, ㅌ, ㅍ, ㅊ, ㅎ/은 '거센소리(激音, 氣音)'에 해당한다. 그리고 '불청불탁(不淸不濁)'인 /ㆁ, ㄴ, ㅁ, ㅇ, ㄹ, ㅿ/은 '향음(響

音, 울림소리)'에 해당하며, '전탁(全濁)'인 /ㄲ, ㄸ, ㅃ, ㅉ, ㅆ, ㆅ/은 '된소리(硬音)'에 해당한다.

{ 중성 글자의 제자법과 합용법 }

『훈민정음 해례본』에서는 단일 글자인 '일자 중성 글자(一字 中聲)'나 복합 글자인 '이자 중성 글자(二字 中聲)'의 뒤에 'ㅣ'를 합쳐서, 더 많은 글자를 만들어서 사용할 수 있다고 하였다. 곧, 'ㆎ, ㅢ, ㅚ, ㅐ, ㅟ, ㅔ, ㆈ, ㅒ, ㆉ, ㅖ'의 10개의 글자는 일자 중성(一字 中聲)인 'ㆍ, ㅡ, ㅗ, ㅏ, ㅜ, ㅓ, ㅛ, ㅑ, ㅠ, ㅕ'에 'ㅣ'를 합쳐서 사용하는 글자이다. 이렇게 합용된 글자는 '이자 중성(二字 中聲)'이 된다. 그리고 'ㅙ, ㅞ, ㅙ, ㅞ'는 '이자 중성(二字 中聲)'인 'ㅘ, ㅝ, ㅛ, ㆌ'에 다시 'ㅣ'를 합쳐서 사용하는 글자인데, 이들 글자는 '삼자 중성(三字 中聲)'이 된다.

글자의 종류		글자의 예	제자 방법과 합용 방법
基本字	象形字	ㆍ, ㅡ, ㅣ	상형
	初出字	ㅗ, ㅏ, ㅜ, ㅓ	상형자의 합성
	再出字	ㅛ, ㅑ, ㅠ, ㅕ	초출자와 'ㆍ'의 합성
合用	二字相合者	ㅘ, ㅝ ; ㅛ, ㆌ	초출자의 합용, 재출자의 합용
	三字相合者	ㅙ, ㅞ, ㅙ, ㅞ	'이자 중성'과 'ㅣ'의 합용

⟨표 2⟩ 중성 글자의 제자 방법과 합용 방법

(추가 행: 'ㆎ, ㅢ, ㅚ, ㅐ, ㅟ, ㅔ, ㆈ, ㅒ, ㆉ, ㅖ' — '일자 중성'과 'ㅣ'의 합용)

1.2. 표기법

15세기 국어의 표기법은 '음소적 표기법과 음절적 표기법, 형태·음소적 표기법, 종성의 표기, 사잇소리의 표기, 한자음의 표기, 붙여쓰기' 등에서 특징이 나타난다.

1.2.1. 표음주의와 표의주의 표기법

15세기 국어에서는 원칙적으로는 '표음주의 표기법'으로 적었으며, 일부 문헌에서 부분적으로 '표의주의 표기법'으로 적었다.

⟨ **표음주의 표기법** ⟩ '표음주의 표기법(表音主義 表記法)'은 특정한 형태소에 변동이 일어날 때에, 그 형태소를 변동된 대로 적거나 형태소의 경계를 무시하고 소리 나는 대로 적은 표기법이다. 중세 국어에서 표음주의 표기법은 '음소적 표기법'과 '음절적 표기법'

의 두 가지 방식으로 실현되었다.

첫째, '음소적 표기법(音素的 表記法, phoneticism)'은 변동된 형태를 소리 나는 대로 적는 표기 방법이다.

    (1) ㄱ. 무룹, 글, 녇디, 곳, 눗

        ㄴ. 이실 쩌긔, 녀쑵고, 우룸쏘리

        ㄷ. 믓결, 밧, 업던, 아슨고, 화살 ; 쎄, 어믜, 잇거든

        ㄹ. 날ᄃ려, ᄃ리예, ᄃ외욜과

        ㅁ. 마키디, 나코, 코콰, ᄀᄅ쳐

        ㅂ. 건나디, 븐ᄂ니, 젼노라

(1)에서는 형태소의 기본 형태가 (ㄱ)은 평파열음화, (ㄴ)은 된소리되기, (ㄷ)은 탈락, (ㄹ)은 첨가, (ㅁ)은 축약 현상에 따라서 비기본 형태로 변동했다. 중세 국어에서는 이러한 변동 현상이 일어날 때에는 소리나는 대로 표기하는 것이 일반적이었다.

둘째, '음절적 표기법(音節的 表記法)'은 체언이나 용언의 어간이 종성으로 끝나고 그 뒤에 실현되는 조사와 어미가 모음으로 시작할 때에, 형태소의 경계를 무시하고 앞 말의 종성을 뒤 말의 초성으로 이어서 적는 표기법이다(이어적기, 連綴).

    (2) ㄱ. 모믈(몸 + -올), 사르미(사름 + -이), 도ᄂ로(돈 + -ᄋ로), 쁘들(쁟 + -을), 소내(손 + -애), ᄂ미(놈 + -익), 꾸믈(꿈 + -을), ᄃ를(돌 + -을), 홀글(흙 + -을), 누니라(눈 + -이라)

        ㄴ. 업슬(없- + -을), 아나(안- + -아), 빌머그라(빌먹- + -으라), 안자(앉- + -아), 바다(받- + -아), 어드리라(얻- + -으리라), 소사(솟- + -아)

(ㄱ)은 체언의 끝에 실현된 종성이 모음으로 시작하는 조사와 결합할 때에 이어적기를 한 예이다. 그리고 (ㄴ)은 용언 어간의 끝에 실현된 종성이 모음으로 시작하는 어미와 결합할 때에 이어적기를 한 예이다.

〈 **표의주의 표기법** 〉 '표의주의 표기법(表意主意 表記法)'은 변동된 형태소의 기본 형태를 밝혀서 적거나, 형태소의 경계를 밝혀서 적는 표기 방법인데, 이러한 표기법을 '형태·음소적 표기법(形態 音素的 表記法, ideographicism)'이라고도 한다.

첫째, 『용비어천가』와 『월인천강지곡』과 같은 문헌에서는, 특정한 형태소가 쓰이는 환경에 따라서 형태가 달라지더라도 원래의 기본 형태대로 적는 경우가 있었다.

(3) ㄱ. 곳비, 낮과, 맞나ᅀᆞᄫᅥ며　　　　　　　　　[월천 81장, 16장, 178장]

　　ㄴ. 빛나시니이다, 좇거늘　　　　　　　　　　[용가 80장, 36장]

　　ㄷ. 닢, 높고, 깊고　　　　　　　　　　　　　[용가 34장, 84장, 월천 99장]

　　ㄹ. 낱　　　　　　　　　　　　　　　　　　[월천 40장]

(3)의 예는 종성에서는 소리나지 않는 'ㅈ, ㅊ, ㅍ, ㅌ' 받침을 원래의 기본 형태대로 종성
에 적은 것이다. 이들을 '팔종성가족용법(八終聲可足用法)'에 따라서 적으면 각각 '곳비,
낫과, 맛나ᅀᆞᆸ며; 빗나시니이다, 좃거늘; 닙, 놉고, 깁고; 낟'으로 적힌다.1)

　　둘째, 『월인천강지곡』에서는 형태소와 형태소의 경계를 밝혀서 '끊어적기(分綴)'를 한
경우도 있다.

(4) ㄱ. 눈에, 손ᄋᆞ로 ; 일을, 믈이 ; 쉼을, 몸이 ; 죵을, 딮동을 ; 즌을

　　ㄴ. 안아, 안ᄋᆞ시니이다 ; 담아, 감아늘

(ㄱ)처럼 체언에 조사가 결합하는 경우에, 체언이 주로 /ㄴ/, /ㄹ/, /ㅁ/, /ㆁ/, /ㅿ/과 같은
공명음(共鳴音)의 종성으로 끝날 때에는 체언과 조사의 경계를 구분하여 적었다. 그리고
용언의 경우에 (ㄴ)과 같이 어간이 공명음 중에서 특히 /ㄴ/과 /ㅁ/의 종성으로 끝날
때에는 어간과 어미의 경계를 구분하여 적었다.

1.2.2. 종성의 표기

15세기 국어에서 종성의 자리에서는 /ㄱ, ㆁ, ㄷ, ㄴ, ㅂ, ㅁ, ㅅ, ㄹ/의 여덟 개의 소리
만이 발음되었다.2) 이에 따라서 『훈민정음 해례본』의 종성해에서는 '然ㄱㆁㄷㄴㅂㅁㅅ
ㄹ八字可足用也'라고 규정하여, 종성 소리로서 원칙적으로 'ㄱ, ㆁ, ㄷ, ㄴ, ㅂ, ㅁ, ㅅ,
ㄹ'의 여덟 글자만 사용하였다.

(5) ㄱ. 然ㄱㆁㄷㄴㅂㅁㅅㄹ八字可足用也。如빗곶爲梨花 엿의갗爲狐皮。而ㅅ字可以通用。故只
　　用ㅅ字。　　　　　　　　　　　　　　　　　　　　　　　　　　　[훈해 종성해]

----

1) 'ㄹ' 겹받침은 '홁과, 둛과를 ; 여듧, 엷디, 넓디 ; 옮디, 옮겨'에서처럼 항상 겹자음 그대로 소리
　났으므로, '형태 음소적 표기법'의 예에서 제외된다. 이 책 55쪽의 예문 (26)을 참조.

2) 'ㅿ'은 예외적으로 제한된 환경에서 종성 자리에 쓰인 예가 있다. 결과적으로 '앗이/앙이(← 아ᅀᆞ
　+ -이)', '엿이/영이(← 여ᅀᆞ + -이)' 등과 같이 쓰였다. 이 책 54쪽의 내용을 참조.

ㄴ. 그러나 'ㄱ, ㆁ, ㄷ, ㄴ, ㅂ, ㅁ, ㅅ, ㄹ'의 여덟 글자로 (종성에) 쓰는 데 충분하다. '빗곶(배꽃, 梨花)'과 '엿의갗(여우 가죽, 狐皮)'처럼 ('ㅈ, ㅿ, ㅊ'을) 'ㅅ자(字)'로 통용할 수 있으므로, 오직 'ㅅ자(字)'를 사용한다.(빗곳, 엿의갓)

이에 따라서 『훈민정음 언해본』, 『석보상절』, 『월인석보』 등 15세기 국어로 된 대부분의 문헌에서는 이러한 원칙에 따라서 종성을 소리 나는 대로 적었다.

   (6) ㄱ. 목소리, 스승, 낟(穀), 눈, 숩웆, 쑴, 옷, 믈
       ㄴ. 받(← 밭), 놉고(← 높고), 곳(← 곶), 갓(← 갗), 노쏩고(← 놓습고)

(ㄱ)은 /ㄱ, ㆁ, ㄷ, ㄴ, ㅂ, ㅁ, ㅅ, ㄹ/의 7종성이 그대로 쓰인 예이다. 반면에, (ㄴ)은 /ㄱ, ㆁ, ㄷ, ㄴ, ㅂ, ㅁ, ㅅ, ㄹ/ 이외의 종성이 변동함에 따라서, 형태소의 기본 형태를 무시하고 소리 나는 대로 적은 예이다.

1.2.3. 사잇소리의 표기

15세기 국어에서 사잇소리를 적는 방법은 현대 국어에서보다 훨씬 다양했다. 특히 『용비어천가』와 『훈민정음 언해본』에는 'ㅅ'뿐만 아니라 'ㅿ, ㄱ, ㄷ, ㅂ, ㅸ, ㆆ'의 글자를 사용했다(단, '-ㅿ'은 『용비어천가』에만 쓰였다). 『용비어천가』와 『훈민정음 언해본』에 사용되었던 사잇소리의 표기 방법을 다음과 같이 정리할 수 있다.

실현 환경			보기
앞말의 끝소리	사잇소리 글자	뒷말의 첫소리	
모든 유성음	ㅿ	유성음 (모음, ㄴ, ㄹ, ㅁ)	世子ㅿ 位, 天子ㅿ ᄆᆞᅀᆞᆷ, 英主ㅿ 알ᄑᆡ, 나랏 일훔, 後ㅿ 날, 바롨 우희, 눇므를
/ㆁ/	ㄱ	무성의 예사소리 (/ㄱ, ㄷ, ㅂ, ㅅ, ㅈ/)	遮陽ㄱ 세 쥐, 乃냉終즁ㄱ 소리, 讓兄ㄱ 뜯
/ㄴ/	ㄷ		呑튼ㄷ 字ᄍᆞᆼ, 君군ㄷ 字ᄍᆞᆼ, 몃 間ㄷ 지븨
/ㅁ/	ㅂ		사름 ᄠᅳ디잇가, 侵침ㅂ 字ᄍᆞᆼ
/ㅸ/	ㅸ		斗듷ㅸ 字ᄍᆞᆼ, 漂ᄑᆞᆯㅸ 字ᄍᆞᆼ
모음, /ㄹ/	ㆆ		那낭ㆆ 字ᄍᆞᆼ, 先考ㆆ 뜯; 하ᄂᆞᇙ ᄠᅳ들

〈표 3〉 사잇소리 표기 방법

이들 문헌에 쓰인 사잇소리 표기 글자는 앞말의 끝소리가 유성음일 때에만 나타난다. 그리고 앞말의 끝소리와 뒷말의 첫소리의 종류에 따라서, ‘ㅿ, ㄱ, ㄷ, ㅂ, ㅸ, ㆆ’ 등의 사잇소리 표기 글자가 선택되었다.

첫째, ‘世子ㅿ 位’처럼 뒷말의 첫소리가 유성음(모음, /ㄴ/, /ㄹ/, /ㅁ/)일 때에는 유성 자음인 ‘ㅿ’을 사잇소리 글자로 사용하였다. 둘째, 뒷말의 첫소리가 무성의 예사소리(/ㄱ/, /ㄷ/, /ㅂ/, /ㅅ/, /ㅈ/)일 때에는, 앞말의 끝소리와 동일한 조음 위치에서 발음되는 전청(全淸, 예사소리)의 자음 글자인 ‘ㄱ, ㄷ, ㅂ, ㅸ, ㆆ’ 등을 사잇소리 글자로 사용했다. 곧 ‘遮陽ㄱ 세 쥐’처럼 앞말의 끝소리가 아음(牙音)인 /ㆁ/일 때는, 사잇소리 글자로서 아음의 전청 글자인 ‘ㄱ’을 사용하였다. 그리고 ‘呑ᄐᆞᆫㄷ 字ᄍᆞᆼ’처럼 설음(舌音)인 /ㄴ/의 뒤에서는 설음의 ‘ㄷ’을 사용하였고, ‘사ᄅᆞᇜ ᄠᅳ디잇가’처럼 순음(脣音)인 /ㅁ/의 뒤에서는 순음의 ‘ㅂ’을 사용했다. ‘斗ᄃᆞᇢㅸ 字ᄍᆞᆼ’처럼 순경음인 /ㅱ/의 뒤에서는 순경음의 ‘ㅸ’을 사용했고, ‘那낭ㆆ 字ᄍᆞᆼ’처럼 모음이나 /ㄹ/ 뒤에서는 후음의 ‘ㆆ’을 사잇소리 글자로 사용했다.

그런데 사잇소리에 대한 이러한 다양한 표기 방법은 훈민정음을 창제한 직후부터 변하여, ‘ㅅ’으로 두루 쓰려는 경향이 나타났다.

(7) ㄱ. 野人ㅅ 서리, 님그ᇝ 德, 아바니ᇝ 뒤, 나랏 小民, 긼ᄀᆞᅀᅢ [용가]
ㄴ. 부텻 말, 聖人ㅅ 물, 神通ㅅ 이ᄅᆞᆯ [법언]

『용비어천가』에서 이미 (ㄱ)처럼 ‘ㄷ, ㅂ, ㆆ’ 대신에 ‘ㅅ’만을 쓰려는 경향이 나타났고, 『용비어천가』 뒤의 책에는 (ㄴ)처럼 ‘ㅿ’을 써야 할 음성적 환경에서도 ‘ㅅ’을 사용했다.

15세기 국어에서 사잇소리를 표기하는 글자는 이처럼 ‘ㅅ’으로 통일되었는데, 사잇소리 표기의 ‘ㅅ’ 글자는 다음과 같이 다양한 모습으로 실현된다.

(8) ㄱ. 아ᄅᆞᆺ 因緣, 부텻 말, 나랏 小民, 빗곶, 즘겟가재
ㄴ. 님그ᇝ 德, 아바니ᇝ 뒤, ᄀᆞᄅᆞᇝᄀᆞᅀᅢ, ᄆᆞᅀᆞᇝᄀᆞ장, 긼ᄀᆞᅀᅢ
ㄷ. 神通ㅅ 이ᄅᆞᆯ, 野人ㅅ 서리, 聖人ㅅ 물, 狄人ㅅ 서리, 魯ㅅ 사ᄅᆞᆷ, 東海ㅅ ᄀᆞᅀᅵ
ㄹ. 엄쏘리, 혀쏘리, 입시울쏘리; 두 鐵圍山 ᄊᆞᅀᅵ

(ㄱ)의 ‘아ᄅᆞᆺ 因, 부텻 말’ 등에는 앞 체언의 모음 아래에 사잇소리를 표기하는 ‘ㅅ’이 실현되었는데, 이러한 방식은 현대어에서 사이시옷을 표기하는 방식과 동일하다. (ㄴ)의 ‘님그ᇝ 德, 긼 ᄀᆞᅀᅢ’ 등에는 ‘ㅅ’을 앞 체언의 종성 아래에 적었고, (ㄷ)의 ‘神通ㅅ 이ᄅᆞᆯ, 野人ㅅ 서리, 魯ㅅ 사ᄅᆞᆷ’ 등에는 한자로 적은 체언 뒤에 ‘ㅅ’을 붙여서 적었다. (ㄹ)의

'엄쏘리, 혀쏘리, 입시울쏘리; 두 鐵圍山 ㅆㅅㅣ'에는 'ㅅ'을 뒤 체언의 앞으로 옮겨서 적었는데, 그 결과 뒤 체언의 첫 'ㅅ' 글자와 합쳐서 각자 병서 글자인 'ㅆ'으로 적었다.

1.2.4. 한자어의 표기

15세기 국어에서 한자어는 대략 다음과 같은 세 가지의 방법으로 표기하였다.
첫째, 한자어를 한자로만 표기하고 한글을 표기하지 않는 방법이 있었다.

> (9) ㄱ. 狄人ㅅ 서리예 가샤 狄人이 굴외어늘   [용가 4장]
>   ㄴ. 긴 녀름 江村애 일마다 幽深ㅎ도다   [두언-초 7:3]

이는 한자만 적고 한자음을 달지 않은 표기법으로서, 『용비어천가』와 〈두시언해〉 등의 문헌에서는 이러한 방식으로 한자어를 표기하였다.
둘째, 한자를 주로 삼고 한글을 딸림으로 하여 한자어를 표기하는 방법이 있었다.

> (10) ㄱ. 世솅尊존ㅅ 일 솔ᄫᅩ리니 萬먼里링外ᅌᅱ 일이시나   [월석 1:1]
>   ㄴ. 나랏 말ᄊᆞ미 中듕國귁에 달아   [훈언 1]
>   ㄷ. 李링氏씨 女녀戒갱예 닐오디   [내훈 1:1]

이 경우에는 한자를 크게 쓰고 한글을 한자의 오른쪽 아래에 달았다. 이러한 표기 방법은 『월인석보』, 『훈민정음 언해본』, 『내훈』 등에 쓰였던 주음 방식이다.
셋째, 한글을 주로 하고 한자를 딸림으로 하여 한자어를 표기하는 방법이 있었다.

> (11) 세世존尊ㅅ 일 솔ᄫᅩ리니 먼萬리里외外ㅿ 일이시나   [월천 기2]

이러한 표기법은 한글을 크게 쓰고 한자를 오른쪽 아래에 작게 다는 한자어의 표기 방법인데, 이는 『월인천강지곡』에만 쓰인 예외적인 한자어 표기법이다.

1.2.5. 붙여쓰기

15세기 문헌에서는 원칙적으로 띄어쓰기를 하지 않고 글 전체를 붙여 썼다.

(12) ㄱ. 나랏말ᄊᆞ미中國에달아文字와로서르ᄉᆞᄆᆞᆺ디아니ᄒᆞᆯᄊᆡ   [훈언 1]

     ㄴ. 닐굽고줄因ᄒᆞ야信誓기프실ᄊᆡ世世예妻眷이ᄃᆞ외시니   [월석 1:4]

훈민정음을 창제한 1444년 이후부터 19세기 말인 개화기 직전의 시기까지는 대체로 띄어쓰기를 하지 않고 (10)처럼 글 전체를 붙여서 적었다.

1.3. 음운

국어의 음절은 초성, 중성, 종성으로 구성되었다. 그러므로 국어의 음운은 원칙적으로 '초성', '중성', '종성'과 초분절 음소인 성조(聲調)의 체계로 구성되었다. 여기서는 15세기 국어에 쓰였던 문자의 음가를 중심으로 하여 음운 체계를 설명한다.

1.3.1. 음운 체계

1.3.1.1. 자음의 음소 체계

초성 글자와 종성 글자 중에서 현대어와 차이 나는 것의 음가와 사용법을 정리하면 다음과 같다.

가. 초성 글자의 소리

〈초성 글자의 유형〉 초성 글자는 '단일 초성 글자'와 '복합 초성 글자'로 구분할 수 있다. '단일 초성 글자(홑 초성 글자)'는 한 글자로 이루어진 기본 글자이며, '복합 초성 글자(겹 초성 글자)'는 기본 글자를 합해서 만든 글자이다.

단일 초성 글자		ㄱ, ㅋ, ㆁ; ㄷ, ㅌ, ㄴ; ㅂ, ㅍ, ㅁ; ㅅ, ㅈ, ㅊ; ㅇ, ㆆ, ㅎ; ㄹ; ㅿ
복합 초성 글자	각자 병서 글자	ㄲ, ㄸ, ㅃ, ㅉ, ㅆ, ㆅ, (ㆀ, ㄴㄴ)
	합용 병서 글자	ㅳ, ㅄ, ㅶ, ㅷ; ㅺ, ㅼ, ㅽ, ㅾ; ㅴ, ㅵ
	연 서 글자	ㅸ, ㅱ, (ㆄ), (ㅹ)

〈표 4〉 초성 글자의 유형

(가-1) 단일 초성 글자의 소리

'단일 초성 글자(홑 초성 글자)'는 한 글자로 이루어진 기본 글자인데, 이들 중에서 지금은 없어졌거나 발음이 지금과 다른 글자로는 'ㆁ, ㆆ, ㅿ; ㅇ, ㅈ, ㅊ'이 있다.

〈ㆁ〉 'ㆁ'은 아음(牙音)의 불청불탁 글자로서, 여린입천장(연구개)에서 나는 비음인 /ŋ/의 음가를 가진 글자이다.

> (1) ㄱ. 러울, 서에, 바올, 그에, 미드니잇가
>   ㄴ. 올창, 부헝, 딩굴다

이 글자의 음가는 현대어에서 종성의 위치에 쓰이는 'ㅇ'의 글자와 비슷하나 15세기 국어에서는 (1ㄱ)처럼 초성의 위치에도 나타나는 것이 특징이다.

'ㆁ' 글자는 대체로 16세기 초기부터 초성에는 쓰이지 않고 종성에서만 쓰이다가, 16세기 말에 이르면 문헌에서 거의 나타나지 않는다.

〈ㆆ〉 'ㆆ'은 후음(喉音)의 전청 글자로서, 그 앞의 소리를 끊는 것을 표시하는 '후두폐쇄음(喉頭 閉鎖音)'인 [ʔ]의 음가를 나타낸다. 'ㆆ'은 우리말을 적을 때에는 초성으로 사용된 예가 보이지 않는 것이 특징이다.

> (2) ㄱ. 長湍을 건너싏 제, 값 길히, 니르고져 홇 배, 도라옳 軍士, 지브로 도라오싏 제; 功德이 져긇가
>   ㄴ. 快ㆆ字, 那ㆆ字, 先考ㆆ뜯, 하눓뜯

(2)의 (ㄱ)에서는 'ㆆ'이 미래 시제를 나타내는 어미인 '-을/-을-'의 다음에 쓰여서 절음(絶音)을 위한 휴지(休止)의 부호로 사용되었다. 그리고 (2ㄴ)에서는 'ㆆ'이 사잇소리를 표기하거나 관형격 조사로 쓰인 예이다.

'ㆆ'은 우리말을 적는 데에는 그리 많이 쓰이지 않았지만 '동국정운식 한자음'을 표기하는 데에는 많이 쓰였다.

> (3) ㄱ. 於ᅙᅥᆼ, 一ᅙᅵᆶ, 因ᅙᅵᆫ, 依ᅙᅴᆼ, 音ᅙᅳᆷ
>   ㄴ. 日싫, 發ᄫᅥᆶ, 戌슈ᇙ, 八ᄫᅡᇙ, 不ᄫᅮᇙ, 節져ᇙ

(ㄱ)에서 '於ᅙᅥᆼ, 一ᅙᅵᆶ, 因ᅙᅵᆫ, 依ᅙᅴᆼ, 音ᅙᅳᆷ' 등은 동국정운식 한자음을 표기할 때에 'ㆆ'이 초성에 쓰인 예이다. 그리고 (ㄴ)에서 '日싫, 發ᄫᅥᆶ, 戌슈ᇙ, 八ᄫᅡᇙ, 不ᄫᅮᇙ, 節져ᇙ' 등은 /ㄹ/ 종성으로 끝난

국어 한자음을 중국의 발음인 입성에 가깝게 표기하기 위하여 'ㆆ'으로써 'ㄹ'을 보충하여 표기한 것이다(이영보래, 以影補來).

'ㆆ'은 아주 제한된 범위에서만 쓰이다가, 1465년(세조 11년)에 간행된 『원각경언해』(圓覺經諺解)에서부터 쓰이지 않았다.

〈ㅿ〉 'ㅿ'은 『훈민정음 해례본』에 따르면 치음의 불청불탁 글자로 처리되어 있다. 이러한 사실을 감안하면 'ㅿ'은 'ㅅ'에 대립되는 '유성 치조 마찰음(有聲 齒槽 摩擦音)'인 /z/의 음가가 있는 글자로 보아야 한다.

(4) ㄱ. 겨슬, ᄀᆞ슬, ᄆᆞ슬, 스싀, 아ᅀᆞ, 한숨; 거싀, 몸소

　　　ㄴ. 그서, 니서, 우스샤, 지서, 두ᅀᅡ 샤

　　　ㄷ. 나랏 일훔, 世子ㅿ 位, 英主ㅿ 알ᄑᆡ, 바ᄅᆞᆳ 우희

이 글자는 모음과 모음 사이나, 유성 자음인 /ㄴ, ㄹ, ㅁ, ㆁ, ㅸ/과 모음 사이에서만 나타나는 특징이 있다. (ㄱ)의 예는 체언이나 부사에서 실현되는 'ㅿ'의 예이고, (ㄴ)은 'ㅅ' 불규칙 용언의 어간 끝소리인 /ㅅ/이 변동한 결과로서 실현된 것이다. 그리고 (ㄷ)은 『용비어천가』에서 사잇소리를 표기하는 글자나 관형격 조사로 'ㅿ'을 사용한 예이다.

'ㅿ' 글자도 'ㆆ' 글자와 마찬가지로 16세기 초기부터 사용법에 혼란을 보이다가, 16세기 말에 이르면 거의 문헌에 나타나지 않는다(허웅, 1986: 468).

〈ㅇ〉 현대 국어에서 'ㅇ'은 초성과 종성에 두루 쓰이는데, 초성에서는 음가가 없는 글자로 쓰이고 종성에서는 /ŋ/의 음가가 있는 글자로 쓰인다.

그런데, 15세기 국어에서는 'ㅇ'의 글자는 원칙적으로 음가가 있는 초성 글자였다. 곧, 『훈민정음 해례본』의 '제자해'에서는 'ㅇ'이 후음의 불청불탁 계열의 초성 글자로 분류되어 있다. 이를 보면 'ㅇ' 글자가 '유성 후두 마찰음(有聲喉頭摩擦音)'인 /ɦ/의 음가를 나타내는 글자이었음을 짐작할 수 있다. 특히 'ㅇ'이 /ㄹ, ㅿ, ㅣ, j/[3]와 그에 뒤따르는 모음 사이에서 실현될 때에는, 후두 유성 마찰음으로 발음되었다(고등학교 문법, 2010: 282).

(5) ㄱ. 놀애, 늘애, 몰애; 달아, 일우다

　　　ㄴ. ᄀᆞᆯ애, 앓이; 긋어, 빗이고, 웃음

　　　ㄷ. 아니어늘, 몯ᄒᆞ리오, 뷔오; 뷔우다, 메우다

---

3) /j/는 'ㅣ'계 이중 모음인 /ㅑ, ㅕ, ㅛ, ㅠ/나 /ㅐ, ㅔ, ㅚ, ㅟ, ㅒ, ㅖ/ 등을 이루는 반모음이다.

(6) ㄱ. *노래, *ᄂ래, *모래, *다라, *이루다

　　ㄴ. *ᄀ새, *아ᅀᅵ, *그어, *비ᅀᅵ고, *우ᅀᅮᆷ

　　ㄷ. *아니여늘, *몯ᄒ리요, *뷔요 ; *뮈유다, *메유다

만일 'ㅇ'이 음가가 없는 글자이면 (5ㄱ)에서 '놀애, 늘애, 몰애, 달아, 일우다'는 '*노래,
*ᄂ래, *모래, *다라, 이루다'로 표기해야 하고, (5ㄴ)에서 'ᄀ애, 앐이, 궁어, 빗이고, 웃
ᅄᅩᆷ' 등도 마찬가지로 '*ᄀ새, *아ᅀᅵ, *그어, *비ᅀᅵ고, *우ᅀᅮᆷ'로 표기되어야 한다. 마지막으
로 (5ㄷ)에서 '아니어늘, 몯ᄒ리오, 뷔오, 뮈우다, 메우다'도 / ㅣ / 모음의 동화 현상에 따
라서 '*아니여늘, *몯ᄒ리요, *뷔요, *뮈유다, *메유다'로 표기되어야 한다. 그러나 이들
어휘들은 반드시 (5)와 같이 표기되었고, (6)처럼 표기되지는 않았다. 이러한 사실은 (5)
에 쓰인 'ㅇ'이 무음가의 글자가 아니고 /ɦ/의 음가가 있는 자음 글자였음을 암시해 준다.

　　그런데 훈민정음의 성음법(成音法)의 규정에 따라서, 'ㅇ' 글자를 음가가 없는 초성이
나 종성의 자리에 실현하여, 초·중·종성을 갖추어서 적는 데에 활용하기도 했다.

(7) ㄱ. 아히, 아ᅀᅳ, 어마님, 요주ᅀᅮᆷ, 입시울; 용(用), 욕(欲), 잉(異)

　　ㄴ. 셔(書), 쭝(字), 셔(如), 충(此), 뽕(步)

(ㄱ)의 '아히, 아ᅀᅳ, 어마님, 요주ᅀᅮᆷ, 입시울; 용(用), 욕(欲), 잉(異)'에서 초성의 'ㅇ'은 음가
가 없는 글자이다. 그런데 중세어에서는 동국정운식 한자음 표기에 (ㄴ)의 '셔(書), 쭝(字),
셔(如), 충(此), 뽕(步)'처럼 음가가 없는 'ㅇ'이 종성의 자리에 쓰였다.

　　음가가 없는 'ㅇ' 글자는 현재까지 쓰이고 있으나, 유성 후두 마찰음의 'ㅇ' 글자는
16세기 중엽에 사라졌다(안병희·이광호, 1993: 60).

　　〈ㅈ, ㅊ〉 'ㅈ'과 'ㅊ'은 현대어에서는 경구개음(센입천장소리)의 글자인 데에 반해서,
15세기 국어에서는 치음(치조음, 혀끝소리)의 글자이다.

(8) ㄱ. 잡다, 잣(城), ᄌ라다, 좀먹다, 즐게

　　ㄴ. 차(茶), 차반, 춤, 츰히, 츰새, 칙ᄒ다

현대어에서 'ㅈ'과 'ㅊ'의 글자는 경구개음인 /tɕ/, /tɕʰ/을 나타낸다. 반면에 『훈민정음
해례본』에서는 'ㅈ'과 'ㅊ'을 'ㅅ'과 함께 치음으로 처리했는데, 이러한 사실에서 중세어
의 'ㅈ'과 'ㅊ'은 혀끝에서 발음되는 파찰음인 /ts/과 /tsʰ/로 소리난다는 사실을 알 수
있다.[4]

(가-2) 복합 초성 글자의 소리

'복합 초성 글자(＝겹 초성 글자)'는 기본 글자를 합해서 만든 글자로서, 이에는 '병서 글자'와 '연서 글자'가 있다.

① 병서 글자의 소리

초성 글자를 합하여 사용할 때에는 두 글자를 왼쪽에서 오른쪽으로 나란히 잇대어서 쓰는데 이를 '병서(竝書)'라고 한다. 병서 글자로는 '각자 병서 글자'와 '합용 병서 글자'가 있다.

〈 **각자 병서 글자의 소리** 〉 동일한 글자를 옆으로 나란히 적어서 새로운 글자를 만드는 방법을 '각자 병서(各自竝書)'라고 하는데, 각자 병서 글자로는 'ㄲ, ㄸ, ㅃ, ㅉ, ㅆ, ㆅ, ㆀ, ㆅ'이 있다.

ⓐ '**ㄲ, ㄸ, ㅃ, ㅉ, ㅆ**' : 'ㄲ, ㄸ, ㅃ, ㅉ, ㅆ'은 전탁 계열의 글자로서 각각 현대 국어의 /k', t', p', ts', s'/의 된소리와 대응된다(고등학교 문법, 2010: 279).

> (9) ㄱ. 말쏨, 쓰다, 싸호다, 볼쎠
> ㄴ. ㅂ를 <u>낄</u>름, 수물 <u>띤</u>, 여흴 <u>쩌</u>긔, 펼 <u>쓰</u>싀예
> ㄷ. 일홀<u>까</u>, 아ᅀᆞ 볼<u>까</u>, 이실<u>까</u>, 겻굴<u>따</u>
> ㄹ. 녀<u>쑵</u>고, 듭<u>쑵</u>고, 노<u>쑵</u>고; 연<u>쫍</u>고, 무<u>쯘</u>볼대, 조<u>쫍</u>고, 마<u>쫘</u>비
> ㅁ. 엄<u>쏘</u>리, 니<u>쏘</u>리, 혀<u>쏘</u>리
> ㅂ. 而ᅀᅵ終즁不붏得득伸신其끵情쪙者쟝ㅣ多당矣ᅌᅴ라　　　　　　　　　　[훈언 2]

(ㄱ)은 개별 어휘에 각자 병서 글자가 쓰였으며, (ㄴ)은 관형사형 어미인 '-을' 다음에서 각자 병서 글자가 실현되었고, (ㄷ)은 의문형 종결 어미가 각자 병서 글자로 실현되었다. (ㄹ)은 객체 높임 선어말 어미인 '-습-'과 '-줍-'의 변이 형태로서 '-쑵-'과 '-쫍-'으로 실현되었으며, (ㅁ)은 '*엄ㅅ소리'나 '*니ㅅ소리'와 같이 사잇소리나 관형격 조사를 표기하는 과정에서 'ㅆ'의 글자가 실현되었다. 끝으로 동국정운식 한자음을 표기할 때에는 (ㅂ)의 '끵(其)'와 '쪙(情)'처럼 각자 병서 글자가 단어의 첫머리에도 쓰였다.

'ㄲ, ㄸ, ㅃ, ㅉ, ㅆ, ㆅ'의 각자 병서 글자 중에서 'ㅆ'과 'ㆅ'을 제외한 'ㄲ, ㄸ, ㅃ, ㅉ'의

---

4) 15세기 국어에서는 '쟈, 져, 죠, 쥬'와 같은 표기가 나타난다. 이와 같이 /ㅈ/이 이중 모음인 /ㅑ, ㅕ, ㅛ, ㅠ/와 결합하는 것은 /ㅈ/이 치음인 것을 뒷받침해 준다. 곧 현대 국어처럼 'ㅈ'이 경구개음으로 발음되면 /ㅑ, ㅕ, ㅛ, ㅠ/와 결합할 수 없기 때문이다. (보기) 쟈랑, 쟝긔, 졎, 죵, 쥭; 챵포, 천량, 쵸롱, 쵸마, 츄마 cf. 쟌, 잣, 졀, 좁다, 줄기; 차, 차반, 처섬, 초, 춤

글자들은 주로 동국정운식 한자음을 표기하는 데에 쓰였고, 순우리말을 표기할 때에는 단어의 첫머리에 잘 쓰이지 않는 제약이 있었다. 이러한 각자 병서 글자는 『원각경언해(圓覺經諺解)』(1465)부터는 쓰이지 않게 되었다.

ⓑ '‍ᅘᅘ' : 'ᅘᅘ'은 반모음인 /j/ 앞에서 나타나는 'ㅎ(/ɕ/)'을 긴장되게 발음하는 소리(/ɕ/)를 나타내는 글자이다.

   (10) 혀, 내혀ᄂᆞ니, 쌔혈 씨니, 치혀시니, 두르혀, 두위혀, 도르혀

'ᅘᅘ'의 글자는 앞혓바닥을 센입천장에 접근시켜 마찰하면서 소리를 내는데, /ɕ/보다 더 길고 세게 낸다.

ⓒ '‍ᅇᅇ' : 'ᅇᅇ'은 /i/나 반모음 /j/ 앞에서 실현되어서, 그 /i/나 반모음 /j/를 긴장되고 길게 발음하는 소리를 나타내는 글자로 추측된다.

   (11) ㄱ. 使ᄂᆞᆫ 히ᅇᅧ ᄒᆞ논 마리라   [훈언 3]
       ㄴ. 生死애 ᄆᆡᅇᅩᆫ 根源을 알오져 홇 딘댄   [능언 5:5]
       ㄷ. 사ᄅᆞᄆᆡ 게 ᄆᆡᅇᅵᆫ 고ᄃᆞᆯ 긋 아라   [몽언 9]
       ㄹ. 王이 威嚴이 업서 ᄂᆞᄆᆡ 소내 쥐ᅇᅧ 이시며   [월석 2:11]

'ᅇᅇ'은 대체로 '히-, ᄆᆡ-, ᄆᆡ-, 쥐-'처럼 반모음 /j/로 끝나는 어근이나 어간의 뒤에서, 그 뒤에 실현되는 접미사나 어미의 /i/나 반모음 /j/를 긴장되고 길게 발음하는 소리이다.

ⓓ '‍ㄴㄴ' : 'ㄴㄴ'은 'ㄴ'을 길게 발음하는 소리인 /n : /로 발음하는 글자이다.

   (12) ㄱ. 혓 그티 웃닛 머리예 다ᄂᆞ니라   [훈언 15]
       ㄴ. 네 이제 머리 셰며 ᄂᆞᆾ 삻쥬믈 슬ᄂᆞ니   [능언 2:9]

유성 자음인 /ㄴ/은 소리의 특성상 된소리로 발음할 수 없으므로, /ㄴㄴ/은 /ㄴ/을 길게 발음하는 소리일 것으로 추정된다.

〈 합용 병서 글자의 소리 〉 서로 다른 글자를 옆으로 나란히 적어서 새 글자로 쓰는 방법을 '합용 병서(合用竝書)'라고 하는데, 이러한 합용 병서의 글자로는 'ㅲ, ㅳ, ㅄ, ㅄ; ㅅㄱ, ㅅㄷ, ㅅㅂ, ㅄ; ㅄㄷ, ㅄㄱ'이 있다.

(13) ㄱ. 뜰기, 뜯; 뜨고, 뻐디며; 대뽁, 딱; 뿍, 삐, 뜰   ['ㅂ' 계 합용 병서]

     ㄴ. 쇠, 쇼리, 슘; 싸히; 싸ㅎ, 쎡, 쏘; 쎠   ['ㅅ' 계 합용 병서]

     ㄷ. 뿔, 뜸, 뺴니; 둛째, 뗘며, 뜯리니   ['ㅄ' 계 합용 병서]

합용 병서 중에서 (ㄱ)의 'ㅳ, ㅶ, ㅄ, ㅄ'을 'ㅂ계 합용 병서', (ㄴ)의 'ㅺ, ㅅ, ㅼ, ㅽ'을 'ㅅ계 합용 병서', (ㄷ)의 'ㅴ, ㅵ'을 'ㅄ계 합용 병서'라고 한다.

『훈민정음 해례본』에서는 합용 병서 글자의 음가에 대하여 아무런 설명이 없다. 이 때문에 합용 병서의 음가에 대하여 '이중 자음 설'과 '된소리 설'이 나오게 되었다.

ⓐ **이중 자음 설** : '이중 자음 설'은 합용 병서의 각 글자가 모두 따로 발음되었다는 설이다. 합용 병서 글자를 이중 자음으로 발음하면 다음과 같이 된다.

(14) ㄱ. ㅳ [pt], ㅌ [ptʰ], ㅶ [pts], ㅄ [ps]

     ㄴ. ㅺ [sk], ㅴ [sn], ㅼ [st], ㅽ [sp]

     ㄷ. ㅴ [psk], ㅵ [pst]

허웅(1975: 56)에서는 '이중 자음 설'에 대하여 다음과 같은 근거를 제시하고 있다.

첫째, 『훈민정음 해례본』에서 합용 병서 글자의 음가를 따로 설명하지 않았다. 만일 글자가 합용 병서 글자가 각각의 글자대로 발음되지 않고 제3의 음가를 가졌으면, 이들 음가에 대한 설명을 반드시 하였을 것이다. 따라서 합용 병서 글자는 각각의 글자대로 발음한 것으로 보아야 한다.

둘째, 다음과 같은 현대어 어휘들의 발음은 이중 자음 설을 뒷받침한다.

(15) ㄱ. 멥쌀(<뫼뿔), 좁쌀(<조뿔), 찹쌀(<츳뿔)

     ㄴ. 입때(<이쌔), 접때(<뎌쁴)

(16) ㄱ. ᄂᆞ미 시늘 볼삐 말며   [내훈 1:6]

     ㄴ. 이리 쉬삐 아니ᄒᆞ니   [내훈 3:6]

현대 국어의 '멥쌀, 좁쌀, 찹쌀'에서 /ㅂ/이 덧나는 것은 곧 (15ㄱ)의 중세 국어의 '뿔(쌀)'에서 첫소리로 나는 /ㅂ/의 흔적 때문이다. 마찬가지로 현대어 '입때, 접때'에서 /ㅂ/이 덧나는 것도 (15ㄴ)의 '쌔(때, 時)'와 '쁴(때, 時)'의 첫 소리인 /ㅂ/의 흔적이 현재까지 남았기 때문이다. 그리고 (16)에서 (ㄱ)의 '볼삐'와 (ㄴ)의 '쉬삐'는 현대 국어에서 '밟지'와

'쉽지'로 실현된다. 그런데 현대 국어에서 /ㅂ/ 받침 소리가 존재하는 것을 보면, 15세기 국어에서 'ㅶ'의 'ㅄ'이 이중 자음으로 발음된 것을 알 수 있다.

'ㅅ'계는 16세기 초기에 된소리로 바뀌었고, 'ㅂ'계는 17세기 말에 동요하기 시작하여 1730년 무렵에 완전히 된소리로 바뀌었다. 그리고 'ㅄ'계는 16세기부터 동요하기 시작하여, 17세기에는 된소리나 'ㅂ'계로 바뀐 것도 있다(허웅, 1986: 478 참조).

ⓑ **된소리 설**: 합용 병서 글자 가운데서 'ㅂ'계인 'ㅄ, ㅌ, ㅶ, ㅄ'의 글자들은 각각 /pt/, /pt^h/, /pts/, /ps/처럼 이중 자음으로 발음되었다. 이처럼 'ㅂ'계 합용 병서가 이중 자음으로 발음된 것은 앞에서 제시한 (15)와 (16)의 예를 통해서 확인할 수 있다.

그런데 합용 병서 글자 중에서 'ㅅ'계 합용 병서 글자인 'ㅺ, ㅼ, ㅽ'은 된소리를 표기한 글자라는 설이 있다. 이처럼 'ㅅ'계 합용 병서를 이중 자음의 소리가 아니라 된소리로 보게 되면, 15세기 국어의 합용 병서 글자는 다음과 같이 발음된다.

(17) ㅳ [pt], ㅷ [pt^h], ㅶ [pts], ㅄ [ps]

(18) ㄱ. ㅺ [k'], ㅻ [sn], ㅼ [t'], ㅽ [p']
ㄴ. ㅴ [pk'], ㅵ [pt']

이처럼 'ㅅ'계 합용 병서 글자가 된소리 글자라고 주장하는 학자들은 다음과 같은 사실을 주장의 근거로 들고 있다.

(19) ㄱ. ᄭᅩ리>꼬리, ᄯᅡㅎ>땅, ᄲᅧ>뼈
ㄴ. ᄢᅢ니>깨니, ᄣᆞ리니>때리니

(20) ㄱ. 즘겟가재, 긼ᄀᆞ새, ᄀᆞᄅᆞᇝᄀᆞ새, ᄆᆞᅀᆞᆷᄀᆞ장; 빗돇
ㄴ. 엄쏘리, 혀쏘리, 입시울쏘리

15세기 국어에서 'ㅅ'계 합용 병서로 쓰인 말이 현대어에는 대체로 (19)처럼 된소리로 발음된다. 그리고 'ㅅ'은 (20)에서처럼 사잇소리를 표기하는 글자로 쓰여서 그 뒤에 실현되는 말이 된소리로 발음됨을 표기했는데, 이러한 이유로 'ㅅ'을 예전에 '된시옷'으로 부르기도 했다. 이러한 사실은 'ㅅ'계 합용 병서의 'ㅅ'이 독립된 음가를 가지지 않고 된소리를 표기하는 글자이었을 가능성을 보여 준다(이기문, 1998: 138).

② 연서 글자의 소리

〈 ㅸ 〉 'ㅸ'의 음가는 『훈민정음 해례본』에 나타난 다음의 설명으로 추측할 수 있다.

(21) ㄱ. ㅇ連書脣音之下 則爲脣輕音者 以輕音脣乍合而喉聲多也。 [훈해 제자해]
    ㄴ. ㅇ을 입술소리(脣音)의 아래에 이어서 쓰면 '입술 가벼운 소리(脣輕音)'가 되는 것은, 소리를 가볍게 냄(輕音)으로써 입술이 가볍게 합쳐지고(乍合) 목소리(喉聲)가 많기 때문이다. [훈해 제자해]

위의 설명을 참조하면, 'ㅸ'은 두 입술을 가볍게 하여 마찰음으로 소리내는 유성음(유성 양순 마찰음)인 /β/의 소리를 나타내는 글자임을 알 수 있다.

'ㅸ'은 대체로 유성음과 유성음 사이에서만 실현되어서 분포가 극히 제한적이다.

(22) ㄱ. ᄀᆞᄅᆞᄫᅵ, 셔ᄫᅳᆯ, 사ᄫᅵ, ᄒᆞᄫᅡᅀᅡ, 드ᄫᅵ, 대ᄫᅥᆷ, 메ᄫᅡᆺ고
    ㄴ. 열ᄫᆞᆫ, 셜ᄫᅥ, 글ᄫᆞᆯ, 말ᄫᅡᆷ; 웃ᄫᅳ니
    ㄷ. ᄫᅡᆼ字, 漂ᅗᅭᇢ字

(ㄱ)에서 'ᄀᆞᄅᆞᄫᅵ, 셔ᄫᅳᆯ, 사ᄫᅵ, ᄒᆞᄫᅡᅀᅡ, 드ᄫᅵ, 대ᄫᅥᆷ, 메ᄫᅡᆺ고' 등에서는 'ㅸ'이 모음과 모음 사이에 쓰였다. (ㄴ)의 '열ᄫᆞᆫ, 셜ᄫᅥ, 글ᄫᆞᆯ, 말ᄫᅡᆷ' 등에서는 'ㅸ'이 /ㄹ/과 모음 사이에, '웃ᄫᅳ니'에서는 'ㅸ'이 /ㅿ/과 모음 사이에 쓰였다. 그리고 (ㄷ)의 예에서는 'ㅸ'이 /ㅇ/ 다음에 실현되는 사잇소리 글자나 관형격 조사를 적는 글자로 쓰였다.

이러한 분포적인 제약 때문에 /ㅸ/은 세조가 등극한 이후에는 대체로 '고ᄫᅡ〉고와'나 '더ᄫᅥ/더워'처럼 반모음인 /w/로 바뀌었으며, '고ᄫᅵ〉고이'처럼 /ㅸ/의 소리가 소멸하기도 했다. 이에 따라서 'ㅸ' 글자도 1450~1460년 사이에 문헌에서 사라졌다.

나. 종성 글자의 소리

15세기 국어에서는 일반적으로 'ㄱ, ㆁ, ㄴ, ㄷ, ㅂ, ㅁ, ㅅ, ㄹ'의 글자가 쓰였는데, 이들 여덟 글자 이외에도 'ㅿ'과 일부 겹자음 글자가 쓰인 것이 특징이다.

〈 종성에서 실현되는 8글자 〉 15세기 국어의 종성에서는 일반적으로 /ㄱ, ㆁ, ㄷ, ㄴ, ㅂ, ㅁ, ㅅ, ㄹ/의 여덟 소리만 발음될 수 있었다. 따라서 종성을 적을 때에는 'ㄱ, ㆁ, ㄷ, ㄴ, ㅂ, ㅁ, ㅅ, ㄹ'의 여덟 글자만으로도 충분히 쓸 수 있다고 하였다.[5]

---

5) 『훈민정음』의 '종성해(終聲解)'에는 "然ㄱㆁㄷㄴㅂㅁㅅㄹ八字可足用也。如빗곶爲梨花 영의갗爲狐皮。

(23) 박(瓢), 강아지(犬), 벋(友), 빈혀(簪), 입(口), 밤(栗) 못(池), 물(馬)

'박(瓢)'에는 'ㄱ'이 종성 글자로 쓰였으며, '강아지'에는 'ㅇ'이, (ㄷ)의 '벋(友)'에는 'ㄷ'이, (ㄹ)의 '빈혀(簪)'에는 'ㄴ'이, (ㅁ)의 '입(口)'에는 'ㅂ'이, (ㅂ)의 '밤(栗)'에는 'ㅁ'이, (ㅅ)의 '못(池)'에는 'ㅅ'이, (ㅇ)의 '물(馬)'에는 'ㄹ'이 종성 글자로 쓰였다.

15세기 국어의 종성 글자를 현대어의 그것과 비교하면 'ㅅ'이 종성에서 그대로 쓰일 수 있다는 점이 특징이다.

(24) ㄱ. 긋(必), 못(池), 못(最)

　　　ㄴ. 귿(末), 몯(莫), 몯(昆)

예를 들어서 15세기 국어에서는 (ㄱ)의 '긋(必), 못(池), 못(最)'과 (ㄴ)의 '귿(末), 몯(莫), 몯(昆)'을 반드시 구분하여 표기하였다. 곧 '긋(必), 못(池), 못(最)'은 /kis/, /mos/, /mʌs/로 발음되었고, '귿(末), 몯(莫), 몯(昆)'은 /kit/, /mot/, /mʌt/으로 발음된 것이다. 이를 감안하면 종성의 자리에서도 초성의 자리에서와 마찬가지로 'ㅅ'과 'ㄷ'의 글자가 구별되어서 쓰였음을 알 수 있다.

종성의 'ㅅ'은 16세기 초부터 'ㄷ'으로 적히기 시작하다가 16세기 후반에는 종성에서 'ㄷ'과 'ㅅ'이 혼용되어 이 두 글자의 구분이 사실상 없어졌다(허웅, 1986: 497).

〈 종성 자리에서 실현되는 'ㅿ'과 겹자음의 표기 〉 15세기 국어에서는 'ㄱ, ㅇ, ㄴ, ㄷ, ㅂ, ㅁ, ㅅ, ㄹ'의 팔종성 이외에도, 'ㅿ'과 일부 겹자음 글자가 종성에 쓰였다.

첫째, 'ㅿ'의 글자가 종성에 쓰인 예가 있다.

(25) ㄱ. ᄀᆞᆽ 업슬씨, ᄀᆞᆽ 업스며

　　　ㄴ. 앗이, 엿의

　　　ㄷ. 웃ᄂᆞ니이다, 웃브니; 긋어

(ㄱ)에서 'ᄀᆞᆽ'은 'ᄀᆞᆺ(邊)'의 종성 'ㅅ'이 'ㅿ'으로 표기되었으며, (ㄴ)에서 '앗이, 엿의'는 체언인 '아ᅀᆞ(弟), 여ᅀᆞ(狐)'가 모음으로 시작하는 격조사와 결합되는 과정에서 둘째 음절의 'ㅿ'이 첫째 음절의 종성의 자리로 옮아서 쓰였다. 그리고 (ㄷ)에서는 '웃다(笑)'와 '긋다(劃)'의 어간이 활용하는 과정에서 'ㅿ'이 종성에 쓰였다.

　　　而ㅅ字可以通用。故只用ㅅ字。"로 규정되어 있다.

둘째, 겹자음 글자가 종성의 자리에 쓰인 예가 있다.

(26) ㄱ. <u>홁</u>과, <u>돐</u>과롤; 여<u>듧</u>, <u>엷</u>디, <u>붊</u>디; <u>옮</u>디, <u>옮</u>겨
     ㄴ. <u>낛</u> 드리워, <u>값</u> 기드리ᄂᆞ니니
     ㄷ. <u>앉</u>ᄂᆞᆫ 거시라, <u>앉</u>거늘, <u>엱</u>고

(ㄱ)은 종성의 자리에 'ㄹ' 겹자음인 'ㄺ, ㄽ, ㄻ'이, (ㄴ)은 'ㄳ'과 'ㅄ'이, (ㄷ)은 'ㄵ(←ㄸ)'이 종성의 자리에 쓰인 예이다. (26)의 예들 중에서 특히 (ㄱ)처럼 종성의 자리에 'ㄹ' 겹자음이 쓰인 단어들은 항상 겹자음의 글자로만 적었다는 점이 특징적이다. 'ㄹ' 이처럼 겹자음 글자의 특수한 용례를 감안하면, 15세기 국어에서는 'ㄹ' 겹자음이 종성의 자리에서 발음되었다고 추정할 수 있다.

다. 자음의 음소 체계

지금까지 훈민정음의 초성과 종성 글자의 음가를 설명하였다. 이를 바탕으로 하여 15세기 국어에 쓰인 자음의 음소 체계를 정리하면 다음과 같다(이기문, 1998: 144).[6]

조음 방법		조음 위치	입술소리 (脣音)	치음 (齒音)	잇몸소리 (舌音)	여린입천장소리 (牙音)	목청소리 (喉音)
장애음	파열음	예사소리	/ㅂ/		/ㄷ/	/ㄱ/	
		된 소 리	/ㅃ/		/ㄸ/	/ㄲ/	
		거센소리	/ㅍ/		/ㅌ/	/ㅋ/	
	파찰음	예사소리		/ㅈ/			
		된 소 리		/ㅉ/			
		거센소리		/ㅊ/			
	마찰음	예사소리		/ㅅ/			/ㆆ/
			/ㅸ/	/ㅿ/			/ㅇ, ɦ/
		된 소 리		/ㅆ/			/ㆅ/
공명음	비 음		/ㅁ/		/ㄴ/	/ㆁ/	
	유 음				/ㄹ/		

〈표 5〉 15세기 자음의 음소 체계

---

6) /ㅈ, ㅉ, ㅊ, ㅅ, ㅿ, ㅆ/을 잇몸소리(치조음)으로 보는 견해도 있다. 그러나 〈표 2〉에서는 『훈민정음 해례본』에서 /ㄷ, ㄸ, ㅌ/을 설음으로, /ㅈ, ㅉ, ㅊ, ㅅ, ㅿ, ㅆ/을 치음으로 분류한 바에 따랐다.

곧, 15세기 국어의 자음은 조음 방법을 기준으로 '파열음, 마찰음, 파찰음, 비음, 유음'으로 분류되며, 조음 자리를 기준으로는 '입술소리(양순음), 치음(치음), 잇몸소리(치조음), 여린입천장소리(연구개음), 목청소리(후음)'으로 분류된다. 15세기 국어의 자음 체계는 다음과 같은 특징이 나타난다.

첫째, 'ㆆ'의 글자는 거의 대부분 한자음의 표기에만 쓰였고, 순우리말 표기에는 극히 제한적으로만 쓰였다. 이에 따라서 'ㆆ' 글자로 표기된 후두 폐쇄음은 자음의 음소 목록에서 제외하였다. 둘째, 'ㅇ'은 후두 유성 마찰음인 /ɦ/의 음가를 나타내는데, /ㄹ, ㅿ, ㅣ, j/와 그에 뒤따르는 모음 사이에서만 실현되는 제약이 있으므로, 자음의 음소 목록에서 제외하는 견해도 있다(허웅, 1975: 62; 김동소, 1998: 122). 셋째, 'ㅈ, ㅊ, ㅉ'의 글자는 훈민정음의 글자 체계에서 치음(齒音)으로 분류되어 있으므로, 그 음가는 현대어에서와는 달리 '치조 파찰음'인 /ts/과 /tsʰ/, /ts'/이었다. 넷째, 이기문(1998: 145)에서는 된소리가 각자 병서인 'ㅆ, ㆅ'의 글자와 'ㅅ'계 합용 병서인 'ㅺ, ㅼ, ㅽ'의 글자로 표기되었다고 보았다. 반면에 허웅(1975: 56)에서는 된소리는 각자 병서 글자인 'ㅃ, ㄸ, ㅉ, ㅆ, ㄲ, ㆅ'로 표기되었고, 'ㅺ, ㅼ, ㅽ'의 글자는 겹자음인 /ㅺ, ㅼ, ㅽ/의 소리를 표기한 것으로 보았다.

1.3.1.2. 모음의 음소 체계

가. 중성 글자의 체계

〈 중성 글자의 유형 〉 훈민정음의 중성 글자는 하나의 글자로 된 '단일 중성 글자'와 이를 합쳐서 사용(合用)한 '복합 중성 글자'로 구분된다.

단일 중성 글자	상형자	·, ㅡ, ㅣ
	초출자	ㅗ, ㅏ, ㅜ, ㅓ
	재출자	ㅛ, ㅑ, ㅠ, ㅕ
복합 중성 글자	이자 중성 글자	ㅘ, ㅝ, ·ㅣ, ㅢ, ㅚ, ㅐ, ㅟ, ㅔ, ㆉ, ㅒ, ㆌ, ㅖ, (ㆇ, ㆋ)
	삼자 중성 글자	ㅙ, ㅞ, (ㆇ, ㆋ)

〈표 6〉 중성 글자의 체계

'복합 중성 글자' 중에서 'ㅘ, ㅝ; ·ㅣ, ㅢ, ㅚ, ㅐ, ㅟ, ㅔ; ㆉ, ㅒ, ㆌ, ㅖ'는 '단일 중성 글자' 두 개를 합용한 '이자 중성 글자(二字 中聲字)'이다. 그리고 'ㅙ'와 'ㅞ'는 '단일 중성 글자' 세 개를 합용한 '삼자 중성 글자(三字 中聲字)'이다.

나. 모음의 체계

(나-1) 단모음의 체계

〈 상형자와 초출자의 소리 〉 15세기 국어에서 상형자(象形字)인 '·, ─, ㅣ'와 '초출자(初出字)'인 'ㅗ, ㅏ, ㅜ, ㅓ'의 일곱 글자는 단모음으로 발음하였다.

음상＼입 모양	초출자(口蹙)	상형자(중립)	초출자(口張)
양성 모음	/ㅗ/	/·/	/ㅏ/
음성 모음	/ㅜ/	/─/	/ㅓ/
중성 모음		/ㅣ/	

〈표 7〉 훈민정음에서 제시한 단모음 글자의 소리 체계

『훈민정음 해례본』의 '제자해'에서는 상형자와 초출자의 소리를 〈표 7〉과 같이 분류하였다. 첫째, 입의 모양에 따라서 단모음을 나눌 수 있다. 가장 기본이 되는 모음인 /·, ─, ㅣ/는 중간 소리이다. /ㅗ, ㅜ/는 상형자보다도 입을 오므려서 내는 소리(口蹙)이다. 곧, /ㅗ/은 /·/를 소리낼 때보다 입을 오므려서 소리를 내며, /ㅜ/는 /·/를 소리낼 때보다 오므려서 소리를 낸다. /ㅏ, ㅓ/는 상형자보다도 입을 펴서(口張) 내는 소리이다. 곧, /ㅏ/는 /·/를 소리낼 때보다 입을 펴서 소리를 내며, /ㅓ/는 /─/를 소리낼 때보다 입을 펴서 소리를 낸다. 둘째, 음상에 따라서도 단모음을 나눌 수 있다. 곧 /ㅏ, ·, ㅗ/는 양성 모음이며, /ㅓ, ─, ㅜ/는 음성 모음이며, /ㅣ/는 중성 모음이다.

〈 '·'의 소리 〉 '·'는 단모음의 글자 중에서 유일하게 현대어에 쓰이지 않는 글자이다. '·' 글자의 음가는 『훈민정음 해례본』의 다음과 같은 설명으로 그 음가를 추정할 수 있다.

(27) ·舌縮而聲深。　　　　　　　　　　　　　　　　　　[훈해 제자해]

(28) ·는 혀가 오그라들며 소리가 깊다.

(27)과 (28)에서 '혀가 오그라들고 소리의 음상이 깊은 느낌을 준다'고 하는 설명을 음성학적인 관점에서 추정해 보면, '·'가 후설(後舌)에서 발음되는 저모음임을 알 수 있다.

그리고 『훈민정음 해례본』의 '제자해'에서는 'ㅗ'와 'ㅏ' 글자의 음가를 다음과 같이 설명하였는데, 이를 통해서도 간접적으로 '·' 글자의 음가를 추정할 수 있다.

(29) ㄱ. ㅗ與·同而口蹙 …… ㅏ與·同而口張

ㄴ. 'ㅗ'는 '·'와 같으나 입이 오므라진다. 'ㅏ'는 '·'와 같으나 입이 펴진다.

〈口張〉　　　　　　　　　〈口蹙〉

[ㅏ] ◀──────── [·] ────────▶ [ㅗ]

(29)의 설명에 따르면 '·' 글자의 음가는 'ㅗ'보다 입을 펴고 'ㅏ'보다 입을 더 오므려서 발음하는 소리인 후설 저모음인 /ʌ/이다.

(30) ㄱ. · /ʌ/,　　ㅡ /ɨ/,　　ㅣ /i/

ㄴ. ㅗ /o/,　　ㅏ /a/,　　ㅜ /u/,　　ㅓ /ə/

(31) ㄱ. ᄆᆞ슴, 드르ㅎ, 기리

ㄴ. 몸소, 나라ㅎ, 우슴, 멀험

'ᄆᆞ슴, 드르ㅎ, 기리'는 '·, ㅡ, ㅣ'의 상형자가 쓰인 예이며, '몸소, 나라ㅎ, 우슴, 멀험'은 초출자인 'ㅗ, ㅏ, ㅜ, ㅓ'가 쓰인 예이다.

〈 **단모음의 체계** 〉 지금까지 살펴본 상형자와 초출자의 음가를 바탕으로 15세기 국어의 '단모음 체계'는 다음과 같이 기술할 수 있다(이기문, 1998: 151).

	전설 모음		후설 모음	
	평순	원순	평순	원순
고모음	ㅣ, /i/		ㅡ, /ɨ/	ㅜ, /u/
중모음			ㅓ, /ə/	ㅗ, /o/
저모음			ㅏ, /a/	·, /ʌ/

〈표 8〉 15세기의 단모음 체계

(나-2) 중모음의 체계

15세기 국어의 중모음에는 현대 국어와는 달리 '이중 모음'과 '삼중 모음'이 있었다.

① 이중 모음

15세기 국어의 '이중 모음'으로는 '상향적 이중 모음'과 '하향적 이중 모음'이 있었다.

〈 상향적 이중 모음 〉 '상향적 이중 모음'은 '반모음 + 단모음'의 방식으로 발음되는 이중 모음이다. 'ㅛ, ㅑ, ㅠ, ㅕ'는 'ㅣ'계 상향적 이중 모음의 음가를 나타내며, 'ㅘ, ㅝ'는 'ㅜ'계 상향적 이중 모음의 음가를 나타낸다.

> (32) ㄱ. ㅛ /jo/, ㅑ /ja/, ㅠ /ju/, ㅕ /jə/
>
> ㄴ. 쇼ㅎ, 약대, 유무, 여슷

> (33) ㄱ. ㅘ /wa/, ㅝ /wə/
>
> ㄴ. 좌ㅎ다, 워기다

(32)에서 (ㄱ)의 'ㅛ, ㅑ, ㅠ, ㅕ'는 반모음인 /j/의 입 모양에서 출발하여, 나중에는 각각 'ㅗ, ㅏ, ㅜ, ㅓ'를 발음할 때의 입 모양으로 발음한다. 따라서 'ㅛ, ㅑ, ㅠ, ㅕ'는 'ㅣ'계 상향적 이중 모음인 /jo/, /ja/, /ju/, /jə/로 발음되었다. 그리고 (33)에서 (ㄱ)의 'ㅘ'와 'ㅝ'는 반모음인 /w/의 입모양에서 시작하여 /ㅏ/와 /ㅓ/의 입 모양으로 발음한다. 따라서 'ㅘ'와 'ㅝ'는 "ㅜ'계 상향적 이중 모음'인 /wa/, /wə/로 발음되었다.

〈 하향적 이중 모음 〉 '하향적 이중 모음'은 '단모음 + 반모음'의 방식으로 발음되는 이중 모음인데, '·ㅣ, ㅢ, ㅚ, ㅐ, ㅟ, ㅔ'는 'ㅣ'계 하향적 이중 모음의 음가를 나타낸다.

> (34) ㄱ. ·ㅣ /ʌj/, ㅢ /ij/, ㅚ /oj/, ㅐ /aj/, ㅟ /uj/, ㅔ /əj/
>
> ㄴ. 민샹, 믜다, 외얏, 대범, 뮈다, 세ㅎ

곧, '·ㅣ, ㅢ, ㅚ, ㅐ, ㅟ, ㅔ'는 /·, ㅡ, ㅗ, ㅏ, ㅜ, ㅓ/의 입 모양에서 시작하여 반모음인 /j/의 입 모양으로 발음하였다. 곧, '·ㅣ, ㅢ, ㅚ, ㅐ, ㅟ, ㅔ'는 "ㅣ'계의 하향적 이중 모음'인 /ʌj/, /ij/, /oj/, /aj/, /uj/, /əj/는   로 발음된다.

② 삼중 모음

현대 국어와는 달리 15세기 국어에서는 '삼중 모음(三重母音)'도 있었는데, 삼중 모음에는 반모음인 /j/로 시작하는 삼중 모음과 /w/로 시작하는 삼중 모음이 있었다.

> (35) ㄱ. ㆌ /joj/, ㅒ /jaj/, ㆌ /juj/, ㅖ /jəj/
>
> ㄴ. 쇠똥, 조개, 취ㅎ다, 셰다

(36) ㄱ. ㅙ/waj/, ㅞ/wəj/

ㄴ. 괘씸ᄒᆞ다, 웨다

(35)의 'ㆉ, ㅒ, ㆌ, ㅖ'는 '삼중 모음'의 음가를 나타내는데, 'ㆉ, ㅒ, ㆌ, ㅖ'는 'ㅣ'계의 상향적으로 발음하고 난 뒤에 다시 'ㅣ'계의 하향적으로 발음하는 "ㅣ"계의 삼중 모음 '이다. 그리고 (36)의 'ㅙ, ㅞ'는 'ㅜ'계의 상향적으로 발음하고 난 뒤에 다시 'ㅣ'계의 하향적으로 발음하는 "ㅜ'계의 삼중 모음'이다.

위에서 살펴본 15세기의 '중모음의 체계'를 정리하여 표로 보이면 다음과 같다.

- 중모음
  - 이중 모음
    - 상향적
      - 'ㅣ'계 : /ㅛ/, /ㅑ/, /ㅠ/, /ㅕ/
      - 'ㅜ'계 : /ㅘ/, /ㅝ/
    - 하향적 : /ㆎ/, /ㅢ/, /ㅚ/, /ㅐ/, /ㅟ/, /ㅔ/
  - 삼중 모음
    - 'ㅣ'계 : /ㆉ/, /ㅒ/, /ㆌ/, /ㅖ/
    - 'ㅜ'계 : /ㅙ/, /ㅞ/

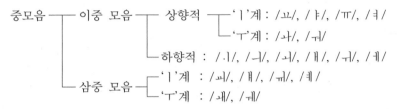

〈표 9〉 15세기 국어의 중모음 체계

1.3.2. 음절

15세기 국어의 음절은 현대 국어와 마찬가지로 '초성, 중성, 종성'으로 이루어져 있다.

〈초성〉 15세기 국어에는 모두 32개의 자음이 있었는데, 이들 중에서는 단일 자음 22개와 복합 자음 10개가 있었다

(37) ㄱ. 단일 자음(22개) : /ㅂ, ㅃ, ㅍ, ㅁ, ㅸ/ ; /ㄷ, ㄸ, ㅌ, ㄴ, ㄹ/ ; /ㅈ, ㅉ, ㅊ/ ; /ㅅ, ㅆ, ㅿ/ ; /ㄱ, ㄲ, ㅋ, ㆁ/ ; /ㅎ, ㆅ/

ㄴ. 복합 자음(10개) : /ㅳ, ㅄ, ㅶ, ㅷ/ ; /ㅺ, ㅻ, ㅼ, ㅽ/ ; /ㅴ, ㅵ/

15세기 국어의 자음은 초성이나 종성으로 쓰였는데, 초성으로 쓰인 자음에 나타나는 특징은 다음과 같다. 첫째, '바ᅌᅩᆯ'처럼 여린입천장소리인 /ㆁ/이 음절의 초성으로 쓰일 수 있었다. 둘째, /ㅳ, ㅷ, ㅶ, ㅄ; ㅺ, ㅻ, ㅼ, ㅽ; ㅴ, ㅵ/처럼 음절의 초성 자리에 자음군이 나타날 수 있었다.(단, /ㅺ, ㅼ, ㅽ/을 자음군이 아니라 된소리로 보는 견해도 있다.) 셋째, 된소리 중에서 마찰음인 /ㅆ/과 /ㆅ/을 제외한 나머지 /ㄲ, ㄸ, ㅃ, ㅉ/은 단어의 첫 음절에서 초성으로 쓰이지 못했다. 넷째, 공명음 중에서 /ㅸ, ㅿ, ㆁ/은 단어의 첫 음절에 나타나는

초성으로 쓰이지 못하였으며, /ㄹ/은 한자말을 제외하면 고유어에서는 단어의 첫 음절의 초성으로 거의 쓰이지 않았다('러울, 룡담, 라귀'는 예외이다).

〈**초성**〉중성로 쓰인 모음 중에서 단모음은 7개였으며 중모음은 18개가 있었다. 그리고 중모음은 다시 이중 모음 12개와 삼중 모음 6개가 있었다(단, 된소리로 발음되는 모음인 /ㆀ, ㆎ, ㆑, ㆒, ㆖/는 제외한다).

모음
- 단모음: /ㆍ, ㅡ, ㅣ, ㅗ, ㅏ, ㅜ, ㅓ/
- 중모음
  - ① 이중 모음: /ㅛ, ㅑ, ㅠ, ㅕ, ㅘ, ㅝ/ (상향적 이중 모음)
    - /ㅣ, ㅢ, ㆎ, ㅐ, ㅟ, ㅔ/ (하향적 이중 모음)
  - ② 삼중 모음: /ㆌ, ㅒ, ㆜, ㅖ, ㅙ, ㅞ/ (상향적 → 하향적)

〈표 10〉15세기 국어의 중성 체계

〈**초성**〉종성의 자리에는 단일 자음으로서 원칙적으로 /ㄱ, ㆁ, ㄷ, ㄴ, ㅂ, ㅁ, ㅅ, ㄹ/이 쓰였다. 이들 자음 이외에도 /ㅿ/도 종성으로 쓰일 수 있었는데, 예들 들어서 '옷도'와 'ㄱ자애'처럼 /ㅅ/과 /ㅿ/이 모두 종성의 자리에 쓰였다. 그리고 종성의 자리에 '넋, 앉거늘, 낛디, 옮고, 숪고, 옰디, 값과'에서처럼 /ㄳ/ ; /ㄵ/ ; /ㄺ, ㄻ, ㄼ, ㄽ, ㅄ/과 같은 자음군이 쓰일 수 있었던 것도 15세기 국어의 특징이다.

1.3.3. 음운의 변동

형태소가 음운론적 환경에 따라서 형태소의 꼴(형태)이 바뀌는 현상을 '음운의 변동(音韻 變動)'이라고 한다. 15세기 국어에서 나타나는 음소 변동의 유형으로는 '교체(交替)', '탈락(脫落)', '첨가(添加)', '축약(縮約)', '탈락과 축약' 등이 있다. 그리고 형태소와 형태소가 결합하는 과정에서 특정한 형태소에 실린 성조가 바뀌는 경우가 있다.

1.3.3.1. 교체

15세기 국어에서 일어난 음운의 '교체'로는 동화에 따른 교체인 '모음 조화'와 '비음화'가 있으며, 동화가 아닌 교체 현상으로 '평파열음화'와 '된소리되기'가 있다.

가. 동화 교체

(가-1) 모음 조화

모음은 음상에 따라서 '양성 모음', '음성 모음', '중성 모음'으로 나뉜다.

(36) ㄱ. 양성 모음(밝음)   : /·, ㅗ, ㅏ ; ㅛ, ㅑ/

ㄴ. 음성 모음(어두움) : /ㅡ, ㅜ, ㅓ ; ㅠ, ㅕ/

ㄷ. 중성 모음(중간)   : /ㅣ/

(ㄱ)의 /·, ㅗ, ㅏ ; ㅛ, ㅑ/는 밝은 느낌을 주는 양성 모음이며, (ㄴ)의 /ㅡ, ㅜ, ㅓ ; ㅠ, ㅕ/는 어두운 느낌을 주는 음성 모음이다. 그리고 /ㅣ/는 양성과 음성의 중간인 중성 모음이다. 15세기 국어에서 양성 모음은 양성 모음끼리, 음성 모음은 음성 모음끼리 어울리는 경향이 있었는데, 이를 '모음 조화(母音調和)'라고 한다.

〈 **한 형태소의 안** 〉 한 형태소 안의 모음들은 대체로 모음 조화를 지켜서 실현되었다.

(37) ㄱ. 구룸, 나라ㅎ, 나모, 도족, 다숫

ㄴ. 구룸, 드르ㅎ, 허믈, 겨를, 브르(다), 어듭(다), 더으(다)

ㄷ. 가지, 가치, 두리, 스싀, 할미, 아비

ㄹ. 머리, 서리, 그리(다)

ㅁ. 닐굽, 닐혼, 님금, 일훔

ㅂ. 미리, 이기(다)

(ㄱ)에서는 양성 모음과 양성 모음이 어울렸으며, (ㄴ)에서는 음성 모음끼리 어울렸으며, (ㄷ~ㅂ)에서는 중성 모음이 양성 모음이나 중성 모음과 어울렸다. 결과적으로 한 형태소 안에서 양성과 음성의 모음이 함께 실현되는 예는 극히 드물었다.

〈 **체언과 조사** 〉 체언과 조사의 모음은 대체로 모음 조화를 지켜서 실현되었다.

(38) ㄱ. 故ᄂᆞᆫ, 쇠롤, ᄇᆞᄅᆞ매, 알픽, 말쏘물

ㄴ. 語ᄂᆞᆫ, 번게를, 뒤헤, 우희, 님그믈

(ㄱ)에서는 체언과 조사의 모음이 양성 모음끼리 어울렸으며, (ㄴ)에서는 체언과 조사의 모음이 음성 모음끼리 어울렸다.

〈 **어간과 어미** 〉 어간과 어미에 나타나는 모음도 대체로 모음 조화를 지켜서 실현되었다.

(39) ㄱ. 몰라, 싸호아, ᄂᆞ라, 나ᄅᆞ샤

ㄴ. 므러, 드러, 주거, 버서, 그츨씨

ㄷ. 니즈실씨

ㄹ. ᄂᆞ려, 뎌, 그리어

(ㄱ)에서는 어간과 어미의 모음이 양성 모음끼리 어울렸으며, (ㄴ)에서는 음성 모음끼리 어울렸다. 그리고 (ㄷ)에서는 중성 모음과 양성 모음이 어울렸으며, (ㄹ)은 중성 모음과 음성 모음이 어울렸다.

(가-2) 비음화

'비음화'는 파열음이 비음에 동화되어서 비음으로 바뀌는 현상이다. 15세기 국어에서는 파열음인 /ㄷ/이나 /ㅂ/이 비음인 /ㄴ/과 /ㅁ/으로 교체되는 예가 드물게 나타난다.

(40) ㄱ. 므리 만코 길흔 멀오 도ᄌᆞᆨ 하고 <u>건나디</u> 몯ᄒᆞ야   [월석 10:23]

ㄴ. 므레 <u>ᄃᆞ니ᄂᆞᆫ</u> 中에 龍의 히미 ᄆᆞᆺ 크고   [월석 20:8]

ㄷ. <u>문노라</u> 大將은 누고   [두언-초 5:31]

(41) ㄱ. 가ᄂᆞᆫ 빗츤 네 顏色ᄋᆞᆯ <u>븐ᄂᆞ니</u>   [두언 20:45]

ㄴ. 더운 ᄯᅡ히 므싀여워 블 <u>븐ᄂᆞᆫ</u> 듯도다   [두언-초 16:65]

(42) 世ㅣ 어즈럽거든 글 홀 사ᄅᆞ미 <u>굼ᄂᆞ니라</u>   [두언-초 3:13]

(43) ㄱ. 혓 그티 웃닛머리예 <u>다ᄔᆞ니라</u>   [훈언 15]

ㄴ. 夫ㅣ 사오나온 後에ᅀᅡ 陰陽이 和ᄒᆞ야 子息을 <u>난ᄂᆞ니</u>   [능언 4:23]

ㄷ. 亂離ㅅ 처어믈 브터 니를가 <u>전노라</u>   [두언-초 3:62]

(40)의 '건나디(← 걷나디), ᄃᆞ니ᄂᆞᆫ(← ᄃᆞ니ᄂᆞᆫ), 문노라(← 묻노라)'에서는 어간의 종성인 /ㄷ/이 어미의 초성인 /ㄴ/ 앞에서 /ㄴ/으로 바뀌었다. (41)의 '븐ᄂᆞ니(← 븥ᄂᆞ니), 븐ᄂᆞᆫ(← 븥ᄂᆞᆫ)'에서는 어간의 종성인 /ㅌ/이 평파열음화에 따라서 /ㄷ/으로 바뀐 다음에, /ㄷ/이 어미의 초성인 /ㄴ/ 앞에서 /ㄷ/으로 다시 바뀌었다. (42)의 '굼ᄂᆞ니라(← 굽ᄂᆞ니라)'에서는 어간의 종성인 /ㅂ/이 어미의 초성인 /ㄴ/의 앞에서 /ㅁ/으로 바뀌었다. (43)의 '다ᄔᆞ니라(← 닿ᄂᆞ니라), 난ᄂᆞ니(← 낳ᄂᆞ니), 전노라(← 젛노라)'에서는 어간의 종성인 /ㅎ/이 평파열음

화에 따라서 /ㄷ/으로 바뀐 다음에, 어미의 초성 /ㄴ/ 앞에서 /ㄴ/으로 바뀌었다. 이처럼 /ㄷ, ㅂ/이 /ㄴ/ 앞에서 직접 /ㄴ/과 /ㅁ/으로 비음화하거나, /ㅌ, ㅎ/이 평파열음화를 입어서 /ㄷ/으로 변동된 다음에 다시 /ㄴ/으로 비음화되는 예가 드물게 발견되었다. 그러나 /ㄱ/이 /ㆁ/으로 비음화하는 예는 중세 국어에서는 잘 발견되지 않는다.

나. 비동화 교체

(나-1) 평파열음화

15세기 국어에서는 종성의 자리에서 /ㄱ, ㄴ, ㄷ, ㄹ, ㅁ, ㅂ, ㅅ, ㆁ/의 여덟 자음만 실현될 수 있었다. 이 여덟 개의 자음을 제외한 나머지 자음이 종성의 자리에 오면, /ㄱ, ㄷ, ㅂ/ 중의 하나로 바뀌게 되는데, 이를 '평파열음화(平破裂音化)'라고 한다.

⟨ /ㅍ/, /ㅸ/ → /ㅂ/ ⟩ 체언이나 어간의 끝 음절에서 실현되는 종성 /ㅍ/, /ㅸ/은 자음이나 휴지. 앞에서 평파열음인 /ㅂ/으로 교체된다(양순음의 평파열음화).[7]

(44) ㄱ. 무룹 : 뎌 주거미 <u>무루피</u>며 바리며 다 놀여   [월석 9:36]

     ㄴ. 무룹 : 올흔 <u>무룹</u> 꾸러 몸 구펴 合掌ㅎ야   [석상 9:29]

(45) ㄱ. 돕- : 城 높고 ᄃ리 업건마ᄅᆫ 하ᄂᆞᆯ히 <u>도ᄫᅡ</u>실ᄊᆡ   [용가 34장]

     ㄴ. 돕- : 벼슬 노픈 臣下ㅣ 님그믈 <u>돕ᄉᆞᄫᅡ</u> 百官ᄋᆞᆯ 다ᄉᆞ릴ᄊᆡ   [월석 서4]

(44)의 '무룹'에서 끝 음절의 종성인 /ㅍ/은 모음 앞에서는 (ㄱ)처럼 /ㅍ/으로 실현되지만, 자음이나 휴지의 앞에서는 (ㄴ)처럼 /ㅂ/으로 교체되었다. 그리고 (45)의 '돕-'에서 종성인 /ㅸ/은 모음 앞에서는 (ㄱ)처럼 /ㅸ/으로 실현되지만, 자음 앞에서는 (ㄴ)처럼 /ㅂ/으로 교체되었다.

⟨ /ㅌ/, /ㅎ/ → /ㄷ/ ⟩ 체언이나 어간의 끝 음절에 실현되는 종성인 /ㅌ/이나 /ㅎ/은 자음이나 휴지 앞에서 평파열음인 /ㄷ/으로 교체된다(설음과 후음의 평파열음화).

첫째, 체언이나 어간의 끝 음절에 실현된 종성인 /ㅌ/이 /ㄷ/으로 교체되었다.

---

7) 『고등학교 문법』(2010)에서는 '돕다' 등에서 어간의 기본 형태를 '돕-'으로 잡고, '돕-'이 모음으로 시작하는 어미 앞에서 /돌/으로 바뀌는 것으로 처리했다('ㅂ' 불규칙 활용). 그러나 이론적으로 보면 '돌-'을 기본 형태로 보고 자음이나 휴지 앞에서 '돕-'으로 변동하는 것으로 처리하면, 불규칙 용언의 예를 줄이게 되는 이점이 있다(허웅, 1975: 450).

(46) ㄱ. 귿: 末은 그티라   [월석 2:21]

ㄴ. 귿: 本末은 믿과 귿괘니   [석상 13:41]

(47) ㄱ. 녙-: 녀트며 기푸미 곧디 아니커늘   [능언 3:87]

ㄴ. 녙-: 슬후미 녇디 아니ᄒᆞ니   [두언-초 6:29]

(46)의 '귿'에서 종성 /ㅌ/은 모음의 시작되는 조사 앞에서는 (ㄱ)처럼 /ㅌ/으로 실현되지만, 자음 앞에서는 (ㄴ)처럼 /ㄷ/으로 교체되었다. 그리고 (47)의 '녙-'에서 종성 /ㅌ/은 모음 앞에서는 (ㄱ)처럼 /ㅌ/으로 실현되지만, 자음 앞에서는 (ㄴ)처럼 /ㄷ/으로 교체되었다.

둘째, 어간의 끝 음절에서 종성으로 쓰인 /ㅎ/이 /ㄷ/으로 교체는데, 이 경우에는 조음 위치가 후두에서 치조(혀끝)로 바뀌게 된다(후음의 평파열음화).

(48) ㄱ. 둏-: 제 지손 이릴 됴ᄒᆞ며 구주ᄆᆞ로   [월석 서:3]

ㄴ. 돋-: 病이 곧 됻놋다(← 됻놋다 ← 둏놋다)   [두언-초 20:9]

'둏다'에서 끝 음절의 종성으로 쓰인 /ㅎ/은, 모음으로 시작하는 어미가 붙어서 활용하면, (ㄱ)의 '됴ᄒᆞ며'처럼 /ㅎ/이 그대로 다음 음절의 첫소리로 실현된다. 그러나 /ㅎ/이 자음으로 시작하는 어미 앞에서 종성으로 쓰이면 (ㄴ)의 '됻놋다'처럼 /ㄷ/으로 바뀐다.8)

〈 /ㅈ, ㅊ, ㅿ/ → /ㅅ/ 〉 체언이나 어간의 끝 음절에 실현되는 종성 /ㅈ, ㅊ, ㅿ/은 자음이나 휴지 앞에서 /ㅅ/으로 교체된다(치음의 평파열음화).

(49) ㄱ. 곶 : ᄀᆞᅀᆞᆲ 고지 盛ᄒᆞ야 菲菲ᄒᆞ도다   [두언-초 15:5]

ㄴ. 곳 : 곳과 果實와 플와 나모와ᄅᆞᆯ 머그리도 이시며   [월석 2:27]

善慧…곳 잇ᄂᆞᆫ 짜홀 곧가 가시다가   [월석 1:9]

(50) ㄱ. 젖- : 花間애 흘러 ᄡᅡ히 아니 저즈니   [월석 7:21]

ㄴ. 젓- : 오시 젓게 우러 行幸 겨신 ᄃᆡ롤 묻고   [두언-초 8:16]

---

8) 어간의 끝 음절에서 종성으로 쓰인 /ㅎ/은 예사소리로 시작하는 어미의 초성과 합쳐져서 거센소리로 축약된다. 다만, 종성의 /ㅎ/은 초성으로 실현되는 /ㅅ/을 /ㅆ/으로 바뀌게 한다.
(보기) ㄱ. 수를 노코, 다티 아니호미   [두언-초 20:29, 능언 2:103]
ㄴ. 부텻 像올…座애 便安히 노쏩고, 太子ᄅᆞᆯ 나쓰ᄫᅵ니   [석상 9:22], [월석 10:25]

(51) ㄱ. 놏 : 늘근 ᄂᆞ᷈ᄎ란 紫金丹애 브티고져 ᄒᆞ노라 [두언-초 21:5]

　　ㄴ. 놋 : 놋비치 검디 아니ᄒᆞ며 [월석 17:53]

　　　　 놋 양ᄌᆞ는 늘근 한아비 ᄃᆞ외옛도다 [능언 2:6]

(52) ㄱ. 긏- : 傳祚萬世예 功이 그츠리잇가 [용가 79장]

　　ㄴ. 긋- : ᄇᆞᄅᆞ미 긋고 구루미 먹 빗 ᄀᆞᆮᄒᆞ니 [두언-초 6:42]

(53) ㄱ. ᄀᆞᇫ : 西水ㅅ ᄀᆞᇫ의 져재 ᄀᆞᆮᄒᆞ니 [용가 6장]

　　ㄴ. ᄀᆞᆺ : 無邊은 ᄀᆞᆺ 업슬 씨라 [월석 8:39]

(54) ㄱ. 짓- : 아바님 위ᄒᆞ야 病엣 藥을 지ᅀᅮ려 ᄒᆞ노니 [월석 21:217]

　　ㄴ. 짓- : 모딘 罪業을 짓디 아니ᄒᆞ리니 [석상 9:31]

(49~54)에서 '곶, 젖-'; '놏, 긏-'; 'ᄀᆞᇫ, 짓-'의 종성인 /ㅈ, ㅊ, ㅿ/은 모음 앞에서는 (ㄱ)처럼 /ㅈ, ㅊ, ㅿ/으로 실현되지만, 자음이나 휴지 앞에서는 (ㄴ)처럼 /ㅅ/으로 교체된다.9) 다만, 치음이 /ㅅ/으로 평파열음화하는 현상은 보편적으로 일어나는 현상은 아니다.

(55) ㄱ. 치운 졧 오슬 곧마다 ᄀᆞᇫ애와 자쾌로 지소믈 뵈아ᄂᆞ니 [두언-초 10:33]

　　ㄴ. 어딘 앒이 草萊ㅅ 소ᄀᆞ로셔 오니 [두언-초 2:35]

　　ㄷ. 太子ㅣ 轅中에 드러 ᄀᆞᇫ어 가더니 [월석 20:70]

　　ㄹ. 金剛座 빗이고 獅子座를 셰ᅀᆞᄫᅡ [월천 기65]

(56) ㄱ. 龍이 다 졷ᄌᆞᄫᅡ ᄒᆞ니더니 [월석 7:54]

　　ㄴ. 諸釋들히 … 棺ᄋᆞᆯ 우희 엳줍고 [월석 10:10]

(55)에서 'ᄀᆞᇫ애, 앒이; ᄀᆞᇫ어, 빗이고' 등은 종성의 /ㅿ/이 /ㅅ/으로 교체되지 않고 그대로 /ㅿ/으로 유지되었다. 그리고 (56)에서 '졷ᄌᆞᄫᅡ(좇-)'와 '엳줍고(엱-)'에서는 종성의 /ㅈ/과 /ㅊ/이 동일한 치음인 /ㅅ/으로 교체되지 않고, 설음인 /ㄷ/으로 교체되었다.

---

9) 15세기 국어에서 종성에서 실현되는 /ㅅ/은 마찰음의 성질이 있기 때문에 이 현상을 완전한 평파열음화로 보기는 어렵다. 그런데 15세기 국어의 종성인 /ㅅ/은 마찰음인 /s/으로 발음되기는 하였으나, /s/가 아주 짧게 발음되는 /sˀ/의 음가인 것으로 추정한다(허웅, 1986: 361 참조). 이러한 점을 감안하여 /ㅈ, ㅊ, ㅿ/이 종성의 자리에서 /ㅅ/으로 교체되는 현상을 평파열음화로 처리한다. 그리고 『고등학교 문법(2010)』에서는 (54ㄱ)의 '지ᅀᅮ려'를 '짓다'의 'ㅅ' 불규칙 활용으로 처리한다.

(나-2) 된소리되기(경음화)

특정한 형태-음운론적인 환경에서 예사소리가 된소리로 바뀔 수 있다. 곧, 관형사형 어미인 '-을'에 뒤에 실현되는 체언이나, 용언의 어간 뒤에 실현되는 객체 높임의 선어말 어미, 그리고 체언과 체언이 이어서 실현될 때에 된소리로 변동할 수 있다.

〈 관형사형 어미인 '-을'의 뒤에서 〉 용언의 관형사형 어미인 '-을'의 뒤에 실현되는 예사소리 초성이 된소리로 교체될 수 있다.

(57) ㄱ. 내 지븨 이실 쩌긔 受苦호미 이러호니　　　　　　[월석 10:26]

ㄴ. 져믄 고볼 양즈를 오래 믿디 몯홀 꺼시니　　　　　[석상 11:36]

ㄷ. 큰 光明을 펴 一切의 공경홀 빼라　　　　　　　　[법언 4:30]

ㄹ. 阿鼻는 쉴 쓰싀 업다 ᄒᆞ논 마리니　　　　　　　[월석 1:29]

(57)에서 예사소리로 시작되는 체언인 '적, 것, 바, 스싀'가 관형사형 어미인 '-ㄹ' 뒤에서 체언의 초성이 된소리로 바뀌어서 '쩍, 껏, 빠, 쓰싀'로 교체되었다. 다만 관형사형 전성 어미를 '-ㅭ'으로 표기할 때에는, 뒤 체언의 초성을 된소리 대신에 '적, 것, 바, 스싀'와 같이 예사소리로 표기했다.[10]

〈 객체 높임 선어말 어미에서 〉 용언의 어간에 객체 높임의 선어말 어미인 '-ᄌᆞᆸ-'과 '-ᄉᆞᆸ-'이 붙어서 활용할 때에, 어미의 초성인 /ㅈ, ㅅ/이 된소리로 교체될 수가 있다.

(58) ㄱ. 阿難이 (大愛道ᄭᅴ) 무쩌ᄫᆞᆯ대　　　　　　　　[월석 10:18]

ㄴ. 그 저긔 四天王이 하ᄂᆞᆯ 기보로 안ᅀᆞᄫᅡ 金几 우희 연쩝고　[월석 2:39]

ㄷ. 마쩌ᄫᅵ예 ᄆᆞᅀᆞ믈 놀라니　　　　　　　　　　[용가 95장]

ㄹ. 天樂을 奏커늘 諸天이 조쩝고 하ᄂᆞᆯ 고지 드르니이다　[월천 기14]

(59) ㄱ. 그 ᄢᅴ 阿那律이 如來를 棺애 녀쏩고　　　　　　[석상 23:27]

ㄴ. 龍王이 두리ᅀᆞᄫᅡ 七寶平 床座 노쏩고　　　　　　[월천 기191]

ㄷ. 迦葉이…香 퓌우며 곳 비쏩고 ᄀᆞ장 슬허 우러　　[석상 23:42]

(58)의 '무쩌ᄫᆞᆯ대(← 묻-ᄌᆞᆸ-ᄋᆞᆫ대), 연쩝고(← 엱-ᄌᆞᆸ-고), 마쩌ᄫᅵ(← 맞-ᄌᆞᆸ-이), 조쩝고(← 좇-

---

10) 이처럼 '-ㄹ' 뒤에서 일어나는 된소리된 형태를 '이싫 저긔, 몯홇 거시니, 공경홇 배라, 싫 스싀'로 표기하기도 했으나, 뒤 명사의 예사소리가 된소리로 나는 것은 마찬가지이다.

즙-고)'에서는 어간 뒤에 실현되는 '-즙-'의 초성 /ㅈ/이 /ㅉ/으로 교체되었다.11) 그리고 (59)의 '녀쑙고(← 넣-습-고), 노쑙고(← 놓-습-고), 비쑙고(← 빟-습-고)'에서는, 어간의 종성인 /ㅎ/의 뒤에 실현되는 어미의 초성 /ㅅ/이 /ㅆ/으로 교체되었다.12)

〈 체언과 체언 사이에서 〉 체언과 체언 사이에서 사잇소리가 날 때에는, 뒤 체언의 초성이 된소리로 교체될 수 있다.

(60) ㄱ. 目連의 슬픈 <u>우룸쏘리</u> 훤히 업스니라   [월석 23:96]

     ㄴ. 그 사른미 緣故 업시 <u>눈쪼솔</u>를 뮈우디 아니ᄒᆞ야   [능언 2:109]

(61) ㄱ. 두 鐵圍山 <u>쓰ᅀᅵ</u> 어드본 따해 地獄이 버러 잇ᄂᆞ니라   [월석 1:28]

     ㄴ. 太子ㅣ 아춤 <u>쓰ᅀᅵ</u>예 八百 里를 녀샤   [석상 3:30]

(60)에서 '우룸쏘리, 눈쪼솔'는 앞 어근인 '우룸, 눈'에 뒤 어근인 '소리'와 'ᄌᆞᇫ'가 결합하여서 된 합성 명사이다. 이때 두 어근 사이에서 사잇소리가 나게 되므로, 뒤의 체언인 '소리'의 초성이 된소리로 교체되어서 '우룸쏘리'와 '눈쪼솔'로 실현되었다. 그리고 (61)에서 앞 체언인 '鐵圍山'과 '아춤'과 뒤에 체언인 '스ᅀᅵ'가 실현되었는데, 이때에도 '스ᅀᅵ'의 초성이 된소리로 교체되어서 '쓰ᅀᅵ'로 실현되었다.

(나-3) /ㄱ/이 /ɦ/으로 교체됨

/ㄱ/으로 시작하는 조사나 어미가 특정한 형태-음운론적 환경에서는 여린입천장에서 나는 파열음인 /ㄱ/이 후두 유성 마찰음인 /ɦ/으로 교체될 수 있다.13)

첫째, 모음이나 /ㄹ/로 끝나는 체언 뒤에서 조사의 초성 /ㄱ/이 /ɦ/으로 교체된다. 곧,

---

11) 객체 높임의 선어말 어미인 '-즙-'은 어간의 종성이 /ㄷ/일 때에 실현된다.(표기상으로는 'ㄷ, ㅈ, ㅊ'일 때에 실현됨.) 그런데 15세기 국어에서는 이러한 환경에서 '-즙-'이 '-즙-'으로 교체되지 않고, '-즙-'으로 실현된 예도 많다. (보기: 받<u>즙</u>거늘 [석상 3:38], 좇<u>즙</u>거늘 [용가 36장]) 그러므로 (58)에서 '-즙-'이 '-즙-'으로 교체되는 된소리되기는 수의적인으로 현상으로 볼 수 있다.

12) /ㅎ/의 뒤에 예사소리의 자음이 결합하면 자음 축약에 따라서 같은 자리에서 발음되는 거센소리로 교체되는 것이 원칙이다. 그러나, /ㅅ/은 그에 대응되는 거센소리의 짝이 없으므로 거센소리로 축약될 수 없다. 이러한 제약 때문에 종성의 /ㅎ/이 /ㄷ/으로 교체되고, /ㄷ/ 뒤에서 /ㅅ/이 된소리인 /ㅆ/으로 교체된 것으로 추정한다. 15세기 국어에서 종성 /ㅎ/이 /ㄷ/으로 바뀌는 것은 '놑논디라(놓-)[금상 5:25], 낟노라(← 낳-)[월석 10:25], 죧ᄂᆞ니(← 좋-)[능언 6:73]'의 예에서 확인된다.

13) 이렇게 /ㄱ/이 /ɦ/으로 교체되는 현상은 /ㄱ/ 음소가 유성음 사이에서 약화된 결과이다. 그런데 이러한 현상을 음운의 교체로 보지 않고 /ㄱ/의 탈락으로 처리하기도 한다(허웅, 1986: 436). 후두 유성 마찰음인 /ɦ/에 대하여는 이 책 46쪽의 내용을 참조하기 바란다.

모음이나 /ㄹ/로 끝나는 체언 뒤에서 조사 '-과, -과로, -곳, -곰, -고/-가'의 초성 /ㄱ/
이 /ɦ/으로 교체된다.

(62) ㄱ. 부텻 威嚴과 德과를 가즐벼 獅子座ㅣ라 ㅎㄴ니라　　　[석상 3:43]

　　　ㄴ. 仙人들히 다 나못 것과 닙과로 옷 ㅎ야 닙고　　　　[석상 3:33]

　　　ㄷ. 生곳 이시면 老死苦惱ㅣ 좃ㄴ니　　　　　　　　　[월석 2:22]

　　　ㄹ. 菩薩이 곳 나샤 자ㅂ리 업시 四方애 닐굽 거름곰 거르시니 [월석 2:37]

　　　ㅁ. 엇던 功德을 닷ㄱ시관ㄷㅣ 이 神力이 겨시니잇고　　[월석 18:82]

(63) ㄱ. 입시울와 혀와 엄과 니왜 다 됴ㅎ며　　　　　　　　[석상 19:7]

　　　ㄴ. 문자와로 서르 ㅅㆁ디 아니홀씨　　　　　　　　　[훈언 서]

　　　ㄷ. 내 말옷 아니 드르면　　　　　　　　　　　　　　[월석 2:5]

　　　ㄹ. 八千里象은 ㅎㄹ 八千里옴 녀ㄴ 象이라　　　　　　[월석 7:52]

　　　ㅁ. 다시 묻노라 네 어드러 가ㄴ니오　　　　　　　　　[두언-초 8:6]

(62)에서는 /ㄹ/을 제외하는 자음 뒤에서 조사 '-과, -곳, -곰'과 어미 '-고'이 실현되었
다. 반면에 (63)에서는 모음이나 /ㄹ/ 뒤에서 초성 /ㄱ/이 /ɦ/으로 교체되어, 각각 '-와,
-옷, -옴, -오'로 실현되었다.

　둘째, '-거-; -거늘, -거든, -거나, -거니와, -고, -고도, -곡, -고져, -과뎌, -게, -곤'
에서 어미의 초성인 /ㄱ/이 /ɦ/로 교체된다. 곧, /ㄹ/이나 /j/로 끝나는 어간 혹은 '-이다,
아니다'의 어간, 그리고 선어말 어미 '-리-'의 뒤에서 /ㄱ/으로 시작하는 용언의 어미는
후두 유성 마찰음인 /ɦ/으로 교체된다.

(64) ㄱ. 다숫 곳 두 고지 空中에 머믈어늘　　　　　　　　　[월천 기7]

　　　ㄴ. 올흔 녁 피는 女子ㅣ 드외어늘　　　　　　　　　　[월석 2:7]

　　　ㄷ. 百姓이 하늘히어늘 時政이 不恤홀씨　　　　　　　　[용가 120장]

　　　ㄹ. 太子ㅣ ㅈㆁ갓 오술 보시니 出家ㅎ 오시 아니어늘　[석상 3:30]

　　　ㅂ. 그듸를 거스디 아니호리어늘 이제 엇뎨 怨讐를 니ㅈ시ㄴ니 [석상 11:34]

(ㄱ)의 '머믈어늘'은 어간 /ㄹ/ 뒤에서, (ㄴ)의 '드외어늘'은 어간 /j/ 뒤에서, (ㄷ)의 '하늘
히어늘'은 서술격 조사인 '-이-' 뒤에서, (ㄹ)의 '아니어늘'은 '아니다'의 어간 뒤에서,
(ㅂ)의 '아니호리어늘'은 선어말 어미 '-리-'의 뒤에서 /ㄱ/이 /ɦ/로 교체되었다.

1.3.3.2. 탈락

15세기 국어에서 일어나는 음운의 '탈락' 현상으로는 자음의 탈락과 모음의 탈락이 있다. 자음의 탈락으로는 '자음군 단순화'와 '/ㅎ/의 탈락'과 '/ㄹ/의 탈락'이 있으며, '모음의 탈락'으로는 '/ㆍ/의 탈락'과 '/ㅡ/의 탈락', '/ㅏ/와 /ㅓ/의 탈락'이 있다.

가. 자음의 탈락

(가-1) 종성의 자음군 단순화

15세기 국어에서는 음절의 종성의 자리에 일부 자음군(겹자음)이 실현될 수 있었다.

(65) ㄱ. 홁과 [석상 20:37], 돐과를 [구언 상10], 숤과는 [두언-초 8:12]; 묽고 [월석 서:1]

ㄴ. 스믈여듧 [훈언 3]; 엷디 [월석 4:47], 붋디 [월석 21:119], 숤거니 [용가 72장]

ㄷ. 옳교미 [능언 1:3], 숤기더니 [월석 23:81]

ㄹ. 믌결 [능언 1:113], 바롨믈 [능언 9:34]

(66) ㄱ. 江漢애 낛줄 드리워 고기 낛ᄂ니 잇더라　　　　　　　[두언 21:13]

ㄴ. 내 모몰 ᄑᆞᄅᆞ샤 내 값과 내 일홈과 가져다가 聖人씌　　[월석 8:94]
　　　받ᄌᆞᄫᅵ쇼셔

(67) ㄱ. 뎌 주거미 무루피며 바리며 다 놀여 믄득 줏그리 앉거늘　[석상 6:30]

ㄴ. 므싀여운 화를 能히 시울 엱디 몯ᄒᆞ니　　　　　　　　[두언-초 22:32]

(65)에서는 /ㄹㄱ/, /ㄹㅐ/, /ㄹㅁ/, /ㄹㅅ/ 등의 'ㄹ'계 자음군(겹자음)이 음절의 종성에 실현되었다. (66)에서는 /ㄱㅅ/, /ㅂㅅ/의 자음군이 쓰였는데, /ㄱㅅ/은 (ㄱ)의 '낛'처럼 체언이나 '낛-'처럼 용언의 어간에 다 실현된 반면에,[14] /ㅂㅅ/은 (ㄴ)의 '값'처럼 체언에서만 종성으로 쓰였다. 그리고 (67)의 '앉-'이나 '엱-'처럼 어간에 자음군인 /ㄴㅅ/이 쓰이기도 했다. 이렇게 15세기 국어에서 종성에서 자음군이 실현되는 현상은 현대 국어에서는 볼 수 없다.

그러나 (65~67)에 나타난 일부의 예를 제외하면, 15세기 국어에서도 자음군 단순화 현상이 일어났음을 확인할 수 있다.

〈 /ㄹㅅ/ → /ㅅ/ 〉 관형격 조사인 'ㅅ'이나 사이시옷의 앞에서 체언의 종성인 /ㄹ/이 탈락

---

14) 단, /ㄱㅅ/의 자음군을 가진 '셗슬 [용가 58장]'의 '셗'은 '우리 무리 몰 셕 잡고 [두언-초 8:27]'에서는 예외적으로 /ㅅ/이 탈락하였다.

하는 경우가 있다.

(68) ㄱ. 尾閭ᄂᆞᆫ <u>바롨믈</u> 쌔디ᄂᆞᆫ 싸히라　　　　　　　　　　[능언 9:34]

　　　ㄴ. 쇽졀업시 새 <u>바룻믈</u> 메우믈 ᄒᆞ놋다　　　　　　　　　[두언-초 20:15]

(69) ㄱ. 복셩고즌 ᄀᆞᄂᆞ리 <u>버듨고즐</u> 조차 디고　　　　　　　　[두언-초 11:21]

　　　ㄴ. <u>버듯고지</u> 눈 디ᄃᆞᆺ ᄒᆞ야 흰 말와매 두펫ᄂᆞ니　　　[두언-초 11:18]

(68)와 (69)에서 '바롤'과 '버들'은 그 뒤에 사잇소리가 실현되면, (ㄱ)처럼 '바롨믈'과 '버듨고즐'의 형태로 실현되는 것이 일반적이다. 하지만 이들 단어는 (ㄴ)처럼 체언의 끝 자음인 /ㄹ/이 탈락되어서 '바룻, 버듯'의 형태로 실현될 수도 있다. 이처럼 관형격 조사 'ㅅ'이나 사이시옷의 앞에서 /ㄹ/이 탈락하는 것은 수의적인 현상인데, '바롨(海), 버듨(柳), 섨(元旦), 믌(衆), 믌(水)' 등에서 /ㅅ/이 수의적으로 탈락한 예가 보인다.

⟨ /ㅺ/, /ㅼ/→/ㄱ/, /ㄷ/ ⟩ /ㅅ/으로 시작하는 자음군인 /ㅺ/이나 /ㅼ/이 음절의 끝소리로 쓰일 때에는, 자음이나 휴지 앞에서 /ㄱ/과 /ㄷ/이 탈락하여 /ㅅ/만 실현된다.

(70) ㄱ. 太子ㅣ 門 <u>밧글</u> 보아지라 ᄒᆞ야시ᄂᆞᆯ　　　　　　　[석상 3:16]

　　　ㄴ. 隍ᄋᆞᆫ 城 <u>밧</u> 모시라　　　　　　　　　　　　　　　[능언 1:34]

(71) ㄱ. 머리 <u>가까</u> 法服ᄋᆞᆯ 니브리도 보며　　　　　　　　　[석상 13:20]

　　　ㄴ. 剃師ᄂᆞᆫ ᄂᆞ미 머리 <u>갓ᄂᆞᆫ</u> 사ᄅᆞ미라　　　　　　　[월석 7:8]

(72) ㄱ. 麗運이 衰ᄒᆞ거든 나라ᄒᆞᆯ <u>맛디</u>시릴ᄊᆡ　　　　　　　[용가 6장]

　　　ㄴ. 十身이 두려워 佛子ㅣ ᄃᆞ외야 부텻 이ᄅᆞᆯ <u>맛ᄂᆞ니</u>　　[능언 8:28]

(70~72)에서 '밧, 갓-, 맛-'은 (ㄱ)처럼 그 뒤에 모음으로 시작하는 조사나 어미가 결합하면 /ㅅ/이 그대로 쓰였다. 반면에 '밧, 갓-, 맛-'이 (ㄴ)처럼 휴지나 자음으로 시작하는 어미의 앞에서는 /ㅅ/에서 /ㄱ/이 탈락하여 /ㅅ/으로만 실현되었다.

　⟨ /ㅄ/→/ㅂ/ ⟩ 어간 끝 음절의 종성이 /ㅄ/일 때에 그 뒤에 자음으로 시작하는 어미가 붙어서 활용하면, /ㅄ/의 /ㅅ/이 탈락하여 /ㅂ/으로 실현된다.[15]

---

15) 다만, 체언에서는 앞의 (66ㄴ)에 제시된 '값'처럼 종성의 자리에 /ㅄ/의 자음군이 실현되었다.

(73) ㄱ. 討賊이 겨를 업스샤티 션비를 드 수실씨   [용가 80장]

　　 ㄴ. 업던 번게를 하늘히 불기시니   [용가 30장]

(73)에서 '없-'은 (ㄱ)처럼 모음으로 시작하는 어미 '-으샤티'가 붙어서 활용하면 변동이 일어나지 않아서 '업스샤티'로 실현되었다. 그러나 '없-'에 (ㄴ)처럼 자음으로 시작하는 어미 '-던'이 붙어서 활용하면, /ᄡ/ 중에서 /ㅅ/이 탈락하여 '업던'으로 실현되었다.

〈/ᄚ/→/ㄹ/〉 어간의 끝 음절의 종성이 /ᄚ/일 때에, 그 뒤에 /ㄴ/으로 시작하는 어미가 붙어서 활용하면, /ᄚ/의 /ㅎ/이 탈락한다.

(74) ㄱ. 이 프리 엇던 緣으로 솟글흐며   [월석 21:25]

　　 ㄴ. 熱惱는 더버 셜볼 씨니 罪人을 글는 가마애 드리티ᄂ니라 [월석 1:29]

(75) ㄱ. 怨害鬼게 툐믈 맛나 定에 나 머리 알흐니   [능언 5:74]

　　 ㄴ. 녜브터 알는 닛 病이 됴커든   [두언-초 9:16]

(74)와 (75)에서 '긇-'과 '앓-'은 (ㄱ)처럼 그 뒤에 모음으로 시작하는 어미가 오면 /ᄚ/이 그대로 유지되었다. 반면에 (ㄴ)처럼 '긇-'과 '앓-'의 뒤에 /ㄴ/으로 시작하는 어미가 결합하여 활용하면, /ᄚ/에서 /ㅎ/이 탈락하여 '글-'과 '알-'로 실현되었다.

(가-2) 종성의 /ㅎ/ 탈락

/ㅎ/으로 끝나는 체언에 /ㄱ/이나 /ㄷ/을 제외한 자음으로 시작하는 조사나 휴지가 실현될 때에는, 체언의 종성 /ㅎ/이 탈락한다.

(76) ㄱ. 劍은 갈히라   [월석 23:49]

　　 ㄴ. 져믄 나해 글 스기와 갈 쓰기와 비호니   [두언-초 7:15]

(77) ㄱ. 鼻는 고히라   [석상 19:9]

　　 ㄴ. 고 고ᄋ고 니 글오 뷘 입 십고 방긔 니르리 ᄒ며   [석상 3:25]

(78) ㄱ. 여슷 길헤 횟도녀 죖간도 머므디 몯ᄒ며   [월석 서4]

　　 ㄴ. 四海를 平定ᄒ샤 길 우희 糧食 니저니   [용가 53장]

(79) ㄱ. 내히 이러 바른래 가ᄂ니   [용가 2장]

ㄴ. 못도 믈ㄱ며 냇믈도 아름답더니 [월천 기362]

(76~79)의 '고ㅎ, 길ㅎ, 내ㅎ'은 (ㄱ)에서는 종성 /ㅎ/이 모음 앞에서 그대로 쓰였다.16) 반면에 (ㄴ)처럼 /ㄱ/이나 /ㄷ/을 제외한 나머지 자음(사잇소리 표기의 '-ㅅ'을 포함)이나 휴지 앞에서는 이들 단어의 종성 /ㅎ/이 탈락했다.

(가-3) 종성의 /ㄹ/ 탈락

어간의 끝 음절에 실현된 종성이 /ㄹ/일 때에, 그 뒤에 /ㄷ, ㄴ, ㅿ/이나 /ㅈ/으로 시작하는 어미가 붙어서 활용하면 어간의 종성 /ㄹ/이 탈락한다.

(80) ㄱ. 智慧ㅅ 門이 아로미 어려ᄫᅳ며 [석상 13:36]
ㄴ. 활 쏘리 하건마ᄅᆞᆫ 武德을 아ᄅᆞ시니 [용가 45장]
ㄷ. 님금하 아ᄅᆞ쇼셔 [용가 125장]

(81) ㄱ. 南塘ㅅ 길흘 아디 몯ᄒᆞ다니 이제 第五橋를 알와라 [두언-초 15:7]
ㄴ. 내 그듸를 아노니 빌먹ᄂᆞᆫ 것바ᅀᅵ라 [월석 22:58]
ㄷ. 空生이 果然 能히 부텻 ᄠᅳ들 아ᅀᆞᆸ고 [금삼 2:66]

(82) ㄱ. 머리 셰ᄃᆞ록 서르 ᄇᆞ리디 마져 [두언-초 16:18]
ㄴ. 사져 죽져 ᄒᆞ야 [두언-초 23:49]

'알다'는 (80)처럼 모음으로 시작하는 어미인 '-옴, -ᄋᆞ시-, -ᄋᆞ쇼셔'이 붙어 활용하면, '아로미, 아ᄅᆞ시니, 아ᄅᆞ쇼셔'처럼 어간의 끝 소리인 /ㄹ/이 그대로 쓰였다. 반면에 (81)처럼 어미 '-디, -ᄂᆞ-, -ᅀᆞᆸ-'이 붙어서 활용하면, 어간의 끝 소리 /ㄹ/이 탈락하여 '아디, 아노니, 아ᅀᆞᆸ고'로 실현되었다. 그리고 '말다'와 '살다'는 (82)처럼 어간에 청유형 종결 어미인 '-져'가 붙어서 활용하면 어간의 끝 소리인 /ㄹ/이 탈락하여 '마져, 사져'로 실현되었다. 이처럼 어간의 끝소리 /ㄹ/이 /ㅈ/ 앞에서 탈락하는 것은 그 용례가 매우 드물다.

합성어나 파생어로 짜인 체언에서도, 앞 어근의 종성으로 실현된 /ㄹ/의 뒤에 /ㄴ/이나 /ㅁ/으로 시작하는 뒤 어근이나 파생 접미사가 올 때에는, 앞 어근의 /ㄹ/이 수의적으로 탈락하는 수가 있다.

---

16) 다만, 체언의 종성 /ㅎ/은 그 뒤에 /ㄱ/이나 /ㄷ/으로 시작하는 조사가 오면, /ㅎ/과 /ㄱ/, /ㄷ/이 한 /ㅋ, ㅌ/으로 축약된다(자음 축약).

(83) ㄱ. <u>아들님</u>이 나샤 나히 닐구비어늘   [월천 기238]

ㄴ. 아바님 일후믄 淨飯이시고 <u>아ᄃ님</u> 일후믄 羅怙ㅣ시고   [월석 2:9]

(84) ㄱ. 文殊普賢들히 <u>들닚긔</u> 구룸 몯ᄃᆞᆺ더시니   [월천 기83]

ㄴ. 金色 모야히 <u>드닚</u> 光 이러시다   [월석 2:51]

(85) ㄱ. 甲 니브시고 <u>활살</u> ᄎᆞ시고 槍 자ᄇᆞ시고   [월석 10:27]

ㄴ. 土卒이 <u>화살</u> 업슨 사ᄅᆞ믄 브레 드라드더니   [삼행 충28]

(83~85)의 (ㄱ)에서는 '아들님, 들닚, 활살'으로 실현되었는데, (ㄴ)의 '아ᄃ님, 드닚, 화살' 등에서는 앞 어근의 종성인 /ㄹ/이 뒤 어근의 초성인 /ㄴ/이나 /ㅅ/의 앞에서 탈락했다. 다만, (83~85)처럼 합성어나 파생어에서 일어나는 /ㄹ/ 탈락은 일부의 명사에서 수의적으로 일어나는 개별적 변동이다.

나. 모음의 탈락

체언이나 어간의 끝 모음이 특정한 음운 환경에서 탈락하는 경우가 있다.

(나-1) /ㆍ/와 /ㅡ/의 탈락

'ᄃᆞ, ᄉᆞ; ᄢᅴ(時)'와 'ᄡᅳ다(鑿), 다ᄋᆞ다(盡); 크다(大), 더으다(加)'처럼 끝 음절의 모음이 /ㆍ/나 /ㅡ/인 체언이나 어간에 모음으로 시작하는 조사나 어미와 결합하면, 체언이나 어간의 끝 모음인 /ㆍ/나 /ㅡ/가 탈락한다.[17]

(86) ㄱ. 엇던 <u>ᄃ로</u> 法이 性이 다 업스뇨   [선언 상111]

ㄴ. 첫소리를 어울워 ᄡᅳᆯ <u>디면</u> 글바 쓰라   [훈언 12]

(87) ㄱ. 盡은 <u>다ᄋᆞᆯ</u> 씨라   [석상 서2]

ㄴ. 福이 <u>다아</u> 衰ᄒᆞ면 受苦ᄅᆞ뷔요미 地獄두고 더으니   [월석 1:21]

(88) ㄱ. 밤낫 여슷 <u>ᄢᅴ로</u> 하ᄂᆞᆯ 曼陀羅花ㅣ 듣거든   [월석 7:65]

ㄴ. 잢간도 ᄇᆞ릴 <u>ᄢᅴ</u> 업스니라   [금언 83]

---

17) 매개 모음인 /ㆍ/와 /ㅡ/도 모음과 /ㄹ/ 아래에서 탈락한다. 다만, '-ᄋᆞ시-/-으시-'와 '-ᄋᆞ쇼셔/-으쇼셔'의 매개 모음인 /ㆍ/와 /ㅡ/는 /ㄹ/ 아래에서 탈락되지 않는 것이 현대어와 다르다. (보기: 느르샤 [용가 1장], 사ᄅᆞ샤 [용가 3장], 머르시니이다 [용가 81장], 닛디 마ᄅᆞ쇼셔 [용가 110장])

(89) ㄱ. 加는 더을 씨라   [훈언 13]

ㄴ. 새 밍ᄀ논 글워레 고텨 다시 더어   [월석 서19]

(86)과 (87)의 (ㄱ)에서 체언인 '드'와 어간인 '다ᅌᅳ-'는 자음으로 시작하는 조사나 어미가 결합하면 끝 모음인 /·/가 그대로 실현되었다. 반면에 (ㄴ)처럼 모음로 시작하는 조사나 어미가 결합하면 '디면'이나 '다아'처럼 끝 모음인 /·/가 탈락하였다. 그리고 (88)과 (89)의 (ㄱ)에서 체언인 'ᄣ'와 어간인 '더으-'는 그 뒤에 자음으로 시작하는 조사나 어미가 결합하면 끝 모음인 /ㅡ/가 그대로 실현되었다. 반면에 (ㄴ)처럼 모음으로 시작하는 조사나 어미가 결합하면 'ᄢ'나 '더어'처럼 끝 모음인 /ㅡ/가 탈락하였다.

(나-2) /ㅏ, ㅓ/와 /ㅗ, ㅜ/의 탈락

용언의 어간이 /ㅏ/, /ㅓ/, /ㅗ/, /ㅜ/로 끝나고 어미가 동일한 모음으로 시작할 때에, 어간이나 어미의 /ㅏ/, /ㅓ/, /ㅗ/, /ㅜ/가 탈락할 수 있다.

첫째로, /ㅏ/, /ㅓ/로 끝나는 어간에 동일한 모음으로 시작하는 어미가 붙어서 활용하면, 어간이나 어미의 /ㅏ/, /ㅓ/가 수의적으로 탈락할 수 있다.

(90) ㄱ. 天帝釋이 … 忉利天에 가아 塔 일어 供養ᄒᆞ습더라   [석상 3:14]

ㄴ. 天道ᄂᆞᆫ 하ᄂᆞᆯ해 가 나ᄂᆞᆫ 길히오   [석상 3:19]

(91) ㄱ. 門 밧긔 셔어 겨샤   [월석 8:84]

ㄴ. 菩薩이 ᄃᆞ니시며 셔 겨시며 안ᄌᆞ시며   [월석 2:26]

(90)과 (91)에서 '가다'와 '셔다'의 어간은 각각 모음 /ㅏ/, /ㅓ/로 끝난다. 이러한 어간에 동일한 모음인 /ㅏ/, /ㅓ/로 시작하는 어미가 결합되면, (ㄱ)처럼 '가아', '셔어'로 실현될 수도 있고, (ㄴ)처럼 어간의 끝 모음이나 어미의 첫 모음이 탈락되어서 '가'와 '셔'로 실현될 수도 있었다.

둘째, /ㅏ/, /ㅗ/, /ㅓ/, /ㅜ/로 끝나는 용언의 어간에 /ㅗ/, /ㅜ/로 시작하는 어미가 결합하면, 어미의 /ㅗ/, /ㅜ/가 탈락할 수 있다.

(92) ㄱ. 世尊하 내 이제 娑婆世界예 가미 다 如來ㅅ 히미시며   [석상 20:37]

ㄴ. ᄆᆞᅀᆞ매 두물 닐오ᄃᆡ 띠ᅵ오   [능언 6:4]

ㄷ. 王이 놀라샤 讚嘆ᄒᆞ야 니ᄅᆞ샤ᄃᆡ   [석상 3:4]

ㄹ. ᄯᅩ 世間앳 衆生ᄋᆞᆯ 어엿비 너겨 護持홀 ᄆᆞᅀᆞ믈 내혀ᄃᆡ   [월석 2:63]

(92)에서 (ㄱ)의 '가미(가-+-옴+-이)', (ㄴ)의 '두믈(두-+-움+-을)', (ㄷ)의 '니르샤딕(니르-+-시-+-오딕)', (ㄹ)의 '내혀딕(내혀-+-오딕)'에서는, 어간과 어미가 결합하는 과정에서 어미의 첫 모음인 /ㅗ/, /ㅜ/가 탈락하였다.18)

(나-3) /ㅣ/의 탈락

체언이 조사와 결합하거나 어간에 어미가 붙어서 활용할 때에는, 체언이나 어간의 끝 모음인 /ㅣ/가 탈락하는 경우가 있다.

첫째, /ㅣ/로 끝나는 유정 체언에 관형격 조사인 '-익/-의'나 호격 조사인 '-아'가 결합하면, 체언의 끝 모음 /ㅣ/가 탈락한다.

(93) ㄱ. 수프렛 <u>곳고리</u>는 지즈로 놀애 브르디 아니ᄒ놋다　　　[두언-초 10:3]

　　 ㄴ. <u>곳골</u> 놀애 더운 제 正히 하도다　　　[두언-초 8:46]

(94) ㄱ. 羅睺羅ㅣ … 도라가ᄉ아 <u>어미</u>를 濟渡ᄒ야　　　[석상 6:1]

　　 ㄴ. 子息이 ᄒ다가 어밀 ᄉ랑호딕 <u>어믜</u> 사랑호ᇙ 時節 ᄀ티 ᄒ면　　[능언 5:85]

(95) ㄱ. 아뫼나 겨지비 <u>아기</u> 나홇 時節을 當ᄒ야　　　[석상 9:25]

　　 ㄴ. 비욘 <u>아기</u> 비디 또 二千 斤ㅅ 金이니이다　　　[월석 8:81]

　　 ㄷ. <u>아가</u> <u>아가</u> 긴 劫에 몯 볼까 ᄒ다니　　　[월석 23:87]

(93~95)에서 (ㄱ)의 체언인 '곳고리, 어미, 아기'는 /ㅣ/로 끝났다. 이들 체언은 (ㄴ)이나 (ㄷ)처럼 그 뒤에 관형격 조사인 '-익/-의'나 호격 조사인 '-아'가 실현되면, 체언의 끝 소리 /ㅣ/가 탈락하여서 '곳골, 엄, 악'으로 실현되었다. 이렇게 /ㅣ/가 탈락하는 현상은 '아비, 아기, 가히, 늘그니, 다ᄅ니, 行ᄒ리'와 같은 유정 명사에만 적용되었고, 무정 명사에는 적용되지 않았다.

둘째, '이시다(有, 在)'의 어간에서 끝 모음인 /ㅣ/는 모음(매개 모음 포함)으로 시작하는 어미 앞에서는 /ㅣ/가 유지되지만, 자음으로 시작하는 어미 앞에서 탈락한다.

(96) ㄱ. 有情들히 病ᄒ야 <u>이셔</u> 救ᄒ리 업고　　　[월석 9:18]

　　 ㄴ. 가리라 ᄒ리 <u>이시나</u> 長者를 브리시니　　　[용가 45장]

---

18) '니르샤딕'는 '-오딕'의 /ㅗ/가 탈락하면서 동시에 '-시-'에 /j/가 첨가되어 '-샤-'로 변동했다.

(97) ㄱ. 흔 仙人은 南녁 堀애 <u>잇고</u> 흔 仙人은 北녁 堀애 <u>잇거든</u>   [석상 11:25]

　　 ㄴ. 그 대숩 스시예 林淨寺ㅣ <u>잇더니</u>   [월석 8:99]

(96)에서는 '이시-'가 모음으로 시작하는 어미인 '-어'나 매개 모음으로 시작하는 어미인 '-으나'와 결합하여서 '이셔'와 '이시나'로 실현되었다. 반면에 (97)에서는 '이시-'가 자음으로 시작하는 어미인 '-고, -거든, -더-'와 결합하였는데, 이때에는 어간의 끝소리인 /ㅣ/가 탈락하여서 각각 '잇고', '잇거든', '잇더니'로 실현되었다.

1.3.3.3. 첨가

음운의 첨가 현상에는 자음이 첨가되는 경우와 모음이 첨가되는 경우가 있다.

가. /ㄹ/의 첨가

단음절의 대명사에 조사인 '-로, -와, -ᄃ려' 등이 결합할 때에는 대명사에 /ㄹ/이 첨가되는 수가 있다.

(98) ㄱ. 그듸 <u>날로</u> 腹心 사마 뒷ᄂᆞ니   [삼행 충17]

　　 ㄴ. 내 반ᄃ기 發明ᄒᆞ야 <u>널로</u> 더 나ᅀᅡ가게 호리라   [능언 4:101]

　　 ㄷ. <u>일로</u>브터 아래는 다 우흘 견주어 사기라   [능언 4:110]

　　 ㄹ. 鬚髮이 <u>절로</u> 뼈러디니이다   [능언 5:63]

　　 ㅁ. 내 <u>눌로</u> 다ᄆᆞᆺᄒᆞ야 노니려뇨   [두언-초 24:35]

(99) ㄱ. 하ᄂᆞᆶ 가온ᄃᆡ ᄃᆞᆳ비치 됴ᄒᆞ니 <u>눌와</u> 보리오   [두언-초 6:15]

　　 ㄴ. 너희 이 거슬 <u>날와</u> 달이 너기디 말라   [석상 4:60]

(100) ㄱ. 世宗이 <u>날ᄃ려</u> 니ᄅᆞ샤ᄃᆡ   [월석 서11]

　　 ㄴ. 네 엇뎨 <u>날ᄃ려</u> 아니 니ᄅᆞᆫ다   [월석 20:67]

(98)처럼 단음절의 대명사인 '나, 너, 이, 저, 누'에 부사격 조사인 '-로'가 결합하면, 대명사에 /ㄹ/이 첨가되어 '날, 널, 일, 절, 눌'로 실현되었다. (99)처럼 대명사인 '누'와 '나'에 부사격 조사나 접속 조사인 '-와'가 결합할 때에는, '누'와 '나'에 /ㄹ/이 첨가되어 각각 '눌'과 '날'의 형태로 실현되기도 했다. (100)처럼 1인칭 대명사인 '나'에 부사격 조사인

'-ᄃ려'가 결합될 때에는, '나'에 /ㄹ/이 첨가되어서 '날'의 형태로 변동하였다.

나. /j/의 첨가

체언과 조사, 어간과 어미, 어미와 어미 등이 결합할 때에, 모음과 모음이 이어서 나는 현상을 피하기 위하여 조사나 어미에 반모음인 /j/가 첨가될 수가 있다.

첫째, 체언이나 용언 어간의 끝 소리가 /ㅣ/나 반모음인 /j/일 때에, 그 뒤에 /ㅏ, ㅓ, ㅗ, ㅜ/로 시작하는 어미나 조사가 결합하면, 어미나 조사에 반모음 /j/가 첨가된다.

(1) ㄱ. ᄃ리예 ᄲ텨딜 ᄆᆞᄅ 넌즈시 치혀시니   [용가 87장]
    ㄴ. 소고물 아기 낟ᄂᆞᆫ 어믜 비예 ᄇᆞᄅ면 즉재 나ᄒᆞ리라   [구간 7:47]

(2) ㄱ. 枝流ᄂᆞᆫ 므리 가리여 나 正流 아닌 거시라   [원언 상1-1:23]
    ㄴ. 풍류 잘홇 伎女 五百을 골히야 서르 ᄀᆞ라 뫼ᅀᆞ뱃게 ᄒᆞ시니 [석상 3:5]
    ㄷ. 識心이 뮈디 아니ᄒᆞ면 疑心ㅅ 흐리유미 절로 ᄆᆞᆰᄂᆞ니   [금삼 서二3]
    ㄹ. 舅氏의 封侯호ᄆᆞᆫ 皇子王 ᄃ외욤과 ᄀᆞᆮᄒᆞ니   [내훈 2:48]

(1)에서는 체언인 'ᄃ리'와 '비'에 조사인 '-에'가 결합하였는데, 조사 '-에'에 반모음인 /j/가 첨가되어서 조사의 형태가 '-예'로 실현되었다. 그리고 (2)에서는 어간인 '가리-, 골히-, 흐리, ᄃ외-'에 어미인 '-어, -아, -움, -옴'이 결합하였는데, 이때에도 어미에 /j/가 첨가되어서 어미의 형태가 '-여, -야, -윰, -욤'으로 실현되었다.[19]

둘째, 15세기 국어에서는 아주 드문 예이지만 상대 높임의 선어말인 '-이-'의 모음 /ㅣ/에 영향을 받아서, 앞의 형태소에 반모음인 /j/가 첨가될 수가 있다.[20]

(3) ㄱ. 阿難 大衆이 다 슬오ᄃᆡ 소리 잇ᄂᆡ이다   [능언 4:126]
    ㄴ. 이젯 陛下ㅅ 말ᄉᆞ미 곧 녯 사ᄅᆞ믹 ᄆᆞᅀᆞ미로ᅿ이다   [내훈 2하44]
    ㄷ. 不求自得괘이다   [법언 2:181]

(4) ㄱ. 내 그런 ᄠ들 몰라 ᄒᆞ댕다   [석상 24:32]
    ㄴ. 어제 그딧 마를 드로니 ᄆᆞᅀᆞ매 來往ᄒᆞ야 닛디 몯ᄒᆞ리로ᅿᆼ다 [내훈 2하:37]

---

19) 'ᄒᆞ다'의 어간 뒤에 어미인 '-아, -오'가 실현되면, 어미에 /j/가 첨가되어서 '-야'나 '-욤'으로 실현된다. (보기) 그 나라들히 다 降服ᄒᆞ야 오ᄂᆞ라 [석상 3:6], 行ᄒᆞ욤과…動作ᄒᆞ욤과 [월석 1:17]

20) 17세기 말에는 동일한 음성적인 환경에서 '모음 동화 현상('ㅣ' 모음 역행 동화, 움라우트)'이 일어나는데, 이때에는 동화된 앞 소리가 단모음으로 되는 것이 15세기 국어와 다르다.

ㄷ. 부텨와 즁과를 請ᄒᆞᅀᆞ보려 ᄒᆞᄂᆞᆯ다   [석상 6:16]

(5) 祥瑞도 하시며 光明도 하시나 ᄀᆞᆯ 업스실씨 오늘 몯 ᄉᆞᆲ뇌   [월천 기26]

(3)에서 (ㄱ)의 '-ᄂᆡ-', (ㄴ)의 '-쇠-', (ㄷ)의 '-괘-'는 각각 선어말 어미인 '-ᄂᆞ-', '-소-', '-과-'에 /j/가 첨가된 형태인데, 이는 그 뒤에 실현된 '-이-'의 모음 /ㅣ/에 역행 동화된 형태이다. 그리고 (4)에서 (ㄱ)의 '-대-', (ㄴ)의 '-쇠-', (ㄷ)의 '-뇌-'는 각각 상대 높임의 선어말 어미인 '-다-', '-소-', '-노-(←-ᄂᆞ-+-오-)'에 /j/가 첨가된 형태인데, 이처럼 /j/가 첨가된 뒤에 선어말 어미인 '-이-'에서 모음 /ㅣ/가 탈락하였다. (5)에서 '-뇌-'는 '-노(←-ᄂᆞ-+-오-)'에 /j/가 첨가된 형태인데, 이는 /j/가 첨가된 뒤에 상대 높임의 선어말 어미와 평서형 종결 어미가 결합된 '-이다'가 생략된 형태이다.21)

1.3.3.4. 탈락과 첨가

체언과 조사, 용언의 활용에서 음운의 '탈락'과 '첨가'가 동시에 일어날 수 있는데, 이 변동은 일부의 한정적인 단어에서만 일어나는 개별적(한정적) 변동이다.

가. 체언과 조사의 결합에서 일어나는, 모음의 탈락과 자음의 첨가

(가-1) 체언의 끝 모음이 탈락하고 /ㄱ/이 첨가됨

체언 중에서 '나모, 구무, 불무, 녀느'는 그 뒤에 모음으로 시작하는 조사가 결합하면, 체언의 끝 모음인 /ㅗ/, /ㅜ/, /ㅡ/가 탈락하는 동시에 /ㄱ/이 첨가되어서 '낡, 굶, 붊, 녆'의 형태로 실현된다.

(6) ㄱ. 나모 : <u>나모와</u>, <u>나모</u> 바ᄀᆞᆫ   [용가 89장, 두언 15:1]
     ㄴ. 낡   : 이 <u>남기</u> 잇고, <u>남ᄀᆞᆫ</u>, <u>남기</u>, <u>남글</u>   [월석 1:24, 용가 2장, 용가 84장, 용가 86장]

(7) ㄱ. 구무 : <u>구무들해</u>, <u>구무마다</u>, <u>구뭇</u> 안ᄒᆞᆯ   [월석 8:26, 월석 21:5, 두언 18:15]
     ㄴ. 굶   : <u>굼기</u>, <u>굼긔</u>, <u>굼글</u>, <u>굼기라</u>   [두언-초 6:36, 석상 13:10, 월석 서21]

---

21) (6~8)의 변동 과정을 보이면 다음과 같다. (보기) 잇ᄂᆡ이다(← 잇ᄂᆞ이다), ᄆᆞᅀᆞ미로쇠이다(← ᄆᆞᅀᆞ미로소이다), 不求自得괘이다(← 不求自得과이다), ᄒᆞ댕다(← ᄒᆞ대이다 ← ᄒᆞ다이다), 몯ᄒᆞ리로쇵다(← 몯ᄒᆞ리로쇠이다 ← 몯ᄒᆞ리로소이다), ᄒᆞ녕다(← ᄒᆞ뇌이다 ← ᄒᆞ노이다), ᄉᆞᆲ뇌(← ᄉᆞᆲ뇌이다 ← ᄉᆞᆲ노이다) /ㅣ/ 역행 동화에 따른 반모음 /j/가 첨가되는 현상의 예는 15세기에는 아주 드물게 일어났다.

(8) ㄱ. 불무 : 불무 야(= 冶), 불무질   [훈몽자회 하:16, 두언 8:65]

ㄴ. 붊   : 붊기라, 붊긔   [금삼 2:28, 두언 24:59]

(9) ㄱ. 녀느 : 녀느 아니라, 녀느 夫人, 녀늣 이롤 [능언 4:23, 월석 2:4, 내훈 1:53]

ㄴ. 년   : 년기, 년글   [용가 48장, 용가 20장]

'나모(木), 구무(孔), 불무(冶), 녀느(他)'는 (6~9)의 (ㄱ)처럼 자음으로 시작하는 조사나 휴지 앞에서는 '나모, 구무, 불무, 녀느'의 형태가 그대로 유지되었다.22) 반면에 이들 체언이 (6~9)의 (ㄴ)처럼 모음으로 시작하는 조사와 결합하면 체언의 끝 모음이 탈락하고 /ㄱ/이 첨가된다. 예를 들어서 (6ㄴ)처럼 '나모'가 모음으로 시작하는 조사인 '-이, -은, -의, -올'과 결합할 때에는, 체언의 끝 모음인 /ㅗ/가 탈락하고 /ㄱ/이 첨가되어서, '남기, 남근, 남기, 남글'의 형태로 실현되었다. (7ㄴ)처럼 '구무'가 조사인 '-이, -의, -을, -이다'와 결합할 때에는, 체언의 끝 모음인 /ㅜ/가 탈락하고 /ㄱ/이 첨가되어서 '굼기, 굼긔, 굼글, 굼기라'로 실현되었다. (8ㄴ)처럼 '불무'가 조사인 '-이다, -의'와 결합하면, 체언의 끝 모음인 /ㅜ/가 탈락하고 /ㄱ/이 첨가되어서 '붊기라, 붊긔'로 실현되었다. (9ㄴ)처럼 '녀느'가 '-이, -올'과 결합하면, 체언의 끝 모음인 /ㅡ/가 탈락하고 /ㄱ/이 첨가되어서 '년기, 년글'로 실현되었다.

(가-2) 체언의 끝 모음이 탈락하고 /ㄹ/이 첨가됨

체언 중에서 'ᄆᆞᄅᆞ(棟)'와 'ᄒᆞᄅᆞ(一日)'는 그 뒤에 모음으로 시작하는 조사가 결합하면, 체언의 끝 모음인 /ㅗ/, /ㅜ/, /ㅡ/가 탈락한다. 동시에 /ㄱ/이 첨가되어서 'ᄆᆞᆯㄹ'과 'ᄒᆞᆯㄹ'로 실현된다.

(10) ㄱ. ᄆᆞᄅᆞ : ᄆᆞᄅᆞ, ᄆᆞᄅᆞ와, ᄆᆞᄅᆞᆺ   [두언-초 3:10, 두언 24:10]

ㄴ. ᄆᆞᆯㄹ : ᄆᆞᆯ리, ᄆᆞᆯ롤, ᄆᆞᆯ리니   [법언 2:103, 두언 24:17, 석상 19:8]

(11) ㄱ. ᄒᆞᄅᆞ : ᄒᆞᄅᆞᆺ 內예, ᄒᆞᄅᆞ옴, ᄒᆞᄅᆞ도   [월석 서:16, 월석 1:37]

ㄴ. ᄒᆞᆯ : ᄒᆞᆯ롤, ᄒᆞᆯ룬, ᄒᆞᆯ리어나   [법언 5:88, 월석 2:51, 월석 7:60]

---

22) (6ㄱ)의 '나모와'는 '나모와'는 원래는 '나모'의 뒤에 '-과'가 실현된 형태인데, 이는 모음으로 끝나는 체언 뒤에서 '-과'의 /ㄱ/이 탈락한 것이다. 따라서 '나모와'는 자음 앞에서 '나모'의 형태가 유지된 것으로 처리한다.

(10~11)의 (ㄱ)에서 'ᄆᆞᆯ'와 'ᄒᆞᆯ'는 그 뒤에 자음으로 시작하는 조사가 결합하였는데, 이때에는 원래의 형태대로 실현되었다.[23] 반면에 (10~11)의 (ㄴ)에서 'ᄆᆞᆯ'와 'ᄒᆞᆯ'는 그 뒤에 모음으로 시작하는 조사가 결합하였다. 이때에는 먼저 'ᄆᆞᆯ'와 'ᄒᆞᆯ'의 끝 모음인 /ㆍ/가 탈락하고, 홀로 남은 /ㄹ/이 앞 음절의 끝 소리로 이동하여 'ᄆᆯ, ᄒᆯ'의 형태가 되었다. 이와 동시에 /ㄹ/이 새롭게 첨가되어서 'ᄆᆯㄹ'과 'ᄒᆯㄹ'의 형태로 실현되었다.

(가-3) 체언의 끝 모음이 탈락하고 /ɦ/이 첨가됨

체언과 조사가 결합할 때에, 체언의 끝 음절에 실현되는 모음이 탈락한 뒤에 유성 후두 마찰음인 /ɦ/가 첨가될 수도 있다. 곧, /ㄹ/나 /ㅿ/로 끝난 체언에 모음으로 시작하는 조사가 연결될 때에는, 체언의 끝 모음인 /ㆍ/가 탈락할 수 있다. 이때에 홀로 남은 자음 /ㄹ/, /ㅿ/은 앞 음절의 종성으로 옮아서 실현되며, 뒤 음절에는 /ɦ/가 첨가된다.

(12) ㄱ. ᄆᆞᆯ애 ᄀᆞᄂᆞ로미 ᄀᆞᄅᆞ ᄀᆞᄂᆞ롬 ᄀᆞᄒᆞᆯ식　　　　　　　　[원언 상2-2:154]

　　 ㄴ. ᄯᅩ 무근 ᄇᆞᄅᆞᆺ맷 ᄒᆞᆰ ᄀᆞᆯ으로 둡ᄂᆞ니라　　　　　　[구언 상73]

(13) ㄱ. 導師ᄂᆞᆫ ᄂᆞᆯ ᄀᆞᄅᆞ치ᄂᆞᆫ 사ᄅᆞ미니　　　　　　　　　[법언 3:173]

　　 ㄴ. 綿州ㅅ ᄀᆞ룸 믌 東녁 ᄂᆞᆯ이 鮎魚ㅣ ᄲᆔ노니　　　　　　[두언-초 16:62]

(14) ㄱ. 그 王이 즉자히 나라ᄒᆞᆯ 아ᅀᆞ 맛디고　　　　　　　　[석상 21:43]

　　 ㄴ. 江東애 갯ᄂᆞᆫ 앗ᅀ을 보디 몯ᄒᆞ야　　　　　　　　　[두언-초 11:3]

(15) ㄱ. 여ᅀᆞᄂᆞᆫ 疑心 하고　　　　　　　　　　　　　　　　[법언 2:111]

　　 ㄴ. 狐ᄂᆞᆫ 엿이니 疑心 한 거시라　　　　　　　　　　　[금삼 3:61]

(12~15)에서 (ㄱ)의 'ᄀᆞᄅᆞ(粉), ᄂᆞᄅᆞ(津), 아ᅀᆞ(弟), 여ᅀᆞ(狐)' 등의 체언은 끝 소리가 /ㆍ/로 끝났다. 이들 체언이 (ㄴ)처럼 모음으로 시작하는 조사와 결합하면 체언의 끝 모음인 /ㆍ/가 탈락하고, 동시에 조사의 첫 초성으로 유성 후두 마찰음인 /ɦ/가 첨가된다. 이에 따라서 체언의 끝 자음인 /ㄹ/과 /ㅿ/은 앞 음절의 끝 소리로 옮아서, 'ᄀᆞᆯ, ᄂᆞᆯ, 앗, 엿'의 형태로 실현되었다.

---

23) 'ᄆᆞᄅᆞ와'와 'ᄒᆞᄅᆞ옴'은 모음으로 끝나는 체언 아래에서 조사의 첫소리 /ㄱ/이 먼저 탈락한 예이다.

나. 어간과 어미가 결합할 때에 일어나는, 모음의 탈락과 자음의 첨가

(나-1) 어간의 끝 모음이 탈락하고 /ㄱ/이 첨가됨

'시므다/시무다(植)'와 '주무다(沈/浸, 閉)'는 어간에 모음으로 시작하는 어미가 붙어서 활용하면, 어간의 끝소리가 탈락하면서 동시에 /ㄱ/이 첨가된다.

| (16) | ㄱ. 여러 가짓 됴흔 根源을 <u>시므고</u> | [석상 19:33] |
| | ㄴ. 아마도 福이 조수루빙니 아니 <u>심거</u> 몯홀 꺼시라 | [석상 6:37] |

| (17) | ㄱ. 王이 … 오시 <u>주무기</u> 우르시고 | [월석 8:101] |
| | ㄴ. 청 믈 든 뵈 <u>줌가</u> 우러난 즙 서 되룰 머그라 | [구간 6:36] |

(16)에서 '시므다/시무다'는 (ㄱ)처럼 자음으로 시작하는 어미 앞에서 어간의 끝 모음인 /ㅡ/와 /·/가 그대로 유지되었다. 반면에 (ㄴ)에서는 모음으로 시작하는 어미 앞에서 어간의 끝소리인 /ㅡ/가 탈락하고 /ㄱ/이 첨가되어서 '심거'로 실현되었다. 그리고 (17)에서 '주무다(沈/浸)'와 '주무다(鎖)'는 (ㄱ)처럼 자음으로 시작하는 어미 앞에서 어간의 끝 모음 /·/가 그대로 유지되었다. 반면에 (ㄴ)처럼 모음으로 시작하는 어미 앞에서는 어간의 끝소리인 /·/가 탈락하고 /ㄱ/이 첨가되어서 '줌가'로 실현되었다.

(나-2) 어간의 끝 모음이 탈락하고 /ㄹ/이 첨가됨

어간이 /·/, /ㅡ/로 끝나는 용언 중에서 '모르다(不知), 브르다(粧), 쌔르다(速), 부르다(演), 브르다(呼), 흐르다(流)' 등은, /ㅏ, ㅓ/나 /ㅗ, ㅜ/로 시작하는 어미 앞에서 어간의 /·, ㅡ/가 탈락된다. 그리고 동시에 어간의 끝 음절에 /ㄹ/이 첨가된다.

(18)	ㄱ. 天命을 <u>모르</u>실씨 꾸므로 알외시니	[용가 13장]
	ㄴ. 須達이 禮룰 <u>몰라</u> 흔 번도 아니 도라늘	[월천 기151]
	ㄷ. 聲聞 緣覺이 <u>몰롤</u> 고디라	[월석 1:37]

(19)	ㄱ. 山 우마다 <u>흐르는</u> 쉼과 못과 七寶行樹ㅣ 잇고	[석상 7:30]
	ㄴ. 時節이 올마 <u>흘러</u> 가면	[석상 19:11]
	ㄷ. フ른미 <u>흘루미</u> 氣運이 平티 아니ᄒ도다	[두언-초 7:12]

(18)의 '모르다'는 (ㄱ)처럼 일반적인 음운 환경에서는 어간의 끝 모음 /·/가 그대로 쓰였

다. 반면에 (ㄴ)과 (ㄷ)처럼 /ㅏ, ㅗ/로 시작하는 어미가 붙어서 활용하면, 어간의 끝 소리인 /·/가 탈락되고 홀로 남은 자음 /ㄹ/은 앞 음절의 종성이 되는 동시에 어미에 /ㄹ/이 첨가되어서 '몰라, 몰롬'으로 실현되었다. (19)의 '흐르다'는 (ㄱ)처럼 일반적 음운 환경에서는 어간의 끝 모음 /ㅡ/가 그대로 쓰였다. 반면에 (ㄴ)과 (ㄷ)처럼 /ㅓ, ㅜ, ㅗ/로 시작하는 어미가 붙어서 활용하면, 어간의 끝 소리 /ㅡ/가 탈락하고 홀로 남은 자음 /ㄹ/은 앞 음절의 종성이 되는 동시에 어미에 /ㄹ/이 첨가되어서 '흘러, 흘룸'으로 실현되었다.

(나-3) 어간의 끝 모음이 탈락하고 /ɦ/이 첨가됨

어간이 /ᄅᆞ/, /르/로 끝나는 용언 중에서 '다ᄅᆞ다(異), 부ᅀᅳ다(破) ; 기르다(養), 비스다(粧)' 등은 /ㅏ/, /ㅓ/나 /ㅗ/, /ㅜ/로 시작하는 어미 앞에서, 어간의 끝 모음인 /·/, /ㅡ/가 탈락한다. 그리고 동시에 어간의 끝 음절에 유성 후두 마찰음인 /ɦ/이 첨가된다.

(20) ㄱ. ᄂᆞᆫ 뜯 <u>다ᄅᆞ</u>거늘 님그믈 救ᄒᆞ시고　　　　　　　[용가 24장]

　　 ㄴ. 나랏 말ᄊᆞ미 中國에 <u>달</u>아　　　　　　　　　　　[훈언 1]

　　 ㄷ. 隱居ᄒᆞ니와 <u>달</u>오라　　　　　　　　　　　　　[두언-초 20:26]

(21) ㄱ. 고ᄌᆞ로 <u>비ᅀᅳ</u>ᆫ 각시 世間ㅅ 風流를 들이ᅀᆞᆸ더니　　[월천 기51]

　　 ㄴ. 夫人이 … ᄀᆞ장 <u>빚</u>어 됴ᄒᆞᆫ 양 ᄒᆞ고　　　　　　　[월석 2:5]

　　 ㄷ. 오ᅀᆞ로 <u>빚</u>오ᄆᆞᆯ 이룰ᄉᆞ 붓그리다니　　　　　　[월천 기121]

(20)의 '다ᄅᆞ다'와 (21)의 '비스다'는 (ㄱ)처럼 일반적인 음운 환경에서는 어간의 끝 모음인 /·/와 /ㅡ/가 그대로 쓰였다. 반면에 (ㄴ)과 (ㄷ)처럼 /ㅏ, ㅓ/나 /ㅗ, ㅜ/로 시작하는 어미가 붙어서 활용하면, 어간의 끝 소리인 /·/와 /ㅡ/가 탈락하고 홀로 남은 /ㄹ/과 /ㅿ/은 앞 음절의 종성이 되었다. 이와 동시에 어간의 끝에 유성 후두 마찰음인 /ɦ/가 첨가되어서 '달아, 달오라'와 '빚어, 빚오ᄆᆞᆯ' 등으로 실현되었다.

1.3.3.5. 축약

'축약'은 두 음소가 하나의 음소로 줄어지는 변동인데, 자음과 모음의 축약이 있다.

가. 자음의 축약

두 형태소가 결합하는 과정에서 /ㄱ/, /ㄷ/, /ㅂ/, /ㅈ/의 예사소리 자음에 /ㅎ/이 이어지면, 거센소리인 /ㅋ, ㅌ, ㅍ, ㅊ/으로 축약된다(자음 축약, 거센소리되기, 유기음화).

첫째, 용언의 어근에 파생 접미사가 결합하거나 어간에 어미가 결합할 때에, 예사소리와 /ㅎ/이 이어져서 하나의 거센소리로 축약된다.

(22) ㄱ. 說法을 <u>마키디</u> 아니ᄒᆞ샤ᄆᆞ로 妙音이시고 [능언 6:66]
　　 ㄴ. 大聖이 ᄯᅩ 能히 悲願으로 <u>구티시고</u> 神力으로 일우실ᄊᆡ [월석 18:32]
　　 ㄷ. 阿彌陁佛ㅅ 變化로 法音을 <u>너피실ᄊᆡ</u> [월석 7:59]
　　 ㄹ. 比丘란 노피 <u>안치시고</u> 王ᄋᆞᆫ ᄂᆞᆺ가비 안ᄌᆞ샤 [월석 8:91]

(23) ㄱ. ᄒᆞᆫ ᄯᆞ님 <u>나코</u> 그 아비 죽거늘 [석상 11:40]
　　 ㄴ. 微塵과 自性이 서르 <u>다티</u> 아니ᄒᆞ며 [능언 5:68]

(22)에서 '마키디, 구티시고, 너피실ᄊᆡ, 안치시고'은 어근인 '막-, 굳-, 넙-, 앉-'에 파생 접미사인 '-히-'가 붙어서 파생어가 되었다. 이 과정에서 어근의 종성인 /ㄱ/, /ㄷ/, /ㅂ/, /ㅈ/과 접미사의 초성 /ㅎ/이 축약되어서 각각 /ㅋ/, /ㅌ/, /ㅍ/, /ㅊ/이 되었다. 그리고 (23)에서 '나코'와 '다티'는 어간인 '낳-'과 '닿-'에 어미인 '-고'와 '-디'가 결합하는 과정에서, 어간의 종성인 /ㅎ/과 어미의 초성인 /ㄱ/, /ㄷ/이 축약되어서 각각 /ㅋ/, /ㅌ/이 되었다.[24]

둘째, 합성 명사에서 어근과 어근이 결합할 때에, 앞 어근의 종성인 /ㅎ/과 뒤 어근의 초성인 예사소리가 하나의 거센소리로 축약된다.

(24) ㄱ. <u>암틀기</u> 아ᄎᆞ미 우러 뻐 災禍를 닐위요미 업서사 ᄒᆞ리라 [내훈-초 2 상17]
　　 ㄴ. ᄆᆞᅀᆞ미 ᄆᆞᆯ가 <u>안팟기</u> 훤ᄒᆞ야 虛空 ᄀᆞᆮ더니 [월석 2:64]

(24)에서 (ㄱ)의 '암틀기'에서는 '암ㅎ'과 '둙'이 결합하여 합성어가 되는 과정에서 /ㅎ/과 /ㄷ/이 /ㅌ/으로 축약되었다. (ㄴ)의 '안팟기'에서는 '안ㅎ'과 '밝'이 결합하여 합성어가 되는 과정에서 /ㅎ/과 /ㅂ/이 /ㅍ/으로 축약되었다.

셋째, 체언과 조사가 결합할 때에, 체언의 종성인 /ㅎ/과 조사의 초성인 예사소리가 하나의 거센소리로 축약된다.

---

24) 이때에는 축약이 일어나기 전에 먼저 /ㅎ/ 끝소리와 예사소리가 서로 위치를 바꾼다. 곧, '/ㅎ/+/ ㄱ, ㄷ/'에서 '/ㄱ, ㄷ/+/ㅎ/'으로 실현되는 위치가 바뀌고 난 뒤에, 축약 현상이 일어난다.

(25) ㄱ. 눈과 귀와 <u>고쾌</u> 혀와 몸과 뜯과 이 여슷 것과 어울씩   [금삼 1:20]

ㄴ. 여듧 道士ㅣ 막다히 딥고 <u>뫼토</u> 나ᄆ며 <u>내토</u> 걷나   [월석 20:64]

(25)에서는 체언인 '고ㅎ, 뫼ㅎ, 내ㅎ, 안ㅎ'에 조사인 '-과, -도'가 결합하였는데, (ㄱ)의 '고쾌'에서는 /ㅎ/과 /ㄱ/이 /ㅋ/으로 축약되었고, (ㄴ)의 '뫼토'와 '내토'에서는 /ㅎ/과 /ㄷ/이 /ㅌ/으로 축약되었다.

나. 모음의 축약

모음으로 끝난 어간에 모음으로 시작하는 어미가 붙어서 활용할 때에, 어간의 끝 모음과 어미의 첫 모음이 하나의 이중 모음으로 축약되는 일이 있다.25)

(26) ㄱ. 뉘 王子 <u>ᄀᆞᄅ쳐</u> 날와 ᄃᆞ토게 ᄒᆞᄂᆞ뇨   [월석 25:126]

ㄴ. 翻生은 <u>고텨</u> ᄃᆞ외야 날 씨라   [석상 3:23]

(27) ㄱ. 첫소리ᄅᆞᆯ <u>어울워</u> ᄡᅳ디면 글바쓰라   [훈언 12]

ㄴ. 堀애 드러 呪術을 <u>외와</u> 그 ᄯᅳ를 비로ᄃᆡ   [석상 11:30]

(26)에서 'ᄀᆞᄅ치다(教)'와 '고티다(改)'의 어간인 'ᄀᆞᄅ치-'와 '고티-'에 연결 어미인 '-어'가 붙어서 활용하였는데, 어간의 끝 모음 /ㅣ/와 어미의 /ㅓ/가 합쳐져서 이중 모음인 /ㅕ/로 축약되어서 'ᄀᆞᄅ쳐'와 '고텨'로 실현되었다. 그리고 (27)에서 '어울우다(合)'와 '외오다(誦)'의 어간인 '어울우-'와 '외오-'에 연결 어미인 '-아/-어'가 붙어서 활용하였는데, 어간의 끝 모음인 /ㅜ/, /ㅗ/가 반모음인 /w/로 바뀐 뒤에 두 모음이 /ㅝ/, /ㅘ/로 축약되어서 '어울워'와 '외와'로 실현되었다.26)

그런데 (26)과 (27)에 나타난 변동은 임의적인 변동이다. 이는 곧 (26~27)의 'ᄀᆞᄅ쳐,

---

25) 이러한 현상을 '축약'으로 보지 않고 교체(대치)의 일종인 '반모음화'로 보는 견해도 있다. 이러한 견해에 따르면, 'ᄀᆞᄅ치어/kʌɾʌtsʰiə/'가 'ᄀᆞᄅ쳐/kʌɾʌtsʰjə/'로 변동한 현상은 단모음인 /ㅣ/가 반모음인 /j/로 교체된 것이다. 그리고 '어울우어/əuluə/'가 '어울워/əulwə/'로 변동한 현상은 단모음인 /ㅜ/가 반모음인 /w/로 교체된 것이다. 그러나 이 책에서는 현행의 『고등학교 독서와 문법, 2014』에 따라서, 이러한 변동을 '모음의 축약'으로 다룬다.

26) (26)과 (27)처럼 어간의 끝 모음이 반모음으로 바뀐 예는 다음과 같다. 구텨(구티- + -어) [월석 1:8], 구펴(구피- + -어) [석상 9:29], 디녀(디니- + -어) [석상 19:9], 사겨(사기- + -어) [석상 19:9] ; 어울워(어울우- + -어) [훈언 12], ᄂᆞ리와(ᄂᆞ리오- + -아) [월석 2:39], 밧과(밧고- + -아) [두언 15:9], 외와(외오- + -아) [석상 19:8], 빙화(비호- + -아) [두언 20:10], 뫼화(뫼호- + -아) [월천 기4]

고텨'나 '어울워, 외와'와 동일한 음운 환경에서 활용하는데도 모음 축약이 일어나지 않는 예가 있기 때문이다.

> (28) ㄱ. 모딘 길헤 <u>뻐러디여</u> 그지업시 그우니ᄂᄂ니이다   [석상 9:27]
>
>   ㄴ. 世尊이 방석 <u>주어</u> 안치시니라   [석상 6:20]

(28)에서 '뻐러디다(落)'와 '주다(授)'는 'ᄀᆞᄅ쳐'와 '어월워'처럼 어간인 '뻐러디-'와 '주-'에 모음으로 시작하는 어미 '-어'가 붙어서 활용하였다. 하지만 앞의 (26)의 예와는 달리 (28ㄱ)의 '뻐러디여'는 어간의 형태는 변하지 않고 어미에 반모음인 /j/가 첨가되었다. 그리고 (28ㄴ)에서 '주어'는 어간과 어미의 형태가 변동 없이 그대로 유지되었다.[27] 따라서 앞의 'ᄀᆞᄅ쳐, 고텨'나 '어울워, 외와'에서 일어난 모음 축약은 임의적 변동이다.

1.3.3.6. 특수한 변동

가. '~ᅙ다' 형 용언의 활용

'~ᅙ다'는 어간에 어미가 결합할 때에 아주 특이한 방식으로 변동한다.

(가-1) 'ᅙ다'의 활용

〈 ᅙ-+/오/→호/ᅙ요 〉 'ᅙ다'의 어간인 'ᅙ-'에 /ㅗ/로 시작하는 어미가 결합될 때에는, 어간의 모음인 /ᆞ/가 탈락하거나 어미의 모음에 반모음 /j/가 첨가될 수 있다('모음 탈락'이나 '/j/의 첨가').

> (29) ㄱ. 子息이 ᅙ다가 어밀 <u>스랑호ᄃᆡ</u>   [능언 5:85]
>
>   ㄴ. 天人 <u>濟渡호</u>ᄆᆞᆯ 썰비 <u>아니호미</u>   [월석 1:17]

> (30) ㄱ. 내 처섬 道場애 안자 세 닐웻 ᄉᆞᅀᅵᄅᆞᆯ <u>스랑ᅙ요ᄃᆡ</u>   [석상 13:56]
>
>   ㄴ. 六趣 衆生이 ᄆᆞᅀᆞ맷 <u>行ᅙ욤</u>과 ᄆᆞᅀᆞ맷 <u>動作ᅙ욤</u>과 ᄆᆞᅀᆞ맷   [석상 19:24]

---

27) 활용을 할 때에 어간과 어미의 모음이 축약되지 않은 예도 있는데, '두리여' 등은 반모음인 /j/가 첨가된 예이며, '모도아' 등은 변동이 일어나지 않은 예이다. (보기) 두리여(두리-+-어) [월석 7:36], 디여(디-+-어) [용가 3장], 이여(이-+-어) [월천 기34], 지여(지-+-어) [석상 9:17], 뻐러디여(뻐러디-+-어) [석상 9:27]; 모도아(모도-+-아) [석상 13:51], 보아(보-+-아) [석상 19:7], 소아(소-+-아) [두언 7:18], 싸호아(싸호-+-아) [용가 69장], 주어(주-+-어) [두언 7:23], ᄂᆞ호아(ᄂᆞ호-+-아) [석상 19:6], ᄃᆞ토아(ᄃᆞ토-+-아) [월석 2:6]

戱論을 다 알리니

(29)에서 (ㄱ)의 '스랑호딕'와 (ㄴ)의 '濟渡호미', '아니호미' 등은 어간에 /ㅗ/로 시작하는 어미 '-오딕'와 '-옴'이 결합하는 과정에서, 어간의 끝 모음인 /·/가 탈락하였다. 반면에 (30)에서 (ㄱ)의 '스랑ㅎ요딕'와 (ㄴ)의 '行ㅎ욤', '動作ㅎ욤'은 어간과 어미 사이에 반모음인 /j/가 첨가되어서 '行ㅎ욤, 스랑ㅎ요딕, 動作ㅎ욤'으로 실현되었다.

〈ㅎ-+/ㄱ, ㄷ/ → /ㅋ, ㅌ/〉 'ㅎ다'는 /ㄱ, ㄷ/으로 시작되는 어미 앞에서 /·/가 탈락하고, 홀로 남은 /ㅎ/은 어미의 첫 소리인 /ㄱ, ㄷ/과 결합하여 거센소리로 축약될 수 있다('모음 탈락'과 '자음 축약').

(31) ㄱ. 滿朝히 두쇼셔 <u>커늘</u> 正臣을 올타 ㅎ시니   [용가 107장]
    ㄴ. 滿國히 즐기거늘 聖性에 외다 <u>터시니</u>   [용가 107장]

(ㄱ)의 '커늘'은 어간인 'ㅎ-'에 어미인 '-거늘'이 붙어서 활용한 형태이다. 곧, '커늘'은 활용의 과정에서 'ㅎ-'의 끝소리인 /·/가 탈락되고, 홀로 남은 /ㅎ/과 연결 어미의 첫소리인 /ㄱ/이 축약되어서 '커늘'의 형태로 실현되었다. (ㄴ)의 'ㅎ더시니'는 어간의 끝 소리인 /·/가 탈락하고, 홀로 남은 /ㅎ/은 그 뒤에 실현되는 회상의 선어말 어미 '-더-'의 첫소리인 /ㄷ/ 소리와 합쳐져서 '터시니'로 실현되었다.

〈/ㄱ, ㄷ/ 사이에서 /ㅎ/의 탈락〉 '어근+-ㅎ다' 형 용언에서 어근이 /ㄱ, ㄷ/의 종성으로 끝날 때에, 이들 용언의 어간에 /ㄱ, ㄷ/으로 시작하는 어미가 결합하면 파생 접미사인 '-ㅎ-'가 탈락할 수가 있다(파생 접미사 '-ㅎ-'의 탈락).

(32) ㄱ. 歡呼之聲이 道上애 <u>フ득ㅎ니</u>   [용가 41장]
    ㄴ. 펴면 法界예 <u>フ득도소니</u> 어딀브터 온 둘 아디 몯ㅎ며   [선언 하:105]
    ㄷ. 毘盧遮那ᄂᆞ 一切 고대 <u>フ득다</u> ㅎ논 마리라   [월석 2:53]
    ㄹ. 無量化佛이 世界예 <u>フ득거시늘</u>   [월석 7:52]

(33) ㄱ. 五年을 改過 <u>몯ㅎ야</u> 虐政이 날로 더을씩   [용가 12장]
    ㄴ. 그제로 오신 디 순지 오라디 <u>몯거시든</u>   [법언 5:119]
    ㄷ. 다 올티 <u>몯도다</u>   [능언 3:41]

(32)에서 'フ득ㅎ다'는 어근이 /ㄱ/으로 끝나는 '~ㅎ다' 형 용언인데, (ㄱ)의 'フ득ㅎ니'처럼

어간인 'ᄀ득ᄒ-'에 /ㄱ, ㄷ/ 이외의 소리로 시작하는 어미가 결합할 때에는, 어간의 끝 음절인 /ㅎ/가 그대로 쓰였다. 반면에 (ㄴ~ㄹ)처럼 'ᄀ득ᄒ-'에 /ㄱ/이나 /ㄷ/으로 시작하는 어미인 '-돗-, -다, -거시늘' 등이 붙어서 활용하면, 파생 접미사인 /ᄒ/가 탈락하여 'ᄀ득 도소니, ᄀ득다, ᄀ득거시늘'로 실현되었다. 그리고 (33)에서 '몯ᄒ다'의 어근이 /ㄷ/으로 끝나는데, 어간인 '몯ᄒ-'가 /ㄱ, ㄷ/으로 시작하는 어미인 '-거시든'과 '-도-'와 결합하는 과정에서 /ᄒ/가 탈락하여 '몯거시든'과 '몯도다'로 실현되었다.

(가-2) '만ᄒ다'의 활용

'만ᄒ다'에서 어간의 끝 모음인 /·/가 탈락하여, '많다'의 형태로 수의적으로 변동할 수가 있다(모음 /·/의 탈락).

(34) ㄱ. 讒口ㅣ 만ᄒ야   [용가 123장]
     ㄴ. 煩惱ㅣ 만ᄒ고   [석상 6:35]

(35) ㄱ. 모딘 이리 만코   [월석 21:121]
     ㄴ. 두리븐 이리 만커든   [월석 21:170]

'만ᄒ다'는 (34)처럼 '만ᄒ야', '만ᄒ고' 등으로 실현되는 것이 일반적이다. 그러나 (35)처럼 '만ᄒ-'의 끝 모음인 /·/가 탈락하여서 어간이 '많-'의 형태로 변동하여, 연이어서 자음 축약에 의해서 '만코'와 '만커든'으로 실현될 수도 있다.

나. '뮈다, 글히다, 뷔다' 등의 활용

용언 어간의 끝 소리가 반모음인 /j/일 때에는, 이러한 어간에 붙어서 활용하는 어미 '-아/-어'는 일반적으로 '-야/-여'로 변동한다. 그리고 이러한 어간에 어미 '-오-/-우-' 가 붙어서 활용하면 '-오-/-우-'는 일반적으로 '-요-/-유-'로 바뀐다(반모음 /j/ 첨가).
그런데 '뮈다, 글히다, 뷔다'는 이러한 변동이 일어난 뒤에, 다시 어간의 끝 소리 /j/가 탈락하는 것이 특징이다(/j/의 탈락).
첫째, '뮈다'의 어간인 '뮈-'에 어미가 붙어서 활용하는 양상은 다음과 같다.

(36) ㄱ. 불휘 기픈 남ᄀᆫ ᄇᆞᄅᆞ매 아니 뮐씨   [용가 2장]
     ㄴ. 兵戈ᄂᆞᆫ 무여 니섯도다   [두언 20:20]
     ㄷ. 어즈러이 무유미 勞이오   [능언 4:15]

(ㄱ)의 '뮐씨'는 '뮈다'의 어간에 어미 '-ㄹ씨'가 붙어서 실현되었는데, 이때는 어간과 어미의 형태가 변하지 않는다. 반면에 (ㄴ)의 '무여'는 '뮈다'의 어간에 결합된 연결 어미인 '-어'가 어간의 /j/에 동화되어서 '-여'로 바뀌고 난 다음에, 다시 어간의 /j/가 탈락하였다. 그리고 (ㄷ)의 '무유미'는 어간 '뮈-'에 명사형 어미 '-움'이 붙으면서, '-움'의 모음 /ㅜ/가 어간의 끝소리인 /j/에 동화되어서 '무윰'으로 실현되었다.

둘째, '글희다'의 어간인 '글희-'에 어미가 붙어서 활용하는 양상은 다음과 같다.

(37) ㄱ. 太子를 하늘히 <u>글희샤</u>　　　　　　　　　　　[용가 8장]
　　　ㄴ. 내 <u>글ᅙᅡ</u> 닐오리라　　　　　　　　　　[석상 13:46]

(ㄱ)의 '글희샤'는 '글희다'의 어간에 어미인 '-샤(← -시- + -아)'가 붙어서 실현되었는데, 이때에는 어간과 어미의 형태가 변하지 않았다. 반면에 (ㄴ)의 '글ᅙᅡ'는 '글희다'의 어간에 결합된 연결 어미 '-아'가 어간의 끝소리 /j/에 동화되어서 '글희야'로 바뀌고 난 다음에, 다시 어간의 끝 모음 /j/가 탈락하여서 '글ᅙᅡ'로 실현되었다.

셋째, '뷔다'의 어간인 '뷔-'에 어미가 붙어서 활용하는 양상은 다음과 같다.

(38) ㄱ. <u>뷘</u> 집 믈린 그륜 戈戟이 모댓고　　　　　[두언 6:17]
　　　ㄴ. 네 ᄇᆞᄅᆞ미 <u>부엿ᄂᆞ니</u>[28]　　　　　　　　[두언 25:51]

(ㄱ)의 '뷘'은 '뷔다'의 어간에 어미 '-ㄴ' 붙어서 실현되었는데, 이때에는 어간과 어미의 형태가 변화하지 않았다. 반면에 (ㄴ)의 '부엿ᄂᆞ니'는 '뷔다'의 어간에 결합된 연결 어미인 '-어'가 어간의 끝 소리 /j/에 동화되어 '뷔여'로 바뀌고 난 다음에, 어간의 끝 모음인 /j/가 탈락하여서 '부여'로 실현되었다.

이처럼 '뮈어, 뮈움, 글희아, 뷔어'가 '뮈여, 뮈윰, 글희야, 뷔여'로 변동하는 것은 어미인 '-어/-아'와 '-우-/-우-'가 어간의 끝 모음 /j/에 동화되었기 때문이다. 그리고 '뮈여, 뮈윰, 글희야, 뷔여'는 어간의 끝 /j/와 어미의 첫 반모음인 /j/가 충돌하게 되므로, 최종적으로 어간의 끝 /j/가 탈락하여서 '무여, 무윰, 글ᅙᅡ, 부여'로 실현된 것이다.

---

28) '부엿ᄂᆞ니'는 본용언과 보조 용언의 구성인 '부여 잇ᄂᆞ니'가 축약된 형태이다. 곧, '뷔엿ᄂᆞ니'에서 어간인 '뷔-'의 반모음 /j/가 탈락하여 '부엿ᄂᆞ니'로 실현되었다.

다. '말다'의 활용

용언의 어간이 /ㄹ/로 끝나고 그 뒤에 /ㄱ/으로 시작하는 어미가 붙으면, 어미의 첫소리 /ㄱ/이 /ɦ/로 교체되는 것이 일반적이다(/ㄹ/의 탈락).

(39) ㄱ. 몸이 <u>어울오도</u> 머리 제여고밀씨　　　　　　　　　[월천 기134]
　　 ㄴ. 됴흔 고ᄌ란 ᄑ디 <u>말오</u> 다 王씌 가져오라　　　　　[월석 1:9]

곧, (39)에서 어간인 '어울-'과 '말-'의 뒤에 어미인 '-고도'와 '-고'가 결합하였을 때에, 어미의 /ㄱ/이 /ɦ/로 교체되어 '어울오도'와 '말오'의 형태로 실현되었다.

그런데 부정의 뜻을 나타내는 '말다(勿)'가 활용할 때에는, 어미의 /ㄱ/만 /ɦ/로 교체되는 것이 아니라 어간의 끝소리인 /ㄹ/도 함께 탈락할 수 있다.

(40) ㄱ. 橫邪애 즐어디디 <u>마오져</u> ᄇ라미오　　　　　　　　[법언 5:155]
　　 ㄴ. (사ᄅ미) 魔說을 아라 제 ᄢ디디 <u>마와뎌</u> ᄇ라노라　[능언 9:112]

(ㄱ)의 '마오져'는 '말다'의 어간에 연결 어미인 '-고져'가 결합한 것이고, (ㄴ)의 '마와뎌'는 '말다'의 어간에 연결 어미인 '-과뎌'가 결합한 것이다. 여기서 '마오져'와 '마와뎌'는 '말다'의 어간 끝소리인 /ㄹ/이 탈락하고, 동시에 어미인 '-고져'와 '-과뎌'의 첫소리 /ㄱ/이 /ɦ/로 교체된 것이 특징이다.

1.3.3.7. 체언의 성조 바뀜

15세기 국어의 단어에는 성조(聲調, 말의 높낮이)가 실현되었는데, 인칭 대명사는 문장 속에서 어떤 조사와 결합하느냐에 따라서 성조가 바뀔 수 있다. 여기서는 인칭 대명사인 '나', '너', '저', '누'가 조사와 결합하는 과정에서 일어나는 성조 변화의 양상을 살펴본다.

첫째, '나'가 조사와 결합하면서 일어나는 성조의 변화 양상은 다음과 같다.

(41) ㄱ. 太子는 하ᄂᆞᆯ 스스이어시니 ·<u>내</u> 어드리 ᄀᆞᄅ치ᅀᆞᄫ리잇고　[석상 3:10]
　　 ㄴ. 나는 <u>내</u> 精神을 ᄀᆞ고디 아니케 호리라 ᄒ시고　　　　[석상 3:19]

(41)에서 '나'는 (ㄱ)처럼 주격 조사와 결합하면 '·내'처럼 거성으로 실현되며, (ㄴ)처럼 관형

격 조사와 결합하면 '내'처럼 평성으로 실현된다.

둘째, '너'가 조사와 결합하는 과정에서 일어나는 성조의 변화 양상은 다음과 같다.

(42) ㄱ. :네 가아 王의 ㄱ 솔ᄫᅠᄅᆞ라   [석상 3:31]
     ㄴ. 王이 … 닐오ᄃᆡ 네 스스의 弟子ㅣ 엇뎨 아니 오ᄂᆞ뇨   [석상 6:29]

(42)에서 2인칭 대명사인 '너'는 (ㄱ)처럼 주격 조사와 결합하면 ':네'처럼 상성으로 실현되며, (ㄴ)처럼 관형격 조사와 결합하면 '네'처럼 평성으로 실현된다.

셋째, '저'가 조사와 결합하는 과정에서 일어나는 성조의 변화 양상은 다음과 같다.

(43) ㄱ. 오늘 모댓는 한 사ᄅᆞ미 … :제 노포라 ᄒᆞ야   [석상 6:28]
     ㄴ. 아래 제 버디 주거 하ᄂᆞᆯ해 갯다가 ᄂᆞ려와   [석상 6:19]

(43)에서 '저'는 (ㄱ)처럼 주격 조사와 결합하면 ':제'처럼 상성으로 실현되며, (ㄴ)처럼 관형격 조사와 결합하면 '제'처럼 평성으로 실현된다.

넷째, '누'가 조사와 결합하는 과정에서 일어나는 성조의 변화 양상은 다음과 같다.

(44) ㄱ. 太子ㅣ 져머 겨시니 ·뉘 기ᄅᆞᄉᆞᄫᅠ려뇨   [석상 3:3]
     ㄴ. :뉘 ᄯᆞᆯ을 굴히야ᅀᅡ 며ᄂᆞᆯ이 ᄃᆞ외야 오리야   [월천 기14]

(44)에서 미지칭이나 부정칭의 대명사로 쓰이는 인칭 대명사인 '누'는 (ㄱ)처럼 주격 조사와 결합하면 '·뉘'처럼 거성이 되며, (ㄴ)처럼 관형격 조사와 결합하면 ':뉘'처럼 상성이 된다.

대명사	주격	관형격
나 (1인칭)	·내	내
너 (2인칭)	:네	네
저 (재귀칭)	:제	제
누 (미지칭)	·뉘	:뉘

〈표 11〉 인칭 대명사가 격조사와 결합할 때 일어나는 성조 변화

지금까지 살펴본바 15세기 국어에서 일어나는 변동 현상의 종류를 요약하여 표로 보이면 다음과 같다.

변동의 결과	유형	변동의 내용
교체 (대치)	동화 교체	모음 조화
		비음화
	비동화 교체	평파열음화
		된소리되기(경음화)
		'ㄱ'이 'ɦ'으로 교체됨
탈락	자음의 탈락	종성의 자음군 단순화(종성의 겹받침 줄이기)
		'ㅎ'의 탈락
		'ㄹ'의 탈락
	모음의 탈락	'ㆍ'와 'ㅡ'의 탈락
		'ㅏ, ㅓ'와 'ㅗ, ㅜ'의 탈락
		'ㅣ'의 탈락
첨가	자음의 첨가	'ㄹ'의 첨가
	모음의 첨가	반모음 'j'의 첨가
탈락과 첨가	모음의 탈락과 자음의 첨가	체언과 조사에서 일어나는 '모음 탈락'과 '자음 첨가'
		어간과 어미에서 일어나는 '모음 탈락'과 '자음 첨가'
축약	자음의 축약	거센소리되기(유기음화)
	모음의 축약	어간의 끝 모음과 어미의 첫 모음이 이중 모음으로 축약
특수 변동	'ㅎ다' 형 활용	'ㅎ다'와 '만ㅎ다'의 활용에서 나타나는 특수한 변동
	'뛰다' 형 활용	'뛰다, 긇히다, 뷔다'의 활용에서 나타나는 특수한 변동
	'말다'의 활용	'말다'의 활용에서 나타나는 특수한 변동
성조의 변화	인칭 대명사의 성조 변화	인칭 대명사인 '나', '너', '저', '누'가 주격과 관형격에서 실현되는 성조의 변화

〈표 12〉 15세기 국어의 음운 변동 일람표

{ 16세기 국어의 문자와 표기법 }

16세기 국어는 국어사의 시대 구분으로는 중세 국어의 범주에 든다. 그러나 16세기 국어는 사용된 글자의 종류와 표기법상 몇 가지 점에서 근대 국어의 모습을 보인다.

1. 'ㆁ'과 'ㅿ'의 글자가 없어짐

15세기 말까지 쓰이던 'ㆁ'과 'ㅿ'의 글자가 16세기 초부터는 점차로 쓰이지 않게 되었는데, 16세기 말이 되면 이들 글자가 'ㅇ'으로 대체된다.

〈 'ㆁ' 글자가 없어짐 〉 15세기 말까지는 /ㆁ/이 초성이나 종성에 두루 쓰여서 'ㆁ' 글자도 초성이나 종성에 모두 쓰였다. 그러다가 16세기에 들어서는 /ㆁ/이 종성에만 쓰이게 되어서 초성의 자리에 'ㆁ' 글자가 쓰이는 예가 사라졌다. 이어서 16세기 초기가 되면 종성의 /ㆁ/까지 'ㅇ'으로 적는 예가 나타났다. 예를 들어서 1518년에 간행된 『번역소학』에서는 종성의 /ㆁ/이 'ㅇ'으로 표기되거나, 종성의 'ㆁ'이 'ㅇ'과 혼기된 예가 더러 나타났다.

(1) ㄱ. 공효〉공효(功效), ᄉᆞ양〉ᄉᆞ양(辭讓), 듕ᄒᆞ며〉듕ᄒᆞ며(重), 엄졍〉엄졍(嚴正)

ㄴ. 션싱/션싱(先生), 셩신/셩신(聖人), 덕힝(德行)/힝뎍(行蹟)

(1)에서 (ㄱ)의 예들은 종성의 /ㆁ/이 'ㅇ'으로 표기된 예이며, (ㄴ)은 종성의 /ㆁ/이 'ㆁ'과 'ㅇ'으로 혼기된 예이다. 이처럼 종성의 /ㆁ/을 'ㅇ'으로 적는 경향이 점차로 일반화되어서 16세기 말이 되면 일부의 예를 제외하면 대부분 'ㅇ'으로 적었다. 결과적으로 'ㅇ'이 초성의 자리에서 음가가 없는 글자로 쓰이고, 종성의 자리에서는 /ㆁ/의 음가를 가지게 되어서, 'ㅇ'이 실현되는 위치에 따라서 각각 다른 소리를 나타내게 되었다.

〈 'ㅿ' 글자가 없어짐 〉 15세기와 16세기의 교체기부터 일부 문헌에서 'ㅿ'이 쓰이지 않게 되었다. 그리고 16세기 말이 되면 'ㅿ'이 일부의 예를 제외하고는 대체로 문헌에서 거의 사라졌다. 1518년에 간행된 『정속언해』와 『이륜행실도』에는 'ㅿ'의 글자가 많이 쓰이고는 있으나, 다음과 같은 예에서는 'ㅿ'이 'ㅇ'이나 'ㅅ'으로 대체된 예가 나타난다.

(2) ㄱ. 셩신〉셩인[1, 9], 어버ᅀᅵ〉어버이[2, 8], ᄉᆞᅀᅵ〉ᄉᆞ이[2, 3], 어버ᅀᅵᆯ〉어버일[17], 녀름지ᅀᅵ고〉녀름지이고[8], 녀름지ᅀᅵ〉녀름지이[20]   [정속언해]

ㄴ. 어버ᅀᅵ〉어버이[3], ᄉᆞᅀᅵ〉ᄉᆞ이[8, 15], 명ᅀᅵᆯ〉명일[31], 미ᅌᅣᆼ〉미양[31], 셩신〉셩인[7], ᄉᆞᅀᅵᆺ말〉ᄉᆞ싯말[32]   [이륜행실도]

(ㄱ)에서 '셩신'에서는 'ㅿ'이 'ㅇ'으로 교체되었고, (ㄴ)의 '어버ᅀᅵ'에서는 'ㅿ'이 'ㅅ'으로 교체

되었다. 이처럼 'ㅿ'의 글자가 없어지는 것은 '성신>성인'이나 '어버싀>어버이'처럼 /ㅣ/의 앞에서 일어나는 것이 특징이다. 이와 같이 'ㅿ'이 'ㅇ'이나 'ㅅ'으로 교체되는 경향은 16세기 말이 되면 더욱 심해져서 1587년에 간행된 『소학언해』나 1589년에 간행된 『효경언해』에서는 'ㅿ'이 대부분 'ㅇ'으로 바뀌었다.

'ㅿ'과 'ㆁ'이 없어진 시기는 거의 비슷했으나 대략 보아서 'ㅿ'이 없어진 시기가 'ㆁ'이 없어진 시기보다 약간 빠른 것 같다. 곧 'ㅿ'은 『소학언해』와 『효경언해』 등에 잘 쓰이지 않았으나, 'ㆁ'은 이들 문헌에서 제법 많이 쓰였다.

2. '끊어적기'와 '거듭적기'와 7종성의 표기

15세기에는 체언과 조사를 표기할 때나 어간과 어미를 표기할 때에 일반적으로 이어적기(連綴)로 표기하였다. 그러나 16세기 초기부터는 '체언과 조사'나 '어간과 어미'의 형태소 경계를 구분하여 적는 '끊어적기(分綴)'와 체언이나 어간(어미)의 종성 글자를 두 음절에 걸쳐서 적는 '거듭적기(重綴)'의 표기 방법이 등장하였다. 그리고 16세기 중엽에 7종성의 음운 체계가 확립됨으로써, 15세기에 종성의 자리에서 'ㅅ'과 'ㄷ'의 글자가 구분되어서 쓰이던 것이 16세기 말이 되면 종성의 자리에서 이러한 구분이 없어지기 시작하였다.

〈 **끊어적기** 〉 15세기 국어에서는 체언과 조사를 이어 적는 것이 일반적이었지만, 체언과 조사를 구분하여 적는 방법도 『월인천강지곡』이나 『남명집언해』(南明集諺解) 등에서 아주 드물게 쓰였다. 그러나 16세기 초부터는 특히 체언과 조사를 구분하여서 적는 끊어적기로 표기한 예가 좀더 빈번하게 나타난다.

다음은 1518년에 간행된 『번역소학』에 나타난 끊어적기 표기의 예이다.

(3) ㄱ. 도죽이[9:66], 니욕을[6:31], 죽을[9:79], 칙을[9:102]
  ㄴ. 눈이[9:36], 스면이[6:12], 손이[10:32], 두서힛만애[9:36]
  ㄷ. 벋에[7:3], 벋이[8:24], 뜯에[9:10], 뜯을[9:39], 몯이[9:66]
  ㄹ. 석둘이[9:40], 글월을[8:22], 일이[9:46], 눈믈을[9:34], 벼슬을[9:34], 겨슬에도 [9:32]
  ㅁ. 사름의[9:9], 졈어슈딕[9:61], 흐샴이[9:62], 사름이[9:63], 마음을[9:31], 담이며 ㅂ름이[6:12], 어림이여[9:39], ᄯ름이니라[6:24], ㅂ름앳[6:24]
  ㅂ. 겨집은[7:31], 겨집이[7:38], 밥을[8:21], 집의[8:22], 집의셔[9:60], 아홉이오[9:66]

(3)의 예는 각각 그 순서대로 종성이 'ㄱ, ㄴ, ㄷ, ㄹ, ㅁ, ㅂ'인 체언에 모음으로 시작하는 조사가 결합하면서, 체언과 조사의 경계를 밝혀서 적은 예이다.

반면에 16세기 초에는 용언의 활용형을 적을 때에는 끊어적기의 표기가 매우 드물게 나타나는데(보기 : 죽은[8:20]), 16세기 말부터 점차 늘어나다가 17세기 이후의 문헌에서 본격적으로 나타난다.

〈거듭적기〉 16세기 초에 간행되었던 『번역노걸대』와 『번역박통사』를 비롯하여, 『번역소학』, 『여씨향약』, 『이륜행실도』, 『정속언해』 등에서 이러한 표기가 나타나기 시작하였다. 다음은 『정속언해』에 나타난 거듭적기 표기의 예이다.

(4) ㄱ. ᄌᆞ식긔(ᄌᆞ식ㄱ+-의 : 2장), 음식글(음식ㄱ+-을 : 15장), 약글(약ㄱ+-을 : 3장)

ㄴ. 직분네(직분ㄴ+-에 : 2장), 가난늘(가난ㄴ+-을 : 25장)

ㄷ. 벋디(벋ㄷ+-이 : 14장)

ㄹ. 허믈리(허믈ㄹ+-이 : 2장), 말리(말ㄹ+-이 : 20장), 손발룰(손발ㄹ+-을 : 4장)

ㅁ. ᄆᆞ숨미(ᄆᆞ숨ㅁ+-이 : 3장), 몸매(몸ㅁ+-애 : 2장), 품믈(품ㅁ+-을 : 1장)

ㅂ. 집븨셔(집ㅂ+-의셔 : 4장), 겨집븐(겨집ㅂ+-은 : 5장)

ㅅ. 항것시(항것ㅅ+-이 : 15장)

(5) ㄱ. 잇ᄂᆞ니(잇(有)-+-ᄂᆞ+-ㄴ니 : 6장)

ㄴ. ᄀᆞᄐᆞ신니(ᄀᆞᄐᆞ(如)-+-시-+-ㄴ니 : 14장)

ㄷ. ᄒᆞᆫ니(ᄒᆞ(爲)-+-ㄴ니 : 27장)

(4)는 체언과 조사가 결합하는 과정에서 체언의 종성을 거듭적기로 표기한 예인데, 체언의 종성 'ㄱ, ㄴ, ㄷ, ㄹ, ㅁ, ㅂ, ㅅ'이 두 음절에 나누어서 거듭적기로 표기된 것이다. 그리고 (5)는 용언의 어간과 어미가 결합하는 과정에서 어미의 '-니'의 초성이 'ㄴ'을 '-ㄴ니'처럼 두 음절에 나누어서 거듭적기로 표기된 것이다. (4)처럼 체언과 조사의 결합에서 일어나는 거듭적기는 용례가 많고 거듭적는 글자의 종류도 다양하다. 반면에 (5)의 용언의 어간과 어미의 결합에서 일어나는 거듭적기는 연결 어미 '-니'의 표기에 한정되어서 예가 극히 적다. 그리고 어간의 종성 글자가 아니라 어미의 초성 글자를 거듭적었다는 점에서 체언의 경우와는 거듭적는 방식이 다르다.

〈종성 글자 'ㅅ'이 'ㄷ'으로 바뀜〉 15세기 국어에서 'ㅅ' 종성 글자로 쓰이던 것이 16세기 말이 되면 'ㄷ'으로 표기된 예가 나타난다. 특히 『소학언해』(1587)와 『효경언해』(1589)에서는 15세기에 'ㅅ' 종성으로 표기되었던 것이 'ㄷ'으로 표기된 예가 많이 나타나므로, 이 시기에 /ㅅ/ 종성이 /ㄷ/ 종성에 완전히 합류된 것으로 보인다.

(6) 자밧는〉자받는[辭:1], 듯는〉듣는[2:9], 듯노라〉듣노라[4:18], ᄀᆞᆺ〉ᄀᆞᆮ[1:2], 되엿ᄂᆞ니〉되엳ᄂᆞ니[1:9], 읻ᄂᆞ니[2:9], 넫것[2:14]　　　　　　[소학언해]

(7) 못ᄂᆞ니라〉몯ᄂᆞ니라[2, 26], ᄀᆞ잣ᄂᆞ뎌〉ᄀᆞ잗ᄂᆞ뎌[22]　　　[효경언해]

(6)의 『소학언해』와 (7)의 『효경언해』에 나타난 예들은 16세기 중반 이후에 종성의 자리에서 /ㅅ/이 /ㄷ/으로 합류됨에 따라서(7종성 체계), 이들 단어를 적는 데에 쓰는 글자도 'ㅅ'에서

'ㄷ'으로 바뀐 것이다.

3. 방점 사용법의 변화

방점(傍點)도 16세기 말까지는 유지되기는 하였는데, 16세기 말의 성조 체계는 15세기의 성조 체계와 많이 달라졌다. 16세기 말에 일어난 성조 체계의 변화와 그에 따라서 방점의 사용을 변경한 사실은 『소학언해』의 일권 첫머리에 있는 '범례(凡例)'에서 확인할 수 있다.

(8) 믈읫 字ㅅ 音의 놉ᄂᆞᆺ가이를 다 겨틧 點으로 뻐 법을 삼을디니 點 업슨 이ᄂᆞᆫ 편히 ᄂᆞᆺ가이 ᄒᆞ고 두 點은 기리 혀 들고 ᄒᆞᆫ 點은 바ᄅᆞ 노피 홀 거시니라 訓蒙字會예 平聲 은 點이 업고 上聲은 두 點이오 去聲 入聲은 ᄒᆞᆫ 點이로ᄃᆡ 요ᄉᆞ이 時俗애 音이 上去성 이 서르 섯기여 뻐 과글리 고티기 어려온디라 만일 다 本音을 쓰면 시쇽 듣기예 히괴홈이 이실 故로 戊寅년 칙에 上去 두 聲을 시쇽을 조차 點을 ᄒᆞ야실ᄉᆡ 이제 이 법녜를 의지ᄒᆞ야 뻐 닐그리를 便케 ᄒᆞ니라[29] [소학언해 범례]

(8)의 설명의 요지는 다음과 같다. 최세진이 지은 『훈몽자회』(1527)에는 15세기의 방점 사용법에 따라서 상성은 두 점으로, 거성과 입성은 모두 한 점으로 나타내었다. 그러나 『소학언해』(1587)를 편찬할 당시의 실제 발음으로는 거성을 상성과 동일하게 발음하고 있으므로, 『훈몽자회』처럼 방점을 찍으면 요즈음 사람들은 해괴한 소리를 듣게 된다고 하였다. 이러한 이유로 이미 무인년(1518년)에 간행한 책(=번역소학)에서도 시속(時俗)에 따라서 상성과 거성을 모두 두 점으로 표기하였는데, 이 책(=소학언해)에서도 『번역소학』의 예를 따라서 방점을 표기하여 책을 읽는 사람을 편하게 한다는 것이다.

이 기록의 내용으로 미루어 보면 『번역소학』이 간행된 16세기 초기에도 이미 성조 체계와 방점을 찍는 법이 15세기의 그것과 달랐음을 알 수 있다. 그리고 『소학언해』가 간행된 16세기 말에는 성조 체계가 남아 있기는 하였으나, 『훈몽자회』에서처럼 15세기의 방식으로 방점을 찍으면 일반 사람들이 듣기에 해괴할 정도로 그 차이가 많이 생긴 것으로 짐작된다.

---

29) 무릇 자(字)의 음(音)의 높낮이를 다 곁에 있는 점(點)으로써 법을 삼을 것이니, 점(點) 없는 것은 편히 낮게 하고 두 점(點)은 길게 끌어서 들고 한 점(點)은 바로 높이 할 것이니라. 훈몽자회(訓蒙字會)에 평성(平聲)은 점(點)이 없고, 상성(上聲)은 두 점(點)이요, 거성(去聲)과 입성(入聲)은 한 점(點)이되, 요사이 시속(時俗)에 음(音)이 상성(上聲)과 거성(去聲)이 서로 섞이여, 그로써 급하게 고치기 어려운 것이다. 만일 다 본음(本音)을 쓰면 시속(時俗)의 듣기에 해괴(駭怪)함이 있을 고(故)로, 무인(戊寅)년의 책(= 번역소학)에 상거(上去) 두 성(聲)을 시속을 좇아 점(點)을 하여 있으므로, 이제 이 법례(法例)를 의지하여 그로써 읽을 이를 편(便)하게 하였느니라.

제2장 형태론

2.1. 품사

2.1.1. 품사의 분류

〈 **품사 분류의 기준** 〉 '품사(品詞)'는 한 언어에 존재하는 수많은 단어를 문법적 성질의 공통성에 따라 몇 갈래로 묶어 놓은 것이다. 이러한 품사는 일반적으로 '기능, 형태, 의미'의 세 가지 기준으로 분류하되, 주로 기능과 형태를 중심으로 품사를 분류하며, 의미는 보조적인 기준으로 적용할 때가 많다.

〈 **품사 분류의 대강** 〉 고등학교 문법(2010: 90)에서는 현대 국어의 품사를 체언(명사, 대명사, 수사), 용언(동사, 형용사), 수식언(관형사, 부사), 독립언(감탄사)의 9품사로 설정하고 있다.

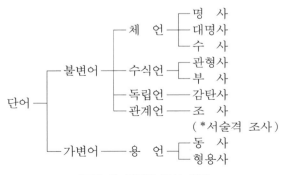

〈그림 1〉 국어의 품사 체계

중세 국어의 품사도 현대 국어의 품사 분류 체계와 동일하게 설정한다. 여기서 〈국어과 교육 과정 해설〉(2009: 159)에 제시된 품사 분류 체계를 제시하면 앞의 〈그림 1〉과 같다.

첫째, '체언(體言)'은 조사와 결합하여 여러 가지 문장 성분으로 쓰이면서, 어떠한 대상의 이름이나 수량(순서)을 나타내거나, 명사를 대신하여 쓰이는 말이다. 체언은 '명사, 대명사, 수사'로 나뉜다.

(1) ㄱ. <u>世尊</u>이 <u>象頭山</u>애 가샤 　　　　　　　　[석상 6:1]

　　 ㄴ. <u>나</u>도 이 곤ᄒᆞ야 　　　　　　　　　　　[석상 6:1]

　　 ㄷ. 王子 기르ᅀᆞ온 어미 <u>ᄒᆞ나</u> 아닐씨 　　　[법언 3:97]

(ㄱ)의 '世尊, 象頭山'은 사물의 이름을 나타내는 명사이며, (ㄴ)의 '나'는 사람의 이름을 대신하는 대명사이며, (ㄷ)의 'ᄒᆞ나(ㅎ)'는 수량이나 순서를 나타내는 수사이다.

둘째, '용언(用言)'은 주어의 움직임이나 상태를 풀이하는 말인데, 용언은 동사와 형용사로 나뉜다.

(2) ㄱ. 두 히 <u>돋다가</u> 세 히 <u>도ᄃᆞ면</u> 　　　　　[월석 1:48]

　　 ㄴ. 고히 <u>길오</u> <u>높고</u> <u>고ᄃᆞ며</u> 　　　　　　 [석상 19:7]

(ㄱ)의 '돋다'는 동사로서 주어인 '히'의 움직임을 풀이하며, (ㄴ)의 '길다, 높다(높다), 곧다'는 형용사로서 주어인 '고ㅎ'의 상태를 풀이한다.

셋째, '수식언(修飾言)'은 그 뒤에 실현되는 중심어의 의미를 한정하면서 수식하는 말인데, 수식언은 관형사와 부사로 나뉜다.

(3) ㄱ. 眞金은 <u>진딧</u> 金이라 　　　　　　　　　　[월석 7:29]

　　 ㄴ. 蓮모새 <u>ᄀᆞᆺ</u> 다ᄃᆞᄅᆞ면 　　　　　　　　[월석 7:61]

(ㄱ)의 '진딧'은 관형사로서 '진짜의'라는 뜻으로 그 뒤의 체언 '金'의 의미를 한정하면서 수식하며, (ㄴ)의 'ᄀᆞᆺ'은 '이제 막'이라는 뜻으로 그 뒤의 용언 '다ᄃᆞᄅᆞ면'의 의미를 한정하면서 수식한다.

넷째, '관계언(關係言)'은 자립성이 있는 말(체언)에 붙어서, 그 말과 다른 말과의 관계를 나타내거나 특별한 뜻을 덧붙이는 말이다.

(4) ㄱ. 여슷 히롤 苦行ᄒᆞ샤   [석상 6:4]

    ㄴ. 입시울와 혀와 엄과 니왜 다 됴ᄒᆞ며   [석상 19:7]

    ㄷ. 나ᄂᆞᆫ 어버ᅀᅵ 여희오   [석상 6:5]

(ㄱ)의 '-롤'은 앞의 체언에 붙어서 그것이 특정한 문장 성분(목적어)으로 쓰임을 나타낸다. (ㄴ)의 '-과/-와'는 앞의 체언과 뒤의 체언을 이어서 명사구를 만들며, (ㄷ)의 '-ᄂᆞᆫ'은 앞의 체언에 '특별한 뜻(말거리, 화제, 주제)'을 더한다.

    다섯째, '독립언(獨立言)'은 문장 속의 다른 성분과 통사적인 관련을 맺지 않고, 독립적으로 쓰이는 말이다.

(5) ㄱ. 이 男子아 엇던 이롤 爲ᄒᆞ야 이 길헤 든다   [월석 21:118]

    ㄴ. 舍利佛이 ᄉᆞᆲ보ᄃᆡ 엥 올ᄒᆞ시이다   [석상 13:47]

(ㄱ)의 '이'와 (ㄴ)의 '엥'은 감탄사로서 각각 화자의 감정(느낌)이나 대답을 직접적으로 나타내면서, 그 뒤에 실현되는 문장 속의 다른 성분과는 독립적으로 쓰이고 있다.

2.1.2. 체언

    '체언(體言)'은 어떠한 대상의 이름이나 수량(순서)을 나타내거나 명사를 대신하는 단어들의 부류들이다. 이들 체언은 '명사, 대명사, 수사'로 나뉘는데, 문장에서 격조사와 함께 쓰여서 '서술어, 주어, 목적어, 보어, 관형어, 부사어, 독립어' 등 여러 가지 문장 성분으로 쓰일 수 있다.

(1) ㄱ. 사ᄅᆞᆷ 사ᄂᆞᆫ 싸ᄒᆞᆯ 다 뫼호아   [월석 1:8]

    ㄴ. 眷屬ᄋᆞᆯ 여희오 어딘 사ᄅᆞ믈 갓가비 ᄒᆞ야   [석상 13:22]

    ㄷ. 緊那羅ᄂᆞᆫ … 사ᄅᆞᆷ ᄀᆞ토ᄃᆡ ᄲᅳ리 이실ᄊᆡ   [월석 1:15]

    ㄹ. 九變之國이 사ᄅᆞᆷ ᄠᅳ디리잇가   [용가 15장]

    ㅁ. 사ᄅᆞ민가 사ᄅᆞᆷ 아닌가 ᄒᆞ야   [월석 1:15]

예를 들어서 (1)에서 '사ᄅᆞᆷ'은 체언의 일종인 명사인데, 명사는 (ㄱ)의 주어, (ㄴ)의 목적어, (ㄷ)의 부사어, (ㄹ)의 관형어, (ㅁ)의 서술어와 보어 등 여러 가지 문장 성분으로 쓰일 수 있다. 그리고 체언에는 형태의 변화(꼴바꿈)가 없으며 체언 뒤에는 격조사가 붙을 수 있다는 특징이 있다.

2.1.2.1. 명사

명사는 어떠한 대상의 이름을 나타내는 말인데, 체언 가운데 수가 가장 많고 보편적으로 사용된다.

가. 명사의 개념

'명사(名詞)'는 어떠한 '대상, 일, 상황' 등의 구체적인 이름을 나타내는 단어이다.

명사는 격조사와 결합하여 여러 가지 문장 성분으로 쓰일 수 있으며, 형태의 변화가 일어나지 않는다. 그리고 명사는 (1ㄹ)의 '사람 뜯'에서 '뜯'처럼 관형어의 수식을 받아서 명사구의 중심어(머리말, head)로 쓰일 수 있다.

나. 명사의 유형

명사는 그 분류 기준에 따라서 '보통 명사'와 '고유 명사', '자립 명사'와 '의존 명사' 등으로 나눌 수 있다.

(나-1) 보통 명사와 고유 명사

명사는 그것이 지시하는 범위에 따라서 '보통 명사'와 '고유 명사'로 나눌 수 있다.

〈보통 명사〉'보통 명사(普通名詞)'는 같은 속성을 가진 대상에 대하여 두루 붙일 수 있는 명사이다.

(2) <u>불휘</u> 기픈 <u>남군</u> <u>부르매</u> 아니 뮐씨   [용가 2장]

(2)에서 '불휘, 나모, 부름' 등은 보통 명사인데, 이들 명사는 동일한 속성을 가진 여러 가지의 대상을 두루 지시할 수 있다.

〈고유 명사〉'고유 명사(固有名詞)'는 동일한 속성을 가진 대상들 가운데서 어느 하나를 다른 것과 특별히 구별하여 붙이는 명사이다.

(3) ㄱ. <u>徐卿</u>의 두 아드리 나   [두언-초 8:24]

　　ㄴ. 나랏 말쓰미 <u>中國</u>에 달아   [훈언 2]

고유 명사는 (3)의 '徐卿, 中國' 등과 같이 특정한 사람이나 사물, 지역에만 붙는 명사이다. 고유 명사는 일반적으로 유일한 것으로 여기는 대상에 붙이는 이름이므로, 그 뒤에 복수 접미사인 '-들ㅎ'이 결합할 수 없으며 관형사의 수식을 받을 수도 없다.

(나-2) 자립 명사와 의존 명사

명사는 문장 속에서 홀로 설 수 있느냐 없느냐에 따라서, '자립 명사'와 '의존 명사'로 나눌 수 있다.

〈**자립 명사**〉 '자립 명사(自立名詞)'는 문장 내에서 관형어의 도움 없이 홀로 쓰일 수 있는 명사이다.

(4) ㄱ. <u>싀미</u> 기픈 <u>므른</u>   [용가 2장]
    ㄴ. 블근 <u>새</u> <u>그를</u> 므러   [용가 7장]

(4)에서 '싀, 믈, 새, 글' 등은 모두 자립 명사로서 관형어 없이 홀로 쓰일 수 있으며, 실질적인 의미를 나타내고 있다.

〈**의존 명사**〉 '의존 명사(依存名詞)'는 홀로 쓰일 수 없어서 반드시 관형어와 함께 쓰이는 명사이다. 의존 명사는 자립성이 없을 뿐만 아니라 그것이 나타내는 의미도 형식적인 의미이다.

(5) ㄱ. 니르고져 홇 <u>배</u> 이셔도   [훈언 2]
    ㄴ. 당다이 이 싸해 橫死홇 <u>주리</u> 업스며   [석상 9:22]
    ㄷ. 믈 톤 <u>자히</u> 건너시니이다   [용가 34장]

(5)에서 '바, 줄, 자히' 등은 단독으로는 쓰이지 못하고, '니르고져 홇', '당다이 이 싸해 橫死홇', '믈 톤' 등의 관형어 뒤에 매여서만 쓰인다.

의존 명사는 문장 속에서 쓰이는 기능에 따라서 '보편성 의존 명사, 주어성 의존 명사, 부사어성 의존 명사, 단위성 의존 명사'로 나누어진다.

ⓐ **보편성 의존 명사** : '보편성 의존 명사'는 관형어나 조사와 통합하는 데에 제약을 받지 않아서, 여러 가지 문장 성분으로 두루 쓰이는 의존 명사이다.[1]

---

1) 15세기 국어에 쓰인 '보편성 의존 명사'는 '것(것), 곧(곳, 것, 줄), ㄱ장(끝, 끝까지), 녁(녘), 놈(놈, 사람), 닷(탓), 두(것, 까닭), 디(데), 딛(사이, 동안), 바(바), 분(분), 만(뿐, 만, 만큼, 동안), 스(것), ᄯᆞᄅᆞᆷ(따름), 쓴(뿐), 앛(바, 까닭), 양(양), 이(사람), 적(때), 즈슴(즈음, 사이), 줄(줄, 것, 수)' 등이

(6) ㄱ. 佛子ㅣ 得홀 꺼슬 다 ᄒᆞ마 得과이다 　　　　　　　　　[법언 2:232]

　　ㄴ. 또 阿難이 아롫 거시 아니니 　　　　　　　　　　　　[능언 4:104]

　　ㄷ. 魔ㅣ ᄀᆞ리ᄂᆞᆫ 거실ᄊᆡ 그므리라 ᄒᆞ니라 　　　　　　[석상 9:8]

　　ㄹ. 네 得혼 거슨 滅이 아니니 　　　　　　　　　　　　　[법언 3:198]

(6)의 '것'은 (ㄱ)에서는 목적격 조사인 '-을'과, (ㄴ)에서는 보격 조사 '-이'와, (ㄷ)에서는 서술격 조사 '-이다'와, (ㄹ)에서는 보조사 '-은'과 결합하였다. 이처럼 '것'은 여러 가지 조사에 두루 통합될 수 있으므로 자립 명사와 동일하게 쓰이는 의존 명사이다.

　　ⓑ **주어성 의존 명사** : '주어성 의존 명사'는 관형어(관형절)를 포함한 전체 구성을 주어로만 쓰이게 하는 의존 명사이다.

(7) ㄱ. 妻眷 ᄃᆞ외얀 디 三年이 몯 차 이셔 世間 ᄇᆞ리시고 　　[석상 6:4]

　　ㄴ. 南北東西예 그츤 스치 업거늘 　　　　　　　　　　　[영남 상13-14]

(ㄱ)에서 '디'는 '시간의 경과(=동안)'를 나타내고 (ㄴ)에서 '슻'은 '사이'나 '틈'을 나타낸다. 여기서 '디'와 '슻'은 그 앞에 실현되는 관형어를 포함한 전체 구성이 반드시 주어로만 쓰이는 특징이 있다.

　　ⓒ **부사어성 의존 명사** : '부사어성 의존 명사'는 관형어(관형절)를 포함한 전체 구성을 부사어로만 기능하게 하는 의존 명사이다.[2]

(8) ㄱ. 이ᄂᆞᆫ 서르 섯근 둣 疑心ᄃᆞ외도다 　　　　　　　　[능언 2:98]

　　ㄴ. 믈 톤 자히 건너시니이다 　　　　　　　　　　　　　[용가 34장]

(9) ㄱ. 佛法이사 내 이어긔도 죠고마치 잇다 ᄒᆞ야시늘 　　　[영남 상14]

　　ㄴ. 佛禪力의 뎌에 通力 빌이샤ᄆᆞᆯ 因ᄒᆞ니 　　　　　　[월석 18:7]

(8ㄱ)에서 관형절인 '서르 섯근'과 의존 명사인 '둣'이 부사구를 이루고 있는데, 이때 부사구인 '서르 섯근 둣'이 서술어인 '疑心ᄃᆞ외도다'를 직접 수식하였다. 마찬가지로 (8ㄴ)

있다.

2) 15세기 국어에 쓰인 '부사어성 의존 명사'로는 '둣(둣), ᄃᆞ시(둣이), 이어긔(여기에), 거긔(거기에), 게(거기에, 데에), 그에(거기에, 데에), 뎌에(저기에), 손ᄃᆡ(-에게), 다비(대로, 같이), 다히(대로), 동(줄), 디(지), 자히(채로)' 등이 있다.

에서 관형절인 '믈 톤'과 의존 명사인 '자히'가 부사구를 이루면서 서술어인 '건너시니이다'를 직접 수식하였다. 그리고 (9ㄱ)의 '이어긔'는 의존 명사로서 관형어인 '내'와 함께 명사구를 형성하여, '내 이어긔' 전체가 서술어인 '잇다'를 수식하였다. (9ㄴ)의 '뎌에'도 의존 명사로서 관형어인 '佛禪力의'와 함께 명사구를 형성하여, '佛禪力의 뎌에'의 전체 구성이 서술어인 '빌이샤믈'을 수식하였다. 결국 (8)의 '듯'과 '자히', 그리고 (9)의 '이어긔'와 '뎌에'는 관형절이나 관형어를 포함한 전체 구성을 부사어처럼 기능하게 하므로 '부사어성 의존 명사'로 처리한다.

ⓓ **단위성 의존 명사**: '단위성 의존 명사'는 선행하는 명사의 수량을 나타내는 단위를 표현하는 의존 명사이다.[3]

(10) ㄱ. 이 經을 마ᅀᆞ아홉 <u>디위</u> 닑고   [석상 9:32]
　　 ㄴ. 술 흔 <u>셤믈</u> 다닷 주리라   [두언-초 25:4]

(ㄱ)의 '디위'와 (ㄴ)의 '셤'은 각각 수 관형사인 '아홉'과 '흔' 뒤에서 수량의 단위를 나타내는 의존 명사이다. 이들 단위성 의존 명사는 반드시 그 앞에 '아홉'이나 '흔'과 같은 수량을 나타내는 관형사가 앞서며, 또한 보편성 의존 명사처럼 조사와 결합하는 데에 제약이 심하지 않다는 특징이 있다.

그리고 단위성 의존 명사 가운데 '디위, 번, 치, 리, 량, 설, 낱/낯, 볼, 홉' 등은 원래부터 수 단위를 나타내는 의존 명사이므로, 이들이 자립 명사로 쓰이는 경우는 없다. 반면에 '돈, 셤, 말(斗), 되, 즈른(柄), 자ㅎ, 가지, 히(年), 둘(月), 날(日)' 등은 원래는 자립 명사인데, 수 관형사 뒤에서는 단위성 의존 명사로 전용되어서 쓰인다.

2.1.2.2. 대명사

가. 대명사의 개념

'대명사(代名詞)'는 특정한 대상의 이름(명사)을 대신하여, 그것을 직접적으로 가리키거나 대용(代用)하는 체언이다.

---

3) 15세기 국어에 쓰인 '단위성 의존 명사'로는 '디위(번, 番), 번(번, 番), 치/츠(치, 寸), 리(리, 里), 설(살, 歲), 낱/낯(낱, 個), 볼(벌, 겹, 번), 량(냥, 兩), 돈(돈, 錢), 셤(섬, 斛), 되(되, 升), 홉(홉, 合), 가지(가지, 類), 자ㅎ(자, 尺)' 등이 있다.

(11) ㄱ. 너희 디마니 혼 이리 잇ᄂ니 ᄲᆞ리 나가라   [월석 2:6]

　　　ㄴ. 어린 百姓이 니르고져 홇 배 이셔도 ᄆᆞᄎᆞᆷ내 제 ᄠᅳ들 시러   [훈언 2]

　　　　　펴디 몯홇 노미 하니라 내 이ᄅᆞᆯ 爲ᄒᆞ야 어엿비 너겨

(11)에서 (ㄱ)의 '너희'는 '鼓摩王'이 자신의 아들을 발화 현장에서 직접 가리키는 말이며, (ㄴ)의 '이'는 바로 앞의 문장을 대신하는 말이다.

　대명사에는 '직시(지시)'와 '대용'의 두 가지 기능이 있다. 첫째로 '직시(直示, deixis)'는 화자가 자기가 위치한 시간·공간적 입장을 기준점으로 하여 발화 현장에서 대상을 직접 가리키는 기능이다. 곧 (11ㄱ)에서 '너희'는 '鼓摩王'이 자신의 말을 듣고 있는 '네 아들'을 발화 현장에서 직접적으로 가리켜서 부르는 말인데, 이러한 직시 기능을 가진 말을 '직시어(=直示語)'라고 한다. 둘째로 담화 속의 앞선 문맥에서 이미 언급한 말을 되돌아 가리키는 기능을 '대용(代用, anaphora)'이라고 하고, 대용의 기능을 가진 말을 '대용어(代用語, anaphor)'라고 한다. 곧, (11ㄴ)에서 '이'는 앞서서 발화한 문맥인 '어린 百姓이 니르고져 홇 배 이셔도 ᄆᆞᄎᆞᆷ내 제 ᄠᅳ들 시러 펴디 몯홇 노미 하니라'를 가리킨다.

　　　대명사의 기능┬─직시: 발화 현장에서 어떠한 대상을 직접 가리킴.
　　　　　　　　　└─대용: 담화 속의 앞선 문맥에서 이미 언급한 말을 가리킴.

〈그림 2〉 대명사의 기능

나. 대명사의 종류

　대명사는 직접 가리키거나 대용하는 대상이 사람이냐 혹은 사람 이외의 것이냐에 따라서 '인칭 대명사'와 '지시 대명사'로 구분한다.

(나-1) 인칭 대명사

'인칭 대명사(人稱代名詞)'는 사람을 직시하거나 대용하는 대명사인데, 가리킴의 기능에 따라서 '정칭·미지칭·부정칭·재귀칭의 인칭 대명사'로 나뉜다.

	정칭			미지칭	부정칭	재귀칭
	1인칭	2인칭	3인칭			
단수	나	너, 그듸/그딋/그디	뎌	누	아모	저, ᄌᆞ갸
복수	우리	너희	-			저희

〈표 1〉 인칭 대명사의 종류

〈 정칭의 인칭 대명사 〉 정칭(定稱)의 인칭 대명사'는 '나·너·그'처럼 발화 상황이나 문맥에서 정해진 대상을 가리키거나 대용하는 인칭 대명사이다.

첫째, '1인칭의 정칭(定稱) 대명사'는 화자가 발화 현장에서 자신을 직접 가리키는 대명사이다.

(12) ㄱ. 내 太子를 셤기ᅀᆞᄫᆞ딕   [석상 6:4]
     ㄴ. 우리 어ᅀᅵ아ᄃᆞ리 외롭고 입게 ᄃᆞ외야   [석상 6:5]

1인칭 대명사의 가장 일반적인 형태는 '나'인데, '나'의 복수 형태가 '우리'이다. (ㄱ)의 '내'는 1인칭 대명사인 '나'에 주격 조사 '-ㅣ'가 결합된 형태이며, (ㄴ)의 '우리'는 '나'의 복수형이다.

둘째, '2인칭의 정칭(定稱) 대명사'는 화자가 청자를 발화 현장에서 직접 가리키는 대명사이다.

(13) ㄱ. 이제 너를 노하 보내면 내 모미 長者ㅣ 怒를 맛나리라   [월석 8:98]
     ㄴ. 그듼 아바니미 잇ᄂᆞ닛가   [석상 6:14]
     ㄷ. 너희 디마니 혼 이리 잇ᄂᆞ니 ᄲᆞᆯ리 나가라   [월석 2:6]

2인칭 대명사의 일반적인 형태는 (ㄱ)의 '너'이다. (ㄴ)의 '그듸/그듼/그디'는 지시 대명사인 '그'에 높임의 접미사인 '-듸/-딕/-디'가 붙어서 된 2인칭의 대명사로서, '너'를 예사로 높여서 이르는 말이다. (ㄷ)의 '너희'는 '너'에 복수 접미사 '-희'가 붙어서 된 말이다.

셋째, '3인칭의 정칭(定稱) 대명사'는 화자가 특정한 제삼자를 발화 현장에서 직접 가리키는 대명사이다.

(14) 우리 모다 ᄌᆞ조를 겻고아 뎌옷 이긔면 (精舍를) 짓게 ᄒᆞ고   [석상 6:26]

3인칭 대명사는 '뎌(=저)'가 쓰이는데, '뎌'는 대부분 사물 지시의 대명사로 쓰이는 것이 일반적이고 (14)처럼 인칭 대명사로 쓰이는 예는 드물다.

〈 미지칭의 인칭 대명사 〉 '미지칭(未知稱)의 대명사'는 가리킴을 받는 사람의 이름이나 신분을 물을 때에 쓰는 대명사이다.

(15) ㄱ. 七代之王ᄋᆞᆯ 뉘 마ᄀᆞ리잇가 [용가 15장]

ㄴ. 世間앳 이ᄅᆞᆫ 눌와 다ᄆᆞᆺ 議論ᄒᆞᄂᆞ뇨 [두언-초 21:23]

미지칭의 인칭 대명사는 누구인지 모르는 사람을 가리키는 대명사로서 '누(=누구)'의 형태로 실현되는 것이 일반적이다. (ㄱ)에서 '뉘'는 대명사인 '누'에 주격 조사 '-ㅣ'가 결합되었으며, (ㄹ)의 '눌'은 '누'가 부사격 조사인 '-와'의 앞에서 실현될 때에 나타나는 형태론적 변이 형태이다.

〈부정칭의 인칭 대명사〉 '부정칭(不定稱)의 대명사'는 어떤 사람을 특별히 정하지 않고 두루 가리키는 인칭 대명사이다.

(16) 아뫼어나 와 내 머릿바기며… 도라 ᄒᆞ야도 [월석 1:13]

부정칭의 대명사는 '아모(=아무, 某)'로 나타나는데, 정해지지 않는 사람을 가리킬 때에 쓰는 대명사이다.

〈재귀칭의 인칭 대명사〉 '재귀칭(再歸稱)의 대명사'는 주어로 표현된 3인칭의 명사가 같은 문장 속에 되풀이하여 쓰이는 과정에서 대명사로 바뀐 것이다.

(17) ㄱ. 어린 百姓이… ᄆᆞᄎᆞᆷ내 제 ᄠᅳ들 시러 펴디 몯ᄒᆞᇙ 노미 하니라 [훈언 2]

ㄴ. 淨班王이 깃그샤 부텻 소ᄂᆞᆯ 손소 자ᄇᆞ샤 ᄌᆞ갸 가ᄉᆞ매 다히시고 [월석 10:9]

(ㄱ)에서 3인칭 주어인 '어린 百姓'은 동일한 문장 속에서 관형어(=어린 百姓의)로 되풀이하여 쓰였는데, 이 과정에서 재귀 대명사인 '저'의 형태로 바뀌어서 실현되었다. (ㄴ)에서는 주어인 '淨班王'이 동일한 문장에서 재귀 대명사인 'ᄌᆞ갸(=자기)'로 바뀌어서 실현되었는데, 이때 'ᄌᆞ갸'는 '저'의 예사 높임말로 사용되었다. 이처럼 재귀칭의 인칭 대명사는 문장에서 3인칭의 주어로 실현된 체언을 같은 문장 안에서 다른 문장 성분으로 대용(代用)하는 대명사이다.

(나-2) 지시 대명사

'지시 대명사(指示 代名詞)'는 사물이나 장소 등의 명사를 직접 가리키거나 대용하는 말인데, 이들 지시 대명사는 관형사와 명사의 합성으로 이루어진 것이 많다.

지시 대명사의 유형은 그 기능에 따라서 정칭, 미지칭, 부정칭의 대명사로 구분할 수 있는데, 이를 정리하면 다음의 〈표 2〉와 같다.

	정칭			미지칭	부정칭
	화자에 가까울 때	청자에 가까울 때	둘 다에 멀 때		
사물	이	그	뎌	어느/어ᄂᆞ; 므슥, 므슴, 므스것; 현마, 언마/언머; 엇뎨	아모것
처소	이어긔, 이에, 예	그어긔, 그에, 게	뎌어긔, 뎌에	어듸/어딕, 어드메	아모ᄃᆡ

〈표 2〉 지시 대명사의 종류

사물 대명사나 처소 대명사는 화자를 기준으로 해서 청자와의 심리적인 거리에 따라서 '이, 그, 뎌'로 다르게 표현한다. 곧 화자에 가까운 것은 '이(근칭, 近稱)'로, 청자에 가까운 것은 '그(중칭, 中稱)'로, 화자와 청자 둘 다에게 먼 것은 '뎌(원칭, 遠稱)'로 표현한다.

〈사물 지시 대명사〉 '사물 지시 대명사(事物 代名詞)'는 사물을 가리키거나 대용하는 지시 대명사인데, 그 종류로는 다음과 같은 것이 있다.

첫째, '정칭의 사물 지시 대명사'는 이미 정해진 사물을 가리키는 지시 대명사인데, 이러한 대명사로는 '이, 그, 뎌'가 있다.

```
(18) ㄱ. 내 이를 爲ᄒᆞ야 어엿비 너겨                    [훈언 2]
     ㄴ. 님금 말ᄊᆞ미 그 아니 올ᄒᆞ시니                   [용가 39장]
     ㄷ. 與는 이와 뎌와 ᄒᆞ논 겨체 쓰는 字ㅣ라             [훈언 1]
```

'이, 그, 뎌'는 특정한 사물에 대하여 화자와 청자가 느끼는 심리적인 거리에 따라서 구분하여 사용한다. 곧 (ㄱ)과 (ㄷ)의 '이(=이것)'는 앞선 문맥의 내용을 근칭으로 가리키거나 대용하였고, (ㄴ)의 '그(=그것)'는 중칭으로, (ㄷ)의 '뎌(=저것)'는 원칭으로 대상을 가리키거나 대용하였다.

둘째, '미지칭의 사물 지시 대명사'는 어떠한 사물에 대하여 물을 때에 사용하는 지시 대명사인데, 이러한 대명사로는 '어느/어ᄂᆞ, 므슥/므슴/므스것, 현마/언마, 엇뎨'가 있다.

```
(19) ㄱ. 이 두 말을 어늘 從ᄒᆞ시려뇨                     [월석 7:26]
     ㄴ. 阿難이 묻ᄌᆞᄫᅩᄃᆡ 아홉 橫死ᄂᆞᆫ 므스기잇고            [석상 9:35]
     ㄷ. 부텻긔 받ᄌᆞᄫᅡ 므슴 호려 ᄒᆞ시ᄂᆞ니                  [월석 1:10]
     ㄹ. 죵과 ᄆᆞᆯ와를 현맨 ᄃᆞᆯ 알리오                     [월천 기52]
     ㅁ. 언맛 福을 得ᄒᆞ리잇고                          [월석 17:44]
     ㅂ. 그 마리 엇뎨오                              [법언 2:27]
```

(ㄱ)의 '어느(=어느 것)', (ㄴ)의 '므슥(=무엇)', (ㄷ)의 '므슴(=무엇)', (ㄹ)의 '현마(=얼마)', (ㅁ)의 '언마(=얼마)', (ㅂ)의 '엇뎨(=어째서)' 등은 모두 화자가 어떠한 사물을 모를 때에 쓰는 미지칭의 사물 지시 대명사이다.

셋째, '부정칭의 사물 지시 대명사'는 어떠한 사물을 특별히 지정하지 않으면서 가리키는 지시 대명사인데, 이러한 대명사로는 '아모것'이 있다.

　(20) 흐다가 빋낸 사르미 <u>아모것</u>도 마가 줄 것 업거든　　　　　　[번역박통사 상61]

'아모것(=아무것)'은 부정칭의 인칭 대명사인 '아모'에 의존 명사 '것'이 결합하여 된 합성 대명사인데, 어떠한 사물을 특별히 지정하지 않으면서 가리킨다.

　〈 처소 지시 대명사 〉 '처소 지시 대명사(處所 代名詞)'는 공간적인 위치를 가리키는 대명사인데, 그 종류로는 다음과 같은 것이 있다.

　첫째, '정칭의 처소 지시 대명사'는 이미 정해진 장소를 가리키는 지시 대명사인데, 이러한 대명사로는 '이어긔, 이에, 예 ; 그어긔, 그에, 게 ; 뎡어긔, 뎌에' 등이 있다.

　(21) ㄱ. 이 經 디닐 싸르미 <u>이어긔</u> 이셔도 다 能히 굴히며　　　[석상 19:17]
　　　ㄴ. <u>이에</u> 여희여 <u>뎌에</u> 날 씨라　　　　　　　　　　　[능언 4:28]
　　　ㄷ. 이 經 디닗 사르미 비록 <u>예</u> 이셔도　　　　　　　　[석상 19:18]
　　　ㄹ. <u>그어긔</u> 쇠 하아 쇼로 쳔량 사마 흥졍흐느니라　　　[월석 1:24]
　　　ㅁ. 싸히 훤흐고 됴흔 고지 하거늘 <u>그에</u>셔 사니　　　　[월석 2:6~7]
　　　ㅂ. 此鐵樹國은 擧動이 妄量드빋오 셩시기 麤率흐니　　[월석 2:11]
　　　　 <u>게</u> 가 몬 나시리라
　　　ㅅ. 가며 머므럿는 <u>뎡어긔</u>와 <u>이어긔</u> 消息이 업도다　　[두언-초 11:16]
　　　ㅇ. 뎌 如來ㅅ 일후믈 잠깐 싱각흐면 즉자히 <u>뎌에</u>셔 업서　[석상 9:12]
　　　　 도로 人間애 나아

(ㄱ)의 '이어긔'와 (ㄴ)의 '이에'와 (ㄷ)의 '예'는 화자에게 가까운 장소(=여기)를 가리키며, (ㄹ)의 '그어긔'와 (ㅁ)의 '그에', (ㅂ)의 '게'는 청자에게 가까운 장소(=거기)를 가리킨다. 그리고 (ㅅ)의 '뎡어긔'와 (ㅇ)의 '뎌에'는 화자와 청자 모두에게 먼 장소(=거기)를 가리킨다.

　둘째, '미지칭의 처소 지시 대명사'는 어떤 장소를 물을 때에 쓰는 지시 대명사인데, 이러한 대명사로는 '어듸/어딕, 어드메'가 있다.

(22) ㄱ. <u>어듸</u> 머러 威不及ᄒ리잇고   [용가 47장]

　　ㄴ. 齊州ᄂᆞᆫ <u>어드메</u> 잇ᄂᆞ니오   [두언-초 8:37]

(ㄱ)의 '어듸(=어디)'와 (ㄴ)의 '어드메(=어디쯤, 어디께)'는 모두 화자가 특정한 장소를
몰라서 묻는 지시 대명사이다.

　셋째, 부정칭의 처소 지시 대명사는 어떠한 장소를 가리지 않음을 나타내는 대명사인
데, 이러한 대명사로는 '아모듸'가 있다.

(23) 王ㅅ ᄆᆞᅀᆞ매 <u>아모듸</u>나 가고져 ᄒ시면   [월석 1:26]

'아모듸(=아무데)'는 인칭 대명사인 '아모(=아무, 某)'와 의존 명사인 '듸(=데)'가 결합하
여 이루어진 합성 대명사이다. 이들 대명사는 어떠한 장소를 가리지 않음을 나타내는
지시 대명사이다.

2.1.2.3. 수사

가. 수사의 개념

'수사(數詞, numeral)'는 사람이나 사물의 수량이나 차례를 나타내는 체언이다.

(24) ㄱ. ᄒ낳, 둟, 셓, 넿, 다ᄉᆞᆺ, …, 몇, 여렇

　　ㄴ. ᄒ나차히, 둘차히, 세차히, 네차히, 다ᄉᆞᆺ차히, …

(ㄱ)의 'ᄒ낳, 둟, 셓' 등은 사람이나 사물의 수량을 나타내며, (ㄴ)의 'ᄒ나차히,
둘차히, 세차히' 등은 순서를 나타낸다.

나. 수사의 유형

　수사는 사물의 수량을 나타내느냐 순서를 나타내느냐에 따라서, '양수사'와 '서수사'
로 구분된다.

　〈 양수사 〉 '양수사(量數詞, 基數詞)'는 어떠한 대상의 수량을 가리키는 수사인데, 이는
순우리말로 된 것과 한자말로 된 것이 있다.

(25) ㄱ. ᄒᆞ나ㅎ, 둘ㅎ, 세ㅎ, 네ㅎ, 다ᄉᆞᆺ, 여슷, 닐굽, 여듧, 아홉, 열ㅎ, 스믈ㅎ, 셜흔, 마ᄉᆞᆫ, 쉰, 여쉰, 닐흔, 여든, 아흔, 온, 즈믄, …, 몇, 여러ㅎ

ㄴ. 一, 二, 三, 四, 五, 六 …, 百, 千, 萬, 億, …

(ㄱ)은 순우리말로 된 양수사인데, 주로 작은 수를 나타낼 때에 쓰인다. 순우리말로 된 양수사 중에서 '몇'은 어떤 대상의 수량을 모를 때에 쓰는 미지칭의 양수사이다. (ㄴ)은 한자말로 된 양수사인데, 순우리말의 수사와는 달리 '百, 千, 萬, 億' 등 아주 큰 수를 나타낼 때에도 쓰일 수 있다.

〈 **서수사** 〉 대상의 순서를 가리키는 수사를 '서수사(序數詞)'라고 하는데, '서수사'도 순우리말로 이루어진 것과 한자어로 이루어진 것이 있다.

(26) ᄒᆞ나차히, 둘차히/둘차/둘짜/둘채, 세차히/세차, 네차히/네차, 다ᄉᆞᆺ차히, 여슷차히/여슷차, 닐굽차히/닐굽차, 여듧차히/여듧차, 아홉차히/아홉차, 열차히, 열ᄒᆞ나차히, 열둘차히, …, 스믈차히, 스믈ᄒᆞ나차히, …, 셜흔차히, …, 쉰차히, …, 여쉰차히, …, 닐흔차히, …, 여든차히, …

(27) 第一, 第二, 第三, 第四, …

순우리말로 된 서수사는 (26)처럼 양수사에 현대어의 '-째'에 해당하는 '-차히/-자히'나 '-차/-채/-재/-짜' 등의 접미사가 붙어서 이루어진 파생어이다. 그리고 (27)의 한자말로 된 서수사는 '一, 二, 三, 四' 등의 양수사에 순서를 나타내는 접두사 '第-'가 붙어서 이루어진 파생어이다.

2.1.2.4. 복수 표현

체언이 지시하는 대상의 수효가 하나인 것을 '단수(單數)'라고 하고, 체언이 지시하는 대상의 수효가 둘 이상인 것을 '복수(複數)'라고 한다.

(28) ㄱ. 사ᄅᆞᆷ, 아히, 鬼神; 어마님, 그듸; 나, 너, 저

ㄴ. 사ᄅᆞᆷ<u>들</u>ㅎ, 아히<u>들</u>ㅎ, 鬼神<u>들</u>ㅎ; 어마님<u>내</u>, 그듸<u>내</u> : 우리(들ㅎ), 너희(들ㅎ), 저희(들ㅎ)

(ㄱ)의 예는 단수 표현인 데에 반하여 (ㄴ)의 예는 대상의 수효가 둘 이상임을 나타내는

복수 표현이다. 15세기 국어에서는 명사의 복수 표현과 대명사의 복수 표현이 형태가 각각 다르게 실현된다.

〈 **명사의 복수 표현** 〉 명사의 복수 표현은 명사에 접미사인 '-둘ㅎ'과 '-내'를 붙여서 표현한다.

(29) ㄱ. 이 사ᄅᆞᆷ둘히 다 神足이 自在ᄒᆞ야   [석상 6:18]

        ㄴ. 즉자히 나랏 어비ᄆᆞᆮ내를 모도아 니ᄅᆞ샤ᄃᆡ   [석상 6:9]

(ㄱ)에서는 체언인 '사ᄅᆞᆷ'에 접미사 '-둘ㅎ'을 붙여서 복수를 표현하고 있다. 그리고 (ㄴ)에서는 체언인 '어비ᄆᆞᆮ'에 접미사 '-내'를 붙여서 복수를 표현하고 있는데, '-내'는 '-둘ㅎ'과는 달리 높임의 대상이 되는 체언에만 붙는다.

〈 **대명사의 복수 표현** 〉 대명사의 복수는 복수 대명사인 '우리'로 표현하거나, '너'와 '저'에 복수 접미사인 '-희, -둘ㅎ'이나 '-내'를 붙여서 표현한다.

첫째, 복수 대명사인 '우리'로써 어휘적으로 복수를 표현하거나, 대명사에 복수 접미사인 '-둘ㅎ, -희'를 붙여서 복수를 표현할 수 있다.

(30) ㄱ. 우리 어싀아ᄃᆞ리 외롭고 입게 ᄃᆞ외야   [석상 6:5]

        ㄴ. 우리둘히 다 ᄒᆞᆫ ᄆᆞᅀᆞᄆᆞ로 죽ᄃᆞ록 三寶애 歸依ᄒᆞᅀᆞᄫᅡ [월석 9:61]

(31) ㄱ. 舍利佛아 너희 부텻 마를 고디드르라   [석상 13:47]

        ㄴ. 너희둘히 ᄒᆞᆫ ᄆᆞᅀᆞᄆᆞ로 信解ᄒᆞ야 부텻 마를 바다 디니라 [석상 13:62]

(32) 그 ᄢᅴ 五百 太子ㅣ 漸漸 ᄌᆞ라니 ⋯ 이웃 나라히 背叛ᄒᆞ거든   [석상 11:35]

        저희 가 티고

(30)에서는 1인칭 대명사의 복수 표현이 쓰였는데, (ㄱ)에서는 복수 형태로서 대명사인 '우리'가 쓰였으며, (ㄴ)에서는 '우리'에 다시 복수 접미사인 '-둘ㅎ'이 붙어서 된 '우리둘ㅎ'이 쓰였다. (31)에서는 2인칭 대명사의 복수 표현이 쓰였다. 곧, (ㄱ)에서는 2인칭 대명사인 '너'에 복수 접미사 '-희'가 붙었으며, (ㄴ)에서는 대명사인 '너'에 복수 접미사 '-희'가 붙은 다음에 또다시 복수 접미사 '-둘ㅎ'이 실현되었다. (32)에서는 3인칭 대명사인 '저'에 복수 접미사인 '-희'가 붙어서 복수 표현을 나타내었다.

둘째, 체언에 높임의 뜻을 나타내는 복수 접미사인 '-내'를 붙여서 복수를 표현할 수도 있다.

> (33) ㄱ. 네 아ᄃ리 各各 어마님내 뫼ᅌᆞᆸ고   [월석 2:6]
>   ㄴ. 自中은 ᄌᆞ걋내 中이라   [월석 1:40]
>   ㄷ. 그듸내 各各 ᄒᆞᆫ 아ᄃᆞᆯ옴 내야 내 孫子 조차 가게 ᄒᆞ라   [석상 6:9]

(ㄱ)에서는 명사인 '어마님'에 복수 접미사인 '-내'가 붙어서, (ㄴ)과 (ㄷ)에서는 대명사인 '자걔'와 '그듸'에 각각 '-내'가 붙어서 복수를 표현하고 있다.

2.1.3. 관계언

〈 **조사의 개념** 〉 '조사(助詞)'는 주로 체언에 결합하여, 그 체언이 문장 속의 다른 단어와 맺는 문법적 관계를 나타내거나, 특별한 뜻을 더해 주는 단어이다. 조사는 일반적인 단어와는 달리 자립성이 없어서 반드시 체언이나 부사, 용언의 연결형과 같은 다른 말에 붙어서 쓰인다. 그리고 조사는 실질적인 의미를 나타내지 못하며 문법적인 의미나 기능을 나타낸다.

> (1) ㄱ. 衆生이 거즛 일로 沙門이 ᄃ외야   [월석 21:40]
>   ㄴ. 입시울와 혀와 엄과 니왜 다 됴ᄒᆞ며   [석상 19:7]
>   ㄷ. 어미도 아ᄃᆞᆯ롤 모ᄅᆞ며 아ᄃᆞᆯ도 어미를 모ᄅᆞ리니   [석상 6:3]

(ㄱ)에서 '-이, -로, -이' 등은 앞 체언에 붙어서 그 체언이 주어, 부사어, 보어로 쓰임을 나타낸다. (ㄴ)에서 '-와'는 앞 체언과 뒤 체언을 이어서 하나의 명사구로 기능하게 한다. (ㄷ)에서 '-도'는 앞 체언에 '마찬가지(同一)'라는 뜻을 더해 준다. 조사는 기능에 따라서 '격조사, 접속 조사, 보조사'로 나뉜다. (ㄱ)의 '-이, -로, -이'는 격조사, (ㄴ)의 '-와'는 접속 조사, (ㄷ)의 '-도'는 보조사이다.

2.1.3.1. 격조사

'격조사(格助詞)'는 그 앞에 오는 말이 문장 안에서 특정한 문장 성분으로서의 쓰이는 것을 나타내는 조사이다. 격조사에는 '주격 조사, 서술격 조사, 목적격 조사, 보격 조사, 관형격 조사, 부사격 조사, 호격 조사' 등이 있다.

〈**주격 조사**〉'주격 조사(主格助詞)'는 그 앞말이 문장에서 주어로 쓰임을 나타내는 조사이다. 주격 조사는 앞 체언의 끝소리에 따라서 {-이 / -ㅣ / -Ø}의 변이 형태로 실현된다.

(2) ㄱ. 부텻 모미 여러 가짓 相이 ㄱㅈ샤   [석상 6:41]

    ㄴ. 내 가리이다   [용가 94장]

    ㄷ. 變化ㅣ 無窮ㅎ실씨   [용가 60장]

    ㄹ. 녯 가히 내 도라오믈 깃거   [두언-초 6:39]

(ㄱ)의 '몸'처럼 자음으로 끝나는 체언 다음에는 주격 조사가 '-이'의 형태로 실현된다. 반면에 (ㄴ)의 '나'와 (ㄷ)의 '變化'처럼 /ㅣ/나 반모음인 /j/를 제외한 모음으로 끝나는 체언 다음에는 주격 조사가 반모음인 '-ㅣ'의 형태로 실현된다. 끝으로 (ㄹ)의 '가히'와 같이 /ㅣ/나 반모음 /j/로 끝나는 체언 다음에는 주격 조사의 형태가 드러나지 않는다.[4]

〈**서술격 조사**〉'서술격 조사(敍述格助詞)'는 그 앞말이 문장에서 서술어로 쓰임을 나타내는 조사로서, 주어의 내용을 지정(指定)하면서 풀이한다. 서술격 조사는 앞 체언의 끝소리에 따라서 {-이라 / -ㅣ라 / -Ø라}의 변이 형태로 실현된다.

(3) ㄱ. 國은 나라히라   [훈언 1]

    ㄴ. 形은 양직라   [월석 8:21]

    ㄷ. 頭는 머리라   [훈언 14]

서술격 조사 '-이다'의 어간은 (ㄱ)의 '나라ㅎ'처럼 자음으로 끝나는 체언 뒤에서는 '-이-'의 형태로 실현된다. 반면에 (ㄴ)의 '양즈'처럼 /ㅣ/나 반모음 /j/를 제외한 일반적인 모음으로 끝나는 체언 뒤에서는 '-ㅣ'의 형태로 실현되며, (ㄷ)의 '머리'처럼 /ㅣ/나 반모음 /j/로 끝나는 체언 뒤에서는 서술격 조사의 형태가 드러나지 않는다.

〈**목적격 조사**〉'목적격 조사(目的格助詞)'는 그 앞말이 문장에서 목적어로 쓰임을 나타내는 조사이다. 목적격 조사는 앞 체언의 끝소리에 따라서 {-ㄹ / -를 / -올 / -을 / -ㄹ}의 변이 형태로 실현된다.

(4) ㄱ. 太子를 하늘히 글히샤   [용가 8장]

    ㄴ. 長壽를 求ㅎ면 長壽를 得ㅎ고   [석상 9:23]

---

4) (2ㄹ)처럼 주격 조사가 형태 없이 실현되는 것은 주격 조사의 '무형의 변이 형태'로 처리한다.

(5) ㄱ. 麗運이 衰ㅎ거든 나라홀 맛두시릴씨   [용가 6장]

    ㄴ. 耶輸는 … 法을 모룰씨   [석상 6:6]

(6) ㅂ야미 가칠 므러 즘겟가재 연즈니   [용가 7장]

목적격 조사는 (4ㄱ)의 '太子'처럼 양성 모음으로 끝나는 체언 다음에서는 '-룰'로 실현
되며, (4ㄴ)의 '長壽'처럼 음성 모음으로 끝나는 체언 다음에서는 '-를'로 실현된다. 다만,
중성 모음인 /ㅣ/ 뒤에서는 '-룰'과 '-를'이 모두 쓰일 수 있다. 그리고 (5ㄱ)의 '나라ㅎ'처
럼 끝음절의 모음이 양성이면서 자음으로 끝나는 체언 다음에는 목적격 조사가 '-올'로
실현되며, (5ㄴ)의 '法'처럼 끝음절의 모음이 음성이면서 자음으로 끝나는 체언 다음에는
'-을'로 실현된다. 끝으로 (6)의 '가치'처럼 모음으로 끝난 체언 다음에는 '-룰, -를' 대신
에 준말인 '-ㄹ'이 쓰이기도 한다.

〈 보격 조사 〉 보어는 서술어로 쓰이는 '두뵈다/두외다'나 '아니다'가 주어 이외에 반드
시 필요로 하는 문장 성분이다. '보격 조사(補格助詞)'는 그 앞말이 문장에서 보어로 쓰임
을 나타내는 조사로서, {-이 / -ㅣ / -∅}의 변이 형태로 실현된다.

(7) ㄱ. 色界 諸天도 ㄴ려 仙人이 두외더라   [월석 2:24]

    ㄴ. 山이 草木이 軍馬ㅣ 두뵈니이다   [용가 98장]

    ㄷ. 四衆의 힝뎌기 흔 가지 아니어늘   [월석 17:83]

(ㄱ)과 (ㄴ)에서 서술어 '두외더라'와 '두뵈니이다'는 주어인 '色界 諸天도'과 '山이 草木
이' 이외에도 '仙人이'와 '軍馬ㅣ'를 필수적으로 요구한다. 그리고 (ㄷ)에서 '아니어늘'은
주어인 '四衆의 힝뎌기'뿐만 아니라 '흔 가지'를 필수적으로 요구한다. 이처럼 '두뵈다/
두외다' 혹은 '아니다'가 주어 외에 필수적으로 요구하는 성분을 보어라고 하고, 체언에
보어의 자격을 부여하는 {-이 / -ㅣ / -∅}를 보격 조사라고 한다. 보격 조사의 변이 형
태는 주격 조사와 동일하게 실현된다.

〈 관형격 조사 〉 '관형격 조사(冠形格助詞)'는 그 앞말이 문장에서 관형어로 쓰임을 나타
내는 조사인데, {-익 / -의, -ㅣ; -ㅅ}의 변이 형태로 실현된다.

첫째, '-익/-의'는 주로 자음으로 끝나는 유정 체언 뒤에 실현되며, '-ㅣ'는 /ㅣ/를
제외한 일반적인 모음으로 끝나는 체언 뒤에 실현된다.

먼저, 자음으로 끝나는 유정 체언의 뒤에는 관형격 조사로서 '-익, -의'가 쓰인다.

(8) ㄱ. 네 性이 … 죵<u>인</u> 서리예 淸淨ᄒ도다   [두언-초 25:7]

    ㄴ. 徐卿<u>의</u> 두 아ᄃ리 나   [두언-초 8:24]

    ㄷ. 할<u>미</u> ᄆᅀ믈 오히려 웃ᄂ다   [영남 상8]

(ㄱ)처럼 끝음절이 양성 모음인 체언 뒤에서는 '-ᄋᆡ'로, (ㄴ)처럼 끝음절이 음성 모음인 체언 뒤에는 '-의'로 실현된다. 만일 (ㄷ)의 '할미'처럼 /ㅣ/로 끝나는 유정 체언의 뒤에 관형격 조사가 실현되면, 체언의 끝소리 /ㅣ/가 탈락하여 '할ㅁ'로 된 다음에 관형격 조사 '-ᄋᆡ'가 붙었다.

반면에 앞 체언의 끝소리가 /ㅣ/를 제외한 모음일 때는, '-ㅣ'가 관형격 조사로 쓰였다.

(9) ㄱ. 長者ㅣ 지븨 세 分이 나ᅀᅡ가샤   [월석 8:81]

    ㄴ. 내 님금 그리샤   [용가 50장]

(9)에서는 모음으로 끝나는 체언인 '長者, 나'에 관형격 조사 '-ㅣ'가 붙어서 '長者ㅣ, 내'의 형태로 관형어로 쓰였다.[5]

둘째, 관형격 조사로 '-ㅅ'이 쓰이기도 한다. 관형격 조사 '-ㅅ'은 그 앞의 체언이 무정 명사이거나 높임의 대상인 유정 명사일 때에 쓰이는데, 대체로 앞 체언의 끝소리가 유성음일 때에 실현되는 특징이 있다.

(10) ㄱ. 나랏 말ᄊᆞ미 中國에 달아   [훈언 1]

    ㄴ. 부텻 모미 여러 가짓 相이 ᄀᆞ즈샤   [석상 6:41]

관형격 조사 '-ㅅ'은 (ㄱ)의 '나라'와 (ㄴ)의 '가지'와 같은 무정 명사나, (ㄴ)의 '부텨'처럼 유정 명사 중에서 높임의 대상으로 쓰인 명사 뒤에만 쓰이는 특징이 있다.

〈 부사격 조사 〉 '부사격 조사(副詞格助詞)'는 그 앞말이 문장에서 부사어로 쓰임을 나타내는 조사이다. 부사격 조사는 종류가 대단히 많으며, 특정한 부사가 다양한 의미를 나타낼 수도 있다.

ⓐ { -애/ -에/ -예 } '-애/-에/-예'는 문맥에 따라서 '위치(장소, 시간), 원인, 비교' 등 다양한 뜻을 나타낸다. '-애'는 앞선 체언의 끝음절이 양성 모음일 때에, '-에'는 음성

---

5) '-ㅣ'는 앞 체언이 모음으로 끝날 때에 실현되므로, '-ᄋᆡ/-의/-ㅣ'는 음운론적 변이 형태로 처리된다. 곧, '-ㅣ'은 '-ᄋᆡ/-의'에서 /ㆍ/나 /ㅡ/가 탈락된 형태로 처리할 수 있다.

모음일 때에, '-예'는 / ㅣ /나 반모음 /j/일 때에 실현된다.

(11) ㄱ. 世尊이 象頭山애 가샤 　　　　　　　　　　　[석상 6:1]

　　　東녀그로 萬里예 녀 가 　　　　　　　　　　　[두언-초 7:2]

　　ㄴ. 첫나래 讒訴를 드러 　　　　　　　　　　　　[용가 12장]

　　ㄷ. 불휘 기픈 남근 ᄇᆞᄅᆞ매 아니 뮐씨 　　　　　[용가 2장]

　　ㄹ. 나랏 말ᄊᆞ미 中國에 달아 　　　　　　　　　　[훈언 2]

'-애/-에/-예'는 (ㄱ)에서는 '공간적인 위치'의 뜻을 나타내고, (ㄴ)에서는 '시간적인 위치'의 뜻을 나타낸다. 그리고 (ㄷ)에서는 '원인'을 나타내며, (ㄹ)에서는 '비교'의 뜻을 나타낸다. 그리고 '象頭山, 첫날, ᄇᆞᄅᆞᆷ'처럼 끝음절에 양성 모음이 실현된 체언 다음에는 '-애'가 쓰였으며, '中國'처럼 끝음절에 음성 모음이 실현된 체언 다음에는 '-에'가 쓰였으며, '萬里'처럼 / ㅣ /로 끝난 체언 다음에는 '-예'가 쓰였다.

ⓑ { -의/ -의 } '-의/-의'는 공간이나 시간적인 '위치'의 뜻을 나타낸다. '-의'는 앞선 체언의 끝음절이 양성 모음일 때에 실현되고, '-의'는 음성 모음일 때에 실현된다.

(12) ㄱ. (小瞿曇이) 남기 ᄢᅦ여 性命을 ᄆᆞᄎᆞ시니 　　　[월천 기4]

　　ㄴ. 빈 달홀 사ᄅᆞ미 처서믜 ᄒᆞᆫ 번 ᄇᆞ리니 　　　[두언-초 15:3]

(ㄱ)에서 끝음절에 양성 모음이 실현된 체언 '낡'에는 '-의'가 쓰였으며, (ㄴ)에서 끝음절이 음성 모음인 실현된 체언 '처섬'에는 '-의'가 쓰였다.

　　그런데 '-애/-에/-예'와 '-의/-의'에 보조사 '-셔'가 결합해서, 각각 '-애셔/-에셔/-예셔'와 '-의셔/-의셔'의 형태로 실현되어서 '위치나 출발점'의 뜻을 나타내는 경우가 있다.

(13) ㄱ. 일후미 救脫이라 ᄒᆞ샤리 座애셔 니르샤 　　　　[월석 9:29]

　　ㄴ. 살 든 굼긔셔 싀미 나아 우므리 ᄃᆞ외니 　　　　[석상 3:14]

(ㄱ)에서는 '座'처럼 끝음절이 양성 모음으로 실현된 체언에 '-애셔'가 쓰였으며, (ㄴ)에서는 '굼'처럼 끝음절이 음성 모음으로 실현된 체언에 '-의셔'가 실현되었다.

　　ⓒ { -라셔 } '-라셔'는 원래 '출발점'을 나타내는 부사격 조사인데, 주로 유정 명사의 뒤에 붙어서 주격 조사처럼 쓰일 수 있다.

(14) ㄱ. 하늘해셔 飮食이 自然히 오나든 婦人이 좌시고   [월석 2:25]

　　　아모 ᄃᆞ라셔 온 동 모ᄅᆞ더시니

　　ㄴ. 有蘇氏라셔 妲己로 紂의 게 드려늘   [내훈 서3]

(ㄱ)에서 '-라셔'는 장소를 나타내는 의존 명사인 'ᄃᆞ'에 붙어서 출발점을 나타내었다.
반면에 (ㄴ)에서는 '-라셔'가 유정 명사인 '有蘇氏'에 붙어서 주격 조사처럼 전용되어
쓰였는데, 이때의 '-라셔'에는 아직 '출발점'을 나타내는 뜻이 남아 있으므로 부사격 조
사로 처리한다(허웅, 1975: 347).

　ⓓ{ -ᄃᆞ려, -ᄭᅴ } '-ᄃᆞ려, -ᄭᅴ'는 '상대'의 뜻을 나타내는데, 일반적인 유정의 체언에는
'-ᄃᆞ려'가 쓰이고 높임의 대상이 되는 유정 체언에는 '-ᄭᅴ'가 쓰인다.

(15) ㄱ. 世尊이 ᄯᅩ 文殊師利ᄃᆞ려 니ᄅᆞ샤ᄃᆡ   [석상 9:11]

　　ㄴ. 阿難과 모든 大衆이 … 부텨ᄭᅴ 禮數ᄒᆞᅀᆞ와   [능언 2:1]

(ㄱ)에서는 유정 체언인 '文殊師利'에 '-ᄃᆞ려(=-에게)'를 실현하여 행위의 상대를 나타내
었다. 이때 '文殊師利'는 주체로 쓰이는 '世尊'에 비해서 존귀하지 않으므로 상대를 나타
내는 부사격 조사로서 '-ᄃᆞ려'가 쓰였다. 반면에 (ㄴ)의 '부텨'는 주어인 '阿難'과 '모든
大衆'에 비해서 존귀한 대상이므로 부사격 조사로서 '-ᄭᅴ'가 실현되었다.

　ⓔ{ -ᄋᆞ로/ -으로/ -로 } '-ᄋᆞ로/-으로/-로'는 '방향' 또는 '변성(變成)'을 나타낸다. '-ᄋᆞ
로'와 '-으로'는 /ㄹ/ 이외의 자음으로 끝나는 체언 다음에 실현되고, '-로'는 모음이나
/ㄹ/로 끝나는 체언 다음에 실현된다.

(16) ㄱ. 須達이 … 제 나라ᄒᆞ로 갈 쩌긔 부텨ᄭᅴ 와 슬ᄫᅩᄃᆡ   [석상 6:22]

　　ㄴ. 하ᄂᆞᆯ로셔 셜흔 두 가짓 祥瑞 ᄂᆞ리며   [석상 6:17]

　　ㄷ. 實로 ᄒᆡ로 變ᄒᆞ며 … ᄯᅩ 兼ᄒᆞ야 둘로 化ᄒᆞ며 …   [능언 2:7]

(ㄱ)에는 끝음절이 자음으로 끝나면서 양성 모음이 실현된 체언인 '나라ᄒᆞ'에 '-ᄋᆞ로'가
쓰였는데, 이때에는 '-ᄋᆞ로'는 '방향'의 뜻을 나타내었다. (ㄴ)에는 체언인 '하ᄂᆞᆯ'에 부사
격 조사인 '-로'와 보조사인 '-셔'가 쓰였는데, 이때에 '-로셔'는 '출발점으로서의 방향'
의 뜻을 나타내었다. (ㄷ)에서는 모음으로 끝난 체언인 'ᄒᆡ'와, /ㄹ/로 끝나는 체언인 '둘'
에 부사격 조사인 '-로'가 실현되어서 '변성'의 뜻을 나타내었다.

　ⓕ{ -ᄋᆞ로/ -으로/ -로/ -ᄋᆞ록/ -으록 } '-ᄋᆞ로/-으로/-로/-ᄋᆞ록/-으록'은 '재료, 수단,

원인' 등의 여러 가지 뜻으로 쓰일 수 있다. 매개 모음을 실현하고 있는 '-으로/-으로'는 /ㄹ/ 이외의 자음으로 끝나는 체언 다음에 실현되고, '-로'는 모음이나 /ㄹ/로 끝나는 체언 다음에 실현된다.

(17) ㄱ. 그의 能히 ᄀᆞᆫ 돌ᄒᆞ로 거를 밍ᄀᆞᄂᆞ니　　　　　　　[두언-초 7:17]

　　　ㄴ. 이 迷人아 오늘록 後에 이 길흘 넓디 말라　　　　　[월석 21:119]

(ㄱ)에는 자음으로 끝나는 체언인 '돌ㅎ'에 부사격 조사 '-으로'가 쓰여서 '수단'이나 '재료'의 뜻을 나타내었다. (ㄴ)에는 체언인 '오늘'의 뒤에 부사격 조사 '-록'이 붙었는데, 이때의 '-록'은 '-로'의 강세형이다.

　ⓖ { -과/ -와, -과로/ -와로 } '-과/-와, -과로/-와로'는 '공동' 혹은 '비교'의 뜻을 나타낸다. /ㄹ/을 제외한 자음으로 끝나는 체언 뒤에서는 '-과'나 '-과로'로 실현되고, 모음이나 /ㄹ/로 끝나는 체언 다음에서는 '-와'나 '-와로'로 실현된다.

(18) ㄱ. 이 모든 法 드른 사ᄅᆞ미 … 샹녜 스승과 ᄒᆞᆫᄃᆡ 나ᄂᆞ니　　[법언 3:191]

　　　ㄴ. 곳다오ᄆᆞᆫ 歲時와로 다ᄋᆞ놋다　　　　　　　　　　[두언-초 16:74]

(19) ㄱ. 길 녏 사ᄅᆞᆷ과 ᄀᆞ티 너기시니　　　　　　　　　　　[석상 6:5]

　　　ㄴ. 文字와로 서르 ᄉᆞ몿디 아니ᄒᆞᆯᄊᆡ　　　　　　　　　[훈언 1]

(18)에서 (ㄱ)의 '스승과'는 자음으로 끝나는 체언인 '스승'에 부사격 조사 '-과'가 실현되어서, (ㄴ)의 '歲時와로'에서는 모음으로 끝나는 체언인 '歲時'에 부사격 조사 '-와로'가 실현되어서 '공동'의 뜻을 나타내었다. 그리고 (19)에서 (ㄱ)의 '사ᄅᆞᆷ과'는 '사ᄅᆞᆷ'에 '-과'가 쓰여서, (ㄴ)의 '文字와로'는 '文字'에 '-와로'가 쓰여서 '비교'의 뜻을 나타내었다.

　ⓗ { -이/ -ㅣ/ -∅, -두고, -라와, -으론/ -으론 } '-이/-ㅣ/-∅, -두고, -라와, -으론/-으론'은 앞의 체언에 붙어서 '비교'의 뜻을 나타낸다.

(20) ㄱ. ᄃᆞ리 즈믄 ᄀᆞᄅᆞ매 비취요미 ᄀᆞᆮᄒᆞ니라　　　　　　[월석 1:1]

　　　ㄴ. 비치 희오 블구미 뭀 頭腦ㅣ ᄀᆞᄐᆞ니라　　　　　　[월석 1:23]

　　　ㄷ. 香이 須彌山 ᄀᆞᆮ고 고지 술위ᄢᅵ ᄀᆞᆮ다 혼 말도 잇ᄂᆞ니　[월석 1:37]

(21) ㄱ. 光明이 ᄒᆡᄃᆞᆯ두고 더으니　　　　　　　　　　　　[월석 1:26]

　　　ㄴ. 貪慾앳 브리 이 블라와 더으니라　　　　　　　　　[월석 10:14]

ㄷ. 오히려 各別히 勞心호모론 더으니라 [금삼 4:30]

(20)에서 (ㄱ)의 '비취요미'는 각각 동사의 명사형인 '비취욤'에 부사격 조사 '-이'가 실현되어서, (ㄴ)의 '頭腦ㅣ'는 체언인 '頭腦'에 '-ㅣ'가 실현되어서 '동등 비교'의 뜻을 나타내었다. 그리고 (ㄷ)의 '술위떠'는 무형의 변이 형태인 '-∅'로써 '동등 비교'의 뜻을 나타내었다. '비교'를 나타내는 '-이/-ㅣ/-∅'는 문장의 서술어가 '곧다/곧ᄒ다'나 'ᄒ가지라'일 때에만 실현되는 특징이 있다. 그리고 (21)에서 (ㄱ)의 '히둘두고', (ㄴ)의 '블라와', (ㄷ)의 '勞心호모론'은 각각 '히둘, 블, 勞心홈'에 부사격 조사인 '-두고, -라와, -ᄋ론'이 실현되어서 '차등 비교'의 뜻을 나타내었다.

〈호격 조사〉 '호격 조사(呼格助詞)'는 그 앞말이 문장에서 독립어로 쓰임을 나타내면서, 청자를 부르는 뜻(기능)을 더하는 조사이다. 호격 조사로 쓰이는 형태로는 '-아/-야, -이여/-ㅣ여/-여/, -하' 등이 있는데, 이들은 높임의 등분에 따라서 달리 쓰인다.

첫째, '-아/-야'는 아주 낮춤의 등분(ᄒ라체)으로 쓰이는데, 유정 명사 뒤에만 실현된다. '-아'는 자음과 모음으로 끝나는 체언 뒤에 두루 실현되는 반면에, '-야'는 모음으로 끝나는 체언에만 실현된다.

(22) ㄱ. 彌勒아 아라라 [석상 13:26]

ㄴ. 阿逸多아 그… 功德을 내 닐오리니 [석상 19:2]

ㄷ. 長者야 네 이제 未來 現在 一切 衆生 爲ᄒ야 [월석 21:107]

'-아'는 (ㄱ)의 '彌勒'처럼 자음으로 끝나는 체언이나 (ㄴ)의 '阿逸多'처럼 모음으로 끝나는 체언의 뒤에 두루 쓰인다. 이에 반하여 (ㄷ)의 '-야'는 '長者'처럼 모음으로 끝나는 체언 뒤에만 쓰인다.

둘째, '-이여/-ㅣ여/-여'는 예사 높임의 등분(ᄒ야쎠체)으로 쓰이는데, 이들은 유정 명사나 무정 명사에 두루 쓰인다. 이들은 '부름'의 기능 이외에도 '영탄적 높임'의 뜻를 나타내는 것이 특징이다.

(23) ㄱ. 어딜쎠 觀世音이여 [능언 6:65]

ㄴ. 우는 聖女ㅣ여 슬허 말라 [월석 23:82]

ㄷ. 막대여 막대여 네의 나미 甚히 正直ᄒ니 [두언-초 16:58]

'-이여/-ㅣ여/-여'는 예사 높임의 등분으로 청자를 부를 때 쓰인다. 먼저 (ㄱ)에서는 자음으로 끝난 유정 명사 뒤에 '-이여'가 쓰였으며, (ㄴ)에서는 모음으로 끝나는 유정 명사 뒤에 '-ㅣ여'가 쓰였다. 끝으로 (ㄷ)처럼 /ㅣ/나 /j/로 끝난 무정 명사 뒤에서는 '-여'로 실현되었다.

셋째, '-하'는 아주 높임의 등분(ᄒᆞ쇼셔체)으로 쓰이는데, 대체로 유정 명사 뒤에 쓰이는 것이 원칙이지만 의인화된 무정 명사 뒤에 쓰이는 경우도 있다.

(24) ㄱ. 님금하 아르쇼셔   [용가 125장]

      ㄴ. ᄃᆞᆯ하 노피곰 도ᄃᆞ샤   [악궤 5:10 정읍사]

'-하'는 (ㄱ)의 '님금'처럼 유정 명사 뒤에 쓰이는 것이 원칙이다. 그러나 (ㄴ)의 'ᄃᆞᆯ'처럼 의인화된 무정 명사에는 호격 조사 '-하'가 실현될 수 있다.

2.1.3.2. 접속 조사

'접속 조사(接續助詞)'는 둘 이상의 체언을 같은 자격(문장 성분)으로 이어서 하나의 명사구를 만들어 주는 조사이다. 15세기 국어에서 쓰이는 접속 조사로는 '-과/-와, -ᄒᆞ고, -이며, -이여' 등이 있는데, 이들 접속 조사는 그것이 이어 주는 앞 체언과 뒤 체언 모두에 붙을 수 있는 것이 특징이다.

① { -과/-와 } '-과'는 /ㄹ/을 제외한 자음 아래에서 실현되며, '-와'는 모음이나 /ㄹ/ 뒤에서 실현된다.

(25) ㄱ. 입시울와 혀와 엄과 니왜 다 됴ᄒᆞ며   [석상 19:7]

      ㄴ. 三寶ᄂᆞᆫ 佛와 法과 僧쾌라   [석상 서6]

(26) ㄱ. 諸王과 靑衣와 長者ㅣ 아ᄃᆞᆯ 나ᄒᆞ며   [월석 2:44]

      ㄴ. 뫼콰 ᄀᆞᄅᆞ매 사호맷 吹角ㅅ 소리 슬프도다   [두언-초 8:47]

(25)의 (ㄱ)에서 체언인 '입시울, 혀, 엄, 니'가 접속 조사 '-과/-와'에 의해서 이어져서 '입시울와 혀와 엄과 니와'가 하나의 명사구가 되었다. (25)의 (ㄴ)에서는 '佛, 法, 僧'이 '-과/-와'에 의해서 이어져서 명사구가 되었다. 이처럼 접속 조사 '-과/-와'에 의해서 형성된 명사구들은 하나의 문장 성분으로 쓰인다. 곧, (ㄱ)에서 '입시울와 혀와 엄과 니와'는 주어로 쓰였고 (ㄴ)에서 '佛와 法과 僧과'는 서술어로 쓰였다. 15세기 국어에서

접속 조사는 (25)처럼 앞 체언과 뒤 체언에 모두 실현되는 것이 일반적이다. 그런데 (26)의 '諸王과 靑衣와 長者ㅣ'나 '뫼콰 ᄀ름'처럼 접속 조사 '-과/-와'가 앞 체언에만 붙고 뒤 체언에는 실현되지 않는 경우도 있다.

②{ -ᄒ고, -이며, -이여 } '-ᄒ고, -이며, -이여' 등이 접속 조사로 쓰일 수 있다.

(27) ㄱ. 夫人도 목수미 열 들ᄒ고 닐웨 기터 겨샷다   [월석 2:13]

     ㄴ. 天人師ᄂᆞᆫ 하ᄂᆞᆯ히며 사ᄅᆞ믜 스스이시다 ᄒᆞ논 마리라   [석상 9:3]

     ㄷ. 닐굽 히 도ᄃᆞ면 뫼히여 돌히여 다 노가 디여   [월석 1:48]

(ㄱ)에서 '-ᄒ고'는 체언인 '열둘'과 '닐웨'를 이어서 하나의 명사구를 형성하면서 '그 위에 더하여(첨가)'라는 의미를 나타낸다. (ㄴ)에서 '-이며'는 '하ᄂᆞᆯᄒ'과 '사ᄅᆞᆷ'을, (ㄷ)에서 '-이여'는 '뫼ᄒ'과 '돌ᄒ'을 이어서 '열거'의 뜻을 나타내면서 명사구를 형성하였다.

2.1.3.3. 보조사

'보조사(補助詞)'는 앞의 체언에 특별한 뜻을 보태어 주는 조사이다. 보조사는 보통 체언에 붙지만, 다음과 같이 부사나 용언의 연결형에 실현될 수도 있다.

(28) ㄱ. 이리곰 火災ᄒᆞᄆᆞᆯ 여듧 번 ᄒᆞ면   [월석 1:49]

     ㄴ. 四衆을 머리셔 보고도 ᄯᅩ 부러 가 절ᄒᆞ고   [석상 19:30]

(ㄱ)과 (ㄴ)의 '이리곰'과 '머리셔'는 부사 '이리'와 '머리'에 보조사 '-곰'과 '-셔'가 실현되었고, (ㄴ)의 '보고도'는 동사 '보다'의 연결형인 '보고'에 보조사 '-도'가 실현되었다.

  이러한 보조사는 그것이 실현되는 분포에 따른 특징에 따라서 세 가지 유형으로 구분할 수 있다. 곧, '체언, 부사, 용언의 활용형'에 두루 붙는 보조사, 체언에만 붙는 보조사, 체언에는 직접 붙지 않는 보조사가 있다. 그리고 문장의 끝에 실현되는 체언에 붙어서 그 문장을 의문문으로 만들어 주는 의문 보조사가 있다.

가. 체언, 부사, 용언에 두루 붙는 보조사

  보조사 중에 '-ᄂᆞᆫ, -도, -셔, -ᅀᅡ, -곳/-옷, -이나, -이어나, -이ᄃᆞ록, -브터, -잇ᄃᆞᆫ' 등은 체언뿐만 아니라 부사나 용언의 연결형에도 붙을 수 있다.

① {-는/-는/-은/-은/-ㄴ} '-는/-는/-은/-은/-ㄴ'은 모두 음운론적 변이 형태들인데, 주로 주어나 목적어로 쓰여서 '화제(주제)'나 '대조'의 뜻을 나타낸다.

    (29) ㄱ. 나는 어버싀 여희오   [석상 6:5]

          ㄴ. 이브터 무촘매 니르리는 일후미 無色界라   [능언 9:32]

          ㄷ. 나히 주라매 니르런 血氣 구둑ᄒᆞ더니   [능언 2:5]

② {-도} '-도'는 이것이 저것과 '한가지'임을 나타내는데, 때로는 '양보'나 '강조' 등의 뜻을 나타내기도 한다.

    (30) ㄱ. 어미도 아ᄃᆞᆯ 모ᄅᆞ며 아ᄃᆞᆯ도 어미ᄅᆞᆯ 모ᄅᆞ리니   [석상 6:3]

          ㄴ. 잢간도 슳지디 아니ᄒᆞ니   [능언 2:10]

          ㄷ. 有情이 비록 如來ᄭᅴ 道理 빅호다가도 尸羅ᄅᆞᆯ 헐며   [석상 9:13]

③ {-셔} '-셔(=-서)'는 '장소, 출발점, 비교'를 나타내는 체언이나 부사에 붙어서 강조하거나, 용언의 연결형에 붙어서 '상태나 동작의 결과가 유지됨'의 뜻을 나타낸다.

    (31) ㄱ. 東녁 ᄀᆞ올셔 時로 ᄇᆞᄅᆞ매 글 스고   [두언-초 20:7]

          ㄴ. 머리셔 보니 뫼히 비치 잇고 갓가이셔 드르니 므리 [금삼 3:18]

             소리 업도다

          ㄷ. 우리 무른 ᄇᆞᆺ차 밥 빅브르 먹고셔 ᄃᆞ니노니   [두언-초 25:11]

④ {-ᅀᅡ} '-ᅀᅡ(=-야)'는 특정한 체언이나 부사에 붙어서 '국한(局限), 강조(強調)'의 뜻을 나타내거나, 때로는 용언의 연결형에 붙어서 '필연'이나 '당위'의 뜻을 나타낸다.

    (32) ㄱ. 어누 藏ㅅ 金이ᅀᅡ 마치 실이려뇨   [석상 6:25]

          ㄴ. 그듸내 ᄀᆞᆺ비ᅀᅡ 오도다마ᄅᆞᆫ   [석상 23:53]

          ㄷ. 瓶의 므를 기러 두고ᅀᅡ 가리라   [월석 7:9]

⑤ {-곳/-옷} '-곳/-옷(=-만)'은 '꼭 지적하여 다짐하는 뜻'을 나타낸다. /ㄹ/을 제외한 자음 뒤에는 '-곳'의 형태로 실현되며, 모음이나 /ㄹ/ 뒤에는 /ㄱ/이 탈락하여 '-옷'의 형태로 실현된다.

(33) ㄱ. 넷 이를 ᄉᆞ랑ᄒᆞᄂᆞᆫ ᄠᅳᆮ곳 쇽졀업시 잇도다   [두언-초 8:64]

　　 ㄴ. 아니옷 머그면 네 머리를 버효리라   [월석 10:25]

　　 ㄷ. 福ᄋᆞᆯ 니퍼 내 難ᄋᆞᆯ 求티옷 아니ᄒᆞ면   [월석 21:56]

⑥ { -이나 / -이어나 } '-이나(=-이나)'와 '-이어나(=-이거나)'는 '마음에 차지 않는 선택', 또는 '최소한 허용되어야 할 선택'이라는 뜻을 나타낸다. 그리고 문맥에 따라서는 '여러 가지 중에서 어느 것을 선택해도 상관없음'의 뜻을 나타내기도 한다.

(34) ㄱ. 아뫼어나 와 내 머릿바기며 … 子息이며 도라 ᄒᆞ야도   [월석 1:13]

　　 ㄴ. ᄒᆞ다가 좖간이나 디닐 싸ᄅᆞ미면 내 歡喜ᄒᆞ며   [법언 4:147]

⑦ { -이ᄃᆞ록 / -이도록 } '-이ᄃᆞ록/-이도록(=-까지)'는 '동작이나 상태가 미침(到及)'의 뜻을 나타낸다.

(35) ㄱ. 將士를 도와 주샤 밤듕이ᄃᆞ록 자디 아니ᄒᆞ시며   [내훈 2 하38]

　　 ㄴ. 涅槃애 드로려 ᄒᆞ시니 이리도록 셜ᄫᅥᆯ쎠   [월석 21:201]

⑧ { -브터 } '-브터(=-부터)'는 '출발점'의 뜻을 나타낸다.

(36) ㄱ. 一萬 八千 따히 다 金色이 ᄀᆞᆮᄒᆞ야 阿鼻地獄브터 有頂天에   [석상 13:16]
　　　　 니르시니

　　 ㄴ. 如來 ᄇᆞ리고브터 능히 그 言論辯을 다ᄒᆞ리 업스니라   [법언 4:8]

⑨ { -잇ᄃᆞᆫ / -이ᄯᆞᆫ } '-잇ᄃᆞᆫ / -이ᄯᆞᆫ(=-이야)'은 '국한하여 강조함'의 뜻을 나타낸다.

(37) ㄱ. 슳히 여위신ᄃᆞᆯ 金色잇ᄃᆞᆫ 가시시리여   [월천 기62]

　　 ㄴ. ᄒᆞ다가 아로미 업슬 딘댄 ᄆᆞᆾ매 草木 ᄀᆞᆮ거니ᄯᆞᆫ   [능언 3:41]

　　 ㄷ. 莊子도 오히려 그러콘 ᄒᆞ믈며 道人이ᄯᆞ녀   [선언 하122]

나. 체언에만 붙는 보조사

보조사 '-으란, -마다, -곰, -나마, -믓/-붓/-봇, -만뎡, -인들' 등은 체언에만 붙고 부사나 용언의 연결형에는 붙지 않는다.

　①{ -으란/-으라논 } '-으란(=-은/-는)'은 주로 목적어나 부사어 자리에 쓰여서 '대조, 지적, 강조'의 뜻을 나타낸다.

　　(38) ㄱ. 臣下란 忠貞을 勸ᄒ시고 子息으란 孝道ᄅ 勸ᄒ시고　　　　[월석 8:29]

　　　　　ㄴ. 둏으란 ᄒᆫ 바ᄇᆯ 주고 물란 프른 쇼ᄅᆯ 호리라　　　　[두언-초 8:23]

　②{ -마다 } '-마다(=-마다)'는 체언 뒤에 붙어서 '각자'의 뜻을 나타낸다.

　　(39) ㄱ. 날마다 세 삐로 十方諸佛이 드러와 安否ᄒ시고　　　　[월석 2:26]

　　　　　ㄴ. 五百 도ᄌ기 저마다 ᄒᆫ 살옴 마자　　　　[월석 10:29]

　③{ -곰/ -옴 } '-곰/-옴(=-씩)'은 체언 뒤에 붙어서 '각자 ~씩'의 뜻을 나타낸다.

　　(40) ㄱ. ᄒᆫ 나라해 ᄒᆫ 須彌山곰 이쇼ᄃᆡ　　　　[월석 1:22]

　　　　　ㄴ. 八千里象은 ᄒᆞᄅ 八千里옴 녀는 象이라　　　　[월석 7:52]

　④{ -나마 } '-나마(=넘어)'는 체언의 뒤에 붙어서 '얼마 더 있음'의 뜻을 나타낸다.

　　(41) ㄱ. 門人이 一千나마 잇ᄂᆞ니　　　　[육언 상5]

　　　　　ㄴ. 머리 조ᅀᅡ 一千 디위나마 절ᄒ고　　　　[월석 23:82]

　⑤{ -맛/ -밧/ -봇 } '-맛/-밧/-봇(=-만)'은 체언 뒤에 실현되어서 '국한(局限)하여 강조함'의 뜻을 나타낸다.

　　(42) ㄱ. 쑴맛 아니면 어느 길헤 다시 보ᅀᆞ ᄫᅳ리　　　　[월석 8:82]

　　　　　ㄴ. 오늘 여희ᅀᆞᄫᆫ 後에 쑴밧 아니면 서르 보ᅀᆞᄫᆶ 길히 업건마ᄅᆫ [월석 8:95]

　　　　　ㄷ. ᄒᆞ다가 므ᅀᆞ맷 벋봇 아니면　　　　[선언 하128]

　⑥{ -만뎡 } '-만뎡(=-이라도)'은 체언 뒤에 실현되어서 '양보'의 뜻을 나타낸다.

　　(43) 밥 머긊 덛만뎡 長常 이ᄅᆯ 싱각ᄒ라　　　　[월석 8:8]

⑦ { -인둘 } '-인둘(=-인들)'은 체언 뒤에 실현되어서 '양보'의 뜻을 나타낸다.

(44) ㄱ. 白象인둘 그에 아니 들리잇가   [월석 20:67]

     ㄴ. 엇뎨 잢간인둘 놀라 저흐리오   [금삼 3:25]

다. 체언에 직접 붙지 않는 보조사

'-곰'과 '-다가'는 용언의 연결형, 부사, 격조사 등에만 붙고 체언에는 붙지 않는다.

① { -곰 } '-곰'은 부사나 용언의 연결형에 붙어서 '강조'나 '여운감'을 나타낸다.

(45) ㄱ. 이리곰 火災호물 여듧 번 ㅎ며   [월석 1:49]

     ㄴ. 엇뎨 시러곰 쁜 일후믈 崇尙ㅎ리오   [두언-초 7:7]

     ㄷ. 눌 보리라 우러곰 온다   [월석 8:87]

② { -다가 } '-다가'는 부사, 격조사, 용언의 연결형의 뒤에 실현되어서 '강조'나 '어떠한 상태나 동작을 유지하는 뜻'을 나타낸다.

(46) ㄱ. 樂羊子 ㅣ ᄀ장 붓그려 金을 ᄇᆡ해다가 더디고   [삼행 열8]

     ㄴ. 다른 사ᄅᆞ미 우리를다가 므슴 사ᄅᆞ믈 사마 보리오 [번역노걸대 상:5]

     ㄷ. 爲頭 도ᄌᆞ기 나를 자바다가 겨집 사마 사더니   [월석 10:25]

라. 의문문을 만드는 보조사

일반적인 의문형 종결 어미는 체언에 바로 붙는 경우가 없고 체언 뒤에 반드시 서술격 조사 '-이다'를 개입시켜서 실현된다. 그런데 이와는 달리 '-고/-오'와 '-가/-아'가 서술 격 조사 '-이다'를 개입시키지 않고, 서술어로 쓰이는 체언에 바로 붙어서 의문문을 형성하는 경우가 있다. 이처럼 체언 다음에 바로 붙어서 의문문을 형성하는 '-고/-오'와 '-가/-아'를 의문문을 만드는 보조사로 처리한다.

(47) ㄱ. 얻논 藥이 므스것고   [월석 21:215]

     ㄴ. 그디 子息 업더니 므슷 罪오   [월석 1:7]

(48) ㄱ. 이 두 사ᄅᆞ미 眞實로 네 항것가   [월석 8:94]

     ㄴ. 이ᄂᆞᆫ 賞가 罰아 ᄒᆞᆫ가지아 아니아   [능언 3:99]

(47)에서 '-고/-오'는 '므스것, 므슷' 등의 의문사(疑問詞, 물음말)가 실현된 설명 의문문에 쓰이는데, '므스것, 罪'의 체언에 바로 붙는다. 반면에 (48)에서 '-가/-아'는 의문사가 없는 판정 의문문에 실현되는데, '항것, 賞/罰, 가지/아니' 뒤에 직접 붙는다. 그리고 '-고'와 '-가'는 /ㄹ/을 제외한 자음으로 끝난 체언 뒤에서 실현되며, /ㄹ/ 혹은 모음으로 끝나는 체언 다음에는 /ㄱ/이 /ɦ/로 교체되어 '-오'와 '-아'의 형태로 실현된다.

2.1.3.4. 조사의 생략과 겹침

가. 조사의 생략

격조사와 접속 조사가 문맥에 실현되지 않을 수도 있는데, 이러한 현상을 '조사의 생략'이라고 한다.

〈 격조사의 생략 〉 문장에 표현된 체언의 격 관계를 문맥을 통하여 알 수 있을 때에는, 체언 다음에 실현되어야 할 격조사를 실현하지 않을 수 있다.

(49) ㄱ. 곶Ø 됴코 여름Ø 하느니   [용가 2장]

　　 ㄴ. 右手左手로 天地Ø ᄀᆞ르치샤   [월석 2:34]

　　 ㄷ. 느민 겨집Ø 두외노니 출히 뎌 고마Ø 두외아 지라   [법언 2:28]

　　 ㄹ. 님금Ø 位   [월천 기3]

　　 ㅁ. 德源Ø 올ᄆᆞ샴도   [용가 4장]

(ㄱ)의 '곶'과 '여름' 뒤에는 주격 조사 '-이'가 생략되었으며, (ㄴ)의 '天地' 뒤에는 목적격 조사인 '-를'이 생략되었다. 그리고 (ㄷ)의 '겨집'과 '고마'에는 보격 조사인 '-이'와 '-ㅣ'가, (ㄹ)의 '님금'에는 관형격 조사인 '-의'나 '-ㅅ'이, (ㅁ)의 '德源'에서는 부사격 조사인 '-으로'나 '-에'가 생략되었다.

〈 접속 조사의 생략 〉 격조사뿐만 아니라 체언과 체언을 이어 주는 접속 조사도 생략될 수 있다.

(50) 아비Ø 어미Ø 날 기를 저긔   [두언-초 8:67]

위의 문장에서 '아비'와 '어미'는 하나의 명사구를 형성하는데, 이때 두 체언을 이어주는 접속 조사인 '-와'가 생략되었다.

나. 조사의 겹침

조사는 둘 또는 셋이 겹쳐서 실현될 수 있다. 이렇게 조사가 겹쳐서 실현될 때에는 같은 종류의 조사가 겹칠 수도 있고 다른 종류의 조사가 겹쳐서 실현될 수도 있다.

〈 같은 종류의 조사가 겹침 〉 격조사와 격조사가 겹치거나, 보조사와 보조사가 겹쳐서 실현될 수 있다.

(51) ㄱ. 一千 化佛이 ⋯ 摩耶씌로 向ᄒᆞ야 술ᄫᆞ샤ᄃᆡ   [석상 23:29]

ㄴ. 아바님 爲ᄒᆞ야 病엣 藥을 지수려 ᄒᆞ노니   [월석 21:217]

(52) ㄱ. 집마다셔 사ᄅᆞᄆᆞᆯ ᄒᆞᄂᆞ리놋다   [두언-초 15:6]

ㄴ. 舍利 供養브터셔 잇 ᄀᆞ자ᄋᆞᆫ 人天行을 니르시니라   [석상 13:14]

(51)에서 (ㄱ)의 '摩耶씌로'에는 부사격 조사인 '-씌'와 '-로'가 겹쳐서 실현되었으며, (ㄴ)의 '病엣'에는 부사격 조사인 '-에'와 관형격 조사인 '-ㅅ'이 겹쳐서 표현되었다. 그리고 (52)에서 (ㄱ)의 '집마다셔'에는 보조사인 '-마다'와 '-셔'가 겹쳐서 실현되었으며, (ㄴ)의 '供養브터셔'에는 보조사인 '-브터'와 '-셔'가 겹쳐서 실현되었다.

〈 다른 종류의 조사가 겹침 〉 다른 종류의 조사가 겹쳐서 실현되는 경우가 있는데, 이때에는 대체로 '접속 조사 ─ 격조사 ─ 보조사'의 순서로 실현된다.

첫째, 서로 다른 두 종류의 조사가 겹쳐서 실현된 예가 있다.

(53) ㄱ. 威嚴과 德괘 自在ᄒᆞ야   [석상 9:19]

ㄴ. 가지와 닙과ᄂᆞᆫ 사오나ᄫᆞᆯ 사ᄅᆞᄆᆞᆯ 가줄비시고   [석상 13:2]

ㄷ. 오직 부톄ᅀᅡ 能히 아ᄅᆞ시니   [법언 4:63]

ㄹ. 모미 겨ᅀᅳ렌 덥고 녀르멘 ᄎᆞ고   [월석 1:26]

(ㄱ)의 '德괘'에서는 접속 조사와 격조사가, (ㄴ)의 '닙과ᄂᆞᆫ'에서는 접속 조사와 보조사가 겹쳐서 실현되었다. 그리고 (ㄷ)의 '부톄ᅀᅡ'와 (ㄹ)의 '겨ᅀᅳ렌'과 '녀르멘'에서는 격조사와 보조사가 겹쳐서 실현되었다.

둘째, 서로 다른 세 가지 종류의 조사가 겹쳐서 실현된 예가 있다.

(54) ㄱ. 오직 부텨와 부텨왜ᅀᅡ 能히 諸法實相을 다 아ᄂᆞ니라   [법언 1:145]

ㄴ. 生과 滅와로셔 이손 디 아니며 (非生滅로셔 有ㅣ며)   [능언 3:17]

(54)에서 (ㄱ)의 '부텨왜사'에는 접속 조사 '-와'에 주격 조사인 '-ㅣ'와 보조사인 '-사'가 겹쳐서 실현되었으며, (ㄴ)의 '滅와로셔'에는 접속 조사 '-와'에 부사격 조사인 '-로'와 보조사인 '-셔'가 겹쳐서 실현되었다.

2.1.4. 용언

2.1.4.1. 용언의 개념

'용언(用言)'은 문장 속에서 서술어로 쓰여서 주어로 표현되는 대상(주체)의 움직임이나 상태, 혹은 존재의 유무(有無)를 풀이한다. 용언은 다음과 같은 일반적인 특징이 있다. 첫째, 용언은 주어로 표현되는 대상(주체)의 움직임, 속성, 상태, 존재의 유무를 풀이한다.

(1) ㄱ. 녜는 죠히 업서 대를 <u>엿거</u> 그를 <u>쓰더니라</u>   [월석 8:96]

    ㄴ. 고히 <u>길오</u> 놉고 <u>고ᄃᆞ며</u>   [석상 19:7]

    ㄷ. 가리라 ᄒᆞ리 <u>이시나</u> 長者ᄅᆞᆯ 브리시니   [용가 45장]

(ㄱ)에서 '엮다'와 '쓰다'는 주체의 움직임을 표현하고, (ㄴ)에서 '길다, 놉다(높다), 곧다' 등은 속성이나 상태를 표현하고, (ㄷ)에서 '이시다'는 존재를 표현했다.

둘째, 용언은 실질적인 의미를 나타내는 어간에 다양한 어미가 붙어서 여러 가지 문법적인 기능을 나타낸다(활용).

(2) ㄱ. 겨지비 아기 <u>나ᄒᆞᆶ</u> 時節을 當ᄒᆞ야   [석상 9:25]

    ㄴ. 아기 나ᄒᆞ리 다 아ᄃᆞᆯ 를 <u>나ᄒᆞ며</u>   [월석 2:33]

    ㄷ. 父母 <u>나ᄒᆞ샨</u> 누니 三千界ᄅᆞᆯ 다 보리라   [석상 19:10]

    ㄹ. 第一 夫人이 太子ᄅᆞᆯ <u>나ᄊᆞᄫᆞ시니</u>   [월석 21:211]

    ㅁ. 내 아기 <u>낟노라</u> ᄒᆞ야   [월석 10:25]

동사인 '낳다(生)'는 (ㄱ)에서는 '나ᄒᆞᆶ', (ㄴ)에서는 '나ᄒᆞ며', (ㄷ)에서는 '나ᄒᆞ샨', (ㄹ)에서는 '나ᄊᆞᄫᆞ시니', (ㅁ)에서는 '낟노라'로 꼴바꿈을 하였다. 이처럼 용언의 어간에 어미가 붙어서 꼴바꿈을 하는 현상을 활용(活用)이라고 하는데, 용언은 활용을 통해서 다양한 문법적인 기능을 발휘한다.

2.1.4.2. 용언의 종류

용언은 의미와 활용하는 방식의 차이에 따라서 동사와 형용사로 구분된다.

가. 동사와 형용사

(가-1) 동사
'동사(動詞)'는 주어로 쓰인 대상(= 주체)의 움직임을 표현하는 단어이다.

    (3) ㄱ. 두 히 <u>돋다</u>가 세 히 도드면   [월석 1:48]
        ㄴ. 이 男子아 엇던 이를 爲ᄒ야 이 길헤 <u>든다</u>   [월석 21:118]

(ㄱ)의 '돋다'와 (ㄴ)의 '들다'는 각각 주어로 쓰인 '두 히'와 '男子'의 움직임을 표현하고 있는데, 이러한 의미적인 특징을 가진 단어들을 '동사'라고 한다. 동사는 문장에 쓰일 때에 목적어를 요구하느냐 아니하느냐에 따라서 '자동사'와 '타동사'로 구분한다.

  〈 자동사 〉 '자동사(自動詞)'는 목적어를 취하지 않아서, 그 움직임이 주어에만 미치는 동사이다.

    (4) ㄱ. 아비 <u>죽다</u>   [월석 17:21]
        ㄴ. 衆生이 福이 <u>다ᄋ거다</u>   [석상 23:28]

(ㄱ)의 '죽다'와 (ㄴ)의 '다ᄋ다'처럼 문장 속에서 목적어를 취하지 않아서, 그 움직임이 주어에만 미치는 동사를 자동사라고 한다. 이러한 자동사는 (ㄴ)의 '다ᄋ거다'에서처럼 확인 표현의 선어말 어미가 '-거-'의 형태를 취하는 것이 특징이다.

  〈 타동사 〉 '타동사(他動詞)'는 목적어를 취하여서, 그것이 표현하는 움직임이 주어뿐만 아니라 목적어에도 미치는 동사이다.

    (5) ㄱ. 大臣이 이 藥 <u>밍ᄀ라</u> 大王ᄭᅴ 받ᄌᆞᄫᆞᆯ대   [석상 11:21]
        ㄴ. 셜ᄫ쎠 衆生이 正ᄒᆞᆫ 길흘 <u>일허다</u>   [석상 23:19]

(ㄱ)의 '밍ᄀᆯ다'는 '이 藥'을, (ㄴ)의 '잃다'는 '正ᄒᆞᆫ 길흘'을 목적어로 취하므로, 그 움직임이 주어뿐만 아니라 목적어에도 미친다. 이러한 타동사는 (ㄴ)의 '일허다'에서처럼 확인

표현의 선어말 어미로서 '-아-/-어-'의 형태를 취하는 것이 특징이다.

{ 능격 동사 }

'능격 동사(能格動詞, 中立動詞)'는 동일한 형태의 동사가 유사한 의미를 나타내면서 자동사와 타동사로 두루 쓰이는 동사이다.

(1) ㄱ. 재 노려 티샤 두 갈히 <u>것그니</u>　　　　　　　　　[용가 36장]
　　 ㄴ. 허리 <u>것구메</u> 뿔 器具ㅣ 아니로다　　　　　　　[두언-초 21:39]

(2) ㄱ. 天上애 구룸 <u>흐터</u>사 둘 나닷 ᄒᆞ며　　　　　　　[원언 상 1-1:56]
　　 ㄴ. 번게 구루믈 <u>흐터</u> ᄒᆞ야ᄇᆞ릴 씨라　　　　　　　[월석 10:81]

(3) ㄱ. 됴ᄒᆞᆫ 고지 해 대예 <u>비취옛고</u>　　　　　　　　　[두언-초 15:6]
　　 ㄴ. 하ᄂᆞᆯ흘 <u>비취</u>며 ᄯᅡ흘 비취여 萬像을 머구므니　[금삼 2:45]

(1)의 '것다'는 (ㄱ)에서는 목적어를 취하지 않아서 자동사(=꺾이다)로 쓰인 반면에, (ㄴ)에서는 '허리'를 목적어를 취하므로 타동사(=꺾다)로 쓰였다. 그리고 (2)의 '흐다'도 (ㄱ)에서는 자동사(=흩어지다)로 쓰였고, (ㄴ)에서는 타동사(=흩다)로 쓰였으며, (3)의 '비취다'도 (ㄱ)에서는 자동사(=비치다)로, (ㄴ)에서는 타동사(=비추다)로 쓰였다.
　15세기 국어에 쓰인 능격 동사로는 '것다(折), 긏다(斷), ᄀᆞᆯ다(替), 닛다(連), 닫다(閉), 비취다(照), ᄢᅦ다(貫), ᄢᅵ다(孵化), ᄢᅢ디다(落), 열다(開), ᄌᆞᆷ다(潛, 浸), 흩다(散)' 등이 있다.

(가-2) 형용사
'형용사(形容詞)'는 주어로 표현되는 대상의 성질이나 상태를 풀이하는 용언이다.

(6) ㄱ. 이 東山ᄋᆞᆫ 남기 <u>됴ᄒᆞᆯᄊᆡ</u>　　　　　　　　　　[석상 6:24]
　　 ㄴ. 窮子ㅣ ᄠᅳ디 <u>ᄂᆞᆺ갑고</u> <u>사오나올ᄉᆡ</u>　　　　　　[금삼 3:25]

(ㄱ)의 '됴다'와 (ㄴ)의 'ᄂᆞᆺ다, 사오납다'는 각각 주체의 성질이나 상태를 나타내므로 형용사이다. 그런데 형용사가 서술어로 쓰이면 이중 주어(겹주어)를 취하는 일이 있다. 곧 (ㄱ)에서는 '東山ᄋᆞᆫ'과 '남기'를 이중 주어로 취하였으며, (ㄴ)에서는 '窮子ㅣ'와 'ᄠᅳ디'를 이중 주어로 취하였다. 이러한 형용사는 실질적인 의미의 실현 여부에 따라서, '성상

형용사'와 '지시 형용사'로 구분된다.

〈 성상 형용사 〉 '성상 형용사(性狀形容詞)'는 전형적인 형용사로서, 어떠한 대상의 성질이나 상태에 대한 실질적인 의미를 나타낸다.

(7) ㄱ. 골프다, 그립다, 깃브다, 둏다, 슬프다, 슳다, 알프다

ㄴ. 길다, 높다, 눗갑다, 븕다, 희다; 고요ᄒᆞ다; 거츨다, 츠다; 둘다, 밉다, 쓰다

ㄷ. 낟브다, 모딜다, 착ᄒᆞ다, 아름답다, 좋다, 밉다

ㄹ. 굳ᄒᆞ다, 이셧ᄒᆞ다; 다ᄅᆞ다, 몯ᄒᆞ다, 낫다

(ㄱ)의 '골프다, 그립다, 깃브다' 등은 '심리 상태'를 나타내며, (ㄴ)의 '길다, 고요하다, 거츨다, 둘다' 등은 '감각'을 나타내며, (ㄷ)의 '낟브다, 착ᄒᆞ다, 밉다' 등은 '평가'를, (ㄹ)의 '굳ᄒᆞ다, 이셧ᄒᆞ다; 다ᄅᆞ다, 몯ᄒᆞ다, 낫다' 등은 '비교'의 뜻을 나타낸다.

〈 지시 형용사 〉 '지시 형용사(指示形容詞)'는 어떠한 대상의 성질이나 상태를 지시하거나 대용하는 기능을 한다.

첫째, '이러ᄒᆞ다/이렇다, 그러ᄒᆞ다/그렇다, 뎌러ᄒᆞ다/뎌렇다' 등은 특정한 대상을 직접 가리키는 '정칭의 지시 형용사(定稱 指示形容詞)'이다.

(8) ㄱ. 赤島 안행 움흘 至今에 보ᅀᆞᆸᄂᆞ니 王業艱難이 <u>이러ᄒᆞ시니</u>　　　[용가 5장]

ㄴ. 畜生이 나혼 거실씨 <u>그러ᄒᆞ도다</u>　　　[석상 11:21]

ㄷ. 漆沮 ᄀᆞ샛 움흘 後聖이 니르시니 帝業憂勤이 <u>뎌러ᄒᆞ시니</u>　　　[용가 5장]

(ㄱ)의 '이러ᄒᆞ다/이렇다', (ㄴ)의 '그러ᄒᆞ다/그렇다', (ㄷ)의 '뎌러ᄒᆞ다/뎌렇다'는 발화 현장이나 문맥에서 어떠한 대상의 성질이나 상태를 지시하거나 대용하고 있다.

둘째, '엇더ᄒᆞ다/엇덯다'는 '미지칭의 지시 형용사(未知稱 指示形容詞)'이다.

(9) 늘근 션븨를 보시고 禮貌로 ᄭᅮ르시니 右文之德이 <u>엇더ᄒᆞ시니</u>　　　[용가 81장]

'엇더ᄒᆞ다/엇덯다'는 어떠한 대상의 성질이나 상태가 어떠한지를 물을 때에 사용하는 미지칭의 지시 형용사이다.

셋째, '아므랗다'는 '부정칭의 지시 형용사(不定稱 指示形容詞)'이다.

(10) 夫人이 <u>아므라토</u> 아니ᄒᆞ더시니　　　[월석 2:26]

'아무랗다'는 어떤 대상의 성질이나 상태를 가리지 않는다는 뜻으로 쓰이는 부정칭의 지시 형용사이다.

나. 보조 용언

〈보조 용언의 개념〉 용언은 자립성이 있으므로 문장 속에서 홀로 쓰일 수가 있다. 하지만 일부 용언은 문장 안에서 홀로 설 수 없어서 반드시 그 앞의 다른 용언에 붙어서 문법적인 뜻을 더해 주는데, 이러한 용언을 '보조 용언(補助用言)'이라고 한다.

(11) ㄱ. 고히 <u>길오</u> <u>놉고</u> <u>고두며</u>　　　　　　　　　　　　　　[석상 19:7]

　　 ㄴ. 고히 <u>길다</u>; 고히 <u>높다</u>; 고히 <u>곧다</u>

(12) ㄱ. 目連이 耶輸ㅅ 宮의 가 <u>보니</u>　　　　　　　　　　　　　[석상 6:2]

　　 ㄴ. *目連이 耶輸ㅅ 宮의 <u>보니</u>

(11)에서 (ㄱ)의 '길다, 높다, 곧다'는 자립성과 실질적인 뜻이 있는 일반적인 용언이다. 이에 반해서 (12)에서 (ㄱ)의 '보다'는 자립성이 없어서 (ㄴ)처럼 단독으로는 서술어로 쓰이지 못한다. 그리고 (ㄱ)의 '보다'는 '눈으로 사물을 응시하다'라는 실질적인 뜻이 없는 대신에, '경험'이나 '시도'와 같은 문법적인 뜻으로 쓰인다. 이와 같은 용언을 '보조 용언'이라고 하고, (12ㄱ)의 '가다'처럼 보조 용언의 앞에서 실현되는 자립적인 용언을 '본용언(本用言)'이라고 한다.

본용언과 보조 용언은 두 단어이지만 이들은 하나의 문법적 단위(서술어)로 쓰인다. 따라서 본용언과 보조 용언이 사이에는 다른 성분이 끼어들 수 없다.

(13) ㄱ. 如來 … 아랫 恩惠를 니저 <u>브리샤</u>.　　　　　　　　　　[석상 6:4]

　　 ㄴ. 如來 … 아랫 恩惠를 니저 [?]<u>모다</u> <u>브리샤</u>

(ㄱ)의 '니저'는 본용언이며 '브리샤'는 보조 용언인데, 이들 두 단어는 하나의 서술어로 쓰인다. 그런데 (ㄴ)처럼 본용언인 '니저'와 보조 용언인 '브리샤' 사이에 '모다'와 같은 다른 말(부사)을 넣으면 그 뒤의 '브리샤'는 보조 용언이 아니라 본용언으로 해석된다. 이러한 현상을 보면 본용언과 보조 용언은 하나의 서술어로 쓰이는 문법적인 단위로서 서로 분리하기 어렵다는 것을 확인할 수 있다.

〈 보조 용언의 종류 〉 보조 용언은 문법적인 특성에 따라서 '보조 동사(補助動詞)'와 '보조 형용사(補助形容詞)'로 나뉜다.

첫째, 보조 용언 중에서 '보다, ᄇᆞ리다, 디다, 두다, 나다, 내다, ᄃᆞ외다, 말다, ᄒᆞ다, 이시다/잇다, 겨시다' 등은 동사의 문법적인 특징을 보이므로, 보조 동사로 처리한다.

보조동사	현대어	의 미	용 례
보다	보다	시도	일로 혜여 보건덴 므슴 慈悲 겨시거뇨 [석상 6:6]
ᄇᆞ리다	버리다	완료	恩惠를 니저 ᄇᆞ리샤 길 넗 사ᄅᆞᆷ과 ᄀᆞ티 너기시니 [석상 6:4]
디다	지다	저절로 어떤 경지에 도달함	뫼히여 돌히여 다 노가 디어 [월석 1:48]
두다	두다	완결된 동작을 보존함	왼녁 피 닫 담고 올ᄒᆞᆫ녁 피 닫 담아 두고 닐오ᄃᆡ [월석 1:7]
나다	나다	어떤 상태에서 탈피함	뎌 如來를 恭ᄒᆞ야 恭敬ᄒᆞᅀᆞᄫᆞ면 다 버서 나리라 [석상 9:24]
내다	내다	끝까지 완수함	勞度差ㅣ ᄯᅩ ᄒᆞᆫ 쇼를 지서 내니 [석상 6:32]
ᄃᆞ외다	되다	변성	우리 어ᅀᅵ아ᄃᆞ리 외ᄅᆞᆸ고 입게 ᄃᆞ외야 [석상 6:5]
말다	말다	금지	너희 브즈러니 지서 게으르디 말라 [법언 2:209]
이시다/ 잇다	있다	완료 지속	須彌山 밧긔 닐굽 山이 둘어 잇ᄂᆞ니 [월석 1:23]
		진행	내 풍류바지 ᄃᆞ리고 됴ᄒᆞᆫ 차반 먹고 이쇼ᄃᆡ [석상 24:28]
겨시다	계시다	완료 지속	(太子ㅣ)… 미친 사ᄅᆞᆷ ᄀᆞ티 묏고래 수머 겨샤 [석상 6:4]
ᄒᆞ다	하다	당위	善男子 善女人이 뎌 부텻 世界예 나고져 發願ᄒᆞ야 ᅀᅡ ᄒᆞ리라 [석상 9:11]

〈표 3〉 보조 동사의 종류와 의미

둘째, 보조 용언 가운데 '식브다, 지다' 등은 형용사의 문법적인 특징을 보이므로, 보조 형용사로 처리한다.

보조형용사	현대어	의 미	용 례
식브다	싶다	희망, 추측	하 貴ᄒᆞ실ᄊᆡ 하ᄂᆞᆯ로서 나신가 식브건마ᄅᆞᆫ [월석 4:33]
지다	싶다	바람, 원망	東山 구경ᄒᆞ야 지이다 [월석 2:27]

〈표 4〉 보조 형용사의 종류와 의미

셋째, '아니ᄒᆞ다'와 '몯ᄒᆞ다'는 보조 동사로도 쓰이고 보조 형용사로도 쓰인다. 곧 본용언이 동사이면 그 뒤에 실현되는 '아니ᄒ다'는 보조 동사로 처리되고, 본용언이 형용사이면 '아니ᄒ다'는 보조 형용사로 처리된다.

보조용언	현대어	의미		용례	
아니ᄒ다	아니하다	부정	동	菩提 일우믈 得ᄒ디 <u>아니ᄒ리</u> 업ᄂ니	[원언 하 2-2:43]
			형	슬후미 녇디 <u>아니ᄒ니</u>	[두언-초 6:29]
몯ᄒ다	못하다	부정	동	사ᄅ미 목수미 흐를 믈 ᄀᆮᄒ야 머므디 <u>몯ᄒᆞ놋다</u>	[석상 3:17]
			형	우리 乃終내 便安티 <u>몯ᄒ리라</u>	[석상 11:19]

〈표 5〉 보조 동사와 보조 형용사로 두루 쓰이는 보조 용언

{ '-아 이시다/잇다'의 축약형 }

보조적 연결 어미인 '-아'의 변이 형태 뒤에 보조 용언인 '이시다/잇다'가 실현될 때에는, 모음 충돌을 회피하기 위하여 음운이 줄어진다. 이 경우에는 '-아 이시다'와 '-아 잇다'가 각각 다른 형태로 줄어지며, 특히 '두다'에 '-어 이시다'나 '-어 잇다'가 실현될 때에는 아주 특이한 형태로 줄어진다.

〈 '-아 이시다'의 축약 〉 보조적 연결 어미인 '-아/-어/-야/-여'와 보조 용언인 '이시다'가 줄어질 때에는, '이시-'의 첫 모음 /ㅣ/가 탈락하고 동시에 축약이 되어서 '-아시-/-어시-/-야시-/-여시-'의 형태로 실현된다.

(1) ㄱ. 네 어미 사<u>라실</u> 제 엇던 行業을 ᄒ더뇨 　　[월석 21:53]
　　ㄴ. 내 ᄒ오ᅀ아 ᄭᆡ<u>야쇼라</u> 　　　　　　　　　[두언-초 8:31]

(ㄱ)의 '사라실'과 (ㄴ)의 'ᄭᆡ야쇼라'는 각각 '살다', 'ᄭᆡ다'에 '-아/-야 이시-'가 붙어서 활용하였다. 그런데 '-아/-어/-야/-여'와 '이시-'는 '-애시-/-에시-/-얘시-/-예시-' 등의 형태로 줄어지는 것이 아니라, '이시-'의 첫 모음 /ㅣ/가 탈락하여 '-아시-/-어시-/-야시-/-여시-'의 형태로 실현되는 것이 특징이다. 이러한 현상은 모음 충돌을 회피하는 수단이다.

〈 '-아 잇다'의 축약 〉 보조적 연결 어미인 '-아/-어/-야/-여'와 보조 용언인 '잇다'가 축약되면, '-앳-, -엣-, -얫-, -옛-'의 형태로 실현된다(허웅, 1975: 422). 이처럼 보조적 연결 어미와 보조 용언이 한 음절로 줄어져서 실현되면, '-아 잇다' 등이 나타내는 '완료 지속'의 의미에서 '지속'의 의미가 약해진다.

(2) ㄱ. 내 니마해 ᄇᆞ론 香이 몯 물<u>랫</u>거든 도로 오나라 　　[월석 7:7]
　　ㄴ. 須達이 病ᄒ<u>얫</u>거늘 부톄 가아 보시고 　　　　　　[석상 6:44]

(ㄱ)의 '몰랫거든'은 '몰라 잇거든'이 줄어진 형태이며, (ㄴ)의 '病ᄒᆞ얫거늘'은 '病ᄒᆞ야 잇거늘' 이 줄어진 형태이다. 15세기 중엽에는 '-어 잇다'가 축약된 형태와 축약되지 않은 형태가 함께 쓰이고 있었다.

그런데 15세기 말이 되면 '-앳-, -엣-, -얫-, -옛-'에서 이중 모음의 끝 반모음 /j/ 소리가 탈락되어서 '-앗-, -엇-, -얏-, -엿-'의 형태로 실현되는 경우가 있다. 이처럼 '-앳-, -엣-, -얫-, -옛-'에서 반모음 /j/가 탈락하여 '-앗-, -엇-, -얏-, -엿-'의 형태로 실현되면, '지속' 의 의미는 거의 사라지고 '완료'의 의미만 남게 된다.

(3) ㄱ. 亡者ㅣ 神識이 ᄂᆞ랏다가 ᄯᅥ러디여   [능언 8:96]
    ㄴ. 빈ᄂᆞᆫ 고기 낫ᄂᆞᆫ 그르시 ᄃᆞ외얏고   [금삼 3:60]

(ㄱ)의 'ᄂᆞ랏다가'는 'ᄂᆞ라 잇다가'가 'ᄂᆞ랫다가'로 줄어진 다음에 다시 반모음 /j/가 탈락된 형태이다. 마찬가지로 (ㄴ)의 'ᄃᆞ외얏고'는 'ᄃᆞ외야 잇고'가 'ᄃᆞ외얫고'로 줄어진 다음에 /j/가 탈락한 형태이다. 이렇게 형성된 '-앗-, -엇-, -얏-, -엿-'은 현대 국어에서는 과거 시제의 선어말 어미인 '-았-, -었-, -였-'으로 바뀐다.

15세기 국어의 '-아/-어/-야/-여 잇다'가 통시적으로 변천하여 현대 국어에서 과거 시제 나 완료상을 표현하는 선어말 어미인 '-았-, -었-, -였-'의 형태로 변하는 과정을 보이면 다음과 같다(나진석, 1971: 282. 이하, 허웅, 1975: 426).

(4) ㄱ. 몰라 잇다 〉 몰랫다 〉 몰랏다 〉 말랐다
    ㄴ. 머거 잇다 〉 머겟다 〉 머것다 〉 먹었다
    ㄷ. 뷔여 잇다 〉 뷔옛다 〉 뷔엿다 〉 비었다
    ㄹ. ᄒᆞ야 잇다 〉 ᄒᆞ얫다 〉 ᄒᆞ얏다 〉 하였다

〈 '두어 이시다'와 '두어 잇다'의 축약 〉 본용언 '두다'의 활용형인 '두어'에 보조 용언 '이시다 /잇다'가 연결되어 축약되면, 본용언에 실현되어야 할 보조적 연결 어미 '-어'가 탈락하여 '뒤시다'나 '뒷다'로 실현된다.

(5) ㄱ. 내 ᄒᆞᆫ 匹ㅅ 됴ᄒᆞᆫ 東녁 기블 <u>뒤쇼ᄃᆡ</u>   [두언-초 16:34]
    ㄴ. 내 ᄒᆞᆫ 法을 <u>뒷</u>노니 너희들히 能히 ᄀᆞ초 行ᄒᆞ면   [월석 10:69]

(5)에서 '뒤쇼ᄃᆡ'는 '두어 이쇼ᄃᆡ'에서 보조적 연결 어미인 '-어'가 탈락한 뒤에, 본용언의 어간인 '두-'와 보조 용언인 '이시-'가 줄어진 형태이다. 그리고 (5)에서 (ㄱ)의 '뒷노니'는 '두어 잇노니'에서 '-어'가 탈락되고 줄어진 형태이며, (ㄴ)의 '뒷다'는 '두어 잇다'에서 '-어' 가 탈락되고 줄어진 형태이다.

그런데 '두어 잇-'이 줄어서 형성된 '뒷-'에서 또다시 반모음 /j/가 탈락하여서 '둣-'으로 실현되는 경우도 있다.

(6) ㄱ. 衆生과 부텨왜 흔가지로 두쇼ᄃᆡ [능언 1:97]

　　 ㄴ. 先生의 <u>둣논</u> 道理ᄂᆞᆫ 義皇ㅅ 우희 나고 [두언-초 15:37]

(ㄱ)에서는 '두어 이쇼ᄃᆡ'가 줄어서 '뒤쇼ᄃᆡ'가 된 다음에, 또다시 '뒤'의 반모음 /j/가 탈락되어서 '두쇼ᄃᆡ'로 실현되었다. (ㄴ)에서는 '두어 잇논'이 줄어서 '뒷논'으로 된 다음에 다시 '뒷'의 반모음 /j/가 탈락되어 '둣논'으로 실현되었다.

2.1.4.3. 활용

가. 활용과 어미

〈 **활용의 개념** 〉 용언은 실질 형태소인 어간에 다양한 형태의 어미가 실현되어서 문법적인 기능을 나타내는데, 이러한 현상을 '활용(活用)'이라고 한다.

(14) ㄱ. 길헤 ᄀᆞᄅᆞ미 잇더니 … 건나디 몯ᄒᆞ야 ᄀᆞ새셔 자<u>다</u>니 [월석 10:23]

　　 ㄴ. 처섬 出家ᄒᆞ샤 좀 잘 자<u>거시</u>ᄂᆞᆯ 如來ㅣ 구지즈신대 [영남 상25]

　　 ㄷ. 이트를 자<u>ᄃᆡ</u> 노로믈 아니 ᄒᆞ야 잇다니 [두언-초 7:23]

　　 ㄹ. 셤 안해 자<u>싫</u> 제 한비 사ᄋᆞ리로ᄃᆡ [용가 67장]

위의 문장에서 동사 '자다'는 실질적인 뜻을 나타내는 어간 '자-'에 여러 가지 어미가 붙어서 활용하였다. 곧 (ㄱ)의 '자다니'에서는 어미 '-다니'가, (ㄴ)의 '자거시ᄂᆞᆯ'에서는 '-거시ᄂᆞᆯ'이, (ㄷ)의 '자ᄃᆡ'에서는 '-오ᄃᆡ'가, (ㄹ)의 '자싫'에서는 -싫' 등이 붙어서 여러 가지 문법적인 기능을 나타낸다.

〈 **어미의 유형** 〉 어미는 그것이 실현되는 위치에 따라서 '어말 어미'와 '선어말 어미'로 나눌 수 있다. 여기서 '어말 어미(final ending)'는 용언의 끝에 실현되는 어미이며, '선어말 어미(pre-final ending)'는 어간과 어말 어미 사이에 실현되는 어미이다.

(15) 활용어＝어간＋어미 [(선어말 어미)＋어말 어미]

용언의 활용은 (15)와 같이 실현된다. 곧 용언이 문장 속에서 실현될 때에 어말 어미는 반드시 실현되지만, 선어말 어미는 실현될 수도 있고 실현되지 않을 수도 있다. 그리고 때에 따라서는 둘 이상의 선어말 어미가 실현될 수도 있다.

(16) ㄱ. 모딘 길헤 떠러디면 恩愛를 머리 여희여　　　　　　　[석상 6:3]

　　　ㄴ. ㄱ준 道를 듣줍고져 ᄒᆞᅀᆞᆸᄂᆞ이다　　　　　　　[법언 1:165]

　　　ㄷ. 使者ᄂᆞᆫ 브리신 사르미라　　　　　　　　　　　[석상 6:2]

(ㄱ)에서 '떠러디면'은 어간인 '떠러디-'에 어미 '-면'이 붙어서 활용하였다. (ㄴ)의 '듣줍고져'에서는 어간인 '듣-'에 '-줍고져'가 붙어서, 'ᄒᆞᅀᆞᆸᄂᆞ이다'에서는 어간인 'ᄒᆞ-'에 어미 '-ᅀᆞᆸᄂᆞ이다'가 붙어서 활용하였다. (ㄷ)의 '브리신'은 어간인 '브리-'에 어미 '-신'이 붙어서, '-이라'는 어간인 '-이-'에 어미인 '-라'가 붙어서 활용하였다. 이들 어미 가운데서 '-면, -고져, -다, -ㄴ, -라'은 용언의 맨 끝의 자리에 실현되는 어말 어미이며, '-줍-, -ᅀᆞᆸ-, -ᄂᆞ-, -이-, -시-'는 어간과 어말 어미 사이에 실현되는 선어말 어미이다.

　어말 어미와 선어말 어미의 유형을 일람표로 보이면 다음과 같다.

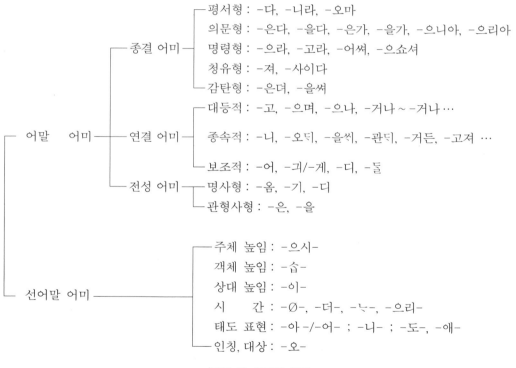

〈그림 3〉 어미의 유형

나. 어미의 유형

(나-1) 어말 어미

어말 어미는 용언의 끝자리에 실현되는 어미인데, 그 기능에 따라서 '종결 어미, 연결 어미, 전성 어미'로 나누어진다.

〈종결 어미〉 '종결 어미(終結語尾)'는 문장을 끝맺는 어말 어미이다. 종결 어미는 문장을 끝맺는 방식에 따라서 '평서형 종결 어미, 의문형 종결 어미, 명령형 종결 어미, 청유형 종결 어미, 감탄형 종결 어미'로 구분된다.

ⓐ **평서형 종결 어미**: '평서형 종결 어미(平敍形 終結語尾)'는 화자가 자신의 생각을 청자에게 단순하게 진술하는 평서문에 실현된다. 평서형 종결 어미로는 '-다, -니라, -(오/우)마' 등이 있다.

(17) ㄱ. 이 道를 이젯 사르믄 보료물 흙 マ티 ᄒᆞᄂᆞ다   [두언-초 25:56]

　　 ㄴ. 네 아비 ᄒᆞ마 주그니라   [월석 17:21]

　　 ㄷ. 그리 호마 혼 이리 分明히 아니ᄒᆞ면   [내훈 3:21]

(ㄱ)의 'ᄒᆞᄂᆞ다'에서 '-다'와 (ㄴ)의 '주그니라'에서 '-니라'는 평서형 어미인데, '-니라'는 '-다'에 비해서 보수적(保守的)인 느낌이 있다. 그리고 '-다'가 서술격 조사 '-이다'나 선어말 어미 '-더-, -리-, -과-, -니-, -오-' 등에 실현되면, '-이라, -더라, -리라, -과라, -니라, -오라'처럼 형태가 '-라'로 바뀐다. (ㄷ)의 '-마'는 화자가 청자에게 '약속함'을 나타내면서 문장을 끝맺는다. '-마'가 실현되는 문장은 주어가 반드시 1인칭이므로, '-마' 앞에서는 화자 표현의 선어말 어미인 '-오-/-우-'가 항상 실현된다.

ⓑ **의문형 종결 어미**: '의문형 종결 어미(疑問形 終結語尾)'는 화자가 청자에게 대답을 요구하는 의문문에 실현된다. 의문형 어미는 그 형태와 기능에 따라서, 다음의 〈표 6〉처럼 두 유형으로 구분된다.

(A) '은/읋' 형의 의문형 종결 어미: 주어의 인칭에 따른 구분이 있음.
　　가. -은다, -읋다　　　　　　　（2인칭의 주어가 실현된 의문문）
　　나. -은가, -은고; -읋가, -읋고　（1·3인칭의 주어가 실현된 의문문）
(B) '으니/으리' 형의 의문형 종결 어미: 주어의 인칭에 따른 구분이 없음.
　　가. -으니아/-으니야/-으니여/-으녀, -으니오/-으뇨
　　나. -으리아/-으랴/-으려, -으리오/-으료

〈표 6〉 의문형 종결 어미의 종류와 기능

먼저 '-은'이나 '-읋'을 앞세우는 (A)의 의문형 어미는 의문문에 실현된 주어의 인칭이 2인칭이냐 1·3인칭이냐에 따라서 (가)와 (나)로 구분되어 쓰인다. 반면에 '-으니'나 '-으리'를 앞세우는 (B)의 의문형 어미는 의문문에 실현된 주어의 인칭과 관계없이 쓰인다 (허웅, 1975: 495, 505).

첫째, '은/읋' 형의 의문형 어미인 '-은다, -읋다'와 '-은가/-은고, -읋가/-읋고'는 주어의 인칭에 따라 구분되어서 쓰인다. 곧, '-은다/-읋다'는 주어가 2인칭인 의문문에서만 실현되며, '-은가/-은고, -읋가/-읋고'는 주어가 1·3인칭인 의문문에 실현된다.

(18) ㄱ. 이 男子아 (네) 엇던 이를 爲ᄒ야 이 길헤 든다   [월석 21:118]

ㄴ. 네 信ᄒᄂ다 아니 信ᄒᄂ다   [석상 9:26]

ㄷ. 네 내 마를 다 드를따 ᄒ야늘   [석상 6:8]

(19) ㄱ. 내 … 엇데 자보물 보ᄂ고   [법언 2:200]

ㄴ. 두 사ᄅ모 시러곰 님긊 겨틔 둘가 몯홀가   [두언-초 25:10]

(18)과 (19)의 의문형 어미는 주어의 인칭에 따라서 달리 실현되었다. 곧 주어가 2인칭일 때는 (18)처럼 '-은다' 혹은 '-읋다'로 실현되고, 주어가 1인칭이거나 3인칭일 때에는 (19)처럼 '-은고/-은가' 혹은 '-읋고/-읋가'로 실현되었다.[6] 이들 의문형 어미 앞에는 상대 높임의 선어말 어미 '-이-'가 실현되지 않는다.

둘째, '으니/으리' 형의 의문형 어미인 '-으니아/-으니오, -으리아/-으리오' 등은 주어의 인칭과는 상관없이, 1·3인칭과 2인칭의 주어가 쓰인 의문문에 두루 실현된다.

(20) ㄱ. 슬후미 이어긔 잇디 아니ᄒ니아   [두언-초 7:14]

ㄴ. 다시 묻노라 네 어드러 가ᄂ니오 (重問子何之)   [두언-초 8:6]

(21) ㄱ. 大施主의 功德이 하녀 져그녀   [석상 19:4]

ㄴ. 이 智慧 업슨 比丘ㅣ 어드러셔 오뇨   [석상 19:30]

---

6) 1·3인칭의 의문형 어미인 '-은가/-은고'나 '-읋가/-읋고'는 청자가 직접적으로 상정되지 않은 발화 상황에서도 쓰일 수 있다. 이러한 의문형 어미를 '간접 의문형 어미'라고 하는데, 주로 화자의 독백(獨白)이나 상념(想念)을 표현한다(고등학교 문법, 2010: 294).

(22) ㄱ. 세 술위예 글 시루믈 肯許ᄒ리아 [두언-초 22:14]

　　　ㄴ. 엇뎨 겨르리 업스리오 [월석 서17]

(23) ㄱ. 이 사ᄅ미 得혼 福德이 하려 몯 하려 [금삼 45]

　　　ㄴ. 그듸ᄂᆫ 엇뎨 精誠을 니즈료 (公豈忘精誠) [두언-초 23:4]

(20~23)에는 의문형 어미 '-으니오/-으니아, -으리오/-으리아' 등이 주어의 인칭과 상관없이 쓰였다. (20)에서는 의문형 어미 '-으니아/-으니오'가 쓰였는데, 이들 어미는 축약되어서 (21)처럼 '-녀/-뇨'로 실현될 수 있다. 그리고 (22)에서는 의문형 어미가 '-아/-오'의 형태로 쓰였는데, 이들 어미도 '-리-'와 축약되어서 (23)처럼 '-려/-료'로 실현될 수 있다.

　그리고 '으니/으리' 형의 의문형 어미인 '-으니아/-으니오, -으리아/-으리오' 등에는 상대 높임의 선어말 어미인 '-잇-'이나 '-ㅅ-'이 실현될 수 있다.

(24) ㄱ. 나라 니스리를 긋게 ᄒ시ᄂ니 엇더ᄒ니잇고 [석상 6:7]

　　　ㄴ. 사로미 이러커늘ᅀᅡ 아ᄃᆞᆯ 올 여희리잇가 [월천 기143]

　　　ㄷ. 엇뎨 부톄라 ᄒᄂ닛가 [석상 6:18]

(ㄱ)과 (ㄴ)의 '엇더ᄒ니잇고'와 '여희리잇가'에는 아주 높임의 선어말 어미(ᄒ쇼셔체)인 '-잇-'이 실현되어서, (ㄷ)의 'ᄒᄂ닛가'에는 예사 높임의 선어말 어미(ᄒ야쎠체)인 '-ㅅ-'이 실현되어서 청자를 높여서 표현하였다.7)

{ 질문의 방식에 따른 의문문의 유형 }

　의문문은 질문하는 방식에 따라서 '설명 의문문'과 '판정 의문문'으로 나누어진다.

　〈 판정 의문문 〉 '판정 의문문(判定疑問文, pro or con question)'은 화자가 자신이 발화한 질문의 전체적인 내용에 대하여, 청자에게 긍정이나 부정의 답을 요구하는 의문문이다. 판정 의문문에서는 '의문사(疑問詞, 물음말)'가 실현되지 않으며, 이때 의문문에 실현되는 의문형 어미나 의문 보조사는 '-가' 혹은 '-아/-어'의 형태로 실현된다.

---

7) '엇더ᄒ니잇고'는 '엇더ᄒ-+-잇-+-니…고'로 분석되는데, 상대 높임의 선어말 어미 '-잇-'이 의문형 어미인 '-니고'의 형태 속에 끼어들어서 실현되었다. '-니…고'처럼 다른 형태소가 끼어들어서 형태가 분리되는 어미를 '불연속 형태'라고 한다.

(1) ㄱ. 西京은 편안ᄒᆞ가 몯ᄒᆞ가   [두언-초 18:5]

    ㄴ. 大施主의 功德이 하녀 져그녀   [석상 19:4]

    ㄷ. 이 두 사ᄅᆞ미 眞實로 네 항것가   [월석 8:94]

(1)의 문장에는 의문사가 실현되지 않았으므로 이들 문장은 모두 판정 의문문이다. (ㄱ)의 '편안ᄒᆞ가'와 '몯ᄒᆞ가'에서는 의문형 어미가 '-ㄴ가'로 실현되었으며, (ㄴ)의 '하녀'와 '져그녀'에서는 '-(으)녀'로 실현되었다. 그리고 (ㄷ)의 '항것가'에서는 의문의 뜻을 나타내는 보조사인 '-가'가 실현되었다.

〈 **설명 의문문** 〉'설명 의문문(說明疑問文, Wh-question)'은 의문문에 나타난 '물음의 초점'에 대하여, 화자가 청자에게 구체적인 설명을 요구하는 의문문이다. 설명 의문문은 그 속에 '물음의 초점'을 나타내는 '의문사'를 반드시 취하며, 의문문에 실현되는 의문형 어미나 의문 보조사는 '-고'나 '-오'의 형태로 실현된다.

(2) ㄱ. 사호맷 ᄆᆞᄅᆞᆫ 이제 어느 ᄯᅡ해 잇ᄂᆞᆫ고   [두언-초 15:51]

    ㄴ. 그 體 어듸 잇ᄂᆞ뇨   [능언 2:36]

    ㄷ. 그디 子息 업더니 므슷 罪오   [월석 1:7]

(2)의 문장에는 의문사인 '누, 어듸, 므슷' 등이 실현되어 있으므로 이들 문장은 모두 설명 의문문이다. (ㄱ)의 '잇ᄂᆞᆫ고'에는 의문형 어미의 형태가 '-ㄴ고'로 실현되었으며, (ㄴ)의 '잇ᄂᆞ뇨'에는 '-뇨'로 실현되었다. 그리고 (ㄷ)의 '罪오'에는 '-고'에서 /ㄱ/이 /ɦ/로 교체된 형태인 '-오'가 실현되었다.

그런데 '수사 의문문'에서는 의문사가 실현되었더라도 화자가 청자에게 의문사에 대한 설명을 직접적으로 요구하지 않는 경우가 있다. 이러한 수사 의문문에는 '-고' 형 대신에 '-가' 형의 의문형 어미가 실현될 수 있다.

(3) ㄱ. 揚子江南ᄋᆞᆯ ᄶᅥ리샤 使者ᄅᆞᆯ 보내신ᄃᆞᆯ 七代之王ᄋᆞᆯ 뉘 마ᄀᆞ리잇가 [용가 15장]

    ㄴ. 이 長者ㅣ 發心 너버 어느 劫에 功德이 져긇가   [월천 기169]

(3)에서는 (ㄱ)과 (ㄴ)에 각각 의문 대명사인 '누'와 '어느'가 쓰였다. 그러나 이들 문장의 실제의 내용을 보면 (ㄱ)은 '아무도 막을 수 없다'는 뜻으로 쓰였고 (ㄴ)은 '어떠한 劫이 지나더라도 功德이 적지는 않을 것이다.'라는 뜻으로 쓰였다. 따라서 화자는 청자에게 '누'와 '어느'에 대한 설명을 요구하는 것이 아니기 때문에 의문형 어미로 '-고' 형이 쓰이지 않고 '-가' 형이 쓰인 것이다.

요약하면, 15세기 국어의 판정 의문문에서는 의문을 나타내는 조사나 어미의 끝 모음이 /아/나 /어/의 형태로 실현되고, 설명 의문문에서는 /오/의 형태로 실현된다.

ⓒ **명령형 종결 어미**: '명령형 종결 어미(命令形 終結語尾)'는 화자가 청자에게 어떠한 행동을 하도록 요구하는 명령문에 실현된다. 명령형 종결 어미로는 '-으라, -고라/-오라, -아쎠/-어쎠, -으쇼셔' 등이 있다.

첫째, '-으라'는 청자를 낮추어서 명령하는 종결 어미이다(ᄒ라체).

    (25) ㄱ. 너희둘히 … 부텻 마를 바다 디니<u>라</u>   [석상 13:62]

        ㄴ. 文殊아 아라<u>라</u>   [석상 13:26]

(25)의 문장에는 낮춤의 명령형 어미가 쓰였다. (ㄱ)의 '디니라'와 (ㄴ)의 '아라라'에는 동사인 '디니다'와 '알다'에 아주 낮춤의 명령형 어미인 '-으라'가 실현되었다.

둘째, '-고라/-오라'는 반말의 명령형 어미이다. /ㄹ/과 반모음 /j/ 뒤에서는 '-고라'의 /ㄱ/이 줄어져서 '-오라'의 형태로 실현된다(반말).

    (26) ㄱ. 내사 주거도 므던커니와 이 아드를 사르<u>고라</u>   [삼강 효20]

        ㄴ. 모로매 願이 이디 말<u>오라</u> ᄒ더니   [석상 11:30]

(ㄱ)의 '사르고라'에서는 '사르다'의 어간에 명령형 어미인 '-고라'가 실현되었으며, (ㄴ)의 '말오라'에서는 '말다'의 어간에 '-고라'가 실현되면서 /ㄱ/이 /ㅎ/로 교체되되었다.

셋째, '-아쎠/-어쎠, -으쇼셔'는 청자를 높여서 명령하는 종결 어미이다.

    (27) ㄱ. 엇뎨 부톄라 ᄒᄂ닛가 그 뜨들 닐<u>어쎠</u>   [석상 6:16]

        ㄴ. 이 뜨들 닛디 마르<u>쇼셔</u>   [용가 110장]

(ㄱ)의 '닐어쎠'에는 '니르다'의 어간에 예사 높임(ᄒ야쎠체)의 명령형 어미인 '-어쎠'가, (ㄴ)의 '마르쇼셔'에는 '말다'의 어간에 아주 높임(ᄒ쇼셔체)의 명령형 어미 '-ᄋ쇼셔'가 실현되었다.

ⓓ **청유형 종결 어미**: '청유형 종결 어미(請誘形 終結語尾)'는 화자가 청자에게 어떠한 행동을 함께 하도록 요구하는 청유문에 실현된다. 청유형 종결 어미로는 '-져/-져라, -사이다' 등이 있는데, '-져'는 청자를 낮추어서 표현하는 청유형 어미(ᄒ라체)이고, '-사이다'는 청자를 높여서 표현하는 청유형 어미(ᄒ쇼셔체)이다.

(28) ㄱ. 네 發願을 호딕 世世예 妻眷이 드외져 ᄒᆞ거늘　　　　　[석상 6:8]

　　ㄴ. 父王이 病ᄒᆞ야 겨시니 우리 미처 가 보ᅀᆞᆸ바 ᄆᆞᅀᆞ믈 훤히　[월석 10:6]
　　　　너기시게 ᄒᆞ져라

　　ㄷ. 淨土애 흔딕 가 나사이다　　　　　　　　　　　　　　　[월석 8:100]

(ㄱ)의 '드외져'에는 '드외다'의 어간에 청유형 어미 '-져'가 붙어서, (ㄴ)의 'ᄒᆞ져라'에는 'ᄒᆞ다'의 어간에 '-져라'가 붙어서 청자에게 어떠한 행위를 함께 할 것을 요구하였다. 그리고 (ㄷ)의 '나사이다'는 '나다'의 어간에 청유형 어미 '-사이다'가 붙어서 청자를 높이면서 '나다'로 표현되는 행위를 함께 할 것을 요구한다.

　ⓔ **감탄형 종결 어미**: '감탄형 종결 어미(感歎形 終結語尾)'는 화자가 청자를 의식하지 않고 자신의 감정을 표출하는 감탄문에 실현된다. 감탄형 어미로는 '-은뎌'와 '-을쎠/-을셔'가 있는데, 이들은 모두 청자를 낮추어서 표현한다(ᄒᆞ라체).

(29) ㄱ. 義는 그 큰뎌　　　　　　　　　　　　　　　　　　[내훈 3:54]

　　ㄴ. 슬프다 녯 사ᄅᆞ미 마를 아디 몯ᄒᆞ논뎌　　　　　　　　[영남 하30]

(30) ㄱ. 됴ᄒᆞᆯ쎠 오ᄂᆞᆳ날 果報ㅣ여　　　　　　　　　　　　[월석 23:82]

　　ㄴ. 摩耶ㅣ 如來를 나ᄊᆞᄫᆞ실쎠　　　　　　　　　　　　[석상 11:24]

(29)에서 (ㄱ)과 (ㄴ)의 '큰뎌'와 '몯ᄒᆞ논뎌'에는 '크다'와 '몯ᄒᆞ다'에 감탄형 어미인 '-은뎌'가 실현되었다. 그리고 (30)에서 (ㄱ)과 (ㄴ)의 '됴ᄒᆞᆯ쎠'와 '나ᄊᆞᄫᆞ실쎠'에는 '둏다'와 '낳다'에 감탄형 어미인 '-을쎠'가 실현되었다.

　〈 **연결 어미** 〉'연결 어미(連結語尾)'는 이어진 문장의 앞절과 뒷절을 잇거나, 본용언과 보조 용언을 잇는 어미이다. 연결 어미에는 '대등적 연결 어미, 종속적 연결 어미, 보조적 연결 어미'가 있다.

　ⓐ **대등적 연결 어미**: '대등적 연결 어미(對等的 連結語尾)'는 앞절과 뒷절을 대등한 관계로 잇는 연결 어미이다. 대등적 연결 어미로는 '나열'의 의미를 나타내는 '-고, -곡, -으며'와 '대조'의 의미를 나타내는 '-으나, -거니와', 그리고 '선택'의 의미를 나타내는 '-거나 ~ -거나, -으나 ~ -으나, -으니 ~ -으니' 등이 있다.

　첫째, 연결 어미인 '-고, -곡, -으며'는 '나열'의 의미를 나타낸다.

(31) ㄱ. 子는 아드리오 孫은 孫子ㅣ니　　　　　　　　　　　[월석 1:7]

　　　ㄴ. 쏘 善커든 通콕 惡거든 마가사 어려부미 업스리라　[월석 14:76]

　　　ㄷ. 쏘 玉女들히 虛空애셔 온가짓 풍류 ᄒᆞ며 굴근 江이 묽고　[월석 2:32]

(ㄱ)의 '아드리오'에는 '-이다'의 어간에 '-오(←-고)'가 붙어서, (ㄴ)의 '通콕'에는 '通ᄒᆞ다'의 어간에 '-곡'이 붙어서 앞절과 뒷절이 이어졌다. 그리고 (ㄷ)의 'ᄒᆞ며'에는 'ᄒᆞ다'의 어간에 '-며'가 붙어서 앞절과 뒷절이 '나열'의 관계로 이어졌다.

　　둘째, 연결 어미인 '-으나'와 '-거니와/-어니와'는 '대조'의 의미를 나타낸다.

(32) ㄱ. 혼 願을 일우면 져그나 기튼 즐거부미 이시려니와　[월석 2:5]

　　　ㄴ. 구루멧 히 블 ᄀᆞᆮᄒᆞ나 더운 하늘히 서늘ᄒᆞ도다　　[두언-초 6:35]

(ㄱ)과 (ㄴ)의 '져그나'와 'ᄀᆞᆮᄒᆞ나'는 'ᄀᆞᆮᄒᆞ다'와 '젹다'의 어간에 '-으나'가 붙어서, (ㄱ)의 '이시려니와'에서는 '이시다'의 어간에 '-어니와'가 붙어서 앞절과 뒷절이 '대조'의 관계로 이어졌다.

　　셋째, 동일한 형태가 반복해서 실현되는 연결 어미인 '-거나~-거나, -으나~-으나, -으니~-으니'는 '선택'의 의미를 나타낸다.

(33) ㄱ. 제 쓰거나 ᄂᆞᆷ 히여 쓰거나 ᄒᆞ고　　　　　　　　[석상 9:21]

　　　ㄴ. 오나 가나 다 새지비 兼ᄒᆞ얫도소니　　　　　　　[두언-초 7:16]

　　　ㄷ. 외니 올ᄒᆞ니 ᄒᆞ야 是非예 ᄲᅥ러디면 了義를 모ᄅᆞ릴ᄉᆡ　[영남 상39]

(ㄱ)의 '쓰거나~쓰거나'에는 '쓰다'의 어간에 '-거나'가 붙어서, (ㄴ)의 '오나 가나'에는 '오다'와 '가다'의 어간에 '-으나'가 붙어서, (ㄷ)의 '외니 올ᄒᆞ니'에는 '외다'와 '옳다'의 어간에 '-으니'가 붙어서 앞절과 뒷절이 '선택'의 관계로 이어졌다.

　　ⓑ **종속적 연결 어미**: '종속적 연결 어미(從屬的 連結語尾)'는 앞절을 뒷절에 이끌리는 관계로 잇는 연결 어미이다. 종속적 연결 어미로는 '-으면, -을ᄊᆡ, -거든, -어, -은들, -고져, -으라' 등이 있는데, 그 수가 대단히 많고 뜻도 매우 다양하다.8)

---

8) 15세기 국어에서 쓰인 종속적 연결 어미는 다음과 같다(허웅, 1975: 521). ① 제약 관계(-으니, -아, -으면, -아사, -은대, -관ᄃᆡ, -거늘, -을ᄊᆡ, -라, -을시언뎡), ② 양보 관계(-아도, -거니와, -건마른, -은들, -디빙, -란ᄃᆡ만뎡, -거뎡, -을ᄲᅮᆫ뎡), ③ 의도 관계(-고져, -과뎌, -겟고, -옷, -오려, -으라, -노라), ④ 이름 관계(-드록, -게), ⑤ 전환 관계(-다가, -으라), ⑥ 비교 관계(-곤, -노니),

(34) ㄱ. 모딘 길헤 쩌러디면 恩愛를 머리 여희여　　　　　　　[석상 6:3]

　　ㄴ. 불휘 기픈 남군 ᄇᆞᄅᆞ매 아니 뮐씨 곶 됴코 여름 하ᄂᆞ니　[용가 2장]

　　ㄷ. 아뫼나 와 가지리 잇거든 주노라　　　　　　　　　　　[월석 7:3]

　　ㄹ. 믈윗 字ㅣ 모로매 어우러ᅀᅡ 소리 이ᄂᆞ니　　　　　　[훈언 13]

　　ㅁ. 현 번 쀠운ᄃᆞᆯ ᄂᆞ미 오ᄅᆞ리잇가　　　　　　　　　[용가 48장]

　　ㅂ. 善男子 善女人이 뎌 부텻 世界예 나고져 發願ᄒᆞ야ᅀᅡ ᄒᆞ리라 [석상 9:11]

　　ㅅ. 훈 菩薩이 … 나라해 빌머그라 오시니　　　　　　　　[월석 1:5]

(ㄱ)의 '-으면'은 '가정'이나 '조건'의 뜻으로, (ㄴ)의 '-을씨'는 '이유'나 '원인'의 뜻으로,
(ㄷ)의 '-거든'은 '조건'의 뜻으로, (ㄹ)의 '-어'는 '조건'이나 '수단'의 뜻으로, (ㅁ)의 '-은
ᄃᆞᆯ'은 '양보'의 뜻으로, (ㅂ)의 '-고져'는 '의도'의 뜻으로, (ㅅ)의 '-으라'는 '목적'의 뜻으
로 쓰이면서 앞절과 뒷절을 종속적인 관계로 이었다.

　ⓒ **보조적 연결 어미**: '보조적 연결 어미(補助的 連結語尾)'는 본용언과 보조 용언을 잇는
연결 어미이다. 15세기 국어에 쓰인 보조적 연결 어미로는 '-아/-어, -게, -거/-가, -고;
-디, -ᄃᆞᆯ/-들, -ᄃᆞ란' 등이 있다.

　첫째, 보조적 연결 어미인 '-아/-어, -고, -게/-긔, -거/-가'는 긍정문에 쓰여서 본용
언과 보조 용언을 잇는다.

(35) ㄱ. 赤眞珠ㅣ ᄃᆞ외야 잇ᄂᆞ니라　　　　　　　　　　　　[월석 1:23]

　　ㄴ. 沙門이 … 됴훈 香 퓌우고 잇거니　　　　　　　　　　[석상 24:26]

　　ㄷ. 慈悲ᄂᆞᆫ 衆生을 便安케 ᄒᆞ시ᄂᆞᆫ 거시어늘　　　　　[석상 6:5]

　　ㄹ. 아비 보라 니거 지라　　　　　　　　　　　　　　　　[월석 8:101]

(ㄱ)의 '-아/-어'는 본용언 뒤에 실현되어서 여러 가지 보조 용언을 잇는다. 여기서는 본용
언인 'ᄃᆞ외다'와 보조 용언인 '잇다'를 이으면서 본용언의 동작이 완료된 뒤에 그 상태가
지속됨을 나타낸다. (ㄴ)의 '-고'는 본용언에 실현되어서 보조 용언인 '잇다'와 결합하여
본용언의 동작이 진행됨을 나타낸다. (ㄷ)의 '-게'는 본용언 뒤에 붙어서 보조 용언인
'ᄃᆞ외다, ᄒᆞ다, 말다' 등을 잇는데, 여기서는 본용언인 '便安ᄒᆞ다'와 보조 용언인 'ᄒᆞ다'를
이었다. (ㄹ)의 '-거/-가'는 '희망'을 나타내는 보조 용언인 '지라, 지이다'를 이어 주는데,

---

　⑦ 동시 관계(-다가며), ⑧ 설명 관계(-오ᄃᆡ), ⑨ 비례 관계(-디옷, -을ᄉᆞ록), ⑩ 흡사 관계(-ᄃᆞᆺ/-듯
/-덧/-ᄃᆞ시/-드시), ⑪ 강조 관계(-나, -도), ⑫ 반복 관계(-곰, -암), ⑬ 가치 관계(-암직, -아만)

여기서는 본용언인 '니다'와 보조 용언인 '지다'를 이었다.

둘째, 보조적 연결 어미인 '-디, -둘/-들, -드란'은 본용언에 붙어서 '부정'을 나타내는 보조 용언인 '아니ᄒ다, 몯ᄒ다, 말다' 등을 잇는다.

(36) ㄱ. 너희 브즈러니 지서 게으르디 말라   [법언 2:209]

     ㄴ. 나ᄂ 난 後로 ᄂᆸ 더브러 ᄃ토둘 아니ᄒ노이다   [석상 11:34]

     ㄷ. 치마옛 아기ᄅᆯ 빠디오 소ᄂᆞ로 얻다가 얻드란 몯고   [월석 10:24]
        어분 아기ᄅᆯ 조쳐 디오

(ㄱ)의 '-디(=-지)'는 본용언인 '게으르다'와 보조 용언 '말다'를 이었으며, (ㄴ)의 '-둘(=-지를)'은 본용언인 'ᄃ토다'와 보조 용언 '아니ᄒ다'를 이었으며, (ㄷ)의 '-드란(=-지는)'은 본용언인 '얻다'와 보조 용언인 '몯ᄒ다'를 이었다.

〈전성 어미〉 '전성 어미(轉成語尾)'는 용언이 본래의 서술 기능을 유지하면서도 다른 품사처럼 쓰이도록 문법적인 기능을 바꾸는 어미이다. 15세기 국어에서 쓰인 전성 어미로는 '명사형 전성 어미'와 '관형사형 전성 어미'가 있다.

ⓐ **명사형 전성 어미**: '명사형 전성 어미(名詞形 轉成語尾)'는 특정한 절 속의 서술어에 실현되어서, 그 절을 명사처럼 쓰이게 하는 어미이다. 명사형 전성 어미로는 '-옴/-움, -기, -디' 등이 있다.

첫째, '-옴/-움'은 가장 널리 쓰이는 명사형 전성 어미이다. '-옴/-움'은 반모음 /j/로 끝나는 어간 다음에는 '-욤/-윰'으로 변동하고, '-이다'나 '아니다'의 어간 뒤에서는 '-롬'으로 변동한다. 그리고 주체 높임의 선어말 어미인 '-시-'나 특정한 용언의 어간 뒤에서는 '-옴/-움'의 모음 /오/와 /우/가 탈락하여 '-ㅁ'의 형태로 실현된다.

(37) ㄱ. 됴ᄒᆫ 法 닷고ᄆᆯ 몯ᄒ야   [석상 9:14]

     ㄴ. 사ᄅᆞ미 몸 ᄃ외요미 어렵고   [석상 9:28]

     ㄷ. 工夫ㅣ ᄒᆞᆫ가지로ᄆᆯ 니르니라   [몽언 19]

     ㄹ. 듨 그림제 眞實ㅅ 둘 아니로미 ᄀᆞᆮ하니라   [월석 2:55]

     ㅁ. 우리 부텨 … 正覺 일우샤ᄆᆯ 뵈샤   [월석 서6]

     ㅂ. 부텨 맛:나미 어려ᄫᅳ며   [석상 6:11]

(ㄱ)의 '닷고ᄆᆯ'에서 명사형 어미 '-옴'은 '닷다'의 어간 '닷-'에 붙어서 '됴ᄒᆫ 法 닷(다)'를 명사절로 만든다. 명사형 어미인 '-옴/-움'은 (ㄴ)의 'ᄃ외욤'처럼 용언의 어간이 반모음

/j/로 끝날 경우에는 '-욤/-윰'으로 바뀌며, (ㄷ)과 (ㄹ)처럼 '-이다'와 '아니다'의 어간 다음에서는 '-롬'으로 바뀐다. 그리고 (ㅁ)의 '일우샤믈'처럼 주체 높임의 선어말 어미 '-시-' 다음에 '-옴/-움'이 실현되면, '-시-'는 '-샤-'로 변동하고 '-옴/-움'에 붙어 있는 모음 /오/, /우/는 탈락한다. 끝으로 (ㅂ)의 '맛나다'와 같은 일부 용언들은 어간에 '-옴/-움'과 결합하면, '-옴/-움'의 첫 모음 /ㅗ/, /ㅜ/가 줄면서 어간 끝음절의 성조가 평성이나 거성에서 상성으로 바뀐다.9) 이처럼 (ㄴ)~(ㅂ)에서 나타나는 불규칙한 변동 현상은 형태소와 형태소 사이에 일어나는 모음 충돌을 회피하려는 현상으로 볼 수 있다.

둘째, 15세기 국어에서도 '-기'가 명사형 전성 어미로 쓰였는데, '-옴/-움'에 비해서 널리 쓰이지는 않았다.

(38) ㄱ. 比丘ㅣ … 오직 절ᄒᆞ기를 ᄒᆞ야   [석상 19:30]

ㄴ. 그림 그리기예 늘구미 將次 오몰 아디 몯ᄒᆞ니   [두언-초 16:25]

(ㄱ)의 '절ᄒᆞ기'와 (ㄴ)의 '그리기'에 실현된 명사형 어미 '-기'는 용언의 어간에 붙어서 '比丘ㅣ … 오직 절ᄒᆞ다'와 '(X ㅣ) 그림 그리다'를 명사절로 만들었다.10)

셋째, 15세기 국어에서는 '-디'가 명사형 어미로 쓰였다. 이처럼 '-디'가 명사형 전성 어미로 쓰일 때에는 '어렵다, 슬ᄒᆞ다, 둏다' 등의 '평가 형용사'가 안은 문장의 서술어로 쓰이는 것이 특징이다.

(39) ㄱ. 내 겨지비라 가져가디 어려볼씨   [월석 1:13]

ㄴ. ᄆᆞᅀᆞᆯ히 멀면 乞食ᄒᆞ디 어렵고   [석상 6:23]

ㄷ. 나리 져믈씨 나가디 슬ᄒᆞ야 커늘   [삼행 열16]

ㄹ. 므스거시 가져가디 됴홀고   [번역박통사 하66]

(39)에서는 '-디'가 '어렵다, 乞食ᄒᆞ다, 나가다, 가져가다'의 어간에 붙어서, '(내 그 고즐) 가져가다, (X ㅣ) 乞食ᄒᆞ다, (X ㅣ) 나가다, (내 그를) 가져가디'를 명사절로 만들었다.

ⓑ **관형사형 전성 어미**: '관형사형 전성 어미(冠形詞形 轉成語尾)'는 특정한 절 속의 용언에 실현되어서, 그 절을 관형사처럼 쓰이게 하는 어미이다. 관형사형 전성 어미로는 '-

---

9) 이와 같은 방식으로 변동하는 용언으로는 '가다, 나다, 자다, 하다; 녀다; 오다, 보다; 두다, 주다'나, 이 말에 다른 말이 붙어서 된 합성어인 '맛나다, 떠나다, 빛나다' 등이 있다.

10) 15세기 국어에는 현대어와는 달리 '-옴/-움'은 용례가 아주 풍부하나 '-기'는 용례가 매우 적다.

은, -을/-읧'이 있는데, 관형사형 전성 어미 '-은'에 시간 표현의 선어말 어미인 '-Ø-, -ᄂᆞ-, -더-'가 결합하여서 '-은, -는, -던'으로 쓰이기도 한다.

(40) ㄱ. 어미 <u>주근</u> 後에 부텨끠 와 묻ᄌᆞᄫᆞ면　　　　　　[월석 21:21]
　　　ㄴ. 이 지븨 <u>사ᄂᆞ</u> 얼우니며 아히며　　　　　　　[월석 21:99]
　　　ㄷ. 모던 일 <u>짓던</u> 즁싱이 새 주근 사룸 ᄃᆞ외히니　　[월석 21:25]
　　　ㄹ. 찻믈 <u>기릃</u> 婇女를 비러 오라 ᄒᆞ야시ᄂᆞᆯ　　　[월석 8:90]

(ㄱ)의 '주근'은 동사 '죽다'의 어간에 '-Ø-'가 실현되어서 과거 시제를 나타내었으며, (ㄴ)의 '사ᄂᆞ'은 '살다'의 어간에 '-ᄂᆞ-'가 실현되어서 현재 시제를 나타내었다. (ㄷ)의 '짓던'은 '짓다'의 어간에 '-더-'가 실현되어서 화자가 과거에 직접 경험했던 일을 회상 (回想)함을 나타내었으며, (ㄹ)의 '기릃'은 '긷다'의 어간에 '-읧'이 실현되어서 미래 시제를 나타내었다. 이처럼 '-은, -는, -던, -읧' 등은 그것이 이끄는 절을 관형절로 만들면서, 동시에 '과거, 현재, 회상, 미래' 등의 시제를 표현한다.
　그런데 관형사형 전성 어미가 명사적으로 쓰이는 특수한 경우가 있다(고등학교 문법, 2010: 294). 곧 관형절의 뒤에 중심어(=체언)가 실현되지 않은 상태로, 관형절 자체가 명사절과 같은 기능을 하는 특수한 예가 있다.

(41) ㄱ. 德이여 福이라 <u>호ᄂᆞᆯ</u> 나ᅀᆞ라 오소이다　　　　[악궤 동동]
　　　ㄴ. 威化振旅<u>ᄒᆞ시ᄂᆞ로</u> 興望이 다 몯ᄌᆞᄫᆞ나　　　[용가 11장]

(42) ㄱ. 다ᅌᆞᆳ 업슨 긴 ᄀᆞᄅᆞ믄 니섬 니서 오놋다　　　[두언-초 10:35]
　　　ㄴ. 놀애를 노외야 <u>슬픐</u> 업시 브르ᄂᆞ니　　　　　　[두언-초 25:53]

(41)에서 (ㄱ)의 '호ᄂᆞᆯ'과 (ㄴ)의 'ᄒᆞ시ᄂᆞ'은 'ᄒᆞ다'에 관형사형 어미 '-ᄂ'이 실현되었는데, 이 때의 관형사형 어미 '-ᄂ'은 명사적인 용법으로 쓰였다. 곧 관형절인 '德이여 福이라 호ᄂᆞᆯ'과 '威化振旅ᄒᆞ시ᄂᆞ'에 격조사 '-ᄋᆞᆯ'과 '-ᄋᆞ로'가 바로 붙어서 마치 명사절처럼 기능한 것이다. 그리고 (42)에서 (ㄱ)의 '다ᅌᆞᆳ'은 동사인 '다ᅌᆞ다'의 어간에, (ㄴ)의 '슬픐'은 형용사인 '슬프다'의 어간에 관형사형 어미인 '-ᄚ'이 실현되었는데, 이 경우에도 관형사형 어미 '-ᄚ'은 명사적인 용법으로 쓰였다.

(나-2) 선어말 어미

'선어말 어미(先語末語尾)'는 용언의 끝에 실현되지 못하고, 어간과 어말 어미 사이에 실현되는 어미이다.

〈 **높임 표현의 선어말 어미** 〉'높임 표현의 선어말 어미'는 발화 현장이나 문장 속에 등장하는 어떠한 대상을 높여서 표현하는 선어말 어미이다. 이러한 높임 표현의 선어말 어미에는 '상대(相對) 높임의 선어말 어미', '주체(主體) 높임의 선어말 어미', '객체(客體) 높임의 선어말 어미'가 있다.

ⓐ **상대 높임의 선어말 어미**: 상대 높임의 선어말 어미는 말을 듣는 '상대(相對)'를 높여서 표현하는 선어말 어미이다. 상대 높임의 선어말 어미는 아주 높임의 등분에서는 '-이-/-잇-'의 형태(ㅎ쇼셔체)로, 예사 높임의 등분에서는 '-ㅇ-/-ㅅ-'의 형태(ㅎ야쎠체)로 실현된다.

(43) ㄱ. 世尊하 … 이런 고디 업스이다　　　　　　　　　　[능언 1:50]

　　　ㄴ. 내 이제 엇뎨 ㅎ야사 地獄 잇는 짜해 가리잇고　　[월석 21:25]

　　　ㄷ. 三世옛 이를 아르실씨 부톄시다 ㅎ느닝다　　　　[석상 6:16]

　　　ㄹ. 엇뎨 부톄라 ㅎ느닛가　　　　　　　　　　　　　[석상 6:18]

(ㄱ)의 '-이-'는 평서형 종결 어미인 '-다' 앞에서, (ㄴ)의 '-잇-'은 의문형 어미인 '-가, -고' 앞에서 아주 높임의 등분으로 쓰이는 상대 높임 선어말 어미이다. 그리고 (ㄷ)의 '-ㅇ-'은 평서형 어미인 '-다' 앞에서, (ㄹ)의 '-ㅅ-'은 의문형 어미인 '-가' 앞에서 예사 높임의 등분으로 쓰이는 상대 높임의 선어말 어미이다.

ⓑ **주체 높임의 선어말 어미**: '주체 높임의 선어말 어미'는 문장에서 주어로 실현되는 대상인 '주체(主體)'를 높여서 표현하는 어미인데, '-으시-/-으샤-'로 실현된다.

(44) ㄱ. 王이 … 그 蓮花를 ᄇ리라 ㅎ시다　　　　　　　　[석상 11:31]

　　　ㄴ. 부톄 百億 世界예 化身ㅎ야 敎化ㅎ샤미　　　　[월석 1:1]

(ㄱ)의 'ㅎ시다'에서 '-시-'는 문장의 주체인 '王'을 높였으며, (ㄴ)의 'ㅎ샤미'에서 '-샤-'는 문장의 주체인 '부텨'를 높여서 표현하였다.

ⓒ **객체 높임의 선어말 어미**: '객체 높임의 선어말 어미'는 문장에서 목적어나 부사어로 표현되는 대상인 '객체(客體)'를 높여서 표현하는 선어말 어미인데, '-ᅀᆞᆸ-/-ᄌᆞᆸ-/-ᄉᆞᆸ-'이나 '-ᅀᆞᇦ-, -ᄌᆞᇦ-, -ᄉᆞᇦ-'의 형태로 실현된다.

(45) ㄱ. 벼슬 노픈 臣下ㅣ 님그믈 돕ᄉᆞᄫᅡ   [석상 9:34]

　　ㄴ. 내 아래브터 부텻긔 이런 마를 몯 듣ᄌᆞᄫᅥ며   [석상 13:44]

　　ㄷ. 須達이 世尊 뵈ᅀᆞᆸ고져 너겨   [석상 6:45]

첫째로 '-ᄉᆞᆸ-'은 /ㄱ, ㅂ, ㅅ, (ㅎ)/의 뒤에 실현되는데 (ㄱ)에서는 목적어인 '님금'을 높였다. 둘째로 '-ᄌᆞᆸ-'은 /ㄷ/의 뒤에 실현되는데 (ㄴ)에서는 부사어인 '부텨'를 높였다. 셋째로 '-ᅀᆞᆸ-'은 유성음 뒤에서 실현되는데 (ㄷ)에서는 목적어인 '世尊'을 높였다. 그리고 (ㄱ)과 (ㄴ)에서처럼 '-ᄉᆞᆸ-/-ᄌᆞᆸ-/-ᅀᆞᆸ-'의 뒤에 모음으로 시작되는 어미가 실현되면, '-ᄉᆞᆸ-/-ᄌᆞᆸ-/-ᅀᆞᆸ-'의 종성 /ㅂ/이 /ᄫ/으로 변하여 '-ᄉᆞᄫ-/-ᄌᆞᄫ-/-ᅀᆞᄫ-'의 형태로 바뀐다.

〈시간 표현의 선어말 어미〉 시간을 표현하는 선어말 어미로는 '-ᄂᆞ-, -으리-; -더-' 등이 있으며, 형태가 없이 쓰이는 부정법(不定法)의 선어말 어미 '-Ø-'도 현재나 과거의 시제를 표현한다.

ⓐ 발화시 기준의 시간 표현 선어말 어미: '-ᄂᆞ-'와 '-으리-', '-Ø-'는 화자가 발화하는 때(발화시)를 기준으로 사건이 일어나는 시간을 표현한다.

첫째, '-ᄂᆞ-'는 발화시에 어떠한 일이 일어나고 있음을 나타내는 '현재 시제의 선어말 어미'이다.

(46) ㄱ. 네 이제 ᄯᅩ 묻ᄂᆞ다   [월석 23:97]

　　ㄴ. 내 이제 大衆과 여희노라   [월석 21:217]

(ㄱ)의 '묻ᄂᆞ다'에서 현재 시제 선어말 어미는 '-ᄂᆞ-'로 실현되었다. 그런데 (ㄴ)의 '여희노라'처럼 '-ᄂᆞ-' 뒤에 선어말 어미 '-오-'가 실현되면 '-ᄂᆞ-'의 /ᄋᆞ/가 탈락하여 '-노-'의 형태로 바뀐다.

둘째, '-으리-'는 발화시 이후에 어떠한 일이 일어날 것임을 나타내는 '미래 시제의 선어말 어미'이다.

(47) ㄱ. 아ᄃᆞᆯᄯᆞᄅᆞᆯ 求ᄒᆞ면 아ᄃᆞᆯᄯᆞᄅᆞᆯ 得ᄒᆞ리라   [석상 9:23]

　　ㄴ. 말ᄊᆞ물 安定히 ᄒᆞ면 百姓을 便安케 ᄒᆞ린뎌   [내훈 1:7]

(ㄱ)의 '得ᄒᆞ리라'에서 '-리-'는 발화시 이후에 '아ᄃᆞᆯᄯᆞᄅᆞᆯ 得ᄒᆞ다'라는 일이 일어날 것을 추측함을 나타내었다. 그리고 (ㄴ)의 '하린뎌'에서 '-리-'는 '百姓을 便安케 ᄒᆞ다'라는 일에 대한 '추정'이나 '가능성'을 나타내었다.

셋째, 형태가 없이 실현되는 무형의 선어말 어미 '-∅-'도 현재나 과거 시제를 나타낸다. 곧 무형의 시제 선어말 어미 '-∅-'는 형용사나 서술격 조사에 실현될 때에는 현재 시제를 나타내며, 동사에 실현될 때에는 과거 시제를 나타낸다.

　(48) ㄱ. 너도 쏘 이 <u>ᄀᆞᆮᄒᆞ다</u>　　　　　　　　　　　　[능언 2:23]

　　　 ㄴ. 眞金은 진딧 <u>金이라</u>　　　　　　　　　　　　[월석 7:29]

　(49) ㄱ. 이 쯰 아ᄃᆞᆯ둘히 아비 <u>죽다</u> 듣고　　　　　[월석 17:21]

　　　 ㄴ. 菩提를 <u>得ᄒᆞ시다</u> 드르시고　　　　　　　　[석상 13:30]

(48)에서는 형용사 'ᄀᆞᆮᄒᆞ다'와 '-이라'의 어간 뒤에 무형의 시제 표현 선어말 어미 '-∅-'가 실현되어 현재 시제를 나타내었다. 그리고 (49)에서는 동사인 '죽다'와 '得ᄒᆞ시다'의 어간 뒤에 무형의 시제 선어말 어미 '-∅-'가 실현되어 과거 시제를 나타내었다.

　ⓑ **경험시 기준의 시간 표현 선어말 어미**: '-더-'는 화자가 발화시 이전에 직접 경험한 어떤 때(경험시)로 자신의 생각을 돌이켜서, 그때를 기준으로 해서 일이 일어난 시간을 나타내는 '회상(回想)의 선어말 어미'이다.

　(50) ㄱ. ᄠᅳ데 몯 마즌 이리 다 願 ᄀᆞ티 ᄃᆞ외<u>더</u>라　[월석 10:30]

　　　 ㄴ. 六師이 무리 三億萬이<u>러</u>라　　　　　　　　　[석상 6:28]

　　　 ㄷ. 功德이 이러 당다이 부톄 ᄃᆞ외리<u>러</u>라　　　　[석상 19:34]

　　　 ㄹ. 내 지븨 이싫 저긔 受苦ㅣ 만<u>타</u>라　　　　　[월석 23:74]

회상의 선어말 어미는 (ㄱ)의 'ᄃᆞ외더라'처럼 일반적인 음운적 환경에는 '-더-'로 실현된다. 그러나 (ㄴ)의 '三億萬이러라'와 (ㄷ)의 'ᄃᆞ외리러라'처럼 서술격 조사의 어간 '-이-'나 선어말 어미 '-으리-' 뒤에서는 '-더-'가 '-러-'로 바뀐다. 그리고 (ㄹ)의 '만타라'처럼 '-더-' 뒤에 선어말 어미 '-오-/-우-'가 오면 '-더-'와 '-오-'가 결합하여 '-다-'로 바뀐다.

　〈 **태도 표현의 선어말 어미** 〉 선어말 어미 중에는 문장의 내용에 대하여 화자의 태도를 표현하는 것들이 있다. 이들 중에서 선어말 어미 '-아-/-어-, -거-, -나-; -니-' 등은 믿음의 태도를 나타내며, '-돗- / -도-' 등은 느낌(감동)의 태도를 나타낸다.

　ⓐ **확인 표현의 선어말 어미**: 선어말 어미 '-아-/-어-, -거-, -나-'는 심증(心證)과 같은 화자의 주관적인 믿음에 근거하여, 어떠한 일을 확정적으로 판단함을 나타내는 선어말

어미이다.

(51) ㄱ. 崔九의 집 알픽 몃 디윌 드러뇨   [두언-초 16:52]

     ㄴ. 셜블쎠 衆生이 正혼 길훌 일허다   [석상 23:19]

(52) ㄱ. 安樂國이는 … 어미도 몯 보아 시르미 더욱 깁거다   [월석 8:101]

     ㄴ. 衆生이 福이 다ᄋ거다   [석상 23:28]

     ㄷ. 내 니마해 볼론 香이 몯 물랫거든 도로 오나라   [월석 7:7]

(51)과 (52)에 쓰인 '-아-/-어-, -거-, -나-'는 서술어로 쓰인 용언의 종류에 따라서 달리 실현된다. 곧 (51)에서 (ㄱ)의 '듣다'나 (ㄴ)의 '잃다'와 같은 타동사에는 '-아/-어-' 가 실현되었는데, 여기서 '-어-'와 '-아-'의 선택은 모음 조화에 따라서 결정된다. 반면 에 비타동사인 자동사와 형용사 그리고 '-이다'에는 확인 표현의 선어말 어미로서 불규 칙하게 '-거-'나 '-나-'가 실현된다. 곧 (52)에서 (ㄱ)의 '깊다'와 같은 형용사나 (ㄴ)의 '다ᄋ다'와 같은 자동사에는 '-거-'가 실현되었다. 그리고 (ㄷ)의 '오다'에는 확인 표현의 선어말 어미로서 '-나-'가 불규칙하게 실현되는 것이 특징이다.

  ⓑ **원칙 표현의 선어말 어미**: '-으니-'는 화자가 객관적인 믿음을 근거로 사태를 확정적 인 것으로 판단하여 말함을 나타내는 선어말 어미이다.

(53) ㄱ. 사ᄅ미 살면 주그미 이실씨 모로매 늙ᄂ니라   [석상 11:36]

     ㄴ. ㄱ는 엄쏘리니 君ㄷ字 처섬 펴아 나는 소리 ᄀᆮᄐ니라 [훈언 4]

     ㄷ. 녜는 죠히 업서 대를 엿거 그를 쓰더니라   [월석 8:98]

(ㄱ)의 '늙ᄂ니라'에서 '-니-'는 현재 시제의 선어말 어미 '-ᄂ-' 뒤에 실현되어서, '사람 이 반드시 늙는다'는 것을 객관적인 사실로 인식하면서 이를 기정적(旣定的)으로 표현하 였다. 그리고 (ㄴ)의 'ᄀᆮᄐ니라'에서 '-ᄋ니-'는 무형의 형태소로 현재 시제를 나타내는 형용사에 실현되어서, 'ㄱ은 어금닛소리이고 그것이 '君'의 글자에서 초성으로 발음되는 소리와 같다'는 사실을 기정적인 것으로 표현하였다. (ㄷ)의 '쓰더니라'에서는 '-니-'가 회상의 선어말 어미 '-더-' 뒤에 실현되어서 '예전에는 종이가 없어서 대나무를 엮어 글을 썼다는 것'을 객관적인 사실로 인식하여 그것을 기정적으로 표현하였다. 선어말 어미 '-니-'는 평서형의 종결 어미 앞에서만 실현되는 특징이 있다.

  ⓒ **감동 표현의 선어말 어미**: '-도-/-돗-'과 '-애-/-에-/-게-/-얘-'는 화자의 '느낌(감

동, 영탄)'의 뜻을 나타내는 태도 표현의 선어말 어미이다.

첫째, '-도-/-돗-'은 느낌(영탄, 감동)을 표현하는 선어말 어미인데, '-이다'와 '아니다'의 어간이나 '-으리-' 뒤에서는 각각 '-로-/-롯-'으로 실현된다.

(54) ㄱ. 뜨디 기프시도다　　　　　　　　　　　　　　[금삼 5:21]

　　 ㄴ. 녜 업던 이리로다　　　　　　　　　　　　　　[월석 1:14]

　　 ㄷ. 새 그를 어제 브텨 보내돗더라　　　　　　　　[두언-초 23:29]

　　 ㄹ. 天龍鬼神을 네 數를 알리로소니여 모르리로소니여　[석상 11:4]

(ㄱ)의 '기프시도다'에는 느낌을 나타내는 선어말 어미인 '-도-'가 실현되어서, '뜨디 깊다'라는 사실에 감동의 의미를 더했다. 그리고 (ㄴ)의 '이리로다'에는 서술격 조사인 '-이다'의 어간 뒤에서 느낌의 선어말 어미 '-도-'가 '-로-'로 바뀌어서 실현되었다. (ㄷ)의 '보내돗더라'에서는 감동 표현의 선어말 어미인 '-돗-'을 실현하여 '새 그를 어제 브텨 보내다'라는 사실에 감동의 의미를 더했다. 그리고 (ㄹ)의 '알리로소니'와 '모르리로소니여'에서는 '-돗-'이 선어말 어미인 '-리-'의 뒤에서 '-롯-'으로 바뀌었다.

둘째, '-애-/-에-/-게-/-얘-'도 화자의 '느낌'을 표현하는 선어말 어미이다.

(55) ㄱ. 目連이 닐오디 몰라보애라　　　　　　　　　　[월석 23:86]

　　 ㄴ. 뿔 니고미 오라디 오히려 굴히리 업세이다　　　[육언 상27]

　　 ㄷ. 아디 몯게이다 和尙은 므슷 이를 흐라 흐시느니잇가　[육언 상8]

　　 ㄹ. 먼 그새 窮흔 시르미 훤흐애라　　　　　　　　[두언-초 23:16]

(ㄱ)의 '몰라보애라'에는 양성 모음의 어간인 '몰라보-'에 '-애-'가 실현되어서, (ㄴ)의 '업세이다'에는 음성 모음의 어간인 '없-'에 '-에-'가 실현되었다. 그리고 (ㄷ)의 '몯게이다'에는 '몯(흐)다'의 어간인 '몯-'에 '-게-'가, (ㄹ)의 '훤흐애라'에는 '훤흐다'의 어간인 '훤흐-'에 '-애-'가 실현되었다. '-애-/-에-/-게-/-얘-' 중에서 '-애-'와 '-에-'는 음운론적 변이 형태이며, '-게-'와 '-얘-'는 각각 '몯(흐)-'와 '~흐-'에 붙은 형태론적 변이 형태이다. 그리고 이들 선어말 어미 뒤에 실현되는 평서형의 종결 어미 '-다'는 '-라'로 변동한다.

〈 '화자 표현'과 '대상 표현'의 선어말 어미 〉 선어말 어미 '-오-/-우-'는 종결형이나 연결형에서 실현되는 것과 관형사형에서 실현되는 것이 있다.

첫째, 화자 표현의 선어말 어미 '-오-/-우-'는 주로 종결형이나 연결형에서 나타나는데, 이는 문장의 주어가 말하는 사람(화자, 話者)임을 나타낸다.

(56) ㄱ. ᄒᆞ오사 내 尊호라　　　　　　　　　　　　　　[월석 2:34]

　　　ㄴ. 나ᄂᆞᆫ 弟子 大目健連이로라　　　　　　　　　[월석 23:82]

　　　ㄷ. 世尊ㅅ 일 ᄉᆞᆲ오리니 … 눈에 보논가 너기ᅀᆞᄫᆞ쇼셔　[월석 1:1]

(ㄱ)의 '尊호라'와 (ㄴ)의 '大目健連이로라'는 종결형으로 표현되었는데, 이들 단어에 실현된 선어말 어미 '-오-'는 문장의 주어가 1인칭(=나)임을 나타낸다. 그리고 (ㄷ)의 'ᄉᆞᆲ오리니'는 연결형인데, 이때에도 '-오-'는 문장의 주어가 화자임을 나타낸다.

　둘째, 대상 표현의 선어말 어미 '-오-/-우-'는 관형사형에 실현된다. 이때의 '-오-/-우-'는 관형절이 수식하는 체언(피한정어)이, 관형절의 서술어로 표현되는 용언에 대하여 의미상으로 객체(목적어나 부사어로 쓰인 대상)일 때에 실현된다.

(57) ㄱ. (世尊이) 須達이 지ᅀᅳᆫ 精舍마다 드르시며　　　　[석상 6:38]

　　　ㄴ. 須達이 精舍ᄅᆞᆯ 짓다

(58) ㄱ. 王이 … 누ᄫᅳᆫ 자리예 겨샤　　　　　　　　　　[월석 10:9]

　　　ㄴ. 王이 … 자리예 눕다

(59) ㄱ. 出家ᄒᆞᆫ 사ᄅᆞᆷ온 쇼히 굳디 아니ᄒᆞ니　　　　[석상 6:22]

　　　ㄴ. 사ᄅᆞ미 出家ᄒᆞ다

(57ㄱ)의 '정사(精舍)'는 '수달(須達)'이 짓는 대상(목적어)으로 쓰였고, (58ㄱ)의 '자리'는 왕(王)이 눕는 위치(부사어)로 쓰였다. 이처럼 관형절이 수식하는 체언이 관형절 속에서 객체(목적어나 부사어로 쓰이는 대상)로 쓰이는 관계에 있을 때는, 관형절의 서술어로 쓰인 용언에 선어말 어미 '-오/우-'가 실현된다. 반면에 (59ㄱ)에서 관형절이 수식하는 '사름'은, 관형절 속에서 주체(주어로 쓰이는 대상)로 쓰이는 관계에 있는데, 이때에는 관형절의 서술어로 쓰인 용언에 선어말 어미 '-오-/-우-'가 실현되지 않는다.

　그리고 관형절과 피한정 체언이 '동격'의 관계에 있을 때에도 대상 표현의 선어말 어미가 실현될 수 있다.

(60) 부텻 出現ᄒᆞ샤 說法ᄒᆞ시논 ᄠᅳ들 아ᅀᆞ와　　　　　[법언 2:156]

(60)에서 '부텻 出現ᄒᆞ샤 說法하시논'은 동격 관형절인데, 경우에는 관형절의 서술어에

대상 표현의 선어말 어미인 '-오-/-우-'가 수의적으로 실현되었다.

다. 활용의 규칙성과 불규칙성

(다-1) 규칙 활용

용언은 활용할 때에 어간이나 어미의 기본 형태가 그대로 유지되는 경우가 있고, 어간이나 어미가 기본 형태와는 다르게 바뀌는 경우도 있다. 이때 기본 형태가 그대로 유지되는 활용을 '규칙 활용(規則活用)'이라고 하며, 이러한 방식으로 활용하는 용언을 '규칙 용언(規則用言)'이라고 한다.

그리고 어간이나 어미가 다른 형태로 바뀌어도 그 현상을 일정한 규칙으로 설명할수 있으면, 이들 활용은 규칙 활용으로 처리한다. 이렇게 규칙적으로 활용하는 용언의 어간과 어미가 변하는 모습은 다음과 같은 유형으로 나눌 수 있다.

첫째, 용언이 활용할 때 어간이나 어미의 특정한 형태가 다른 형태로 바뀔 수 있다.

(61) ㄱ. 슬후미 넏디 아니ᄒᆞ니　　　　　　　　　　　　　[두언-초 6:29]

　　　ㄴ. 새 그를 고툐믈 ᄆᆞᆺ고　　　　　　　　　　　　[두언-초 16:14]

(ㄱ)에서 '넣다'의 어간인 '넣-'에 자음으로 시작하는 어미인 '-디'가 붙으면서 어간의 형태가 '넏-'으로 변동하였다.[11] (ㄴ)에서 '고티다'의 어간인 '고티-'에 모음으로 시작하는 어미 '-옴'이 결합하면서 /ㅣ/가 반모음인 /j/로 바뀌어서 '고툐'으로 변동하였다.[12]

둘째, 용언이 활용할 때 어간이나 어미의 특정한 소리가 탈락할 수가 있다.

(62) ㄱ. 업던 번게를 하ᄂᆞ히 볼기시니　　　　　　　　　[용가 30장]

　　　ㄴ. 고기 낫굴 낙술 밍ᄀᆞᄂᆞ다　　　　　　　　　　[두언-초 7:4]

(63) ㄱ. 피 무든 홀ᄀᆞᆯ 파 가져　　　　　　　　　　　　[월석 1:7]

　　　ㄴ. 새 밍ᄀᆞᆫ 글워레 고텨 다시 더어　　　　　　　[월석 서19]

---

11) 평파열음화: 어간의 끝 자음(종성)이 /ㄱ, ㄴ, ㄷ, ㄹ, ㅁ, ㅂ, ㅅ, ㅇ/ 이외의 종성일 때에 그 뒤에 자음으로 시작하는 어미가 실현되면, 어간의 종성은 /ㄱ, ㄴ, ㄷ, ㄹ, ㅁ, ㅂ, ㅅ, ㅇ/ 중의 하나로 바뀐다.

12) 음운의 축약: 모음으로 끝난 어간에 모음으로 시작하는 어미가 연결될 때, 어간의 끝 모음이 반모음으로 바뀐다.

(62)는 활용할 때에 어간이나 어미의 특정한 자음이 탈락하는 경우이다. (ㄱ)에서는 '없다'의 어간 '없-'에 자음으로 시작하는 어미 '-던'이 붙으면서 어간의 끝 자음인 /ㅅ/이 탈락하여 '업-'으로 바뀌었다.13) (ㄴ)에서는 '밍글다'의 어간인 '밍글-'이 /ㄴ/으로 시작하는 어미 앞에서 어간의 끝 자음 /ㄹ/이 탈락하여 '밍ㄱ-'로 바뀌었다.14) 그리고 (62)에서는 활용할 때 어간이나 어미의 특정한 모음이 탈락한 경우이다. (ㄱ)에서는 '프다'의 어간인 '프-'에 모음으로 시작하는 어미인 '-아'가 붙어서 활용할 때에, 어간의 끝 모음인 /ᆞ/가 탈락하였다. (ㄴ)에서도 '더으다'의 어간의 끝소리인 /으/가 탈락하였다.15)

셋째, '다ᄅ다(異), ᄇᅀᅳ다(破); 기르다(養), 비스다(粧)' 등은, /ㅏ, ㅓ/나 /ㅗ, ㅜ/로 시작하는 어미 앞에서 어간의 끝 모음인 /ᆞ, ㅡ/가 탈락하고, 홀로 남은 자음이 앞 음절의 종성의 자리로 이동한다.

(64) ㄱ. ᄂᆞᄆᆞᆫ ᄠᅳᆮ <u>다ᄅ거늘</u> 님그믈 救ᄒᆞ시고   [용가 24장]

　　ㄴ. 나랏 말ᄊᆞ미 中國에 <u>달아</u>   [훈언 1]

　　ㄷ. 내의 수머슈믄 隱居ᄒᆞ니와 <u>달오라</u>   [두언-초 20:26]

(65) ㄱ. 名利를 ᄉᆞ랑ᄒᆞ야 모믈 <u>비스고</u>   [선언 상26]

　　ㄴ. 夫人이 … ᄀᆞ장 <u>빗어</u> 됴ᄒᆞᆫ 양 ᄒᆞ고   [월석 2:5]

　　ㄷ. 오ᄉᆞ로 <u>빗오믈</u> 이룰ᄊᆞ 붓그리다니   [월천 기121]

(64)의 '다ᄅ다'와 (65)의 '비스다'는 (ㄱ)처럼 일반적인 음운 환경에서는 어간의 끝 모음인 /ᆞ/와 /ㅡ/가 그대로 쓰였다. 반면에 (ㄴ)과 (ㄷ)처럼 /ㅏ, ㅓ/나 /ㅗ, ㅜ/로 시작하는 어미가 붙어서 활용하면, 어간의 끝소리인 /ᆞ/와 /ㅡ/가 탈락하고 홀로 남은 /ㄹ/과 /ㅿ/는 앞 음절의 종성의 자리로 가서 '달아, 달오라'와 '빗어, 빗옴'으로 실현되었다.16)

넷째, '모ᄅ다(不知), ᄇᆞᄅ다(粧), ᄲᆞᄅ다(速); 부르다(演), 브르다(呼), 흐르다(流)' 등은 어

---

13) 자음군 단순화: 어간의 끝음절의 받침 소리가 /ㅄ, ㅼ, ㅾ/일 때 그 뒤에 자음으로 시작하는 어미가 붙어서 활용하면, 겹받침 중의 하나가 탈락되어서 /ㅂ, ㅅ, ㅅ/으로 실현된다.

14) /ㄹ/ 탈락: 어간의 끝음절의 종성이 /ㄹ/일 때 그 뒤에 ㄴ, ㄷ, ㄹ, ㅿ으로 시작하는 어미가 붙어서 활용하면, /ㄹ/이 줄어진다. 그런데 15세기 국어에서는 현대어와는 달리 선어말 어미 '-으시-/-ᄋᆞ시-' 앞에서도 '아ᄅ시니, 아ᄅ쇼셔' 등과 같이 어간의 끝 /ㄹ/이 그대로 유지되는 것이 특징이다.

15) '/ᆞ/ 탈락'과 '/ㅡ/ 탈락': 어간의 끝음절의 모음인 /ᆞ/, /ㅡ/는 모음 충돌을 피하기 위하여 /ㅗ, ㅜ/나 /ㅏ, ㅓ/로 시작하는 어미 앞에서 줄어진다.

16) '달아, 달오라'와 '빗어, 빗옴'에서 '아', '오', '옴'의 'ㅇ' 글자는 유성 후두 마찰음인 [ɦ]의 음가를 가진다.

간에 /ㅏ, ㅓ/나 /ㅗ, ㅜ/로 시작하는 어미가 붙으면, 어간의 /·, ㅡ/가 탈락하고, 홀로 남은 자음은 앞 음절의 종성의 자리로 이동하고 동시에 /ㄹ/이 덧붙는다.

(66) ㄱ. 天命을 <u>모르실씨</u> 꾸므로 알외시니　　　　　　　[용가 13장]

　　 ㄴ. 須達이 … 부텨 뵈ᅀᆞᆸᄂᆞᆫ 禮數를 <u>몰라</u>　　　　　[석상 6:20]

　　 ㄷ. 聖은 通達ᄒᆞ야 <u>몰롤</u> 이리 업슬 씨라　　　　　　[월석 1:19]

(67) ㄱ. 帝釋이 그 눉믈로 ᄀᆞᄅᆞ미 ᄃᆞ외야 <u>흐르게</u> ᄒᆞ니라　[석상 23:28]

　　 ㄴ. 時節이 … <u>흘러</u> 가면　　　　　　　　　　　　　　[석상 19:11]

　　 ㄷ. ᄀᆞᄅᆞ미 <u>흘루미</u> 氣運이 ᄧᅳ티 아니ᄒᆞ도다　　　[두언-초 7:12]

(66)의 '모ᄅᆞ다'와 (67)의 '흐르다'는 (ㄱ)처럼 일반적인 음운 환경에서는 어간의 끝 모음인 /·/와 /ㅡ/가 그대로 쓰였다. 반면에 (ㄴ)과 (ㄷ)처럼 /ㅏ, ㅓ/나 /ㅗ, ㅜ/로 시작하는 어미가 붙어서 활용하면, 어간의 끝소리인 /·/와 /ㅡ/가 탈락하고 홀로 남은 자음 /ㄹ/은 앞 음절의 종성으로 이동하였다. 그와 동시에 어미에 /ㄹ/이 덧붙어서 '몰라, 몰롤'과 '흘러, 흘룸'으로 실현되었다.

다섯째, 어미가 모음 조화 규칙에 의하여 교체되는 경우가 있다.

(68) ㄱ. 자바, ᄂᆞ라; 술ᄫᅩᄃᆡ, 노ᄑᆞ라

　　 ㄴ. 주거, 버서; 업수ᄃᆡ, 어두라

(69) ㄱ. 자ᄇᆞᆫ, 자ᄇᆞ며, 자ᄇᆞ이다

　　 ㄴ. 업슨, 업스며, 업스이다

(68)의 (ㄱ)에서는 어간과 어미의 모음이 양성 모음끼리 어울려서 실현되었으며, (ㄴ)에서는 음성 모음끼리 어울려서 실현되었다. 그리고 (69)의 (ㄱ)에서는 양성 모음으로 끝나는 어간 뒤에 양성의 매개 모음인 /ᄋᆞ/로 시작하는 어미가 실현되었고, (ㄴ)에서는 음성 모음으로 끝나는 어간 뒤에 음성의 매개 모음 /으/로 시작하는 어미가 실현되었다.

(다-2) 불규칙 활용

용언의 활용에는 어간이나 어미가 불규칙적으로 바뀌어서(개별적으로 교체되어) 일반적인 변동 규칙으로는 설명할 수 없는 것이 있다. 이러한 활용을 '불규칙 활용(不規則

活用)'이라고 하고, 불규칙하게 활용하는 용언을 '불규칙 용언(不規則用言)'이라고 한다.

규칙 활용과 불규칙 활용의 예로서, 어간이 /ㅅ/으로 끝나는 용언이 활용하는 모습을 살펴본다.

(70) ㄱ. 흐르는 므리 쇽졀업시 믌겨리 <u>솟놋다</u>　　　　　　[두언-초 14:33]

ㄴ. 伕羅騫馱는 … 바룴므를 <u>소사</u> 오르게 ᄒᆞ느니라　　　[석상 13:9]

(71) ㄱ. 오직 낫고 믈룸 업수미 일후미 不退心이라　　　　[능언 8:18]

ㄴ. 부텻 알ᄑᆡ <u>나ᅀᅡ</u> 드르샤　　　　　　　　　　　[석상 11:17]

(70)에서 '솟다(噴)'의 어간인 '솟-'은 (ㄱ)처럼 어미 '-놋다'와 결합하거나 (ㄴ)처럼 어미 '-아'와 결합하더라도 어간의 형태가 변하지 않았다. 이에 반해서 (71)에서 '낫다(進)'의 어간인 '낫-'은 (ㄱ)처럼 자음으로 시작하는 어미 '-고'와 결합할 때에는 어간의 형태가 바뀌지 않았지만, (ㄴ)처럼 모음으로 시작하는 어미 '-아'와 결합할 때는 어간의 형태가 '낫-'으로 바뀌었다. 여기서 '소사'와 '나ᅀᅡ'의 활용은 동일한 음운적인 환경에서 이루어졌다. 그런데 '솟다'가 '소사'로 활용할 때에는 어간의 형태가 변하지 않았지만, '낫다'가 '나ᅀᅡ'로 활용할 때에는 어간의 끝소리 /ㅅ/이 /ㅿ/으로 변했다. 이러한 차이점 때문에 '솟다'는 규칙 용언으로 처리하고, '낫다'는 불규칙 용언으로 처리한다.

불규칙 용언은 그것이 활용하는 모습에 따라서 '어간이 불규칙하게 바뀌는 용언'과 '어미가 불규칙하게 바뀌는 용언'으로 나뉜다.

〈 어간의 불규칙 활용 〉 활용할 때에 어간이 불규칙하게 바뀌는 용언으로는 'ㅅ' 불규칙 용언, 'ㅂ' 불규칙 용언, 'ㄷ' 불규칙 용언, 불규칙하게 활용하는 개별 용언 등이 있다.

ⓐ 'ㅅ' 불규칙 활용 : 어간이 /ㅅ/으로 끝나는 용언 중에는, 어간에 모음으로 시작하는 어미가 붙어서 활용할 때에, 어간의 끝 소리 /ㅅ/이 /ㅿ/으로 바뀌는 것이 있다.

(72) ㄱ. 武王이 곳갈 씌를 <u>밧디</u> 아니ᄒᆞ샤　　　　　　[내훈 1:36]

ㄴ. 薩遮尼乾은 … 머리 뽑고 옷 <u>바사</u> ᄃᆞ니ᄂᆞ니라　　[월석 20:14]

(73) ㄱ. 利益ᄒᆞ논 무숨 <u>짓디</u> 아니호미　　　　　　　　[금언 84]

ㄴ. (道士ᄃᆞᆯ히) … 表 <u>지ᅀᅥ</u> 연ᄌᆞᄫᆞ니　　　　　　[월석 2:69]

(72)의 '벗다(脫)'에서 어간의 끝소리 /ㅅ/은, (ㄱ)처럼 자음으로 시작하는 어미나 (ㄴ)처럼

모음으로 시작하는 어미 앞에서는 변동이 일어나지 않았다. 그런데 (73)에서 '짓다(作)'의 어간 끝소리 /ㅅ/은, (ㄱ)처럼 자음으로 시작하는 어미 앞에서는 형태가 바뀌지 않았지만, (ㄴ)처럼 모음으로 시작하는 어미 앞에서는 /△/으로 바뀌었다. 이러한 활용 모습의 차이 때문에 (71)의 '밧다'는 규칙 용언으로, (72)의 '짓다'는 'ㅅ' 불규칙 용언으로 처리한다.[17]

ⓑ **'ㅂ' 불규칙 활용** : 어간이 /ㅂ/으로 끝나는 용언 중에는, 어간에 모음으로 시작하는 어미가 붙어서 활용할 때에, 어간의 끝 소리 /ㅂ/이 /ㅸ/으로 바뀌는 것이 있다.[18]

(74) ㄱ. 그 東山애 열 가짓 祥瑞 나니 좁던 東山이 어위며　　　[월석 2:28]
　　　ㄴ. 八十種好ᄂᆞᆫ 손토비 조ᄫᆞ시고　　　[법언 2:14]

(75) ㄱ. 江漢앤 돐비치 곱도다　　　[두언-초 20:8]
　　　ㄴ. 太子ㅣ 性 고ᄫᆞ샤　　　[월석 21:211]

(74)에서 '좁다(陜)'의 어간 끝소리 /ㅂ/은, (ㄱ)처럼 자음으로 시작하는 어미의 앞과 (ㄴ)처럼 모음으로 시작하는 어미의 앞에서는 형태가 변하지 않았다. 그런데 (75)에서 '곱다(麗)'의 어간 끝소리 /ㅂ/은 (ㄱ)처럼 자음으로 시작하는 어미 앞에서는 형태가 변하지 않았지만, (ㄴ)처럼 모음으로 시작하는 어미 앞에서는 /ㅸ/으로 바뀌었다. 이러한 활용 모습의 차이에 때문에 (74)의 '좁다'는 규칙 용언으로, (75)의 '곱다'는 'ㅂ' 불규칙 용언으로 처리한다.[19]

ⓒ **'ㄷ' 불규칙 활용** : 어간이 /ㄷ/으로 끝나는 용언 중에는, 어간에 모음으로 시작하는 어미가 붙어서 활용할 때에, 어간의 끝 소리 /ㄷ/이 /ㄹ/로 바뀌는 것이 있다.

(76) ㄱ. 弟子들히 다 神力으로 諸方애 가 옷 밥 얻더니　　　[월석 22:71]
　　　ㄴ. 사ᄅᆞ미 모딘 ᄭᅮ믈 어더 구즌 相ᄋᆞᆯ 보거나　　　[월석 9:43]

---

17) 'ㅅ' 불규칙 용언으로는 '긋다(劃), 낫다(進), 닛다(承), ᄃᆞᆺ다(愛), 웃다(笑), 젓다(搖), 줏다(拾)' 등이 있고, 'ㅅ' 규칙 용언으로는 '밧다(脫), 벗다(脫), 빗다(梳), 솟다(迸), 싯다(洗)' 등이 있다.

18) 'ㅂ' 불규칙 용언의 어간 끝 자음인 /ㅂ/은 『월인석보』(1459)가 간행된 시기까지 /ㅸ/으로 변했고, 그 이후의 문헌에서는 /오/나 /우/로 변했다.

19) 'ㅂ' 불규칙 용언으로는 '갓갑다(近), 곱다(麗), 굽다(曲, 燒), 눕다(臥), 덥다(署), 돕다(助), 쉽다(易), 어렵다(難), 입다(迷), 칩다(寒); 곫다(竝), 섧다(難), 뢻다(澁), 붋다(履), 솗다(曰), 셟다(哀, 셟다), 엷다(薄)' 등이 있고, 'ㅂ' 규칙 용언으로는 '곱다(曲, 倍), 굽다(屈), 넙다(廣), 닙다(着), 잡다(執), 좁다(狹)' 등이 있다.

(77) ㄱ. 難陁ㅣ… 흔 빼 계도록 (므를) 긷다가 몯ᄒᆞ야   [월석 7:9]

ㄴ. 甁의 므를 <u>기러</u> 두고ᅀᅡ 가리라   [월석 7:9]

(76)에서 '얻다(得)'의 어간 끝소리 /ㄷ/은, (ㄱ)처럼 자음으로 시작하는 어미나 (ㄴ)처럼 모음으로 시작하는 어미 앞에서는 형태의 변화가 없다. 그런데 (77)에서 '긷다(汲)'의 어간 끝소리 /ㄷ/은 (ㄱ)처럼 자음으로 시작하는 어미 앞에서는 형태의 변화가 없지만, (ㄴ)처럼 모음으로 시작하는 어미 앞에서는 /ㄹ/로 바뀌었다. 이러한 활용 모습의 차이 때문에 (76)의 '얻다'는 규칙 용언으로, (77)의 '긷다'는 'ㄷ' 불규칙 용언으로 처리한다.[20]

ⓓ 개별 용언의 불규칙 활용 : '시므다, ᄌᆞᄆᆞ다'와 '녀다', '이시다'에만 나타나는 특수한 형태의 불규칙 활용이 있는데, 이는 개별 용언이 불규칙하게 바뀌는 활용이다.

첫째, '시므다(植)'와 'ᄌᆞᄆᆞ다(沈, 閉)'에 모음으로 시작하는 어미가 붙어서 활용할 때에는, 어간의 끝소리가 탈락하면서 동시에 /ㄱ/이 첨가된다.

일반적으로는 끝소리가 /ㅡ/나 /ㆍ/인 용언의 어간에 모음으로 시작하는 어미가 결합하여 활용하면, 어간의 끝소리 /ㅡ/와 /ㆍ/가 탈락한다.

(78) ㄱ. 大瞿曇이 피 무든 홀ᄀᆞᆯ <u>파</u> 가져   [월석 1:7]

ㄴ. 안 ᄆᆞᅀᆞ미 量이 <u>커ᅀᅡ</u>   [금언 61]

(ㄱ)에서 '포다'의 어간에 모음으로 시작하는 어미 '-아'가 결합하였는데, 어간의 끝소리 /ㆍ/가 탈락하여 '파'의 형태로 실현되었다. 그리고 (ㄴ)에서는 '크다'의 어간에 모음으로 시작하는 어미인 '-어ᅀᅡ'가 결합하면서, 어간의 끝소리 /ㅡ/가 탈락하여 '커ᅀᅡ'로 실현되었다. 이 변동은 동일한 음운적인 환경에서는 보편적으로 일어나므로, 이들 용언의 활용은 규칙 활용으로 처리한다.

그런데 '시므다/시ᄆᆞ다(植)'와 'ᄌᆞᄆᆞ다(沈/浸, 閉)'는 어간에 모음으로 시작하는 어미가 붙어서 활용하면, 위와 같은 일반적인 활용 방식과는 달리, 어간의 끝소리가 탈락하면서 동시에 /ㄱ/이 첨가된다.

(79) ㄱ. 여러 가짓 됴흔 根源을 <u>시므고</u>   [석상 19:33]

ㄴ. 아마도 福이 조ᅀᆞᆯ뷔니 아니 <u>심거</u> 몯홀 꺼시라   [석상 6:37]

---

20) 'ㄷ' 불규칙 용언으로는 '걷다(步), ᄭᆡᄃᆞᆮ다(覺), 다ᄃᆞᆮ다(到着), 일콛다(曰), 흗다(散)' 등이 있고, 'ㄷ' 규칙 용언으로는 '갇다(收), 굳다(堅), 돋다(出), 믿다(信), 얻다(得)' 등이 있다.

(ㄱ)에서 '시므다'는 자음으로 시작하는 어미 앞에서 어간의 끝 모음인 /ㅡ/가 그대로 유지되었다. 반면에 (ㄴ)에서는 모음으로 시작하는 어미 앞에서 어간의 끝소리인 /ㅡ/가 탈락하면서 동시에 /ㄱ/이 첨가되어 '심거'로 실현되었다.

(80) ㄱ. 王이 … 오시 즈무기 우르시고   [월석 8:101]
     ㄴ. 청 믈 든 뵈 줍가 우러난 즙 서 되를 머그라   [구간 6:36]

그리고 '즈무다(沈/浸)'와 '즈무다(鎖)'는 (ㄱ)에서는 자음으로 시작하는 어미 앞에서 어간의 끝 모음 /ㆍ/가 그대로 유지되었다. 그러나 (ㄴ)에서 '즈무다'는 모음으로 시작하는 어미 앞에서 어간의 끝소리인 /ㆍ/가 탈락하면서 동시에 /ㄱ/이 첨가되어 '줍가'로 실현되었다.

앞에서 살펴본 '시므다'와 '즈무다'의 특수한 활용 형태를 정리하면 다음과 같다.

시므- + -어 → 심ㄱ- + -어 → 심거
즈무- + -옴 → 줍ㄱ- + -옴 → 줍곰

둘째, '녀다(行)'의 어간인 '녀-'는 선어말 어미 '-거-'와 어말 어미 '-거' 앞에서 '니-'로 불규칙하게 바뀐다.

(81) ㄱ. 이 道룰 조차 발 뒷느니 모다 녀게 ㅎ니라   [월석 12:13]
     ㄴ. 法이 펴디여 가미 믈 흘러 녀미 ㄱ틀씨   [석상 9:21]

(82) ㄱ. 어셔 도라 니거라   [월석 8:101]
     ㄴ. 내 니거 지이다   [용가 58장]

(81)에서 '녀다'의 어간 '녀-'는 /ㄱ, ㅁ, ㄹ, ㅅ/과 같은 일반적인 음운론적 환경에서는 형태가 바뀌지 않고 '녀-'로 실현되었다. 이에 반해서 (82)에서 '녀-'는 선어말 어미 '-거-'와 연결 어미 '-거' 앞에서 '니-'로 바뀌어서 실현되었다. 곧 어간에 /ㄱ/으로 시작하는 어미 '-게'와 '-거-, -거' 등이 두루 실현되었는데, '-거-, -거'의 앞에서만 '녀-'가 '니-'로 실현되는 것을 알 수 있다. 따라서 '녀다'의 어간 '녀-'가 선어말 어미인 '-거-'나 어말 어미 '-거' 앞에서 '니-'로 변하는 현상을 불규칙 활용으로 처리한다.

셋째, '이시다(存, 有)'의 어간인 '이시-'는 자음으로 시작하는 어미 앞에서는 '잇-'으로 불규칙하게 바뀐다.

(83) ㄱ. 山行 가 이셔 하나빌 미드니잇가 [용가 125장]
　　 ㄴ. 가리라 ᄒᆞ리 이시나 長子ᄅᆞᆯ 브리시니 [용가 45장]

(84) ㄱ. 셔ᄫᅩᆯ 賊臣이 잇고 ᄒᆞᆫ 부니 天命이실ᄊᆡ [용가 37장]
　　 ㄴ. 善慧…곳 잇ᄂᆞᆫ 싸ᄒᆞᆯ 곧가 가시다가 [월석 1:9]

(83)에서 (ㄱ)의 '이셔'처럼 어간인 '이시-'에 일반적인 모음('-어', '-오-' 등)이 결합하거나, (ㄴ)처럼 매개 모음으로 시작하는 어미('-으나/-ᄋᆞ나', '-으니/-ᄋᆞ니', '-으며/-ᄋᆞ며' 등)가 결합하여 활용할 때에는, 어간의 형태가 바뀌지 않았다. 반면에 (84)의 '잇고, 잇ᄂᆞᆫ'처럼 매개 모음을 수반하지 않는 자음으로 시작하는 어미와 결합하여서 활용하면, '이시다'의 어간이 '잇-'으로 바뀌게 된다.

(85) ㄱ. 神人이 … ᄇᆞᄅᆞᆷ과 이슬와 마시고 [법언 2:28]
　　 ㄴ. 郞中과 評事ᄅᆞᆯ 待接ᄒᆞ야셔 술 마시노니 [두언-초 7:13]

그런데 '이시다'와 동일한 음운론적인 조건을 갖추고 있는 '마시다(飮)'의 어간인 '마시-'는, (85)처럼 그 뒤에 '-고'나 '-ᄂᆞ-'처럼 자음으로 시작하는 어미가 오더라도 형태가 '*맛-'으로 바뀌지 않았다. 따라서 (84)처럼 '이시다'의 어간인 '이시-'가 자음으로 시작하는 어미와 결합하여 '잇-'의 형태로 실현되는 현상을 불규칙 활용으로 처리한다.

〈 어미의 불규칙 활용 〉 활용할 때에 어간이 불규칙하게 바뀌는 용언으로는 다음과 같은 불규칙 활용이 있다.

ⓐ /ㄷ/으로 시작하는 어미의 /ㄷ/이 /ㄹ/로 바뀜 : /ㄷ/으로 시작하는 어미인 '-다, -다가, -더-, -도-' 등이, 서술격 조사와 '아니다'의 어간, 그리고 선어말 어미 '-리-, -니-' 뒤에 실현될 때에는 각각 '-라, -라가, -러-, -로-'로 불규칙하게 변동한다.

(86) ㄱ. 世尊이 … 舍利佛을 須達이 조차가라 ᄒᆞ시다 [석상 6:22]
　　 ㄴ. 져믄 저그란 안ᄌᆞᆨ ᄆᆞᆷ싯ᄀᆞ장 노다가 ᄌᆞ라면 어루 法을 [석상 6:11]
　　　　비호ᅀᆞᄫᆞ리이다
　　 ㄷ. ᄠᅳ데 몯 마즌 이리 다 願 ᄀᆞ티 ᄃᆞ외더라 [월석 10:30]
　　 ㄹ. ᄒᆞ오ᅀᅡ 平床이 뷔엿도다 [두언-초 18:6]

(87) ㄱ. 七寶塔 셰여 供養ᄒ더시니<u>라</u>　　　　　　　　[월석 21:220]

　　ㄴ. 네 得혼 거슨 聲聞의 慧眼이<u>라가</u> 이제 니르러ᅀᅡ　[금삼 73]

　　　　비르서 부텼 ᄠᅳ들 아ᅀᆞ올씨

　　ㄷ. 功德이 이러 당다이 부톄 ᄃᆞ외리<u>러</u>라　　　　　　[석상 19:34]

　　ㄹ. 녜 업던 이리<u>로</u>다　　　　　　　　　　　　　　[월석 1:14]

(86)의 'ᄒ시다, 노다가, ᄃᆞ외더라, 뷔엿도다'에 실현된 '-다, -다가, -더-, -도-'의 /ㄷ/
이 (87)에서는 '-라, -라가, -러-, -로-'와 같이 /ㄹ/로 바뀌었다. 곧 (87)에서 (ㄱ)의
'供養ᄒ더시니라'에서는 평서형 종결 어미인 '-다'가 '-라'로 바뀌었으며, (ㄴ)의 '慧眼이
라가'에서는 연결 어미인 '-다가'가 '-라가'로 바뀌었다. 그리고 (ㄷ)의 'ᄃᆞ외리러라'에서
는 회상의 선어말 어미인 '-더-'가 '-러-'로 바뀌었으며, (ㄹ)의 '이리로다'에서는 감동
표현의 선어말 어미인 '-도-'가 '-로-'로 바뀌었다.

　그런데 '-다, -다가, -더-, -도-' 등의 어미는 서술격 조사와 '아니다'의 어간이나 선
어말 어미 '-리-, -니-' 뒤에서만 '-라, -라가, -러-, -로-'로 변할 뿐이지, /ㅣ/로 끝나
는 모든 어간이나 어미 뒤에서 보편적으로 '-라, -라가, -러-, -로-'로 변하는 것은 아니
다. 따라서 '-다, -다가, -더-, -도-' 등이 서술격 조사인 '-이-'나 선어말 어미인 '-리-,
-니-' 뒤에서 '-라, -라가, -러-, -로-'로 실현되는 현상은 불규칙 활용으로 처리한다.

　ⓑ /ㄱ/으로 시작하는 어미의 /ㄱ/이 /ɦ/로 교체됨 : /ㄱ/으로 시작하는 어미 '-거늘, -거
니, -거니와, -거든; -고, -고져' 등은, /ㄹ/ 받침이나 반모음 /j/로 끝나는 용언의 어간,
서술격 조사와 '아니다', 그리고 선어말 어미 '-리-'의 뒤에서 /ㄱ/이 /ɦ/로 교체되어
'-어늘, -어니, -어니와, -어든; -오, -오져' 등으로 불규칙하게 변동한다.

(88) ㄱ. 蓮花ㅅ 고지 나<u>거늘</u> 世尊이 드듸샤　　　　　　[월석 2:34]

　　ㄴ. 耶輸ㅣ… 羅睺羅 더브러 노ᄑᆞᆫ 樓 우희 오르<u>시고</u>　[석상 6:2]

　　ㄷ. 惡趣를 듣<u>고져</u> 願ᄒ노이다　　　　　　　　　　[석상 21:37]

　　ㄹ. 아뫼나 와 가지리 잇<u>거든</u> 주노라　　　　　　　[월석 7:3]

(89) ㄱ. 西征에 功이 일<u>어늘</u> 所獲을 다 도로 주샤　　　[용가 41장]

　　ㄴ. 子는 아ᄃᆞ리<u>오</u> 孫은 孫子ㅣ니　　　　　　　　[월석 1:7]

　　ㄷ. 諸佛돌히… 부텼 知見으로 衆生을 뵈<u>오져</u> ᄒ시며　[석상 13:55]

　　ㄹ. 禮 아니<u>어든</u> 뮈디 아니홀씨　　　　　　　　　　[내훈 3:69]

(88)의 '나거늘, 오ᄅ시고, 듣고져, 잇거든'에서 /ㄱ/을 첫 소리로 가진 어미인 '-거늘, -고, -고져, -거든' 등이, (89)에서는 첫소리 /ㄱ/이 탈락하여 각각 '-어늘, -오, -오져, -어든'으로 바뀌어서 불규칙하게 실현되었다. 곧, (ㄱ)의 '일어늘'에서는 '-거늘'이 '-어늘'로, (ㄴ)의 '뵈오져'에서는 '-고져'가 '-오져'로 실현되었다. (ㄷ)의 '아ᄃ리오'에서는 '-고'가 '-오'로 (ㄹ)의 '아니어든'에서는 '-거든'이 '-어든'으로 바뀌어서 실현되었다.

ⓒ **/ㅗ, ㅜ/로 시작하는 어미의 /ㅗ/, /ㅜ/가 /로/로 바뀜**: /ㅗ, ㅜ/로 시작하는 어미의 /ㅗ, ㅜ/는 서술격 조사와 '아니다'의 어간 뒤에서는 /로/로 불규칙하게 변동한다.

(90) ㄱ. 됴ᄒᆞᆫ 法 닷고ᄆᆞᆯ 몯ᄒᆞ야 [석상 9:14]

ㄴ. 그 나랏 法에 봆 텨 사ᄅᆞᄆᆞᆯ 모도오ᄃᆡ [석상 6:28]

ㄷ. 우리ᄂᆞᆫ 다 부텻 아ᄃᆞᆯ ᄀᆞᆮᄒᆞ니 [월석 13:32]

ㄹ. 鹿母婦人이 나혼 고ᄌᆞᆯ 어듸 ᄇᆞ린다 [석상 11:32]

(91) ㄱ. 工夫ㅣ ᄒᆞᆫ가지로ᄆᆞᆯ 니르니라 [몽언 19]

ㄴ. 밀므리 사ᄋᆞ리로ᄃᆡ 나거ᅀᅡ ᄌᆞᄆᆞ니이다 [용가 67장]

ㄷ. 내 네 어미로니 오래 어드ᄫᅳᆫ ᄃᆡ 잇다니 [월석 21:55]

ㄹ. 道理 ᄒᆞᆫ가지론 고ᄃᆞᆯ 니르시니라 [석상 13:50]

(90)의 '닷고ᄆᆞᆯ, 모도오ᄃᆡ, ᄀᆞᆮᄒᆞ니, 나혼'에서 /ㅗ/나 /ㅜ/로 시작하는 어미인 '-옴, -오ᄃᆡ, -오-'가 (91)의 'ᄒᆞᆫ가지로ᄆᆞᆯ, 사ᄋᆞ리로ᄃᆡ, 어미로니, ᄒᆞᆫ가지론'에서는 '-롬, -로ᄃᆡ, -로-'로 바뀌었다. 곧, '-이다'와 '아니다'의 어간 뒤에서 (ㄱ)의 명사형 전성 어미인 '-옴'은 '-롬'으로, (ㄴ)의 연결 어미인 '-오ᄃᆡ'는 '-로ᄃᆡ'로, (ㄷ)의 화자 표현과 (ㄹ)의 대상 표현의 선어말 어미인 '-오-'는 '-로-'로 바뀌었다. 이러한 변동은 /ㅣ/로 끝나는 어간 뒤에서 보편적으로 일어나는 변동이 아니라, '-이다'와 '아니다'의 어간 뒤에서만 일어나는 예외적인 변동이므로 불규칙 활용으로 처리한다.

ⓓ **선어말 어미 '-아-/-어-'가 '-거-'와 '-나-'로 바뀜**: 화자의 '주관적인 믿음'을 표현하는 확인 표현의 선어말 어미는 타동사의 어간 다음에서 '-아-/-어-'로 실현된다. 그런데 확인 표현의 선어말 어미인 '-아-/-어-'가 형용사나 자동사 다음에는 '-거-'로, '오다'의 어간 뒤에서는 '-나-'로 불규칙하게 변동한다.

(92) ㄱ. 셜ᄫᅥ쎠 衆生이 正ᄒᆞᆫ 길흘 일허다 [석상 23:19]

ㄴ. 네 … 耆闍崛山 中에 가 道理 닷가라 [월석 23:77]

(93) ㄱ. 安樂國이는 … 어미도 몯 보아 시름이 더욱 깁거다   [월석 8:101]

　　ㄴ. 衆生이 福이 다♀거다   [월석 8:101]

　　ㄷ. 내 니마해 불론 香이 몯 물랫거든 도로 오나라   [월석 7:7]

먼저 타동사에서는 (92)의 '일허다, 닷가라'처럼 확인 표현의 선어말 어미가 '-아-/-어-'
의 형태로 실현되었다. 이에 반하여 형용사나 자동사에서는 (93)의 (ㄱ)과 (ㄴ)의 '깁거
다, 다♀거다'처럼 확인 표현의 선어말 어미가 '-거-'의 형태로 불규칙하게 실현되었다.
특히 자동사인 '오다'에서는 (ㄷ)의 '오나라'처럼 확인 표현의 선어말 어미가 '-나-'의
형태로 실현되는 것이 특징이다.

　ⓔ **'ㅎ-' 뒤에 실현되는 어미의 /아/가 /야/로 바뀜**: /ㅏ/로 시작하는 연결 어미 '-아, -아
서, -아도'나 확인 표현의 선어말 어미인 '-아-' 등은, 'ㅎ-'로 끝나는 용언의 어간에
결합하면 각각 '-야, -야서, -야도'와 '-야-'로 불규칙하게 변동한다.

(94) ㄱ. 眷屬 드외ㅅ바셔 셜본 일도 이러홀써   [석상 6:5]

　　ㄴ. 彌勒아 아라라   [월석 11:44]

(95) ㄱ. 어버ㅅ이며 … 아로리며 두루 에ㅎ야셔 울어든   [능언 2:4]

　　ㄴ. 길혜 어려본 이리 잇거든 兄弟 흔딕 둔니며 서르 救ㅎ야라 [월석 22:37]

(94)의 '드외ㅅ바셔, 아라라' 등과 같이 일반적인 어간에는 어미가 '-아(셔); -아-'의 형
태로 실현되었다. 반면에 (95)의 'ㅎ다'형 용언의 어간 다음에는 동일한 어미인 '-아(셔);
-아-'가 각각 '-야(셔); -야-'로 불규칙하게 바뀌었다.

2.1.5. 수식언

체언이나 용언 등을 수식(修飾)하면서 그 의미를 한정(限定)하는 단어를 '수식언(修飾
言)'이라고 하는데, 이러한 수식언으로는 '관형사'와 '부사'가 있다.

2.1.5.1. 관형사

가. 관형사의 개념

'관형사(冠形詞)'는 체언을 수식하면서 체언의 의미를 한정하는 말이다.

(1) ㄱ. 孤島 외 셤   [용가 5:42 37장]

    ㄴ. 아래로 첫 하ᄂ리라   [월석 1:19]

(ㄱ)의 '외'와 (ㄴ)의 '첫'은 각각 체언인 '셤'과 '하ᄂᆯ'을 수식하면서 그 의미를 한정하였다. 관형사는 형태의 변화가 없으며 그 뒤에 조사가 붙지 않는다. 또한 관형사는 체언만을 수식하며 그 뒤의 체언과 더불어서 체언구(명사구)를 형성한다.

나. 관형사의 유형

관형사는 의미·기능에 따라서 '성상 관형사, 지시 관형사, 수 관형사'로 나뉜다.

〈 성상 관형사 〉 '성상 관형사(性狀冠形詞)'는 성질이나 상태의 의미로 체언을 수식하는 관형사이다.

(2) ㄱ. 여스슨 외 바랫 두 머린 觀이니   [원언 하2-2:21]

    ㄴ. 眞金은 진딧 金이라   [월석 7:29]

    ㄷ. 이 ᄲᆞᆫ 아니라 녀나ᄆᆞᆫ 祥瑞도 하며   [월석 2:46]

    ㄹ. 녯 대예 새 竹筍이 나며   [금삼 3:23]

    ㅁ. 大愛道ㅣ ⋯ 헌 옷 닙고 발 밧고   [월석 10:17]

'외(孤, 오직, 하나의), 진딧(진짜의), 녀나ᄆᆞᆫ(餘他), 새(新), 헌(弊)'은 성상 관형사로서, 그 뒤에 실현되는 체언 '발, 金, 祥瑞, 竹筍, 옷'을 성질이나 상태의 의미로 수식한다.

〈 지시 관형사 〉 '지시 관형사(指示冠形詞)'는 발화 현장이나 문맥 속에 있는 대상을 가리키면서 체언을 수식하는 관형사이다. 지시 관형사로는 '이, 그, 뎌(=저); 어느, 어누(=어느), 므슷(=무슨), 므슴(=무슨); 아모(=아무)' 등이 있다.

첫째, '이, 그, 뎌'는 어떤 대상을 직접적으로 가리키는 정칭(定稱)의 지시 관형사이다. '이, 그, 뎌' 중에서 '이'는 화자에게 가까운 대상을, '그'는 청자에게 가까운 대상을, '뎌'는 화자와 청자 모두에게 먼 대상을 가리키면서 체언을 수식한다.

(3) ㄱ. 비홀 사ᄅᆞᄆᆞᆫ 모로매 몬져 이 트렛 이ᄅᆞᆯ 더러 ᄇᆞ리고   [내훈 3:56]

    ㄴ. 그 일후미 阿若憍陳如와 摩訶迦葉과⋯   [석상 13:1]

    ㄷ. 調達이 몸이 뎌 넉시러니   [월천 기136]

(3)에서 '이, 그, 뎌'는 발화 현장에 있는 특정한 대상(체언)을 가리키면서 수식하였다.

곧 (ㄱ)의 '이'는 '틀(=따위, 부류)'을 수식하였고, (ㄴ)의 '그'는 '일훔'을 수식하였으며, (ㄷ)의 '뎌'는 '넋'을 수식하였다.

둘째, '어느/어누'와 '므슷/므슴'은 그것이 수식하는 대상이 어떠한 것인지 물을 때에 쓰는 미지칭(未知稱)의 지시 관형사이다.

(4) ㄱ. 그디 子息 업더니 <u>므슷</u> 罪오   [월석 1:7]

    ㄴ. 片雲은 <u>므슴</u> 뜨드로 琴臺를 바랫느니오   [두언-초 7:3]

    ㄷ. (菩薩이) <u>어누</u> 나라해 가샤 나시리잇고   [월석 2:11]

(ㄱ)과 (ㄴ)의 '므슷'과 '므슴'은 그것이 수식하는 '罪'와 '뜯'이 어떠한 것인지를 물을 때에 쓰는 지시 관형사이다. 그리고 (ㄷ)에서 '어누/어느'는 여러 '나라ㅎ' 가운데서 지시 대상이 되는 '나라ㅎ'이 어떤 '나라ㅎ'인지 물을 때에 쓰는 지시 관형사다.

셋째, '아모(=某)'는 사람이나 사물을 특별히 정하지 않고 두루 가리켜서 말할 때에 쓰는 부정칭(不定稱)의 지시 관형사이다.

(5) <u>아모</u> 사르미나 ᄒ오ᅀᅡ 滅度를 得디 아니케 ᄒ야   [월석 12:48]

(ㄱ)의 '아모'는 특정한 '사름'을, (ㄴ)의 '아모'는 특정한 '부텨'를 정하지 아니하고 두루 가리켜서 말할 때에 쓰는 지시 관형사이다.

〈 **수 관형사** 〉 '수 관형사(數冠形詞)'는 수량 혹은 순서의 의미를 나타내면서, 그 뒤에 실현되는 체언을 수식하는 관형사이다.

첫째, '흔, 두, 세/석/서, 네/넉/너, 다숫/닷, 여슷/엿, 닐굽, 여듧, 아홉, 열, 열흔, 열둘/열두… 스믈/스므, 셜흔… 온(百), 즈믄(千)' 등은 특정한 수량을 나타내면서 그 뒤에 실현되는 체언을 수식한다.

(6) ㄱ. 黑龍이 흔 사래 주거   [용가 22장]

    ㄴ. 鈞은 <u>셜흔</u> 斤이라   [원언 하2-1:49]

    ㄷ. 온 사름 드리샤 기르말 밧기시니   [용가 58장]

    ㄹ. 므슴매 온 혜아룜과 ᄯᅩ <u>즈믄</u> 혜아료믈 머겟도다   [두언-초 11:4]

(6)에서 '흔, 셜흔, 온, 즈믄' 등은 수량의 의미를 나타내면서 그 뒤에 실현되는 체언인 '살, 斤, 사름, 혜아룜' 등을 각각 수식하였다. 이 밖에 부정수(否定數)를 나타내는 '흔두,

두서(2, 3), 서너, 너덧, 다엿, 여닐굽, 열아홉(8, 9), 두서열(數十)'도 쓰였다.

둘째, '현(=몇), 온갖(=온갖), 믈읫(=모든), 여러' 등은 수량과 관련하여 특별한 뜻을 나타내면서 명사를 수식한다.

(7)	ㄱ. <u>현</u> 고둘 올마시뇨	[용가 110장]
	ㄴ. <u>몃</u> 間ㄷ 지븨 사르시리잇고	[용가 110장]
	ㄷ. 봄이 오나든 <u>온갖</u> 고지 프며	[영남 상63]
	ㄹ. <u>믈읫</u> 字ㅣ 모로매 어우러사 소리 이느니	[훈언 13]
	ㅁ. 伎女는 풍류며 <u>여러</u> 가짓 지조 잘ㅎ는 겨지비라	[석상 3:5]

'현'은 (ㄱ)의 '현 곧'처럼 의문문에서 뒤에 오는 말과 관련된 수를 물을 때에 쓰는 말이다. (ㄴ)의 '몃(← 몇)'은 '현'과 동일한 의미로 쓰이는데, 명사 앞에서 관형사로 쓰일 때에는 반드시 '몃'의 형태로만 실현된다. (ㄷ)의 '온갖(← 온갖)'은 '이런저런 여러 가지'의 뜻으로 쓰이며, (ㄹ)의 '믈읫'은 '모든'의 뜻으로 쓰인다. (ㅁ)의 '여러'는 그것이 수식하는 명사의 수효가 많다는 뜻으로 쓰인다.

셋째, '첫/첫'은 제일(第一)의 뜻을 나타내면서 그 뒤에 실현되는 명사를 수식한다.

(8)	ㄱ. 아래로 <u>첫</u> 하느리라	[월석 1:19]
	ㄴ. <u>첫</u> 盟誓 일우리라	[월천 기114]

'첫/첫'은 (ㄱ)과 같은 일반적인 환경에서는 '첫'의 형태로 쓰이지만, (ㄴ)처럼 유성음으로 시작하는 명사 앞에서는 '첫'의 형태로 실현된다.

2.1.5.2. 부사

가. 부사의 개념

'부사(副詞)'는 특정한 용언이나 문장(절)을 수식하여 그 용언이나 문장의 의미를 한정하거나, 특정한 말을 다른 말에 이어 준다.

(9)	ㄱ. <u>그르</u> 알면 外道ㅣ오	[월석 1:51]
	ㄴ. 去聲은 <u>뭇</u> 노푼 소리라	[훈언 13]
	ㄷ. <u>비록</u> 사르미 무레 사니고도 즁싱 마도 몯ㅎ이다	[석상 6:5]
	ㄹ. 道國王과 <u>및</u> 舒國王은 實로 親ㅎ 兄弟니라	[두언-초 8:5]

(ㄱ)의 '그르'는 동사 '알다'를, (ㄴ)의 '밋'은 형용사 '높다'를, (ㄷ)의 '비록'은 이어진 문장의 앞절인 '사ᄅᆞ미 무레 사니고도'를 수식하였다. 그리고 (ㄹ)의 '밋'은 체언인 '道國王'과 '舒國王'을 이어서 명사구를 형성하였다.

부사는 형태의 변화가 없고, 격조사와 결합하지 않으며, 그 뒤에 실현되는 용언, 부사, 문장 등 여러 가지 문법적인 단위를 수식하거나 이어 주며, 부사어로 기능한다.

나. 부사의 유형

부사는 특정한 문장 성분을 수식하는 '성분 부사'와 문장이나 절을 수식하는 '문장 부사'로 구분한다.

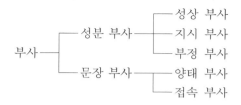

(나-1) 성분 부사

'성분 부사(成分副詞)'는 문장 속에서 특정한 문장 성분만을 수식하는 부사이다. 성분 부사는 의미와 기능에 따라서 '성상 부사, 지시 부사, 부정 부사'로 구분된다.

〈 **성상 부사** 〉 '성상 부사(性狀副詞)'는 주로 그 뒤에 실현되는 용언을 성질이나 상태의 뜻으로 수식하는 부사이다.

(10) ㄱ. 蓮모새 ᄀᆞᆺ 다ᄃᆞᄅᆞ면 [월석 7:61]

ㄴ. 눌와 <u>다못</u> 議論ᄒᆞ리오 [두언-초 8:46]

(11) ㄱ. 活潑潑은 <u>설설</u> 흐르는 믌겨레 비췬 돐비츨 닐온 마리니 [몽언 43]

ㄴ. 그 도기 슬해 이셔 <u>구믈구믈</u> 알ᄑᆞ고 ᄇᆞ랍거든 [구간 6:55]

(10)과 (11)에 제시된 부사는 성상 부사인데, 그 뒤에 실현되는 용언을 성질이나 상태의 실질적인 의미로 수식하고 있다. (10)에서 (ㄱ)의 'ᄀᆞᆺ'과 (ㄴ)의 '다못'은 각각 서술어로 쓰인 '다ᄃᆞᄅᆞ면'과 '議論ᄒᆞ리오'을 수식한다. 그리고 (11)에서 '설설'과 '구믈구믈'은 '의성 부사'와 '의태 부사'인데, 각각 서술어로 쓰인 '흐르는'과 '알ᄑᆞ고'를 수식한다. 15세기 국어에 쓰였던 성상 부사의 예를 보이면 다음의 (12)와 같다.

(12) 그르(잘못), ᄀ장(한껏, 가장), ᄀ(이제 막), 난겻(다투어), 다ᄆᆺ(함께, 더불어, 견주어),
     닫(따로, 별도로), 더듸(천천히), ᄆᆺ(가장), ᄯᆞ로/ᄯᅩ로(따로), 새(새로), ᄯᅩ(또), 어루(가히,
     넉넉히, 능히), 일(일찍, 이르게), 잘(잘), 절로(저절로), ᄒ마(이미, 머지않아); 설설(절절),
     구믈구믈(구물구물), ᄠᅮᆨ(툭), 듥긔동(덜커덩)

〈 지시 부사 〉 '지시 부사(指示副詞)'는 발화 현장에서 특정한 장소나 방향, 방법 등을
직접 가리키거나(直示), 앞선 문맥에서 이미 표현된 말을 대용(代用)하는 부사이다.

(13) ㄱ. 菩薩이 前生애 지숀 罪로 <u>이리</u> 受苦ᄒ시니라   [월석 1:6]
     ㄴ. 다시 묻노라 네 <u>어드러</u> 가ᄂ니오   [두언-초 8:6]
     ㄷ. 프레 드러 사ᄅᆷ 求호믈 <u>아ᄆ리</u> 호믈 몯ᄒ야 늘카온   [금삼 3:8]
        갈ᄒ로 버히고

직시나 대용의 기능을 하는 부사는 그것이 가리키는 대상이나 의미에 따라서 세 가지
유형으로 나뉜다. 먼저 (ㄱ)의 '이리'는 정칭(定稱)의 지시 부사로서 그 뒤에 실현된 특정
한 용언을 수식하였다. 반면에 (ㄴ)의 '어드러'는 미지칭(未知稱)의 지시 부사로서, 그리고
(ㄷ)의 '아ᄆ리'는 부정칭(不定稱)의 지시 부사로서, 각각 그 뒤에 실현된 특정한 용언을
수식했다. 15세기 국어에 쓰인 지시 부사의 예를 보이면 다음과 같다.

(14) ㄱ. 이리(=이렇게), 그리(=그렇게), 뎌리(=저렇게)
     ㄴ. 어드러(=어디로), 어드리(=어찌), 엇뎨(=어찌), 어느(=어찌), 므슴(=어찌)
     ㄷ. 아ᄆ리(=아무렇게)

〈 부정 부사 〉 '부정 부사(否定副詞)'는 긍정문을 부정문으로 바꾸어 주는 부사인데, 이에
는 '아니'와 '몯'이 있다.

(15) ㄱ. 向ᄋᆫ <u>아니</u> 오란 요스이라   [월석 서26]
     ㄴ. 부텻긔 받ᄌᆞᄫᅡᄂᆞᆯ 부톄 <u>아니</u> 바ᄃ신대   [월석 7:8]

(16) 四祖ㅣ 便安히 <u>몯</u> 겨샤   [용가 110장]

(15)의 '아니'는 문장으로 표현된 내용을 단순하게 부정하거나, 주체의 의지로써 문장의

내용을 부정하는 뜻을 나타낸다. (ㄱ)처럼 형용사인 '오라다'를 서술어로 하는 문장에서는 '아니'를 실현하여 '오라다'의 내용을 단순하게 부정하였으며, (ㄴ)처럼 동사인 '받다'를 서술어로 하는 문장에서는 주체의 의지로써 '받다'의 내용을 부정하였다. 반면에 (15)의 '몯'은 '할 수 없음' 혹은 '불가능성'의 뜻을 더하면서 문장의 내용을 부정한다(서정수, 1996: 961). 곧 (16)의 문장은 '四祖'가 '외적인 조건 때문에 어찌할 수 없이 편안(便安)히 계시지 못함'을 나타내었다.

(나-2) 문장 부사

'문장 부사(文章副詞)'는 문장이나 절 전체를 수식하는 부사인데, 이에는 '양태 부사'와 '접속 부사'가 있다.

〈**양태 부사**〉'양태 부사(樣態 副詞, 말재 어찌씨)'는 문장이나 절의 전체 내용에 대하여, '추측, 필연, 가정, 양보, 기원, 부정, 의혹, 당위'와 같은, 화자의 태도나 주관적인 판단을 표현하는 부사이다.

(17) ㄱ. 그 나랏 法에 布施호딕 <u>모로매</u> 童女로 내야 주더니　　　　[석상 6:14]

　　 ㄴ. <u>모딕</u> 세 가지로 닐어〈 ㄱᄌ리라　　　　　　　　　　　　[월석 2:14]

　　 ㄷ. <u>반ᄃ기</u> 甘雨ㅣ ᄂ리리라　　　　　　　　　　　　　　　[월석 10:122]

　　 ㄹ. <u>아마도</u> 福이 조〈ᄅᄫᆡ니 아니 심거 몯홀 꺼시라　　　　[석상 6:37]

　　 ㅁ. <u>믈읫</u> 有情이 貪ᄒ고 새옴블라 제 모물 기리고 ᄂ물 허러　[석상 9:15]

　　 ㅂ. <u>ᄒ다가</u> 술옷 몯 먹거든 너덧 번에 ᄂ화 머기라　　　　[구언 1:4]

　　 ㅅ. <u>비록</u> 사ᄅᄆᆡ 무레 사니고도 즁싱 마도 몯호이다　　　[석상 6:5]

(17)에서 (ㄱ~ㄷ)의 '모로매, 모딕, 반ᄃ기'는 화자가 문장의 내용을 당위적이거나 필연적인 사실로 인식함을 나타낸다. (ㄹ)의 '아마도'는 문장의 내용에 대한 일반적인 추측을 나타내며, (ㅁ)의 '믈읫'은 대략적인 추측을 나타낸다. (ㅂ)의 'ᄒ다가'는 이어진 문장의 앞절의 내용에 대한 가정을 나타내며, (ㅅ)의 '비록'은 양보를 나타낸다. 이처럼 '모로매, 모딕, 반ᄃ기, 아마도, 믈읫, ᄒ다가, 비록' 등은 문장이나 절의 전체 내용에 대한 화자의 태도나 주관적인 판단을 나타낸다. 지시 부사의 예를 보이면 다음과 같다.

(18) 모로매(=모름지기), 모딕(=반드시), 반ᄃ기(=반드시); 아마도(=아마도), 믈읫(=무릇, 대체로 헤아려 생각하건대); ᄒ다가(=만일), 비록(=비록)⋯

〈 **접속 부사** 〉 '접속 부사(接續副詞)'는 단어와 단어를 이어서 명사구를 형성하거나, 앞의 문장과 뒤의 문장을 이어 주는 부사이다.

(19) ㄱ. 밋(=및), 쏘(=또), 쏘흔(=또한), 혹(=혹은)

ㄴ. 그러나(=그러나), 그러면(=그러면), 그럴씨(=그러므로), 그런드로(=그러므로), 이런드로(=이러므로)

접속 부사는 접속 기능만 있는 것과, 접속 기능과 함께 대용 기능이 있는 것이 있다. (ㄱ)의 '밋, 쏘, 쏘흔, 혹' 등은 대용 기능은 없고 접속 기능만 있다. 반면에 (ㄴ)의 '그러나, 그러면, 그럴씨, 그런드로, 이런드로' 등과 같이 '그, 이' 등이 붙어서 형성된 접속 부사는 접속 기능뿐만 아니라, 앞의 문장을 대용하는 기능도 갖추고 있다.

접속 부사는 그것이 이어 주는 말의 단위에 따라서 '단어 접속 부사'와 '문장 접속 부사'로 나눌 수 있다.

첫째, '단어 접속 부사'는 단어와 단어를 이어서 명사구를 형성하는 기능을 한다.

(20) 道國王과 밋 舒國王은 實로 親흔 兄弟니라　　　　　　　　[두언-초 8:5]

(20)에서 '밋'은 명사인 '道國王'과 '舒國王'을 이어 줌으로써 이들 단어들을 명사구로 만들었다.

둘째, '문장 접속 부사'는 앞의 문장과 뒤의 문장을 특정한 의미적인 관계로 이어 주는 기능을 한다.

(21) ㄱ. 됴타 目連아 네 어루 모딘 龍을 降伏히리라　　　　　[월석 25:106]

그러나 目連아 心意를 구디 가져 어즈러본 想을 니르왇디 말라

ㄴ. 쏘 이 數에 더으디 아니훌 뜰 엇뎨 알리오　　　　　[법언 3:165]

그러면 니릇샨 아롬 어려우미 佛智의 어려우미 아니라

(ㄱ)에서 접속 부사인 '그러나'는 앞 문장과 뒤 문장의 사이에 실현되어서 '대조'의 의미 관계로 앞의 문장과 뒤의 문장을 이었으며, (ㄴ)에서 '그러면'은 '조건'의 의미 관계로 앞의 문장과 뒤의 문장을 이었다.

그런데 15세기 국어에서는 접속 부사가 이어진 문장 속의 앞절과 뒷절 사이에 실현되어서, 연결 어미의 접속 기능을 강화하는 경우가 있다.

(22) ㄱ. 그 믈 미틔 金 몰애 잇ᄂᆞ니 일후미 閻浮檀金이니   [월석 1:24]

　　　 그럴ᄊᆡ 일후믈 閻浮提라 ᄒᆞᄂᆞ니라

　　 ㄴ. 聲聞이 히미 비록 몯 미츠나 그러나 信으로 드로ᄆᆞᆯ 許ᄒᆞ실ᄊᆡ [법언 2:159]

(23) ㄱ. 아자바님내ᄭᅴ 다 安否ᄒᆞᅀᆞᆸ고 ᄯᅩ 耶輸陀羅ᄅᆞᆯ 달애야   [석상 6:1]

　　 ㄴ. 나며 드르실 저기어든 혹 앒셔며 혹 뒤셔   [소학언해 2:3]

(22)에서 접속 부사인 '그럴ᄊᆡ'와 '그러나'는 이어진 문장의 앞절 뒤에 실현된 연결 어미인 '-니, -나'의 의미를 되풀이하여 표현하였다. 그리고 (23)에서 'ᄯᅩ'와 '혹'도 앞절의 끝에 실현된 연결 어미인 '-고'와 '-며'의 의미를 되풀이하여 표현하였다. 이 경우의 접속 조사는 연결 어미의 접속 기능을 강화하는 기능을 한다.

2.1.6. 독립언

가. 독립언의 개념

독립언(獨立言)은 문장 속의 다른 말과 문법적인 관계를 맺지 않고 독립적으로 쓰이는 단어이다. 독립언으로는 '감탄사(感歎詞)'가 있는데, 감탄사는 화자가 '기쁨, 슬픔, 놀람, 불만' 등과 같은 감정이나, '대답, 다짐, 부름, 시킴' 등의 의지를 직접적으로 표출하는 말이다.

(1) ㄱ. 의 슬프다   [선언 서15]

　　 ㄴ. 아소 님하 어마님 ᄀᆞ티 괴시리 업세라   [악가, 가사 상6, 사모곡]

'의'나 '아소'와 같은 감탄사는 형태의 변화가 없으며 조사와도 결합하지 않는다. 그리고 활용하지 않는다는 점에서는 용언과 구분되며, 조사와 결합하지 않는다는 점에서는 체언과 구분된다.

나. 독립언의 유형

감탄사는 그 기능에 따라서 '감정 감탄사'와 '의지 감탄사'로 분류할 수 있다(최현배, 1980: 608 참조).

〈 감정 감탄사 〉 '감정 감탄사(感情 感歎詞)'는 화자가 청자를 의식하지 않고 자신의 감정을 표출하는 데 그치는 감탄사이다.

(2) ㄱ. <u>의</u> 丈夫ㅣ여 엇뎨 衣食 爲ᄒ야 이 ᄀᆞ호매 니르뇨   [법언 4:39]

　　ㄴ. <u>아으</u> 動動다리   [악궤 동동]

(ㄱ)에서 '의'는 현대어의 감탄사 '아'와 비슷한 뜻으로 쓰였으며, (ㄴ)에서 '아으'는 현대어의 '아이구'나 '아아' 등의 뜻으로 쓰였다. 이들 감탄사는 화자가 자신의 감정을 직접적으로 표현하는 말이라는 점이 특징이다.

〈 의지 감탄사 〉'의지 감탄사(意志 感歎詞)'는 화자가 자기의 요구나 판단을 청자에게 적극적으로 표현하는 감탄사이다.

(3) ㄱ. 舍利佛이 슬보ᄃᆡ <u>엥</u> 올ᄒᆞ시이다   [석상 13:47]

　　ㄴ. <u>아소</u> 님하 어마님 ᄀᆞ티 괴시리 업세라   [악가, 가사 상6, 사모곡]

(ㄱ)의 '엥'은 긍정의 대답말로서 현대어의 '예'와 같은 뜻으로 쓰였다. 반면에 (ㄴ)의 '아소'는 현대어의 '마소서'나 '앗으시오'와 같이 '금지'의 뜻을 나타내었다.

2.2. 단어의 형성

단어는 하나의 어근으로 이루어진 것도 있지만, 어근과 어근이 결합하거나 어근에 파생 접사가 붙어서 형성된 것도 있다.

2.2.1. 단어의 짜임새

〈 어근과 접사 〉특정한 단어를 짜 이루는 요소를 어근과 접사로 구분할 수 있다.

(1) ㄱ. 니ᄲᅩᆯ : 니-+ᄲᅩᆯ　　　　(2) ㄱ. ᄇᆞᄅᆞ매 : ᄇᆞ롬-+-애

　　ㄴ. 불무질 : 불무+-질　　　　　　ㄴ. 뮐씨 : 뮈-+-ㄹ씨

　　ㄷ. 검듸영 : 검-+-듸영　　　　　　ㄷ. 됴코 : 둏-+-고

'어근(語根)'은 단어 속에서 의미의 중심을 이루는 실질 형태소이다. 곧 어근은 단어 속에서 중심적이면서 실질적인 의미를 나타내는 형태소이다. (1)에서 'ᄲᅩᆯ, 불무, 검-'과 (2)에서 'ᄇᆞ롬, 뮈-, 둏-'은 단어 속에서 실질적인 의미를 나타내면서 의미의 중심을 이루므로 어근이다.

어근을 제외한 나머지 부분은 실질적인 의미가 없는 형식 형태소이다. 이처럼 어근에 붙어서 단어를 짜 이루는 요소로 작용하되, 실질적인 뜻을 나타내지 못하는 형식 형태소를 '접사(接詞)'라고 한다. (1)과 (2)에서 '니-, -질, -듸영, -애, -ㄹ씨, -고' 등은 모두 접사이다.

접사 중에서 어근에 새로운 의미를 더하거나 단어의 품사를 바꿈으로써, 새로운 단어를 만들어 주는 것을 '파생 접사(派生 接詞)'라고 한다. (1)에서 '니-, -질, -듸영'은 파생 접사이다. 파생 접사는 그것이 실현되는 위치에 따라서 '파생 접두사'와 '파생 접미사'로 구분하기도 한다. '파생 접두사'는 어근의 앞에 실현되는 파생 접사이며, '파생 접미사'는 어근의 뒤에 실현되는 파생 접사이다. (1)에서 '니-'는 파생 접두사이며 '-질'과 '-듸영'은 파생 접미사이다.

그리고 접사 중에서 문법적인 기능을 나타내는 것을 '굴절 접사(屈折 接詞)'라고 하는데, (2)에서 조사인 '-애'와 용언의 어미인 '-ㄹ씨, -고'는 굴절 접사이다.

〈 단일어와 복합어 〉 단어는 짜임새에 따라서 단일어와 복합어로 나뉘고, 복합어는 다시 합성어와 파생어로 나뉜다.

(3) ㄱ. 쇼, 나모; 새, 다시
ㄴ. 딩글다, 하다

(4) ㄱ. 무덤, 늘개
ㄴ. 글가마괴, 싀어미

(5) ㄱ. 밤낮, 뿔밥, 불뭇골
ㄴ. 검븕다, 오ᄅᆞ느리다, 도라오다

(3)에서 '쇼, 새; 딩글다' 등은 하나의 어근으로 이루어진 단어인데, 이와 같은 단어를 '단일어(單一語)'라고 한다. 이와 달리 (4)의 '무덤, 글가마괴'처럼 어근에 접사가 붙어서 이루어진 단어를 '파생어(派生語)'라고 하고, (5)의 '밤낮, 검븕다'처럼 둘 이상의 어근이 결합하여서 이루어진 단어를 '합성어(合成語)'라고 한다. 그리고 (4)와 (5)의 단어처럼 둘 이상의 어근이 결합하거나 어근에 파생 접사가 붙어서 된 단어를 아울러서 '복합어(複合語)'라고 한다.

〈 합성법과 파성법 〉 합성어나 파생어는 특정한 어근에 접사나 다른 어근이 결합하여 생겨난 말이다.

```
                    ┌─ 합성법(어근+어근): 밤-낮, 검-붉다
단어 형성법 ─┤           ┌─ 접두 파생법(접두사+어근): 갈-가마괴
                    └─ 파생법 ─┤
                              └─ 접미 파생법(어근+접미사): 쇠-어미
```

어근과 어근이 결합하여 새로운 단어(합성어)를 만드는 문법적 방법을 '합성법(合成法)'이라고 하고, 어근에 파생 접사가 결합하여 새로운 단어(파생어)를 만드는 문법적인 방법을 '파생법(派生法)'이라고 한다. 그리고 합성법과 파생법을 아울러서 '단어 형성법(單語 形成法, 造語法)'이라고 한다.

2.2.2. 합성어

어근과 어근을 합해서 새로운 단어를 형성하는 문법적인 절차를 '합성법'이라고 하는데, 여기서는 합성법의 유형에 대하여 알아본다.

2.2.2.1. 어근의 결합 방식에 따른 합성어

합성법은 합성어를 짜 이루는 어근들이 결합하는 방식에 따라서, '통사적 합성법'과 '비통사적 합성법'으로 구분된다.

〈 통사적 합성어 〉 '통사적 합성어(統辭的 合成語)'는 합성어를 구성하는 어근들이 결합되는 방식이 국어의 통사적인 짜임새가 형성되는 방식과 같은 합성어이다. 곧 통사적 합성법은 합성어를 구성하는 방식이, 문장 속에서 문장 성분들이 결합하는 일반적인 방식(통사적 규칙)과 동일한 합성어이다.

(6) 어싀아들, 희돌; 요스싀, 늘그니; 도라가다, 업시너기다; 값없다, 맛보다(嘗)

'어싀아들'과 '희돌'은 체언과 체언이 결합되어서, '요스싀'와 '늘그니'는 각각 관형사나 용언의 관형사형 뒤에 체언이 결합하여서 이루어진 합성어이다. '도라가다'는 앞의 용언과 뒤의 용언이 연결 어미에 의해서 결합되었으며, '업시너기다'는 부사에 용언이 결합되어서 형성된 합성어이다. '값없다'는 체언과 용언이 결합하여 [주어+서술어]의 통사적인 관계로 짜여진 합성어이고, '맛보다'는 [목적어+서술어]의 통사적인 관계로 짜인 합성어이다. (6)에 제시된 합성어는 모두 국어의 일반적인 통사 규칙에 맞게 짜였으므로 '통사적 합성어'라고 한다.

〈 비통사적 합성어 〉'비통사적 합성어(非統辭的 合成語)'는 어근들이 결합되는 방식이 국어의 통사적인 짜임새가 형성되는 방식과 다른 합성어이다. 곧 비통사적 합성법은 어근들의 결합 방식이 문장 속에서 문장 성분들이 결합하는 일반적인 방식(통사적 규칙)과는 다른 합성어이다.

(7) 죽살다, 뛰놀다; 감ᄑᆞᆯ다, 됴쿶다

용언과 용언이 이어질 때에는 앞 용언의 어간에 연결 어미가 실현되어야 통사적 규칙에 맞는다. 그런데 합성 동사인 '죽살다, 뛰놀다'와 합성 형용사인 '감ᄑᆞᆯ다, 됴쿶다'는 앞 용언(어근)의 어간에 연결 어미가 실현되지 않은 상태로 뒤의 용언(어근)이 결합되어 형성된 합성어이다. 이러한 합성어를 '비통사적 합성어'라고 하는데, 15세기 국어에서는 대부분 동사와 형용사에서만 비통사적 합성어의 예가 발견된다.

2.2.2.2. 합성어의 품사에 따른 합성법의 유형

합성어는 '체언 합성어, 용언 합성어, 수식언 합성어' 등과 같이 합성어의 품사에 따라서 유형을 나눌 수 있다.

가. 체언 합성어
〈 명사 합성어 〉 명사 합성어는 어근과 어근이 결합하여 형성된 명사이다.

(8) 쏭오좀, 암물; 곳믈, 둘기똥, 쇠젖; 요즈슴, 외짝; 져므니, 늘그니

'쏭오좀'과 '암물'은 명사 어근에 명사가 결합해서, '곳믈, 둘기똥, 쇠젖'은 각각 명사 어근에 관형격 조사인 '-ㅅ, -이, -ㅣ'가 붙은 다음에 뒤의 명사 어근과 결합해서 합성 명사가 되었다. '요즈슴'과 '외짝'은 관형사에 명사가 결합해서 합성 명사가 되었다. '져므니'는 형용사의 관형사형에 명사가 결합해서, '늘그니'는 동사의 관형사형에 명사가 붙어서 합성 명사가 되었다. 이처럼 명사 합성법으로 형성된 단어들은 대부분 통사적 합성어이다.

나. 용언 합성어
〈 동사 합성어 〉 동사 합성어는 어근과 어근이 결합하여 형성된 동사이다.

(9) ㄱ. 녀름짓다, 믈들다, 빛나다/빗나다, 술지다, 법받다, 앒셔다, 벋삼다

　　ㄴ. ᄀᆞᆯ디르다, 업시너기다

　　ㄷ. 나ᅀᅡ가다, 도라오다, ᄃᆞ라들다

(10) 듣보다, 딕먹다, 빌먹다, 뛰놀다, 사ᄅᆞ잡다, 오ᄅᆞᄂᆞ리다, 여위ᄆᆞᄅᆞ다, 죽살다

(9)의 단어들은 통사적 합성법으로 이루어진 합성 동사이다. (ㄱ)의 '녀름짓다'와 '믈들다'는 명사에 동사가 결합해서, (ㄴ)의 'ᄀᆞᆯ디르다'와 '업시너기다'는 부사에 동사가 결합해서, (ㄷ)의 '나ᅀᅡ가다'와 '도라오다'는 동사의 연결형에 동사가 결합하여서 합성 동사가 되었다. 이에 반해서 (10)의 '듣보다'와 '딕먹다' 등은 앞 어근에 연결 어미가 실현되지 않은 채로 뒤 어근이 결합하여 이루어진 비통사적 합성어이다.

〈 형용사 합성어 〉 형용사 합성어는 어근과 어근이 결합하여 형성된 형용사이다.

(11) 술지다, 그지없다, 힘세다; 됴쿶다, 검븕다, 감ᄑᆞᆯ다, 어위크다

'술지다'와 '그지없다' 등은 명사에 형용사가 붙어서 형성된 통사적 합성 형용사이다. 반면에 '됴쿶다'와 '검븕다' 등은 형용사의 어간에 형용사의 어간이 붙어서 형성된 비통사적 합성 형용사이다.

다. 수식언 합성어

〈 관형사 합성어 〉 관형사 합성어는 어근과 어근이 결합하여 형성된 관형사인데, 이처럼 관형사 합성어의 수는 그리 많지 않다.

(12) 흔두, 두어, 서너, 너덧, 다엿, 여닐곱, 닐여듧, 열아홉, 두어열(數十); 온갖

'흔두'는 관형사 '흔'에 관형사 '두'가 붙어서, '온갖'은 관형사 '온'에 명사 '갖(← 갓 : 가지)'이 붙어서 관형사가 되었다.

〈 부사 합성어 〉 부사 합성어는 어근과 어근이 결합하여 형성된 부사이다.

(13) 몯다, 다폴다폴, 너운너운; 나날, ᄆᆞᄃᆡᄆᆞᄃᆡ, 가지가지; 외ᄯᆞ로

'몯다' 등은 부사에 부사가 붙어서, '나날' 등은 명사에 명사가 붙어서, '외ᄯᆞ로' 등은

관형사에 부사가 붙어서 부사가 되었다. 여기서 '몯다, 다폴다폴, 너운너운, 나날, ᄆᄃᆡᄆ ᄃᆡ, 가지가지'는 통사적 합성어이며, '외ᄠ로'는 비통사적 합성어이다.

2.2.3. 파생어

파생어는 어근의 앞이나 뒤에 파생 접사가 붙어서 형성된 새로운 단어이다.

2.2.3.1. 한정적 접사와 지배적 접사

파생 접사는 의미와 문법적인 기능에 따라서 '한정적 접사'와 '통사적 접사'로 구분하기도 한다.

〈 한정적 접사 〉 파생어를 형성하는 과정에서 원래의 말(어근)에 특정한 의미만을 덧붙이는 접사를 '한정적 접사' 혹은 '어휘적 접사'라고 한다.

(14) 핟옷, 횟돌다; 아기씨, 열티다, 몯내

'핟옷'은 명사 어근인 '옷'에 파생 접두사인 '핟-'이 붙어서 명사가 되었고, '횟돌다'는 동사 어근인 '돌-'에 '횟-'이 붙어서 동사가 되었다. 반면에 '아기씨'는 명사 어근인 '아기'에 파생 접미사인 '-씨'가 붙어서 명사가 되었고, '열티다'는 동사 어근인 '열-'에 '-티-'가 붙어서 동사가 되었다. 그리고 '몯내'는 부사 어근인 '몯'에 파생 접미사인 '-내'가 붙어서 부사가 되었다. 이러한 한정적 접사는 어근에 특정한 의미만 덧붙일 뿐이지 문장의 통사적 구조나 어근의 품사를 바꾸는 일은 없기 때문에, 그것에 붙는 어근의 문법적인 성격을 바꾸지 않는다.

〈 지배적 접사 〉 파생 접사 중에는 어근에 특정한 의미만 덧붙이는 것이 아니라, 문장의 통사적 구조를 바꾸거나 어근의 품사를 바꾸는 기능을 하는 것도 있다. 이러한 파생 접사를 '지배적 접사' 혹은 '통사적 접사'라고 한다.

첫째, 파생 접사 중에는 어근의 품사는 그대로 유지시키지만, 어근의 문법적인 성격을 바꿈으로써 문장의 구조를 바꾸는 것이 있다.

(15) ㄱ. ᄉᆡ미 기픈 므른 ᄀᆞᄆᆞ래 아니 <u>그츨ᄊᆡ</u>   [용가 2장]
    ㄴ. 한비를 아니 <u>그치샤</u>   [용가 68장]

예를 들어서 '긏다'는 자동사이므로 이것이 쓰인 문장은 (ㄱ)처럼 '주어＋서술어'의 짜임 새로 실현된다. 이에 반해서 '긏다'에 사동 접사가 결합되어서 파생된 '그치다'는 타동사 이므로, 이것이 문장 속에서 서술어로 쓰이면 문장의 구조가 (ㄴ)처럼 '주어＋목적어＋ 서술어'의 짜임새로 실현된다.

(16) ㄱ. 블근 새 그를 므러   [용가 7장]
    ㄴ. 有情들히 … 모딘 즁싱 믈여 橫死홀 씨오   [월석 9:58]

'믈다'는 타동사이므로 그것이 실현된 문장은 (ㄱ)처럼 '주어＋목적어＋서술어'의 짜임 새로 실현된다. 반면에 '믈다'에 피동 접미사 '-이-'가 붙어서 파생된 '믈이다'는 자동사 이므로, '믈이다'가 서술어로 실현된 문장은 (ㄴ)처럼 '주어＋부사어＋서술어'의 짜임새 로 실현된다. 이처럼 사동사나 피동사를 파생하는 접사는 어근의 통사적 성질을 변화시 켜서 문장의 구조를 바꾸므로 지배적 접사이다.

둘째, 지배적 접사 중에는 어근의 품사까지 바꾸어서 어근의 문법적인 성질을 완전히 변화시키는 것도 있다.

(17) 艱難ᄒ다(형용사), 그림(명사), 기피다(동사), 새룝다(형용사)

'艱難ᄒ다'에서 '-ᄒ-'는 명사 어근인 '艱難'을 형용사로 파생시켰으며, '그림(畵)'에서 '-ㅁ'은 동사 어근인 '그리-'를 명사로 파생시켰다. 그리고 '기피다(深)'에서 '-이-'는 형 용사 어근인 '깊-'을 동사로 파생시켰으며, '새룝다(新)'에서 '-룝-'은 명사 어근인 '새 (新)'를 형용사로 파생시켰다. 이들 파생 접사 '-ᄒ-, -ㅁ, -이-, -룝-' 등은 어근에 특별 한 의미를 더해 줄 뿐만 아니라, 어근의 품사까지 바꾸므로 지배적 접사이다.

2.2.3.2. 접두 파생법

어근의 앞에 붙어서 새로운 단어를 만드는 접사를 '접두사(接頭辭)'라고 하고, 어근에 접두사를 붙여서 파생어를 만드는 문법적인 방법을 '접두 파생법'이라고 한다. 접두 파생 법과 접미 파생법을 서로 비교해 보면, 접두 파생법에는 다음과 같은 특징이 나타난다. 첫째, 접두 파생법은 접미 파생법에 비해서 파생어를 형성하는 힘(파생력)이 약한데, 이는 접두사와 결합하는 어근이 매우 한정되어 있기 때문이다. 둘째, 접두 파생법에서 접두사에는 일반적으로 어근의 품사를 바꾸거나 통사 구조를 바꾸는 '지배적 기능'은

없고, 어근의 의미를 제한하는 '한정적 기능'만 있다. 셋째, 접미 파생법과는 달리 접두
파생법으로 파생되는 단어는 체언과 용언(대부분 동사)에 한정된다.

가. 체언 파생어

다음의 단어들은 체언에 접두사가 붙어서 파생된 단어이므로, 어근의 품사인 체언을
그대로 유지한다(허웅, 1975: 142).

형태	의미	예
가-	못생긴	갓나히
갈-	무늬가 있는	갈웜, 갈지게, 갈외
글-	배가 흰	글가마괴, 글거믜
납-	넓다(廣)	납거믜
니-	잡곡에 대립되는 의미로 '보통의 쌀'	니뿔
댓-	크고 억센	댓무수, 댓빠리
들-	야생의	들기름, 들깨
뫼-	찰기가 없이 메진	뫼뿔
새-	희고 밝은	새별, 새매, 새삼
소-	맨-	소밥
쉿-	작고 둥근	쉿무수
스-	새로 된	스フ볼
싀-	새로 된, 媤	싀아비, 싀어미
ᄡᆞ-	곡식 가루, 흰	ᄡᆞ믈
아ᄎᆞᆫ-	작은	아ᄎᆞᆫ아ᄃᆞᆯ, 아ᄎᆞᆫ쫄, 아ᄎᆞᆫ설
이듬-	그 다음	이듬ᄒᆡ
읻-	둘(二)	읻ᄒᆡ
젼-	군것을 섞지 않은	젼술, 젼국, 쳥국(← 젼국)
초-	초(初)-	초ᄒᆞᄅᆞ
출-	끈기가 있는	출콩, ᄎᆞ뿔
춤-	인공을 잘 들인, 진짜의, 품질이 좋은	춤기름, 춤깨, 춤빗, 춤먹
한-	집밖의	한ᄃᆡ
핟-	솜을 넣은	핟옷
항-	큰(← 한)	항것

〈표 7〉 체언을 파생하는 접두사

나. 용언 파생어

다음의 단어들은 용언에 파생 접두사가 붙어서 파생된 단어이므로, 어근의 품사인

용언을 그대로 유지한다(허웅, 1975: 136).

형태	의미	예
걸-	걸다(掛)	걸앉다
것모르-	가짜(假)	것모르죽다
넙-	넘나들다	넙놀다
답-	한 군데 첩첩이	답샇다
더위-	손을 높이 올려 당기다.	더위잡다
덧-	강조	덧궂다
데-	감정적인 색채를 더함.	데쁘다
마-	수척(瘦瘠), 야위다	마므르다
몯(봇)-	힘주어 꽉	몯둥기다 / 봇둥기다
박-	힘주어 세게	박츠다
브르-	솟아나게	브르돋다, 브르쁘다
비-	멸시하여	비웃다
아시-	처음	아시쁘다
에-	옳지 않으면서 세기만 한	에굳다
엇-	어긋나게	엇막다
져-	기대에 어긋나게	져ᄇᆞ리다
즟-	바로 밑바닥까지	주잖다
즏-	함부로 마구	즏넓다
춪-	강조	춪듣다
치-	힘줌	치잡다, 치혀다
티-	위로, 세게, 힘주어	티츠다, 티소다, 티디르다, 티받다
횟-	돌아가는 모양	횟돌다, 횟도니다
훙-	남을 못살게	훙놀이다

〈표 8〉 용언을 파생하는 접두사

2.2.3.3. 접미 파생어

어근에 '파생 접미사(接尾辭)'가 붙어서 형성된 새로운 단어를 '접미 파생어'라고 한다. 접미 파생어의 유형을 파생어의 품사를 기준으로 설정해 보면 다음과 같다.

가. 체언 파생어

체언 파생어는 어근에 접미사가 붙어서 형성된 체언이다. 체언 파생어는 어근의 종류에 따라서 다음과 같은 유형으로 나눌 수 있다.

〈 체언 어근 + 접미사 〉 체언 어근에 접미사가 붙어서 다시 체언으로 파생된다.

> (18) ㄱ. 보롬가비, 뒷간, 아바님, 머리맡, 빗복, 글발, 아기씨, 말쏨, 프성귀, 스라기, 고랑,
> 무야지, 둥어리, 가락지, 불무질, 발측, 기동, 담장이
> ㄴ. 그듸
> ㄷ. 호나차히, 둘차히, 세차히, 네차히, 다숫차히, 여스차히, 닐굽차히,…
> ㄹ. 어비몯내; 그듸내, 너희(둘ㅎ), 저희(둘ㅎ)
> ㅁ. 나죄, 제; 目連이, 瞿曇이

(ㄱ)의 단어는 명사 어근에 접미사인 '-가비, -간, -님, -맡, -복, -발, -씨, -쏨, -성귀, -아기, -앙, -아지/-야지, -어리, -지, -질, -측, -옹, -장이' 등이 붙어서 다시 명사로 파생되었다. (ㄴ)의 단어는 대명사 어근에 높임의 의미를 나타내는 '-듸'가 붙어서 대명사로 파생되었다. (ㄷ)의 단어는 순서를 나타내는 서수사(序數詞)인데, 이들은 양수사(量數詞)인 '호나ㅎ, 둘ㅎ, 세ㅎ, 네ㅎ, 다숫' 등에 접미사인 '-자히/-차히/-재/-채' 등이 붙어서 서수사로 파생되었다. (ㄹ)의 단어는 명사와 대명사의 어근에 접미사 '-내, -희, -둘ㅎ'이 붙어서 복수(複數)의 의미를 더하였다. (ㅁ)의 단어는 어근에 특별한 뜻을 더하지 않는 접미사인 '-익, -의; -이'가 붙어서 된 파생 명사이다.

〈 용언 어근 + 접미사 〉 용언 어근에 접미사가 붙어서 체언으로 파생된다.

> (19) ㄱ. 이바디, 마지, 마쯔비; 거름, 무덤, 싸홈, 우숨; 골애, 울에, 늘개; 얼운
> ㄴ. 기리; 너븨, 노픠, 기릐, 킈, 더뷔, 치뷔

(ㄱ)의 단어는 동사 어근에 접미사 '-이; -음, -엄, -ㅁ, -움; -애, -에, -개; -ㄴ'이 붙어서, (ㄴ)의 단어는 형용사 어근에 접미사 '-이; -의/-의/-위'가 붙어서 명사로 파생되었다.

나. 동사 파생어

동사 파생어는 어근에 접미사가 붙어서 형성된 동사인데, 어근의 종류에 따라서 다음과 같은 유형으로 나눌 수 있다.

〈 용언 어근 + 접미사 〉 동사나 형용사의 어근에 파생 접미사가 붙어서 동사로 파생된다.

첫째, 동사 어근에 접미사가 붙어서 다시 동사로 파생될 수 있는데, 이때의 파생 접사는 '강조, 사동, 피동'의 기능을 나타낸다.

동사 어근에 강조의 기능의 파생 접미사가 붙어서 동사로 파생된 예가 있다.

　　(20) 니르받다/니르왇다, 밀왇다/미리왇다; 열티다; 니르혀다, 드위혀다

'니르받다/니르왇다, 밀왇다, 미리왇다'는 어근에 '-받-'과 '-왇-'이 붙어서, '열티다'는
어근에 '-티-'가 붙어서, '니르혀다, 드위혀다'는 어근에 '-혀-, -혀-'가 붙어서 동사로
파생되었다.
　　동사 어근에 사동 기능의 파생 접미사가 붙어서 사동사로 파생된 예가 있다.

　　(21) ㄱ. 무티다; 밧기다; 노기다, 살이다, 믈리다, 얼이다
　　　　 ㄴ. 도로다, 기울우다, 일우다, 머추다; 솟고다
　　　　 ㄷ. 니르다/니르다, 도르다, 사르다, 이르다/이르다
　　　　 ㄹ. 치오다, 티오다, 띄우다; 알외다, 닝위다

(ㄱ)의 '무티다; 밧기다; 노기다, 살이다'는 어근에 '-히-, -기-, -이-'가 붙어서, (ㄴ)의
'도로다, 기울우다, 일우다, 머추다, 솟고다'는 어근에 '-오-/-우-; -후-; -고-'가 붙어
서, (ㄷ)의 '니르다/니르다, 도르다, 사르다, 이르다/이르다'는 어근에 '-ᄋ-/-으-'가 붙
어서 사동사로 파생되었다. (ㄹ)의 '치오다, 티오다, 띄우다'는 어근에 '-이-/-ㅣ-'와 '-
오-/-우-'가 겹쳐서 실현되어 사동사로 파생되었다. 끝으로 (ㄹ)의 '알외다, 닝위다'는
어근인 '알다'와 '닛다'에 '-오-/-우-'와 '-ㅣ-'가 겹쳐서 사동사로 파생되었다.
　　동사 어근에 피동 기능의 파생 접미사가 붙어서 피동사로 파생된 예가 있다.

　　(22) ㄱ. 두피다; 다티다; 담기다, 듭기다
　　　　 ㄴ. 미예다, 괴예다

(ㄱ)의 '두피다, 다티다, 담기다, 듭기다'는 어근에 각각 피동 접미사인 '-이-, -히-, -기
-'가 붙어서 피동사로 파생되었다.21) 그리고 (ㄴ)의 '미-'나 '괴-'처럼 하향적 이중 모음
인 /j/로 끝난 어근에서는 피동 접미사 '-이-'가 '-예-'의 형태로 실현될 수도 있다.
　　둘째, 형용사 어근에 접미사가 붙어서 동사로 파생될 수 있다.

---

21) 피동 접미사인 '-이-, -히-, -기-'는 어근이 놓이는 음운론적인 환경에 따라서 구분되어 실현된다.
　　곧 /ㄱ, ㄷ, ㅂ, ㅈ/과 같은 거센소리의 짝이 있는 예사소리의 어근 뒤에는 '-히-'가, /ㅁ/으로 끝난
　　어근 뒤에는 '-기-'가, 그리고 나머지 소리의 어근 뒤에는 '-이-'가 실현된다.

(23) ㄱ. 너피다, 더러비다

　　 ㄴ. 녀토다, 길우다, ᄀ초다

　　 ㄷ. 업시보다/업시오다/업시우다

(ㄱ)의 '너피다, 더러비다'는 형용사 어근에 사동 접미사인 '-히-, -이-'가 붙어서, (ㄴ)의 '녀토다, 길우다, ᄀ초다'는 사동 접미사 '-오-, -우-, -호-'가 붙어서 사동사로 파생되었다. 그리고 (ㄷ)의 '업시우다'는 '없다'에 동사 파생 접미사 '-이브-/-이오-/-이우-'가 붙어서 사동사로 파생되었다(허웅, 1975: 201 참조).

　　〈 명사 어근＋ᄒ다 〉 명사 어근에 접미사인 '-ᄒ-'가 붙어서 동사로 파생된다.

(24) 공ᄉᄒ다, 그슴ᄒ다, 깃ᄒ다, 시름ᄒ다, 싀ᄒ다, 풍류ᄒ다

'공ᄉᄒ다, 그슴ᄒ다, 깃ᄒ다, 시름ᄒ다, 싀ᄒ다, 풍류ᄒ다'는 명사 어근인 '공ᄉ, 그슴, 깃, 시름, 싀, 풍류'에 파생 접미사 '-ᄒ-'가 붙어서 동사로 파생되었다.

　　〈 부사 어근＋ᄒ다 〉 부사 어근에 접미사인 '-ᄒ-'가 붙어서 동사로 파생된다.

(25) ㄱ. 그르ᄒ다, ᄀ장ᄒ다, 다ᄒ다, 다믓ᄒ다, 더ᄒ다, 잘ᄒ다

　　 ㄴ. 이리ᄒ다, 엇뎨ᄒ다/엇디ᄒ다

　　 ㄷ. 아니ᄒ다, 몯ᄒ다

(ㄱ)의 '그르ᄒ다, ᄀ장ᄒ다, 다ᄒ다, 다믓ᄒ다, 더ᄒ다, 잘ᄒ다'는 성상 부사인 '그르, ᄀ장, 다(悉), 다믓, 더, 잘'에, (ㄴ)의 '이리ᄒ다, 엇뎨ᄒ다/엇디ᄒ다'는 지시 부사인 '이리, 엇뎨/엇디'에, 그리고 (ㄷ)의 '아니ᄒ다, 몯ᄒ다'는 부정 부사인 '아니, 몯'에 파생 접미사인 '-ᄒ-'가 붙어서 동사로 파생되었다.

　　〈 영 파생 〉 일반적인 동사 파생 방법과는 달리, 명사 어근에 특정한 파생 접사가 실현되지 않았는데도 명사가 동사로 파생되는 경우가 있다. 이렇게 형태가 없는 '영 접미사(-∅-, zero suffix)'를 실현하여 새로운 단어를 만드는 조어 방법을 '영 파생'이라고 한다.

(26) 깃다, ᄀ믈다, 곪다, 너출다, 되다, 신다, 씌다, 품다, 낛다

(26)의 예는 모두 명사에 동사를 파생하는 영 접미사가 붙어서 파생된 동사이다. 곧, '깃다, ᄀ믈다, 곪다, 너출다, 되다, 신다, 씌다, 품다, 낛다'는 각각 명사 어근인 '깃(巢),

ᄀᆞᄆᆞᆯ(旱), 너출(蔓), 굼(重), 되(升), 신(履), ᄯᅴ(帶), 품(胸), 낛(釣)'에 '영 접미사(무형의 형태소)'
가 붙어서 동사로 파생되었다.

다. 형용사 파생어

형용사 파생어는 어근에 접미사가 붙어서 형성된 형용사인데, 어근의 종류에 따라서
다음과 같은 유형으로 나눌 수 있다.

〈 용언 어근+접미사 〉 형용사나 동사의 어근에 파생 접미사가 붙어서 형용사로 파생
된다.

(27) 녇갑다, ᄀᆞᆺ갑다, 맛갑다

(28) ㄱ. 골프다, 밧브다, 믿브다, 깃브다, ᄋᆞᆺ브다

ㄴ. 그립다, 뮙다; ᄉᆞ랑ᄒᆞᆸ다, 恭敬ᄒᆞᆸ다, 感動ᄒᆞᆸ다, 怒ᄒᆞᆸ다, 愛樂ᄒᆞᆸ다

ㄷ. 앗갑다, 므겁다, 즐겁다

(27)의 '녇갑다, ᄀᆞᆺ갑다, 맛갑다'는 형용사 어근에 접미사 '-갑-'이 붙어서 다시 형용사로
파생되었다. 그리고 (28)의 단어들은 동사 어근에 접미사가 붙어서 형용사로 파생되었
다. (ㄱ)의 '골프다, 밧브다, 믿브다, 깃브다, ᄋᆞᆺ브다'는 동사 어근에 '-ᄇᆞ-/-브-/-ᄇᆞ-'가
붙어서, (ㄴ)의 '그립다'와 'ᄉᆞ랑ᄒᆞᆸ다'는 동사 어근에 '-ㅂ-'이 붙어서, (ㄷ)의 '앗갑다,
므겁다, 즐겁다'는 동사 어근에 '-압-/-업-'이 붙어서 형용사로 파생되었다.

〈 명사 어근+접미사 〉 명사 어근에 파생 접미사가 붙어서 형용사로 파생된다.

(29) ㄱ. 疑心둡다/疑心ᄃᆞ뵈다, 쥬변둡다/쥬변ᄃᆞ외다, 시름ᄃᆞ외다

ㄴ. 새롭다/새릅다/새ᄅᆞ외다, 겨르롭다/겨르ᄅᆞ뵈다/겨르ᄅᆞ외다, 受苦롭다/受苦ᄅᆞ뵈다,
아ᄉᆞᄅᆞ외다

ㄷ. 곳답다, 아름답다

ㄹ. 힘젓다, 香氣젓다, 利益젓다

(ㄱ)의 '疑心둡다, 쥬변둡다'와 (ㄴ)의 '새롭다, 겨르롭다' 등은 명사 어근에 '-둡-/-ᄃᆞ뵈
-/-ᄃᆞ외-'와 '-롭-/-ᄅᆞ뵈-/-ᄅᆞ외-' 등이 붙어서 파생된 형용사이다. (ㄷ)에서 '곳답다,
아름답다'는 명사 어근에 '-답-'이 붙어서, (ㄹ)에서 '힘젓다'와 '香氣젓다'는 명사 어근
에 '-젓-'이 붙어서 형용사로 파생되었다.

〈 관형사＋접미사 〉 관형사 어근에 파생 접미사가 붙어서 형용사로 파생된다.

   (30) 외롭다/ 외롭다/ 외ㄹ외다

관형사에서 파생된 형용사는 수가 많지 않은데, '외롭다/외롭다/외ㄹ외다'는 관형사 어근인 '외(單)'에 '-롭-/-롭-/-ㄹ외-'가 붙어서 된 형용사의 예이다.22)

〈 불완전 어근＋접미사 〉 불완전 어근에 파생 접미사가 붙어서 형용사로 파생된다. '불완전 어근(특수 어근, 불구 뿌리)'은 오직 한 형태소와만 결합될 수 있거나, 또는 그에 가까운 성질을 가진 어근이다. 그러므로 이 유형에 드는 어근은 '-ㅎ다' 이외의 다른 형태소와 직접적으로 결합되는 일이 거의 없다(허웅, 1975: 216).

   (31) ㄱ. 고죽ㅎ다, ㄱ믇ㅎ다, ㅈㅈㅎ다, ㄴ죽ㅎ다, 당당ㅎ다, 아득ㅎ다, 어즐ㅎ다
       ㄴ. 이러ㅎ다, 그러ㅎ다, 뎌러ㅎ다; 엇뎌ㅎ다, 아ᄆ라ㅎ다

(ㄱ)의 '고죽ㅎ다, ㄱ믇ㅎ다, ㅈㅈㅎ다, ㄴ죽하다, 당당ㅎ다, 아득ㅎ다, 어즐ㅎ다'와 (ㄴ)의 '이러ㅎ다, 그러ㅎ다, 뎌러ㅎ다; 엇뎌하다, 아ᄆ라ㅎ다'는 각각 불완전 어근인 '고죽, ㄱ믇, ㅈㅈ, ㄴ죽, 당당, 아득, 어즐'과 '이러, 그러, 뎌러; 엇뎌, 아ᄆ라'에 접미사인 '-ㅎ-'가 붙어서 형용사로 파생되었다.

라. 관형사 파생어

'관형사 파생어'는 어근에 접미사가 붙어서 형성된 관형사인데, 그 예가 극히 드물다.

   (32) 모든, 헌; 오은/온; 이런, 그런, 뎌런, 엇던

'모든(＝모든)'과 '헌'은 동사인 '몬다(集), 헐다(弊)'의 어근에 접미사인 '-은/-ㄴ'이 붙어서, '오은/온(＝온, 모든)'은 형용사인 '오올다(全)'의 어근에 파생 접미사인 '-은/-ㄴ'이 붙어서 된 관형사이다. '이런, 그런, 뎌런, 엇던'은 형용사인 '이러ㅎ다, 그러ㅎ다, 뎌러ㅎ다, 엇뎌ㅎ다'의 어근에 파생 접미사인 '-ㄴ'이 붙어서 된 파생 관형사이다(남광우 2009).

---

22) '새롭다/새롭다/새ㄹ외다'가 명사인 '새(＝ 새것)'에 '-롭-/-롭-, -ㄹ외-'가 붙어서 형성된 형용사인 점을 감안하면, '외롭다/외롭다/외ㄹ외다'에서 어근인 '외'도 명사이었을 가능성이 있다.

마. 부사 파생어

부사 파생어는 어근에 접미사가 붙어서 형성된 부사인데, 어근의 종류에 따라서 다음과 같은 유형으로 나눌 수 있다.

〈부사 어근+접미사〉 부사 어근에 접미사가 붙어서 다시 부사로 파생된다.

(33) 고대, 몯내, 본ᄃᆡ로/본ᄃᆡ록

'고대'는 부사 어근인 '곧'에 접미사인 '-애'가 붙어서, '몯내'는 부사 어근인 '몯'에 '-내'가 붙어서 다시 부사로 파생되었다. 그리고 '본ᄃᆡ로/본ᄃᆡ록'은 부사 어근인 '본ᄃᆡ'에 부사격 조사가 파생 접사로 기능하는 '-로/-록'이 붙어서 다시 부사로 파생되었는데, '본ᄃᆡ록'은 '본ᄃᆡ로'가 강조된 형태이다.

〈체언 어근+접미사〉 체언 어근에 접미사가 붙어서 부사로 파생된다.

(34) 갓가ᄉᆞ로, 날로, 새로, 진실로; 내죵내, ᄆᆞᄎᆞᆷ내; 몸소, 손소; 이리, 그리, 뎌리, 아ᄆᆞ리

'갓가ᄉᆞ로, 날로, 새로, 진실로'는 명사 어근에 접미사인 '-ᄋᆞ로/-로'가 붙어서, '내죵내, ᄆᆞᄎᆞᆷ내'는 '-내'가 붙어서, '몸소, 손소'는 '-소'가 붙어서 부사로 파생되었다. 그리고 '이리, 그리, 뎌리, 아ᄆᆞ리' 등은 대명사인 '이, 그, 뎌'와 'ᄋᆞᄆᆞ(某)'에 접미사인 '-리'가 붙어서 부사로 파생되었다.

〈용언 어근+접미사〉 용언 어근에 파생 접미사가 붙어서 부사로 파생된다.

(35) ㄱ. 비르서, 모다, 가ᄉᆡ야; 다, 더
ㄴ. 갓ᄀᆞ로, 너무, 넘우, 도로, 두루, 마조, 비르수, 조초

(35)의 예는 동사 어근에 접미사가 붙어서 된 부사이다. (ㄱ)의 '비르서, 모다, 가ᄉᆡ야; 다, 더'는 동사 어근에 접미사인 '-아/-어/-야'가 붙어서, (ㄴ)의 '갓ᄀᆞ로, 너무, 넘우, 도로, 두루, 마조, 비르수, 조초'는 동사 어근에 '-오/-우'가 붙어서 부사로 파생되었다.

(36) ㄱ. 기리, 기피, 너비, 노피, 불기, 슬피, 업시, 오래, 키, 해; 달이, ᄲᆞᆯ리; 더러ᄫᅵ/더러이, 두려ᄫᅵ/두려이, 어려ᄫᅵ/어려이, 두터이, 새로이
ㄴ. 이러히, 뎌러히, 훤츨히; ᄀᆞᄃᆞ기, ᄂᆞᄌᆞ기

ㄷ. 골오, 오ᄋ로, 외오

ㄹ. 이대

ㅁ. 그러나, 그러면/이러면, 그럴씨/이럴씨

ㅂ. 이런ᄃ로, 그런ᄃ로

(36)의 예는 형용사 어근에 접미사가 붙어서 된 부사이다. (ㄱ)의 '기리, 기피, 너비, 노피, 불기, 슬피, 업시, 오래, 키, 해; 달이, 샐리; 어려비/어려이, 두려비/두려이, 더럽비/더러이, 두터이, 새로이'는 형용사 어근에 접미사인 '-이'가 붙어서 부사로 파생되었다. (ㄴ)의 '이러히, 퍼러히, 훤츨히'와 'ᄀ득기, ᄂ즈기'는 형용사인 '이러ᄒ다, 퍼러ᄒ다, 훤츨ᄒ다'와 'ᄀ득ᄒ다, ᄂ즉ᄒ다'에 접미사인 '-이'가 붙어서 부사로 파생되었다. (ㄷ)의 '골오'는 형용사인 '고ᄅ다(均)'에 접미사인 '-오'가 붙어서 부사로 파생되었다. (ㄹ)의 '이대'은 형용사인 '읻다(好)'의 어간에 접미사인 '-애'가 붙어서 부사로 파생되었다. (ㅁ)의 '그러나, 이러면/그러면, 이럴씨/그럴씨'는 형용사인 '이러ᄒ다/그러ᄒ다' 등의 어근에, 파생 접사로 기능이 바뀐 연결 어미 '-나, -면, -ㄹ씨'가 붙어서 접속 부사로 파생되었다. (ㅂ)의 '이런ᄃ로'와 '그런ᄃ로'는 용언의 활용형인 '이런'과 '그런'에 의존 명사인 'ᄃ'와 부사격 조사인 '-로'가 결합하여 접속 부사로 파생되었다.

〈 영 파생 〉 동사나 형용사 어근에 무형의 파생 접미사가 붙어서 부사로 파생된다.

(37) 거싀, 고초, 그르, ᄀ초, 골, 니르, 더듸, 모도, 바ᄅ, ᄉ뭇, 비릇, 비브르, 하

(38) 거싀다, 고초다, 그르다, ᄀ초다, 골다(← 궅다), 니르다/니ᄅ다, 더듸다, 모도다, 바ᄅ다, ᄉ뭇다(← ᄉ뭋다), 비릇다, 비브르다, 하다

(37)에서 '거싀, 고초, 그르, ᄀ초, 골, 니르/니ᄅ, 더듸, 모도, 바ᄅ, ᄉ뭇, 비릇, 비브르, 하(← 하다)' 등은 각각 (38)에 제시된 용언의 어간(=어근)에 무형의 부사 파생 접미사인 '-∅'가 붙어서 파생된 부사이다.

바. 조사 파생어

조사 파생어는 용언이나 서술격 조사인 '-이다'로 된 어근에 접미사가 붙어서 형성된 조사인데, 어근의 종류에 따라서 다음과 같은 유형으로 나눌 수 있다.

〈 용언의 활용형 〉 용언 어근에 접미사가 붙어서 조사로 파생된다.

(39) ㄱ. 阿鼻地獄브터 有頂天에 니르시니   [석상 13:16]

ㄴ. 世尊이 文殊師利ᄃ려 니ᄅ샤ᄃᆡ   [석상 9:11]

ㄷ. 受苦ᄅ빙요미 地獄두고 더으니   [월석 1:21]

ㄹ. 夫人도 목수미 열 둘ᄒ고 닐웨 기터 겨샷다   [월석 2:13]

(40) 븥다(附), ᄃ리다(伴), 두다(置), ᄒ다(爲)

(39)의 '-브터, -ᄃ려; -두고, -ᄒ고'는 (40)에 제시된 용언의 어간인 '븥-, ᄃ리-, 두-, ᄒ-'에 파생 접사로 기능하는 '-어, -고'가 붙어서 조사로 파생되었다.[23]

〈 '-이다'의 활용형 〉 서술격 조사인 '-이다'의 어근에 접미사가 붙어서 조사로 파생된다. 이처럼 '-이다'에서 파생된 조사로는 '-이나, -이어나, -이ᄃ록, -인들'이 있다.

(41) ㄱ. 아뫼나 이 經을 디녀   [석상 9:21]

ㄴ. 이런 有情ᄃᆞᆯᄒ 이에셔 주그면 餓鬼어나 畜生이어나   [석상 9:12]

   ᄃ외리니

ㄷ. 밤듕이ᄃ록 자디 아니ᄒ시며   [내훈 2 하38]

ㄹ. 엇뎨 져ᄀ간인들 놀라 저ᄒ리오   [금삼 3:25]

(ㄱ)과 (ㄴ)에서 '-이나'와 '-이어나'는 '-이다'의 어간에 파생 접사로 기능하는 연결 어미인 '-나'와 '-어나'가 붙어서 '선택'의 의미를 나타내는 보조사로 파생되었다. 그리고 (ㄷ)과 (ㄹ)에서 '-이ᄃ록'과 '-인들'은 각각 '-이다'의 어간에 파생 접미사로 기능하는 연결 어미인 '-ᄃ록'과 '-ㄴ들'이 붙어서 '미침(到及)'과 '양보'의 뜻을 나타내는 보조사로 파생되었다.

2.2.4. 합성어의 파생어 되기

어근과 어근이 합쳐져서 형성된 합성어에 또다시 파생 접사가 붙어서 파생어를 형성하는 경우가 있다(허웅, 1975: 230).

〈 합성어의 파생 명사 되기 〉 어근과 어근이 결합하여서 형성된 합성어에 명사를 파생하는 접사가 붙어서, 파생 명사를 형성할 수 있다.

---

23) '-어'와 '-고'는 원래는 연결 어미였으나, '-브터, -ᄃ려; -두고, -ᄒ고'에서는 조사를 파생하는 접미사로 쓰였다.

첫째, 체언 어근과 용언 어근이 결합하여 형성된 합성 동사에, 명사를 파생하는 접미사 '-이'나 '-기'가 붙어서 파생 명사를 형성할 수 있다.

(42) ㄱ. 고키리, 힌도디
     ㄴ. ① 글지스l, 녀름지스l, 머리갓기, 모심기, 밥머기, 아기나히, 옷거리, 우숨우스l
        ② 갈쓰기, 글스기, 믈ᄐ기
     ㄷ. 겨스사리, 뫼사리, 므즈미, ᄒᆞᆯ사리

(ㄱ)에서 '고키리'와 '힌도디'는 각각 {[어근_{명사}+어근_{형용사}]+-이}와 {[어근_{명사}+어근_{동사}]+-이}의 짜임새로 형성되었는데, 이때 '어근_{명사}'는 '어근_{형용사}'나 '어근_{동사}'에 대하여 의미상으로 주어로 기능한다. (ㄴ)에서 ①의 '글지스l, 녀름지스l, 머리갓기, 모심기, 밥머기, 아기나히, 옷거리, 우숨우스l'는 {[어근_{명사}+어근_{동사}]+-이}의 짜임새로, ②의 '갈쓰기, 글스기, 믈타기'는 {[어근_{명사}+어근_{동사}]+-기}의 짜임새로 형성된 파생 명사이다. 여기서 (ㄴ)의 파생 명사에서 '어근_{명사}'는 '어근_{동사}'에 대하여 의미상으로 목적어로 기능한다. (ㄷ)의 '겨스사리, 뫼사리, 므즈미, ᄒᆞᆯ사리'는 {[어근_{명사}+어근_{동사}]+-이}의 짜임새로 형성된 단어인데, 이때 '어근_{명사}'는 '어근_{동사}'에 대하여 의미상으로 부사어로 기능한다.

둘째, 동사 어근과 동사 어근, 혹은 형용사 어근과 형용사 어근이 결합하여 형성된 합성 용언에, 명사를 파생하는 접사 '-이'가 붙어서 파생 명사를 형성할 수 있다.

(43) 죽사리, 놉ᄂᆞᆺ가비

'죽사리'는 {[어근_{동사}+어근_{동사}]+-이}의 짜임새로, '놉ᄂᆞᆺᄀᆞ비'는 {[어근_{형용사}+[어근_{형용사}+-갑-]]+-이}의 짜임새로 이루어진 파생 명사이다.

〈 합성어의 파생 부사 되기 〉 어근과 어근이 결합하여서 형성된 합성어에 다시 부사를 파생하는 접사 '-이'가 붙어서 파생 부사를 형성할 수 있다.

(44) 낫나치, 그릇그르시, 겹겨비; 글업시; 일져므리, 일졈그리

'낫나치, 그릇그르시, 겹겨비'는 {[어근_{명사}+어근_{명사}]+-이}의 짜임새로, '글업시'는 {[어근_{명사}+어근_{형용사}]+-이}의 짜임새로, '일져므리'와 '일졈그리'는 {[어근_{부사}+어근_{동사}]+-이}의 짜임새로 파생 부사가 형성되었다.

〈 합성어의 파생 관형사 되기 〉 어근과 어근이 결합하여서 형성된 합성어에 다시 관형사

를 파생하는 접사 '-은/-ㅇ/-ㄴ'이 붙어서 파생 관형사를 형성할 수 있다.

(45) ㄱ. 아니한
　　ㄴ. 녀나믄, 그나믄
　　ㄷ. 셜혼나믄, 마ᄉ나믄, 쉬나믄, 스므나믄, 여라믄

(ㄱ)의 '아니한'은 { [어근_{부사}+어근_{형용사}] +-ㄴ }의 짜임새로서, 부사 어근인 '아니'에 형용사 어근인 '하(多)-'가 붙은 다음에 '관형사 파생 접미사'인 '-ㄴ'이 붙어서 관형사가 되었다. (ㄴ)의 '녀나믄(餘他)'은 { [어근_{명사}+어근_{동사}] +-ㄴ }의 짜임새로서, 명사 어근인 '녀느(他)'에 동사 어근인 '남(餘)-'이 붙은 다음에 접미사인 '-ㄴ'이 붙어서 관형사가 되었다. (ㄷ)의 '셜혼나믄'은 { [어근_{수사}+어근_{동사}] +-ㄴ }의 짜임새로서 수사 어근인 '셜혼'에 동사 어근인 '남(餘)-'이 붙은 다음에 접미사인 '-ㄴ'이 붙어서 파생 관형사가 되었다. 여기서 '-ㄴ'은 원래는 관형사형 전성 어미인데, (45)의 '아니한, 녀나믄, 셜혼나믄' 등의 단어에서는 용언을 관형사로 파생하는 파생 접미사로 기능이 바뀌었다.

2.2.5. 합성어와 파생어의 음운 변동

어근과 어근이 결합하여 합성어가 되거나 어근에 파생 접사가 붙어서 파생어가 될 때에 음운이 변동하는 일이 있다. 이들 변동은 해당 단어에서만 일어나는 개별적인 변동(한정적인 변동)이다.

2.2.5.1. 합성어의 음운 변동

〈음운의 탈락〉어근과 어근이 결합하여 합성어가 될 때에, 어근의 특정한 음운이 탈락하여 줄어진다.
첫째, 앞 어근이 /ㄹ/로 끝나고 뒤 어근이 /ㅅ/이나 /ㄴ/으로 시작할 때에는, 앞 어근의 끝 받침 소리 /ㄹ/이 줄 수 있다.

(46) 겨ᄋ사리, 므쇼, 화살, 가ᅀ며살다; 소나모, 드나들다, 므너흘다

'겨ᄋ사리, 므쇼, 화살, 가ᅀ며살다'에서는 앞 어근인 '겨슬, 믈, 활, 가ᅀ멸-'에 /ㅅ/으로 시작하는 어근인 '살-, 쇼, 살, 살다'가 붙어서 합성어가 되는 과정에서, 앞 어근의 끝소

리인 /ㄹ/이 탈락했다. 그리고 '소나모, 드나들다, 므너흘다'에서는 '솔, 들-, 믈-'에 /ㄴ/
으로 시작하는 어근인 '나모, 나들다, 너흘다'가 붙어서 합성어가 되는 과정에서, 앞 어근
의 끝소리인 /ㄹ/이 탈락했다.

　둘째, 끝 자음이 /ㅎ/인 명사 어근에 '돌마기'가 붙으면서 /ㅎ/이 탈락한 예가 있다.

　　(47) 수돌마기, 암돌마기

(47)에서는 /ㅎ/으로 끝나는 체언 '수ㅎ'과 '암ㅎ'에 어근인 '돌마기'가 결합하여 합성어
가 되었는데, 이 과정에서 '수ㅎ'과 '암ㅎ'의 끝소리인 /ㅎ/이 탈락했다.

　〈 음운의 바뀜 〉어근과 어근이 결합하여 합성어가 될 때, 특정한 음운이 다른 음운으로
바뀌는 경우가 있다.

　첫째, 유성음으로 끝나는 앞 어근에 예사소리로 시작하는 뒤 어근이 붙으면서, 뒤 어
근의 첫 자음이 된소리로 바뀔 수 있다.

　　(48) 갯버들, 묏골, 빗시울, 빗돛; 눇ㅈㅅ, 니슶길, 숛바당, 밠둥

'갯버들, 묏골, 빗시울, 빗돛'에서는 모음으로 끝나는 어근인 '개, 뫼, 비(船), 비(船)'에
예사소리로 시작하는 어근인 '버들, 골, 시울, 돛'이 붙어 합성어가 되는 과정에서, 뒤
어근의 첫소리가 된소리로 바뀌어서 /뻐들, 꼴, 씨울, 똑/으로 발음된다. 그리고 '눇ㅈㅅ,
니슶길, 숛바당, 밠둥'에서는 유성 자음으로 끝나는 어근인 '눈, 니슴, 손, 발'에 예사소리
로 시작하는 어근인 'ㅈㅅ, 길, 바당, 둥'이 붙어 합성어가 되면서, 뒤 어근의 첫소리가
된소리로 바뀌어서 /ㅉㅅ, 낄, 빠당, 뜽/으로 발음된다.

　둘째, 유성음으로 끝난 앞 어근(명사)에 /ㅂ/으로 시작되는 뒤 어근이 붙으면서, 뒤
어근의 첫소리 /ㅂ/이 /ㅸ/로 바뀔 수 있다.

　　(49) ᄀᆞᄅᄫᅵ, 대밭, 대범, 풍류바지; 메밧다

'ᄀᆞᄅᄫᅵ, 대밭, 대범, 풍류바지'에서는 'ᄀᆞᄅᆞ(粉), 대(竹), 대(大), 풍류'에 /ㅂ/으로 시작하는
어근인 '비, 밭, 범, 바지'가 붙어서 합성 명사가 되었는데, 이 과정에서 뒤 어근의 첫소리
인 /ㅂ/이 /ㅸ/으로 바뀌었다. 그리고 '메밧다'에서는 '메-'에 '밧다'가 붙어서 합성 동사
가 되면서 뒤 어근의 첫소리인 /ㅂ/이 /ㅸ/으로 바뀌었다.

　셋째, 유성음으로 끝나는 앞 어근에 /ㅅ/으로 시작하는 뒤 어근이 붙어서 합성어가

될 때, 뒤 어근의 첫소리 /ㅅ/이 /△/으로 바뀔 수 있다.

　　(50) 비슬ㅎ, 뫼△리, 한삼, 한숨

'비슬ㅎ, 뫼△리, 한삼, 한숨'에서는 유성음으로 끝나는 앞 어근 '비(腹), 뫼, 한, 한'에 /ㅅ/으로 시작하는 어근 '슬ㅎ, 살-, 삼, 숨'이 붙어서 합성어가 되는 과정에서, 뒤 어근의 첫소리 /ㅅ/이 /△/으로 바뀌었다.

2.2.5.2. 파생어의 음운 변동

〈 접두 파생어의 음운 변동 〉 어근에 접두사가 붙어서 파생어가 될 때, 음운의 변동이 일어나는 경우가 있다.

　　(51) 츳뿔, 굴아마괴; 갈웜

'츳뿔'은 어근인 '뿔'에 접두사 '츨-'이 붙으면서 '츨-'의 끝소리인 /ㄹ/이 탈락했으며, '굴아마괴'는 '가마괴'에 접두사 '굴-'이 붙으면서 '가마괴'의 첫소리인 /ㄱ/이 탈락했다. 그리고 '갈웜'은 어근인 '범'에 접두사 '갈-'이 붙으면서 어근인 '범'의 첫소리 /ㅂ/이 /우/로 바뀌었다.

〈 접미 파생어의 음운 변동 〉 어근 뒤에 접미사가 붙어서 파생어가 될 때, 음운의 변동이 일어나는 경우가 있다.

　　첫째, 어근에 접미사가 붙어서 파생어가 될 때, 어근의 형태가 바뀔 수도 있다.

　　(52) ㄱ. 숑아지/쇼아지, 처엄, 구지람, 춤
　　　　 ㄴ. 올이다(登), 들이다(聞), 븟이다(注)
　　　　 ㄷ. 수비/수이, 어려비/어려이
　　　　 ㄹ. 아바님, 어마님, 아자바님, 아즈마님

(ㄱ)의 단어는 어근에 접미사가 붙어서 명사로 파생되는 과정에서 어근의 형태가 바뀌었다. '숑아지/쇼아지'는 명사 어근인 '쇼'에 '-아지'가, '처엄'은 관형사 어근인 '첫'에 '-엄'이, '구지람'은 동사 어근인 '구짇(責)-'에 '-암'이, '춤'은 동사 어근인 '츠(舞)-'에 '-움'이 결합했다. 이렇게 어근과 접미사가 결합하는 과정에서 어근인 '쇼, 첫, 구짇-, 츠-'의

형태가 각각 '슝, 첫, 구질-, ㅊ-'로 바뀌었다. (ㄴ)의 단어는 용언의 어근에 접미사가 붙어서 사동사와 피동사가 되는 과정에서 어근의 형태가 바뀌었다. 곧 '올이다, 들이다, 붙이다'는 각각 용언 어근인 '오ᄅ(登)-, 듣(聞)-, 붓(注)-'에 사동과 피동의 접미사인 '-이-'가 붙어서 파생어가 되면서 어근의 형태가 '올-, 들-, 붇-'으로 바뀌었다. (ㄷ)의 단어는 용언 어근에 부사 파생의 접미사 '-이'가 붙어 부사가 되는 과정에서 어근의 형태가 바뀌었다. 곧 'ㅂ' 불규칙 용언의 어근인 '쉽(易)-'과 '어렵(難)-'에 부사 파생의 접미사 '-이'가 붙어서 부사로 파생되면서 어근의 형태가 '슐-'과 '어렿-'으로 바뀌었다. (ㄹ)에서 명사 어근인 '아비(父), 어미(母), 아자비(叔父), 아ᄌ미(叔母)'에 높임의 파생 접미사 '-님'이 붙을 때에는, 어근의 형태가 각각 '아바, 어마, 아자바, 아ᄌ마'로 바뀌었다.

둘째, 어근에 접미사가 붙으면서 접미사의 형태가 바뀔 수도 있다.

(53) 늘애, 구믈어리다

(ㄱ)의 '늘애'는 어근인 '늘(飛)-'에 접미사 '-개'가 붙으면서, (ㄴ)의 '구믈어리다'는 '구믈-'에 접미사인 '-거리다'가 붙으면서 접미사의 첫소리 /ㄱ/이 탈락했다.

셋째, 어근에 접미사가 붙으면서 어근과 접미사의 꼴이 모두 바뀔 수도 있다.

(54) ㄱ. ᄆ야지
     ㄴ. 더뷔, 치뷔
     ㄷ. 웃브다

(ㄱ)의 'ᄆ야지'는 명사 어근인 'ᄆᆯ(馬)'에 접미사 '-아지'가 붙어서, (ㄴ)의 '더뷔'와 '치뷔'는 형용사 어근인 '덥(暑)-'과 '칩(寒)-'에 접미사 '-의'가 붙어서 명사로 파생되었다. 그리고 (ㄷ)의 '웃브다'는 동사 어근인 '웃(笑)-'에 접미사 '-브-'가 붙어서 형용사로 파생되었다. 이들 단어들은 어근에 접미사가 붙어서 파생어가 되는 과정에서, 어근의 형태가 각각 'ᄆ; 덯-, 칠-; 웃-'으로 바뀌었고 동시에 접미사의 형태도 각각 '-야지; -위, -위; -브-'로 바뀌었다.

제3장 통사론

3.1. 문장 성분

특정한 언어 형식이 문장 속에서 나타내는 통사적인 기능을 문장 성분이라고 한다. 이러한 문장 성분으로 쓰일 수 있는 문법적인 단위로는 '어절(단어), 구, 절' 등이 있다.

3.1.1. 문장 성분의 개념

〈문장〉 '문장(文章)'은 주어와 서술어를 갖추고 있고, 서술어에 종결 어미가 실현되어 있으며, 의미적인 면에서 통일되고 완결된 내용을 표현하는 언어 형식이다.

(1) ㄱ. ᄒᆞ오아 내 尊호라   [월석 2:34]
    ㄴ. 그듸 엇던 사ᄅᆞ민다   [월석 10:29]

(ㄱ)과 (ㄴ)의 문장에는 '내'와 '그듸'가 주어로 쓰이고 있으며, '尊호라'와 '사ᄅᆞ민다'가 서술어로 쓰이고 있다. 그리고 서술어로 쓰인 '尊호라'와 '사ᄅᆞ민다'에는 종결 어미인 '-라(←-다)'와 '-ㄴ다'가 실현되어 있고, 의미적인 면에서도 하나의 완결된 내용을 나타내고 있다. 따라서 (ㄱ)과 (ㄴ)은 문장의 형식을 온전하게 갖추고 있다.

〈문장 성분의 개념과 대략적인 유형〉 '문장 성분(文章成分)'은 '어절(단어), 구, 절' 등의 언어 형식이 문장 속에서 쓰일 때에 나타나는 통사적인 기능을 일컫는 말이다. 문장 성분은 문장에서 쓰이는 기능에 따라서 '주성분, 부속 성분, 독립 성분'으로 나뉜다.

첫째, '주성분(主成分)'은 문장을 이루는 데에 골격이 되는 필수적인 성분이다. 이러한 주성분은 발화 현장이나 문맥을 통해서 알 수 있는 경우가 아니라면 임의적으로 생략할 수 없다. 주성분의 종류에는 '서술어, 주어, 목적어, 보어'가 있다.

(2) ㄱ. 우리 始祖ㅣ 慶興에 사르샤   [용가 3장]

ㄴ. ㅂ야미 가칠 므러   [용가 7장]

ㄷ. 國은 나라히라   [훈언 1]

(3) ㄱ. 菩薩이 쥬이 ᄃ외야 ᄒ오ᅀᅡ 겨르로ᄫᅵ 이셔   [석상 13:20]

ㄴ. 내 獅子ㅣ 아니며 버미 아니며 일히 아니라   [월석 20:115]

문장은 기본적으로 '무엇이(무엇을) 어찌하다', '무엇이 어떠하다', '무엇이 무엇이다'의 세 가지 짜임새로 이루어져 있다. 먼저, '서술어(敍述語)'는 문장에서 '어찌하다, 어떠하다, 무엇이다'의 자리에 설 수 있는 문장 성분인데, (2)에서 '사르샤, 므러, 나라히라'가 서술어로 쓰였다. '주어(主語)'는 문장에서 '무엇이'에 해당하는 문장 성분인데, (2)에서 '始祖ㅣ, ㅂ야미, 國은'이 주어로 쓰였다. '목적어(目的語)'는 '무엇이 무엇을 어찌하다'에서 '무엇을'에 해당하는 문장 성분인데, (2ㄴ)에서 '가칠'이 목적어로 쓰였다. 끝으로 '보어(補語)'는 문장의 서술어가 'ᄃᄫᅵ다/ᄃ외다'나 '아니다'일 때에 주어와 함께 반드시 문장에 실현되는 문장 성분이다. 곧 보어는 (3ㄱ)의 '쥬이'와 (3ㄴ)의 '獅子ㅣ, 버미, 일히'처럼, '무엇이 무엇이 ᄃᄫᅵ다/아니다'에서 두 번째로 나타나는 '무엇이'에 해당하는 문장 성분이다.

둘째, '부속 성분(附屬成分)'은 문장의 뼈대를 이루지 못하고 다른 성분을 수식하는 성분이다. 부속 성분으로는 '관형어'와 '부사어'가 있다.

(4) ㄱ. 四天王은 네 天王이니 … 아래로 첫 하ᄂ리라   [월석 1:19]

ㄴ. 내 모미 長者ㅣ 怒를 맛나리라   [월석 8:98]

(5) ㄱ. 이 世界ㅅ 겨지비 … 蓮모새 ᄀ즛 다ᄃ르면 男子ㅣ ᄃ외ᄂ니라 [월석 7:61]

ㄴ. 世尊이 ᄯ오 文殊師利ᄃ려 니르샤ᄃᆡ   [석상 9:11]

'관형어(冠形語)'는 체언을 수식하는 문장 성분이다. (4)에서 (ㄱ)의 '네, 첫'과 (ㄴ)의 '내,

長者ㅣ'는 모두 관형어로서 각각 그 뒤에 실현되는 체언인 '天王, 하늘'과 '몸, 怒'를 수식하였다. 그리고 '부사어(副詞語)'는 용언을 비롯하여 수식언, 체언, 문장 등 여러 가지 말을 수식하는 문장 성분이다. (5)에서 (ㄱ)의 'ㄨ'과 (ㄴ)의 '文殊師利ᄃ려'는 부사어로서, 각각 서술어인 '다ᄃᆞᆯ면'과 '니ᄅᆞ샤디'를 수식하였다.

셋째, '독립 성분(獨立成分)'은 그 뒤에 실현되는 다른 성분과 문법적인 관계를 맺지 아니하고, 독립적으로 쓰이는 문장 성분이다. 독립 성분으로는 '독립어(獨立語)'가 있다.

(6) ㄱ. <u>아소</u> 님하 도람 드르샤 괴오쇼셔   [악궤 5:13 삼진작]

  ㄴ. <u>世尊하</u> 나는 부텻 히ᄆᆞ로 無量壽佛와 두 菩薩을 [월석 8:17]

   보ᅀᆞᄫᅡ니와

(ㄱ)의 '아소'는 감탄사이며, (ㄴ)의 '世尊하'는 명사에 호격 조사가 결합된 말이다. 이들은 그 뒤에 나타나는 문장 성분과 문법적인 관계를 맺지 아니하고 독립어로 쓰였다.

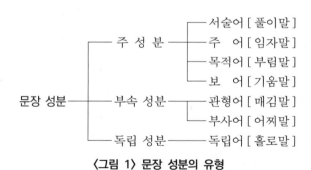

〈그림 1〉 문장 성분의 유형

3.1.2. 문장 성분의 유형

문장 성분은 통사적인 기능에 따라서 '서술어, 주어, 목적어, 보어'와 같은 주성분과 '관형어, 부사어'와 같은 부속 성분, 그리고 '독립어'와 같은 독립 성분으로 나뉜다.

3.1.2.1. 서술어

'서술어(敍述語)'는 주어로 표현되는 대상(주체)의 동작이나 상태, 성질 등을 풀이하는 문장 성분이다. 서술어는 대체로 용언이나 서술격 조사의 활용형으로 실현된다.

첫째, 용언이나 서술격 조사의 종결형이 서술어로 쓰일 수 있다.

(7) ㄱ. 너희둘히 … 부텻 마를 바다 <u>디니라</u>　　　　　　　[월석 13:62]

　　ㄴ. 엇뎨 겨르리 <u>업스리오</u>　　　　　　　　　　　　[월석 서:17]

　　ㄷ. 幻은 <u>곡되라</u>　　　　　　　　　　　　　　　　[능언 2:7]

(ㄱ)의 '디니라'는 동사가, (ㄴ)의 '업스리오'는 형용사가, (ㄷ)의 '곡되라'는 체언인 '곡도'
에 결합된 서술격 조사 '-이라'가 종결형으로 실현되어서 서술어로 쓰였다.[1]
　둘째, 용언이나 서술격 조사의 연결형, 명사형, 관형사형이 서술어로 쓰일 수 있다.

(8) ㄱ. 民瘼을 <u>모르시면</u> 하늘히 부리시느니　　　　　　　[용가 116장]

　　ㄴ. 사르미 몸 <u>두외요미</u> 어렵고　　　　　　　　　　[석상 9:28]

　　ㄷ. 須達이 精舍 <u>지슬</u> 저기 부텻 나히 셜혼네히러시니　[석상 6:40]

(ㄱ)에서 '모르시면'은 '모르다'의 연결형이 이어진 문장에서 앞절의 서술어로, (ㄴ)의
'두외요미'는 '두외다'의 명사형이 명사절 속의 서술어로, 그리고 (ㄷ)의 '지슬'은 '짓다'
의 관형사형이 관형절 속의 서술어로 쓰였다.

3.1.2.2. 주어

　'주어(主語)'는 서술어로 표현되는 동작, 상태, 성질의 주체를 나타내는 문장 성분이다.
주어는 체언이나, 체언 구실을 하는 구나 절에 주격 조사의 변이 형태인 '-이, -ㅣ, -∅'
가 붙거나, 이들 조사가 생략된 채로 실현되기도 한다.
　첫째, 체언에 주격 조사가 붙어서 주어로 쓰일 수 있다.

(9) ㄱ. <u>世尊이</u> 象頭山애 가샤　　　　　　　　　　　　[석상 6:1]

　　ㄴ. <u>네</u> 가샤 호리라 커시늘　　　　　　　　　　　　[용가 94장]

　　ㄷ. 밨긧 <u>그르메</u> 瑠璃 곧더시니　　　　　　　　　　[월석 2:17]

(ㄱ)의 '世尊이'는 명사인 '世尊'에 주격 조사 '-이'가 붙어서 주어로 쓰였다. 그리고 (ㄴ)
의 '네'는 대명사 '너'에 주격 조사 '-ㅣ'가 붙어서 주어로 쓰였으며, (ㄷ)의 '그르메'는

---

1) 다음처럼 명사구나 명사절에 서술격 조사인 '-이다'가 결합하여 서술어로 쓰일 수도 있다.
　(보기) ㄱ. 우리도 紗羅樹大王ㅅ 夫人둘히라니　　　[월석 8:100]
　　　　 ㄴ. 利養은 … 제 몸 쑨 됴히 츄미라　　　　　[석상 13:36]

주격 조사의 무형의 변이 형태인 '-Ø'가 붙어서 주어로 쓰였다.

　그런데 체언에 주격 조사가 붙지 않은 형태로 주어로 쓰일 수도 있고, 체언에 보조사가 붙으면서 주격 조사 없이 주어로 쓰일 수도 있다.

　　(10) ㄱ. 곳 됴코 <u>여름</u> 하ᄂᆞ니　　　　　　　　　　　　[용가 2장]
　　　　　ㄴ. <u>나ᄂᆞᆫ</u> 어버ᅀᅵ 여희오　　　　　　　　　　　　[석상 6:5]

(ㄱ)의 '곳'과 '여름'은 모두 주격 조사가 생략되어서 체언만으로 주어로 쓰였다. 그리고 (ㄴ)의 '나ᄂᆞᆫ'은 체언인 '나'에 보조사 '-ᄂᆞᆫ'이 붙어서 주어로 쓰였는데, 이 경우에는 체언에 보조사가 실현되는 과정에서 주격 조사가 생략된 것이다.

　둘째, 체언구(명사구)에 주격 조사가 붙어서 주어로 쓰일 수 있다.

　　(11) ㄱ. <u>뎌 王이</u> 그 사ᄅᆞᆷᄃᆞ려 무러　　　　　　　　[석상 9:30]
　　　　　ㄴ. <u>그제로 오신 디</u> ᄉᆞ지 오라디 몯거시든　　　[법언 5:119]

(ㄱ)의 '뎌 王이'는 명사구인 '뎌 王'에 주격 조사 '-이'가 붙어서 주어로 쓰였다. 그리고 (ㄴ)의 '그제로 오신 디'는 관형절을 안은 명사구인 '그제로 오신 디'에 주격 조사인 '-Ø'가 실현되어서 주어로 쓰였다.

　셋째, 명사절에 주격 조사가 붙어서 주어로 쓰일 수 있다.

　　(12) ㄱ. (녜) <u>사ᄅᆞ믜 몸 ᄃᆞ외요미</u> 어렵고　　　　　　[석상 9:28]
　　　　　ㄴ. ᄆᆞ슬히 멀면 <u>乞食ᄒᆞ디</u> 어렵고　　　　　　　[석상 6:23]

(ㄱ)의 '사ᄅᆞ믜 몸 ᄃᆞ외요미'는 명사절인 '사ᄅᆞ믜 몸 ᄃᆞ외욤'에 주격 조사 '-이'가 붙어서 주어로 쓰였다. 그리고 (ㄴ)의 '乞食ᄒᆞ디'는 명사절인 '乞食ᄒᆞ디'에 주격 조사인 '-Ø'가 실현되어서 주어로 쓰였다.

3.1.2.3. 목적어

　'목적어(目的語)'는 타동사가 표현하는 동작의 대상이 되는 문장 성분이다. 목적어는 체언 혹은 체언 구실을 하는 구나 절에 목적격 조사 '-ᄋᆞᆯ/-를, -을/-를, -ㄹ'이 붙어서 실현되거나, 목적격 조사가 생략된 채로 실현되기도 한다.

첫째, 체언에 목적격 조사가 붙어서 목적어로 쓰일 수 있다.

(13) ㄱ. 赤島 안햇 움흘 至수에 보습노니   [용가 5장]

    ㄴ. 楚國앳 天子氣를 行幸으로 마ㄱ시니   [용가 39장]

(ㄱ)의 '움흘'은 체언인 '움ㅎ'에 목적격 조사인 '-을'이, (ㄴ)의 '天子氣를'에서는 체언인 '天子氣'에 목적격 조사인 '-를'이 붙어서 목적어로 쓰였다.

그리고 체언에 목적격 조사가 실현되지 않고, 체언 단독으로나 체언에 보조사가 붙어서 목적어로 쓰이는 경우도 있다.

(14) ㄱ. 須達이 世尊 뵈습고져 너겨   [석상 6:45]

    ㄴ. 됴흔 고즈란 ㅍ디 말오 다 王씌 가져오라   [월석 1:9]

(ㄱ)의 '世尊'은 목적격 조사가 실현되지 않고 체언만으로 목적어로 쓰였다. 그리고 (ㄴ)의 '고즈란'은 체언인 '곶'에 보조사인 '-ㅇ란'이 붙어서 목적어로 쓰였는데, 이 경우에는 보조사가 실현되는 과정에서 목적격 조사가 생략된 것으로 보아야 한다.

둘째, 체언구(명사구)에 목적격 조사가 붙어서 목적어로 쓰일 수 있다.

(15) ㄱ. 如來 … 여슷 히룰 苦行ㅎ샤   [석상 6:4]

    ㄴ. 四禪天이 … 一千 世尊이 나싫 둘 아니   [월석 1:21]

(ㄱ)의 '여슷 히룰'은 명사구인 '여슷 히'에 목적격 조사인 '-룰'이 붙어서 목적어로 쓰였다. 그리고 (ㄴ)의 '一千 世尊이 나싫 둘'은, 관형절을 안고 있는 명사구인 '一千 世尊이 나싫 ᄃᆞ'에 목적격 조사인 '-ㄹ'이 붙어서 목적어로 쓰였다.

셋째, 명사절에 목적격 조사가 붙어서 목적어로 쓰일 수 있다.

(16) ㄱ. 이런 有情들히 … 됴흔 法 닷고물 몯ㅎ야   [석상 9:14]

    ㄴ. 빅 트길 아디 몯ㅎ며셔 그 믈 구부믈 怨望ㅎ려 호미로다   [선언 하126]

(ㄱ)의 '됴흔 法 닷고물'은 명사절인 '됴흔 法 닷곰'에 목적격 조사 '-울'이 붙어서 목적어로 쓰였다. 그리고 (ㄴ)의 '빅 트길'과 '그 믈 구부믈'은 명사절인 '빅 트기'와 '그 믈 구붐'에 목적격 조사인 '-ㄹ'과 '-을'이 붙어서 목적어로 쓰였다.

3.1.2.4. 보어

'보어(補語)'는 '드빙다'와 '아니다'가 서술어로 쓰일 때에 주어와 함께 반드시 실현되어야 하는 문장 성분이다. 보어는 체언이나 체언 역할을 하는 구나 절에 보격 조사인 '-이, -ㅣ, -∅'가 붙거나, 이들 조사가 생략된 채로 실현된다.

(17) ㄱ. 이는 우리 허므리라 世尊ㅅ 다시 아니시다ᄉ이다   [법언 2:5]
     ㄴ. 山이 草木이 軍馬ㅣ 드빙니이다   [용가 98]

(18) ㄱ. ᄂᆡ 겨집 드외노니 출히 뎌 고마 드외아 지라   [법언 2:28]
     ㄴ. 한 소리를 다 通達ᄒ야 眞說 아니니 업스니   [석상 20:14]

(17)에서는 서술어로 '아니다'와 '드빙다'가 쓰였는데, 이들 문장에서 '이는'과 '山이 草木이'는 주어로 쓰였고 '世尊ㅅ 다시'와 '軍馬ㅣ'는 보어로 쓰였다. 이들 보어는 체언인 '軍馬'와 체언구인 '世尊ㅅ 닷'에 각각 보격 조사인 '-이, -ㅣ'가 붙어서 실현되었다. 이와는 달리 (18)에서 (ㄱ)의 'ᄂᆡ 겨집'과 '뎌 고마'와 같은 체언구나, (ㄴ)의 '眞說'과 같은 체언은 보격 조사인 '-이'가 생략된 채로 보어로 쓰였다.

3.1.2.5. 관형어

'관형어(冠形語)'는 그 뒤에 실현되는 체언을 수식하면서 체언의 의미를 한정(제한)하는 문장 성분이다. 관형어로 쓰일 수 있는 말은 '관형사, 체언+관형격 조사, 체언(구), 관형절, 문장' 등이 있다.

첫째, 관형사가 관형어로 쓰일 수 있다.

(19) ㄱ. 往生偈ㄹ 외오시면 헌 오시 암ᄀᆞᆯ며   [월석 8:83]
     ㄴ. 初觀은 첫 보미라   [월석 8:6]

관형사인 '헌'은 그 뒤에 실현되는 체언인 '옷'을 수식하였으며, '첫'은 용언의 명사형인 '봄'을 수식하였다.

둘째, 체언(구)에 관형격 조사인 '-ᄋᆡ/-의, -ㅣ; -ㅅ'이 붙어서 관형어로 쓰일 수 있다.

(20) ㄱ. <u>諸天의</u> 히므로 사룸들히 다 즈올의 ᄒ니　　　　　　　　[석상 3:25]

ㄴ. <u>네</u> 性이 내 나ᄂᆞ 누물홀 먹디 아니ᄒ느니 <u>죵인</u> 서리예　[두언-초 25:7]
　　清淨ᄒ도다

(21) ㄱ. <u>네의</u> 어미 그려ᄒ미 샹넷 ᄠᅳ뎃 衆生애셔 倍홀씨　　　　[월석 21:22]

ㄴ. <u>내인</u> 어미 爲ᄒ야 發혼 廣大誓願을 드르쇼셔　　　　　　[월석 21:57]

(20)의 '諸天의, 네, 죵인'와 (21)의 '네의, 내인'는 체언인 '諸天, 너, 죵; 너, 나, 아비'에 관형격 조사인 '-의, -인, -ㅣ'가 붙어서 관형어로 쓰였다. 특히 (21)의 '네의, 내인'는 명사절이나 관형절 속에서 의미상의 주어로 쓰이는 말이 관형어의 형태로 실현되었다.

　체언에 관형격 조사인 '-ㅅ'이 붙어서 관형어로 쓰이기도 하는데, 관형격 조사 '-ㅅ'은 무정의 체언이나 높임의 대상인 유정의 체언에 붙은 것이 보통이다.

(22) ㄱ. 그 <u>나랏</u> 法에 布施호ᄃᆡ 모로매 童女로 내야주더니　　　[석상 6:14]

ㄴ. 成佛은 <u>부텻</u> 道理를 일우실 씨라　　　　　　　　　　　　[석상 3:1]

(ㄱ)의 '나랏'은 무정 체언인 '나라'에 '-ㅅ'이 실현되어서 관형어로 쓰였으며, (ㄴ)의 '부텻'은 유정 체언인 '부텨'에 '-ㅅ'이 실현되어서 관형어로 쓰였다.

　셋째, '체언+체언'의 구성에서 앞 체언이 관형어로 쓰일 수 있다.

(23) ㄱ. 如來ㅅ 모매 <u>터럭</u> 구무마다 즈믄 光明을 펴샤　　　　　　[월석 21:5]

ㄴ. <u>믈</u> 우흿 龍이 江亭을 向ᄒᆞᄫᅵ니　　　　　　　　　　　　[용가 100장]

(ㄱ)의 '터럭'과 (ㄴ)의 '믈'은 체언 단독으로 뒤의 체언인 '구무'와 '우ㅎ'을 수식하여 관형어로 쓰였다.

　넷째, 관형절이 관형어로 쓰일 수 있다. 이때 관형절의 서술어에는 관형사형 어미인 '-ㄴ, -ㅭ' 등이 실현되는데, 선어말 어미 '-ㄴ' 앞에는 시제를 나타내는 선어말 어미인 '-ᄂᆞ-, -더-, -Ø-'가 함께 실현될 수 있다.

(24) ㄱ. 내 이제 <u>네 어믜 간</u> 따홀 뵈요리라　　　　　　　　　　[월석 21:21]

ㄴ. 鸚鵡는 <u>말ᄒᆞᄂᆞ</u> 새라　　　　　　　　　　　　　　　　[석상 3:32]

ㄷ. <u>모딘 일 짓던</u> 즁ᅀᅵᆼ이 새 주근 사룸들히니　　　　　　　[월석 21:25]

ㄹ. 世尊이 … <u>블 구피라 펼</u> 쓰ᅀᅵ예 忉利天에 가샤　　　　　[월석 21:4]

(ㄱ)에서 관형절의 서술어로 쓰인 '간'은 '가다'의 어간에 무형의 과거 시제 형태소인 '-∅-'와 관형사형 전성 어미인 '-ㄴ'이 실현되어서, 과거 시제를 나타내면서 관형어로 쓰였다. (ㄴ)에서 '말ᄒᆞᄂᆞᆫ'은 '말ᄒᆞ다'의 어간에 현재 시제의 선어말 어미인 '-ᄂᆞ-'와 관형사형 어미인 '-ㄴ'이 실현되어, 현재 시제를 나타내면서 관형어로 쓰였다. (ㄷ)에서 '짓던'은 '짓다'의 어간에 회상의 선어말 어미인 '-더-'와 '-ㄴ'이 실현되어 회상의 뜻을 나타내면서 관형어로 쓰였다. (ㄹ)에서 '펼'은 '펴다'의 어간에 관형사형 어미인 '-을'이 실현되어서, 미래 시제를 나타내면서 관형어로 쓰였다.

다섯째, 문장이나 절에 관형격 조사인 '-ㅅ'이 붙어서 체언을 수식할 수 있다.

    (25) ㄱ. 廣熾ᄂᆞᆫ 너비 光明이 비취닷 ᄠᅳ디오   [월석 2:9]

         ㄴ. 죠고맛 빅 ᄐᆞ고졋 ᄠᅳ들 닛디 몯ᄒᆞ리로다   [두언-초 15:55]

(ㄱ)에서는 문장의 형식인 '너비 光明이 비취다'에 관형격 조사인 '-ㅅ'이 붙어서 관형어로 쓰였다. 그리고 (ㄴ)에서는 이어진 문장의 앞절인 '죠고맛 빅 ᄐᆞ고져'에 관형격 조사인 '-ㅅ'이 붙어서 관형어로 쓰였다.

3.1.2.6. 부사어

'부사어(副詞語)'는 '서술어, 관형어, 부사어, 문장' 등을 수식하면서 그 의미를 한정하거나, 단어와 단어 또는 문장과 문장을 잇는 문장 성분이다. 부사어는 그 기능에 따라서 '수식 기능의 부사어'와 '접속 기능의 부사어'로 구분된다.

〈 수식 기능의 부사어 〉 부사어가 서술어, 부사어, 절, 문장 등을 수식할 수 있다.

첫째, 부사가 단독으로 부사어로 쓰일 수 있다.

    (26) ㄱ. 香象은 ᄆᆞᆺ 힘센 象이니   [월석 2:38]

         ㄴ. 菩薩이 前生애 지손 罪로 이리 受苦ᄒᆞ시니라   [월석 1:6]

         ㄷ. 太子ㅣ…盟誓ᄒᆞ샤ᄃᆡ 부텨옷 몯 ᄃᆞ외면 아니 니러나리라   [석상 3:38]

         ㄹ. ᄒᆞ다가 술옷 몯 먹거든 너덧 번에 ᄂᆞ화 머기라   [구간 1:4]

'ᄆᆞᆺ, 이리, 몯, 아니, ᄒᆞ다가' 등은 부사로서 각각 그 뒤에 실현되는 '힘센, 受苦ᄒᆞ시니라, ᄃᆞ외면, 니러나리라, 술옷 몯 먹거든'을 수식하였다.

둘째, 체언에 부사격 조사가 붙어서 부사어로 쓰일 수 있다.

(27) ㄱ. 如來 菩提樹에 겨시다가 差梨尼迦ㅣ라 홀 수프레 올마 가샤 [월석 4:53]

　　ㄴ. 하늘해셔 보비옛 곳비 오며　　　　　　　　　　　[석상 20:19]

　　ㄷ. 이 經을 바다 디니며 닐그며 외오며 스랑ᄒᆞ야 ᄂᆞᆷᄃᆞ려 [석상 20:28]
　　　　니르ᄂᆞ니

　　ㄹ. 西方애 ᄒᆞᆫ 므지게 열둘히 南北ᄋᆞ로 ᄀᆞᄅᆞ ᄢᅦ여 잇더니 [석상 23:22]

　　ㅁ. 太子ㅣ 金ᄋᆞ로 겨지븨 양ᄌᆞᄅᆞᆯ 밍ᄀᆞᄅᆞ시고　　　　[석상 3:10]

　　ㅂ. 져므며 壯ᄒᆞ며 老耄호미 種種ᄋᆞ로 變ᄒᆞ야 다ᄅᆞ나　[능언 2:9]

　　ㅅ. 福이 다아 衰ᄒᆞ면 受苦ᄅᆞ빙요미 地獄두고 더으니　[월석 1:21]

　　ㅇ. 쓰 蓼藍汁 세 큰 잔을 믈 두 큰 잔과 ᄒᆞᆫᄃᆡ 달혀　[구언 하17]

(27)에서 '菩提樹에, 수프레, 하늘해셔, ᄂᆞᆷᄃᆞ려, 南北ᄋᆞ로, 金ᄋᆞ로, 種種ᄋᆞ로, 地獄두고, 잔과'는 체언에 부사격 조사인 '-에(장소), -애셔(시작점), -ᄃᆞ려(상대), -ᄋᆞ로(방향), -ᄋᆞ로(재료), -ᄋᆞ로(변성), -두고(비교), -과(공동)'가 붙어서 부사어로 쓰였다.

　셋째, 부사절이 부사어로 쓰일 수 있는데, 이 경우에 부사절은 서술어로 쓰이는 용언의 어간에 연결 어미인 '-게/-기/-긔, -ᄃᆞ록/-도록, -ᄃᆞᆺ/-ᄃᆞ시' 등이 붙어서 성립된다.

(28) ㄱ. 그듸 가아 (耶輸ㅣ) 아라듣게 니르라　　　　　　[석상 6:6]

　　ㄴ. ᄒᆞᆫ 劫이 남ᄃᆞ록 닐어도 몯다 니르리어니와　　　[석상 9:10]

　　ㄷ. 百姓이 져재 가ᄃᆞᆺ 모다 가　　　　　　　　　　[월석 2:7]

'(耶輸ㅣ) 아라듣게, ᄒᆞᆫ 劫이 남ᄃᆞ록, (百姓이) 져재 가ᄃᆞᆺ'은 서술어로 쓰인 '아라듣다, 남다, 가다'의 어간에 연결 어미 '-게, -ᄃᆞ록, -ᄃᆞᆺ' 등이 붙어서 부사어로 쓰였다.

　넷째, 관형어(관형절)와 그것의 수식을 받는 부사성 의존 명사를 포함하는 전체 구성이 부사어로 쓰일 수 있다.

(29) ㄱ. 하ᄂᆞᆯ히 命ᄒᆞ실ᄊᆡ 믈 톤 자히 건너시니이다　　　[용가 34장]

　　ㄴ. 나라히 느ᄆᆡ 그에 가리이다　　　　　　　　　　[월석 2:6]

(ㄱ)의 '믈 톤 자히', (ㄴ)의 '느ᄆᆡ 그에'는 모두 부사어로 쓰여서 그 뒤에 오는 말을 수식하였다. 이들 부사어는 관형어(절)로 쓰인 '믈 톤, 느ᄆᆡ'에 부사성 의존 명사인 '자히, 그에'가 결합하여 그 전체 구성이 부사어로 쓰인 것이다.

　〈 **접속 기능의 부사어** 〉 접속 부사가 부사어로 쓰여서 단어와 단어, 절과 절, 문장과 문장을 잇는다.

첫째, 현대 국어와 마찬가지로 접속 부사가 단어와 단어를 잇거나 문장과 문장을 잇는 경우가 있다.

(30) 道國王과 믿 舒國王은 實로 親ᄒ 兄弟니라   [두언-초 8:5]

(30)에서 접속 부사인 '믿'은 체언인 '道國王'과 '舒國王'을 이었는데, 앞 체언 뒤에 접속 조사인 '-과'가 실현된 다음에 다시 접속 조사인 '믿'이 다시 실현된 것이 현대 국어와 다르다.

둘째, 접속 부사가 문장과 문장을 잇거나, 이어진 문장에서 앞절과 뒷절을 잇는 경우가 있다.

(31) ㄱ. 俱夷 니ᄅ샤ᄃᆡ 내 願을 아니 從ᄒ면 고ᄌᆞᆯ 몯 어드리라   [월석 1:12]
     (善慧 니ᄅ샤ᄃᆡ) 그러면 네 願을 從호리니
   ㄴ. 聲聞이 히미 비록 몯 미츠나 그러나 信으로 드로ᄆᆞᆯ 許ᄒ실ᄊᆡ [법언 2:159]

(ㄱ)에서 '그러면'는 문장과 문장 사이에 실현되어서 앞 문장과 뒤의 문장 사이에서 두 문장을 이었다. 그리고 (ㄴ)의 '그러나'는 이어진 문장의 앞절이 실현된 다음에, 뒷절의 첫머리에 첨가되었는데, 이때의 '그러나'는 앞절에 실현된 연결 어미인 '-나'와 동일한 접속 기능을 나타내는 것이 특징이다.

3.1.2.7. 독립어

'독립어(獨立語)'는 문장 안의 다른 성분과 직접적인 관련이 없는 성분이다. 독립어는 감탄사 단독으로 쓰이거나, 체언에 호격 조사가 붙어서 쓰인다.

첫째, 감탄사가 단독으로 독립어로 쓰일 수 있다.

(32) ㄱ. 의 迷人아 오ᄂᆞᆯ록 後에 이 길흘 볿디 말라   [월석 21:118]
   ㄴ. 舍利佛이 ᄉᆞᆯ보ᄃᆡ 엥 올ᄒ시이다   [석상 13:47]
   ㄷ. 아소 님하 도람 드르샤 괴오쇼셔   [악궤 5:14 삼진작]

'의, 엥, 아소' 등은 감탄사가 독립어로 쓰인 예이다. (ㄱ)에서 '의(=아아, 애)'는 화자의 감정을 직접적으로 표출하거나 부르는 말로 쓰였다. 반면에 (ㄴ)의 '옝(=예)'은 상대방의 질문에 대한 대답말로 쓰였으며, (ㄷ)의 '아소'는 현대어의 '마소서'나 '앗으시오'와 같이 '금지'의 뜻을 나타내면서 대답말로 쓰였다.

둘째, 체언에 호격 조사가 붙어서 독립어로 쓰일 수 있다.

(33) ㄱ. <u>比丘아</u> 알라   [월석 17:14]

ㄴ. 어딜쎠 <u>觀世音이여</u>   [능언 6:65]

ㄷ. <u>聖母하</u> 願ᄒᆞᆫ든 드르쇼셔   [월석 21:38]

(ㄱ)에서 '比丘아[2]'는 체언인 '比丘'에 아주 낮춤의 호격 조사인 '-아'가 붙어서 독립어로 쓰였다. (ㄴ)의 '觀世音이여'는 체언인 '觀世音'에 예사 높임의 호격 조사인 '-이여'가 붙어서 독립어로 쓰였다. 그리고 (ㄷ)의 '聖母하'는 체언인 '聖母'에 아주 높임의 호격 조사인 '-하'가 붙어서 독립어로 쓰였다.

3.2. 문장의 짜임

문장은 기본적으로 주어와 서술어로써 어떠한 일의 상태(성질)나 움직임을 표현한다. 그런데 하나의 문장에는 주어와 서술어가 한 번만 나타날 수도 있지만, 어떤 경우에는 두 번 이상 나타날 수도 있다.

(1) ㄱ. 내 롱담ᄒᆞ다라   [석상 6:24]

ㄴ. ᄒᆞ오사 내 尊호라   [월석 3:34]

(2) ㄱ. <u>아ᄃᆞᆯᄯᆞᆯ 求ᄒᆞ면 아ᄃᆞᆯᄯᆞᆯ 得ᄒᆞ리라</u>   [석상 9:23]

ㄴ. 이 戒ᄂᆞᆫ <u>諸佛 菩薩이 修行ᄒᆞ시ᄂᆞᆫ</u> 즈룺길히라   [석상 9:6]

(1)의 문장처럼 주어와 서술어가 한 번만 실현된 문장을 '홑문장(單文)'이라고 한다. 반면에 (2)의 문장처럼 주어와 서술어가 두 번 이상 나타난 문장을 '겹문장(複文)'이라고 한다. 겹문장으로는 '이어진 문장'과 '안은 문장'이 있다. (2ㄱ)의 문장은 앞절인 '아ᄃᆞᆯᄯᆞᆯ 求

---

2) 15세기 국어의 호격 조사 '-아'는 현대 국어와 달리 자음이나 모음으로 끝나는 체언에 두루 실현될 수 있다.

ᄒ(다)'와 뒷절인 '아ᄃᆞᆯ쓰를 得ᄒ리라'가 연결 어미인 '-으면'에 의해서 나란히 이어져서 된 겹문장인데, 이러한 문장을 '이어진 문장(接續文)'이라고 한다. 그리고 (2ㄴ)의 문장은 관형절인 '諸佛菩薩이 修行ᄒ시논'을 관형어로 안고 있는데, 이러한 문장을 '안은 문장 (內包文)'이라고 한다.

15세기 국어의 문장 유형을 짜임새에 따라서 정리하면 다음의 〈그림 2〉와 같다.

〈그림 2〉 짜임새로 분류한 문장의 유형

3.2.1. 이어진 문장

두 개 이상의 홑문장이 연결 어미에 의해서 이어져서 더 큰 문장이 될 수 있는데, 이러한 문장을 '이어진 문장(接續文)'이라고 한다. 이어진 문장은 앞절과 뒷절의 의미적 관계에 따라 '대등하게 이어진 문장'과 '종속적으로 이어진 문장'으로 구분된다.

3.2.1.1. 대등하게 이어진 문장

'대등하게 이어진 문장'은 앞절과 뒷절이 의미적으로 대등한 관계로 이어진 문장으로 서, 앞절과 뒷절은 '나열, 선택, 대조' 등의 의미적 관계를 나타낸다.

(3) ㄱ. 고히 길오 놉고 고ᄃᆞ며   [석상 19:7]

　　ㄴ. 十生이 무레 니르리 죽곡 주그며 나곡 나   [능언 4:30]

　　ㄷ. 보도 몯ᄒᆞ며 듣도 몯거니 므스기 快樂ᄒᆞᄫᆞ리잇고   [석상 24:286]

　　ㄹ. 브르거니 對答ᄒᆞ거니 ᄒᆞ야 威와 福과ᄅᆞᆯ 짓ᄂᆞ니   [두언-초 6:38]

(4) ㄱ. 오나 가나 다 새지비 兼ᄒᆞ얫도소니   [두언-초 7:16]

　　ㄴ. 제 쓰거나 ᄂᆞᆷ 히여 쓰거나 ᄒᆞ고   [석상 9:21]

　　ㄷ. 외니 올ᄒᆞ니 ᄒᆞ야 是非예 ᄲᅥ러디면 了義ᄅᆞᆯ 모ᄅᆞᆯᄉᆡ   [영남 상39]

(5) 구루멧 히 블 ᄀᆞᆮᄒᆞ나 더운 하ᄂᆞᆯ히 서늘ᄒᆞ도다   [두언-초 6:35]

(3)의 문장은 '나열'의 의미를 나타내는 연결 어미인 '-고/-곡, -으며, -으니, -거니' 등을 통해서 앞절과 뒷절이 이어졌다. 그리고 (4)의 문장은 '선택'의 의미를 나타내는 연결 어미인 '-으나~으나, -거나~거나, -으니~-으니'를 통해서, 그리고 (5)의 문장은 '대조'의 의미를 나타내는 연결 어미인 '-으나'를 통해서 이어졌다. 이들 문장은 앞절과 뒷절이 의미적으로 대등한 관계에 있으므로 '대등하게 이어진 문장'이라고 한다.

3.2.1.2. 종속적으로 이어진 문장

'종속적으로 이어진 문장'은 앞절과 뒷절의 의미가 서로 독립적이지 못하고, 앞절의 의미가 뒷절의 의미에 이끌리는 관계로 이어진 문장이다. 종속적으로 이어진 문장의 앞절과 뒷절은 '조건, 이유, 원인, 의도, 전환' 등의 매우 다양한 의미적 관계로 이어진다.

(6) ㄱ. 舍利佛이 혼 獅子ㅣ를 지서 내니 그 쇼롤 자바머그니   [석상 6:32]
    ㄴ. 무슴물 아라 根源을 스못 볼씨 일호믈 沙門이라 ᄒᄂ니이다 [석상 3:20]
    ㄷ. 모딘 길헤 뼈러디면 恩愛를 머리 여희여   [석상 6:3]
    ㄹ. 善男子 善女人이 더 부텻 世界예 나고져 發願ᄒ야사 ᄒ리라 [석상 9:11]
    ㅁ. 이 하늘들히 놉디옷 목수미 오라ᄂ니   [월석 1:37]

(ㄱ)과 (ㄴ)의 문장에서는 '원인'이나 '이유'를 나타내는 연결 어미인 '-으니'와 '-을씨'를 통하여 앞절과 뒷절이 이어졌다. 그리고 (ㄷ)은 '조건'을 나타내는 '-으면', (ㄹ)은 '의도'를 나타내는 '-고져', (ㅁ)은 '앞의 일이 되어가는 정도에 비례해서 뒤의 일도 되어감'을 나타내는 '-디옷'을 통하여 각각 앞절과 뒷절이 이어졌다. 이들 문장은 앞절의 의미가 뒷절에 이끌리는 관계에 있으므로 '종속적으로 이어진 문장'이다.

3.2.1.3. 이어진 문장의 통사적 제약

이어진 문장에서 앞절에 특정한 연결 어미가 실현되면 뒷절의 종결 방식이 제약을 받는 경우가 있다(허웅, 1975: 521; 고등학교 문법, 2010: 298).
첫째, 이어진 문장의 앞절에서 연결 어미 '-으니' 앞에 확인 표현의 선어말 어미인 '-거-, -아-/-어-'가 실현되면, 뒷절은 '앞절의 내용을 뒤집는 뜻'을 표현하면서 의문형으로 끝맺는다.

(7) ㄱ. 功德을 國人도 숩거니 漢人 ᄆᅀᅵ미 엇더ᄒᆞ리잇고   [용가 72장]

    ㄴ. ᄒᆞ마 주글 내어니 子孫ᄋᆞᆯ 議論ᄒᆞ리여   [월석 1:7]

(ㄱ)의 '숩거니'와 (ㄴ)의 '내어니'처럼 연결 어미 '-니'가 실현된 서술어에 확인 표현의 선어말 어미인 '-거-'나 '-어-'가 실현되면, 뒷절의 서술어는 '엇더ᄒᆞ리잇고'와 '議論ᄒᆞ리여'처럼 의문형으로 끝맺는다.

    둘째, 이어진 문장에서 앞절의 서술어에 연결 어미인 '-관ᄃᆡ/-완ᄃᆡ'가 실현되면, 앞절에는 반드시 의문사(疑問詞, 물음말)가 실현되고 뒷절은 의문형으로 끝맺는다.

(8) ㄱ. 이 엇던 神靈ㅅ 德이시관ᄃᆡ 내 시르믈 누기시ᄂᆞᆫ고   [월석 21:21]

    ㄴ. 地藏菩薩 摩訶薩이 … 엇던 願을 셰완ᄃᆡ 不思議옛 이를   [월석 21:15]

       能히 일우ᄂᆞ니잇고

(ㄱ)의 '德이시관ᄃᆡ'와 (ㄴ)의 '셰완ᄃᆡ'처럼 앞절의 서술어에 연결 어미인 '-관ᄃᆡ/-완ᄃᆡ'가 실현되면, 앞절에는 '엇던'과 같은 의문사가 실현되고 뒷절의 서술어는 '누기시ᄂᆞᆫ고'와 '일우ᄂᆞ니잇고'처럼 의문형으로 끝맺는다.

    셋째, 이어진 문장에서 앞절의 서술어에 연결 어미 '-디비/-디위/-디외', '-건뎡' 등이 실현되면, 뒷절은 부정문(否定文)이 된다.

(9) ㄱ. 이에 든 사ᄅᆞ믄 죽디비 나디 몯ᄒᆞᄂᆞ니라   [석상 24:14]

    ㄴ. 모ᄆᆞ로 端正히 홇 디언뎡 등 구표미 몯 ᄒᆞ리라   [몽언 24]

(ㄱ)의 '죽디비'와 (ㄴ)의 '홇 디언뎡'처럼 앞절의 서술어에 연결 어미 '-디비'와 '-건뎡'이 실현되면, 뒷절은 '나디 몯ᄒᆞᄂᆞ니라'와 '등 구표미 몯 ᄒᆞ리라'처럼 부정문이 된다.

    넷째, 이어진 문장에서 앞절의 서술어에 연결 어미인 '-곤/-온' 등이 실현되면, 뒷절에는 대체로 '하믈며'와 같은 부사가 실현된다. 그리고 서술어로 실현되는 체언이나 용언의 명사형 뒤에는 '-이여'나 '-이ᄯᆞ녀' 등의 조사가 실현된다.3)

---

3) '-이ᄯᆞ녀'는 강조를 나타내는 '-이ᄯᆞᆫ(보조사)'에 호격 조사 '-(이)여'가 붙어서 문장 전체가 반문(反問)과 감탄의 뜻을 나타내는 의문문처럼 쓰였다(허웅, 1975: 359·386).

(10) ㄱ. 잢간 듣줍고 ᄒ마 善ᄒ 利ᄅ 得곤 ᄒ믈며 브즈러니   [원언 하 2-1:4]

　　　行ᄒ미여

　　ㄴ. 莊子도 오히려 그러콘 ᄒ믈며 道人이ᄯᄂ녀   [선언 하122]

(10)에서는 앞절의 서술어에 '得곤'과 '그러콘'처럼 연결 어미인 '-곤'이 실현되었다. 이 때 뒷절에는 대체로 'ᄒ믈며'와 같은 부사가 실현되고, 뒷절에서 서술어처럼 기능하는 체언이나 용언의 명사형 뒤에 '-이여'나 '-이ᄯᄂ녀(←-이ᄯᆫ+-이여)'와 같은 조사가 붙어서 반문(反問)과 영탄(詠歎)의 뜻을 나타내는 수사 의문문의 형식으로 표현된다.

3.2.2. 안은 문장

문장 속에서 하나의 성분처럼 쓰이는 홑문장을 '안긴 문장'이라 하고, 이 안긴 문장을 포함하고 있는 전체 문장을 '안은 문장'이라 한다. 안긴 문장을 '절(節, 마디, clause)'이라고 도 하는데, 이러한 안긴 문장에는 '명사절, 관형절, 부사절, 서술절, 인용절' 등이 있다.

3.2.2.1. 명사절을 안은 문장

'명사절(名詞節)'은 문장 속에서 명사처럼 기능하는 절로서, 명사형 전성 어미인 '-옴/-움, -기, -디' 등이 붙어서 이루어진다. 명사절은 명사처럼 문장 속에서 여러 가지 문장 성분으로 쓰일 수 있는 것이 특징인데, 이러한 명사절을 포함하고 있는 전체 문장을 '명사절을 안은 문장'이라 한다.

첫째, 용언이나 서술격 조사에 명사형 전성 어미인 '-옴/-움', '-기', '-디'가 실현되어서 명사절로 쓰일 수 있다.

(11) ㄱ. 이런 有情들히 … 됴ᄒ 法 닷고ᄆᆯ 몯ᄒ야   [석상 9:14]

　　ㄴ. 太子ㅣ 글 비호기 始作ᄒ샤   [석상 3:8]

　　ㄷ. 뷘 平床애 어드운 ᄃᆡ 가디 어렵도다   [두언-초 10:21]

(ㄱ)의 문장은 명사형 전성 어미인 '-옴'이 붙어서 이루어진 '됴ᄒ 法 닷곰'을 명사절로 안은 문장이다. (ㄴ)의 문장은 '-기'가 붙어서 이루어진 '글 비호기'를 명사절로 안은 문장이다. 그런데 (ㄷ)처럼 용언이나 서술격 조사에 특수한 명사형 전성 어미인 '-디'가 실현되어서 명사절로 쓰일 수 있다. 곧, '어렵다, 슬ᄒ다, 둏다' 등의 '평가 형용사'가

안은 문장의 서술어로 쓰일 때에는, 이들 형용사의 어간에 명사형 어미인 '-디'가 실현되어서 명사절을 이룰 수가 있다.

3.2.2.2. 관형절을 안은 문장

'관형절(冠形節)'은 문장 속에서 관형어로 기능하는 절로서, 용언의 어간에 관형사형 전성 어미가 실현되어서 성립된다. 그리고 이러한 관형절을 포함하고 있는 전체 문장을 '관형절을 안은 문장'이라고 한다.

(12) ㄱ. 내 <u>어미 일흔</u> 後에 밤나즐 그려 　　　　　　　　　　[월석 21:21]

　　　ㄴ. <u>부텨 나 겨시던</u> 時節이 더 멀면 　　　　　　　　　[석상 9:2]

　　　ㄷ. 楞伽山이 南天竺 바롨 ㄱ새 잇ᄂ니 <u>神通 잇ᄂ</u> 사ᄅ미ᅀ아 　[석상 6:43]
　　　　 가ᄂ니라

　　　ㄹ. <u>말쏘ᄆᆞᆯ 슬ᄫᅵ리</u> 하ᄃᆡ 天命을 疑心ᄒ실ᄊᆡ 쑤므로 뵈아시니 　[용가 13장]

(ㄱ)의 '어미 일흔', (ㄴ)의 '부텨 나 겨시던', (ㄷ)의 '神通 잇ᄂ', (ㄹ)의 '말쏘ᄆᆞᆯ 슬ᄫᆞᆯ'은, 서술어로 쓰이는 '잃다, 겨시다, 잇다, 슳다'의 어간에 관형사형 어미 '-은, -을' 등을 실현하여서 관형절이 되었다.

관형절은 그것이 수식하는 중심어(체언)와의 통사적인 관계에 따라서 '관계 관형절'과 '동격 관형절'로 구분된다.

첫째, '관계 관형절(關係冠形節)'은 관형절 속의 문장 성분 가운데서 중심어(피한정어)와 동일한 대상을 표현하는 문장 성분이 생략되면서 형성된 관형절이다.

(13) ㄱ. <u>부텻 이베셔 난</u> 아ᄃ리 合掌ᄒᅀᅡ와 　　　　　　　[법언 1:164]

　　　ㄴ. <u>내 이제 得혼</u> 道理도 三乘을 닐어ᅀᅡ ᄒ리로다 　　　[석상 13:58]

　　　ㄷ. <u>ᄣᅵ 무든</u> 옷 닙고 시름ᄒᆞ야 잇더니 　　　　　　　[석상 6:26]

(14) ㄱ. <u>아ᄃ리</u> 부텻 이베셔 나다

　　　ㄴ. 내 이제 <u>道理ᄅᆞᆯ</u> 得ᄒ다

　　　ㄷ. <u>ᄣᅵ</u> 오세 묻다

	관형절의 속구조	관계 관형절	중심어
ㄱ.	(아ᄃ리) 부텻 이베셔 나다	Ø 부텻 이베셔 난	아들
ㄴ.	내 이제 (道理ᄅᆞᆯ) 得ᄒᆞ다	내 이제 Ø 得혼	道理
ㄷ.	ᄢᅴ (오세) 묻다	ᄢᅴ Ø 무든	옷

(14)에서 표현된 세 가지 관형절의 속구조는 (6)와 같은 문장의 형태였다. 곧 (ㄱ)의 '부텻 이베셔 난'은 속구조에서 '아ᄃ리 부텻 이베셔 나다'였으며, (ㄴ)의 '내 이제 得혼'은 속구조에서 '내 이제 道理를 得ᄒᆞ다'였으며, (ㄷ)의 'ᄢᅴ 무든'은 속구조에서 'ᄢᅴ 오세 묻다'였다. 여기서 관형절의 속구조에 나타난 문장 성분과 그 중심어로 쓰인 체언을 비교해 보면, (ㄱ)은 관형절 속의 주어와 중심어가 동일하며, (ㄴ)은 관형절의 목적어와 중심어가 동일하며, (ㄷ)은 관형절 속의 부사어와 중심어가 동일하다. 결국 (5)의 문장에서 관형절은 각각 그 문장의 속구조에서 중심어와 동일한 주어, 목적어, 부사어 등이 생략되어서 형성된 것이다. 이처럼 관형절 속에 있는 특정한 문장 성분이 생략되면서 형성된 관형절을 '관계 관형절'이라고 한다.

둘째, '동격 관형절(同格冠形節)'은 관형절 속의 문장 성분이 생략되지 않고 형성된 관형절이다.

(15) ㄱ. 世尊이 … 불 구피라 펼 ᄊᆞᅀᅵ예 忉利天에 가샤 [월석 21:4]

ㄴ. 孝道ᄒᆞ실 ᄆᆞᅀᆞᆷ애 後ㅅ 날을 分別ᄒᆞ샤 [월천 기46]

ㄷ. 四禪天이 … 一千 世尊이 나싫 ᄃᆞᆯ 아니 [월석 1:21]

(ㄱ)의 '불 구피라 펼', (ㄴ)의 '孝道ᄒᆞ실', (ㄷ)의 '一千 世尊이 나싫' 등은 관형절로서 중심어인 'ᄉᆞᅀᅵ, ᄆᆞᅀᆞᆷ, ᄃᆞ'를 수식하고 있는데, 이들은 관형절 속의 특정한 문장 성분이 생략되는 과정이 없이 형성되었다. 이러한 관형절은 관형절의 내용과 중심어(=체언)의 내용이 동격(同格, appositive)의 관계에 있다. 곧 (ㄱ)에서 'ᄉᆞᅀᅵ'의 내용이 '팔을 굽히다가 펴는 사이'이며, (ㄴ)에서 'ᄆᆞᅀᆞᆷ'의 내용이 '孝道하시는 것'이며, (ㄷ)에서 의존 명사인 'ᄃᆞ(=것)'의 내용이 '一千 世尊이 나시는 것'이다. 이러한 특징 때문에 (7)의 관형절을 '동격 관형절'이라고 한다.

{ '관형사형 어미'의 명사적 용법과 성분절 }

관형사형 전성 어미가 명사적 용법으로 쓰여서 성분절을 형성하는 특수한 경우가 있다.

(1) ㄱ. <u>다욿</u> 업슨 긴 フ르믠 니섬 니서 오놋다   [두언-초 10:35]
  ㄴ. 놀애를 노외야 <u>슬픐</u> 업시 브르ᄂ니   [두언-초 25:53]

(2) ㄱ. <u>德이여 福이라 호ᄂᆞᆯ</u> 나ᅀᆞ라 오소이다   [악궤 5:6 동동]
  ㄴ. <u>그뤗 혼</u> 조초 ᄒᆞ야 뉘웃븐 ᄆᆞᅀᆞ믈 아니 호리라 [석상 6:8]

(3) ㄱ. <u>威化振旅ᄒᆞ시ᄂ로</u> 興望이 다 몯ᄌᆞᄫᆞ나   [용가 11장]
  ㄴ. <u>自枉詩ᄒᆞᄂ로</u> 已十餘年이오   [두언-초 11:5]

(1)에서 (ㄱ)의 '다욿'과 (ㄴ)의 '슬픐'은 각각 '다ᄋ다'와 '슬프다'의 어간에 관형사형 어미인 '-ㅭ'이 실현되었다. 그리고 (2)에서 (ㄱ)과 (ㄴ)의 '혼(=ᄒᆞ-+-오-+-ㄴ)'과, (3)에서 (ㄱ)의 '-ᄒᆞ신(=-ᄒᆞ-+-시-+-ㄴ)'과 (ㄴ)의 '-ᄒᆞᆫ(=ᄒᆞ-+-ㄴ)'은 관형사형 어미인 '-ㄴ'이 실현되었다. 그런데 (1)에서 관형사형 어미인 '-ㅭ'이 이끄는 성분절인 '다욿'과 '슬픐'은 서술어로 쓰이는 '업슨'과 '업시'에 대하여 주어로 기능하였다. 그리고 (2)에서 관형사형 어미 '-ㄴ'이 이끄는 '德이여 福이라 혼'과 '그뤗 혼'은 '나ᅀᆞ라'와 '조초 ᄒᆞ야'에 대하여 목적어로 기능하였으며, (3)에서 '威化振旅ᄒᆞ신'과 '自枉詩혼'은 부사격 조사인 '-ᄋᆞ로'와 결합하여 부사어로 기능하였다. (1~3)에 쓰인 '-ㅭ'과 '-ㄴ'은 그것이 이끄는 절과 안은 문장의 서술어와 맺은 통사적인 관련성을 감안하면, 명사형 전성 어미와 동일하게 기능하는 것을 알 수 있다. 이러한 특징을 감안하여 고등학교 문법(2010: 294)에서는 (1~3)에서 쓰인 관형사형 어미인 '-ㅭ'과 '-ㄴ'의 기능을 '관형사형 어미의 명사적 용법'으로 설명하고 있다.

3.2.2.3. 부사절을 안은 문장

'부사절(副詞節)'은 문장 속에서 부사어로 기능하는 절이다. 부사절은 용언의 어간에 파생 접미사인 '-이'나 연결 어미인 '-게, -도록/-ᄃ록, -둣/-ᄃ시' 등이 붙어서 이루어진다. 그리고 이러한 부사절을 포함하고 있는 전체 문장을 '부사절을 안은 문장'이라고 한다.

(16) ㄱ. <u>돈 업시</u> 帝里예 살오 지비 다 フᅀᅵ 와 잇노라 [두언-초 20:37]
  ㄴ. <u>처섬 듫 적브터</u> 百千劫에 니르리 一日一夜애 [월석 21:46]
  萬死萬生ᄒᆞ야

ㄷ. 太子ㅣ (나를) 길 넗 사름과 フ티 너기시니 [석상 6:5]

(17) ㄱ. 向公이 <u>피 나게</u> 우러 行殿에 쓰리고 [두언-초 25:47]

　　 ㄴ. <u>나리 져므드록</u> 밥 몯 머거슈믈 놀라노니 [두언-초 25:7]

　　 ㄷ. 法이 … 너비 펴아 가미 <u>술위떠 그우듯</u> 홀씨 [석상 13:4]

(16)과 (17)에서 밑줄 친 말은 주어와 서술어의 구조를 갖추고 있으면서 그 뒤에 실현되는 서술어(용언구)를 수식하고 있다. 곧 (16)에서 (ㄱ)의 '돈 업시'와 (ㄴ)의 '처섬 듫 적브터 百千劫에 니르리', (ㄷ)의 '길 넗 사름과 フ티'는 각각 '돈 없(다)'와 '처섬 듫 적브터 百千劫에 니를(다)', '길 넗 사름과 굩-'에 부사 파생 접미사인 '-이'가 붙어서 된 부사절이다. 그리고 (17)에서 (ㄱ)의 '피 나게'와 (ㄴ)의 '나리 져므드록', (ㄷ)의 '술위떠 그우듯'은 각각 '피 나(다), 나리 져믈(다), 술위떠 그울(다)'에 종속적 연결 어미인 '-게, -드록, -듯' 등이 붙어서 형성된 부사절이다. 이렇게 부사절을 형성하는 문법적 형태소로는 파생 접미사인 '-이'와 연결 어미인 '-게, -도록/-드록, -듯/드시, -아셔/-어셔, -으면' 등이 있는데 그 수효가 대단히 많다.

3.2.2.4. 서술절을 안은 문장

'서술절(敍述節)'은 문장 속에서 서술어로 쓰이는 절인데, 이러한 서술절을 포함하고 있는 전체 문장을 '서술절을 안은 문장'이라고 한다. 서술절에는 그것이 서술절임을 나타내는 문법적인 형태가 따로 없는 것이 특징이다.

(18) 외로윈 남기 <u>고지 프니</u> [두언-초 3:34]

(19) ㄱ. 이 東山은 <u>남기 됴홀씨</u> [석상 6:24]

　　 ㄴ. 大愛道ㅣ <u>善훈 쁘디</u> 하시며 [월석 10:19]

　　 ㄷ. 일훔난 됴훈 오시 <u>비디 千萬이 쏘며</u> [석상 13:20]

서술절은 서술어가 비행동성(non-action)의 의미적 특질을 가진 용언, 곧 과정성(process)이나 상태성(state)을 표현하는 용언에서만 나타날 수 있다. (18)에서는 서술어로 쓰인 '프다'가 동사로서 과정성의 의미적 특질을 나타내며, (19)에서는 '둏다, 하다, 쏘다'가 형용사로서 상태성을 나타낸다. 이러한 경우에 (18~19)에서 '고지 프니, 남기 됴홀씨,

善흔 쁘디 하시며, 비디 千萬이 쏫며'는 각각 안은 문장의 전체 주어인 '외로왼 남기, 이 東山은, 大愛道ㅣ, 일홈난 됴흔 오시'에 대하여 서술절로 쓰인다.

3.2.2.5. 인용절을 안은 문장

'인용절(引用節)'은 다른 사람의 말이나 생각을 따온 절인데, 다른 절과는 달리 온전한 문장의 형식을 갖추고 있는 것이 특징이다. 이때 인용절을 포함하고 있는 문장을 '인용 절을 안은 문장'이라고 하는데, 이러한 인용절을 안은 문장에는 'ᄒ다'나 '니ᄅ다' 등의 서술어가 쓰이는 것이 특징이다.

(20) ㄱ. 또 닐오디 내 <u>無上涅槃을 得호라</u> ᄒ고   [능언 9:91]

ㄴ. <u>내 노포라</u> ᄒ릴 맛나든   [월석 21:67]

ㄷ. 사ᄅ미 눔ᄃ려 닐오디 <u>經이 이쇼디 일후미 法華ㅣ니</u>   [석상 19:6]
　　흔디 가 듣져' ᄒ야든

(21) ㄱ. 如來 샹녜 <u>우리를 아ᄃ리라</u> 니ᄅ시니이다   [월석 13:32]

ㄴ. 阿難아 네 몬제 나를 對答호디 <u>光明 주머귀를 보노라</u>   [능언 1:98]
　　ᄒ더니

ㄷ. 有情들히 … <u>제 올호라</u> ᄒ고 <u>ᄂ믈 외다</u> ᄒ야   [석상 9:14]

(20)에서 (ㄱ)의 '내 無上涅槃을 得호라'와 (ㄴ)의 '내 노포라' (ㄷ)의 '經이 이쇼디 일후미 法華ㅣ니 흔디 가 듣져' 등은 남의 말을 그대로 옮겨 왔으므로 '직접 인용절'이다. 이에 반해서 (21)에서 (ㄱ)의 '아ᄃ리라'와 (ㄴ)의 '光明 주머귀를 보노라', (ㄷ)의 '제 올호라'와 'ᄂ믈 외다' 등은 화자가 남의 말을 옮기되 자신의 입장에서 표현을 바꾸어서 전달한 '간접 인용절'이다.

3.3. 문법 요소(피동·사동·부정 표현)

고등학교 문법(2010)에서 제시된 '문법 요소'에 대한 내용 중에서, '피동 표현'과 '사동 표현', 그리고 '부정 표현'을 별도로 다룬다.

3.3.1. 피동 표현

문장에서 표현되는 주체의 동작이 이루어지는 방식에 따라서, 문장의 유형을 '능동문'과 '피동문'으로 구분할 수 있다.

3.3.1.1. 피동 표현의 개념

〈 **능동문과 피동문의 개념** 〉 문장에서 주어로 표현되는 대상(주체)이 스스로의 힘으로 수행하는 행위나 동작을 '능동(能動)'이라고 한다. 반면에 주어로 표현되는 대상이 다른 주체에 의해서 행위나 동작을 당하는 것을 '피동(被動)'이라고 한다.

(1) ㄱ. 비 빌오져 홇 사라ᄆᆞᆫ … 金精이어나 靑黛이나 므레 <u>ᄃᆞ마</u>   [월석 10:117-119]
　　　　묽게 ᄒᆞ야
　　　ㄴ. 늣가오닌 … 못 우묵ᄒᆞᆫ 딕 <u>ᄃᆞ기놋다</u>   [두언-초 6:42]

(2) ㄱ. (내) … 흙무저글 <u>ᄲᆞ리니</u>   [두언-초 16:66]
　　　ㄴ. 온 즘싱이 듣고 딕고리 다 <u>ᄲᆞ려 ᄃᆞᄂᆞ니</u>   [영남 상74]

(1ㄱ)의 동작은 주체인 '비를 빌고자 할 사람'이 자신의 힘으로 '金精'과 '靑黛'를 물에 담았으므로 능동이다. 반면에 (1ㄴ)의 동작은 주체인 '낮은 것'이 바람의 힘으로 연못 우묵한 데에 담아졌으므로 피동이다. 그리고 (2ㄱ)의 동작은 화자가 자신의 힘으로 '흙무적'을 부수었으므로 능동인 반면에, (2ㄴ)의 동작은 온 짐승이 머리통이 다 부수어졌으므로 피동이다. (1~2)의 (ㄱ)처럼 주어로 표현된 대상이 자신의 힘으로 수행하는 동작을 표현한 문장을 '능동문(能動文)'이라고 한다. 반면에 (1~2)의 (ㄴ)처럼 주어로 표현된 대상이 다른 사람에게 당하는 동작을 표현한 문장을 '피동문(被動文)'이라고 한다. 그리고 (ㄱ)과 같은 능동문을 (ㄴ)과 같은 피동문으로 바꾸는 문법적인 방법을 '피동법(被動法)'이라고 한다.

〈 **능동문과 피동문의 대응 관계** 〉 능동문과 피동문 사이에는 일정한 문법적인 대응 관계가 나타난다.

(3) ㄱ. [나랏 法이 有情을 **자바**]
　　　ㄴ. 有情이 나랏 法에 **자피여**   [월석 9:25]

(ㄱ)의 능동문과 (ㄴ)의 피동문 사이에는 다음과 같은 문법적 대응 관계가 나타난다. 첫째로 (ㄱ)의 능동문에서 서술어로 쓰인 능동사 '잡다'가, (ㄴ)의 피동문에서는 파생 접사가 붙어서 피동사인 '자피다'로 바뀌었다. 둘째로 서술어가 타동사인 '잡다'에서 자동사인 '자피다'로 바뀜에 따라서 문장의 통사적인 구조가 바뀌었다. 곧 (ㄱ)에서 목적어로 쓰였던 '有情'이 (ㄴ)에서는 주어로 쓰였으며, (ㄱ)에서 주어로 쓰였던 '나랏 法'이 (ㄴ)에서는 부사어로 쓰였다.

능동문과 피동문에서 나타나는 이러한 대응 관계를 보이면 다음과 같다.

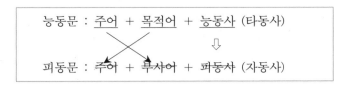

3.3.1.2. 피동문의 유형

피동문은 서술어가 형성되는 문법적인 방법에 따라서 '파생적 피동문'과 '통사적 피동문'으로 나뉜다.

〈 파생적 피동문 〉 '파생적 피동문(派生的 被動文)'은 피동사를 서술어로 실현해서 형성되는 피동문이다. 15세기 국어에서 쓰이는 피동사는 능동사(타동사)의 어근에 '-이-, -히-, -기-' 등의 피동 접미사가 붙어서 파생된다.

(4)	ㄱ. 七寶ㅣ 이러 싸 우희 차 <u>두피고</u>	[월석 8:18]
	ㄴ. 밠바닸 그미 싸해 반득기 <u>바키시며</u>	[월석 2:57]
	ㄷ. 衆生이 글는 鑊 소배 드러 므리 솟글허 <u>숢기더니</u>	[월석 23:81]

첫째로 동사의 어근에 '-이-'가 붙어서 된 피동사가 서술어로 쓰일 수 있는데, '-이-'는 '-히-'나 '-기-'가 쓰이는 음성적 환경을 제외한 나머지 환경에서 쓰인다. 예를 들어서 (ㄱ)의 '두피다'는 능동사인 '둪다'의 어근에 파생 접사인 '-이-'가 붙어서 피동사가 되면서 피동문의 서술어로 쓰였다. 둘째, /ㄱ, ㄷ, ㅂ, ㅈ/(단, /�/은 제외)과 같은 거센소리의 짝이 있는 예사소리로 끝나는 능동사의 어근에는, '-히-'가 붙어서 된 피동사가 서술어로 쓰일 수 있다. 예를 들어서 (ㄴ)의 '바키다'는 능동사인 '박다'의 어근에 파생 접사 '-히-'가 붙어 붙어 피동사가 되면서 피동문의 서술어로 쓰였다. 셋째로 /ㅁ/으로 끝난 능동사의 어근에는, '-기-'가 붙어서 된 피동사가 서술어로 쓰일 수 있다. 예를 들어서

(ㄷ)의 '숨기다'는 능동사인 '숨다'의 어근에 파생 접사 '-기-'가 붙어 피동사가 되면서 피동문의 서술어로 쓰였다.

〈**통사적 피동문**〉'통사적 피동문'은 본용언의 어간에 보조 용언인 '-아 디다'가 붙어서 실현되는 피동문이다.

(5) ㄱ. [(X이) 돌홀 브니라]
ㄴ. 돌히 <u>붓아 디니라</u>   [능언 7:88]

(5)에서 (ㄴ)의 피동문은 (ㄱ)의 능동문에서 생성된 것으로 볼 수 있다. 이때 피동문의 서술어인 '붓아 디다'는 능동문의 서술어인 '브다'의 어간에 보조 용언인 '-아 디다'가 붙어서 형성되었다. 이처럼 능동문에서 서술어로 쓰인 타동사 '브다'가 피동문에서는 자동사인 '붓아 디다'로 바뀜에 따라, 능동문에서는 목적어로 쓰였을 '돌ㅎ'이 피동문에서는 주어로 쓰였다.

위의 (5ㄴ)처럼 능동사에 보조 용언 '-아/-어 디다'를 실현하여서 피동문이 된 문장의 예를 들어 보이면 다음과 같다.

(6) ㄱ. 가지 … ᄃ르리 두외이 <u>붓아 디거늘</u>   [석상 6:30-31]
ㄴ. 싸히 다 震動ᄒ야 <u>ᄣ려 디거늘</u>   [원언 하 2-2:35]
ㄷ. 온 즘싱이 듣고 딕고리 다 <u>ᄣ려 디ᄂ니</u> [영남 상74]

(6)의 문장은 통사적인 피동문인데, (ㄱ)에서는 '가지 … 붓아 디다', (ㄴ)에서는 '싸히 … ᄣ려 디다', (ㄷ)에서는 '딕고리 ᄣ려 디다'의 짜임새를 취하면서 피동문이 되었다.

3.3.2. 사동 표현

주체가 어떠한 일을 직접 수행하느냐, 아니면 주체가 다른 사람에게 시켜서 어떠한 일을 수행하느냐에 따라서, 문장의 유형을 '주동문'과 '사동문'으로 구분할 수 있다.

3.3.2.1. 사동 표현의 개념

〈**주동문과 사동문의 개념**〉문장의 주체가 자기 스스로 하는 동작을 '주동(主動)'이라고 하고, 주체가 남으로 하여금 어떤 일을 하도록 시키는 동작을 '사동(使動)'이라고 한다.

(1) ㄱ. 블러 니르매 머리 글구믈 셸리 ᄒ고   [두언-초 20:2]

　　ㄴ. (내) … 아히로 훤히 등어리 글키고   [두언-초 15:4]

(2) ㄱ. 믈윗 有情이 … 서로 싸화 저와 눕과를 어즈려   [석상 9:16]

　　ㄴ. 兩舌은 두 가짓 혜니 ᄂ믹 스이예 싸호게 홀 씨라   [월석 21:60]

(1ㄱ)에서는 주체인 '杜甫'가 머리를 긁는 행동을 직접 수행하므로 주동이며, (1ㄴ)에서는 주체인 '杜甫'가 아이로 하여금 등을 긁게 하였으므로 사동이다. 그리고 (2ㄱ)에서는 주체인 '有情'이 싸우는 행위를 직접 수행하므로 주동이며, (2ㄴ)에서는 주체인 '兩舌'이 남으로 하여금 싸우는 행위를 하게 하므로 사동이다.

(1~2)의 (ㄱ)처럼 주체가 스스로 수행하는 행동을 표현하는 문장을 '주동문(主動文)'이라고 한다. 반면에 (1~2)의 (ㄴ)처럼 주어로 표현되는 사람(사동주)이 다른 사람(행동주)에게 어떠한 동작을 수행하도록 시키는 문장을 '사동문(使動文)'이라고 한다. 그리고 주동문을 사동문으로 바꾸는 문법적인 방법을 '사동법(使動法)'이라고 한다.

〈 주동문과 사동문의 대응 관계 〉 주동문과 사동문 사이에는 일정한 문법적인 대응 관계가 성립한다.

주동문은 기본적으로 동작을 수행하는 '행동주'와, 그 행동주가 직접 수행하는 동작을 풀이하는 '주동사(主動詞)'로 짜여 있다. 반면에 사동문은 남에게 어떠한 동작을 시키는 주체인 '사동주(使動主)'와 직접 동작을 수행하는 '행동주(行動主, 피사동주)', 그리고 사동주가 행동주에게 시키는 동작을 표현하는 '사동사(使動詞)'로 짜여 있다.

(3) ㄱ. 아히(행동주) 훤히 등어리 긁고 (주동사)

　　ㄴ. 내(사동주) … 아히로(행동주) 훤히 등어리 글키고 (사동사) [두언-초 15:4]

(ㄱ)의 주동문과 (ㄴ)의 사동문에는 다음과 같은 통사적인 대응 관계가 나타난다. 첫째로 (ㄱ)의 주동문에서 주동사인 '긁다'가 (ㄴ)의 사동문에서는 파생 접사가 붙어서 사동사인 '글키다'로 바뀌어서 실현되었다. 둘째로 문장의 서술어가 주동사인 '긁다'에서 사동사인 '글키다'로 바뀜에 따라서 문장의 통사적 구조도 바뀌었다. 먼저 (ㄴ)의 사동문에서는 사동주인 '나'를 새롭게 도입하였다. 그리고 (ㄱ)의 주동문에서 주어로 표현되었던 행동주 '아히'가 (ㄴ)의 사동문에서는 부사어(=아히로)나 목적어(=아히를)로 표현된다.

주동문과 사동문에서 나타나는 문법적인 대응 관계를 보이면 다음과 같다.

주동문 :		행동주(주어)+ ······ ······ + 주동사
		↓ ⇩
사동문 :	사동주(주어)+행동주(부사어 , 목적어)+ ······ + 사동사

3.3.2.2. 사동문의 유형

사동문은 서술어가 형성되는 문법적인 방법에 따라서 '파생적 사동문'과 '통사적 사동문'으로 나뉜다.

〈 **파생적 사동문** 〉'파생적 사동문(派生的 使動文)'은 어근에 사동 접미사가 붙어서 파생된 사동사에 의해서 실현되는 사동문이다. 15세기 국어의 사동사는 주동사의 어근에 사동 접미사인 '-이-, -히-, -기-; -오-/-우-, -호-/-후-, -고-; -ᄋᆞ-/-으-' 등이 붙어서 파생된다. 사동의 파생 접사는 피동의 파생 접사와는 달리 주동사의 품사에 관계없이 사동사를 파생할 수 있다.

ⓐ **'-이 -' 계**: 사동 접미사인 '-이-, -기-, -히-'를 통해서 파생된 사동사가 서술어로 쓰이는 사동 표현이다.

(4) ㄱ. (太祖ㅣ) 石壁에 ᄆᆞᄅᆞᆯ <u>올이샤</u>   [용가 48장]

ㄴ. (太祖ㅣ)… 예와 싸호샤 투구 아니 <u>밧기시면</u>   [용가 52장]

ㄷ. 阿彌陀佛ㅅ 變化로 法音을 <u>너피실ᄊᆡ</u> 雜色 衆鳥ᄅᆞᆯ   [월석 7:58]
    내시니이다

첫째, 주동사의 어근에 '-이-'가 붙어서 파생된 사동사가 사동문의 서술어로 쓰일 수 있다. 곧, (ㄱ)에서 '오ᄅᆞ다'의 어근에 사동 접미사인 '-이-'가 붙어서 파생된 사동사인 '올이다'가 서술어로 쓰였다. 둘째, 주동사의 어근에 '-기-'가 붙어서 파생된 사동사가 사동문의 서술어로 쓰일 수 있다. 곧, (ㄴ)의 사동문에서는 '밧다'의 어근에 사동 접미사인 '-기-'가 붙어서 파생된 사동사 '밧기다'가 서술어로 쓰였다. 셋째, 주동사의 어근에 '-히-'가 붙어서 파생된 사동사가 사동문의 서술어로 쓰일 수 있다. 곧, (ㄷ)의 사동문에서는 '넙다'의 어근에 사동 접미사인 '-히-'가 붙어서 파생된 사동사 '너피다'가 서술어로 쓰였다.

ⓑ **'-오-/-우 -' 계**: 사동 접사인 '-오-/-우-, -호-/-후-, -고-' 등을 통해서 파생된 사동사가 서술어로 쓰이는 사동 표현이다.

(5) ㄱ. 바른래 비 업거늘 <u>녀토시고</u> 쪼 기피시니   [용가 20장]

    ㄴ. 波旬이 쑴을 꾸고 臣下와 議論ᄒ야 瞿曇이를 <u>降히요리라</u>   [월석 4:1]

    ㄷ. 우리 부텨 如來ㅣ … 神通力을 <u>나토샤</u>   [월석 서:5-6]

    ㄹ. 佉羅ᄂᆞᆫ 닐오매 너븐 엇게니 바롨므를 <u>솟고ᄂᆞ니라</u>   [법언 1:51]

첫째, 주동사의 어근에 '-오-/-우-'가 붙어서 파생된 사동사가 사동문의 서술어로 쓰일 수 있다. 예를 들어서 (ㄱ)의 사동문에서는 '녙다'의 어근에 사동 접미사인 '-오-'가 붙어서 파생된 사동사 '녀토다'가 서술어로 쓰였다. 그런데 주동사에 '-이-'가 붙어서 이루어진 사동사에 또다시 사동 접미사인 '-오-/-우-'가 붙어서 실현된 경우도 있다.[4] 예를 들어서 (ㄴ)에서 '降히오다'는 '降ᄒ다'에 사동 접미사인 '-ㅣ-'와 '-오-'가 함께 붙어서 파생된 사동사이다. 둘째, 주동사의 어근에 '-호-/-후-'가 붙어서 파생된 사동사가 사동문의 서술어로 쓰일 수 있다. 예를 들어서 (ㄷ)의 사동문에서는 '낟다'의 어근에 사동 접미사인 '-호-'가 붙어서 파생된 사동사 '나토다'가 서술어로 쓰였다. 셋째, 주동사의 어근에 '-고-'가 붙어서 파생된 사동사가 사동문의 서술어로 쓰일 수 있다. 예를 들어서 (ㄴ)의 사동문에서는 '솟다'의 어근에 사동 접미사인 '-고-'가 붙어서 파생된 사동사 '솟고다'가 서술어로 쓰였다.

    ⓒ '-ᄋᆞ-/-으-' 계: 주동사의 어근에 사동 접사인 '-ᄋᆞ-/-으-'가 붙어서 파생된 사동사가 서술어로 쓰일 수 있다. 이처럼 '-ᄋᆞ-/-으-'로 파생된 사동사의 예로는 '이르다/이르다, 사른다, 기르다/기른다, 도른다, 횟도른다, 니른다/니르다' 등이 있다.

(6) ㄱ. 龔이며 디새며 홀ᄀᆞ로 塔을 <u>이르ᅀᆞᆸ거나</u>   [석상 13:51]

    ㄴ. 四面에 블이 니러 갏 길히 이볼씩 업더디여 <u>사른쇼셔</u> ᄒ니   [월천 164장]

    ㄷ. 王子 <u>기른던</u> 어마니미 ᄒ나 아닐씩   [월석 14:15]

    ㄹ. ᄆᆞ리 곳다온 딕 비를 <u>도른놋다</u>   [두언-초 15:30]

    ㅁ. 물ᄀᆞᆫ 渭水ㅅ ᄀᆞᅀᅵ셔 머리를 <u>횟돌아</u> ᄇᆞ라노라   [두언-초 19:3]

    ㅂ. 激은 믌결 <u>니른</u> 씨라   [능언 1:113]

(6)에서는 주동사인 '일다(成), 살다(生, 住), 길다(長), 돌다(回), 횟돌다(回), 닐다(起)'의 어간에 사동 접미사인 '-으-/-ᄋᆞ-'가 붙어서 파생된 '이르다(建設), 사른다(活), 기른다(養),

---

  4) 사동 접미사가 겹쳐서 표현된 사동사로는 '降히오다, 조히오다, ᄠᅴ오다/ᄠᅴ우다, 힘쯰우다/힘쯰오다' 등이 있다(허웅, 1975: 166).

도ᄅᆞ다(使回), 횟도ᄅᆞ다(使回), 니ᄅᆞ다(使起)'가 사동문의 서술어로 쓰였다.

〈통사적 사동문〉'통사적 사동문'은 주동사의 어간에 보조 용언인 '-게/-긔 ᄒᆞ다'가 붙어서 실현된 사동문이다.

> (7) ㄱ. 慈悲ᄂᆞᆫ 衆生ᄋᆞᆯ 便安케 ᄒᆞ시ᄂᆞᆫ 거시어늘   [석상 6:5]
>   ㄴ. 如來 … 모든 ᄆᆞᅀᆞᄆᆞᆯ 즐기긔 ᄒᆞᄂᆞ니   [석상 13:40]
>   ㄷ. (내) … 一切 有情이 나와 다ᄅᆞ디 아니케 호리라   [석상 9:4]

(ㄱ)의 문장은 각각 형용사인 '便安ᄒᆞ다'의 어간에 보조 용언인 '-게 ᄒᆞ다'가 실현되어서 형성된 사동문이다. (ㄴ)은 타동사인 '즐기다'의 어간에 보조 용언인 '-긔/-의 ᄒᆞ다'가 실현되어서 형성된 사동문이다. 그리고 (ㄷ)은 보조 용언인 '아니ᄒᆞ다'의 어간에 다시 보조 용언인 '-게 ᄒᆞ다'가 붙어서 형성된 사동문이다.

3.3.3. 부정 표현

일반적인 문장은 어떤 대상의 움직임이나 상태, 혹은 환언 관계를 긍정적으로 표현한다. 하지만 경우에 따라서는 부정 표현을 통하여 문장에서 표현된 내용의 전체나 일부를 부정하기도 한다.

3.3.3.1. 부정 표현의 개념

'부정문(否定文)'은 '아니, 몯; -디 아니ᄒᆞ다, -디 몯ᄒᆞ다, -디 말다' 등의 부정을 나타내는 요소가 쓰여서, 문장에서 표현된 내용의 전체 또는 일부를 부정하는 문장이다.

> (1) ㄱ. 向ᄋᆞᆫ 아니 오란 요ᄉᆞᅀᅵ라   [월석 서:26]
>   ㄴ. 목수미 므거ᄫᆞᆫ 거실ᄊᆡ 손소 죽디 몯ᄒᆞ야   [석상 6:5]
>   ㄷ. 太子ㅣ … 須達이ᄃᆞ려 닐오ᄃᆡ 金을 더 내디 말라   [석상 6:26]

(ㄱ)에서는 부사 '아니'를 실현하여 '오라다'의 내용을 부정하였으며, (ㄴ)에서는 본용언인 '죽다'에 보조 용언인 '-디 몯ᄒᆞ다'를 실현하여 '손소 죽다'의 내용을 부정하였다. 그리고 (ㄷ)에서는 '-디 말다'를 실현하여 '金을 더 내다'의 내용을 '금지'의 뜻으로 부정하였다.

3.3.3.2. 부정문의 유형

〈 부정문 분류의 대강 〉 부정문은 의미나 기능에 따라서 '아니 부정문'과 '몯 부정문'으로 나누어지고, 부정문을 실현하는 문법적인 형식에 따라서 '짧은 부정문'과 '긴 부정문'으로 나누어진다.

문장 유형	부정문 유형	의미	긴 부정문	짧은 부정문
평서문 의문문 감탄문	'아니' 부정문	단순 부정 의지 부정	본용언 +'-디 아니ᄒᆞ다'	'아니'+용언
	'몯' 부정문	능력 부정	본용언 +'-디 몯ᄒᆞ다'	'몯'+용언
명령문	'말다' 부정문	금지	본동사 +'-디 말라'	—
청유문	'말다' 부정문	중단	본동사 + '-디 말자'	—

〈표 1〉 부정문의 유형

(2) ㄱ. 太子ᄂᆞᆫ 여쉰 네 글을 <u>아니</u> 빈화 아ᄅᆞ실ᄊᆡ   [월천 기35]

　　ㄴ. 부톄 ᄌᆞ로 니ᄅᆞ샤도 從ᄒᆞ읍<u>디 아니ᄒᆞ</u>더니   [석상 6:10]

(3) ㄱ. 부텨옷 <u>몯</u> 두외면 아니 니러나리라   [용가 12장]

　　ㄴ. 二百億 劫을 샹녜 부텨 맛나<u>디 몯ᄒᆞ</u>며   [월석 17:91]

(4) ㄱ. 王이 信敬티 아니ᄒᆞᆫ ᄆᆞᅀᆞᆷᄋᆞᆯ 내<u>디 말</u>ᄅᆞ쇼셔   [월석 25:128]

　　ㄴ. 머리 셰ᄃᆞ록 서르 ᄇᆞ리<u>디 마져</u> ᄒᆞ더라   [두언-초 16:18]

첫째, 부정문은 의미나 기능에 따라서 '아니 부정문'과 '몯 부정문'으로 구분할 수 있다. 곧 (2)처럼 '아니'와 '-디 아니ᄒᆞ다'로써 성립된 부정문을 '아니 부정문'이라고 하고, (3) 처럼 '몯'과 '-디 몯ᄒᆞ다'로써 성립된 부정문을 '몯 부정문'이라고 한다. 둘째, 부정문은 문법적인 형식에 따라서 '짧은 부정문'과 '긴 부정문'으로 구분할 수 있다. (2~3)의 (ㄱ) 처럼 '아니'나 '몯'과 같은 부사를 실현하여서 이루어진 부정문을 '짧은 부정문'이라고 하고, (2~3)의 (ㄴ)처럼 본용언에 '-디 아니ᄒᆞ다'나 '-디 몯ᄒᆞ다'와 같은 보조 용언이 붙어서 이루어진 부정문을 '긴 부정문'이라고 한다. 셋째, (4)처럼 명령문이나 청유문에 서는 '-디 아니ᄒᆞ다' 대신에 '-디 말다'의 형태로 '금지'의 뜻을 나타내는 부정문이 실현 된다.

가. '아니' 부정문

'아니 부정문'은 부정 부사인 '아니'나 보조 용언인 '-디 아니ᄒᆞ다'를 실현하여서 문장에서 표현된 내용을 부정하는 문장이다. 이러한 '아니 부정문'은 문장으로 표현되는 사실 자체를 부정하는 '단순 부정(單純否定)'이나, 화자의 의도로써 문장의 내용을 부정하는 '의지 부정(意志否定)'의 의미를 나타낸다. '아니 부정문'은 부정법을 실현하는 문법적인 형식에 따라서 '긴 아니 부정문'과 '짧은 아니 부정문'으로 나뉜다.

〈 긴 '아니' 부정문 〉 '긴 아니 부정문'은 서술어로 쓰이는 본용언에 보조 용언인 '아니ᄒᆞ다'를 붙여서 문장에서 표현된 내용을 부정하는 문장이다.

첫째, 보조적 연결 어미인 '-디, -들/-들'과 보조 용언인 '아니ᄒᆞ다'를 붙여서 '긴 아니 부정문'이 형성될 수 있다.

(5) ㄱ. 太子ㅣ 뫼히며 므리며 글히디 아니ᄒᆞ야 듣니실ᄊᆡ   [석상 3:35]

   ㄴ. 나ᄂᆞᆫ 난 後로 ᄂᆞᆷ 더브러 다토들 아니ᄒᆞ노이다   [석상 11:34]

   ㄷ. 킈 젹도 크도 아니ᄒᆞ고 슬히 지도 여위도 아니ᄒᆞ니라   [월석 1:26]

(ㄱ)에서는 '글히다'의 어간에 보조 용언인 '-디 아니ᄒᆞ다'가 붙어서, 그리고 (ㄴ)에서는 '다토다'의 어간에 '-들 아니ᄒᆞ다'가 붙어서 부정문이 형성되었다. 그런데 보조적 연결 어미인 '-디'가 실현되지 않고, 본용언의 어간에 보조사인 '-도'가 바로 붙어서 부정문이 형성될 수 있다. 예를 들어서 (ㄷ)에서는 본용언으로 쓰인 '젹다, 크다'와 '지다, 여위다'의 어간에 보조사인 '-도'가 바로 붙어서 부정문이 형성되었다. 이러한 특수한 형태의 부정문은 '-디도 아니ᄒᆞ다'에서 보조적 연결 어미인 '-디'가 줄어져서 이루어진 것으로 보인다.

〈 짧은 '아니' 부정문 〉 '짧은 아니 부정문'은 부정 부사인 '아니'를 서술어 앞에 실현하여 문장에서 표현된 내용을 부정하는 문장이다.

(6) ㄱ. 菩提를 몯 일우면 아니 도라오리라   [석상 3:30]

   ㄴ. 나도 現在 未來 一切 衆生을 시름 아니 호리라   [월석 21:130]

(ㄱ)에서는 '도라오리라'의 앞에 부정 부사인 '아니'가 실현되어서 문장의 내용을 부정하였다. 그리고 (ㄴ)에서 '시름ᄒᆞ다'처럼 명사 어근에 파생 접미사인 '-ᄒᆞ-'가 붙어서 형성된 동사에는, 부정 부사인 '아니'가 어근과 'ᄒᆞ다' 사이에 실현되는 수도 있다.

나. '몯' 부정문

'몯 부정문'은 부정 부사인 '몯'이나 보조 용언인 '-디 몯ᄒ다'를 통하여 문장에 표현된 내용을 부정하는 문장이다. '몯' 부정문은 '할 수 없음' 또는 '불가능성'의 의미를 나타내는 부정문으로서, '능력 부정(能力否定)'이라고도 한다. '몯 부정문'은 부정법을 실현하는 문법적인 형식에 따라서 '긴 몯 부정문'과 '짧은 몯 부정문'으로 나뉜다.

〈**긴 '몯' 부정문**〉 '긴 몯 부정문'은 용언의 어간에 보조 용언인 '-디 몯ᄒ다'를 실현하여 만들어진 부정문이다. '긴 몯 부정문'은 다음의 두 가지 형태로 성립된다.

첫째, 보조적 연결 어미인 '-디, -들/-들'과 보조 용언인 '몯ᄒ다'를 실현하여 '긴 몯 부정문'이 형성될 수 있다.

(7) ㄱ. 사ᄅᆞ미 목수미 흐를 믈 ᄀᆞᆮᄒ야 머므디 몯ᄒᆞᆺ다 [석상 3:17]

ㄴ. 이 보ᄇᆡ옷 가져 이시면 有毒ᄒᆞᆫ 거시 害ᄒ디 몯ᄒ며 [월석 8:11]

(8) 소ᄂᆞᆯ 가ᄉᆞ매 다혀 겨ᄉᆞᄃᆡ 목수믈 머믈우들 몯ᄒ시니 [월석 10:15]

(7)에서는 본용언인 '머믈다'와 '害ᄒ다'의 어간에 보조 용언인 '-디 몯ᄒ다'가 실현되어서 부정문이 형성되었다. (8)에서는 본용언인 '머믈우다'의 어간에 '-들 몯ᄒ다'가 실현되었는데, 이 경우에는 '-디' 대신에 '-들'이 보조적 연결 어미로 쓰인 것이 특징이다.

둘째, 보조적 연결 어미 '-디'가 실현되지 않고, 본용언의 어간에 보조사 '-도'가 붙어서 부정문이 형성될 수 있다.

(9) ㄱ. 보도 몯ᄒ며 듣도 몯거니 므스기 快樂ᄒᄫ리잇고 [석상 24:28]

ㄴ. 보디도 몯ᄒ며 듣디도 몯거니 므스기 快樂ᄒᄫ리잇고

(ㄱ)에서는 '보다'와 '듣다'의 어간에 보조사 '-도'가 바로 붙어서 부정문이 되었다. 이때의 '보도'와 '듣도'는 (ㄴ)처럼 '보디도'와 '듣디도'에서 보조적 연결 어미인 '-디'가 줄어진 형태이다.

〈**짧은 '몯' 부정문**〉 '짧은 몯 부정문'은 부정 부사인 '몯'을 서술어 앞에 실현하여서 문장으로 표현된 내용을 부정하는 문장이다.

(10) ㄱ. 舍衛國 婆羅門이 모디러 년기 가면 몯 이긔리니 [석상 6:22]

ㄴ. 瞿曇의 弟子ㅣ 두리여 몯 오ᄂᆞ이다 [석상 6:29]

(ㄱ)에서는 '이긔리니'의 앞에, (ㄴ)에서는 '오ᄂ이다'의 앞에 부정 부사인 '몯'이 실현되어서 부정문이 되었다.

그리고 '改過ᄒ다'나 '得道ᄒ다'처럼 명사 어근에 파생 접미사인 '-ᄒ-'가 붙어서 형성된 동사에는, 부정 부사인 '몯'이 어근과 'ᄒ다' 사이에 실현되는 수도 있다.

(11) ㄱ. 五年을 改過 <u>몯 ᄒ야</u> 虐政이 날로 더을씨   [용가 12장]

     ㄴ. 뎌 比丘ㅣ⋯得道 <u>몯 ᄒ얫더니</u>   [월석 25:77]

곧 (ㄱ)에서는 '몯'이 '改過'와 'ᄒ다' 사이에 실현되었으며, (ㄴ)에서는 '得道'와 'ᄒ다' 사이에 실현되었다.

다. '말다' 부정문

명령문과 청유문에서는 본용언에 보조 용언 '말다'를 실현해서 부정문이 형성된다.

첫째, 명령문에서는 보조적 연결 어미인 '-디, -게, -아/-어' 뒤에 보조 용언인 '말다'를 실현하여 명령문의 부정문이 된다.

(12) ㄱ. 너희 브즈러니 지서 게으르<u>디 말라</u>   [법언 2:209]

     ㄴ. 너희 天人들히 하 슬허 말라   [석상 23:8]

     ㄷ. 너희⋯이 여러가짓 業으로 衆生을 <u>迷惑게 말라</u>   [월석 21:68]

(12)는 부정 명령문의 일반적인 예이다. (ㄱ)에서는 '게으르다'의 어간에 '-디 말다'가 붙어서, (ㄴ)에서는 '슳다'의 어간에 '-어 말다'가 붙어서, (ㄷ)에서는 '迷惑(ᄒ)다'의 어간인 '迷惑(ᄒ)-'에 '-게 말다'가 붙어서 명령문의 부정문이 형성되었다.

그런데 어떠한 문장이 명령문의 형식을 갖추지 않았더라도, 명령문과 유사하게 기능할 때에는 '-디 말다'나 '-게 말다'가 부정문의 서술어로 쓰일 수 있다. 곧, 어떠한 문장이 결과적으로 명령의 의미로 해석될 수 있거나, 바람(희망)의 의미를 나타낼 때에는 '말다' 부정문이 쓰인다.

(13) ㄱ. 말라 말라 다시 니르<u>디 마라ᅀᅡ</u> ᄒ리니   [석상 13:44]

     ㄴ. 서리와 이슬로 힝여 사ᄅᄆᆡ 오ᄉᆞᆯ 저지<u>게 마롤</u> 디니라   [두언-초 15:44]

(ㄱ)에는 '말다'의 연결형인 '마라샤'가 쓰였으며, (ㄴ)에는 관형사형인 '마롤'이 쓰였다. 이들 문장은 명령문의 일반적 형태가 아니지만 부정문의 서술어로 '말다'가 쓰였다. 이렇게 '말다'가 쓰일 수 있는 것은 이들 문장이 서술어로 표현된 '니르다, 저지다'의 행위에 대하여 '당위'나 '금지'의 뜻을 나타내기 때문이다. 곧 화용론적인 측면에서 볼 때에 이들 평서문이 명령문과 유사하게 기능하므로, 부정문의 서술어로서 '말다'가 쓰인 것이다.

그리고 명령문이 아닌 문장이 '의도'나 '바람(희망)'의 뜻을 나타내는 경우에도, 부정문의 서술어로서 '말다'가 쓰일 수 있다.

(14) ㄱ. (내) … 느미 쁘들 거스디 마오져 ᄒ노이다   [월석 20:63]

ㄴ. (사ᄅ미) 魔說을 아라 제 ᄢᅥ디디 마와뎌 ᄇ라노라   [능언 9:113]

(ㄷ)의 평서문은 화자의 '의도'를 나타내며, (ㄹ)의 평서문은 '바람'을 나타내는 문장인데, 이러한 특수한 의미·기능 때문에 부정의 평서문에 '-디 말다'가 쓰였다.

둘째, 청유문에서도 보조 용언 '말다'를 실현하여 부정문이 성립된다.

(15) ㄱ. 머리 셰ᄃ록 서르 ᄇ리디 마져   [두언-초 16:18]

ㄴ. 믈ᄀᆫ 이바디ᄅᆞᆯ 마져 니ᄅ고져 컨마ᄅᆞᆫ   [두언-초 7:25]

(ㄱ)에는 'ᄇ리다'의 어간에 보조 용언인 '-디 마져'가 쓰였다. 그리고 (ㄴ)에서도 '마져'가 쓰였는데, 이때의 '마져'는 본용언이 없이 목적어인 '이바디'를 직접적으로 취하여, 화자가 청자에게 '이바디'를 수행하는 것을 '중단'할 것을 제안하는 뜻을 나타낸 것이 특징이다.

근 대 국 어 ③부

[이 책에서 인용한 17·18·19세기의 국어 문헌]

약어	문헌 이름	간행 연대
가언	가례언해(家禮諺解)	1632
가원	가곡원류(歌曲源流)	1876
경언-중	경민편언해(警民編諺解) 중간본	1658
경신	경신록언석(敬信錄諺釋)	1796
경윤음	유경기대소민인등륜음(諭京畿大小民人等綸音)	1782
계녀서	송시열 계녀서(宋時烈 誡女書)	17세기
계윤	어제계주윤음(御製戒酒綸音)	1757
계일	계축일기(癸丑日記)	1612년~
과존	과화존신(過化存神)	1880
관언	관성제군명성경언해(關聖帝君明聖經諺解)	1883
구보	구황보유방(救荒補遺方)	1660
국소	국민소학독본(國民小學讀本)	1895
권요	권념요록(勸念要錄)	1637
귀의성	귀의성(鬼의聲)	1906
규총	규합총서(閨閤叢書) 판각본	1869
규총-필	규합총서(閨閤叢書) 필사본	1809
내훈-초	내훈(內訓) 초간본	1475
노언	노걸대언해(老乞大諺解)	1670
독신	독립신문(獨立新聞)	1869~1899
동삼	동국신속삼강행실도(東國新續三綱行實圖)	1617
동유	동문유해(同文類解)	1748
두언-중	두시언해(杜詩諺解) 중간본	1632
두집	언해두창집요(諺解痘瘡集要)	1608
마언	마경초집언해(馬經抄集諺解)	1682년 경
매신	매일신문(每日新聞)	1898
명언	명의록언해(明義錄諺解)	1777
몽노	몽어노걸대(蒙語老乞大)	1741~1790
물보	물보(物譜)	1802
박언	박통사언해(朴通事諺解)	1677
벽신	벽온신방(辟瘟新方)	1653

약어	문헌 이름	간행 연대
사필	사민필지(士民必知)	1886
산일	산성일기(山城日記)	1630년 경
삼총	삼역총해(三譯總解)	1774
순김	순천김씨묘출토간찰(順川金氏墓出土簡札)	16세기 말
시언	시경언해(詩經諺解)	1613
신심	신정심상소학(新訂尋常小學)	1896
신자	신전자초방(新傳煮硝方)	1698
십사	십구사략언해(十九史略諺解)	1772
어내	어제내훈(御製內訓)	1736
어훈	어제훈서언해(御製訓書諺解)	1756
여언	여사서언해(女四書諺解)	1736
역유	역어유해(譯語類解)	1690
연지	연병지남(練兵指南)	1612
오전	오륜전비언해(五倫全備諺解)	1721
오행	오륜행실도(五倫行實圖)	1797
왜유	왜어유해(倭語類解)	18세기 말
은세계	은세계(銀世界)	1908
이행	이륜행실도(二倫行實圖)	1727
인대	인어대방(隣語大方)	1790
조영	조군영적지(竈君靈蹟誌)	1881
주천-중	주해천자문(註解千字文) 중간본	1804
지본	지장보살본원경(地藏菩薩本願經)	1752
척윤	척사윤음(斥邪綸音)	1839
첩신-초	첩해신어(捷解新語) 초간본	1676
청노	청어노걸대(淸語老乞大)	1703
청영	청구영언(靑丘永言)	1728
태감	태상감응편도설언해(太上感應篇圖說諺解)	1852
태집	언해태산집요(諺解胎産集要)	1608
한만	한듕만록	1795~
한자	한불자전(韓佛字典)	1880
현곽	현풍곽씨언간(玄風郭氏諺簡)	17세기 초
화언	화포식언해(火砲式諺解)	1635

제1장 문자와 음운

1.1. 문자와 표기법

세종대왕은 훈민정음 글자를 창제한 직후에『훈민정음 해례본』(1446)을 반포함으로써 훈민정음을 표기하는 규범을 마련하였다. 그러나 150여 년이 지난 17세기 이후의 근대 국어에 들어서자『훈민정음 해례본』에서 정한 표기 규범은 당시의 국어를 표기하는 데 에 맞지 않게 되었다. 그러나 임진왜란(1592) 이후에는 조선의 국력이 급격하게 쇠퇴한 까닭에 언어 현실에 맞는 새로운 표기 방법을 마련할 여력이 없었다. 그리고 이 시기부 터는 평민이나 사대부의 부녀자, 혹은 기녀들이 문학 활동에 적극적으로 참여하게 되어 서, 사설시조나 내방가사 등의 작품이 쏟아져 나오기 시작하였다. 이렇게 서민들이 문학 활동에 참여하게 됨으로써, 문학 작품을 창작할 때에 기존에 사용하던 표기법에 얽매이 지 않고 다양한 표기 방법을 적용하였다.

근대 국어에서는 이와 같은 언어 내외적인 변화 요인에 따라서 중세 국어의 시기와는 꽤 다른 표기 양상이 나타났는데, 결과적으로 현실 언어를 표기하는 데에 일관성을 갖추 지 못하여서 매우 혼란스러운 표기 양상이 나타났다.

먼저 16세기 초기부터 성조의 체계에 변화가 일어났는데 16세기 말이 되면 성조 체계 가 완전히 허물어졌다. 이처럼 성조 체계가 무너지자 16세기 후반의 일부 문헌에는 방점 이 찍히지 않았으며, 17세기부터는 모든 문헌에서 방점이 쓰이지 않았다. 16세기 중엽부 터 잘 쓰이지 않았던 'ㅿ'과 'ㆁ'의 글자가 17세기 초부터는 거의 쓰이지 않게 되었고, 합용 병서와 각자 병서의 글자의 쓰임에도 큰 변화가 있었다. 15세기의 중세 국어에서는

/ㅅ/이 종성으로 발음될 수 있었는데, 16세기 중엽부터는 /ㅅ/이 종성으로 발음되지 않아서 이른바 '7종성'의 음운 체계가 완성되었다. 그런데 17세기 중엽부터는 종성의 /ㄷ/을 'ㅅ' 글자로만 표기하려는 경향이 생겨서, 18세기 무렵에서는 종성의 자리에서는 'ㄷ, ㅌ, ㅅ, ㅈ, ㅊ'의 글자를 'ㅅ' 글자로 통일하여 표기하였다. 체언과 조사, 그리고 어간과 어미를 적는 방식도 기존의 '이어적기(연철)' 위주의 표기 방식에서 벗어나서, '끊어적기(분철)'와 '거듭적기(중철)'의 표기 방식도 혼용되었다.

결국 근대 국어의 시기에는 표기 방법이 혼란스러운 모습을 보였는데, 이는 일정한 규범에 얽매이지 않고 언어를 자유롭게 표기하려는 경향으로 볼 수 있다.

1.1.1. 글자 체계

근대 국어에서는 17세기 초기부터 'ㆁ'과 'ㅿ'의 글자가 쓰이지 않아서 중세 국어의 28글자 체계에서 25글자 체계로 바뀌었다. 그리고 '합용 병서자'와 '각자 병서자'의 체계에도 일부 변화가 생겼다.

1.1.1.1. 자음 글자의 체계

가. 기본 글자의 체계

근대 국어에 쓰였던 자음의 기본 글자 체계는 'ㄱ, ㅋ, ㄷ, ㅌ, ㄴ, ㅂ, ㅍ, ㅁ, ㅈ, ㅊ, ㅅ, ㅇ, ㅎ, ㄹ'의 14글자의 체계였다.

〈 'ㅿ' 글자의 소멸 〉 /ㅿ/의 소리는 16세기 초부터 사라지기 시작하였는데, 이에 따라서 'ㅿ' 글자도 16세기 초부터 사용법에 혼란을 보이기 시작하였다. 16세기 말까지는 표기상으로 몇몇 어휘에서만 쓰이다가, 17세기에 들어서는 'ㅿ' 글자는 문헌에서 거의 쓰이지 않았다.

(1) ㄱ. 그 아우를 드리고   [동삼 효7:52]

    ㄴ. 싀어버이를 치매 무움을 다ᄒᆞ고   [동삼 열1:83]

(1)의 '아우, 무움'은 각각 중세 국어에 쓰였던 '아ᅀᆞ, 무ᅀᆞᆷ'이 변한 것인데, 이들 단어를 통해서 17세기에는 'ㅿ'의 글자가 이미 사라졌음을 알 수 있다.

그런데 17세기에 간행된 『동국신속삼강행실도』(1617)와 『노걸대언해』(1670) 등의 문헌에서 'ㅿ'이 간혹 나타났다.

(2) ㄱ. 그 아<u>ᅀ</u> 문형으로 더브러   [동삼 효6:8]

　　ㄴ. 첩이 이믜 ᄆ<u>ᅀᆞᆷ</u>으로써 허ᄒ여시니   [동삼 열1:2]

그러나 이들 문헌에 사용된 'ㅿ' 글자는 『삼강행실도』(1481)와 『번역노걸대』(1510년대) 등의 옛 문헌에 나타난 표기 형태에 영향을 받아서 관습적으로 쓰인 표기 형태로 보인다. 이러한 사실을 감안하면 'ㅿ' 글자는 17세기에 들어서는 전부 사라진 것으로 보아도 될 것이다.

〈 'ㆁ' 글자의 소멸 〉 'ㆁ'의 글자는 /ŋ/의 음가를 나타내는 글자로서, 15세기 말까지는 초성과 종성으로 두루 쓰였다. 그러나 16세기 초부터 /ŋ/의 소리가 초성으로 쓰이지 않게 되자, 'ㆁ'의 글자도 따라서 초성으로 쓰이지 않고 종성으로만 쓰였다. 그러다가 16세기 말과 17세기 초의 시기에는 종성의 /ŋ/을 표기하는 글자의 모양도 'ㅇ'으로 바뀌었는데, 결과적으로 근대 국어에서는 초성의 'ㅇ'은 무음가를 나타내고 종성의 'ㅇ'은 /ŋ/의 음가를 나타내었다.

(3) <u>능</u>히 [충 1:7], 무덤이<u>닝</u>이다 [충 1:7], 산힝ᄒ<u>ᄂ</u>는 길 [충 1:7], 군<u>왕</u>은 [충 1:7]

예를 들어서 15세기 국어의 문헌에서는 '능히, 무덤이이다, 산힝, 군왕'처럼 'ㆁ'으로 표기될 글자가, 『동국신속삼강행실도』(1617)에는 (3)처럼 'ㅇ'으로 표기되었다.[1]

나. 병서 글자의 체계

근대 국어에 쓰인 '병서 글자'도 '합용 병서자'와 '각자 병서자'가 쓰였는데, 특히 합용 병서 글자의 체계에 아주 심한 변화가 나타났다. 곧, 먼저 'ㅴ'계 합용 병서자가 17세기 초까지만 쓰이다가 그 이후에는 사라졌고, 'ㅂ계'와 'ㅅ계'의 합용 병서자가 혼기되는 경향이 심해졌다. 그리고 15세기 말부터는 쓰이지 않았던 'ㄲ, ㄸ, ㅃ, ㅉ, ㅆ' 등의 각자 병서자가 근대 국어 시기에 다시 쓰이기 시작하였다.

(나-1) 합용 병서 글자

합용 병서의 글자는 초성과 종성으로 두루 쓰였는데, 여기서는 초성으로 쓰인 합용 병서자와 종성으로 쓰인 합용 병서자로 나누어서 살펴본다.

---

1) 17세기 초에 간행된 『동국신속삼강행실도』의 문헌에 '쐉, <u>양성현</u>, 뎡유왜난, 셩이, 며래덩울'처럼 'ㆁ'이 간혹 나타나기는 했다. 그러나 이는 중세 국어 때부터 내려오던 표기 관습에 따른 것이었고, 일반적으로는 (3)처럼 종성의 /ŋ/ 소리도 'ㅇ' 글자로만 적었다.

① 초성의 합용 병서자

근대 국어 시기의 초성의 합용 병서자는 'ᄡ'계의 합용 병서자가 사라지고, 이에 따라서 'ㅂ'계와 'ㅅ'계의 합용 병서자에도 변화가 생겼다.

〈 합용 병서자의 체계 〉 근대 국어 시기에는 초성에서 'ᄡ'계 합용 병서자가 사라짐에 따라서, 'ㅂ'계 합용 병서와 'ㅅ'계 합용 병서만 쓰였다.

(4) 'ㅂ'계 합용 병서 : ᄞ(/ㄲ/), ᄟ(/ㄸ/), ᄡ(/ㅆ/), ᄧ(/ㅉ/), ᄩ(/ㅌ/)
　'ㅅ'계 합용 병서 : ᄭ(/ㄲ/), ᄯ(/ㄸ/), ᄲ(/ㅃ/), (ᄶ, ᄸ, ᄹ, ᄺ, ᄱ, ᄷ), ᄻ(/ㆅ/)

곧, 중세 국어 시기에는 'ᄡ'계, 'ㅂ'계, 'ㅅ'계의 합용 병서자가 있었으나 근대 국어 시기인 17세기에 들어서면서 'ᄡ'계인 'ᄢ'과 'ᄣ'이 사라졌다. 이에 따라서 근대 국어의 합용 병서의 체계는 (4)처럼 'ㅂ'계와 'ㅅ'계의 합용 병서 체계로 바뀌었다.

〈 'ᄡ'계 합용 병서 글자의 소멸 〉 15세기에는 'ㅂ'계, 'ㅅ'계, 'ᄡ'계 합용 병서자가 쓰였다. 그런데 근대 국어에서는 합용 병서자의 체계에도 변화가 생기기 시작했다.

(5) ㄱ. 중세 국어 : ᄟ, ᄡ, ᄧ, ᄩ; ᄭ, (ᄮ), ᄯ, ᄲ; ᄢ, ᄣ
　ㄴ. 근대 국어 : ᄞ, ᄟ, ᄡ, ᄧ, ᄩ; ᄭ, ᄯ, ᄲ, ᄶ, ᄹ, ᄻ

중세 국어 시기에는 (ㄱ)처럼 세 가지 계열의 합용 병서자가 있었다. 그러나 근대 국어 시기인 17세기에 들어서면서 'ᄡ'계 합용 병서자인 'ᄢ'과 'ᄣ'의 글자가 사라지고, (ㄴ)처럼 'ㅂ'계와 'ㅅ'계의 합용 병서자만 남게 되었다. 곧, 'ᄢ'은 기존에 쓰이던 'ᄭ'이나 새로 생긴 'ᄞ'으로 대체되었으며, 'ᄣ'은 기존에 쓰이던 'ᄟ'으로 대체되었다.

첫째, 'ᄢ' 글자가 사라지면서 합용 병서의 첫 글자인 'ㅂ'이 탈락하여 기존의 'ᄭ'으로 바뀌거나,[2] 가운데 글자인 'ㅅ'이 탈락하여 'ᄞ'의 새 글자로 대체되었다.

(6) ㄱ. ᄢᅳᆷ 〉 ᄭᅳᆷ(隙)
　ㄴ. ᄢᅡᅘᅧ다 〉 ᄞᅡ혀다, ᄢᅢ믈다 〉 ᄞᅢ믈다, ᄢᅢ이다 〉 ᄞᅢ이다, ᄢᅥ디다 〉 ᄞᅥ디다, ᄢᅦ다 〉 ᄞᅦ다, ᄢᅵ다 〉 ᄞᅵ다, ᄢᆞ다 〉 ᄞᆞ다

2) 'ᄢ'이 'ᄭ'으로 바뀐 예는 이미 15세기와 16세기 문헌에서부터 조금씩 나타났다.
(보기) ᄭᅥ디다(〈ᄢᅥ디다)[용가 37장], ᄭᅳᆯ(〈ᄢᅳᆯ)[월석 21:45], ᄭᅮᆯ(〈ᄢᅮᆯ)[훈자 중21], ᄭᅳᆷ(〈ᄢᅳᆷ)[훈자 하18]

(6)의 예들은 모두 중세 국어에 쓰이던 'ᄢ'이 사라지고 나서 동일한 단어에 'ㅅ'계 합용 병서인 'ᄮ'이나 'ㅂ'계 합용 병서인 'ᄲ'이 쓰인 것이다. 곧 (ㄱ)의 '쁨'에서는 'ㅂ'이 탈락하여 '씀'으로 바뀌었고, (ㄴ)의 '뽜혀다'에서는 'ㅅ'이 탈락하여 '쌰혀다'로 바뀌었다.

이와 같은 결과로 『동국신속삼강행실도』(1617)에서는 동일한 단어에서 'ᄢ'과 함께 'ᄮ'과 'ᄲ'의 글자가 혼기되기도 했다.

(7) ㄱ. 어름이 <u>뻐</u>뎌 ᄲᆡ뎌 죽게 ᄒᆞ고 　　　　　　　　[동삼 효3:43]

　　 ㄴ. 블이 믄득 절로 <u>ᄲ</u>디니라 　　　　　　　　　　[동삼 효4:29]

　　 ㄷ. 블이 스스로 <u>ᄲ</u>디니라 　　　　　　　　　　　[동삼 효2:84]

(7)에서는 동일한 단어를 '뻐디다, 써디다, ᄲ디다'의 세 가지의 방식으로 적었는데, 이를 통해서 'ᄢ'이 'ᄮ'이나 'ᄲ'과 혼기되었음을 확인할 수 있다.

둘째, 'ᄣ' 글자가 없어짐에 따라서, 그 이전에 'ᄣ'으로 적었던 단어는 기존에 쓰이고 있었던 'ᄠ'으로 대체하여서 적기도 했다.

(8) ᄣᅢ > ᄠᅢ(時), ᄣᆞ리다 > ᄠᆞ리다(碎), ᄣᆞᄅᆞ다 > ᄠᆞᄅᆞ다(刺), ᄢᆞ리다 > ᄠᆞ리다(刺)

17세기 초기에 된소리 표기가 이와 같이 변하게 됨으로써, 『동국신속삼강행실도』에는 동일한 단어를 'ᄣ'으로 적기도 하고 'ᄠ'으로 적기도 했다.

(9) ㄱ. 혼인 ᄀᆞ숨 쟝만ᄒᆞ야 <u>ᄣᅢ</u>예 미처 셔방마치고 　　　[동삼 충1:78]

　　 ㄴ. 모믈 ᄇᆞ려 나라흘 갑ᄑᆞ미 이 그 <u>ᄠᅢ</u>로다 　　　[동삼 충1:88]

곧, 같은 문헌인 『동국신속삼강행실도』에서는 (9)처럼 'ᄣᅢ'와 'ᄠᅢ'가 혼기되기도 하였다.

〈합용 병서자의 예〉 근대 국어의 문헌에서 초성으로 쓰인 합용 병서자의 예를 보이면 다음과 같다.

첫째로, 근대 국어의 문헌에 'ㅂ'계 합용 병서자가 쓰인 예를 보이면 다음과 같다.

(10) ㄱ. ᄲ: ᄢᅵ(頓, 끼니); 쌰혀다(破), ᄲᅢᄆᆞᆯ다(嚼), ᄲᅢ이다(折), ᄲᅥ디다(崩), ᄲᅦ다(貫)

　　 ㄴ. ᄠ: ᄠᇗ기(覆盆子), ᄠᅢ(時), ᄠᆞ리(疹), ᄠᆞᄆᆞᆯ(泔); ᄠᆞ다(摘), ᄠᅳ다(浮), ᄠᅥ나다(出發)

　　 ㄷ. ᄡ: ᄡᅳᆨ(艾), ᄡᅳᆯ개(膽), ᄡᅵ(核), ᄡᆞᆯ(米); ᄡᅧ(以); ᄡᅳ다(用, 書, 苦), ᄡᅩ다(射), ᄡᅩ이다

ㄹ. ㅶ : ᄧᅳᆷ(間), ᄧᅩᆨ(瓣); ᄧᅩ이다(炙), ᄧᅩᆾ다(追), ᄧᅩ치이다(被追), ᄧᅳ이다(劃)

ㅁ. ㅷ : ᄩᆞ다(彈)/ᄩᆞ다(調和), ᄩᅥ디다(破裂)

'ㅂ'계 합용 병서자로는 'ㅲ, ㅳ, ㅄ, ㅶ, ㅷ' 등이 있었다. 이 중에서 /ㅌ/의 음가를 나타내는 'ㅷ'을 제외하면, 모두 된소리인 /ㄲ/, /ㄸ/, /ㅃ/, /ㅆ/, /ㅉ/를 표기하였다. 물론 근대 국어에서는 '껏(←것), 또(又), 뼈(骨), 쪽(便)' 등과 같이 된소리를 표기하는 데에 각자 병서자인 'ㄲ, ㄸ, ㅃ, ㅉ'도 쓰이기는 했지만, 일반적으로는 'ㅺ, ㅼ, ㅽ, ㅾ' 등이 더 많이 쓰였다(단, 'ㅆ'은 된소리 표기에 제법 많이 쓰였다).

둘째, 근대 국어의 문헌에 'ㅅ'계 합용 병서자가 쓰인 예를 보이면 다음과 같다.

(11) ㄱ. ㅺ : ᄭᅧᆮ(榜), ᄭᅩ아리(酸漿), ᄭᅩᆾ(花), ᄭᅩ키리(象); ᄭᆞᆯ다(席), ᄭᅡᆨ다(削), ᄭᅥᆨ다(折)

ㄴ. ㅼ : ᄯᅡ/ᄯᅡᇂ(地), ᄯᅥᆨ(餠), ᄯᅩ(又), ᄯᅩᄒᆞᆫ(亦是); ᄯᅡ다(摘), ᄯᅥᆫᄯᅥᆫᄒᆞ다(常), ᄯᅳ다(灌)

ㄷ. ㅽ : ᄲᅣᆷ(頰), ᄲᅧ(骨), ᄲᅩᆷ(把), ᄲᅩᆼ(桑), ᄲᅩᆼ나모; ᄲᅩ롯ᄒᆞ다(尖), ᄲᅩ듁ᄒᆞ다(尖), ᄲᅳ리다(灑)

ㄹ. ㅅㅎ : 화를 ᄻᅧ(彎弓) [동삼 열4:70], 法을 ᄻᅧ(引法) [경신 서:3]

'ㅅ'계의 합용 병서자로는 'ㅺ, ㅼ, ㅽ'이 쓰였는데, 이들도 근대 국어에서는 각각 된소리인 /ㄲ/, /ㄸ/, /ㅃ/의 음가를 나타내는 것으로 보인다. 특히 17세기 초·중반에 발간된 문헌에서는 'ᄻᅧ다(引)'처럼 'ㅅㅎ'이 'ㅎ'의 된소리인 /ㆅ/을 표기하는 데에 쓰인 예가 드물게 나타났는데, 이는 매우 특이한 예이다.

이러한 현상을 종합해 보면, 'ㅴ'계 합용 병서는 17세기 초기에 'ㅅ'계나 'ㅂ'계의 합용 병서자로 바뀐 것을 확인할 수 있다.

〈 합용 병서자의 혼용 〉 근대 국어에는 'ㅳ'과 'ㅼ'이 서로 혼기되거나, 'ㅄ'과 'ㅆ'을 혼기되는 경우가 많았다. 이러한 현상은 'ㅂ'계나 'ㅅ'계의 합용 병서 글자가 모두 된소리를 표기하였기 때문에 일어났다.

(12) ㄱ. ᄠᅳᆮ[두언-중 1:7], ᄯᅳᆮ[두언-중 3:49]

ㄴ. ᄠᅥ나셔[첩신-초 5:3], ᄯᅥ나셔[첩신-초 5:11]

(13) ㄱ. ᄡᅮᆨ[박언 상35], 쑥[박언 상35]

ㄴ. ᄡᅳ고[박언 하37], 힘씀[박언 중2]

(12)처럼 'ㅳ'이 'ㅼ'으로 혼기된 예가 『두시언해 중간본』(1632)와 『첩해신어』(1676)에 나

타나며, (13)처럼 'ᄡ'이 각자 병서자인 'ᄊ'으로 혼기된 예도 『박통사언해』(1677)에 보인다. 이러한 혼기 현상은 'ᄠ'과 'ᄮ'이 된소리인 /ㄸ/를 표기하고, 'ᄡ'과 'ᄊ'이 된소리인 /ㅆ/를 표기했기 때문에 일어난 것이다. 이처럼 'ᄠ'과 'ᄮ'을 혼기하거나, 'ᄡ'과 'ᄊ'을 혼기하는 예는 17세기 초반에 일어나기 시작하여서 17세기 후반에는 일반화된 것으로 보인다.

18세기가 되면 이러한 혼기 현상이 더욱 심해져서 동일한 된소리에 대하여 개인에 따라서 'ᄠ'과 'ᄮ', 그리고 'ᄠ'과 'ᄊ'으로 자의적으로 혼기하였다.

② 종성의 합용 병서자

중세 국어와 근대 국어에서 종성으로 쓰인 합용 병서자의 예를 각각 제시하면 다음과 같다.

> (14) ㄱ. 중세 국어의 종성 글자 : ᆪ, ᆹ, ᆰ, ᆱ, ᆲ, ᆶ
>   ㄴ. 근대 국어의 종성 글자 : ᆰ, ᆱ, ᆲ, (ᆳ)

중세 국어의 종성에 쓰인 합용 병서자로는 (ㄱ)처럼 'ᆪ, ᆹ, ᆰ, ᆱ, ᆲ, ᆶ'이 있었다. 그러나 근대 국어 시기에는 'ᆪ, ᆹ, ᆶ'이 쓰이지 않게 되어서 종성의 자리에서 쓰일 수 있는 합용 병서자는 'ᆰ, ᆱ, ᆲ'에 국한되었다.[3]

> (15) ㄱ. 붉고[두집 하69], 흙[가언 7:22], 늙고[두언-중 1:14], 붉거든[노언 하28]
>   ㄴ. 앎픠[가언 8:8], 엷게[두집 하55], 숣디[첩신-초 9:12], 여듧[태집 38]
>   ㄷ. 곪길[두집 하44], 옮기고[동삼 효3:30], 갌기[태집 65], 숢기를[노언 상18]

(ㄱ)의 '붉고, 흙, 늙고, 붉거든'에는 'ᆰ'이 종성으로 쓰였으며, (ㄴ)의 '앎픠, 엷게, 숣디, 여듧'에는 'ᆲ'이 종성으로 쓰였다. 그리고 (ㄷ)의 '곪길, 옮기고, 갌기, 숢기를'에는 'ᆱ'이 쓰였는데, 이처럼 'ᆱ'이 종성으로 쓰인 예는 아주 드물었다.

---

3) 'ᆰ, ᆱ, ᆲ'의 종성 글자 이외에도 'ᆳ'이 쓰였는데, 'ᆳ'은 'ㄹ' 종성으로 끝난 체언 뒤에 관형격 조사나 사잇소리 표기의 글자로 쓰인 'ㅅ'이 붙은 것이다.
   (보기) ㄱ. 皇帝 卽位ᄒ신 이듬힛 ᄀ옰 閏八月ㅅ 初吉에   [두언-중간 1:1]
          ㄴ. 묬집의 잡은 것 믈드리라 가쟈   [박언 중3]
          ㄷ. 煎魚 믌고기 젼ᄒ다   [역유 상51]

(나-2) 각자 병서 글자

각자 병서자 중에서 'ㅆ'을 제외한 나머지 'ㄲ, ㄸ, ㅃ, ㅉ, ㆅ'은 이미 중세 국어 시기에 발간된 『원각경언해』(1465)부터 폐지되어서 일상에서 쓰이지 않았다. 그런데 17세기 초기의 문헌에서는 이러한 각자 병서자가 다시 사용된 예가 나타난다.

　(16) ㄱ. 몬홀 *꺼*시니라[시언 4:21], *끌*려[동삼 효1:30], *끄*으니[산일 9], 重홀*까*[첩신-초 2:5]
　　　 ㄴ. 贖홀 *띤*댄[시언 6:23], *또*[동삼 효4:72], 됴화*따*[첩신-초 2:17], *띠*토록[신자 18]
　　　 ㄷ. *뿌*리며[신자 19], *빠*여[동삼 효8:5], *뿔*을[가언 5:11], *빨*리[두언-중 4:15]
　　　 ㄹ. *싸*ᄒᆞ라[두집 상13], *싸*코[동삼 효4:87], *쑤*어[벽신 12], *싸*호고[경언-중 6]
　　　 ㅁ. *쯥*[첩신-초 7:19], *쪽*[계일 하27], 둘*째*[오전 2:33], 蒸 *찔* 증[주천-중 37]

(ㄱ)의 '*꺼*시니라, *끌*려, *끄*으니, 重홀*까*'는 'ㄲ'이 쓰인 예이며, (ㄴ)의 '*띤*댄, *또*, 됴화*따*, *띠*토록'은 'ㄸ'이 쓰인 예이다. 그리고 (ㄷ)의 '*뿌*리며, *빠*여, *뿔*을, *빨*리'는 'ㅃ'이 쓰인 예이며, (ㄹ)의 '*싸*ᄒᆞ라, *싸*코, *쑤*어, *싸*호고'는 'ㅆ'이 쓰이 예이며, (ㅁ)의 '*쯥*, *쪽*, 둘*째*, *찔*'은 'ㅉ'이 쓰인 예이다. 그러나 18세기 말까지는 된소리를 표기할 때에 이러한 각자 병서자보다는 합용 병서자, 특히 'ㅅ'계 합용 병서자를 더 많이 사용하였다.

　그런데 19세기 말에 이르면, 각자 병서자가 된소리를 표기하는 데에 본격적으로 쓰이기 시작했다. 특히 『사민필지』(1889)와 『독립신문』(1896)에는 기존에 사용해 왔던 'ㅅ'계 합용 병서자와 더불어 'ㄲ, ㅃ, ㄸ, ㅆ, ㅉ' 등의 각자 병서자가 쓰인 예가 늘어났다.

　(17) ㄱ. *꼴*렌벨드ㅣ 란; *똑똑*이, *뚤*코, 별*똥*; *빨*니, *쁘*르고, 드리*쁘*ᄂᆞ, *빨*나, *쁘*레스로, *뽕*나무; 언문으로*써*, 힘*써*, 길*쏨*, *쏠*; *쫏*고, *쫏*기여　　　　　　　[사필]
　　　 ㄴ. *끈*ᄅᆞ이라, 경무청에, 셀*끼*고; 떡국(德國), 학당을, *떳*으어; *뻬*기도, 혀 *뿔*; *싸*홈, 쓰기ᄂᆞ, *써*야; *짱*뎡이, 언짠흔　　　　　　　[독신]

이처럼 'ㅅ'계 합용 병서자가 각자 병서자로 대체되는 현상은 20세기의 국어에서 더욱 심화되었다. 이에 따라서 1933년에 제정된 『한글 맞춤법 통일안』에서는 'ㅅ계' 합용 병서를 폐지하여서, 된소리는 현대 국어에서처럼 'ㄲ, ㄸ, ㅃ, ㅆ, ㅉ' 등과 같이 각자 병서자만으로 적게 되었다.

　근대 국어에 쓰였던 자음 글자의 체계를 정리하면 다음의 〈표 1〉과 같다.4)

---

4) 괄호로 표시한 글자는 당시에 잘 쓰이지 않았거나, 그 음가를 추정하기 어려운 글자들이다.

		ㄱ	ㅋ	ㄷ	ㅌ	ㄴ	ㅂ	ㅍ	ㅁ	ㅈ	ㅊ	ㅅ	ㅇ	ㅎ	ㄹ	ㅿ
초성 위치	단일 글자	ㄱ	ㅋ	ㄷ	ㅌ	ㄴ	ㅂ	ㅍ	ㅁ	ㅈ	ㅊ	ㅅ	ㅇ	ㅎ	ㄹ	(ㅿ)
	각자 병서자	ㄲ		ㄸ			ㅃ			ㅉ		ㅆ				
	'ㅅ'계 합용 병서자	ㅺ	(ㅅㅋ)	ㅼ	(ㅅㅌ)		ㅽ	(ㅅㅍ)	(ㅅㅁ)	(ㅅㅈ)	(ㅅㅊ)			(ㅅㅎ)		
	'ㅂ'계 합용 병서자	ㅲ		ㅳ	ㅷ					ㅶ		ㅄ				
	'ㅄ'계 합용 병서자	(ㅴ)		(ㅵ)												
종성 위치	단일 글자	ㄱ	(ㆁ)	ㄷ		ㄴ	ㅂ		ㅁ			ㅅ	ㅇ		ㄹ	
	합용 병서자	ㄺ					ㄼ		ㄻ			(ㄽ)				

〈표 1〉 근대 국어의 자음 글자 체계

〈표 1〉에서 알 수 있듯이 근대 국어의 시기에는 된소리를 표기하는 방식이 다양해졌다. 특히 18세기 이후에는 된소리를 표기하는 데에, 'ㅂ'계와 'ㅅ'계의 합용 병서자와 함께 각자 병서자까지 쓰였다. 그러나 19세기에 들어서면서 'ㅂ'계 합용 병서가 점차로 잘 쓰이지 않게 되었는데, /ㄲ, ㄸ, ㅃ, ㅉ, ㅆ/의 된소리는 'ㅺ, ㅼ, ㅽ, ㅾ, ㅆ'처럼 모두 'ㅅ'계의 합용 병서(된시옷)나 'ㄲ, ㄸ, ㅃ, ㅉ, ㅆ'과 같은 각자 병서자로 적히게 되었다. 현대 국어의 시기인 1933년에 『한글 맞춤법 통일안』이 제정됨으로써, 된소리는 각자 병서자로만 쓰게 되었다.

1.1.1.2. 모음 글자의 체계

중세 국어에서 쓰였던 중성 글자 가운데서, 근대 국어에도 쓰인 글자는 다음과 같다.

(18) ·, ㅡ, ㅣ, ㅗ, ㅏ, ㅜ, ㅓ, ㅛ, ㅑ, ㅠ, ㅕ; ㅘ, ㅝ; ㆎ, ㅢ, ㅚ, ㅐ, ㅟ, ㅔ, ㅚ, ㅒ, ㆉ, ㅖ

『훈민정음 해례본』에서 제시된 중성 글자 중에서 'ㆇ, ㆊ'와 'ㅙ, ㅞ' 등은 이미 훈민정음 창제 당시에도 국어를 적는 데에는 쓰이지 않았다. 근대 국어에서도 'ㆇ, ㆊ'와 'ㅙ, ㅞ'의 글자가 쓰이지 않았으므로, 근대 국어에서 사용된 중성 글자의 종류는 중세 국어의 그것과 차이가 나지 않는다.

다만, /·/의 소리는 18세기 말에 완전히 사라졌으나 '·'의 글자만은 20세기 초까지 그대로 쓰였다. 이렇게 고유의 음가를 상실한 '·' 글자는 1933년에 '조선어학회'에서 제정한 『한글 맞춤법 통일안』에 따라서 폐지되었다.

1.1.2. 표기법

근대 국어의 표기법은 그전의 중세 국어의 표기법에 비해서 몇 가지 점에서 차이가 있다. 첫째로 된소리 표기를 표기하는 방법이 극도로 혼란스럽게 되어서, 단어의 첫머리의 된소리를 표기하는 데에 여러 가지의 병서자가 혼기되었다. 둘째로 종성의 /ㄷ/을 'ㄷ'과 'ㅅ'으로 혼기하거나, 모음 사이에서 실현되는 'ㄹㄹ'을 'ㄹㄴ'으로 표기하기도 하였다. 셋째로 16세기 초부터 나타났던 '끊어적기(分綴)'와 '거듭적기(重綴)'의 경향이 더욱 심해졌다. 특히 하나의 거센소리 음소를 예사소리와 /ㅎ/으로 재음소화하여 두 글자로 거듭적는 특이한 표기 방법도 나타났다. 넷째로 한자어의 어두에 실현된 'ㄹ'을 'ㄴ'으로 표기하기도 했다.

근대 국어에서 일어난 이러한 현상을 종합하여 표현하면 '표기 방법의 다양화'이다. 이는 첫째와 둘째의 방식처럼 하나의 소리를 여러 가지 문자로 표기하거나, 셋째의 방식처럼 음절의 경계를 다양한 방식으로 자유롭게 표기하는 경향이라고 할 수 있다.

가. 종성의 자리에서 'ㅅ'과 'ㄷ'의 혼기

15세기에는 종성 자리에서 /ㄷ/과 /ㅅ/의 두 소리가 각각 실현되었기 때문에, 'ㄷ'과 'ㅅ'의 글자도 구분되어서 쓰였다. 그러나 16세기 후반부터는 종성의 /ㅅ/이 /ㄷ/에 합류됨에 따라서 'ㅅ' 글자가 종성에 쓰이지 않았다(7종성 체계).

근대 국어 시기인 17세기에 들어서면 종성의 /ㄷ/을 적을 때에 'ㅅ'과 'ㄷ'을 혼기하는 경향이 나타났다.

(19) 굳거든[두집 하17]—굿거든[두집 하17], 묻고져[동삼 효1:1]—뭇고[동삼 열8:1], 맏보아 [동삼 효2:2]—맛보더니[동삼 효1:45], 몯 가온ᄃᆡ[권요 30]—못 안해[권요 24]; 몯ᄒᆞ거늘 [동삼 효2:12]—못홈으로[동삼 효5:1]

(19)에서는 '굳다/굿다(堅), 묻다/뭇다(埋), 맏/맛(味), 몯/못(淵), 몯/못(不)'과 같이 종성의 /ㄷ/을 'ㄷ'과 'ㅅ'의 글자로 혼기하였다.

그런데 18세기부터는 종성의 /ㄷ/을 표기하는 데에 점차로 'ㄷ'을 쓰지 않고 발음과 관계없이 'ㅅ'으로만 적는 경향이 나타났다. 이처럼 종성의 /ㄷ/을 'ㅅ'으로 적는 경향이 지나치게 확대되어서, '믿다(信)'의 어간인 '믿-'이 어미 '-어'와 결합하여 활용할 때에도, /ㄷ/을 'ㅅ' 종성으로 잘못 표기한 예도 종종 발견된다.

(20) ㄱ. 그러면 쇼인을 못 <u>밋어</u> 아니 뼈 주오시는 소이다   [계일 하4]

    ㄴ. 이제 周瑜ㅣ 나히 졈고 지조의 <u>밋어</u> 여러흘 업슈이 너겨   [삼총 7:12]

    ㄷ. 내 그 말을 <u>밋어</u> 졀ᄒᆞ야 가르치믈 밧고   [경신 30]

(ㄱ)은 『계축일기』(16세기 초), (ㄴ)은 『삼역총해』(1703), (ㄷ)은 『경신록언석』(1796)에서 '믿다'의 어간이 '밋-'으로 표기되어 있는 예이다. '믿다'의 어간에 연결 어미인 '-어'가 결합하면 /미더/로 발음되기 때문에, 끊어적기로는 '믿어'로 적거나 이어적기로는 '미더'로 적어야 한다. 그럼에도 불구하고 (20)에서는 '밋어'로 적었는데, 이는 종성을 'ㅅ'으로만 적는 습관에서 비롯한 표기이다.

나. 모음 사이에서 'ㄹㄹ'과 'ㄹㄴ'의 혼기

중세 국어에서는 '올라, 블러, 별로'처럼 모음 사이에서 /ㄹㄹ/로 발음되는 음소를 'ㄹㄹ'로만 표기하였다. 그런데 17세기 초기부터는 이들을 'ㄹㄹ'과 'ㄹㄴ'의 형태로 수의적으로 표기한 예가 흔히 나타났다.

(21) ㄱ. 올라/올나[열 2:85], 믈라/믈나[열 4:73], 흘러/흘너[열 4:8], 블러/블너[열 4:52]

    ㄴ. 블러/블너[2:8], 말라/말나[3:66], 멀리/멀니[3:78], 일로뻐/일노뻐[원 4]

    ㄷ. 별로/별노, 살림/살님, 멀리/멀니, 뿔로/뿔노, 발라/발나, 말릭여/말닉여

(ㄱ)은 『동국신속삼강행실도』(1617)에 나타난 'ㄹㄴ' 표기의 예이며, (ㄴ)은 『여사서언해』(1736), (ㄷ)은 『규합총서 필사본』(1809)에 나타난 'ㄹㄴ'의 표기 예이다. 이들 예에서는 모음과 모음 사이에서 'ㄹㄹ'로 표기되어야 할 형태가 'ㄹㄴ'으로 수의적으로 표기되었다. 이처럼 'ㄹㄹ'과 'ㄹㄴ'을 혼용하는 현상은 근대 국어의 후기로 갈수록 점점 확대되었다.

다. 끊어적기, 거듭적기, 재음소화

훈민정음이 창제된 15세기 중엽 이래로 15세기 말까지는 '이어적기(연철, 連綴)'가 주류를 이루었다. 그런데 16세기 초부터는 표기 방법이 다양화되어서 일부 문헌에서 '거듭적기(중철, 重綴)'와 '끊어적기(분철, 分綴)'가 나타났다.[5] 이러한 표기 양상은 그 뒤에 점차

---

5) '끊어적기'와 '거듭적기'의 표기 방법은 1510년대에 간행된 『번역소학』, 〈여씨향약언해〉, 『정속언해』, 『이륜행실도』 등의 문헌에서부터 나타나기 시작하여, 후대로 내려올수록 이러한 현상이 확대되었다.

로 확대되어서, 17세기부터는 기존의 '이어적기, 거듭적기, 끊어적기'의 표기뿐만 아니라, '재음소화'에 따른 표기도 나타났다.

(다-1) 끊어적기

〈 끊어적기의 실현 향상 〉 '끊어적기'는 16세기 초기부터 시작되어서 근대 국어에서 더욱 확산되었다. 끊어적기는 체언에 조사가 결합될 때에 먼저 시작되었는데, 나중에는 용언의 어간과 어미를 적는 데에도 적용되었다.

첫째, 체언과 조사가 결합된 형태를 끊어적기로 표기한 예가 있다.

(22) ㄱ. 모칰이[충1:35], ᄆᆞᄋᆞᆷ애[효7:44], 도적으로[효8:70], 부ᄌᆞ의[속충3], 사룸이니[속효3]

　　 ㄴ. 벗이[상1], 하늘이[상2], 마즘을[상4], 은(銀)애[상8], 일홈을[상9]

　　 ㄷ. 칙을[권수 상25], 밤의[권수 상1], 아츰의[권수 상1], 근심이[권수 상2]

　　 ㄹ. 날이[1:5], 부모의[1:1], 딕신을[1:1], 곡식으로[1:3], 몸으로[1:7]

(ㄱ)은 『동국신속삼강행실도』(1617), (ㄴ)은 『노걸대언해』(1670), (ㄷ)은 〈명의록언해〉(1777), (ㄹ)은 『태상감응편도설언해』(1852)에 실현된 끊어적기의 예이다. 곧, '모칰이, 벗이, 칙을, 날이'에서는 체언인 '모칰, 벗, 칙, 날'과 조사인 '-이, -이, -을, -이'의 형태를 구분하여서 적었다.

둘째, 용언의 어간과 어미가 결합된 형태를 끊어적기로 표기한 예가 있다.

(23) ㄱ. 왜적의 자펴 배 되여 굴티 아니코 <u>죽은대</u>　　　　　　[동삼 열 7:48]

　　 ㄴ. 형들희 덕분을 <u>닙어</u> 쏘 져긔 니쳔을 어드롸　　　　　　[노언 상59]

　　 ㄷ. 외죵들이 늬가 가면 업고 <u>안아</u> 친후히 구더니　　　　　[한만 1:28]

　　 ㄹ. 누른 뫼초리 슈십 쉬 잇ᄂᆞᆫ지라 드ᄃᆞ여 <u>플어</u> 노핫더니　　[태감 5:33]

(ㄱ)은 『동국신속삼강행실도』, (ㄴ)은 『노걸대언해』, (ㄷ)은 『한둥만록』(1795), (ㄹ)은 『태상감응편도설언해』(1852)에 나타난 끊어적기의 예이다. 곧, '죽은대, 닙어, 안아, 플어'는 각각 용언의 어간인 '죽-, 닙-, 안-, 플-'과 어미인 '-은대, -어, -아, -어'의 형태를 구분하여 끊어서 적었다.

〈 끊어적기의 확대 〉 끊어적기의 표기법은 체언과 조사가 결합된 형태에 먼저 적용되었고, 이러한 현상이 점차로 확대되어서 용언의 활용형에도 적용되었다. 이처럼 체언과 조사의 결합에서는 끊어적기가 먼저 활성화된 반면에, 용언의 활용에서는 끊어적기 표기가 늦게 일어난 데에는 이유가 있었다.

첫째, 체언은 자립성이 강해서 체언과 조사는 쉽게 분리하여 인식할 수 있었기 때문에 체언과 조사의 결합 형태에는 끊어적기가 비교적 빨리 적용되었다. 반면에 용언의 어간과 어미는 서로 의존적이기 때문에, 어간의 형태를 어미에서 따로 분리하여 인식하기가 어려웠다. 이러한 이유로 어간과 어미를 적을 때에는 끊어적기가 잘 일어나지 않는 것으로 보인다.

둘째, 체언을 한자로 적는 경우에는 한자로 적힌 체언과 조사가 분명하게 구분되어서 저절로 끊어적기가 이루어진다. 이 과정에서 언중들이 체언과 조사의 형태 경계를 구분하여서 끊어적는 방법을 빨리 인식하게 된 것으로 보인다.

(24) 海東 六龍<u>이</u> 나르샤 일마다 天福<u>이시니</u> 古聖<u>이</u> 同符ㅎ시니　　[용가 1장]

예를 들어서 (24)에서 '六龍이, 古聖이, 天福이시니'와 같은 한자 표기를 통해서 체언 뒤에 붙은 '-이'나 '-이다'의 조사 형태를 비교적 쉽게 인식할 수 있었다. 이처럼 한자 표기를 통해서 조사의 형태를 인식하게 된 결과로써, 한글 표기에서도 체언과 조사의 형태를 구분해 내는 능력이 생겼을 것으로 추정된다. 반면에 용언의 어간은 한자로 표기할 수 없었기 때문에, 체언과 조사의 경우와는 달리 끊어적기의 표기 방법이 활성화되지 못한 것으로 보인다.

(다-2) 거듭적기

16세기 이후의 국어에서는 체언에 조사가 결합할 때나 어간에 어미가 결합할 때에, 체언이나 어간의 끝음절의 종성을 두 음절에 나누어서 적는 표기 방법도 쓰였다. 이러한 표기 관습은 17세기 이후의 근대 국어에도 그대로 이어졌다.

첫째, 체언에 조사가 결합할 때에 체언의 끝 종성을 거듭적기로 표기할 수 있었다.

(25) ㄱ. 도적기 : 도적ㄱ(← 도적, 盜)+-이　　　　　　　　[동삼 열1:11]

　　ㄴ. 깁블 　 : 깁ㅂ(← 깁, 錦)+-을　　　　　　　　　[이행 종족26]

　　ㄷ. 갓시라 : 갓ㅅ(← 갓, 笠)+-이라　　　　　　　　　[규총 7]

　　ㄹ. 례졀리 : 례졀ㄹ(← 례졀, 禮節)+-이　　　　　　　[이행 종족:27]

(26) ㄱ. 녁크로 : 녁ㅋ(← 녁, 偏)+-으로　　　　　　　　　[연지 28]

　　ㄴ. 곁틔서 : 곁ㅌ(← 곁, 傍)+-의셔　　　　　　　　　[동삼 효2:39]

ㄷ. 앏픠   : 앏프(← 앒, 前)+-의   [가언 8:2]

ㄹ. 수돍긔 볃츼 : 볃츠(← 볃, 鷄冠)+-의   [두집 하24]

(27) ㄱ. 볏틔 : 볏트(← 볕: 陽)+-의   [박언 하1]

ㄴ. 빗치 : 빗츠(← 빛: 色)+-이   [규총 26]

(25)는 끝음절의 종성에 실현되는 음소의 형태를 그대로 거듭적기로 적은 예이다. 곧, (ㄱ)의 '도적기'에서는 체언의 종성 /ㄱ/을 'ㄱㄱ'으로, (ㄴ)의 '집블'에서는 종성 /ㅂ/을 'ㅂㅂ'으로 적었다. 그리고 (ㄷ)의 '갓시라'에서는 종성 /ㅅ/을 'ㅅㅅ'으로, (ㄹ)의 '례졀리'에서는 종성 /ㄹ/을 'ㄹㄹ'로 적었다. (26)의 예는 체언의 종성에 실현된 /ㅋ/, /ㅌ/, /ㅍ/, /ㅊ/과 같은 거센소리의 음소를 두 글자로 나누어서 적은 예이다. 여기서 앞 음절의 글자는 평파열음화을 적용하여 'ㄱ, ㄷ, ㅂ'과 같이 변동된 형태로 적고, 뒤 음절의 글자는 'ㅋ, ㅌ, ㅍ, ㅊ'처럼 원래의 거센소리를 그대로 표기하였다. 결과적으로 /ㅋ, ㅌ, ㅍ, ㅊ/을 각각 'ㄱㅋ', 'ㄷㅌ', 'ㅂㅍ', 'ㄷㅊ'으로 거듭해서 적은 것이다. (27)은 거센소리인 /ㅌ/, /ㅊ/의 음소를 두 글자로 나누어서 적되, 앞 음절의 종성 글자를 'ㄷ'으로 적지 않고 'ㅅ'으로 적은 형태이다. 곧 (ㄱ)의 '볏틔'에서는 /ㅌ/을 'ㅅㅌ'으로 적었고, (ㄴ)의 '빗치'에서는 /ㅊ/을 'ㅅㅊ'으로 거듭해서 적었다.

둘째, 근대 국어에서는 체언과 조사의 결합에서뿐만 아니라, 용언의 활용 형태에서도 어간의 끝 종성을 거듭적기로 표기하기도 했다.

(28) ㄱ. 먹글   : 먹ㄱ(← 먹-, 食)-+-을   [노언 하35]

ㄴ. 굳트시고 : 굳트(← 굴-, 同)-+-으시-+-고   [경신 중1]

ㄷ. 깁퍼   : 깁프(← 깊-, 深)+-어   [가언 7:22]

ㄹ. 사뭇출   : 사뭇츠(← 사뭇-, 通)-+-을   [경신 45]

ㅁ. 긋치고   : 긋츠(← 그치-, 止)+-고   [규총 16]

(28)은 어간의 끝 종성을 거듭적기로 표기한 예이다. 곧, (ㄱ)의 '먹글'은 '먹다'의 /ㄱ/을 'ㄱㄱ'으로 적었다. (ㄴ)의 '굳트시고'는 '굳다'의 /ㅌ/을 'ㄷㅌ'으로 적었는데, 여기서는 앞 음절의 'ㄷ'은 /ㅌ/이 평파열음화에 따라서 변동된 형태인 'ㄷ'으로 적은 것이다. (ㄷ)의 '깁퍼'는 (ㄴ)의 예와 마찬가지로 어간의 /ㅍ/을 'ㅂㅍ'으로 적었다. 이때에도 앞 음절의 'ㅂ'은 /ㅍ/이 평파열음화에 따라서 변동된 형태인 'ㅂ'으로 적었다. (ㄹ)의 '사뭇출'은 '사뭇다'의 어간의 /ㅊ/을 'ㅅㅊ'으로 적었는데, 이 경우에는 앞 음절의 'ㅊ'을 'ㅅ'으로 적었

다.6) (ㅁ)의 '긋치고'도 (ㄹ)의 '사뭇츨'과 마찬가지로 어간의 /ㅊ/을 'ㅅㅊ'으로 적었다.

(다-3) 재음소화

'재음소화(再音素化)'는 /ㅋ, ㅌ, ㅍ, ㅊ/과 같은 거센소리를 예사소리인 /ㄱ, ㄷ, ㅂ, ㅈ/과 /ㅎ/으로 분석하여서, 하나의 음소를 두 글자로 적는 표기 방식이다. 재음소화에 따른 이중 표기의 예는 17세기 초의 『동국신속삼강행실도』(1617)에서 부분적으로 보이기 시작하여, 18세기 중엽에 활발하게 나타났다.

(29) ㄱ. 녁흐로(녁+-으로), 닙흐로(닢+-으로), 겻희(곁+-의), 빗헤(빛+-에)

ㄴ. 딕희여(디킈-+-어), 맛흐라(맡-+-으라), 놉흐니(높-+-으니)

(29)의 단어들은 거센소리(유기음)의 자음인 /ㅋ, ㅍ, ㅌ, ㅊ/의 음소를 예사소리와 /ㅎ/의 두 음소로 분석하여, 각각 'ㄱ+ㅎ', 'ㅂ+ㅎ', 'ㅅ+ㅎ', 'ㅅ+ㅎ'으로 적었다. 곧, (ㄱ)에서는 체언에 조사가 결합하는 과정에서, (ㄴ)에서는 어간에 어미가 결합하여 활용하는 과정에서 재음소화에 따른 이중 표기가 적용되었다.

위의 예문 (29)에 적용된, 재음소화에 따른 이중 표기의 과정을 표로 보이면 다음과 같다.

	어절	형태	음소	재음소화	이중 표기	비고
체언+조사	녁흐로	녁+-으로	/ㅋ/	/ㄱ/+/ㅎ/	ㄱ+ㅎ	
	닙흐로	닢+-으로	/ㅍ/	/ㅂ/+/ㅎ/	ㅂ+ㅎ	
	겻희	곁+-의	/ㅌ/	/ㄷ/+/ㅎ/	ㅅ+ㅎ	종성을 'ㅅ'으로 표기
	빗헤	빛+-에	/ㅊ/	/ㅈ/+/ㅎ/	ㅅ+ㅎ	
어간+어미	딕희여	디킈-+-어	/ㅋ/	/ㄱ/+/ㅎ/	ㄱ+ㅎ	
	맛흐라	맡-+-으라	/ㅌ/	/ㄷ/+/ㅎ/	ㅅ+ㅎ	종성을 'ㅅ'으로 표기
	놉흐니	높-+-으니	/ㅍ/	/ㅂ/+/ㅎ/	ㅂ+ㅎ	

〈표 2〉 재음소화에 따른 이중 표기의 과정

---

6) 'ㅅㅊ'에서 앞 음절의 'ㅅ'은 어간의 /ㅊ/이 종성의 자리에서 평파열음화에 따라서 /ㄷ/으로 변동한다는 것을 전제로 하여, 종성의 /ㄷ/을 'ㅅ'으로 적었던 표기 관습에 따른 것이다.

라. 한자어에서 어두의 'ㄹ'을 'ㄴ'으로 표기

15세기의 중세 국어에서는 원래 발음이 /ㄹ/인 한자가 어두에 실현될 때에는 원래대로 'ㄹ'로 표기하였다. 그런데 16세기 초에 간행된 『번역소학』(1518)에서는 원 발음이 /ㄹ/인 한자를 어두에서 'ㄴ'으로 표기한 예가 부분적으로 나타났는데, 이는 16세기 국어의 일반적인 현상은 아니었다.[7]

(30) ㄱ. 례(禮)답다 〉 녜답다   [번소 9:3]
     ㄴ. 류(流)엣 〉 뉴엣   [번소 9:7]

『번역소학』에서는 (30)처럼 '례(禮)'가 어두에서 '녜'로, '류(流)'가 어두에서 '뉴'로 표기된 예가 나타났다. 15세기에서는 어두에서 'ㄹ'로 표기되었던 한자음이 비록 드물기는 하지만 16세기 초에 'ㄴ'으로 표기된 것이다.

그런데 17세기의 초기 근대 국어에 이르면 어두에서 나타나는 'ㄹ'을 'ㄴ'으로 표기하는 예가 많이 늘어났다.

(31) ㄱ. 리셰민(李世民)〉니셰민[효8:70], 례법(禮法)〉녜법[열3:58], 료동(遼東)〉뇨동[충1:3]
     ㄴ. 련구(聯句)ㅎ기〉년구ㅎ기[상3], 리일(來日)〉닉일[상9], 리쳔(利錢)〉니쳔[상11]
     ㄷ. 령(令)〉녕[일 16], 륭듕(隆中)〉늉듕[일 16], 례모(禮貌)〉녜모[일 16], 량위(兩位)〉냥위[일 20]

(ㄱ)의 『동국신속삼강행실도』(1617), (ㄴ)의 『노걸대언해』(1670), (ㄷ)의 『한듕만록』(1795)의 예인데, 모두 한자어의 어두에 실현되는 'ㄹ'을 'ㄴ'으로 표기하였다. 이들 예는 대부분 한자음의 초성 /ㄹ/이 /ㅣ/나 반모음 /j/에 앞에서 'ㄴ'으로 표기되었다.

이러한 현상은 근대 국어의 후기로 갈수록 더욱 심해져서, 19세기에 간행된 〈필사본규합총서〉(1809)나 〈태상감음편도설언해〉(1852)의 문헌에서는 어두에서 한자음 'ㄹ'이 대부분 'ㄴ'으로 바뀌어서 표기되었다.[8]

---

7) 15세기의 순우리말 단어에서는 어두에 'ㄹ'이 실현된 예가 없고, 오직 한자어에서만 어두에 'ㄹ'이 실현되었다.

8) 이처럼 한자어에서 어두에 실현된 /ㄹ/이 /ㄴ/으로 바뀌는 현상을 'ㄹ' 두음 법칙이라고 한다. 현대 국어의 〈한글 맞춤법〉에서는 이른바 'ㄹ' 두음 법칙에 따라서 한자어 'ㄹ'을 어두에서 'ㄴ'으로 적는 현상이 일반화되었다.

1.2. 음운

임진왜란 이후 17, 18, 19세기에 걸친 근대 국어의 시기에는 음운 체계와 음운의 변동에 많은 변화가 있었다.

1.2.1. 음운 체계

1.2.1.1. 자음 체계

근대 국어의 자음은 장애음과 공명음으로 나누어진다. 장애음에는 파열음, 파찰음, 마찰음의 세 계열이 있었으며, 공명음에는 비음과 유음의 두 계열이 있었다.

조음 방법 \ 조음 위치			입술소리 (양순음)	잇몸소리 (치조음)	센입천장소리 (경구재음)	여린입천장소리 (연구개음)	목청소리 (후두음)
장애음	파열음 (폐쇄음)	예사소리	/ㅂ/	/ㄷ/		/ㄱ/	
		거센소리	/ㅍ/	/ㅌ/		/ㅋ/	
		된 소 리	/ㅃ/	/ㄸ/		/ㄲ/	
	파찰음	예사소리			/ㅈ/		
		거센소리			/ㅊ/		
		된 소 리			/ㅉ/		
	마찰음	예사소리		/ㅅ/			/ㅎ/
		된 소 리		/ㅆ/			
공명음	비음		/ㅁ/	/ㄴ/		/ㅇ/	
	유음			/ㄹ/			

〈표 3〉 근대 국어의 자음 체계

근대 국어의 자음 체계는 15세기 때의 후기 중세 국어의 자음 체계와 비교할 때에 몇 가지 점에서 차이가 있었다.

〈 파열음 〉 근대 국어의 파열음(폐쇄음)에는 양순음(입술소리)으로는 /ㅂ, ㅍ, ㅃ/이 있었으며, 잇몸소리(치조음)으로는 /ㄷ, ㅌ, ㄸ/이 있었으며, 여린입천장소리(연구개음)로는 /ㄱ, ㅋ, ㄲ/이 있었다. 이들 파열음 중에서 /ㅃ, ㄸ, ㄲ/은 현대어와 마찬가지로 된소리였는데, 근대 국어에서는 대부분 'ㅄ, ㅼ, ㅺ'처럼 'ㅅ'계 합용 병서자로 표기되었다.

〈 파찰음 〉 근대 국어 시기에 파찰음은 예사소리의 /ㅈ/, 거센소리의 /ㅊ/, 된소리의 /ㅉ/이 있었다. 근대 국어의 파찰음은 중세 국어에 비하여 큰 변화를 겪게 되었다.

첫째, 근대 국어에서는 /ㅈ/의 된소리인 /ㅉ/이 단어의 첫머리에 나타나서, 독립된 음소로 쓰이게 되었다.

(1) ㄱ. 一切 大衆이 寶階 미틔 모다 가 부텨를 마쫍더니   [석상 11:13]

　　ㄴ. 迷人도 感動ᄒ야 여흴 쩌긔   [월석 21:119]

(2) ㄱ. 자네 그 쭐을 두저오려 싱각 됴홀 양으로 긔걸ᄒ시소   [첩신-초 7:19]

　　ㄴ. 쫄 함(鹹), 짝9) 척(隻)   [왜유 상48, 하33]

15세기의 국어에서 치음의 파찰음이었던 /ㅉ/은 단어의 첫머리인 어두(語頭)의 자리에서는 나타나지 않았고, (1)처럼 어중의 자리에서만 /ㅈ/의 변이음으로 나타났다.10) 반면에 근대 국어에서는 된소리인 /ㅉ/이 (2)처럼 어두에서도 실현되었다. /ㅉ/은 (2ㄱ)처럼 'ㅉ'으로 적힌 예가 일부 있었지만, 대부분 (2ㄴ)처럼 'ㅅ'계 합용 병서자인 '�'으로 적혔다. 'ㅉ'의 용례가 나타난 『첩해신어』(1676)와 『왜어유해』(18세기 초) 등의 문헌을 볼 때에, 17세기 후반에 /ㅉ/이 독자적인 된소리의 음소로 확립된 것으로 보인다.

둘째, 15세기의 국어에서 잇몸소리(치조음, 齒槽音)이었던 /ㅈ/, /ㅊ/, /ㅉ/이 근대 국어에서는 그 조음 위치가 뒤로 이동하여 센입천장소리로 발음되었다.11)

근대 국어 시기에 /ㅈ, ㅊ, ㅉ/이 센입천장소리였던 것은, 이 시기에 'ㅈ, ㅊ'의 아래에서 단모음과 'ㅣ'계 상향적 이중 모음이 혼기되었다는 사실에서 알 수 있다.

(3) 잡다/잡다(執), ᄀᆞ쟝/ᄀᆞ장(最), 챵/창(戈), 쳐음/처음(始), 대쵸/대초(大棗)

곧, 자음과 모음이 연결될 때에 생기는 음운론적인 제약 때문에, 'ㅈ, ㅊ, ㅉ'은 잇몸소리로 발음될 때에만 'ㅣ'계 상향적 이중 모음인 /ㅑ, ㅕ, ㅛ, ㅠ/와 결합할 수 있다. 다시 말해서

---

9) 15세기 국어에서 'ㅉ'에 실현된 'ㅉ'은 겹자음인 /ㅉ/의 음가를 가졌다. 그런데 이러한 'ㅉ'이 근대 국어에서는 된소리를 적는 글자인 'ㅅ'계 합용 병서자로 적혔으므로, 'ㅉ'이 된소리인 /ㅉ/의 소리로 바뀌었음을 알 수 있다.

10) 곧, (ㄱ)의 '마쫍더니'에서는 '-쫍-'이 '맜다(← 맞다)'의 어간 뒤에서 된소리로 변동했으며, (ㄴ)의 '쩍'은 의존 명사인 '적(時)'이 관형사형 전성 어미인 '-ㄹ'의 뒤에서 된소리로 변동하였다.

11) 중세 국어에서 치음으로 발음되는 'ㅈ', 'ㅊ'은 /ts/, /tsʰ/의 음가를 가졌으며, 근대 국어에서 센입천장소리로 발음되는 'ㅈ', 'ㅊ'은 현대 국어와 마찬가지로 /tɕ/, /tɕʰ/의 음가를 가진다.

'ㅈ, ㅊ'이 현대어처럼 센입천장소리로 발음되면 /ㅑ, ㅕ, ㅛ, ㅠ/와는 결합할 수 없다.[12] 따라서 근대 국어의 시기에 (3)처럼 '쟈, 챠, 쳐, 쵸'가 '자, 차, 처, 초'와 혼기되었다는 사실은, 이 시기에 'ㅈ, ㅊ, ㅉ'이 잇몸소리가 아닌 센입천장소리로 발음되었음을 시사한다.[13]

이처럼 'ㅈ, ㅊ, ㅉ'이 잇몸소리에서 센입천장소리 바뀐 현상은 16세기 중엽부터 남부 방언인 전라 방언과 경상 방언에서 시작되었다. 그리고 서울을 비롯한 중앙 방언에서는 'ㅈ, ㅊ, ㅉ'의 센입천장소리되기가 17세기 후반에 시작하여 18세기 말까지 진행된 것으로 보인다. 그리고 센입천장소리로 되는 과정을 살펴보면 처음에는 'ㅈ, ㅊ, ㅉ'이 /i/나 반모음인 /j/의 앞에서만 센입천장소리로 발음되었다가, 나중에는 모든 모음 앞에서 센입천장소리로 발음된 것으로 보인다. 그 결과로 19세기 초기에 이르면 문헌에서 (3)처럼 '자, 저, 조, 주'와 '쟈, 져, 죠, 쥬'가 혼기되는 현상이 빈번하게 일어난다.

〈 마찰음 〉 15세기 국어에 쓰였던 마찰음 계열의 /ㅸ/, /ㅿ/, /ㆅ/의 음소가 근대 국어에는 나타나지 않았다.

(4) 셔볼〉서울, 더버〉더워, 쉬본〉쉬운

(5) ᄆᆞᅀᆞᆷ〉마음, 처섬〉처음, 아ᅀᆞ〉아우

(6) ㄱ. 대형이 화를 <u>쎠</u> 도적을 ᄡᅩ다가 마치디 몯ᄒᆞ니　　　　　[동삼 열4:70]

　　ㄴ. 나를 <u>쎠</u> 거즛 패흔 톄로 ᄒᆞ고 가거든　　　　　　　　　[연지 9]

　　ㄷ. 법을 <u>쎠</u> 참증ᄒᆞ야 의논호믄　　　　　　　　　　　　　[경언-중 서:3]

(7) 뎜 쥬인아 여러 모시븨 살 나그내 <u>켜</u> 오라　　　　　　　　[노언 하53]

15세기 국어의 /ㅸ/는 1450년 무렵까지만 쓰였다가 그 이후에는 (4)처럼 반모음인 /w/로 바뀌었고, /ㅿ/은 16세기 중엽 이후에는 (5)처럼 소멸되었다. 그리고 /ㅎ/의 된소리인 /ㆅ/는 15세기 중엽의 중세 국어에서는 'ㆅ'으로 표기되었다가, 『원각경언해』(1464)부터 각자 병서자가 폐지되면서 16세기 말까지는 된소리의 표기가 사용되지 않았다. 그러다

---

12) 현대 국어에서는 '쟈, 져, 죠, 쥬'는 '자, 저, 조, 주'와 음운론적으로 변별되지 않고, '챠, 쳐, 쵸, 츄'는 '차, 처, 초, 추'와 음운론적으로 변별되지 않는다.

13) 15세기 국어의 시기에는 '자, 저, 조, 주'와 '쟈, 져, 죠, 쥬', 그리고 '차, 처, 초, 추'와 '챠, 쳐, 쵸, 츄' 등이 변별되었다. (보기: 장(欌)－쟝(醬), 저(自)－져(筋), 초(醋)－쵸(燭)) 이러한 사실을 보면 15세기 국어에서 'ㅈ, ㅊ'은 치조음인 /ts, tsʰ/으로 발음되었음을 알 수 있다.

가 17세기 초·중반의 근대 국어에서는 /ㆅ/이 (6)처럼 'ㅅㅎ'으로 표기되었는데, 'ㅅㅎ'은 '셔다(引)'에만 쓰였고 다른 단어에는 쓰이지 않았다. 그리고 17세기 후반에 이르면 /ㆅ/은 (7)처럼 /ㅋ/의 음소에 합류되어서 사라져 버렸다.14)

그리고 15세기에 쓰였던 '유성 후두 마찰음'인 [ɦ]은 근대 국어에서는 쓰이지 않게 되었다.15)

(8) ㄱ. 놀애 〉 노래, 몰애 〉 모래
    ㄴ. 달아 〉 달라, 아니오 〉 아니고, 뷔오 〉 뷔고

15세기 국어에서는 [ɦ]이 /ㄹ/이나 반모음 /j/, '-이다'나 '아니다', 그리고 선어말 어미인 '-리-'와 같은 극히 제한된 환경에서만 실현되었다. (8)에서 '놀애, 몰애, 달아, 아니오, 뷔오' 등은 15세기 국어에서 'ㅇ'으로 표기된 [ɦ]의 예이다. 그러나 16세기 중엽 이후에는 이들 단어가 '노래, 모래, 달라, 아니고, 뷔고'처럼 표기된 것을 감안하면, [ɦ]은 17세기 이후 근대 국어에서는 독립된 음소의 가치를 상실했음을 알 수 있다.

〈 비음과 유음 〉 근대 국어에는 중세 국어와 마찬가지로 비음으로 /ㅁ, ㄴ, ㅇ/이 있었으며, 유음으로는 /ㄹ/이 있었다.

첫째, 중세 국어에서는 비음인 /ㄴ/은 어두의 위치에서 아무런 제약 없이 실현되었다. 그러나 18세기 후반에 이르러서는 어두의 위치에 실현되는 /ㄴ/은 /i/나 /j/의 앞에서 /ㄴ/이 탈락하였다.

(9) ㄱ. 님금(王) 〉 임금, 닉키다(熟) 〉 익키다, 닙(葉) 〉 입
    ㄴ. 녀느(他) 〉 여느, 녀름(夏) 〉 여름

(9)의 단어는 어두의 위치에서 /ㄴ/이 /i/나 /j/의 앞에서 탈락된 예인데, 이러한 'ㄴ' 탈락도 구개음화와 관련이 있다.

둘째, 유음인 /ㄹ/은 중세 국어 때부터 순우리말에서는 어두의 자리에 쓰일 수가 없었는데, 이러한 현상은 근대 국어와 현대 국어에서도 마찬가지였다. 다만 15세기의 국어에서 한자어의 어두(語頭)에서 'ㄹ'로 적히던 한자어가 16세기 초부터 'ㄴ'으로 바뀌어서

---

14) 이러한 점을 감안하면 근대 국어의 자음 체계에서 /ㆅ/를 독립된 음소로 설정할 수 없다.

15) 15세기 국어에서 '후두 유성 마찰음'이 실현되는 양상에 대하여는 이 책 46쪽의 내용을 참조하기 바란다.

적히기 시작하였는데, 근대 국어의 후기로 갈수록 이러한 경향은 심해졌다.

셋째, /ŋ/의 음가를 나타내는 /ㆁ/은 15세기 국어에서는 초성에도 사용되는 예가 있었다. 그러나 16세기 이후부터 근대와 현대 국어에서는 /ŋ/의 음가를 가지는 /ㆁ/이 초성의 자리에는 쓰이지 않고 오직 종성의 자리에만 쓰였다. 이와 같이 /ㆁ/의 음소가 종성에서만 쓰이게 되는 변화와 함께, 그것을 적는 글자도 'ㆁ'의 글자에서 'ㅇ'의 글자로 바뀌었다. 결과적으로 근대 국어와 현대 국어에 쓰이는 'ㅇ' 글자는 초성의 자리에서는 무음가를 나타내고, 종성의 자리에서는 /ŋ/의 음가를 나타내게 되었다.

〈어두 자음군의 소멸〉 15세기의 국어에서는 어두의 초성 자리에서 두 개 혹은 세 개의 자음이 발음될 수 있었다. 그런데 16세기가 되면 어두의 'ㅂ'계 합용 병서인 'ㅲ, ㅳ, ㅄ, ㅶ'은 그대로 겹자음인 /pt, pt^h, ps, pts/로 발음되었으나, 'ㅅ'계 합용 병서인 'ㅺ, ㅼ, ㅽ, ㆅ'은 모두 된소리로 발음되었다.

근대 국어 시기인 17세기 후반에 이르면 15·16세기에 쓰였던 'ㅂ'계의 어두 자음군까지 대부분 된소리로 바뀌었다. 결과적으로 18세기부터는 현대 국어와 마찬가지로 어두의 초성에서 하나의 자음만 발음될 수 있었다. 곧, 'ㅅ'계나 'ㅂ'계의 합용 병서자가 초성의 자리에 쓰이기는 하였으나, 이들 글자는 모두 된소리를 표기하였으므로 실제의 발음으로는 어두 겹자음이 모두 사라진 것이다.

(10) ㄱ. ᄠᅳᆮ〉ᄯᅳᆮ, ᄢᅥ나다〉ᄣᅥ나다, ᄡᅡᆨ〉쑥, ᄡᅳ다〉쓰다, ᄧᅡᆨ〉ᄶᅡᆨ
ㄴ. ᄩᅳ다〉ᄐᆞ다

(ㄱ)에 제시된바 'ㅲ〉ㅼ, ㅄ〉ㅆ, ㅶ〉ㅉ'의 변화 과정에서 볼 수 있듯이, 17세기의 근대 국어에서는 어두 자음군이 /ㄸ, ㅆ, ㅉ/의 된소리로 바뀌었다. 이에 따라서 표기도 앞 자음 글자인 'ㅂ'이 'ㅅ'으로 교체되었다. 그리고 (ㄴ)에서 뒤의 자음이 거센소리인 /ㅳ/의 어두 자음군은 'ᄩᅳ다〉ᄐᆞ다'처럼 /ㅌ/으로 바뀌었는데, 그에 대한 표기도 'ㅌ' 글자로 바뀌었다. 이와 같이 'ㅂ'계의 어두 자음군이 된소리나 거센소리로 바뀐 결과로 어두 자음군은 17세기 말에 모두 사라지게 되었다.

〈종성의 자음〉 15세기 국어에서는 종성의 자리에 겹자음이 올 수 있었으나, 근대 국어에서는 종성의 자리에 하나의 자음만 발음될 수 있었다. 이때에 종성의 자리에 올 수 있는 자음은 /ㄱ, ㄴ, ㄷ, ㄹ, ㅁ, ㅂ, ㅇ/의 7자음뿐이었다. 이른바 '평파열음화(일곱 끝소리 되기)'에 따라서 종성의 자리에서 /ㅍ/이 /ㅂ/으로, /ㅌ, ㅅ, ㅈ, ㅊ, ㅎ/이 /ㄷ/으로, /ㄲ, ㅋ/이 /ㄱ/으로 불파화(不破化)하여 변동했기 때문이다.

그런데 종성의 /ㅅ/이 /ㄷ/으로 바뀐 것은 근대 국어의 종성 체계의 큰 특징이다. 곧

15세기에는 /ㅅ/ 종성이 쓰였으나 근대 국어에서는 /ㅅ/ 종성이 /ㄷ/ 종성으로 합류되고 말았다. 이처럼 /ㅅ/ 종성이 사라지고 /ㄷ/에 합류된 시기는 16세기 중기 이후에 완성된 것으로 보인다. 이로써 근대 국어와 현대 국어에서 7종성 체제가 완성되었다.16)

1.2.1.2. 모음 체계

근대 국어의 모음 체계를 단모음과 이중 모음의 체계로 나누어서 살펴본다.

가. 단모음 체계

근대 국어의 초기인 17세기 무렵에는 중세 국어와 마찬가지로 /ㅣ, ㅡ, ㅓ, ㅏ, ㅜ, ㅗ, ·/의 7개의 단모음 체계를 유지하고 있었다. 그러나 18세기 말에 이르면 /·/가 사라지고, 대신에 단모음인 /ㅔ, e/와 /ㅐ, ɛ/가 새로 생겨나면서 /ㅣ, ㅔ, ㅐ, ㅡ, ㅓ, ㅏ, ㅜ, ㅗ/의 8개의 단모음 체계를 갖추게 되었다.

	전설 모음		후설 모음	
	평순	원순	평순	원순
고모음	/ㅣ, i/		/ㅡ, ɨ/	/ㅜ, u/
중모음	/ㅔ, e/		/ㅓ, ə/	/ㅗ, o/
저모음	/ㅐ, ɛ/		/ㅏ, a/	

〈표 4〉 18세기 말의 단모음 체계

〈/·/의 소실〉 /·/는 16세기 초기부터 단어의 둘째 음절 이하에서 /ㅡ/, /ㅗ/, /ㅜ/ 등의 다른 모음으로 교체되기 시작하였는데, 16세기 말이 되면 대체로 /ㅡ/로 교체되었다(/·/의 1단계 소실).

(11) 나ㄱ내〉나그네(客) [번노 상55], 다ᄆᆞ〉다믄(但) [번노 상5], 다ᄃᆞ거든〉다들거든(至) [번노 상56]

반면에 단어의 첫음절(어두)에서는 18세기 전반까지 /·/가 /ㅅ/의 음가를 나타내면서

---

16) 17세기부터는 종성의 /ㄷ/을 'ㄷ'과 'ㅅ'의 글자로 혼기하였고, 18세기부터는 종성의 /ㄷ/을 'ㅅ'으로 통일해서 표기하는 경향이 뚜렷하였다.

그대로 유지되고 있었다.[17] 그러나 18세기 중반부터 첫째 음절의 /·/의 음가가 /ㅏ/로 바뀌기 시작하였으며, 18세기 후반에는 /·/가 모음 체계에서 완전히 사라졌다.

/·/가 사라진 시기는 17세기와 18세기의 시기에 살았던 신경준(申景濬)과 유희(柳僖)가 남긴 글을 통하여 짐작할 수 있다.

    (12) 우리나라의 한자음에는 '·'로 중성으로 삼은 것이 매우 많다(我東字音 以·作中聲字頗多)

    (13) 우리나라의 일반 발음에는 '·'가 똑똑하지 않아서 'ㅏ'와 많이 뒤섞이고('兒', '事' 따위
        글자는 '·'를 좇아야 하는데, 지금의 일반 발음에서는 잘못 읽어서 '阿, 些'와 같이 낸다.)
        혹은 'ㅡ'와 뒤섞인다(흙토(土)를 지금 '흙토'로 읽는다).

곧 신경준의 『훈민정음 운해』(1750)에서는 '·'의 음가를 설명하면서 (12)와 같이 지적하고 있다. 이를 보면 신경준이 살았던 18세기 중엽까지는 /·/가 쓰인 것으로 볼 수 있다. 반면에 유희의 『언문지』(1824)에서는 '·'의 발음과 관련하여 (13)과 같이 기술하고 있는데, 이를 보면 1824년 당시에는 아마도 /·/ 소리가 완전히 사라진 것으로 보인다(허웅, 1986: 481 참조).

『훈민정음 운해』나 『언문지』에 제시된 설명뿐만 아니라 그 당시의 문헌에 쓰인 어휘를 통해서도 /·/가 사라진 사실을 확인할 수 있다. 곧, 그 이전에 첫음절에서 '·'가 쓰인 단어가 'ㅏ'로 표기되거나 '·'와 'ㅏ'가 혼기된 예가 나타나는데, 이러한 문헌을 통해서 /·/가 사라진 것으로 판단할 수 있다.

18세기 말과 19세기 초기의 문헌에서는 '·'와 'ㅏ'가 혼기된 예가 많이 나타난다.

    (14) ㄱ. <u>남</u>의(< <u>ᄂᆞᆷ</u>의, 他) [8]
        ㄴ. <u>ᄇᆞ</u>람(風) [오행 효66], <u>바</u>람(< <u>ᄇᆞ</u>람, 風) [오행 효44]
        ㄷ. <u>나</u>리오시민(< <u>ᄂᆞ</u>리오시매, 降), <u>짜</u>름(< <u>ᄯᆞ</u>롬, 唯); 닉시<u>민</u>(< 내시매, 出)

(ㄱ)은 『유함경도남관북관대소사민윤음』(1783)에 나타난 예인데, 그 이전에는 'ᄂᆞᆷ(他)'으로 적던 단어를 '남'으로 적었다. (ㄴ)은 『오륜행실도』(1797)에 나타난 예인데, '風'의 뜻을 나타내는 동일한 단어를 'ᄇᆞ람'과 '바람'으로 뒤섞어 적었다. (ㄷ)은 『유중외대소민인등척사윤음』(1839)에 나타난 예이다. 먼저 '나리오시민'와 '짜름'에서는 그 전에 '·'로 적혔던

---

17) 어두에서 일어나는 /·/의 2단계 소실은 17세기 초부터 간헐적으로 나타난다.
  (보기) ᄒᆞᆰ 〉흙 [동삼 열2:67], ᄉᆞ매 〉소매 [동삼 열4:14], ᄒᆞ야ᄇᆞ리다 〉하야ᄇᆞ리다 [박언 하54]

것이 'ㅏ'로 적혔으며, 반면에 '닉시민'에서는 그 전에 'ㅏ'로 적혔던 것이 'ㆍ'로 적혔다.

동일한 문헌에서 'ㆍ'와 'ㅏ'가 뒤섞여서 적힌 예는 '빙허각 이씨'가 지은 『규합총서 필사본』(1809)에 가장 잘 나타난다.

(15) ㄱ. 눅(〈나, 我), 딕초(〈대초, 棗), 빈요(〈배요, 所), 스룸(〈사롬, 人), 닉측(〈내측, 內則), 킥(〈개, 犬); 닉여(〈내여, 出), 스눈(〈사눈, 生), 눈 (〈난, 出); 싱로(〈새로, 新)

ㄴ. 하며(〈ᄒᆞ며, 爲), 발나(〈ᄇᆞᆯ라, 塗)

(ㄱ)은 그 이전에 'ㅏ'로 적혔던 단어들이 'ㆍ'로 적힌 예이며, (ㄴ)은 그 이전에 'ㆍ'로 적혔던 단어들이 'ㅏ'로 적힌 예이다.

이처럼 'ㆍ'와 'ㅏ'가 혼기된 예들은 모두 18세기 후반과 19세기 초의 문헌이다. 이러한 예를 보면 /ㆍ/가 18세기 중기에 그 동요가 꽤 심하게 일어나서, 18세기 말기에 이르면 거의 사라진 것으로 추정할 수 있다.

〈 'ㅔ'와 'ㅐ'의 단모음화〉 전기 근대 국어의 이중 모음 체계는 중세 국어의 이중 모음 체계와 차이가 없었다. 곧, 상향적 이중 모음으로 /ㅛ/, /ㅑ/, /ㅠ/, /ㅕ/, /ㅘ/, /ㅝ/가 있었고, 하향적 이중 모음으로 /ㅢ/, /ㅔ/, /ㅐ/, /ㅟ/, /ㅚ/, /ㆎ/가 있었다.[18]

그런데 18세기 후반에 제1음절에서 /ㆍ/가 사라짐에 따라서, 제1음절에 쓰인 'ㆎ'의 글자 대신에 'ㅐ'의 글자가 쓰였다. 이러한 변화가 일어난 이후에는, 이중 모음으로 발음되었던 'ㅔ(/əj/)'와 'ㅐ(/aj/)'의 음가가 각각 단모음인 /e/와 /ɛ/로 바뀌었다.

이처럼 'ㅔ'와 'ㅐ'가 단모음화한 것은 다음과 같은 사실로써 확인할 수 있다.

첫째, 이중 모음이던 'ㅔ'와 'ㅐ'가 단모음으로 바뀐 것은, 18세기 후반에 간행된 문헌에 나타나는 'ㅔ, ㅐ, ㆎ' 글자의 혼기 현상을 통해서도 확인할 수 있다.

(16) 쓸게/쓸개/쓸ᄀᆡ, 번개/번게, 어제/어ᄌᆡ, 오래/오ᄅᆡ

(16)에서는 동일한 단어에 대하여 'ㅔ, ㅐ, ㆎ' 등의 글자가 섞여서 표기되었다. 이러한 혼기 현상은 'ㅔ, ㅐ, ㆎ'의 글자가 이전처럼 이중 모음으로 발음될 경우에는 일어날 수 없다. 곧, /ㆍ/의 음소가 사라지고 'ㅔ'와 'ㅐ'가 이중 모음에서 단모음으로 음가가 바뀌었기 때문에, 이들 단어를 표기하는 데에 혼란이 빚어진 것이다.

---

18) 상향적 이중 모음인 /ㅛ, ㅑ, ㅠ, ㅕ, ㅘ, ㅝ/는 각각 /jo, ja, ju, jə, wa, wə/로 발음되었고, 하향적 이중 모음인 /ㅢ, ㅔ, ㅐ, ㅟ, ㅚ, ㆎ/는 각각 /ij, əj, aj, ui, oj, ʌj/로 발음되었다.

둘째, 'ㅔ'와 'ㅐ'의 음가가 단모음으로 바뀐 사실은 'ㅣ' 모음 역행 동화(모음 동화) 현상에서 확인할 수 있다. 곧, 19세기 중반에 진행된 'ㅣ' 모음 역행 동화 현상이 적용된 어휘가 문헌에 나타나기 위해서는, 그 전에 'ㅔ'와 'ㅐ'가 각각 단모음인 /e/와 /ɛ/로 발음되고 있어야 하기 때문이다.

근대 국어의 후기에 간행된 일부 문헌에서는 'ㅣ' 모음 역행 동화(움라우트)가 일어난 예가 나타난다. 곧, 앞 음절에 실현된 후설 모음 /ㅓ/와 /ㅏ/가 그 뒤의 음절에 실현된 전설 모음인 /ㅣ/의 영향으로, 각각 전설의 단모음인 /ㅔ, e/와 /ㅐ, ɛ/로 바뀌었다.

(17) ㄱ. 군스를 <u>익기</u>는 거슨   [관언 26]
    ㄴ. 의원의 약을 반다시 스스로 <u>듸리</u>고   [관언 27]
    ㄷ. 쥬린 사름을 <u>기듸려</u> 메기더니   [관언 30]
    ㄹ. 곳 소무에 지<u>핑</u>이 갓타야   [관언 33]
    ㅁ. 슈양을 기르라 ㅎ고 슈양이 <u>싴기</u>를 나아야 도라가리라   [관언 33]

『관성제군명성경언해』(1883)에 수록된 '익기는(〈 앗기는, 惜), 듸리고(〈 드리고, 煎), 기듸려(〈 기드려, 待), 메기더니(〈머기더니, 食), 지핑이(〈 지팡이, 杖), 싴기(〈 샀기, 羔)' 등에서 'ㅣ' 모음 역행 동화 현상이 나타난다. 곧, 이들 단어는 뒤 음절의 전설 모음인 /i/에 동화되어서 앞 음절의 /ə/, /a/가 각각 단모음인 /e/와 /ɛ/로 바뀌는 현상이다. 이처럼 19세기 중엽의 시기에 쓰인 단어에서 'ㅣ' 모음 역행 동화가 활발하게 일어나는 것을 보면, 'ㅔ'와 'ㅐ'는 그보다 앞선 시기인 18세기 중엽 무렵에 이미 단모음으로 바뀌었음을 짐작할 수 있다.

이처럼 /ㆍ/가 사라지고 대신에 이중 모음이던 'ㅔ'와 'ㅐ'가 단모음으로 바뀜에 따라서, 근대 국어의 단모음 체계는 /ㅣ, ㅔ, ㅐ, ㅡ, ㅓ, ㅏ, ㅜ, ㅗ/의 8개의 모음 체계로 바뀌었다.[19]

나. 이중 모음의 체계

17세기의 근대 국어에서는 중세 국어와 마찬가지로 '상향적 이중 모음'과 '하향적 이중 모음'이 쓰였다.

---

19) 이중 모음이었던 'ㅟ[uj]'와 'ㅚ[oj]'가 각각 단모음인 /y/와 /Ø/로 바뀐 시기는 19세기 말이나 20세기 초인 것으로 추정한다.

(18) ㄱ. ㅛ [jo], ㅑ [ja], ㅕ [jə], ㅠ [ju], ㅝ [wə], ㅘ [wa]

　　　ㄴ. ㅖ [əj], ㅐ [aj], ㅟ [uj], ㅚ [oj], ㅢ [ij], ·ㅣ [ʌj]

곧, 전기의 근대 국어에서는 상향적 이중 모음으로서 (ㄱ)처럼 'ㅣ'계의 상향적 이중 모음인 /ㅛ, ㅑ, ㅕ, ㅠ/와 'ㅜ'계의 상향적 이중 모음인 /ㅝ/와 /ㅘ/가 쓰였다. 그리고 하향적 이중 모음으로서 (ㄴ)처럼 /ㅖ, ㅐ, ㅟ, ㅚ, ㅢ, ·ㅣ/의 6개가 쓰였다.

　　그런데 18세기 후반에 이르면 단모음인 /·/가 사라지고 'ㅔ'와 'ㅐ'가 단모음으로 바뀜에 따라서 이중 모음 체계에도 변화가 생겼다.

(19) ㄱ. ㅛ [jo], ㅑ [ja], ㅠ [ju], ㅕ [jə], ㅖ [je], ㅒ [jɛ]; ㅝ [wə], ㅘ [wa], ㅞ [we], ㅙ [wɛ]

　　　ㄴ. ㅟ [uj], ㅚ [oj], ㅢ [ij]

첫째, 단모음인 /·/가 사라짐에 따라서, 이중 모음 중에서 /·ㅣ/가 이중 모음인 /ㅢ/나 /ㅐ/에 합류되어서 사라졌다. 둘째 18세기 후반에는 그 이전에 하향적 이중 모음이었던 'ㅔ'와 'ㅐ'가 각각 /e/와 /ɛ/의 단모음으로 바뀌면서, 새로운 상향적 이중 모음인 ㅖ /je/, ㅒ /jɛ/, ㅞ/we/, ㅙ/wɛ/가 생겼다.

(20) ㅖ (/jəj/ 〉/je/), ㅒ (/jaj/ 〉/jɛ/), ㅞ (/wəj/ 〉/we/), ㅙ (/waj/ 〉/wɛ/)

곧, 중세 국어에서 'ㅖ, ㅒ, ㅞ, ㅙ'는 /jəj/, /jaj/, /wəj/, /waj/로 발음되는 삼중 모음이었는데, 근대 국어의 시기에는 각각 이중 모음인 /je/, /jɛ/, /we/, /wɛ/로 바뀌었다.

　　근대 국어에서 개별 이중 모음의 음가가 이와 같이 변함에 따라서 18세기 말에는 (19)와 같은 이중 모음 체계가 성립되었다. 곧, 상향적 이중 모음은 (ㄱ)처럼 'ㅣ'계인 /ㅛ, ㅑ, ㅠ, ㅕ, ㅖ, ㅒ/가 있었으며, 'ㅜ'계인 /ㅝ, ㅘ, ㅞ, ㅙ/가 있었다. 그리고 하향적 이중 모음으로는 (ㄴ)처럼 /ㅟ, ㅚ, ㅢ/가 있었다. 다만 이중 모음인 /ㅟ, ㅚ/는 19세기 말이나 20세기 초의 시기에 단모음인 /y/와 /Ø/으로 바뀐 것으로 추정된다.

1.2.1.3. 운소 체계

15세기 국어에서는 사성법(四聲法)을 정하여 국어에 나타나는 성조(聲調) 현상을 방점(傍點)을 찍어서 정연하게 표기하였다. 그런데 16세기의 말이 되면, 당시의 성조 체계가 15세기나 16세기 초의 성조 체계와 상당히 달랐다. 따라서 16세기 말의 『소학언해』(1588)

에 표기된 방점과 그 음가는 15세기에 간행된 문헌이나 16세기 초에 간행된 『훈몽자회』(1527)에 표기된 방점과 차이가 많았다.

성조 체계가 바뀐 양상은 다음과 같다. 곧, 16세기 말에는 15세기에 비해서 평성(平聲)과 거성(去聲)의 사이에 나타나는 높낮이의 차이가 많이 줄어들었다. 이에 따라서 16세기 말 이후의 근대 국어에서는 평성과 거성의 차이가 없어졌고, 낮다가 높아 가는 상성(上聲)은 평탄하게 되었다.

결국 임진왜란 이후 17세기 초기부터는 성조는 사실상 사라지고, 근대 국어의 운소(韻素) 체계는 장단(長短)으로 대치되었다. 상성은 낮다가 높아 가는 굴곡의 성조였기 때문에, 평성이나 거성보다 좀 더 길게 발음되었을 것으로 추정된다. 이에 따라서 17세기 이후의 근대 국어의 시기에는 중세 국어의 평성과 거성은 짧은 소리에 합류되었고, 상성은 긴 소리로 바뀌게 되었다.

(21) 둟 : (二), 냏 : (川), 말 : (言), 눈 : (目), 돓 : (石), 일 : (事)

(21)의 예들은 모두 15세기 국어에서 상성의 성조를 유지하다가 근대 국어와 현대 국어의 시기에 긴 소리로 바뀐 예들이다. 다만, 17세기 초반부터는 방점도 사라졌고 음절의 길이를 표시하는 별도의 표기법이 쓰이지 않았기 때문에, 근대 국어의 운소 체계를 정확하게 파악할 방법이 없다.

1.2.2. 음운의 공시적인 변동

근대 국어의 시기에 일어난 공시적인 음운 변동 현상은 중세 국어에 비해서 몇 가지 점에서 차이가 있다. 먼저 '모음 조화'는 중세 국어에 비하여 그 적용 범위가 매우 한정되었다. 반면에 '된소리되기, 조음 위치의 동화, 반모음화, 자음군 단순화' 등의 변동 현상은 중세 국어의 시기에서보다 폭넓게 일어났다. 그리고 '평파열음화, 비음화, 유음화, 'ㄹ' 탈락, 'ㅎ' 탈락, 모음 탈락, 반모음 첨가, 모음 축약, 자음 축약' 등은 중세 국어와는 변동 양상이 달라졌다. 여기서는 근대 국어의 시기에 일어난 음운의 변동 현상을 '교체, 탈락, 첨가, 축약, 탈락과 축약'으로 나누어서 살펴본다.

1.2.2.1. 교체

근대 국어에 일어나는 '교체(대치)' 현상으로는, '동화 교체 현상'과 '비동화 교체 현상'

이 있다.

가. 동화 교체

'동화 교체'는 하나의 형태소가 다른 형태소의 조음 방법이나 조음 위치를 닮아서 일어나는 교체이다. 근대 국어에서 나타나는 동화 교체로는 '모음 조화, 비음화, 유음화, 조음 위치 동화' 등이 있다.

(가-1) 모음 조화

중세 국어 시기에는 모음 조화(母音 調和)가 비교적 엄격하게 지켜졌다. 그러나 16세기 초기부터 단어의 둘째 음절 이하에서 양성 모음인 /·/가 사라지고 /·/는 대체로 음성 모음인 /ㅡ/로 바뀌었다. 그리고 화자 표현이나 대상 표현의 선어말 어미인 '-오-'가 소멸되는 등 일부 문법 형태소의 형태가 바뀌거나 사라졌다.

중세 국어 시기의 말에 일어난 이러한 음운론적 변화와 형태론적 변화에 따라서, 모음 조화가 적용되는 범위가 훨씬 줄어들었다. 여기서는 용언의 어간에 연결 어미인 '-아(셔)/-어(셔)'가 결합되는 양상을 통해서 근대 국어 시기의 모음 조화 현상이 실현되는 모습을 살펴보기로 한다.

(22) ㄱ. 자바 [연지 21], 나셔 [가언 7:17], 몰가 [마언 상26], 차 [박언 중29], 노파셔 [첩신 초 1:12], 보아 [동삼 효7:32]

ㄴ. 머거 [마언 하11], 셔셔 [가언 7:19], 늘거 [가언 10:14], 써 [박언 상3], 구버 [가언 7:7], 두어 [가언 6:3]

(23) ㄱ. 비러 [동삼 효3:43], 텨 [화언 9]

ㄴ. 내여 [가언 7:18], 메여 [가언 8:8], 키여 [두집 상6], 긔여 [동삼 열5:73], 되여어 [동삼 열2:86], 뛰여 [동삼 열8:48]

(24) ㄱ. 안져도 [관언 31], 츠져[조영 26]

ㄴ. 내야 [마언 하116], 키야 [벽신 8], 되야 [연지 4]

(22)의 예를 보면 근대 국어의 시기에도 연결 어미인 '-아/-어'는 어간의 끝 음절에 실현된 모음의 음상에 따라서 교체되었다는 것을 알 수 있다. 곧, (22ㄱ)처럼 양성 모음인 /·/, /ㅏ/, /ㅗ/의 뒤에서는 양성 모음의 연결 어미인 '-아'가 실현되었다. 반면에 (22ㄴ)처

럼 음성 모음인 /ㅓ/, /ㅕ/, /ㅡ/, /ㅜ/의 뒤에서는 음성 모음의 연결 어미인 '-어'가 실현되었다. 그런데 중세 국어에서는 /ㅣ/ 모음의 뒤나, (ㄴ)처럼 반모음 /j/의 뒤에서는 양성 모음의 '-아'나 음성 모음의 '-어'가 임의적으로 실현되었다. 이에 반해서 근대 국어에서는 (23)처럼 /ㅣ/ 모음의 뒤나, 반모음 /j/의 뒤에서 음성 모음의 연결 어미인 '-어'만 실현되었다. 이러한 예를 보면 근대 국어에서는 활용할 때에 어미의 형태가 양성 모음보다는 음성 모음으로 실현되는 경우가 늘어난 것을 알 수 있다. 그리고 (24)에서는 모음 조화의 일반적인 실현 방식에서 벗어나는 예가 쓰였다. 곧 (24ㄱ)은 양성 모음으로 끝난 어간 뒤에서 음성 모음으로 시작하는 어미가 결합된 예이고, (24ㄴ)은 반모음 /j/로 끝나는 어간 뒤에서 양성 모음으로 시작하는 어미가 결합된 예이다.

위와 같은 현상을 종합해 보면 모음 조화 현상은 15세기의 중세 국어까지 비교적 잘 지켜졌다가, 16세기 초부터 시작하여 근대 국어와 현대 국어 시기까지 지속적으로 허물어져 가고 있었음을 알 수 있다.

(가 -2) 비음화

근대 국어의 시기에는 '비음화(鼻音化)' 현상이 일어나는 범위와 발생 빈도가 중세 국어에 비하여 크게 늘어났다.

(25) ㄱ. 언ᄂ니라 [경언 30], 든ᄂ [여훈언해 하47]
　　 ㄴ. 굼ᄂ [역유 하13], 밤먹디 [가언 9:5], 놈ᄂᄌ며 [가언 1:44]
　　 ㄷ. 넝냥 [두언 하:3], 통명 [동삼 효6:21]

(ㄱ)의 '언ᄂ니라, 든ᄂ'에서는 어간의 끝소리인 /ㄷ/이 비음으로 시작하는 어미 앞에서 비음인 /ㄴ/으로 교체되었다. (ㄴ)의 '굼ᄂ, 밤먹디, 놈ᄂᄌ며'에서는 어간의 끝소리인 /ㅂ/이 비음으로 시작하는 어미 앞에서 비음인 /ㅁ/으로 교체되었다. (ㄷ)의 '넝냥, 통명'에서는 어간의 끝소리인 /ㄱ/이 비음으로 시작하는 어미 앞에서 비음인 /ㅇ/으로 교체되었다.[20] 이러한 예를 통해서 근대 국어에서 비음화의 적용 범위가 점차로 확대된 사실을을 알 수 있다.

---

20) 중세 국어에서는 /ㄷ/이 /ㄴ/으로 교체되는 비음화 현상만 나타나고, /ㅂ/이 /ㅁ/으로 교체되거나 /ㄱ/이 /ㅇ/으로 교체되는 현상은 거의 발견되지 않았다. 이에 반해서, 근대 국어에서는 (25)의 (ㄴ)과 (ㄷ)처럼 /ㅂ/이 /ㅁ/으로 교체되거나 /ㄱ/이 /ㅇ/으로 교체되는 비음화 현상이 나타났다.

(가 -3) 유음화

중세 국어의 시기에는 '유음화(流音化)' 현상이 적용된 예가 거의 발견되지 않았는데, 근대 국어의 시기에는 유음화가 일어난 예를 흔히 발견할 수 있다.

(26) ㄱ. 솔립 [벽신 14], 칼롤 [동삼 효7:29]
　　 ㄴ. 알ᄅ니라 [두집 상10], 쓸른 [박언 하20], 슬로라 [두언-중3:23]
　　 ㄷ. 블 로코 [동삼 열3:63]

(27) 쳘리 [마언 상5], 굴령 [삼총 7:2]

(26)의 예는 뒤의 형태소의 /ㄴ/이 앞 형태소의 /ㄹ/에 동화되어서 /ㄹ/로 교체된 '순행 동화'의 유음화 현상이다. 그리고 (27)의 예는 앞 형태소의 /ㄴ/이 뒤 형태소의 /ㄹ/에 동화되어서 /ㄹ/로 교체된 '역행 동화'의 유음화 현상이다.

(가 -4) 자음의 위치 동화

17세기 중엽이 되면 잇몸소리인 /ㄷ/이나 순음인 /ㅁ/이 각각 그 뒤에 실현되는 여린 입천장소리인 /ㄱ/에 동화되어서, /ㄷ/이 /ㄱ/으로 교체되거나 /ㅁ/이 /ㅇ/으로 교체되는 현상이 나타난다. 이러한 변동 현상을 '자음의 (조음) 위치 동화'라고 하는데, 이 변동은 임의적(수의적) 변동 현상이다.

첫째, 형태소 내부에 실현되는 음소 사이에서 자음의 위치 동화가 일어난 예가 있다.

(28) ㄱ. 억게 [가언 6:6], 묵거 [마언 하11], 박그로 [가언 6:14]
　　 ㄴ. 궁글 [두언-중 21:20], 코숭긔 [박언 상40]

(ㄱ)에서 '엇게, 뭇거, 밧그로'는 각각 '억게, 묵거, 박그로'로 실현되기도 하는데, 이는 앞 음절의 종성인 /ㄷ/이 그 뒤에 실현된 초성인 /ㄱ/의 조음 자리에 동화되어서 /ㄱ/으로 교체된 예이다. (ㄴ)에서 '궁글, 코숭긔'는 각각 '굼글, 코숨긔'로 실현되기도 했는데, 이는 앞 음절의 종성인 /ㅁ/이 그 뒤에 실현된 초성인 /ㄱ/의 조음 자리에 동화되어서 /ㅇ/으로 교체된 예이다.

둘째, 서남, 서북, 동북 방언 지역에서 발간된 일부 문헌에서는 잇몸소리인 /ㄷ/이나 순음인 /ㄴ/에 한하여, 형태소와 형태소 사이에서 자음의 위치 동화가 일어나기도 했다.

(29) ㄱ. 박고(받- + -고) [박타령 340], 쪽기(쫓- + -기) [박타령 324]

　　　ㄴ. 더움밥(덥- + -은 + 밥) [박타령 348], 심발(신 + 발) [철자 교과서 73]

(ㄱ)의 '박고, 쪽기'는 어간의 끝소리인 /ㄷ/이 어미의 첫소리인 /ㄱ/ 앞에서 그 조음 자리에 동화되어서 /ㄱ/로 교체된 예이다. 그리고 (ㄴ)의 '더움밥, 심발'은 어간의 끝소리인 /ㄴ/이 양순음인 /ㅂ/의 앞에서 그 조음 자리에 동화되어서 /ㅁ/으로 교체된 예이다.
　자음의 위치 동화는 근대 국어 이후로 점차로 전 지역으로 확대되었는데, 현대 국어에서는 모든 방언권에서 형태소와 형태소 사이에서 더욱 다양한 양상으로 일어난다.

나. 비동화 교체

　교체 현상 중에는 동화 현상과 관계없이 교체가 일어나는 것이 있는데, 이를 '비동화 교체'라고 한다. 근대 국어의 시기에 적용되었던 비동화 교체 현상으로는 '평파열음화'와 '된소리되기'가 있다.

(나 -1) 평파열음화

　근대 국어에서는 음절의 종성에서 실현되는 자음으로는 /ㄱ, ㄴ, ㄷ, ㄹ, ㅁ, ㅂ, ㅇ/의 일곱 개로 한정되었다. 따라서 이들 7개 자음를 제외한 나머지의 소리가 종성의 자리에 오면 /ㅂ/, ㄷ/, /ㄱ/ 중의 하나로 교체었다.

(30) ㄱ. 갑고 [박언 상31], 덥고 [동삼 효6:9]

　　　ㄴ. 솓 [동의보감 1:20], 싣디 [동삼 열2:43], 젇 [두집 상4], 믿게 [동삼 효5:15], 놋ᄂ니 [화언 6]

　　　ㄷ. 복고 [노언 상55], 동녁 [태집 36]

(ㄱ)의 '갑고(갚- + -고), 덥고(덮- + -고)'는 어간의 종성인 /ㅍ/이 종성의 자리에서 평파열음인 /ㅂ/으로 교체되었다. (ㄴ)의 '솓(← 솥)'에서는 /ㅌ/이, '싣디(싯- + -디)'에서는 /ㅅ/이, '젇(← 젖)'에서는 /ㅈ/이, '믿게(및- + -게)'에서는 /ㅊ/이, '놋ᄂ니(놓- + -ᄂ- + -니)'에서는 /ㅎ/이 종성의 자리에서 평파열음인 /ㄷ/으로 교체되었다.21) (ㄷ)의 '복고(← 볶- + -고)'에서는 /ㄲ/이 /ㄱ/으로 교체되었으며, '동녁(← 동녘)'에서는 /ㅋ/이 평파열음인

---

21) '놓- + -ᄂ- + -니'는 '놋ᄂ니'로 표기되였지만 실제 발음은 /논ᄂ니/로 실현되었다. 곧, 종성 /ㄷ/을 'ㅅ'으로 표기한 것이다. 결과적으로 평파열음화에 따라서 /녿ᄂ니/로 변동한 뒤에 다시 비음화에 따라서 /논ᄂ니/로 변동한 것으로 해석할 수 있다.

/ㄱ/으로 교체되었다.22)

　이러한 예를 종합하면 정리하면 종성의 자리에서 /ㅍ/은 /ㅂ/으로, /ㅌ, ㅅ, ㅈ, ㅊ, ㅎ/은 /ㄷ/으로, /ㄲ, ㅋ/은 /ㄱ/으로 평파열음화하여 교체되었다. 이러한 교체 양상은 현대 국어에서 일어나는 평파열음화의 교체 양상과 일치한다.

(나 -2) 된소리되기

　근대 국어 시기에도 '된소리되기(경음화)'가 일어나는데, 근대 국어 시기에 된소리되기에 따라서 교체된 형태는 주로 'ㅅ'계 합용 병서나 '각자 병서'로 표기하였다.

　첫째, 용언의 관형사형 어미인 '-을'의 뒤에 실현되는 체언의 초성에서 된소리되기가 일어난다. 이러한 현상은 중세 국어뿐만 아니라 근대 국어와 현대 국어에서도 일어나는 일반적인 현상으로 볼 수 있다.

(31) ㄱ. 므어시 유益홀 싸고 [가언 1:13]; 止居홀 빠 [시언 11:1]

　　ㄴ. 아니홀 씨니라 [시언 18:4]

　　ㄷ. 홀 씨니 [가언 1:29], 홀 씨라도 [첩신 4:13], 섭섭홀 뜻 ᄒᆞ오니[첩신 7:11]; 마를 띠어
　　　다 [시언 11:4], 병드르실 띠라도 [첩신 1:29]

　　ㄹ. 말 쩌시라 [가언 6:23], 흐터딜 쩌시니 [박언 상7], 머글 쩟 [노언 상50], 홀 쩌시니
　　　[노언 상50, 59]; 너길 꺼시니 [첩신 7:6], 못홀 꺼시오 [오전 3:27]

(ㄱ)의 '싸; 빠'에서는 /ㅂ/이 /ㅃ/으로 교체되었으며, (ㄴ)의 '씨'에서는 /ㅅ/이 /ㅆ/으로 교체되었다. (ㄷ)의 '씨니, 씨라도, 뜻; 띠어다, 띠라도'에서는 /ㄷ/이 /ㄸ/으로 교체되었으며, (ㄹ)의 '쩌시라, 쩌시니, 쩟; 꺼시오, 꺼시니'에서는 /ㄱ/이 /ㄲ/으로 교체되었다.

　그리고 의문형의 종결 어미에서 /ㄹ/ 다음에 실현된 '-가, -고, -다'의 초성이 된소리로 교체되는 현상도 중세 국어와 마찬가지로 일어난다.

(32) ㄱ. 굴휠싸 [첩신 4:14], 엇더홀쏘 [첩신 7:20]

　　ㄴ. 보올까 [첩신 2:5], 됴흘까 [첩신 7:11], 편홀까 [첩신 6:14]

---

22) 근대 국어의 시기에는 '볶다'의 연결형인 '봇가'에서 어간인 '봊-'의 종성은 'ㅅ'으로 표기되었지만, 실제로는 /ㄲ/의 된소리로 발음되었다. 따라서 '볶고'에서 종성 /ㄲ/이 /ㄱ/으로 교체된 것을 알 수 있다. 그리고 〈태산집요〉(1608)의 제36장에 '동녁크로(동녁 + -으로)'와 '동녁'이 함께 표기되어 있는데, 이 두 예를 보면 이 시기에는 '동녁'의 /ㅋ/이 음절의 종성에서 /ㄱ/으로 교체된 것을 짐작할 수 있다.

(32)의 예에서는 선어말 어미인 '-ㄹ-' 뒤에 실현되는 의문형 종결 어미인 '-가, -고'의 초성 /ㄱ/이 /ㄲ/으로 교체되었다.

둘째, 체언과 체언이 이어질 때에 뒤 체언의 초성에서 된소리되기가 일어날 수 있었다.

(33) ㄱ. 손빠닥(손 + 바닥) [가언 5:12], 등잔쁠(등잔 + 블) [노언 상51], 안빠다히(안 + 바다ㅎ + -익) [첩신 1:9]

ㄴ. 옷쯰 쓰이예(스이 + -에) [동삼 열7:14]

ㄷ. 섯똘(설 + 둘) [두집 상28], 밤뚱(밤 + 둥) [노언 상51]

ㄷ. 믈꾀(믈 + 긔) [두집 상3], 쥬사ᄉ긔ᄅ(쥬사 + ᄀᄅ) [두집 상4], 스스샛이(스스 + 것 + -이) [첩신 8:21]

(ㄱ)의 '손빠닥, 등잔쁠, 안빠다히'에서는 원래의 /ㅂ/이 /ㅃ/으로 교체되었으며, (ㄴ)의 '쓰이예'는 /ㅅ/이 /ㅆ/으로 교체되었다. (ㄷ)의 '섯똘, 밤뚱'에서는 /ㄷ/이 /ㄸ/으로 교체되었으며, (ㄹ)의 '믈꾀, 쥬사ᄉ긔ᄅ, 사스샛이'에서는 /ㄱ/이 /ㄲ/으로 교체되었다.

셋째, 체언에 조사가 결합하거나 용언이 활용할 때에 된소리되기가 일어날 수 있었다.

(34) 드럿싸가(들엇다가) [두집 상5], 노는쏘다(노는도다) [박언 상18], 슬왓습써니(슬왓습더니) [첩신 3:9], 니젓따소이다(니젓다소이다) [첩신 3:3], 잇쏘다(잇도다) [오전 7:27]

(35) 안쏘(안고) [가언 2:10], 어렵습써니와(어렵습거니와) [첩신 8:5], 쉽써니와(쉽거니와) [첩신 8:11], 수셜ㅎ옵찌ᄂ(ㅎ옵기ᄂ) [첩신 8:5], 죽쎄(죽게) [구보 14], 먹쩌나(먹거나) [구보 17], 눕찌(눕기) [마언 상77]

(34)의 '드럿싸가, 노는쏘다, 슬왓습써니, 니젓따소이다, 잇쏘다'에서는 어미인 '-다가, -도-, -더니, -다-, -도'의 초성 /ㄷ/이 /ㄸ/으로 교체되었다. 그리고 (35)의 '안쏘, 어렵습거니와, 쉽써니와, 수셜ㅎ옵찌ᄂ' 등에서는 어미인 '-고, -거니와, -기, -게, -거나' 등에 있는 자음 /ㄱ/이 /ㄲ/으로 교체되었다.

그런데 용언이 활용할 때에 일어나는 된소리되기 현상은 중세 국어에서는 종성 /ㅅ/이나 /ㄷ/의 뒤에 실현되는 어미에서만 일어났다.[23] 그러나 근대 국어에서는 종성 /ㄷ/

---

23) 15세기에는 /ㅅ/이나 /ㄷ/의 뒤에서 된소리되기가 일어났으며, 16세기 때에는 7종성 체계가 확립됨에 따라서 /ㄷ/의 뒤에서 된소리되기가 일어났다. '무쯧ᄒ올대, 연쯥고, 마쯧비, 조쯥고; 녀쩝고, 노쩝고, 비쩝고' 등에서 /ㅈ/과 /ㅅ/이 앞의 /ㄷ/이나 /ㅅ/ 뒤에서 된소리로 된 예를 들 수 있다.

뿐만 아니라 /ㅂ/이나 /ㄱ/의 뒤에서도 된소리되기 현상이 일어났으며, 아주 드물지만 /ㄴ/이나 /ㅁ/의 뒤에서도 된소리되기 현상이 일어났다.

(36) ㄱ. 드럿싸가 [두집 상5], 니젓따소이다 [첩신 3:3], 잇쏘다 [오전 7:27]
　　ㄴ. 슬왓습써니 [첩신 3:9], 어렵습써니와 [첩신 8:5], 쉽써니와 [첩신 8:11], ᄉ셜ᄒ옵씨는 [첩신 8:5], 눕씨 [마언 상77]
　　ㄷ. 죽쌔 [구보 14], 먹써나 [구보 17]

(37) ㄱ. 노는또다 [박언 상18], 안쏘 [가언 2:10]
　　ㄴ. 검쏘 [조영 45], 슴써늘 [조영 23]

(36)에서 (ㄱ)의 '드럿싸가, 니젓따소이다, 잇쏘다'에서는 /ㄷ/의 뒤에서, (ㄴ)의 '슬왓습써니, 어렵습써니와, 쉽써니와, ᄉ셜ᄒ옵씨는, 눕씨'에서는 /ㅂ/의 뒤에서, (ㄷ)의 '죽쌔'와 '먹써나'에서는 /ㄱ/의 뒤에서 예사소리가 된소리로 교체되었다. (37)에서 (ㄱ)의 '노는또다'와 '안쏘'에서는 /ㄴ/의 뒤에서 예사소리로 시작하는 어미가 된소리로 교체되었으며, (ㄴ)의 '검쏘'와 '슴써늘'에서는 /ㅁ/의 뒤에서 예사소리로 시작하는 어미가 된소리로 교체되었다.

1.2.2.2. 탈락

탈락 현상은 형태소와 형태소가 결합하는 과정에서 특정한 음소가 없어지는 음운의 변동 현상인데, 이에는 '자음의 탈락'과 '모음의 탈락'으로 나누어진다.

가. 자음의 탈락

근대 국어 시기에 특정한 형태소에 실현된 자음이 탈락한 변동 현상의 예로는 '자음군 단순화', 'ㅎ' 탈락, 'ㄹ' 탈락 등이 있다.

(가-1) 종성의 자음군 단순화

근대 국어에서는 15세기 국어와는 달리 각 음절의 종성의 자리에서 자음이 하나만 실현될 수 있는 제약이 있었다. 따라서 종성이 자음군(겹받침)으로 된 체언이나 용언의 어간에 자음이나 시작하는 조사 또는 어미가 결합할 때에는, 체언이나 어간의 자음군이 단순화되어 하나의 자음만 실현되었다.

첫째, /ㄳ, ㄵ, ㄶ, ㄾ, ㅀ, ㅄ/은 겹받침 중에서 뒤의 자음이 탈락했고, /ㄺ/은 겹받침 중의 앞의 자음이 탈락했다.

(38) ㄱ. 넉 [천자문-칠장사 31]
　　　ㄴ. 언짜 [역유 상49], 싣는 [춘향전 52]
　　　ㄷ. 할쇠 [여언 4:19], 쓸른 [박언 하20]
　　　ㄹ. 업다 [박언 중17], 갑도 [노언 하59]

(39) 굼는 [역유], 굼고 [박타령 330], 옴ᄂ니 [벽신 11]

(38)에서 (ㄱ)의 '넉'[24], (ㄴ)의 '언다', (ㄷ)의 '할쇠', (ㄹ)의 '업다' 등은 자음군 중에서 뒤의 자음이 탈락하였고, (39)에서 '굼는' 등은 자음군 중에서 앞의 자음이 탈락하였다.
　　둘째, /ㄺ/과 /ㄼ/의 자음군은 그 뒤에 실현되는 어미나 조사의 음운·형태론적 조건에 따라서 앞이나 뒤의 자음이 수의적으로 탈락하였다.

(40) ㄱ. 말쎄 [규총 3], 즌흘 [유합-칠장사 4]
　　　ㄴ. 극지 [조영 7]

(41) ㄱ. 발쇠 [조영 39], 여덜 [관명 15]
　　　ㄴ. 밥지 [조영 7], 여덥 즈 [관명 35]

(40)에서 (ㄱ)의 '말쎄, 즌흘' 등은 자음군 중에서 뒤의 자음인 /ㄱ/이 탈락하였으며, (ㄴ)의 '극지' 등은 자음군 중에서 앞의 자음인 /ㄹ/이 탈락하였다. (41)에서 (ㄱ)의 '발쇠, 여덜' 등은 뒤의 자음인 /ㅂ/이 탈락하였으며, (ㄴ)의 '밥지, 여덥즈'는 앞의 자음인 /ㄹ/이 탈락하였다.
　　그런데 /ㄺ/과 /ㄼ/에서 일어나는 자음군 단순화 현상은 근대 국어 시기까지는 활발하게 일어나지는 않았다. 따라서 19세기 말까지 /ㄺ/과 /ㄼ/의 자음군이 종성에서 실현되는 경우가 많았다.[25]

---

24) '넉'은 자음군을 가진 체언인 '넋'이 휴지 앞에서 자음군 중의 /ㅅ/이 탈락하였다.
25) 홁덩이[동신 효6:29], 머리 긁고[동신 열1:92], 밟는[청노 6:16], 여듧[유합-칠장사], 여덟[독신 제20호] 등의 예를 보면 근대 국어의 말까지도 /ㄺ/과 /ㄼ/의 겹받침이 쓰인 것을 알 수 있다.

(가 -2) 종성의 /ㅎ/ 탈락

중세 국어와 마찬가지로 근대 국어에서도 /ㅎ/으로 끝나는 체언에 /ㄱ/이나 /ㄷ/을 제외한 자음으로 시작하는 조사나 휴지가 실현될 때에는, 체언의 종성 /ㅎ/이 탈락했다.

(42) ㄱ. 하늘히 [동삼 열1:92], 하늘흘 [동삼 열7:1], 하늘콰 싸쾌 [두언-중 20:14]

ㄴ. 하늘 블러 울며[동삼 효:3], 하늘 삼긴[동삼 열2:36]

(43) ㄱ. 길희 [동삼 열2:9], 길히 [오행 효18], 길흘 [두언-중 2:65], 길콰 [두언-중 15:15]

ㄴ. 길 가온대 [동삼 열8:58], 길 녀는 [노언 상38], 길 왼 겨틔 [오행 효5:15]

(42)에서 (ㄱ)의 '하늘히, 하늘흘, 하늘콰 싸쾌'에서는 체언의 형태가 '하늘ㅎ'로 실현되었는데, (ㄴ)의 '하늘'에서는 휴지 앞에서 체언의 끝소리인 /ㅎ/이 탈락했다. (43)에서 (ㄱ)의 '길희, 길히, 길흘, 길콰'에서는 체언의 형태가 '길ㅎ'으로 실현되었는데, (ㄴ)의 '길'에서는 끝소리인 /ㅎ/이 탈락하였다.

(가 -3) 종성의 /ㄹ/ 탈락

종성의 'ㄹ' 탈락은 용언이 활용할 때에 어간의 끝소리 /ㄹ/이 탈락하는 경우와, 합성 명사의 내부에서 앞 어근의 끝소리 /ㄹ/이 탈락하는 현상으로 나누어진다.

첫째, 용언이 활용할 때에 어간의 끝 음절에 실현된 종성 /ㄹ/은, 같은 잇몸소리인 /ㄷ, ㄴ, ㅅ, ㅈ/으로 시작하는 어미가 붙어서 활용할 때에 탈락했다.

(44) ㄱ. 기되 [마초 상3], 우둣 [태집 48], 아디 [노언 상5]

ㄴ. 사ᄂᆞ뇨 [박언 하39], 아ᄂᆞ니 [노언 상8], 머니 [두언-중 1:16]

ㄷ. 머므시면 [첩신 3:20], 마소 [첩신 9:21], 아시디 [권념요록 21]

ㄹ. 더쟈 [노언 상21], 사져 [두언-중 23:49]

(ㄱ)의 '기되, 우둣, 아디'에서는 /ㄷ/으로 시작하는 어미의 앞에서, (ㄴ)의 '사ᄂᆞ뇨, 아ᄂᆞ니, 머니'는 /ㄴ/으로 시작하는 어미의 앞에서 어간의 끝소리인 /ㄹ/이 탈락했다. 그리고 (ㄷ)의 '머므시면, 마소, 아시디'에서는 /ㅅ/의 앞에서,26) (ㄹ)의 '더쟈, 사져'에서는 /ㅈ/의

---

26) 중세 국어와 근대 국어의 초기에는 어간의 끝소리인 /ㄹ/ 뒤에 주체 높임의 선어말 어미 '-으시-' 가 실현되면, 매개 모음이 실현되어서 '머므르시면, 아ᄅᆞ시디'처럼 /ㄹ/이 탈락하지 않았다. 그러나 근대 국어의 후기가 되면, /ㄹ/ 뒤에서 매개 모음이 실현되지 않고 '머무시면(머물 + -시- + -면),

앞에서 어간의 끝소리 /ㄹ/이 탈락했다.[27)

둘째, 명사구나 합성 명사의 내부에서 앞 명사의 끝소리인 /ㄹ/이 탈락되는 수가 있었다.

> (45) 버드나모 [두언-중 15:10], 소나모 [한청문감 13:18], 바룻 믈 [두언-중 4:2], 바룻 셤 [두언-중 19:33], 섯돌 [두언-중 10:45], 므지게 [두언-중 25:15]

(45)의 합성 명사나 명사구는 모두 앞의 명사의 끝소리가 /ㄹ/이었는데, 뒤의 명사와 이어지는 과정에서 /ㄹ/이 탈락한 예이다. 이처럼 합성 명사나 명사구의 앞 명사에서 일어나는 /ㄹ/ 탈락 현상은 음운론적인 환경과 관계없이 개별적으로 일어나는 한정적 변동 현상이다.

나. 모음의 탈락

근대 국어에서 일어난 '모음의 탈락' 현상으로는, 어간의 끝 모음이 탈락하는 현상과 어미의 매개 모음이 탈락하는 현상이 있다.

(나 -1) 어간의 끝 모음 탈락

용언이 활용할 때에 어간의 끝 모음인 /ㅡ/나 /ㅏ/, /ㅓ/가 모음으로 시작하는 어미 앞에서 탈락할 수 있다.

> (46) 써 [박언 하:55], 커 [역유 상3], 슬퍼 [동삼 효7:65], 따라 [노언 상27]

> (47) ㄱ. 가셔 [동삼 열8:12], 써나셔 [첩신 5:11]
> ㄴ. 건너 [동삼 열4:4], 셔셔 [가언 7:19]

(46)에서 '써(用), 커(大), 슬퍼(悲), 따라(從)' 등은 어간의 끝 모음인 /ㅡ/가 모음으로 시작하는 어미인 '-어' 앞에서 탈락하였다.[28) 그리고 (47)에서 '가셔, 써나셔, 건너, 셔셔' 등

아시지(알- + -시- + -지)'처럼 /ㄹ/이 탈락하는 현상이 보편화되었다.

27) 중세 국어와 근대 국어에서 /ㅈ/ 앞에서 /ㄹ/이 탈락되는 현상은 매우 드물게 나타났는데, 현대 국어에서는 /ㅈ/이 탈락되지 않는다.

28) 15세기의 중세 국어에서는 어간의 끝 모음 중에서 /ㅡ/뿐만 아니라 /·/도 탈락되었다. 그러나 16세기 이후에는 단어의 둘째 음절 이하에서 /·/가 /ㅡ/로 바뀌고 18세기 중엽 이후에는 단어의 둘째 음절 이하에서도 /·/가 /ㅏ/로 바뀌어서 /·/가 완전히 사라졌다. 이에 따라서 18세기 후반에는에는 어간의 끝 모음인 /ㅡ/ 탈락만 일어나게 되었다.

은 어간의 끝 모음인 /ㅏ, ㅓ/가 어미의 첫 모음인 /ㅏ, ㅓ/의 앞에서 탈락하였다.

(나 -2) 조사나 어미의 매개 모음 탈락

체언이나 어간이 모음이나 /ㄹ/로 끝날 때에는, 그 뒤에 실현되는 조사나 어미의 매개 모음인 /ㅡ/가 탈락했다.

(48) ㄱ. 연고로 [박언 상48], 길로 [역유 상24]

　　　ㄴ. 나면 [두집 하:35], 울며 [동삼 효6:84]

(ㄱ)의 '연고로'와 '길로'에서는 부사격 조사인 '-으로'의 매개 모음인 /ㅡ/가 탈락하였다. 그러나 (ㄴ)의 '나면'과 '울며'에서는 어미인 '-으면'과 '-으며'의 매개 모음인 /ㅡ/가 탈락하였다.

그런데 '알다'나 '어딜다'처럼 어간이 /ㄹ/로 끝날 때에는, 그 활용 방식이 특이하였다.

(49) ㄱ. 아르시게 [첩신 5:24], 어디르심 [어내 상9]

　　　ㄴ. 아시디 [권요 21], 어지신 [조영 34]

(ㄱ)의 '아르시게'와 '어디르심'은 중세 국어와 마찬가지로 어간의 /ㄹ/과 어미의 매개 모음인 /ㅡ/가 탈락하지 않았다. 그러나 (ㄴ)의 '아시디'와 '어지신'에서는 어간의 종성인 /ㄹ/이 먼저 탈락하여서 그 결과로 어미의 매개 모음인 /ㅡ/가 탈락하였는데, 이러한 방식의 활용 형태는 현대 국어에 그대로 이어진다.29)

1.2.2.3. 첨가

근대 국어의 시기에 일어난 첨가 현상에는 반모음인 /j/가 첨가되는 현상과 반모음인 /w/가 첨가되는 현상이 있었다.

---

29) 대략적으로 볼 때 (ㄱ)의 활용 방식은 중세 국어와 근대 국어의 초기까지 보이는 활용 방식이다. 18세기에는 (ㄱ)과 (ㄴ)의 활용 방식이 혼용되다가, 근대 국어의 후기부터 (ㄴ)의 활용 방식이 쓰여서 현대 국어까지 이어지고 있다.

가. 반모음 /j/의 첨가

근대 국어에서는 /ㅣ/나 반모음 /j/로 끝나는 체언이나 어간의 뒤에 '-에', '-아/-어', '-오-/-우-' 등의 형태소(어미, 조사)가 결합하면, 이들 형태소는 각각 '-예', '-야/-여', '-요-/-유-'로 변동했다. 이러한 변동은 두 형태소가 이어질 때에 형태소의 사이에 반모음인 /j/가 첨가된 것이다.

첫째, 체언 뒤에 실현된 부사격 조사인 '-에'에 반모음인 /j/가 첨가되었다.

> (50) ㄱ. 수이예 [노언 상27], 머리예 [노언 상33]
> ㄴ. 술의예 [삼총 1:13], 됴회예 [삼총 1:14], 후세예 [삼총 1:17]

(ㄱ)의 '수이예'와 '머리예'에서는 앞 체언의 끝소리인 /ㅣ/ 뒤에 실현된 부사격 조사 '-에(/əj/)'에 반모음 /j/가 첨가되어서 '-예(/jəj/)'로 실현되었다. (ㄴ)의 '술의예, 됴회예, 후세예'는 앞 체언의 끝소리인 반모음 /j/ 뒤에 실현된 부사격 조사 '-에(/əj/)'에 반모음 /j/가 첨가되어서 '-예(/jəj/)'로 실현되었다.

둘째, 어간 뒤에 실현된 연결 어미인 '-어'에 반모음인 /j/가 첨가되었다.[30]

> (51) ㄱ. 허여디여 [두집 상18], 후리여 [동삼 열5:16], 씨여 [노언 상48]
> ㄴ. 메여 [가언 8:8], 내여 [가언 7:18], 되여 [동삼 열2:86], 뛰여 [동삼 열8:48], 긔여 [동삼 열 5:73], 키여 [두집 상6]

(ㄱ)의 '허여디여, 후리여, 씨여'는 어간의 끝 모음인 /ㅣ/의 뒤에서 어미인 '-어'에 /j/가 첨가되어서 '-여(/jə/)'로 변동하였다. 그리고 (ㄴ)의 '메여, 내여, 되여, 뛰여, 긔여, 키여'는 어간의 끝 모음인 /j/의 뒤에 실현된 '-어'에 /j/가 첨가되어 '-여'로 변동하였다.

반면에 (51ㄴ)과는 달리 반모음 /j/로 끝나는 어간의 뒤에 연결 어미인 '-어'가 실현되더라도, 어미에 반모음 /j/가 첨가되지 않은 예도 발견된다.

> (52) 내어 [연지 5], 되어 [가언 1:38], 키어 [구보 3]

(52)에서 '내어, 되어, 키어'는 어간이 반모음인 /j/로 끝났는데도, (51ㄴ)과 달리 연결 어미 '-어'에 반모음 /j/가 첨가되지 않았다. 따라서 앞의 (51ㄴ)에서 반모음 /j/가 첨가되

---

30) 여기서는 편의상 연결 어미인 '-어'에 반모음인 /j/가 첨가된 예만 제시한다.

는 현상은 수의적인 변동으로 처리한다.

나. 반모음 /w/의 첨가

/ㅗ/나 /ㅜ/로 끝나는 어간에 모음으로 시작하는 어미가 결합할 때에, 반모음 /w/가 수의적으로 첨가되는 수가 있다.

(53) ㄱ. 보와 [첩신 4:9], 드토와 [가언 7:15]
　　 ㄴ. 두워 [구보 11], 거두워 [가언 5:34]

(54) ㄱ. 보아 [동삼 효7:32], 드토아 [박언 중43]
　　 ㄴ. 두어 [가언 6:3], 거두어 [박언 하:55]

(53)의 '보와, 드토와; 두워, 거두워'에서는 '-아/-어'가 붙어서 활용할 때에, 반모음인 /w/가 첨가되어서 각각 '와(/wa/)'나 '워(/wə/)'로 실현되었다. 반면에 (54)의 '보아, 드토아; 두어, 거두어'에서는 '-아/-어'가 붙어서 활용할 때에 반모음 /w/가 첨가되지 않았다. 따라서 (53)에서 어미에 반모음 /w/가 첨가되는 현상은 수의적인 변동 현상이다.

1.2.2.4. 축약

근대 국어 시기의 축약 현상에는 '자음의 축약' 현상과 '모음의 축약' 현상이 있다.

가. 자음의 축약

중세 국어와 마찬가지로 근대 국어에서도 /ㅎ/으로 끝나는 체언이나 어간의 뒤에 예사소리의 자음으로 시작하는 조사나 어미가 결합하면, /ㅎ/과 예사소리의 자음이 하나의 거센소리로 축약되었다.

첫째, 체언에 조사가 붙는 과정에서 체언의 끝소리인 /ㅎ/과 조사의 첫소리인 예사소리가 결합하여 거센소리로 축약될 수 있었다.

(55) ㄱ. 하ᄂᆞᆯ콰 ᄯᅡ쾌 [두언-중 20:14], 길콰 [두언-중 15:15]
　　 ㄴ. ᄒᆞ나토 [노언 하:50], 둘토 [노언 상60]

(ㄱ)의 '하늘콰 짜콰'와 '길콰'에서는 /ㅎ/과 /ㄱ/이 /ㅋ/으로 축약되었으며, (ㄴ)의 '흐나토'와 '둘토'에서는 /ㅎ/과 /ㄷ/이 /ㅌ/으로 축약되었다.[31)]

둘째, 용언이 활용할 때에 어간의 끝소리인 /ㅎ/과 어미의 첫소리인 예사소리가 거센소리로 축약될 수 있었다.

   (56) ㄱ. 노코 [가언 4:22], 안코 [관존 3], 일코 [관언 32]

       ㄴ. 됴타 [동삼 열4:77], 노타 [동삼 열5:8]

(ㄱ)의 '노코, 안코, 일코'에서는 /ㅎ/과 /ㄱ/이 /ㅋ/으로 축약되었으며, (ㄴ)의 '됴타, 노타'에서는 /ㅎ/과 /ㄷ/이 /ㅌ/으로 축약되었다.

셋째, 파생어에서 용언인 어근에 파생 접미사인 '-히-'가 붙는 과정에서, 어근의 끝소리인 예사소리와 파생 접미사의 첫소리인 /ㅎ/이 거센소리로 축약될 수 있다.

   (57) 머키더니 [동삼 열3:33], 다티옛도다 [두언-중 5:10], 자피여 [동삼 열3:71], 민치다 [방언
       유석 술부방언 23, (1778년)]

(57)에서 '머키더니, 다티옛도다, 자피여, 민치다'에서는 어근의 끝소리인 /ㄱ/, /ㄷ/, /ㄷ/, /ㅈ/과 파생 접미사인 '-히-'의 /ㅎ/이 결합하여, 각각 거센소리인 /ㅋ/, /ㅌ/, /ㅌ/, /ㅊ/으로 축약되었다.

나. 모음의 축약

모음으로 끝난 어간에 모음으로 시작하는 어미가 붙어서 활용할 때에, 어간의 끝 모음과 어미의 첫 모음이 하나의 이중 모음으로 축약되는 경우가 있었다.

   (58) 텨 [화언 9], 쳐 [여훈 상33], 셔 [역어 상66], 앗겨 [가언 9:18], 블펴 [박언 하:2], 고텨 [가
       언 6:29], 느려 [가언 4:22], 가져 [박언 상38]

   (59) ㄱ. 와 [박언 상3], 도라와 [마초 상41], 느화 [가언 6:8], 뫼화 [동삼 충1:71]

       ㄴ. 셰워 [박언 중9], 일워 [마초 상68]

---

31) 근대 국어의 시기에는 체언의 종성 /ㅎ/이 탈락한 형태가 점차로 많이 쓰이게 됨에 따라서, (55)처
   럼 체언과 조사 사이에 일어나는 자음 축약의 예가 점차 줄어들었다.

(57)에서 '텨, 쳐, 쎠, 앗겨, 블펴, 고텨, 느려, 가져'에서는 어간의 끝 모음인 /ㅣ/와 어미의 첫 모음인 /ㅓ/가 이중 모음인 /ㅕ/로 축약되었다. 그리고 (58)에서 (ㄱ)의 '와, 도라와, 눈화, 뫼화'에서는 어간의 끝 모음인 /ㅗ/와 어미의 끝 모음인 /ㅏ/가 이중 모음인 /ㅘ/로 축약되었으며, (ㄴ)의 '셰워'와 '일워'에서는 /ㅜ/와 /ㅓ/가 이중 모음인 /ㅝ/로 축약되었다.[32]

1.2.3. 음운의 통시적 변화

앞에서 근대 국어 시기에 일어나는 '공시적인 음운 변동'의 현상을 살펴보았다. 그런데 중세 국어와 근대 국어의 음운 체계를 비교해 보면, 근대 국어의 시기에는 음소 자체나 음소와 음소가 결합하는 방식이 중세 국어와 달라진 경우가 있었다. 이러한 변화를 음운의 '공시적 변동(公時的 變動)'과 구분하여 음운의 '통시적 변화(通時的 變化)'라고 한다. 여기서는 국어 음운의 통시적 변화를 '자음의 변화'와 '모음의 변화'로 나누어서 살펴본다.

1.2.3.1. 자음의 변화

근대 국어를 중세 국어와 비교할 때에, 자음에 일어나는 통시적 변화 양상으로 다음과 같은 현상이 있다. 곧, 근대 국어에서는 중세 국어의 자음과 비교할 때에 '구개음화', '된소리되기', '거센소리되기', '양순음 아래에서 일어나는 'ㄹ'의 탈락' 등의 통시적인 변화가 있었다.

근대 국어의 시기에 일어난 자음의 통시적 변화 중에서 '구개음화'는 일정한 음운론적 조건에서 일반적으로 일어나는 변화였다. 반면에 개별 단어에서 한정적으로 일어나는 통시적 변화도 있었는데, 이에는 예사소리가 된소리나 거센소리로 변하거나, /ㄹ/이 양순음인 /ㅍ/ 앞에서 탈락하는 현상이 있다.

가. 구개음화

구개음화는 /ㅣ/와 /j/의 앞에 실현된 /ㄷ/, /ㄴ/, /ㄱ/의 음운에서 일반적으로 적용되는 변화이다. 곧, 구개음화는 특정한 어휘만 변하는 것이 아니라, 위와 같은 음운적인

---

32) 현행의 학교 문법인 『독서와 문법』에서는 이러한 현상을 '모음의 축약'으로 다루고 있으나, 일부 개론서에서는 이러한 현상을 '반모음화'로 다루기도 한다. 이 문제는 이 책의 84쪽에 있는 각주 23)의 내용을 참조하기 바란다.

환경에 놓여 있는 여러 단어에 공통적으로 적용되는 변화였다.

〈 'ㄷ' 구개음화 〉 중세 국어에서 잇몸소리(치조음)로 발음되던 /ㅈ, ㅊ, ㅉ/이 18세기 중엽에 이르면 중앙어에서도 센입천장소리(경구개음)로 발음되었다. 이러한 자음 체계의 변화가 완성된 다음에는 잇몸소리인 /ㄷ, ㅌ, ㄸ/이 그 뒤에 실현되는 모음 / ㅣ /, /j/ 앞에서 센입천장소리인 /ㅈ, ㅊ, ㅉ/으로 바뀌는 현상이 일어났는데, 이를 'ㄷ 구개음화(口蓋音化)'라고 한다.

'ㄷ' 구개음화 현상은 16세기 중엽 무렵에 남부 지방의 방언에서부터 시작되었으며, 중앙어에서는 18세기 중엽쯤에 'ㄷ' 구개음화 현상이 완성된 것으로 보인다.

(60) ㄱ. 져(← 뎌, 彼) [두언-중 6:44], 죠흔(← 됴흔, 好) [두언-중 3:57], 지나가는(← 디나가는, 過) [두언-중 12:38]

　　ㄴ. 치다(← 티다, 打) [역유 하49]

(60)에서 (ㄱ)의 『두시언해 중간본』(1632)은 대구에서 간행되었다. 따라서 이 문헌에는 동남 방언의 구개음화 현상이 적용된 예가 나타나는데, '져, 죠흔, 지나가는'에서도 구개음화 현상이 나타났다. 그리고 (ㄴ)의 『역어유해』(1690)에는 '치다'처럼 구개음화가 반영된 어휘가 나타난다.

그러다가 18세기에 간행된 『여사서언해』(1736), 『동문유해』(1748), 『왜어유해』(1781~1789)의 문헌에는 'ㄷ' 구개음화 현상이 반영된 어휘가 많이 나타난다.

(61) ㄱ. 큰지라(← 디라) [여언 4], 다스지 몯홈이(← 다스디) [여언 4], 엇지(← 엇디) [여언 6]; 重치 아니ᄒ냐(← 重티) [여언 4], 下치 못ᄒ거든(← 下티) [여언 5]

　　ㄴ. 직희다(← 딕희다, 守) [동유 상45], 고지식(← 고디식) [동유 상21], 좀쳐로(← 좀뎌로) [동유 하57]; 씨다(← 뗴다, 蒸) [동유 상59]

　　ㄷ. 瓦 지새 와(← 디새) [왜유 상32], 刺 지를 ᄌ(← 디를) [왜유 상54], 直 고들 직(← 딕) [왜유 하34]; 打 칠 타(← 틸) [왜유 상30], 黜 내칠 츌(← 내틸) [왜유 상54]

(61)의 예를 보면 18세기에는 중앙 방언에도 'ㄷ' 구개음화가 확립된 것으로 보인다. 그 결과로 18세기 이후의 국어에서는 'ㄷ' 구개음화로 인해서 /디, 댜, 뎌, 됴, 듀/와 /티, 탸, 텨, 툐, 튜/처럼 /ㄷ, ㅌ/이 / ㅣ /나 /j/와 결합된 음절은 국어에서 쓰이지 않게 되었다.

그런데 'ㄷ' 구개음화가 일어나기 전에 /듸, 틔, 띄/이었던 음절은 18세기 초기까지 진행된 구개음화를 입지 않았다.

(62) ㄱ. 견디다(← 견듸다, 忍), 무디다(← 무듸다, 鈍), 부디(← 부듸/부디), 마디(← 마듸, 寸)

ㄴ. 버티다(← 버틔오다, 支), 티끌(← 틧글, 塵)

ㄷ. 띠(← 씌, 帶)

(62)의 '견듸다, 버틔다, 씌' 등에서 '듸, 틔, 씌'는 /ㄷ, ㅌ, ㄸ/과 /ㅣ/ 사이에 반모음인 /ㅡ/가 개입되어 있어서 'ㄷ' 구개음화를 입지 않았다. 그리고 19세기 초에 이르면 이들 단어에 실현된 모음 /ㅢ/가 /ㅣ/로 단모음화하여, /듸, 틔, 띄/가 /디, 티, 띠/로 바뀌게 되었다. 이들 단어의 음절이 /디, 티, 띠/로 변하기는 하였지만 구개음화가 적용될 수 있는 시기가 이미 지나 버렸다. 따라서 (62)에 제시된 단어들은 'ㄷ' 구개음화를 겪지 않고 /디, 티, 띠/의 음절이 유지되어서 현대 국어까지 이르고 있다.

〈 'ㄴ' 구개음화 〉 근대 국어의 시기에서는 어두의 위치에 실현된 잇몸소리 /ㄴ/이 /ㅣ/나 /j/의 앞에서 탈락하기도 하는데, 이러한 변화 현상을 'ㄴ' 구개음화라고 한다.[33]

잇몸소리인 /n/은 어두의 위치에서 그 뒤에 실현되는 /ㅣ/나 /j/의 조음 위치에 이끌려서 구개음화된 [ɲ]로 발음된다. 이때 구개음화된 [ɲ]은 어두의 위치에서 /ㅣ/나 /j/와 결합하지 못하여 탈락한다('ㄴ' 두음 법칙). 그 결과로 어두에 실현된 /냐, 녀, 뇨, 뉴, 니/는 초성인 /ㄴ/이 탈락하여 /야, 여, 요, 유, 이/로 바뀌게 된다.

(63) ㄱ. 임금(← 님금, 王) [1:17]   [십사]

ㄴ. 입어(← 닙어, 被)   [경윤음]

ㄷ. 일니(← 닐니, 至), 이로미라(← 니로미라, 謂)   [규총]

ㄹ. 이르히(← 니르히, 至), 일으되(← 니르되, 謂), 일으지(← 니르지, 云)   [척윤]

ㅁ. 이마(← 니마, 額) [1:34], 일너(← 닐러, 說) [1:5], 익이(← 닉히) [1:36]   [태감]

ㅂ. 일그니(← 닐그니, 讀), 이르도록(← 니르도록, 至), 익지(← 닉지, 熟)   [독신]

(ㄱ)은 『십구사략언해』(1772), (ㄴ)은 『유경기인민윤음』(1783), (ㄷ)은 『규합총서 필사본』(1809), (ㄹ)은 『척사윤음』(1839), (ㅁ)은 『태상감응편도설언해』(1852), (ㅂ)은 『독립신문』(1896)에 나타난 'ㄴ' 구개음화의 예이다.

이와 같은 'ㄴ' 구개음화 현상은 대체로 18세기 후반에 간행된 문헌에서 나타나기 시작하다가, 19세기 후기의 문헌에서 본격적으로 많이 나타난다.

---

33) 현대 국어의 공시태 체계에서도 어두의 /ㄴ/이 /ㅣ/나 /j/ 앞에서 탈락할 수 있는데, 이를 'ㄴ' 두음 법칙이라고 한다.

〈 'ㄱ' 구개음화 〉 근대 국어 말기에는 남부 방언에서 여린입천장소리인 /ㄱ/이 그 뒤에 실현되는 모음 / ㅣ /, /j/ 앞에서 센입천장소리인 /ㅈ/으로 바뀌는 경우가 있었는데, 이를 'ㄱ' 구개음화라고 한다.

> (64) 지름(← 기름, 油) [물보], 질다(← 길다, 長) [물보], 젼주다(← 견주다, 比) [물보], 져을(← 겨을, 冬) [물보]

(64)의 '기름, 길다, 견주다, 겨을'에서 여린입천장소리인 /ㄱ/이 뒤에 실현된 모음 / ㅣ /와 /j/ 앞에서 센입천장소리인 /ㅈ/으로 바뀌어서, '지름, 질다, 젼주다, 져을'로 바뀌었다.

'ㄱ' 구개음화 현상은 남부 방언에서만 일어나고 중앙 방언에서는 일어나지 않았다. 오히려 중앙 방언에서는 'ㄱ' 구개음화 현상을 막기 위해서, 원래부터 /ㅈ/ 소리를 갖고 있던 단어를 /ㄱ/으로 잘못 바꾸는 '과잉 교정'이나 '오교정'의 현상까지 일어나게 된다.

> (65) 키(치, 舵) [청영], 맛기다(맛지다 ← 맛디다, 任) [지본 하15],[34] 깃(짗, 羽) [삼총], 기와(지 와 ← 디새, 瓦) [물보], 김츽/김치(짐츽/짐치 ← 딤치, 沈菜) [물보], 길드리다(질드리다, 馴) [십사 1:10], 길쌈(질쌈, 紡績) [한자]

예를 들어서 18세기와 19세기에 간행된 문헌 『청구영언』(1728), 『지장보살본원경』(1752), 『삼역총해』(1774), 『물보』(1802), 『십구사략언해』(1832), 『한불자전』(1880) 등에서 나타나는 '키, 맛기다, 깃, 기와, 김츽/김치, 길드리다, 길쌈' 등에는 원래 /ㅈ/이던 소리가 /ㄱ/으로 잘못 교정되었다. 이러한 과잉 교정의 현상은 중앙 방언을 쓰는 언중들이 단어 속에 들어 있는 원래의 /ㅈ/의 발음을, 지역 방언에서 'ㄱ' 구개음화에 따라서 /ㅈ/으로 변동된 것으로 잘못 인식하여서 생긴 것이다. 곧, 중앙 방언에서 원래부터 /ㅈ/으로 발음하는 단어를 방언으로 인식하여, 원래의 /ㅈ/을 /ㄱ/으로 잘못 돌이킨 현상이다.

나. 체언에서 종성 /ㅎ/의 탈락

15세기 국어에서는 끝소리가 /ㅎ/으로 끝나는 체언이 80여 개가 있었는데, 이러한 체언은 15세기 말부터 종성의 /ㅎ/이 사라지기 시작하였다. 이렇게 체언의 끝소리 /ㅎ/이 사라지는 현상은 근대 국어 시기에 들어서도 지속적으로 확대되었는데, 근대 국어의

---

34) '맛디다(任)'에서 'ㄷ' 구개음화가 적용되어서 '맛지다' 〈명의록언해 상3〉로 변했고, 중앙어에서 다시 /ㅈ/를 /ㄱ/으로 과잉 교정하여 '맛기다'로 변했다.

끝 시기인 18세기 말이나 19세기 초에는 체언의 끝소리에 쓰였던 /ㅎ/은 거의 사라졌다. 여기서는 '하늘ㅎ/하늘'을 예로 들어서 통시적인 관점에서 /ㅎ/ 탈락 과정을 살펴본다.

(66) ㄱ. 하늘히 [석상 13:24], 하늘콰 싸콰롤 [석상 19:13]
　　 ㄴ. 하ᄂ리 [석상 6:35], 하늘과 벼 [두언-초 9:27]

(67) ㄱ. 하늘히 [동삼 열1:92], 하늘홀 [동삼 열1], 하늘희[동삼 효1:73], 하늘해 [동삼 열4:54], 하늘히니 [동삼 충1:24]
　　 ㄴ. 하늘이 [동삼 효3:41], 하늘을 [동삼 열2:88], 하늘의 [동삼 열5:4], 하늘애 [동삼 효 3:41]
　　 ㄷ. 하늘콰 싸쾌 [두언-중 20:14]

(68) ㄱ. 하늘이 [오행 효19], 하늘을 [오행 효26], 하늘에 [오행 충13]
　　 ㄴ. 하늘긔 [오행 효54]

(69) ㄱ. 하늘이 /하날이, 하늘을, 하늘에, 하늘에서, 하늘의 [태상감응편도설언해]
　　 ㄴ. 하늘ᄀᆺ치 [독립신문], 하늘도 [관성제군오륜경언해]

첫째, 15세기에는 (66)의 (ㄱ)에 쓰인 '하늘ㅎ'의 형태가 압도적으로 많이 쓰인 반면에, (ㄴ)에 쓰인 '하늘'의 형태는 아주 드물게 쓰였다. 둘째, 17세기에 간행된 『동국신속삼강행실도』(1617)에는 (67)의 (ㄱ)에 쓰인 '하늘ㅎ'의 형태와 (ㄴ)에 쓰인 '하늘'의 형태가 함께 쓰였는데, 대체로 /ㅎ/이 붙은 형태가 더 많이 쓰였다. (ㄷ)의 '하늘콰'처럼 체언의 끝소리인 /ㅎ/과 조사의 첫소리인 /ㄱ/이 축약되어서 /ㅋ/으로 실현되는 예는 극히 드물게 쓰였다. 셋째, 18세기 말에 간행된 (68)의 『오륜행실도』(1797)와 19세기 중반이나 후반에 간행된 (69)의 『태상감응편도설언해』(1852), 『관성제군오륜경언해』(1884), 『독립신문』(1896) 등에서는 '하늘/하날'의 형태만 쓰였고 '하늘ㅎ'의 형태는 쓰이지 않았다.

위와 같은 현상을 종합하면 /ㅎ/을 끝소리로 취하는 체언은 15세기의 중엽에는 매우 많이 쓰였으나, 근대 국어 시기를 거치는 동안에 점차적으로 /ㅎ/ 끝소리가 사라졌다.

다. 된소리되기

근대 국어에서는 일부 단어의 첫머리(語頭)에서 예사소리가 된소리로 바뀌는 예가 일부 단어에서 나타난다.

(70) ㄱ. 슷다(拭) : 쓷다 [동삼 열5] /쑷다 [가언 5:5] / 뿟다 [가언 10:14]

ㄴ. 듧다(鑽) : 쏠다 [박언 상14] / 뿔다 [화언 9] / 뚤다 [역유 하2] / 쫏다 [박언 하52]

ㄷ. 곳다(揷) : 꼿다 [역유 상43]

(71) ㄱ. 곳고리(黃鸝): 쇠소리 [동문 하35] / 쇠ㅅ고리 [역유 47]

ㄴ. ㅈㅈᄒ다(淨): 쌔ㄱ지 [마언 하86] / 씩ㄱ지 [마언 하86] / 씩ㄱ지 [마언 하63]

ㄷ. 덛덛ᄒ다(庸): 썻썻ᄒ다 [가언 1:7] / 떧떧ᄒ다 [인대 4:26] / 썻썻이 [첩신-초 2:1]

ㄹ. 돗돗ᄒ다(溫): 쫏쫏ᄒ다 [동유 상61], 溫啊 쫏쫏ᄒ다 [몽유 상47]

중세 국어에서 '슷다, 듧다, 곳다'는 어두의 초성이 /ㅅ/, /ㄷ/, /ㄱ/의 예사소리였는데, 근대 국어의 시기에는 (70)처럼 어두의 초성이 /ㅆ/, /ㄸ/, /ㄲ/의 된소리로 변했다. 그리고 중세 국어의 '곳고리, ㅈㅈᄒ다, 덛덛ᄒ다, 돗돗ᄒ다' 등도 (71)처럼 어두의 초성이 /ㄱ/, /ㄷ/의 예사소리에서 /ㄲ/, /ㄸ/의 된소리로 바뀌었다.

라. 거센소리되기

근대 국어에서 몇몇 단어의 첫머리에서 예사소리가 거센소리(유기음)로 바뀌었다.

(72) ㄱ. 탓(← 닷, 由) [첩신-초 6:9], [두집 상37], 풀무(← 불무, 冶) [박언 하29] [역유 상19], 코키리(← 고키리, 象) [왜유 하22] [역유 하33], 플ᄒ[← 블ᄒ, 手) [동삼 효8:15]

ㄴ. 믄치다(← 믄지다, 撫) [동삼 열2:18], 혼차(← 혼자, 獨) [현곽 56]

(ㄱ)의 '탓, 풀무, 코키리'는 단어의 첫머리에서 예사소리인 /ㄷ/, /ㅂ/, /ㄱ/이 각각 /ㅌ/, /ㅍ/, /ㅋ/의 거센소리로 변하였다. 그리고 (ㄴ)에서 '믄치다'와 '혼차'는 원래의 예사소리가 16세기말과 17세기초에 거센소리화로 바뀐 어휘가 일부 문헌에 쓰인 예인데, 이들 어휘는 현대 국어에서는 다시 원래의 예사소리로 환원되어서 '만지다'와 '혼자'의 형태로 쓰이고 있다.

마. /ㅍ/ 앞에서 /ㄹ/의 탈락

근대 국어에서는 단어에서 양순음인 /ㅍ/ 앞에 실현된 /ㄹ/이 탈락한 예가 보인다.

(73) ㄱ. 앞(← 앐, 前)　　　　　　　　　　　　　　[동삼 열4:64] [마언 하74]

ㄴ. 아프다/아ᄑᆞ다(← 알ᄑᆞ다, 痛)　　　　　　　　　　[태집 19] [두집 상60]

ㄷ. 고프다(← 골ᄑᆞ다, 饑)　　　　　　　　　　　　　[동유 하28]

중세 국어에 쓰였던 '앒, 알ᄑᆞ다, 골ᄑᆞ다' 등에서 /ㄹ/의 뒤에 실현된 /ㅍ/은 무성의 거센 소리이다. 이러한 환경에서 /ㅍ/은 그 앞에 실현된 /ㄹ/의 특징인 '유성성(有聲性)'을 빨리 끊어서 차단하였는데, 그 결과로 /ㄹ/의 소리가 약화되어서 탈락하였다.35)

1.2.3.2. 모음의 변화

모음의 변화로는 '원순 모음화', '모음 동화', '반모음 /j/의 탈락', '전설 모음화'가 있다.

가. 원순 모음화

근대 국어에서는 순음(脣音)인 /ㅁ, ㅂ, ㅍ, ㅃ/ 아래에서 평순 모음인 /ㅡ/가 원순 모음인 /ㅜ/로 변하였다. 이러한 현상을 '원순 모음화(圓脣母音化)'라고 하는데, 이 현상은 17세기 중엽에서부터 나타나서 18세기 중엽에 일반화되었다.

(74) ㄱ. 홀른 슬픈 말슴을 지어 머무러 두어(← 머므러, 留)　　　　[동삼 열4:24]

ㄴ. 엇졔 머물리오(← 머믈리오, 留)　　　　　　　　　　[두언-중 11:18]

ㄷ. 믈렛가락(← ᄲᅳ렛가락, 釘竿子) [하18], 무즈미(← ᄆᆞ즈미, 泳) [역유]

[하22], 불(← 블, 火) [하18], 술 붓다(← 붓다, 醱酵) [상59]

榜 부티다(← ᄇᆞ티다, 告示) [상18]

ㄹ. 녜로부터(← ᄇᆞ터) [3:38], 물ᄲᅮ려(← 믈) [2:18], 문득(← 믄득) [여언]

[2:25], 무거옴(← 므거옴) [3:48], 붇티며(← 븓티며) [3:75]

ㅁ. 무서슬(← 므서슬) [1:4], 正月로부터(← ᄇᆞ터) [1:20]　　[몽노]

불(← 블) [1:25] 물(← 믈) [1:25], 비고푸고(← 비고프고) [3:20]

풀(← 플) [4:1]

ㅂ. 불(← 블, 火) [상63], ᄲᅳᆯ(← ᄲᅳᆯ, 角) [하38], 풀(← 플, 草) [하45] [동유]

---

35) 이와는 반대로 '넙다(廣), 졈다(幼), 베프다(宣), 잎다(吟), 잇그다(牽), 머리(遠)' 등은 현대 국어에서 각각 '넓다, 젊다 베풀다, 읊다, 이끌다, 멀리'로 변하였는데, 이는 /ㄹ/의 첨가에 해당한다. 다만, /ㄹ/의 탈락이 양순음인 /ㅍ/ 앞에 일어나는 것과는 달리, /ㄹ/이 첨가 현상은 일정한 음운론적인 환경에서 이루어지는 것이 아니다. 따라서 /ㄹ/의 첨가는 완전히 개별적인 단어에서 일어나는 특수한 변화 현상이다.

ᄂᆞ물(← ᄂᆞ믈, 菜) [상59], 붉다(← ᄇᆞᆰ다, 紅) [하25]

17세기 초에 발간된 문헌인 『동국신속삼강행실도』(1617)와 『두시언해 중간본』(1632)에
는 양순음인 /ㅁ/ 아래에서 /ㅡ/가 /ㅜ/로 바뀐 예가 아주 드물게 나타난다. 그리고 17세
기 후반에서 18세기 후반까지 발간된 『역어유해』(1690), 『여사서언해』(1736), 『몽어노걸
대』(1741~1790), 『동문유해』(1748) 등에서는 이러한 예가 제법 많이 나타난다. 이들 문헌
에 나타난 예를 통해서 근대 국어의 시기에 /ㅁ, ㅂ, ㅍ, ㅃ/의 아래에 실현된 평순 모음인
/ㅡ/가 원순 모음인 /ㅜ/로 바뀐 것을 확인할 수 있다. 이처럼 근대 국어에서 원순 모음
화가 일어나자, 그 후로는 양순음 아래에서는 /ㅡ/와 /ㅜ/는 변별되지 않는다.36)

나. 모음 동화

'모음 동화('ㅣ' 모음 역행 동화, 움라우트)'는 앞 음절에 실현된 후설 모음인 /ㅓ/, /ㅏ/가
그 뒤의 음절에 실현된 전설 모음인 /ㅣ/의 영향으로, 각각 전설의 단모음인 /ㅔ, e/와
/ㅐ, ɛ/, /ㆍㅣ, ɛ/로 바뀌는 현상이다. 모음 동화(움라우트) 현상은 17세기 초기부터 남부
지방을 중심으로 용례가 조금씩 나타나기 시작하여, 19세기 중엽에는 중앙어까지 보편
화되어서 나타났다.37)

    (75) ㄱ. 잇기는(← 앗기는, 惜) [26], 디리고(← ᄃᆞ리고, 煎) [27], 기디려(← 기ᄃᆞ려, 待) [30],
           메기더니(← 머기더니, 食) [30], 지팡이(← 지팡이, 杖) [33], 식기(← 삿기, 羔) [33]
        ㄴ. 실오리기(← 실오라기, 絲) [12], 이끼지(← ᄋᆞ끼지, 惜) [13]

중세 국어와 근대 국어의 초기에는 이중 모음의 음가를 나타내었던 'ㅔ, ㅐ, ㆍㅣ'가 18세기
중엽 무렵에는 'ㅔ'는 /e/로, 'ㅐ'와 'ㆍㅣ'는 /ɛ/로 이미 바뀌었다. 이처럼 'ㅔ, ㅐ, ㆍㅣ'가 단모
음으로 바뀐 뒤에 모음 동화가 일어나기 시작하였다. 예를 들어서 (ㄱ)의 『관성제군명성
경언해』(1855)와 (ㄴ)의 『과화존신』(1880)에 나타난 단어들은 뒤 음절의 전설 모음인 /i/
에 동화되어서 앞 음절의 /ə/, /a/가 각각 단모음인 /e/와 /ɛ/로 바뀌었다. 이처럼 모음

---

36) 원순 모음화의 반대 현상으로서 이중 모음인 /ㅟ/가 /ㅢ/로 바뀌기도 했다. 16세기의 중세 국어
    문헌인 『소학언해』(1587)에는 그 이전에 '불휘'로 표기했던 단어를 '쓸희(소언 6: 133)'로 표기하고
    있다. 그리고 17세기 이후에 이 현상이 좀 더 나타나는데, '믜다(〈뮈다, 空, 박언 상55), 믜틀다(〈뮈
    틀다, 撑, 역유 상47), 믜다(〈뮈다, 割, 역유 하8)' 등에서 /ㅟ/가 /ㅢ/로 변한 것을 확인할 수 있다.
37) 서남 방언과 동남 방언에서는 모음 동화의 현상이 더 일찍 나타났다. 예를 들어서 전라남도 구례에
    서 발간된 『권념요록』(1637)에는 이미 모음 동화가 적용된 '에미(〈어미, 母) [28]'가 나타났다.

동화는 19세기 중엽의 이후에 쓰인 단어에서 폭넓게 적용되었는데, 현대 국어에서도 활발하게 일어나고 있다.[38]

다. /ㅅ/ 아래에서 반모음 /j/의 탈락

근대 국어의 단어에서는 /ㅅ/에 이어나는 반모음 /j/가 탈락하는 현상이 17세기 말에 나타나기 시작하여 18세기 말에 완성되었다.

> (76) ㄱ. 사공(← 샤공, 舡夫) [하21], 상화(← 샹화, 饅頭) [상51], 소경(← 쇼경, 盲人) [상29]
>
> ㄴ. 셤기는(← 셤기는, 事) [2], 되 이서(← 이셔, 有) [2]

(ㄱ)의 『역어유해』(1690)에서는 '샤공, 샹화, 쇼경'이 각각 '사공, 상화, 소경'으로 변했고, (ㄴ)의 『양로무농윤음』(1795)에서는 '셤기는, 이셔'가 각각 '셤기는, 이서'로 변했다. 이처럼 /ㅅ/의 뒤에 실현되는 /ㅑ/, /ㅛ/에서 반모음인 /j/가 탈락하여 /ㅏ/, /ㅗ/로 바뀌었다. 이렇게 /ㅅ/ 아래에서 반모음 /j/가 탈락되는 변화로 말미암아서, /샤, 셔, 쇼, 슈, 섀, 셰/의 음절이 /사, 서, 소, 수, 새, 세/로 바뀌게 되었다.

라. 전설 모음화

19세기의 근대 국어에서는 치음인 /ㅅ, ㅈ, ㅊ/의 아래에 실현되는 후설 모음인 /ㅡ/가 전설 모음인 /ㅣ/로 바뀌는 현상도 나타났다. 이러한 전설 모음화의 현상은 대부분 19세기 후반에 이루어진 것으로 보인다.

> (77) ㄱ. 싫다(← 슳다, 嫌), 시골(← 스굴 ← 스ᄀᆞᄫᆞᆯ, 鄕), 시리다(← 스리다, 寒), 씻다(← 씃다, 洗), 싱겁다(← 승겁다 ← 슴겁다, 澈); 금실(← 금슬, 琴瑟)
>
> ㄴ. 지럼길(← 즈름길, 俓), 짐승(← 즘승 ← 즘싱, 獸), 짓(← 즛, 樣), 질다(← 즐다, 泥), 짖다(← 즞다, 吠)
>
> ㄷ. 칡(← 츩, 葛), 침(← 츰 ← 춤, 唾), 아침(← 아츰 ← 아ᄎᆞᆷ, 朝), 치다(← 츠다, 篩, 掃); 법칙(← 법측, 法則), 친의(← 츤의, 襯衣)

(ㄱ)은 /ㅅ/의 아래에서, (ㄴ)은 /ㅈ/의 아래에서, (ㄷ)은 /ㅊ/의 아래에서 /ㅡ/가 /ㅣ/로 바뀐 예이다. 이러한 예들은 『과하존신』(1880), 『관성제군명성경언해』(1883), 『관성제군오륜경』(1884), 『이언언해』(1884) 등과 같이 대부분 1880년대 이후의 문헌에 나타났다.

제2장 문법

　근대 국어의 문법 현상은 중세 국어와 비교할 때에, 통사론의 영역에서는 큰 차이가 없었다. 그러나 형태론의 영역에서는 중세 국어에 비해서 의미 있는 변화가 많이 나타났다. 근대 국어에 나타나는 문법 현상을 형태론의 영역을 중심으로 하여 개관하면 다음과 같은 변화가 눈에 띈다.

　근대 국어의 문법 체계는 17세기 초부터 19세기 말까지의 국어 문법 체계를 이른다. 먼저 이 시기에는 조사의 체계에서 '-가'가 출현하여 기존의 '-이'와 더불어서 주격이나 보격 조사의 음운론적 변이 형태로 쓰였다. 둘째로 16세기 초기부터 단어의 제2 음절 이하에서, 그리고 18세기 말에는 단어의 첫음절에서 /·/의 소리가 사라졌다. 이에 따라서 중세 국어에서 /·/의 음소를 가졌던 조사나 어미의 형태가 근대 국어의 말에는 /ㅡ/나 /ㅏ/로 바뀌었다. 셋째로 근대 국어에서는 높임법의 체계에 변화가 일어나서 객체 높임법이 소멸하였고, 중세 국어에서 선어말 어미로 실현되었던 상대 높임법도 종결 어미로 실현되었다. 넷째로 인칭법과 대상법의 선어말 어미인 '-오-/-우-'가 사라짐에 따라서 명사형 전성 어미도 '-음/-ㅁ'의 형태로 실현되었으며, 명사형 어미인 '-기'의 쓰임이 확대되었다. 다섯째로 시제 체계도 미래 시제의 선어말 어미인 '-겟-'이 나타났으며, 과거나 완료를 나타내는 선어말 어미인 '-엇-'이 확립되었다. 끝으로 중세 국어에서 쓰였던 현재 시제의 선어말 어미인 '-ᄂᆞ-'도 점차로 '-ㄴ-/-ᄂᆞ-/-는-'의 형태로 바뀌었다.

　근대 국어에서는 중세 국어에서 형성되었던 문법 범주 중에서 일부가 사라졌고, 격조사와 어미의 형태소 또한 그 변이 형태의 수가 많이 줄었다. 근대 국어에서 일어나는 이러한 문법 현상의 특징을 종합해 보면, 근대 국어에 나타나는 문법 현상은 중세 국어에 비해서 단순화한 경향을 보여 준다.

2.1. 품사

근대 국어는 중세 국어에 비하여 체언이나 용언의 품사에서 몇 가지 특징이 나타난다. 체언이나 용언을 제외한 나머지 관형사, 부사, 감탄사에서 일어난 변화는 개별 어휘의 형태만 바뀌는 데에 그쳤다. 그러므로 품사론에서는 체언과 조사의 쓰임과 용언의 어간과 어미의 쓰임에 국한하여 근대 국어의 특징을 살펴보기로 한다.

2.1.1. 체언과 조사

근대 국어에서 체언은 일부 명사와 대명사의 형태가 중세 국어와 달리 실현되었다.

2.1.1.1. 체언

근대 국어에서는 'ㅎ'을 종성으로 취한 체언에서 /ㅎ/이 탈락하는 경향이 나타났다. 그리고 중세 국어에서 일부 체언이 조사와 결합하는 과정에서 둘 이상의 형태로 실현되던 것이 근대 국어의 시기에서는 단일한 형태로 실현되었다.

〈종성 /ㅎ/의 탈락〉 15세기의 국어에서 명사나 수사의 종성의 자리에 /ㅎ/이 실현되었는데, 이를 흔히 'ㅎ' 종성 체언이라고 한다.[1]

(1) ㄱ. 두서 번 쌍해 뻐러디매 도적이 머리를 버히고 가니라   [동삼 열5:49]

    ㄴ. 아히 업고 도라가 쌍을 프고 묻고져 ᄒ더니   [동삼 효1:1]

(2) ㄱ. 노믈홀 먹디 아니터라   [동삼 속효7:10]

    ㄴ. 노믈과 과실을 먹디 아니ᄒ야   [동삼 효6:55]

---

1) 근대 국어의 시기에 쓰인 'ㅎ' 종성 체언의 예를 보이면 다음과 같다. (보기) 겨을ㅎ(冬), 긴ㅎ(纓), 길ㅎ(路), ᄀᆞㅎ(邊), 나라ㅎ(國), 나조ㅎ(夕), 내ㅎ(川), 녁ㅎ(方), 노ㅎ(繩), 노믈ㅎ(菜), 놀ㅎ(刃), 뎌ㅎ(笛), 돌ㅎ(石), 드르ㅎ(野), 뫼ㅎ(山), 밠ㅎ(臂), 수ㅎ(雄), 시내ㅎ(川), 술ㅎ(肌), 쌍ㅎ(地), 뜰ㅎ(庭), 안ㅎ(內), 알ㅎ(卵), 암ㅎ(雌), 여러ㅎ(多), 우ㅎ(上), 칼ㅎ(刀), 코ㅎ(鼻), 하늘ㅎ(天), ᄒᆞ나ㅎ(一)

16세기 초기부터 이러한 명사에서 /ㅎ/이 점차로 탈락하기 시작하였는데, 근대 국어의 후기로 갈수록 /ㅎ/의 탈락 빈도가 높아진다. 예를 들어서 15세기의 국어에 쓰인 '쌍ㅎ(地)'은 17세기 초기의 문헌에서는 (1)처럼 '쌍ㅎ'이나 '쌍'으로 쓰였다. 그리고 (2)에서도 15세기에 쓰였던 'ᄂᆞ물ㅎ'이 17세기 초기에는 (ㄱ)의 'ᄂᆞ물ㅎ'이나 (ㄴ)의 'ᄂᆞ물'로 쓰였다. 이처럼 『동국신속삼강행실도』(1617)에 '쌍ㅎ'과 '쌍'이 함께 나타난 것을 보면, 이 시기에 명사의 종성 /ㅎ/이 탈락되는 현상이 일어나고 있음을 알 수 있다. 결국 18세기 말에는 종성의 /ㅎ/이 거의 탈락되었고, 현대 국어에는 파생 접두사로 쓰이는 '암ㅎ-'과 '수ㅎ-'에만 /ㅎ/의 흔적이 남아 있다.

〈 의존 명사 〉 의존 명사 중에는 중세 국어에는 쓰이지 않다가 근대 국어 이후에 새로이 쓰인 것들이 있다.

(3) ㄱ. 醉혼 김에 믄득 淫心 내여 노래 부르는 사름의 집의 가셔   [청노 7:22]

ㄴ. 환도 츤 재 황뎨뎐에 오르니   [삼총 1:13]

ㄷ. 만이 작만ᄒᆞ면 자연 불결ᄒᆞ니 쓸 만치 작만ᄒᆞ고   [계녀서 288-289]

ㄹ. 位예 잇는 쟈로 더브러 다 再拜ᄒᆞ야   [가언 1:26]

곧, '김', '재', '만치', '쟈(者)' 등은 근대 국어 시대에 나타나서 현대 국어까지 쓰이고 있는 의존 명사이다. 여기서 (ㄱ)의 '김'은 근대 국어에서 처음 나타나서 '어떤 일의 기회나 계기'의 뜻을 나타나면서 현대 국어에 이르고 있다. (ㄴ)의 '재'는 중세 국어의 '자히'가 바뀐 형태인데, '이미 있는 상태 그대로 있다는 뜻'을 나타내면서 현대 국어에서는 '채'로 실현된다. (ㄷ)의 '만치'는 비교의 뜻을 나타내면서 현대 국어에서 '만큼'으로 이어진다. (ㄹ)의 '쟈(者)'는 중세 국어의 '놈'을 대신하여 '사람'의 뜻을 나타내면서 현대 국어의 '자(者)'에 이어진다.[2]

〈 대명사 〉 근대 국어에 쓰인 인칭 대명사의 특징은 다음과 같다.

첫째, 근대 국어에서는 2인칭 대명사인 '너(汝)'에 대한 예사 높임말로서 '자니'가 새로 생겼고, 1인칭 대명사인 '나(我)'에 대한 낮춤말(겸양말)로서 '저'도 새로 생겼다.

(4) ㄱ. 자니 그르다는 아니 ᄒᆞ실 둣 ᄒᆞ오리   [첩신-초 1:32]

ㄴ. 쥬씌셔 제 집에 오심을 감당치 못ᄒᆞ겟스오니   [신약전서 마 8:8]

---

2) 근대 국어에 쓰였던 의존 명사의 목록을 제시하면 다음과 같다.

(보기) 것, 김, 둧(〉둧), 딕(〉데), 대로, 뎐(〉덧), 둥, 둥(等), 디(〉지), 만, 만치, 바, 번, 분, 성, ᄯᆞ름(〉따름), 쑨(〉뿐), 양, 이, 작, 쟈(〉자, 者), 젹, 족족(〉족족), 줄, 즉(則), 직, ᄎᆞ(〉차), 채, 쳬(〉체), 터ㅎ(〉터)

17세기 후반에 간행된 『첩해신어』(1676)에는 '자네'가 2인칭 대명사인 '너'의 예사 높임 말로 쓰였다.[3] 현대 국어에 쓰이는, 1인칭 대명사 '나'에 대한 겸양말인 '저'는 근대 국어 의 늦은 시기에 나타난다. 그리고 『신약전서』(1900)에는 (ㄴ)처럼 1인칭 대명사인 '나'에 대한 낮춤말(겸양말)로 쓰인 용례가 나타난다.

둘째, 중세 국어에서는 미지칭의 인칭 대명사로서 '누(誰)'만 쓰였으나, 근대 국어에서 는 '누고'와 '누구'가 미지칭의 인칭 대명사로 생겼다.

(5) ㄱ. <u>누구</u>는 아븨 누의게 난 자식고   [노언 상14]
    ㄴ. 내 그저 어제 오롸 이 벗은 <u>누고고</u>   [노언 하5]

(5)에서는 미지칭의 인칭 대명사로서 '누구/누고'가 쓰였는데, 이들은 인칭 대명사인 '누'에 의문 보조사인 '-고'나 '-구'가 결합된 형태이다. 특히 (ㄴ)에서는 인칭 대명사인 '누고/누구'에 의문 보조사인 '-고'가 다시 붙어서 의문문의 서술어로 쓰였다.[4]

셋째, 근대 국어 시대에는 '이, 그, 뎌'뿐만 아니라, 합성어인 '이것, 그것, 뎌것'이 지시 대명사로 쓰였다.

(6) ㄱ. <u>이거시</u> 큰 원쉬 아니가   [박언 하20]
    ㄴ. <u>그거시</u> 도로 입에 드러 소리 궂ᄂᆞ니라   [태집 48]
    ㄷ. 여러 가지 珍味 <u>이걸</u> <u>뎌걸</u> 慇懃히 ᄒᆞ신 양이 御禮   [첩신-초 7:3]
       너믄 양이로소이다

중세 국어에는 사물을 가리키는 '이, 그, 뎌'가 지시 대명사로 쓰였다. 그런데 근대 국어에서는 지시 관형사인 '이, 그, 뎌'에 의존 명사인 '것'이 결합하여 형성된 '이것, 그것, 뎌것'도 지시 대명사로 쓰였다.

〈 수사 〉 근대 국어의 수사는 중세 국어의 수사와 약간의 차이가 있다.

첫째, 17세기부터는 중세 국어에 쓰였던 '온(百)'이 잘 쓰이지 않았으며, '즈믄(千)'은 문헌에 나타나지 않았다. '온'과 '즈믄'을 대신하여 한자어인 '빅(百)'과 '쳔(千)'이 쓰였다.

둘째, 'ㅎ' 종성 체언에서 /ㅎ/이 탈락되는 현상이 일반화되자, 중세 국어 시대에 'ㅎ'

---

3) '자네'는 16세기의 언간에도 흔히 나타나는데, 이때에도 예사 높임말로 쓰였다. 다만, 현대 국어에서는 '자네'가 예사 낮춤말로 쓰인다.
4) 현대 국어의 경상 방언에서도 (5ㄴ)과 같은 의문문이 쓰인다. (보기) 철수가 <u>누구고</u>?

의 종성을 가진 수사에도 종성 /ㅎ/이 탈락하는 일이 생겼다.

(7) ㄱ. 나히 열둘헤 어미 죽거늘   [동삼 속효17]
　　ㄴ. 나히 열둘에 아븨 상스를 만나   [동삼 효7:74]

『동국신속삼강행실도』(1617)에는 '二'를 나타내는 양수사가 (ㄱ)에서는 '둘ㅎ'으로 표현
된 반면에, (ㄴ)에서는 '둘'로 표현되었다. 이처럼 근대 국어의 시기에는 명사와 마찬가
지로 양수사도 'ᄒ나ㅎ/ᄒ나, 둘ㅎ/둘, 세ㅎ/세, 네ㅎ/네' 등의 형태로 쓰였다.
　　넷째, '제일(第一)'의 뜻을 나타내는 서수사로서 'ᄒ나재' 대신에 '첫재'가 쓰였다.

(8) 第一 첫재   [한문 4:27]

중세 국어에서는 일부 문헌에서 '제일(第一)'의 뜻을 나타내는 서수사로서 'ᄒ나재'의 형
태가 쓰였다.[5] 근대 국어에서도 'ᄒ나재'가 쓰이기는 했는데, 『한청문감』(1779)에서는
새로운 서수사로서 관형사인 '첫'에 접미사 '-재'가 붙어서 '첫재'의 형태가 나타났다.
　　〈체언 형태의 단일화〉 체언과 조사가 결합하는 과정에서 체언의 형태가 바뀔 수가 있
었는데, 근대 국어에서는 결합 양상이 중세 국어와는 다른 특징을 보인다.
　　첫째, 15세기 국어에서 '나모/낡(木)'과 '구무/굮(孔)'의 형태가 음운론적인 조건에 따라
서 엄격히 구분되었다.[6] 그러나 근대 국어의 시기에는 이들 단어가 각각 '나모'와 '구무'
의 형태로 단일화하는 경향이 나타났다.

(9) ㄱ. 김시 손으로써 남글 븓드니 남기 것거디니라   [동삼 열4:15]
　　ㄴ. 븕나모를 구슬갓긴 ᄀ티 밍그라 둘고   [벽신 14]

(10) ㄱ. 아모 흔 人家에 가 혓굿으로 불워 창 굼글 뚤고   [박언 중35]
　　ㄴ. 넉신을 알커든 요샹 닐곱 구무를 블침 ᄒᄂ니라   [마언 하46]

---

5) 15세기 문헌인 『월인석보』(1459)에서는 '열 ᄒ나차히(第十一)'나 '스믈 ᄒ나차히(第二十一)'의 형태
　가 쓰였으며, 16세기의 『소학언해』(1588)에서는 'ᄒ낟재/ᄒ낫재'가 쓰였다.
6) 예를 들어서 15세기 국어에서는 이들 단어에 모음으로 시작하는 목적격 조사가 결합하면 '남글(낡
　+-올), 굼글(굮+-을)'로만 실현되었으며, 자음으로 시작하는 보조사 '-ᄂ/-는'이 결합하면 '나모
　ᄂ(나모+-ᄂ), 구무는(구무+-는)'으로만 실현되었다.

근대 국어의 초기에는 (9~10)의 (ㄱ)처럼 '남글(낡+-올)'과 '굼글(굶+-올)'처럼 실현되기도 하고, (ㄴ)처럼 '나모를(나모+-를)'과 '구무를(구무+-를)'의 형태로도 실현되었다. 곧 '나모를'과 '구무를'의 형태가 새로 나타난 것이다. 그리고 근대 국어의 후기에는 두 가지 형태가 완전히 단일화되어서, 각각 '나모를'과 '구무를'의 형태로만 쓰였다.

둘째, 근대 국어에서는 모음으로 끝나는 체언 뒤에 실현되는 주격 조사 '-가'가 나타났다. 이에 따라서 인칭 대명사인 '나(我), 너(汝), 누(誰)'에 주격 조사인 '-가'가 결합하면 대명사의 형태가 바뀌어서 실현되었다. 곧, 18세기 후반 이후의 문헌에는 '나, 너, 누'의 주격 형태가 '내, 네, 뉘'에서 각각 '내가, 네가, 뉘가'로 바뀌어서 쓰였다.

> (11) ㄱ. <u>내가</u> 大敗홀 지경의 가오매   [인대 3:22]
>   ㄴ. 이제 <u>네가</u> 또 착흔 일노 법을 스무미랴   [조영 11]
>   ㄷ. <u>뉘가</u> 셰상 스롬이 마니 아른 체 아니 혈 쥴 혜아려쓰랴   [조영 37]

(11)에서 '내가, 네가, 뉘가'는 각각 '나, 너, 누'에 기존의 주격 조사인 '-ㅣ'와 새로운 형태의 주격 조사인 '-가'가 겹쳐진 것이다. 이는 기존의 주격 조사의 한 형태인 '-ㅣ'가 '-가'로 굳어지는 과정에서 '내, 네, 뉘'를 체언의 형태로 잘못 인식한 것이다. 결과적으로 주격 조사 '-가' 앞에서 '나, 너, 누'가 '내, 네, 뉘'로 변동한 것으로 처리된다.

셋째, 중세 국어에서 인칭 대명사인 '나, 너, 누'에 부사격 조사인 '-로, -와'가 결합할 때에는, 인칭 대명사에 /ㄹ/이 첨가되어서 '날, 널, 눌'의 형태로 바뀌었다. 따라서 중세 국어에서는 인칭 대명사가 '나/날, 너/널, 누/눌'의 두 가지 형태로 쓰였다.

그러나 근대 국어에서는 '날, 널, 눌'에서 /ㄹ/이 첨가되지 않고 '나, 너, 누구'의 형태로 단일화하는 경향이 나타났다.

> (12) ㄱ. 샹졔계셔 죠셔ᄒ샤 <u>나로</u> 히야곰 젼당 일을 맛트라 ᄒ샤   [명언 15]
>   ㄴ. 그듸와 <u>나와로</u> 미샹애 비방ᄒ더니   [권요 3]
>
> (13) ㄱ. 도로혀 네 父母ㅣ <u>너로</u> ᄒ여 가 빈호라 흔 것가   [노언 상5]
>   ㄴ. 외방의 나가면 또 <u>너와</u> 흔가지어니ᄯ녀   [노언 상37]
>
> (14) ㄱ. 그 체 <u>누구로</u> 더브러 통간홈이 잇다 ᄒ니   [태감 3:31]
>   ㄴ. 시방 죠션은 <u>누구와</u> 싸홈은 아니 ᄒ나   [독신 창간호]

(12)에서는 '나로'와 '나와'가 쓰였으며, (13)에서는 '너로'와 '너와'가 쓰였으며, (14)에서는 '누구로'와 '누구와'가 쓰였다. 이렇게 근대 국어의 후기로 갈수록 부사격에서 '날, 널, 눌'이 사라지고 '나, 너, 누구'의 형태로 단일화되어서 현대 국어까지 이르고 있다.

〈 체언의 복수 표현 〉 중세 국어에서는 '-들ㅎ, -희, -내'의 접미사로써 복수의 뜻을 표현하였는데, 근대 국어에서는 '-들'과 '-희'는 그대로 쓰였다. 다만, '-네'는 중세 국어의 '-내'와는 달리 높임이나 복수의 뜻으로는 쓰이지 않았으며, 현대 국어처럼 '측(側)'의 뜻이 강했다.

(15) ㄱ. 너희들이 싯구디 말고 열흘만 그음ㅎ야　　　　　　　　[노언 하52]

　　　ㄴ. 내 아히들 ㅎ야 죽 쑤어 가져다가 너희를 주어 먹이마　[노언 상50]

(16) ㄱ. 한시ᄂᆞ 셔울 사름이니 … 얼굴이며 ᄌᆞᇫ긔 사름ᄋᆡ게 디나고　[동삼 열3:15]

　　　　또 녀편네 덕기 잇더니

　　　ㄴ. 쇼인네ᄂᆞ 본ᄃᆡ 못 먹습건마ᄂᆞ 감격ㅎ오매 먹기ᄅᆞ 과히　[첩신-초 2:6]

　　　　ㅎ엿ᄉᆞ오니

(15)에서는 복수의 뜻을 나타내는 접미사로 '-희'와 '-들/-들'이 쓰였다. 여기서 '-희'는 인칭 대명사에만 실현되는 반면에, '-들/-들'은 명사와 대명사에 두루 실현된다. 그리고 (16)에서 (ㄱ)의 '녀편네'와 (ㄴ)의 '쇼인네'에 쓰인 '-네'는 문맥상 높임이나 복수의 뜻이 없이 '측(側)'의 뜻으로만 쓰였다.

2.1.1.2. 조사

근대 국어의 조사도 중세 국어와 마찬가지로 '격조사, 접속 조사, 보조사'로 나뉜다. 여기서는 근대 국어의 조사에서 나타나는 몇 가지 특징을 살펴본다.

가. 격조사

〈 주격 조사 〉 근대 국어에 쓰인 주격 조사의 변이 형태는 중세 국어에서 사용되었던 '-이/-ㅣ/-∅'뿐만 아니라, '-가'가 새로 등장하였다. 그리고 높임의 대상인 체언에 붙는 주격 조사의 형태도 여러 가지가 등장하였다.

첫째, 주격 조사인 '-가'가 17세기의 문헌에서 나타나기 시작하였는데,[7] '-가'는 근대 국어 시기 내내 중세 국어 때부터 쓰였던 '-∅'나 '-ㅣ'와 경쟁하였다.

(17) ㄱ. 오좀이 뫼홀 쑤러 집희 믈채가 드러가니 　　　　　　　[산일 5]

　　 ㄴ. 多分 비가 올 거시니 遠見의 무러 보읍소 　　　　　　[첩신-초 1:8]

　　 ㄷ. 東萊가 요스이 편티 아냐 ᄒ시더니 　　　　　　　　[첩신-초 1:26]

(18) ㄱ. 흰 믈이 네 발이 검고 눌은 믈이 부리가 희면 다 흉ᄒ고 　[마언 상9]

　　 ㄴ. 疏蛀는 니가 성긔고 버레 먹단 말이라 　　　　　　　[여언 2:17]

(19) ㄱ. 경고가 거의 이경이 넘엇더라 　　　　　　　　　　[계윤 10]

　　 ㄴ. 얻디 다 才 잇는 者가 어미 보디 아니ᄒᄂᆞ뇨 　　　[여언 4:72]

　　 ㄷ. 세 듸는 챵녀 되고 칠 듸룰 소가 되고 　　　　　　[태감 47]

　　 ㄹ. 부뫼 ᄒ로가 외롭고 슬허ᄒ시ᄂ니 　　　　　　　[남계 4]

　　 ㅁ. 가을 국화와 봄 난초가 졀을 응ᄒ여 푸이미 　　　　[조영 39]

주격 조사의 변이 형태인 '-가'는 17세기 초·중반에는 반모음인 /j/로 끝나는 체언 뒤에서만 실현되었다. 곧, '-가'는 (17)의 '믈채, 비, 東萊'처럼 /j/로 끝나는 체언 뒤에서 실현되었던 주격 조사 '-Ø'를 대신하여 쓰인 것이다. '-가'는 그 이후에 (18)의 '부리'와 '니'처럼 모음 /ㅣ/로 끝나는 체언 뒤에도 '-Ø'를 대신하여 실현되었다. 그러다가 18세기 초에 들어서면 '-가'의 쓰임이 더욱 확대되어서, (19)처럼 /ㅗ/나 /ㅏ/로 끝나는 체언 뒤에도 '-가'가 실현되어서 기존에 쓰였던 '-ㅣ'를 대신하게 되었다. 결국 현대 국어처럼 주격 조사의 형태가 자음 뒤에서는 '-이'로 실현되고 모음 뒤에서는 '-가'로 실현되었다. 이처럼 구어체에서는 18세기 말에 '-이'와 '-가'의 쓰임이 확립된 것으로 보이지만, 문어체로 작성된 일반적인 문헌에는 '-가'가 잘 쓰이지 않았다. 그러나 19세기 초부터는 문어체로 쓰인 문헌에서도 '-가'의 쓰임이 늘어났는데, 19세기 후반에는 모음으로 끝난 체언 뒤에서 주격 조사인 '-가'가 각종 문헌에서 널리 쓰였다.8)

둘째, 중세 국어에는 존칭(높임)의 뜻을 나타내는 주격 조사가 쓰이지 않았다. 그러나 근대 국어에는 '-ᄭᅴ셔'와 '-겨셔/-겨오셔/-겨읍셔/-겨ᄋᆞ오샤/-계셔/-계읍셔, -ᄽᅦ옵셔/-께옵셔' 등이 높임의 뜻을 나타내는 주격 조사의 변이 형태로 쓰였다.

---

7) 송강 정철의 어머니인 안씨가 1572년 무렵에 송강에게 쓴 것으로 보이는 편지에 "츤 구ᄃᆞ릭 자니 빅가 세이러셔 ᄌᆞ로 ᄃᆞ니니"라는 구절이 있다. 여기서 주격 조사 변이 형태인 '-가'의 처음 쓰인 것으로 보는 학자도 있다(이기문, 1998: 166).

8) 특히 19세기 말에 간행된 『사민필지』(1886)와 『독립신문』(1896)에는 모음으로 끝난 체언 뒤에서 주격 조사의 형태로 '-ㅣ'가 쓰이지 않고 모두 '-가'로만 쓰였다.

(20) ㄱ. 이도 일뎡 大君믜셔 信使믜 뵈고 노르실 양으로   [첩신-초 8:11]

ㄴ. 曾祖께셔 나시면 믄득 從兄弟과 밋 再從兄弟 이실 거시니   [가언 1:17]

(21) ㄱ. 東萊겨셔도…언머 슈고로이 건너시도다 녑녀ㅎ시고   [첩신-초 1:22]

ㄴ. 입궐 후 션인겨오셔 경계ㅎ오시딕   [한만 1:2]

ㄷ. 닉 졈졈 즈라믹 됴부계오셔 이상이 스랑ㅎ오스   [한만 1:4]

ㄹ. 今上 大君主 陛下계옵셔 誕生ㅎ옵신 날이니   [신심 3:1]

ㅁ. 샹뎻게옵셔 긍측히 역이스   [조영 20]

ㅂ. 서울을 漢陽이라 稱ㅎ며 大君主 陛下께옵셔 계시는 데니   [심소 3:1]

(20)에서 '-믜셔'와 '-께셔'는 관형격 조사인 '-ㅅ'에 의존 명사인 '긔/게'가 붙고 그 뒤에 보조사인 '-셔'가 결합하여서 형성된 주격 조사이다. 그리고 (21)에서 '-겨셔, -겨오셔, -계오셔, -계옵셔, -께옵셔, -께옵셔'는 '겨시다(在, 有)'의 활용형에서 파생된 주격 조사의 형태이다. (20)과 (21)에 쓰인 주격 조사의 변이 형태들은 모두 17세기 후반과 18세기 사이에 등장하였고, 19세기 말에는 모두 '-믜셔'나 '-께옵셔'로 통일되었다. 현대 국어에서는 '-께서'나 '-께옵서'로 바뀌어서 존칭의 주격 조사로 쓰이고 있다.

〈 목적격 조사 〉 근대 국어의 목적격 조사는 중세 국어와 마찬가지로 '-를/-를/-올/-을, -ㄹ'이 쓰였다. 그러나 16세기 이후에 모음 조화 현상이 잘 지켜지지 않아서 근대 국어에서는 '-를'과 '-를'을 혼용하거나 '-올'과 '-을'을 혼용하는 경향이 있었다. 그리고 '-ㄹ'은 사용 빈도가 점점 줄어서 인칭 대명사인 '나'와 '누'의 뒤에서만 쓰였다.

(22) ㄱ. 부뫼 주검을 믄지며 울고 굴오딕   [동삼 효6:44]

ㄴ. 므슴 말을 니르는다   [박언 상14]

(23) ㄱ. 이바 내 너를 ᄀᄅ치마 언머에 흔 판고   [박언 상10]

ㄴ. 너 主人아 이믜셔 나를 위ᄒ여 사라 가라   [노언 상19]

(24) ㄱ. 여슷 낫 돈을 거스려 날 주고려   [노언 상59]

ㄴ. 눌 向흔 깁푼 시름을 푸러 볼가 ㅎ노라   [가원 691]

(22)에서는 '-올'과 '-을'이 모음 조화 규칙에 상관없이 혼용되었으며, (23)에서는 '-를'과 '-를'이 혼용되었다. 그러나 단어의 제2 음절 이하에서 /·/가 /—/로 바뀌는 경향에

따라서, 목적격 조사는 '-를/-을/-ㄹ'로 통일되어 갔다. 그리고 중세 국어에서는 '-ㄹ'이 모음으로 끝난 체언 아래에서 '-를'을 대신하여 널리 쓰였는데, 16세기 이후의 근대 국어에서는 (24)처럼 '-ㄹ'이 주로 인칭 대명사인 '나, 누'에 실현되었다. 현대 국어에서는 '-ㄹ'은 '나, 너'뿐만 아니라 모음으로 끝나는 체언 뒤에도 보편적으로 쓰이고 있다.

〈 보격 조사 〉 근대 국어의 보격 조사는 중세 국어의 보격 조사와 마찬가지로 그 앞에 실현된 체언의 음운적 환경에 따라서 '-이, -ㅣ, -∅'로 쓰였다. 그러나 17세기 이후에는 주격 조사로 '-가'가 생겨남에 따라서, 주격 조사의 '-가'가 보격 조사로도 쓰인 것으로 추정된다.

(25) ㄱ. ᄒ다가 죽어도 後世의 일홈난 사름이 되니   [인대 3:13]

     ㄴ. 사름이란 거슨 아모리 富者가 되어도   [인대 6:6]

     ㄷ. 구름이 큰 산을 지나면 믈이 되고   [사필 6]

     ㄹ. 여러 셤이 합ᄒ야 ᄒ 나라가 되엿시니   [사필 21]

『인어대방』(1790)과 『사민필지』(1889)에서는 서술어로 쓰인 동사 '되다' 앞에서 보격 조사로서 자음 뒤에서는 '-이'가, 모음 뒤에서는 '-가'가 쓰였다. 이에 따라서 현대 국어에서도 보격 조사로서 '-이'와 '-가'가 구분되어 쓰이고 있다.

〈 관형격 조사 〉 중세 국어에는 관형격 조사의 변이 형태로 '-익/-의/-ㅣ', '-ㅅ'이 각각 구분되어서 쓰였는데, 근대 국어의 초기에는 이러한 관형격 조사가 모두 쓰였다.

(26) ㄱ. 사름의 ᄭᅡ딘 니나 아히 ᄀ니 뎌 됴ᄒ니   [두집 하29]

     ㄴ. 김시ᄂ 금귀현 사름이니 진사 뎡명의 안해라   [동삼 열8:20]

     ㄷ. 老身이 믜양 人家ㅣ 師儒ᄅ를 마자 ᄃ졉ᄒ야   [오전 1:18]

     ㄹ. 이 두 가짓 거슬 믿들려 ᄒ면 여슷 獨皮ᄅ를 ᄡ리로다   [박언 상29]

그러나 근대 국어의 시기가 진행될수록 '-익/-의/-ㅣ, -ㅅ' 중에서 '-ㅣ'와 '-ㅅ'이 점차로 사라졌는데, 근대 국어의 말기가 되면 관형격 조사의 형태가 '-의'로 통일되었다.

첫째, 중세 국어에서 '-ㅅ'은 합성 명사에서 사잇소리를 적는 글자로도 쓰였고, 명사와 명사 사이에서 관형격 조사로도 쓰였다. 그러나 근대 국어에서 '-ㅅ'은 대부분 합성 명사 안에서 사잇소리를 표기하는 글자로만 쓰였고, 관형격 조사로 쓰였던 '-ㅅ'은 점차로 '-익/-의'로 바뀌거나 탈락하였다.

(27) ㄱ. 江東 짜히 관원 빅셩이 다 흙과 진 되리라   [삼총 3:12]

　　　ㄴ. 아모 일이라도 父母의 마음에 슴흐시게 호야   [신심 1:14]

중세 국어에서는 앞의 체언이 존칭의 유정 명사이거나 비존칭의 무정 명사일 때에는
관형격 조사로서 '-ㅅ'이 쓰였다. 이처럼 중세 국어의 시기에는 '짜, 父母ㅅ'과 같이 '-ㅅ'
으로 실현되었을 관형격 조사가, 근대 국어에서는 (27)의 '짜히'와 '父母의'처럼 '-의/-
의'로 실현되었다.

　　둘째, 관형격 조사인 '-ㅣ'는 근대 국어 시기에도 모음으로 끝나는 체언 뒤에서 쓰이
기는 하였으나, 그 쓰임이 점차로 줄었다.

(28) ㄱ. 네 닐오미 맛치 내 뜻과 깃다   [노언 상10]

　　　ㄴ. 네 스승이 엇던 사룸고   [노언 상6]

　　　ㄷ. 뉘 집 세 어린 아히 이 거리에 와 입을 벙웃벙웃 ㅎᄂ뇨   [오전 1:10]

　　　ㄹ. 내 오늘 흔 아히를 사뒤 제 어버이 文書를 세워 주어시니   [박언 중9]

(29) ㄱ. 여러분 즁에도 自家의 악흔 일은 곳치지 안코   [신심 1:11]

　　　ㄴ. 그윽히 돌봄으로 모든 졍스의 쥬쟝을 삼는 고로   [사필 13]

　　　ㄷ. ㅎ든 직업을 여구이 ㅎᄂ 거시 신ᄌ의 도리요   [독신 1권 2호]

관형격 조사인 '-ㅣ'는 근대 국어에서 그 쓰임이 줄어들었는데, 19세기 말이 되면 (28)의
예처럼 인칭 대명사인 '나, 너, 누, 저'의 뒤에만 붙어서 '내, 네, 뉘, 제'의 형태로 아주
제한적으로 쓰였다. 이처럼 근대 국어에서 관형격 조사인 '-ㅣ'가 점차로 쓰이지 않게
되자, 인칭 대명사 이외의 체언에서는 (29)의 '自家의, 졍스의, 신ᄌ의'처럼 모음으로 끝
난 체언 뒤에서도 '-ㅣ'를 대신하여 '-의'가 쓰였다.[9]

　　〈 부사격 조사 〉 부사격 조사는 종류가 매우 다양하고 각각의 부사격 조사가 나타내는
의미도 다의적이다. 근대 국어에 쓰인 부사격 조사의 특징은 다음과 같다.

　　첫째, 17세기의 근대 국어에서는 위치를 나타내는 부사격 조사로서 '-애/-에/-예'와
'-의/-의' 등이 중세 국어와 마찬가지로 구분되어서 쓰였다. 그러나 18세기부터는 '-애
/-에/-예'와 '-의/-의'가 점차로 '-에'로 바뀌는 경향이 나타나는데, 19세기에는 '-에'로

---

9) 다만, 합성 명사의 내부에서 '쇼(牛)'의 뒤에 붙은 관형격 조사는 '쇠머리, 쇠고기'처럼 '-ㅣ'를 그대
　　로 유지하였다.
　　(보기) 쇠졋쯕과 쇠졋기름 [사필 28]

통일되었다.10)

(30) ㄱ. 쏘 父親이 겨시든 날에 同郡 安府判으로 더브러 交好ᄒ더니 [오전 1:1]

ㄴ. 후에 이런 사름이 해 長進티 못ᄒ며 [오전 1:18]

ㄷ. 뉘 집 세 어린 아히 이 거리에 와 입을 벙웃벙웃 ᄒᄂ뇨 [오전 1:10]

(30)의 『오륜전비』(1721)에는 앞 체언의 음운론적 환경에 관계없이 '-에'로만 실현되었다. 이러한 현상은 갈수록 심화되어서 19세기에는 '-애/-에/-예'와 '-익/-의'의 부사격 조사가 모두 '-에'로 통일되었다.

둘째, 근대 국어에서는 유정 명사의 뒤에서 상대를 나타내는 부사격 조사의 형태가 '-쎄/-께', '-의게/-게/-에게' 등으로 단순화되었다.

(31) ㄱ. 御馳走ᄒᄂ 분네께 御禮를 솔와 주쇼셔 [첩신 중 6:22]

ㄴ. 老夫ㅣ … 老夫人쎄 拜賀禮를 行홀 거시니이다 [오전 3:24]

(32) ㄱ. 이ᄂ 小人의 어믜 동싱의게 난 아이오 [노언 3:14]

ㄴ. 믈게 먹인 여믈과 콩을 대되 혜니 언머뇨 [청노 2:7]

ㄷ. 월ㅅ식은 짜히 희와 돌 두 ᄉ이에셔 돌에게 희ㅅ빗흘 [사필 5]
ᄀ리움이니

근대 국어에서는 중세 국어와 마찬가지로 높임의 대상인 체언 뒤에는 (31)처럼 '-께/-쎄'가 쓰였다. 그러나 낮춤의 체언 뒤에 쓰이는 부사격 조사로는 (32ㄱ)의 '-의게'나 (32ㄴ)의 '-게'의 형태로 쓰였다. 그리고 19세기 후반에는 (32ㄷ)처럼 '-의게'가 '-에게'로 바뀌어서 현대 국어에 이르고 있다.

상대를 나타내는 부사격 조사인 '-ᄃ려'도 중세 국어와 마찬가지로 근대 국어에서도 그대로 쓰였는데, 19세기가 되면 '-더러'로 바뀌었다.

(33) ㄱ. 네 날ᄃ려 뎌긔 景致를 니ᄅ라 [박언 상29]

ㄴ. 흔 도적이 와셔 모든 도적ᄃ려 닐오ᄃ [오전 5:32]

ㄷ. 일야는 한 여ᄌ … 쥬씨더러 일너 ᄀᆯ오ᄃ [조영 22]

10) '-애셔/-에셔/-예셔, '-익셔/-의셔'도 19세기 말에는 그 형태가 '-에셔'로 통일되었다.

예를 들어서 17세기와 18세기에는 (ㄱ)의 '날ᄃ려'와 (ㄴ)의 '도적ᄃ려'처럼 '-ᄃ려'의 형태로 쓰였다. 그러나 19세기의 문헌인 (ㄷ)의 『조군영적지』(1881)에는 '쥬씨더러'처럼 '-더러'의 형태로 바뀌어서 현대 국어까지 이르고 있다.

셋째, 중세 국어에서는 접속 조사나 '공동'의 부사격 조사로 '-와/-과'가 실현되었다. 곧, 모음이나 /ㄹ/로 끝나는 체언 뒤에는 '-와'가 쓰였고, /ㄹ/을 제외한 자음으로 끝나는 체언 뒤에는 '-과'가 쓰였다. 그러나 17세기부터는 /ㄹ/로 끝나는 체언 뒤에서 '-와'와 '-과'가 혼용되다가, 점차로 /ㄹ/로 끝나는 체언 뒤에서 '-과'의 형태로만 실현되었다.

(34) ㄱ. 프른 플과 녹두를 믈의 듬가 먹기고　　　　　　　[마언 상85]
　　　ㄴ. 每日에 漢ㅅ 션븨들과 ᄒ디셔 글 빅호니　　　　　[노언 상5]

(34)의 『마경초집언해』(17세기)와 『노걸대언해』(1670)에서는 /ㄹ/로 끝나는 체언인 '플'과 '션븨들'의 뒤에 접속 조사나 부사격 조사의 형태로 기존의 '-와' 대신에 '-과'가 쓰였다. 이처럼 /ㄹ/ 뒤에서 '-과'가 쓰임에 따라서, 자음의 체언 뒤에는 '-과'가 쓰이고 모음의 체언 뒤에는 '-와'가 쓰이는 교체 방식이 확립되었다.

넷째, 중세 국어에서는 '도구(수단), 방향, 원인, 자격, 변성'을 나타내는 부사격 조사로서 '-ᄋᆞ로/-으로'가 구분되어서 쓰였다.[11] 그런데 16세기 중엽부터 모음 조화 현상이 허물어지자, 근대 국어에서는 '-ᄋᆞ로/-으로'가 임의적으로 혼용되었다. 그리고 18세기 후반이 되면 /ㆍ/가 소멸함에 따라서 '-ᄋᆞ로'가 사라지고 '-으로'의 형태만 쓰였다.

(35) ㄱ. 칼ᄒᆞ로 죽디 몯ᄒᆞ면 노ᄒᆞ로 목미야 주구리라 ᄒᆞ고　[동삼 속열13]
　　　ㄴ. ᄆᆞ늣 좌로 가며 우로 가며 앒프로 가며 뒤ᄒᆞ로 가며　[연지 18]
　　　ㄷ. 쏘 병으로 머믈어 가디 못ᄒᆞ엿더니　　　　　　　[노언 하50]
　　　ㄹ. 每戰에 每勝ᄒᆞ야 將官으로 昇進ᄒᆞ니라　　　　　[국소 40]
　　　ㅁ. 스룸이 世上에 나와서 萬若 善良ᄒᆞᆫ 스룸으로 되얏스면　[신심 9]

(35)에서 부사격 조사인 '-ᄋᆞ로/-으로'는 (ㄱ)에서는 '도구(방법)', (ㄴ)에서는 '방향', (ㄷ)에서는 '원인', (ㄹ)에서는 '자격', (ㅁ)에서는 '변성'의 뜻을 나타낸다. 특히 19세기 문헌에서는 (ㄹ)과 (ㅁ)처럼 모음 조화 현상과 관계없이 '-으로'로만 실현되었다.

근대 국어에는 '방편'의 뜻을 나타내는 부사격 조사로 '-ᄋᆞ로써/-으로써'도 쓰였다.[12]

---

11) '도구(수단), 방향, 원인, 자격, 변성'의 세부 의미는 '방편'이라는 상위 의미로 묶을 수가 있다.

(36) ㄱ. 산에 ᄀ득ᄒᆫ 과실로뻐 食을 삼고   [박언 중43]

ㄴ. 이 아히 죽기로뻐 아비를 구ᄒ니   [오행 효32]

ㄷ. 님금의 시톄를 썩지 아니ᄒᄂᄂ 약으로써 바르고   [사필 144]

'-ᄋ로뻐/-으로뻐'는 18세기 말까지는 중세 국어에 쓰였던 형태가 그대로 유지되다가, 19세기 말에는 (ㄷ)의 『사민필지』(1889)에서처럼 그 형태가 '-으로써'로 바뀌어서 현대 국어에 이르고 있다.

다섯째, '비교'의 뜻을 나타내는 부사격 조사로는 중세 국어 때부터 쓰인 '-이/-ㅣ/-∅', '-와/과'가 근대 국어에서도 그대로 쓰였고, '-도곤, -보다가/-보다'가 근대 국어에서 새로이 쓰였다.

먼저, '-이/-∅'와 '-와/-과'가 중세 국어에 이어서 근대 국어에도 그대로 쓰였다.

(37) ㄱ. 이운 남기 엇뿌시 어믜 얼굴이 ᄀᆮ거늘   [동삼 효1:6]

ㄴ. 믈 갑과 뵛 갑슨 그저 녜 ᄀᆺ거니와   [노언 하4]

(38) ㄱ. 이 엇디 양을 모라 범을 팀과 다르리오   [오행 충57]

ㄴ. 슉영과 다시 부뷔 되여 녜와 ᄀᆺ티 사니라   [오행 열30]

17세기의 국어에는 (37)처럼 중세 국어처럼 '-이/-∅'의 부사격 조사가 활발하게 쓰였다. 그러나 18세기 초부터는 (38)처럼 점차로 '-와/-과'의 쓰임이 늘어나서 18세 말 이후에는 '-과/-와'의 형태로 바뀌어서 현대 국어에 이르고 있다.

그리고 '-도곤'과 '-보다가'도 '비교'의 뜻을 나타내는 부사격 조사로 쓰였다.

(39) ㄱ. 골픈 제 ᄒᆫ 입 어더 먹으미 브른 제 ᄒᆫ 말 어듬도곤   [노언 상64]
       나으니라

ㄴ. 부귀지인은 지력이 쪽ᄒ매 범인보다가 더 쉬오니라   [경신 84]

ㄷ. 이 곳에 사는 사름들이 약ᄃᆸ를 마쇼보다 더 만히 쓰ᄂ니라 [사필 145]

17세기까지는 비교를 나타내는 부사격 조사로서 (ㄱ)처럼 '-도곤'이 쓰였는데, '-도곤'은 중세 국어에 쓰인 '-두고, -두곤'의 형태가 바뀐 것이다. 그런데 18세기가 되면 (ㄴ)처

---

12) '-ᄋ로뻐/-으로뻐'는 '-ᄋ로(부조)+쓰(쓰다, 用)-+-어(연어)'가 결합하여 형성된 부사격 조사다.

럼 '-보다가'가 새로 생겨서 점차로 '-도곤'을 대신하게 되었다. '-보다가'는 19세기 후반에 이르면 그 형태가 (ㄷ)처럼 '-보다'로 바뀌어서 현대 국어에 이르고 있다.

여섯째, 중세 국어나 근대 국어의 초기에는 인용을 나타내는 부사격 조사가 쓰이지 않았다. 그러나 19세기 중반부터는 인용을 나타내는 부사격 조사인 '-고'가 나타났다.

(40) ㄱ. 네 主人의게 닐러 "삿과 집자리를 가져오라" ᄒ고　　　　　[청노 5:1]

　　ㄴ. 악쇼년이 글오되 "세 놈이 엇디 이런 어딘 형을 두엇ᄂᆞᆫ고" [오행 효48]
　　　　ᄒ고

(41) ㄱ. 사름이 이셔 "쥬흥이 모반ᄒ다"고 ᄒ거ᄂᆞᆯ　　　　　[태감 2:12]

　　ㄴ. 경동 신문샤에 왓단 말을 ᄌᆞ세히 안 후에야 "드러오라"고 [독신 1권 5호]
　　　　ᄒ미

18세기 후기까지 간행된 문헌에서는 인용을 나타내는 부사격 조사가 쓰이지 않았다. 예를 들어서 『청어노걸대』(1765)와 『오륜행실도』(1797)에서는 (40)처럼 인용절에 격조사 없이 동사인 'ᄒ다'만을 실현하여 인용절을 안은 문장을 형성하였다. 그런데 19세기 중후반에 간행된 『태상감응편도설언해』(1852)와 『독립신문』(1896)에서는 (41)처럼 인용을 나타내는 부사격 조사인 '-고'를 실현하여 인용절을 형성하였다.13)

〈 서술격 조사 〉 근대 국어의 서술격 조사는 중세 국어에 쓰인 '-이라/-ㅣ라/-Ø라'의 형태가 그대로 쓰였다.

(42) ㄱ. 이ᄂᆞᆫ 쥬인의 시긴 빈라　　　　　[태감 1:8]

　　ㄴ. 여조 ᄯ 왕화ᄂᆞᆫ 양명션싱의 부친이라　　　　　[태감 1:8]

　　ㄷ. 누에ᄂᆞᆫ 쏭닙을 먹ᄂᆞᆫ 버러지라　　　　　[신심 2:5]

(43) ㄱ. 이 집에 아니 잇난 쥴은 왼 동ᄂᆡ가 다 알 터이다　　　　　[귀의성 138]

　　ㄴ. 죄인이 도망ᄒᆞᆯ 지경이면 우리들은 죽는 놈이다　　　　　[은세계 10]

(42)의 (ㄱ)처럼 모음의 체언 뒤에서 실현되는 서술격 조사인 '-ㅣ라'는 19세기 말까지 쓰였다. 그리고 (ㄴ)처럼 자음의 뒤에 붙어 쓰이는 '-이라'와 (ㄷ)처럼 /ㅣ/로 끝나는 체

---

13) 특히 『독립신문』에 인용의 부사격 조사인 '-고'의 쓰임이 자주 나타나는 점을 보면, 19세기 후반의 입말에서는 '-고'의 쓰임이 일반적으로 쓰였음을 짐작할 수가 있다.

언의 뒤에 붙어 쓰이는 '-∅라'는 20세기 초까지 그대로 쓰였다.[14] 그러나 '-이다'의 형태도 (43)처럼 20세기 초부터 『귀의성』(1906)과 『은세계』(1908)의 신소설에서부터 쓰이기 시작하여, 현대 국어에서 일반화되었다.

〈호격 조사〉 중세 국어에서 호격 조사는 상대 높임의 등분에 따라서, 낮춤의 '-아/-야'와 예사 높임의 '-이여'와 아주 높임의 '-하'가 구별되어서 쓰였다. 이러한 호격 조사의 체계도 근대 국어에서는 변화를 겪게 된다.

첫째, 중세 국어에서 쓰이던 아주 높임의 '-하'가 17세기 이후에는 쓰이지 않았다.

(44) ㄱ. 하늘아 하늘아 우리 지아비 네 셜리 사롬의 텨 죽임을   [오전 1:45]
　　　님어다

　　ㄴ. 先生아 老身이 退歸ᄒᆞᄂᆞ니 오늘 세 아히의 賢愚善惡이   [오전 1:20]
　　　다 先生끠 잇ᄂᆞ니이다

(44)에서 '하늘'과 '先生'은 높임의 대상인데 중세 국어에 쓰였던 호격 조사 '-하'가 실현되지 않고 '-아'가 실현되었다.[15] 특히 (ㄴ)에서 부사어에는 '先生끠'로 표현되고 서술어에는 '잇ᄂᆞ니이다'로 높여서 표현했지만, 부름말인 '先生'에는 호격 조사로서 '-아'가 표현되었다. 그런데 20세기 이후의 현대 국어에서는 '-이여'에 주체 높임의 선어말 어미인 '-시-'를 실현해서 형성한 '-이시여'가 새로 생겨 나서, 중세 국어의 '-하'를 대신하여 아주 높임의 호격 조사로 쓰이고 있다.

둘째, 중세 국어에서는 예사 높임의 호격 조사로 '-이여/-ㅣ여/-여'의 세 가지 형태가 쓰였다. 그런데 근대 국어에서는 주격 조사나 서술격 조사와 마찬가지로 '-ㅣ여'의 형태가 사라지고 '-이여/-여'만 쓰였으며, 예사 높임보다는 영탄이나 정감을 표현한다.

(45) ㄱ. 善타 물음이여 善타 물음이여   [오전 1:22]
　　ㄴ. 슬프다 奉孝여 어엿브다 奉孝여 앗갑다 奉孝여   [삼총 9:16]

---

14) 그리고 중세 국어에서는 서술격 조사의 어간인 '-이-'의 뒤에 인칭이나 대상 표현의 선어말 어미가 붙으면, '-오-'가 '-로-'로 바뀌었다. (보기: '-이로-', '-이롬', '-이론', '-이롤' 등) 그러나 16세기부터 화자 표현과 대상 표현이 점차로 사라짐에 따라서, 근대 국어의 시기에는 국어에서는 '-로-'가 탈락되고 '-임, -인, -일' 등으로 쓰였다.

15) 체언에 호격 조사를 실현하지 않고 'ᄯᅳ님, 아바님, 안해님, 어마님, 할마님'과 같은 높임의 어휘를 단독으로 부름말(독립어)로 실현시켜서 높임의 뜻을 표현하였다.

(ㄱ)처럼 자음으로 끝나는 체언인 '물음'의 뒤에는 '-이여'가 붙고 (ㄴ)처럼 모음으로 끝나는 체언인 '奉孝'의 뒤에는 '-여'가 쓰였다.16)

셋째, '-아'는 18세기까지는 중세 국어에서처럼 모음으로 끝난 체언의 뒤에 쓰이기도 했다. 그러나 19세기 이후에는 '-아'와 '-야'는 각자가 실현되는 음운론적 환경이 명확하게 구분되었는데, 자음 아래에서는 '-아'로 모음 아래에서는 '-야'로 실현되었다.

(46) 어딘 아히아 너희 弟兄 둘히 뎌 아히들을 드려 뒷 내혜   [박언 중56]
     목욕ᄒ라 가라

(47) ㄱ. 큰 형아 네 어딘로셔 온다   [청노 1:1]
     ㄴ. 아희야 닉은 ᄂᆞᆯ 잇거든 가져와 나그너들의게 드리라   [청노 3:7]

(46)의 『박통사언해』(1677)에서 '아히아'는 모음으로 끝난 체언에 '-아'가 쓰였는데, 이는 중세 국어의 쓰임과 같다. 그러나 (47)의 『청어노걸대』(1765)에서는 '-아'는 (ㄱ)의 '형'처럼 자음으로 끝난 체언 뒤에만 쓰였고, '-야'는 (ㄴ)의 '아희'처럼 모음으로 끝난 체언 뒤에만 쓰여서 현대 국어까지 이르게 되었다.

나. 접속 조사

중세 국어에 쓰인 접속 조사로는 '-와/-과', '-이며/-ㅣ며/-며', '-이여/-ㅣ여/-여' 등이 있었는데, 근대 국어에서는 이들 중에서 '-이여/-ㅣ여/-여'가 쓰이지 않았다.

(48) ㄱ. 셋재 줄 열여슷 뎝시에ᄂᆞᆫ 柑子와 石榴와 香水梨와 櫻桃와   [박언 상4]
     슬고와 굴근 님금과 유황슬고와 굴근 외얏이오
     ㄴ. 내 집의 댱 ᄒᆞᆫ 독과 ᄡᆞᆯ ᄒᆞᆫ 말 닷 되를 ᄡᆞ 속에 무더시니   [오행 열58]

(49) ㄱ. 김시ᄂᆞᆫ 남원부 사ᄅᆞᆷ이니…셩이며 힝실이 곧고 몱더니   [동삼 열8]
     ㄴ. 稱은…處士ㅣ며 秀才며 현재 郞이며 현재 公이라 홈 ᄀᆞᄐᆞᆫ   [가례 7:34]
     類ㅣ라
     ㄷ. 여호ᄂᆞᆫ 닭이며 기구리며 쥐를 잘 먹으며 ᄯᅩ 집오리며   [신심 6]
     木實을 먹습ᄂᆡ다

---

16) 여기서 (45ㄴ)의 '奉孝여'는 중세 국어에서는 '奉孝ㅣ여'로 실현되었다.

(48)에는 '-과/-와'가 접속 조사로 쓰였는데, '柑子'처럼 모음으로 끝나는 체언의 뒤에서는 '-와'가 쓰였고 '독'처럼 자음으로 끝나는 체언의 뒤에서는 '-과'가 쓰였다. 그리고 (49)에는 '-이며/-ㅣ며/-며'가 접속 조사로 쓰였다. 다만 '-ㅣ며'의 형태는 (ㄴ)처럼 근대 국어의 초기에만 쓰였고 근대 국어의 후기에는 쓰이지 않았다. 그리고 15세기 국어에서는 접속 조사는 명사구에서 마지막 체언에도 접속 조사가 실현되는 예가 있었는데, 16세기 이후의 국어에서는 (48~49)에서처럼 접속 조사가 선행 체언에만 붙고 마지막 체언에는 실현되지 않았다.

다. 보조사

보조사는 체언 뒤에 붙어서 화용론적인 의미를 더해 주는 조사인데 그 종류가 매우 다양하다. 여기서는 근대 국어에 쓰인 대표적인 보조사의 형태와, 그것이 쓰인 예문, 그리고 각각의 보조사가 나타내는 핵심적인 의미를 간략하게 제시한다.17)

① 이 세 벗이 이 네 권당<u>가</u>   [노언 상13]

　　네 스승이 엇던 사름<u>고</u>   [노언 상6]

② 이도 술이 숩<u>는</u> 일이오니 그리<u>곰</u> 너기디 마르쇼셔   [첩신-초 3:10]

③ 나<u>곳</u> 술을 탐ᄒᆞ면 취흔 사름을 앗기ᄂᆞ니라   [노언 상37]

④ 아무 제<u>나</u> 일뎡 죽글 거시니   [동삼 열7:47]

　　너희 둘이 예 오는 디 언머<u>나</u> ᄒᆞ뇨   [노언 상61]

⑤ 이러툿 흔 갑세<u>는</u> 진실로 ᄑᆞ디 못ᄒᆞ리로다   [노언 하10]

⑥ 처음 머길 제란 그저 콩믈을<u>다가</u> 버므려 주고   [노언 상22]

　　손까락 굴긔예 긴 쇠가락으로<u>다가</u> 비목에 곳고   [박언 중36]

⑦ 어미 죽거늘 송장이며 졔ᄉᆞ를 례<u>다이</u> ᄒᆞ며   [동삼 속효30]

　　법<u>대로</u> 술을 밍ᄃᆞ라 드리니 병이 나으니라   [오행 효37]

⑧ 나흘 닷쇄<u>도록</u> 대변 몯 보거든   [두집 하20]

---

17) ①의 '-가/-고'는 '의문', ②의 '-곰'은 '강조'나 '여운', ③의 '-곳/-옷'은 '한정 강조', ④의 '-이나/-ㅣ나/-나'는 '선택'이나 '강조(정도)', ⑤의 '-ᄂᆞᆫ/-는/-ㄴ'은 '주제'나 '대조', ⑥의 '-다가'는 '유지(維持, -을 가지고서)'나 '강조', ⑦의 '-다이'와 '-대로'는 '그것과 달라짐이 없음'이나 '구분(區分)', ⑧의 '-이도록/-도록'은 '도달(到達)', ⑨의 '-도'는 '역시'나 '또한', ⑩의 '-란/-랑'은 '주제'나 '대조', ⑪의 '-마다'는 '낱낱이 모두', ⑫의 '-만'은 '단독'이나 '한정', ⑬의 '-브터'는 '시작', ⑭의 '-셔'는 '위치 강조', ⑮의 '-ᄉᆞ지'는 '도달'이나 '도착', ⑯의 '-ᄲᆞᆫ'은 '한정', ⑰의 '-식'은 '각자(개별)', ⑱의 '-이야/-ㅣ야/-야'는 '한정 강조', ⑲의 '-조차'는 '이미 어떤 것이 포함되고 그 위에 더함', ⑳의 '-인ᄃᆞᆯ'은 '양보', ㉑의 '-마ᄂᆞᆫ'은 '반전 종결(反轉終結)'의 뜻을 나타낸다.

⑨ 열 손가락도 기니 뎌르니 잇느니 　　　　　　　　　　　　[박언 상29]

⑩ 딥흐란 건디고 븕나모 겁질을 녀허 두어 소솜 슬혀 　　　[구활 9]

⑪ 날마다 뿔 훈 홉과 차 빳던 됴희와 나무거플을 섯거 먹는디라 [오행 충32]

⑫ 이 밥에셔 훈 사발만 다마 내어 뎌 버들 주쟈 　　　　　　[노언 상38]

⑬ 내 高麗 王京으로셔브터 오라 　　　　　　　　　　　　　[노언 상1]

⑭ 네 갓을 어딕셔 밍두란느뇨 　　　　　　　　　　　　　　[박언 중25]

　　네 高麗 싸히셔 므슴 貨物 가져온다 　　　　　　　　　　[노언 하2]

⑮ 처음브터 굿싯지 힘뼈 行호여 게을리 아니호면 　　　　　[청노 7:12]

⑯ 더옥 셜워 훈 들 나마 밥 아니 먹고 믈쑌 먹거늘 　　　　[동삼 열6]

⑰ 지아비 죽거늘 날로 세 번식 울고 졔호더니 　　　　　　　[동삼 열1:73]

⑱ 흐믈며 사름이야 닐러 무엇호리오 　　　　　　　　　　　[오행 종45]

⑲ 다른 믈조차 다 뎐염호여 해야디로다 　　　　　　　　　　[노언 상17]

⑳ 미나리를 됴히 너교믄 녜로 오매 野人인들 알리로다 　　[두언-중 7:18]

㉑ 죄인이 비록 어리나 엇디 죽기 두려오믈 모르리오마는 　[오행 효40]

여기서 ①의 '-가/-고'는 체언 뒤에 붙어서 의문문을 형성하는데, 판정 의문문에는 '-가'
가 실현되었고 설명 의문문에는 '-고'가 실현되었다. ⑥의 '-다가'는 반드시 목적격 조사
나 부사격 조사인 '-(으)로'의 뒤에서만 실현되었다. ⑦의 '-다이'는 중세 국어의 의존
명사로 쓰인 '다비'에서 바뀐 형태이며, '-대로'는 중세 국어의 의존 명사인 '대로'가 근대
국어에서 보조사로 바뀐 것이다. ⑧의 '-이도록'은 서술격 조사인 '-이라'에 연결 어미인
'-도록'이 붙어서 된 파생 보조사이다. ⑮의 '-싯지'와 ⑯의 '-뿐'은 중세 국어에서는
각각 의존 명사인 '싯장'과 '뿐'으로 쓰였는데, 근대 국어에서는 체언 뒤에 쓰여서 보조사
로 바뀌었다. 15세기에는 각자의 뜻을 나타내는 보조사로서 '-곰'이 쓰였는데, 16세기부
터는 ⑰의 '-식'이 '-곰'을 대신하였다. ⑱의 '-이야'는 중세 국어의 '-이샤'가 바뀐 형태이
다. 15세기에는 주격 조사인 '-이'에 보조사인 '-샤'가 결합되어서 형성된 것인데, 16세기
이후에는 '-이샤/-이야'가 하나의 보조사로 굳어졌다. 끝으로 ㉑의 '-마는'은 15세기의
'-마른'이 16세기부터 바뀐 형태인데, '-마는'은 문장의 끝에 실현되는 종결 보조사이다.

2.1.2. 용언

　근대 국어의 용언은 중세 국어와 마찬가지로 문법적인 특징에 따라서 동사와 형용사
로 구분된다. 그리고 단어의 자립성과 실질적인 의미의 유무에 따라서는 본용언과 보조

용언으로 구분되기도 한다.

2.1.2.1. 보조 용언

근대 국어의 보조 용언은 중세 국어의 시대와 큰 차이는 없으나, 몇 가지 점에서 중세 국어와 차이를 보인다. 근대 국어에 쓰인 대표적인 보조 용언의 종류와 그것이 문장에 실현된 예를 보이면 다음과 같다.

첫째, '-아 잇다/겨시다/계시다'와 '-아 브리다', '-아 두다', '-아 내다', '-아 놓다' 등은 '완료(完了)'의 동작상을 나타낸다.

(1) ㄱ. 부모 상수 만나 무덤의 집 지어 잇기를 삼 년을 ᄒ고   [동삼 효3:81]

    ㄴ. 혜장대왕이 온양 힝힝ᄒ여 겨시거늘   [동삼 열1:32]

    ㄷ. 公계셔는 婚姻ᄒ시고 卽時 離別ᄒ여 계시니   [인대 6:19]

(2) ㄱ. 심심흠을 푸러 브리ᄂᆞᆫ 거슨 다만 쇼쥬과 술이라   [삼총 8:17]

    ㄴ. 글란 이제 東萊 술와 보내야 드릴 양으로 ᄒ오려니와   [첩신-초 1:25]

       ᄌᆞ셰히 뎌겨 두읍소

    ㄷ. 이 어려온 글을 슈유지간의 지어 내니 이런 敏捷ᄒᆞᆫ 少年이   [인대 6]

       어이 잇ᄉᆞ올고

    ㄹ. 됴셕의 샹식ᄒ고 미졀의 의복 지어 노터라   [동삼 열2:60]

(1)에서 '-아 잇다/이시다'와 '-아 겨시다/계시다'는 본용언이 나타내는 동작이 끝난 뒤에 그 상태가 지속됨을 나타내며(=완료 지속), '-아 겨시다/계시다'는 주체가 높임의 대상일 때에 완료 지속의 의미를 나타낸다. (2)에서 (ㄱ)의 '-아 브리다'는 본용언이 나타내는 동작이 이미 끝났음(=완료)을 나타내며, (ㄴ)의 '-아 두다'는 동작을 끝내고 그 결과를 그대로 유지(=완료 유지)함을 나타낸다. (ㄷ)의 '-아 내다'는 본용언이 나타내는 동작이 스스로의 힘으로 끝내 이루어짐(=성취)을 나타내며, (ㄹ)의 '-아 놓다'는 동작을 끝내고 그 결과를 유지함(완료 유지)을 나타낸다. 근대 국어에서는 '-어 잇다/이시다/겨시다'가 쓰이는 빈도가 점차로 줄어들었다. 이러한 현상은 이들 표현이 축약되어서 '과거 시제'나 '완료상'을 나타내는 선어말 어미로 바뀌었기 때문에 나타난 것이다.18)

---

18) '-어 잇다'는 15세기 말부터 그 형태가 축약되어서 '-엣-, -앳-, -얏-, -옛-'으로 바뀌었는데, 17세기 무렵에는 다시 '-엇-, -앗-, -엿-'으로 바뀌어서 '과거 시제'나 '완료상'을 나타내었다.

둘째, '-고 잇다', '-아 가다', '-아 오다'는 '진행(進行)'의 동작상을 나타낸다.

(3) ㄱ. 진수 뉴영의 풀히 오히려 어믜 주검을 <u>안고 잇더라</u>   [동삼 효8:15]

    ㄴ. 나불봊치 언덕의 <u>버더 가고</u>   [명언 2:65]

    ㄷ. 桃花는 혼날리고 綠陰은 <u>퍼져 온다</u>   [가원 45]

(ㄱ)의 '-고 잇다'는 본용언이 나타내는 동작이 계속 진행되고 있거나 그 동작의 결과가 지속됨을 나타낸다. (ㄴ)의 '-아 가다'는 본용언이 나타내는 동작이 화자를 기준으로 멀어지거나 약화되면서 진행됨을 나타낸다. 반면에 (ㄷ)의 '-어 오다'는 본용언의 동작이 화자를 기준으로 가까워지거나 강화되면서 진행됨을 나타낸다. 근대 국어에서는 완료상을 나타내는 '-아 잇다/이시다/겨시다'의 쓰임이 줄어든 반면에, 진행상을 나타내는 '-고 잇다/이시다/겨시다'의 쓰임이 지속적으로 늘어났다.

    셋째, '-아/-어 지라'는 '바람'이나 '희망'의 뜻을 나타내고, '식브다'는 그것이 쓰이는 통사론적인 환경에 따라서 '희망'이나 '추측'의 뜻을 나타낸다.

(4) ㄱ. ㄴ츨 사겨셔 붓그러우믈 시서 <u>지이다</u>   [두언-중 8:3]

    ㄴ. 원컨딕 이 ᄯ을 드려 첩을 <u>삼아 지라</u> ᄒ거늘   [태감 3:6]

(5) ㄱ. 슬퍼 아니 먹논디 아니라 <u>먹고져 십브디</u> 아니ᄒ니   [동삼 열6]

    ㄴ. 씌룰 씌요니 미츄미 나 ᄀ장 <u>우르고져 시브니</u>   [두언-중 10:28]

(6) ㄱ. 軒檻에셔 양ᄌ롤 어루 <u>브를가 식브도다</u>   [두언-중 16:46]

    ㄴ. 다만 冠帶 ᄒ시미 됴홀가 <u>시프외</u>   [첩신-초 7:12]

(4)의 '-아 지라'는 15세기의 중세 국어에서는 일반적으로 쓰이다가, 16세기 이후부터는 '식브다'로 점차로 대체되었다.[19] (5)의 '식브다/십브다/시브다/시프다' 등은 의도를 나타내는 연결 어미인 '-고져'의 뒤에 실현되어서, '바람'이나 '희망'의 뜻을 나타낸다. '-고져 식브다'는 15세기 중반부터 쓰이기 시작해서 16세기부터 점차로 '-아 지라'를 대신하게 되었다.[20] 그리고 (6)의 '식브다'는 '-은가'나 '-을가'로 끝나는 의문문의 뒤에 실현되

---

19) '-아 지라'의 쓰임이 16세기 이후로 줄어들기는 했으나 근대 국어의 초기에도 그 쓰임이 이어지다가 점차로 졌다.

20) 『번역소학』(1518)에서는 "안즉 놀애며 춤과롤 ᄀᄅ치고져 <u>식브니라</u>"[6: 10]로 표현되었다. 대략적

어서 '추측'의 뜻을 나타낸다. (5)와 (6)의 '식브다/십브다/시브다/시프다'는 현대 국어에서는 '-고 싶다'나 '-을까 싶다'의 형태로 바뀌어서 쓰이고 있다.

넷째, '-디/-지 아니ㅎ다'와 '-디/-지 못ㅎ다'는 '부정'의 뜻을 나타낸다.

(7) ㄱ. 녈녀는 두 지아비를 셤기디 아니ㅎ고　　　　　　　　　　　[오행 충45]
　　 ㄴ. 술이 됴토 아니ㅎ오니 권키 어렵습것마는　　　　　　　　　[첩신-초 3:6]
　　 ㄷ. 싸ㅅ속에 굴이 잇서 삼십 리를 드러가도 싯홀 보지 못ㅎ고 [사필 109]
　　 ㄹ. 군수는 별노 만치 못ㅎ며　　　　　　　　　　　　　　　　 [사필 127]

(ㄱ)과 (ㄴ)에서 '-디/-지 아니ㅎ다'는 '단순 부정'이나 '의지 부정'의 뜻을 나타내며, (ㄷ)과 (ㄹ)의 '-디/-지 못ㅎ다'는 '능력 부정'의 뜻을 나타낸다. 다만, 18세기 이후에는 중앙 방언에서 구개음화 현상이 진행됨에 따라서, 18세기 말부터는 (ㄷ)과 (ㄹ)처럼 보조적 연결 어미의 형태가 '-디'에서 '-지'로 바뀌었다.

다섯째, '-아 보다', '-아 주다/드리다', '-아 지다', '-게 ㅎ다' 등도 본용언에 붙어서 문법적인 뜻을 더해 준다.

(8) ㄱ. 됴흔 술이니 네 먹어 보라　　　　　　　　　　　　　　　 [노언 상57]
　　 ㄴ. 이런 젼ㅊ로 날을 玄君의 職으로 뻐 주시니　　　　　　　 [오전 8:43]
　　 ㄷ. 님군의 의복 음식과 거쳐와 범빅을 편ㅎ시도록 ㅎ여　　　[독신 2권 4호]
　　　　드리는 거시 빅셩의게 유죠ㅎ지라
　　 ㄹ. 졈졈 집히 굿어 둑거워 지니 이에 싸뎡이가 되엿는지라　 [사필 9]
　　 ㅁ. 내 형뎨로 ㅎ여곰 종용히 고ㅎ게 ㅎ라　　　　　　　　　 [오행 충43]

(ㄱ)의 '-아 보다'는 '시도'나 '경험'의 뜻을 나타내고, (ㄴ)과 (ㄷ)의 '-아 주다/드리다'는 '봉사'의 뜻을 나타낸다. 그리고 (ㄹ)의 '-아 지다'는 '피동'의 뜻을 나타내며, (ㅁ)의 '-게 ㅎ다'는 '사동'의 뜻을 나타낸다.

으로 볼 때에, 이 단어는 '식브다 〉 십브다 〉 시브다 〉 싶다'와 같이 형태가 변화했다.

2.1.2.2. 어미의 유형

근대 국어의 어미의 종류는 중세 국어에 비해서 많이 줄어들었다. 여기서는 중세 국어의 경우와 마찬가지로, 근대 국어에 나타나는 어미의 종류와 특징을 '어말 어미'와 '선어말 어미'로 나누어서 기술한다.

가. 어말 어미

어말 어미로는 문장을 끝맺는 기능을 하는 '종결 어미'와 이어진 문장을 형성하는 '연결 어미', 그리고 안은 문장 속의 성분절을 형성하는 '전성 어미'로 나누어진다.

(가-1) 종결 어미

종결 어미는 문장을 끝맺는 어말 어미인데, 이에는 '평서형, 의문형, 명령형, 청유형, 감탄형'의 종결 어미가 있다. 근대 국어의 종결 어미는 중세 국어나 현대 국어와 마찬가지로 문장의 종결 기능과 함께 상대 높임의 기능이 함께 나타난다. 근대 국어의 상대 높임의 등분은 중세 국어와 마찬가지로 '낮춤, 예사 높임, 아주 높임'의 세 가지 등분으로 구분되었다.

〈 평서형의 종결 어미 〉 15세기의 중세 국어에서는 평서형의 어미로서 '-다/-라, -마, -ㄹ셰라'가 쓰였다. 근대 국어에서는 이들 어미와 함께 '-롸'와 '-데, -늬, -뇌, -노쇠, -도쇠/-로쇠'도 쓰였다.

첫째, 15세기의 중세 국어에서부터 '낮춤'의 등분인 '-다/-라, -마, -ㄹ셰라'가 17세기 이후의 근대 국어에도 그대로 쓰였다.

(9) ㄱ. 뉘 닐오딕 회 시종이 업다 ᄒ리오 　　　　　　　 [오행 효60]
　　 ㄴ. 내 너를 위ᄒ여 님자 어더다 폴게 ᄒ마 　　　　 [노언 상23]
　　 ㄷ. 呂布ㅣ 니로되 … 노적이 의심ᄒ<u>ㄹ셰라</u> 급히 가 보쟈 ᄒ고 　 [삼총 1:18]

(ㄱ)에는 평서형 어미로서 가장 일반적으로 쓰이는 '-다'가, (ㄴ)에는 '약속'의 뜻을 나타내는 '-마'가, (ㄷ)에는 '경계'의 뜻을 나타내는 '-ㄹ셰라'가 쓰였다.

둘째, '낮춤'의 등분인 '-롸'가 17세기의 근대 국어에서 새로 나타났다.

(10) ㄱ. 閑散ᄒ 싸해 더옥 벼개를 노피 벼요니 사라쇼매 조요ᄅ윈 [두언-중 11:2]
　　　　 늘을 버서나<u>롸</u>

ㄴ. 네 믈 깃기 니근 듯 ᄒᆞ괴야 내 믈 깃기 닉디 못호롸   [노언 상31]

ㄷ. 믿이 닐오ᄃᆡ 내 죽이롸 아이 닐오ᄃᆡ 믿이 아니라 내   [어내 3:16]
   죽이롸

ㄷ. 關公이 니로되 밧비 발흠으로 어더 가져오지 못ᄒᆞ롸   [삼총 2:25]

(10)에서는 평서형의 어미로서 '-롸'가 쓰였는데, '-롸'는 대체로 화자가 주어로 쓰이는 문장에서 서술어로 쓰였다. 이러한 점을 보면 '-롸'는 화자 표현의 선어말 어미인 '-오-'와 평서형 어미인 '-라(←-다)'가 축약된 형태와 관련이 있음을 알 수 있다.21) 이러한 '-롸'는 17세기 초기부터 18세기 후반까지 쓰인 것으로 보인다.

   셋째, '예사 높임'의 등분인 '-데, -닝, -뇌, -외, -리, -쇠, -도쇠/-로쇠' 등이 17세기의 근대 국어에 새로 나타났다.

   (11) ㄱ. 우리 듯기도 더옥 깃브ᄋᆞ데   [첩신-초 3:37]

      ㄴ. 처음으로 御對面ᄒᆞ오니 아름다와 ᄒᆞᄋᆞ닝   [첩신-초 4:1]

      ㄷ. 날 보려 코 잇다 ᄒᆞ니 더욱 고마와 ᄒᆞ뇌   [현곽 104:17]

      ㄹ. 병 드러 몯 난다 ᄒᆞ니 ᄀᆞ장 섭섭ᄒᆞ외   [첩신-초 2:2]

      ㅁ. 하 니르시니 ᄒᆞ나 먹스오리   [첩신-초 1:18]

      ㅂ. 그러면 게셔도 日吉利 이실 둣 ᄒᆞ다 니르ᄋᆞ쇠   [첩신-초 5:14]

『현풍곽씨언간』(16세기 초)과 『첩해신어』(1676)에는 평서형 어미로서 '-데, -닝, -뇌, -외, -리, -쇠' 등이 쓰였다. 이는 중세 국어의 '-더이다, -ᄂᆞ이다, -ᄂᆞ오이다, -오이다, -리이다, -소이다' 등의 복합 형태에서 평서형 어미인 '-다'가 탈락하고, 상대 높임의 선어말 어미인 '-이-'가 앞의 선어말 어미와 축약된 결과이다.22) 따라서 '-데-'에는 회상의 뜻이, '-닝'에는 현재 시제의 뜻이, '-뇌'에는 현재 시제와 화자 표현의 뜻이, '-외-'에는 공손의 뜻이, '-리'에는 미래 시제의 뜻이, -쇠-'에는 느낌(감동)의 뜻이 함께 나타난다. 그리고 이들 평서형 어미는 상대 높임의 선어말 어미의 '-이-'가 축약되어 있는데, 이 과정에서 상대 높임의 선어말 어미 '-ㅣ(←-이-)'는 원래의 아주 높임의 등분보

---

21) 『번역노걸대』(16세기 초)에 표현된 "네 므슴 그를 빈혼다 (내) 論語 孟子 小學을 닐고라 [번노 상2]"가 『노걸대언해』(1677)에는 "論語 孟子 小學을 닐그롸 [노언 상2]"로 표현되었다는 점에서 '-롸'가 화자 표현의 '-오-'와 관련이 있음을 짐작할 수 있다.

22) 예를 들어서 '-데'는 원래는 '-더이다(-더-+-이-+-다)'가 축약된 복합 형태인데, '-더이다'에서 평서형 종결 어미인 '-다'가 탈락하고 남은 '-더이-'가 '-데'로 축약된 것이다.

다 낮아져서 예사 높임으로 기능한다.

넷째, 16세기 후반부터 약속의 뜻을 나타내는 '-음새'가 예사 높임의 평서형 어미로 쓰였다.

(12) ㄱ. 오늘 굿 보라 가니 와셔 사름 보낼새   [순김 27:4]
    ㄴ. 나죄 즈음 가 보고 올새   [순김 160:5]

(13) ㄱ. 그러면 이러나 뎌러나 니르시는 대로 ᄒ옴새   [첩신-초 7:21]
    ㄴ. 이제야 ᄇᆡ예 ᄐᆞ오니 션챵 ᄀᆞ의 가 하딕 슬옴새   [첩신-초 8:29]

(12)는 『순천김씨묘출토간찰』(16세기 말)에 쓰인 문장인데 '-음새'가 종결형 어미로 쓰였는데, 편지글의 문맥으로 보면 '-음새'는 예사 높임의 평서형 어미인 것으로 추정된다. 근대 국어에서는 17세기 후반의 『첩해신어』(1676)에서는 (13)처럼 '-음새'가 다시 나타난다. 곧, (13ㄱ)에서는 공손 표현의 선어말 어미인 '-오-'가 실현되어서 '-옴새'의 형태로 나타났다. '-음새'는 근대 국어에서는 『첩해신어』에서만 나타나며, 18세기와 19세기의 문헌에서는 나타나지 않는다. 현대 국어에서는 '-음새'가 '-음세'의 형태로 바뀌어서 예사 낮춤의 등분으로 쓰이고 있다.

다섯째, 예사 높임의 평서형 어미로서 '-소'와 '-오'가 19세기 말에 새로이 쓰였다.

(14) ㄱ. 如旧히 ᄯ또 미워홈을 免치 못ᄒ리라 ᄒ얏소   [신심 11]
    ㄴ. 그 죄에 젹당ᄒ 형률을 당ᄒ는 거시 올흘 듯 ᄒ오   [독신 1권 7호]

'-소/-오'는 앞 말의 음운론적 환경에 따라서 교체되었는데, (ㄱ)처럼 자음 뒤에서는 '-소'가 (ㄴ)처럼 모음 뒤에서는 '-오'가 쓰였다. 이 형태소는 현대 국어에서도 쓰이고 있는데, 대체로 격식체의 문장에서 예사 높임의 등분으로 쓰이고 있다.

여섯째, 아주 높임의 평서형 어미로서 '-ᄋᆞᆸᄂᆡ다'가 19세기 말부터 쓰였는데, 이는 현대 국어에서 '-습니다/-ㅂ니다'로 바뀌어서 쓰이고 있다.

(15) ㄱ. 녜부터 有名ᄒᆫ 學者와 高明ᄒᆫ 賢人이 만히 잇습ᄂᆡ다   [신심 3]
    ㄴ. 형률 명예를 의지ᄒ야 알외옵ᄂᆡ다   [독신 2권 33호]

'-습ᄂᆡ다/-ᄋᆞᆸᄂᆡ다/-옵ᄂᆡ다'도 (ㄱ)처럼 자음 뒤에서는 '-습ᄂᆡ다'로, (ㄴ)처럼 모음 뒤에서는 '-옵니다/-옵니다'로 교체되었다. 이는 그 이전에 쓰였던 '-습-/-옵-+-ᄂ-+-이-+-다'의 어미가 통합되어서 '-습ᄂ이다/-옵ᄂ이다 → -습니다/-옵니다 → -ㅂ니다/-습니다'의 변화 과정을 거쳐서 형성된 평서형 어미이다. 현대 국어에서는 '-습니다/-옵니다'의 형태가 '-ㅂ니다/-습니다'의 형태로 바뀌어서, 아주 높임의 등분인 평서형 어미로 쓰이고 있다.

〈 의문형의 종결 어미 〉 중세 국어에서는 인칭 의문문에서 '-은'과 '-읋'에 '-다, -고, -가'가 결합하여서 된 의문형 어미와, 비인칭 의문문에서 '-으니-'와 '-으리-'에 '-가'와 '-고'가 붙어서 된 의문형 어미가 구분되어서 쓰였다. 그리고 설명 의문문에는 '-고' 계열의 의문형 어미가 쓰였고, 판정 의문문에는 '-가' 계열의 의문형 어미가 쓰였다.[23]

근대 국어에는 중세 국어에 쓰였던 의문형 어미가 거의 다 쓰였기 때문에, 근대 국어에 쓰인 의문형 어미를 일일이 제시하여 설명하는 것은 쉽지 않다. 따라서 여기서는 근대 국어의 의문형 어미에 나타나는 특징적인 사항만 선택하여 기술하기로 한다.

첫째, 설명 의문과 판정 의문에 따라서 의문형 어미가 '-고' 계열과 '-가' 계열로 구분되던 현상이 18세기까지는 비교적 잘 유지되었다.[24] 그러나 19세기 이후부터는 점차로 '-고' 계열의 의문형 어미가 사라졌다.

(16) ㄱ. 네 젼의 은긔 도젹ᄒ던 닐을 네 **엇지** 이젓**ᄂ냐**　　　　[태감 1:36]

　　 ㄴ. **누가** 나의 사랑ᄒ난 櫻木을 버혓**ᄂ냐**　　　　　　　　[신심 8]

　　 ㄷ. 빅셩들을 살게 구완ᄒᄂ 뜻시 **어듸** 잇**ᄂ냐**　　　　　[독신 1권 57호]

(17) ㄱ. 저 젹은 문셔의 쓴 말은 **무슨** 닐이니잇**가**　　　　　　[태감 2:23]

　　 ㄴ. ᄯ도 後悔만 ᄒ들 **무슴** 效驗이 잇스오리잇**가**　　　　[신심 31]

(16)과 (17)은 모두 19세기 후반에 간행된 문헌에 쓰인 문장이다. 이들 문장에서는 의문 사인 '엇지, 누, 어듸'와 '무슨, 무슴' 등이 문맥에 쓰였지만, 서술어에 의문형 어미로서 '-냐'와 '-니잇가, -리잇가' 등이 실현되었다. 이처럼 중세 국어에서 설명 의문문에 쓰였던 '-고' 계열의 의문형 어미는 19세기 말의 근대 국어에서는 점차로 잘 쓰이지 않게 되었다. 이에 따라서 현대 국어에서는 설명 의문문과 판정 의문문에 구애되지 않고 모두 '-가' 계열의 의문형 어미로 통일되었다.[25]

---

23) 15세기 국어에 쓰였던 의문형 어미의 종류와 분류 방법은 이 책 138쪽의 내용을 참조할 것.

24) 일부 회화체의 문헌에서는 17세기의 근대 국어에서도 이미 '-가' 계열의 의문형 어미가 설명 의문문에 쓰인 예가 보인다.

둘째, 중세 국어에서 문장의 주어가 청자(2인칭 주어)일 때에 실현되었던 '-ㄴ다'와 '-ㄹ다'는 점차로 쓰임이 줄어서 19세기 이후에는 거의 쓰이지 않았다.

(18) ㄱ. (네) 얻디 날늘 샐리 주기디 아니ᄒᆞᄂ다   [동삼 열4:76]

   ㄴ. 너ᄂᆞᆫ 이 엇던 사ᄅᆞᆷ인다   [오전 1:11]

   ㄷ. 네 엇지 싱심이 나 내 ᄉᆞ랑ᄒᆞᄂ 계집 향ᄒᆞ여 희롱ᄒᆞᄂ다 [삼총 1:9]

(19) ㄱ. 네 며를 ᄎᆞ자 므슴 홀따   [노언 하1]

   ㄴ. 네 어듸 날을 이길다   [박언 상22]

(18~19)처럼 17세기와 18세기에 발간된 문헌에서는 2인칭 주어가 쓰인 문장에서 의문형 어미로서 '-ㄴ다'와 '-ㄹ다'가 실현되었다. 이처럼 근대 국어의 중기까지는 '-ㄴ다'와 '-ㄹ다'가 쓰였으나, 근대 국어의 말기인 19세기의 문헌에서는 '-ㄴ다'와 '-ㄹ다'가 쓰인 예를 찾기가 어렵다.[26)]

셋째, 중세 국어에 많이 쓰였던 '-녀, -려'의 형태는 근대 국어의 시기에는 점차로 '-냐, -랴'로 바뀌었다.

(20) ㄱ. 네 바ᄅᆞ 알리로소녀 내 바ᄅᆞ 알리로다   [번박 14]

   ㄴ. 내 블디디 몯ᄒᆞ고 ᄇᆞ름 마시려   [번노 상20]

(21) ㄱ. 네 알리로소냐 내 알리로다   [박언 상14]

   ㄴ. 내 블찟기 못ᄒᆞ고 ᄇᆞ름 마시랴   [노언 상18]

15세기 국어에서는 의문형 어미로서 '-녀'와 '-려'의 형태가 많이 쓰였는데, 근대 국어에서는 이들 의문형 어미가 대체로 '-냐'와 '-랴'의 형태로 바뀌어 갔다. 예를 들어서 16세

---

25) '이젓ᄂ냐, 버혓ᄂ냐, 잇ᄂ냐'에서처럼 의문형 어미인 '-냐'는 그 앞의 선어말 어미인 '-ᄂ-'와 결합하게 되어서 점차로 하나의 의문형 어미인 '-ᄂ냐'로 굳어진다. 그 결과 '-ᄂ냐'가 현대 국어에서는 '-느냐'의 형태로 바뀌어서 동사에만 실현되는 의문형 어미로 굳어졌다. 그리고 '-느냐'의 앞에 실현되었던 '-엇-/-엿-' 등은 완료의 동작상이나 과거 시제를 나타내는 선어말 어미가 된다.

26) 이처럼 '-ㄴ다'와 '-ㄹ다'가 2인칭 주어의 문장에서 '-냐'와 '-료'로 실현되는 현상은 실제로는 15세기 후반의 문헌에서도 제법 많이 나타난다. 그리고 16세기에는 이러한 경향이 점점 늘어나다가 19세기 초에는 '-ㄴ다'와 '-ㄹ다'가 '-냐', '-리오/-랴' 등으로 교체되었다. 의문형 어미의 형태가 이와 같이 교체된 것은 15세기 말부터 시작하여 16, 17, 18세기까지 300여 년에 걸쳐서 일어난 현상이다.

기 초기에 간행된 『번역박통사』와 『번역노걸대』에서는 (20)처럼 '-녀'와 '-려'의 형태로 표현되었는데, 17세기 후기에 간행된 『박통사언해』와 『노걸대언해』에서는 각각 (21)처럼 '-냐'와 '-랴'로 바뀌어서 표현되었다. 이처럼 '-녀'와 '-려'가 각각 '-냐'와 '-랴'로 교체된 현상은 16세기에 시작되어서 17세기에 완성된 것으로 보인다.

넷째, 중세 국어에서는 서술격 조사의 어간에 '-ᄯᅦ녀'가 실현되어서 '수사 의문문'을 형성하였다. 그런데 근대 국어에서는 이러한 '-ᄯᅦ녀'가 18세기 초까지 쓰이다가 점차로 사라졌다.27)

(22) ㄱ. 어셔 졍토애 남만 ᄀᆞ디 몯호미ᄯᅦ녀   [권요 21]

ㄴ. ᄒᆞᄆᆞᆯ며 반ᄃᆞ시 올티 아닌 거시ᄯᅦ녀   [가언 2:8]

ㄷ. ᄒᆞᄆᆞᆯ며 今世 風俗이 薄惡ᄒᆞᆫ 後ㅣᄯᅦ녀   [오전 2:5]

수사 의문문을 형성하는 어미인 '-ᄯᅦ녀'는 '영탄(詠嘆)'의 뜻과 '반어(反語)'의 뜻을 강하게 나타내는데, 대체로 부사인 'ᄒᆞᄆᆞᆯ며/ᄒᆞᄆᆞᆯ며'와 호응하는 것이 일반적이다. '-ᄯᅦ녀'는 중세 국어에서는 널리 쓰이다가, 17세기부터 점차 그 쓰임이 줄어들어서 18세기 중기 이후에는 문헌에서 거의 쓰이지 않았다.

다섯째, 아주 높임의 의문형 어미인 '-잇가/-잇고'는 근대 국어 시기에 내내 쓰였다. 그러나 20세기 초기의 신소설(新小說)에서는 의문형 어미인 '-ㅂ닛가/습닛가'의 형태가 새로 나타나서 '-잇가'를 대신하였다.

(23) ㄱ. 므릇 일을 엇디 얼현히 ᄒᆞ리잇가   [첩신-초 3:15]

ㄴ. 맛당히 ᄒᆞᆫ 곧의셔 주글 거시니 엇디 ᄎᆞᆷ아 ᄇᆞ리고 가리잇고 [동삼 충1:46]

(24) ㄱ. 뎌를 要ᄒᆞ야 므슴 ᄒᆞ리잇고   [오전 3:27]

ㄴ. 엇디 죠곰도 곳치디 아니ᄒᆞᄂᆞ니잇가   [오행 충2]

(25) ㄱ. 폐해 신을 아ᄅᆞ심이 아니면 엇지 이에 미츠리잇고   [태감 1:40]

ㄴ. 그 공을 엇지 졀반도 난호지 못ᄒᆞ리잇가   [태감 2:35]

(26) ㄱ. ᄯᅡ님이 싱겻으니 얼마나 죠흐심닛가   [혈의누 26]

ㄴ. 드러안지신 순사도게셔 무어슬 아르시깃습닛가   [은세계 12]

---

27) '-ᄯᅦ녀'의 문법적 성격을 이기문(1998: 224)에 따라서 의문형 어미로 처리해 둔다.

(23)은 17세기 국어, (24)는 18세기 국어, (25)는 19세기에 쓰인 '-니잇가, 니잇고, -리잇가, -리잇고'의 의문형 어미이다. 그런데 20세기 초기에 간행된 『혈의누』(1906)와 『은세계』(1908)에는 (26)처럼 현대 국어에 쓰이는 '-습니까/-ㅂ니까'에 대응되는 '-옵닛가/습닛가'의 형태가 나타난다.28) '-옵닛가/-습닛가'는 일정 기간 동안 기존의 '-니잇가/-리잇가'와 함께 쓰인 것으로 보이는데, 현대 국어에서는 아주 높임의 의문형 어미로서 '-ㅂ니까/-습니까'의 형태가 쓰이고 있다.

〈 명령형의 종결 어미 〉 15세기의 중세 국어에서는 명령형의 종결 어미로서 '-으라, -아쎠, -으쇼셔, -고라'가 쓰였다. 근대 국어에서는 이들 중에서 '-아쎠'가 없어지고 대신에 '-소'가 등장하였다.

첫째, 15세기의 국어에 쓰였던 낮춤의 '-ㅇ라/-으라'는 근대 국어에도 그대로 쓰였다.

(27) ㄱ. 도적이 쏘 흐여곰 믈릴 투라 흐니   [동삼 열8:69]
　　 ㄴ. 좌우편뉴들이 누이고 빅쟝을 쳐서 그 죄를 갑흐라   [삼총 5:17]
　　 ㄷ. 일즉이 착흔 힝실을 닷그라   [태감 1:10]

(28) ㄱ. 그러나 네 쏘 보아라   [신심 2:24]
　　 ㄴ. 나가거라 나가거라 죽을망뎡 퇴치 마라   [독신 2권 11호]
　　 ㄷ. 그 외에 다른 일이 더 만히 잇스니 대답흐여라   [독신 2권 13호]

'-ㅇ라/-으라' 등은 (27)처럼 (ㄱ)의 17세기, (ㄴ)의 18세기, (ㄷ)의 19세기에 간행된 문헌에 두루 쓰였으며, 개화기를 거쳐서 현대 국어에까지 지속적으로 쓰이고 있다. 그리고 근대 국어의 후기로 갈수록 확인 표현의 선어말 어미인 '-아-/-어-, -거-, -야-'의 기능이 소멸되었다. 이에 따라서 19세기 말이 되면 (28)처럼 '-아라/-거라/-여라'에서 '-아-, -거-, -여-'를 따로 분석하지 않고, 그 전체를 하나의 명령형 종결 어미로 처리하게 된다.

둘째, 15세기의 국어에 쓰였던 '반말'의 '-고라'는 16세기부터는 '-고려'나 '-고'로 바뀌어서 근대 국어에 쓰였다.29)

---

28) 이 형태는 어원적으로 볼 때에 '-옵ㄴ잇가 〉 -옵닛가 〉 -옵닛가/-옵닛가'의 변화 과정을 거쳐서 형성된 것으로 보인다.

29) 16세기 초에 간행된 『번역노걸대』에는 (29ㄷ)의 문장이 다음과 같은 표현되어 있다. (보기: 사발 잇거든 흐나 다고라 [번노 상42]) 이 두 예문을 비교함으로써, '-고라'에서 /라/가 절단되어서 명령형 어미인 '-고'가 형성된 것으로 추정할 수가 있다.

(29) ㄱ. 이 五分 은이니 여슷 낫 돈을 거스려 날 주고려   [노언 상59]

　　　ㄴ. 네 추자 보아 잡아다가 날을 주고려   [박언 상30]

　　　ㄷ. 사발 잇거든 ᄒ나 다고   [노언 상38]

　　　ㄹ. 네 六厘 銀을 도로 날 다고   [청노 4:19]

(ㄱ)과 (ㄴ)에서는 반말의 명령형 어미인 '-고려'가 쓰였으며, (ㄷ)과 (ㄹ)에서는 '주다
(授)'의 보충법 형태로 쓰인 '달다'의 어간인 '다-'에 '-고'가 쓰였다. 여기서 '-고려'와
'-고'는 15세기 국어에서 쓰였던 반말의 명령형 어미인 '-고라'가 바뀐 것이다.

　　셋째, '허락'의 뜻을 나타내는 낮춤의 명령형 어미로서 '-으렴/-으렴으나'가 18세기
국어에서 새로 쓰였다.

(30) ㄱ. 이스렴 부듸 갈다 아니 가든 못ᄒ소냐   [청영]

　　　ㄴ. 승상이 다른 밋분 사름을 어더 보내렴으나   [삼총 6:18]

(ㄱ)의 『청구영언』(1728)에서는 '-으렴'이, (ㄴ)의 『삼역총해』(1774)에서는 '-으렴으나'가
쓰였다. '-으렴/-으렴으나'는 화자가 청자에게 어떠한 행위를 할 것을 허락하는 뜻을
나타낸다. 현대 국어에서는 이들 어미가 '-으렴/-으려무나'의 형태로 쓰이고 있다.

　　넷째, 16세기 말에는 예사 높임의 '-소/-오'가 새로 쓰였는데, '-소/-오'는 17세기 이
후의 근대 국어에서도 그대로 쓰여서 현대 국어까지 이르고 있다.

(31) ㄱ. 나죄 가 필죵이ᄃ려 모릭 갈 양으로 일 오라 ᄒ소   [순김 1:2]

　　　ㄴ. 방의 구들목의도 흙을 더 ᄇ릭라 ᄒ소   [현곽 118:9]

　　　ㄷ. 몬졔브터 슙던 道理를 잘 싱각ᄒ여 보시소   [첩신-초 8:8]

(32) ㄱ. 수월 초 다엿쇄 전으로 들게 보내오   [송강언간 6]

　　　ㄴ. 여러분도 自己 일만 힘쓰고 남을 웃지 마시오   [신심 21]

15세기의 국어에서는 예사 높임의 명령형 어미로서 '-아쎠/-어쎠'가 쓰였는데, 이는 16
세기 초기까지만 쓰이고 그 뒤에는 사라졌다. 근대 국어 시기에는 '-아쎠/-어쎠'를 대신
하여 새로운 명령형 어미로서 '-소/-오'가 나타났는데, '-소/-오'는 주로 구어체의 문헌
에서 많이 쓰인 것이 특징이다.[30]

　　다섯째, 중세 국어에서 쓰였던 아주 높임의 '-으쇼셔'는 근대 국어에도 그대로 쓰였다.

그리고 20세기 초에 간행된 신소설에는 '-으십시오'와 '-ㅂ시오'의 형태도 나타나서 '-으쇼셔'와 함께 아주 높임의 명령형 어미로 쓰였다.

(33) ㄱ. 청컨대 잠간 누의 집의 가쇼셔   [오행 효54]

　　ㄴ. 학부 칙과 팔월 ᄉ변 보고셔를 파오니 쳠군ᄌᄂ 사 보쇼셔 [독신 1권 34호]

(34) ㄱ. 앗씨 이것 좀 보십시오   [혈의누 44]

　　ㄴ. 앗씨ᄂ 시댁 근다 하시지 말고 셔방님이 장가오신다 합시오 [귀의성 6]

아주 높임의 명령형 어미인 '-으쇼셔'가 (33)처럼 19세기 후반까지 쓰였는데, 현대 국어에서는 '-으소서'의 형태로 바뀌어서 의고적인 문체의 문장에서 쓰이고 있다. 그런데 20세기 초기의 신소설에는 (34)처럼 아주 높임의 명령형 어미로서 '-으십시오'나 '-ㅂ시오'가 구어체 문장에서 쓰이기 시작했다. 현대 국어에서는 '-ㅂ시오'가 거의 사라지고 '-으십시오'의 형태가 널리 쓰이고 있다.

〈 청유형의 종결 어미 〉 15세기의 중세 국어에서는 청유형의 어미로서 '-져'와 '-사이다'가 쓰였는데, 근대 국어에서는 기존에 쓰이던 '-쟈, -사이다'와 함께 '-새'의 형태가 새로이 나타났다.

첫째, 15세기 국어에서 쓰였던 낮춤의 '-져'가 16세기의 초기부터는 '-쟈'의 형태로 바뀌어 쓰였는데, '-쟈'는 근대 국어에도 그대로 이어져서 쓰였다.

(35) ㄱ. 期約ᄂ 陳州ㅣ 사ᄅ미니 나히 열네해 흔 고올 잇ᄂ   [속삼 열2]

　　　孟七保와 婚姻ᄒ쟈 期約ᄒ엿더니

　　ㄴ. 이러면 우리 흠ᄭ 가쟈   [번노 상7]

(36) ㄱ. ᄆᄋᆯ 사람과 권당이 권ᄒ여 도라가쟈 호ᄃᆡ   [동삼 열6:88]

　　ㄴ. 親戚을 請ᄒ여 ᄃ려와 한가히 안잣쟈   [청노 6:21]

16세기 초에 간행된 『속삼강행실도』(1514)와 『번역노걸대』(16세기 초)에는 (35)처럼 청유형 어미로 '-쟈'가 쓰였으며, 근대 국어의 시기에도 (36)처럼 '-쟈'가 쓰였다. 근대 국어

---

30) '-소'와 '-오'는 일반적인 간행 문헌에는 나타나지 않고 16세기 말에 작성된 『순천김씨묘출토언간』, 〈송강정철언간〉과 17세기에 작성된 『현풍곽씨언간』 등의 언간문에 주로 쓰였다. 그리고 간행된 문헌에서는 『첩해신어』(1676)처럼 구어체로 쓰인 문헌에서만 쓰인 것이 특징이다.

에 쓰인 '-쟈'는 현대 국어에서는 '-자'로 형태가 바뀌어서 쓰이고 있다.

둘째, 16세기의 후반부터 예사 높임의 '-새'가 새로 나타나서, 17세기 이후의 근대 국어까지 쓰였다.31)

(37) ㄱ. 나도 완느니 타자기나 무스히 ᄒᆞ여 가새   [순김 49:5]

       ㄴ. 사름 브려 직촉ᄒᆞ새   [순김 52:8]

(38) ㄱ. 하 마다 니르시니 아직 앗줍새   [첩신-초 1:20]

       ㄴ. 안자셔 禮 어려오니 당톄로 잔쌘 들기를 禮를 삼습새   [첩신-초 3:9]

       ㄷ. 닉일이라도 연고 업스시거든 서어흔 거슬 가지여 오옵새   [첩신-초 9:5]

(39) ㄱ. 목숨 슬기 不顧ᄒᆞ고 一段 忠義 힘뻐 보세   [신심 29]

       ㄴ. 아국 경무 잘히 보세 인민 권리 보전ᄒᆞ세   [독신 1권 44호]

『순천김씨묘출토언간』(16세기 말)에서는 (37)처럼 예사 높임의 청유형 어미인 '-새'가 새로 쓰였다. '-새'는 (38)처럼 17세기의 문헌이 『첩해신어』에서도 쓰였는데, 그 앞에 선어말 어미인 '-줍-/-습-/-옵-'을 앞세우는 것이 특징이다. 그러나 19세기 말이 되면 '-새'는 (39)처럼 '-세'의 형태로 바뀌었고 상대 높임의 등분도 예사 낮춤으로 쓰였다.

셋째, 15세기 국어에서 쓰였던 아주 높임의 '-사이다'가 16세기 이후에 '-사이다/-싸이다/-새이다/-스다' 등으로 다양한 형태로 바뀌어서 19세기 중엽까지 쓰였다.

(40) 우리 모다 흠쯱 가새이다   [번박 상9]

(41) ㄱ. ᄀᆞ장 됴쓰오니 그리 ᄒᆞ옵싸이다   [첩신-초 3:10]

       ㄴ. 닉일 나죄란 入舘ᄒᆞ여 보옵새이다   [첩신-초 1:21]

       ㄷ. 이 마듸를 싱각ᄒᆞ시믈 쳔만 브라스이다   [한만 2:188]

       ㄹ. 四十歲예 니름을 기ᄃᆞ려 兒子ㅣ 업거든 다시 商量ᄒᆞ사이다 [오전 6:3]

『번역박통사』(16세기 초)에는 (40)처럼 아주 높임의 등분인 '-새이다'가 쓰였는데, 이는 15세기 국어에 쓰였던 '-사이다'가 바뀐 형태이다. 그리고 근대 국어에서는 (41)처럼 '-싸이다/-새이다/-스이다/-사이다' 등의 여러 가지 형태로 실현되었다. 특히 (ㄴ)의

---

31) '-새'는 중세 국어의 '-사이다'에서 '-다'가 탈락되고 '-사이'가 '-새'로 축약된 형태이다.

'보읍새이다'처럼 '-새이다'가 공손의 선어말 어미인 '-읍-'과 결합하여 '-읍새이다'의 형태로 실현되기도 했다. 그런데 19세기 말이 되면 '-사이다' 등은 구어체 문장에서는 잘 쓰이지 않고 일부 의고적인 표현에서만 쓰였다.

넷째, 19세기 말에는 '-사이다'를 대신하여 구어체의 문장에서 아주 높임의 청유형 어미로서 '-읍시다/-ㅂ시다'가 쓰이기 시작했다.

(42) ㄱ. 대황뎨 폐하의 겸존흔 빅셩이 되야들 보읍시다　　　　[독신]
　　 ㄴ. 우리들은 暫時도 게어르게 마시읍시다　　　　　　　[신심 5]

(42)처럼 『독립신문』(1896)과 『신정심상소학』(1896)에는 '-읍시다'의 형태가 아주 높임의 청유형 어미로 쓰였다. 이 어미는 기존의 쓰였던 '-사이다'를 대신하여서 구어체 문장에서 널리 쓰이게 되었는데, 현대 국어에서는 '-읍시다/-ㅂ시다'의 형태로 쓰이고 있다.

〈 감탄형 종결 어미 〉 15세기의 중세 국어에서는 감탄형의 종결 어미로서 '-은뎌', '-을쎠/-을셔'가 쓰였다. 근대 국어의 시기에는 '-은뎌'가 사라지고, 대신에 '-을샤', '-고나/-고야/-괴야', '-애라/-에라/-얘라/-게라' 등이 감탄형 어미로 쓰였다.

첫째, 15세기의 국어에서 낮춤의 감탄형 어미로 쓰였던 '-을쎠/-을셔'가 16세기 국어에서 '-을샤'로 형태가 바뀌어서 근대 국어의 시기까지 쓰였다.

(43) 힝혀 므게 나 다티니 손첨디 모룰샤 ᄒᆞ뇌　　　　　[순김 6:7]

(44) ㄱ. 저도 어엿브고 제 ᄌᆞ식 어엿블샤 ᄒᆞ뇌　　　　　[현곽 143:6]
　　 ㄴ. 앗가올샤 우리 후의 아니 修理ᄒᆞ랴　　　　　　　[노언 하32]
　　 ㄷ. 애 뎌 어린 아ᄒᆡ 에엿블샤　　　　　　　　　　[박언 하43]
　　 ㄹ. 애 내 일즙 아디 못ᄒᆞᆯ샤 일즉 아드면 探望ᄒᆞ라 감이　[박언 상34]
　　　　 됴탓다

15세기 국어에서 낮춤의 등급으로 쓰였던 '-을쎠/-을셔'는 16세기 말에 그 형태가 (43)처럼 '-을샤'로 바뀌었다. '-을샤'는 (44)처럼 17세기의 근대 국어까지는 그 형태를 유지하면서 쓰였으나, 18세기나 19세기의 근대 국어에서는 예가 발견되지 않는다.

둘째, 16세기의 국어에서는 감탄형 어미로서 '-고나/-고녀/-곤녀/-고야/-괴야/-괴여'가 새롭게 나타났는데, 근대 국어에서도 '-고나/-고야/-괴야'의 형태로 쓰였다.

(45) ㄱ. 히 또 이리 느젓고나   [노언 상41]

　　ㄴ. 네 믈 깃기 니근 둣 ᄒᆞ괴야   [노언 상31]

　　ㄷ. 두 夫婦ㅣ 내 말을 듯고 곳 感化ᄒᆞᄂᆞ고야   [오전 5:20]

(46) ㄱ. 개야 너 혼ᄌᆞ 집을 지키고 잇구ᄂᆞ   [혈의누 8]

　　ㄴ. 그릭 츈쳔집이 올러온 거시 다 침모의 쥬션이로구ᄂᆞ   [귀의성 27]

(45)의 (ㄱ)에서는 '-고나'가, (ㄴ)에서는 '-괴야'가, (ㄷ)에서는 '-고야/-ㄴ고야'가 감탄형 어미로 쓰였다. 특히 '-고야'는 현재 시제의 선어말 어미인 '-ᄂᆞ-'와 결합하면 (ㄷ)처럼 '-ㄴ고야'로 형태가 바뀌는 것이 특징이다. 이 형태는 『혈의누』(1906), 『귀의성』(1907)과 같은 20세기 초의 문헌에서는 (46)처럼 '-구ᄂᆞ/-구나'의 형태로 바뀌어서 쓰였다.

넷째, 근대 국어에서는 '-애라/-에라/-얘라/-여라/-게라' 등이 감탄형 어미로 쓰였다.

(47) ㄱ. 손바리 어러 ᄡᅳ고 갓과 슬페 주게라   [두언-중25:26]

　　ㄴ. 이 ᄒᆞᆫ 긋틀 밀 곳이 업세라   [박언 하5]

　　ㄷ. 큰 하ᄂᆞᆯ콰 ᄯᅡ콰 안해 내의 道ᄂᆞᆫ 長常 悠悠ᄒᆞ얘라   [두언-중1:15]

　　ㄹ. 그제브터 나시되 ᄀᆞ렵기를 當티 못ᄒᆞ여라   [박언 상13]

　　ㅁ. 올타 오늘은 어제예셔 만히 나애라   [청노 7:9]

　　ㅂ. 아디 못게라   [오전 2:6]

(48) ㄱ. 집도 크고 조와라   [귀의성 19]

　　ㄴ. 아이 추워라.   [현대어]

　　ㄷ. 토함산에 올랐어라. 해를 보고 앉았어라.   [현대어 '토함산']

중세 국어에서는 '-애-/-에-/-얘-/-게-'가 감동 표현의 선어말 어미로 쓰였다. 그러나 근대 국어에서는 이들 선어말 어미가 그 뒤에 실현되었던 '-라(←-다)'와 결합하여서 '-애라/-에라/-얘라/-여라/-게라'의 형태로 하나의 감탄형 어미로 굳어졌다.[32] 곧, (47)의 (ㄱ)과 (ㄴ)에서는 '죽-'과 '없-'의 뒤에서 '-에라'가, (ㄷ)과 (ㄹ)에서는 'ᄒᆞ-'의

---

32) 중세 국어에서는 '-애-/-에-/-얘-/-게-'의 뒤에 선어말 어미인 '-이-'가 실현된 예가 보이므로, 이들 어미를 감동 표현의 선어말 어미로 처리하였다. (보기: 몬 마재이다 [월석 8:97], 굴히리 업세이다 [육언 상27] 아디 몯게이다 [원언 하 3-2:69]) 그러나 근대 국어의 시기에는 '-애-/-에-/-얘-/-게-'의 뒤에 다른 선어말 어미가 끼어드는 예가 매우 드물므로, '-애라/-에라/-얘라/-여라/-게라'를 감탄형의 종결 어미로 처리한다.

뒤에 '-애라'와 '-여라'가, (ㅁ)에서는 '나-'의 뒤에서 '-애라'가, (ㅂ)에서는 '못-'의 뒤에서 '-게라'가 쓰였다. 이처럼 감탄형 어미로 굳어진 '-애라/-에라/-애라/-여라/-게라' 등은 18세기말까지는 문헌에 쓰였지만, 19세기 이후의 문헌에는 잘 나타나지 않는다. 현대 국어에서는 이들 감탄형 어미는 (48)처럼 '-아라/-어라' 형의 감탄형 어미로 바뀌어서 쓰이고 있다. 곧, 현대 국어에서는 '-아라/-어라'가 (ㄱ~ㄴ)처럼 형용사의 어간이나 (ㄷ)처럼 동사의 과거형에 붙어서 감탄문을 형성하는 기능을 한다.

다섯째, 19세기 이후의 근대 국어의 시기에는 '-도다/-로다'가 감탄형의 종결 어미로 쓰였다.

(49) ㄱ. 늬 아름다온 며느리을 어덧도다   [한만 1:21]

　　 ㄴ. 싱각 밧긔 신령의 알옴을 닙엇도다   [태감 3:27]

　　 ㄷ. 白雪이 霏霏ᄒ야 今年이 벌서 歲暮ㅣ로다   [신심 2]

　　 ㄹ. 우리는 당쵸에 불 쓰거움과 어름 찬 거슬 모로고 사ᄂᆞᆫ   [매신 1:4]
　　　　 사름이로다

중세 국어에서 감동 표현의 선어말 어미로 쓰였던 '-도-/-로-'는 근대 국어의 시기인 17·18세기까지도 선어말 어미의 형태와 기능을 그대로 유지하였다. 그런데 19세기의 근대 국어에 이르면 '-도-/-로-'가 평서형의 종결 어미인 '-다'와 결합하여 '-도다/-로다'의 형태로 굳어져서 하나의 감탄형 종결 어미로 쓰였다. 곧 (ㄱ)과 (ㄴ)에서는 '-도다'가 쓰였으며, (ㄷ)과 (ㄹ)에서는 서술격 조사인 '-이-/-ㅣ-'의 뒤에서 '-도다'가 '-로다'로 바뀌어서 쓰였다. 이처럼 19세기 이후에는 '-도-/-로-'의 뒤에 다른 선어말 어미가 개입되는 예가 없으므로, '-도다/-로다'를 감탄형의 종결 어미로 처리할 수 있다.[33]

(가-2) 연결 어미

'연결 어미'는 절과 절을 잇거나, 본용언과 보조 용언을 잇는 어미이다. 연결 어미는 근대 국어에서도 중세 국어와 마찬가지로 '대등적 연결 어미, 종속적 연결 어미, 보조적 연결 어미'로 나누어진다. 18세기를 중심으로 근대 국어에 쓰인 연결 어미의 형태를 제시하면 다음과 같다(고경태, 1998: 209 참조).

---

33) 다만, 현대 국어에서는 이러한 '-도다/-로다'는 의고체의 문장에서만 아주 제한적으로 쓰이고, 대부분의 감탄문에서는 종결 어미로서 '-구나'나 '-어라'가 쓰이고 있다.

대등적 연결 어미	나열	-고, -으며
	선택	-으나 ~ -으나, -거나 ~ -거나, -든지* ~ -든지*34)
	대조	-으나
종속적 연결 어미	구속	-으니, -으니싸*, -으면, -을시, -아, -아야, -은댄/-은대, -관딕, -거든, -거늘, -으매, -으모로(〉-으므로*), -은즉, -으면서
	양보	-으나, -아도, -드라도*, -거니와, -은마는, -지마는*, -은들, -을디언뎡(〉-을지언정)
	의도	-고져, -과댜(〉-과쟈*), -려(〉-려고*), -노라, -노라고*, -라(〉-러*)
	전환	-다가
	비교	-곤
	설명	-되, -은대, -은즉
	비례	-을수록(〉-을소록*)
	도달	-도록,
	가치	-암즉(〉-음즉*), -을만
보조적 연결 어미		-아/-어, -게, -디(〉-지*), *-둘, *-둘, -고

〈표 1〉 18세기 근대 국어에 쓰인 연결 어미

〈대등적 연결 어미〉 대등적 연결 어미는 대등하게 이어진 문장의 앞절과 뒷절을 잇는다.

> (50) ㄱ. 어미 이시면 혼 아들이 칩고 어미 업수면 세 아들이   [오행 효2]
>   치우리이다
>   ㄴ. 우리 가면 혹 일으나 혹 느즈나 그저 뎌긔 자고 가쟈   [노언 상9]
>   ㄷ. 이 文章은 翰林院의 밋디 못ᄒᄂ나 法度는 嚴홈이 按察司에셔 [오전 1:15]
>   디나도다

(ㄱ)의 '-고'는 나열의 뜻을, (ㄴ)의 '-으나 ~ -으나'는 선택의 뜻을, (ㄷ)의 '-나'는 대조의 뜻을 나타내면서, 앞절과 뒷절을 이어서 대등하게 이어진 문장을 형성하였다.
   〈종속적 연결 어미〉 종속적 연결 어미는 종속적으로 이어진 문장의 앞절과 뒷절을 이어 준다.

---

34) 〈표 1〉에 제시된 연결 어미 중에서 *-a 형식의 형태는 중세 국어부터 17세기까지 쓰인 연결 어미를 나타내며, -a* 형식의 형태는 18, 19세기에 새로 나타난 연결 어미를 나타낸다.

(51) ㄱ. 사룸이 오면 내 도라나리라 [오전 1:12]

　　ㄴ. 그듸는 이믜 두 즈식이 이시니 죽은둘 무어슬 흔흐리오 [오행 형25]

　　ㄷ. 뎌 즁이 그 즈최를 감쵸랴고 그 갓난 어린 아히를 즉시 [독립신문 4:155]
　　　　죽여 버렷는듸

　　ㄹ. 凡事를 너모 극진히 흐려 흐다가 도로혀 일오지 몯흐읍느니 [인대 1:30]

　　ㅁ. 지극흔 정성이 귀신을 감동흐곤 흐믈며 이 유묘ㅣ ᄯ녀 [계윤 25]

　　ㅂ. 다힝이 노뫼 겨시되 다른 봉양홀 형뎨 업스니 [오행 효6]

　　ㅅ. 사괴는 ᄯᅳ든 늘글스록 또 親흐도다 [두언-중 21:15]

　　ㅇ. 學 잇는 이 반ᄃᆞ시 몸이 뭇도록 맛티디 못홀 理 업스니라 [오전 3:9]

　　ㅈ. 모든 벗들의 名字를 다 써 쳥흐라 가쟈 [박언 상:23]

(ㄱ)의 '-으면'은 조건(구속)의 뜻을, (ㄴ)의 '-은둘'은 양보의 뜻을, (ㄷ)의 '-랴고'는 의도의 뜻을, (ㄹ)의 '-다가'는 전환의 뜻을, (ㅁ)의 '-곤'은 비교의 뜻을, (ㅂ)의 '-되'는 설명의 뜻을, (ㅅ)의 '-을스록'은 비례의 뜻을, (ㅇ)의 '-도록'은 도달의 뜻을, (ㅈ)의 '-라'는 목적의 뜻을 나타내면서, 앞절과 뒷절을 이어서 종속적으로 이어진 문장을 형성하였다.

〈 보조적 연결 어미 〉 보조적 연결 어미는 본용언과 보조 용언을 이어서 하나의 서술어로 쓰이게 한다.

(52) ㄱ. 일로써 미뢰여 보니 흐나토 곳 내 허믈이오 [계윤 28]

　　ㄴ. 흐날로 흐여곰 그듸룰 위흐여 빗을 갑게 흐시니라 [오행 효19]

　　ㄷ. 가고 도라오디 아니흐는 거슨 히요 [오행 효5]

　　ㄹ. 엇뎨 楚江앳 말와룰 먹고 이시리오 [두언-중 19:37]

(ㄱ)의 '-어'는 본용언인 '미뢰다'와 보조 용언인 '보다'를, (ㄴ)의 '-게'는 본용언인 '갑다(← 갚다)'와 보조 용언인 '흐다'를, (ㄷ)의 '-디'는 본용언인 '도라오다'와 보조 용언인 '아니흐다'를, (ㄹ)의 '-고'는 본용언인 '먹다'와 보조 용언인 '이시다'를 이어서 하나의 서술어로 쓰이도록 하였다.

(가-3) 전성 어미

'전성 어미'는 용언이 서술 기능을 그대로 유지하면서, 동시에 명사나 관형사 등의 다른 품사처럼 기능하도록 용언의 문법적인 기능을 바꾸는 어미이다. 근대 국어에 쓰인 전성 어미로는 '명사형 전성 어미'와 '관형사형 전성 어미'가 있는데, 이들 전성 어미는 각각 명사절과 관형절을 형성한다.

〈 명사형 전성 어미 〉 중세 국어에 쓰인 명사형 어미로는 '-옴/-움, -기'와 '-디, -둘' 등이 있었다. 이들 명사형 어미 중에서 '-기'는 근대 국어에서도 형태 변화 없이 그대로 쓰였으나, '-옴/-움'은 그 형태가 '-음/-ㅁ'으로 바뀌었으며 '-디'와 '-둘'은 사라졌다. 근대 국어 시대에 나타나는 명사형 전성 어미의 특징은 다음과 같다.

첫째, 16세기 중엽부터 명사형 전성 어미인 '-옴/-움'에서 /ㅗ/와 /ㅜ/가 탈락하여 '-음/-ㅁ'의 형태로 바뀌었는데, 근대 국어에서도 이러한 현상이 점차로 심화되었다.

(53) ㄱ. 싀어버이 셤기믈 다 맛당호믈 얻고   [동삼 열4:10]

ㄴ. 大馬島主 불셔 보내믈 위ᄒᆞ야 빅를 내다 ᄒᆞᄋᆞᄂᆡ   [첩신-초 8:30]

(54) ㄱ. 져믄이 얼운 셤김이 맛당ᄒᆞ고 ᄂᆞᄌᆞᆫ 이 노픈 이 밧들믜   [오전 2:24]

     합당ᄒᆞ도다

ㄴ. 이ᄂᆞᆫ 나의 불효호미로다   [오행 열15]

(55) ㄱ. 모도 언문으로 쓰기는 남녀 샹하 귀쳔이 모도 보게   [독신 창간호]

     홈이요 ᄯᅩ 귀졀을 쎄여 쓰기는 알어 보기 쉽도록 홈이라

ㄴ. 聲音을 淸楚케 ᄒᆞ야 쳔쳔히 讀홈이 올소이다   [신심 26]

(53~55)는 각각 17세기, 18세기, 19세기에 간행된 문헌에 쓰인 문장인데, 이들 문장에 쓰인 명사형 전성 어미는 '-옴/-움'과 '-음/-ㅁ'의 형태가 혼기되어 있다. (53~55)에 나타난 현상을 종합하여 추정해 보면, 중세 국어에 쓰였던 명사형 어미인 '-옴/-움'에서 /ㅗ/와 /ㅜ/가 탈락하여서 근대 국어에서는 명사형 전성 어미의 형태가 점차적으로 '-음/-ㅁ'으로 바뀌었음을 알 수 있다.[35]

근대 국어에서 명사형 전성 어미의 형태가 '-음/-ㅁ'으로 실현됨에 따라서, 주체 높임의 선어말 어미인 '-시-'와 명사형 어미가 결합하는 양상도 바뀌게 된다.

---

35) 이처럼 명사형 전성 어미에서 /ㅗ/와 /ㅜ/가 탈락된 것은 중세 국어의 화자 표현이나 대상 표현의 선어말 어미인 '-오-/-우-'가 근대 국어 시대에 사라진 현상과 밀접한 관련이 있다. 그리고 명사형 어미의 형태가 '-옴/-움'에서 '-음/-ㅁ'으로 변함에 따라서, 결과적으로 근대 국어에서는 명사형 어미와 명사 파생 접미사의 형태가 모두 '-음/-ㅁ'으로 단일화되었다.

(56) ㄱ. 이제 부톄 光明 뵈샤샴도 쪼 이 ㄹᆞᆮᄒᆞ시니   [석상 13:27]

ㄴ. 보아 ᄒᆞ니 母親 니르심이 올ᄒᆞ니   [오언 4:25]

곧, 중세 국어에서는 (ㄱ)처럼 '-시-'에 '-옴'이 결합하면 '-샴'의 형태로 실현되었는데, 근대 국어에서는 이러한 현상이 일어나지 않아서 (ㄴ)처럼 '-심'의 형태로 실현되었다.

둘째, 근대 국어 시기에는 '-음/-ㅁ'의 쓰임이 점차로 줄어든 반면에, '-기'의 사용이 점차로 늘어났다.

(57) ㄱ. 머글이 브르냐 아니 브르냐   [노언 상38]

ㄴ. 마시기는 하게 ᄒᆞ고 먹기는 젹게 ᄒᆞ며   [마언 하1]

중세 국어에서는 명사형 어미로서 '-옴/-움'이 '-기'보다 빈번하게 쓰였다. 근대 국어에서도 (ㄱ)의 '-음'과 (ㄴ)의 '-기'가 다 혼용되기는 하였으나, 점차로 '-음'의 쓰임이 줄어들고 '-기'의 쓰임이 늘어났다. 이처럼 '-음'의 쓰임이 지속적으로 줄어들어서, 현대 국어에서는 '-기'가 '-음'보다 훨씬 많이 쓰이게 되었고, 현대 국어에서 '-음'으로써 형성되는 명사절은 의고적(擬古的)인 문체로 쓰이게 되었다.

〈 관형사형 전성 어미 〉 중세 국어에는 관형사형 전성 어미로 '-은'과 '-을'이 쓰였는데, 근대 국어에서도 이들 관형사형 어미가 그대로 쓰였다.

(58) ㄱ. 도적기 … 민시의 나히 졈은 줄늘 보고 범코져 ᄒᆞ거늘   [동삼 열5:33]

ㄴ. 그 어미 바미 범의게 더위여 간 배 되니   [태감 2:69]

ㄷ. 비 오면 곳 픠고 ᄇᆞ람 블면 여름 여ᄂᆞᆫ 거시여   [박언 상36]

ㄹ. 내 본ᄃᆡ 쓰고 먹던 거시라 몸과 입의 편호 배라   [오행 효11]

(59) ㄱ. 누호ᄂᆞᆫ 한나라 졔군 사ᄅᆞᆷ이니 벗 녀공이 갈 ᄃᆡ 업거늘   [오행 붕1]

ㄴ. 萬若 過速히 讀ᄒᆞᄂᆞᆫ 싁ᄂᆞᆫ 반ᄃᆞ시 誤錯이 만을 거시오이다   [신심 26]

(58)에는 관형사형 전성 어미인 '-은/-ㄴ'이 쓰였다. 관형사형 어미인 '-은/-ㄴ'은 (ㄱ)의 '졈은'처럼 형용사의 어간에 붙어서 현재 시제를 나타내거나, (ㄴ)의 '간'처럼 동사의 어간에 붙어서 과거 시제를 나타내었다. 그리고 (ㄷ)의 '여ᄂᆞᆫ'처럼 동사 어간에 선어말 어미인 '-ᄂᆞ-'를 실현하여 현재 시제를 나타내거나, (ㄹ)의 '먹던'처럼 선어말 어미인 '-더-'를 실현하여 '회상(回想)'의 시제를 표현하기도 했다. (59)에는 관형사형 어미인 '-을/-

ㄹ'이 쓰였는데, (ㄱ)의 '갈'이나 (ㄴ)의 '만을'처럼 용언의 어간에 붙어서 미래 시제를 나타내었다. 관형사형 어미인 '-은, -을'은 20세기 이후의 현대 국어에서도 그대로 쓰이고 있다.

나. 선어말 어미

근대 국어에서는 중세 국어와 마찬가지로 '높임 표현, 시간 표현, 태도(서법) 표현'의 선어말 어미가 쓰였다. 다만, 중세 국어에 쓰였던 '화자 표현', '대상 표현', '확인 표현'의 선어말 어미와 같은 일부 어미는 근대 국어에서 쓰이지 않게 되었다.

(나-1) 높임 표현의 선어말 어미

중세 국어에서 높임 표현의 선어말 어미는 '주체 높임', '객체 높임', '상대 높임'의 선어말 어미로 구분되어서 쓰였다. 그러나 근대 국어에서는 객체 높임의 선어말 어미가 점차로 기능을 상실함에 따라서, 높임 표현의 체계는 점차로 주체 높임 표현과 상대 높임 표현의 체계로 바뀌었다.

〈 **객체 높임의 선어말 어미** 〉 중세 국어에서 규칙적으로 쓰였던 객체 높임의 선어말 어미인 '-습-, -줍-, -습-'은 16세기부터 '-습/-숩-', '-줍-/-줍-', '-습-/-읍-/-읍-'의 형태로 다양화했다. 그리고 근대 국어에서는 다시 '-ㅅ오-/-습-/-ㅅ옵-', '-ㅈ오-/-줍-', '-ㅇ오-/-옵-' 등으로 형태가 매우 다양하게 바뀌면서, 객체 높임의 기능까지 점차 사라졌다. 곧, 근대 국어의 시기에는 '-습-' 등이 객체 높임의 기능을 점차로 상실하고, 차차로 '공손(恭遜)'이나 '상대 높임'의 기능을 나타내기도 했다.

(60) ㄱ. 나는 소임으로 왓습거니와 처음이옵고   [첩신-초 1:2]

　　 ㄴ. 나의 ㅅㅅㅅ 졍읫 잔이오니 이 一杯만 잡습소   [첩신-초 2:7]

　　 ㄷ. 그러면 엇디 브듸 닉일 ᄒ실 양으로 니르옵시던고   [첩신-초 1:28]

　　 ㄹ. 약도 먹고 뜸도 ᄒ여 이제는 됴화습닉이다   [첩신-초 2:17]

『첩해신어』(1676)에서는 '-습-'이 객체 높임의 기능이 없이 쓰인 예를 많이 볼 수 있다. (ㄱ)에 실현된 '-습-'과 '-옵-'은 주체인 '나'와 관련된 일을 공손하게 서술하는 기능을 한다. (ㄴ)의 '-오-'는 연결 어미인인 '-니'의 앞에 쓰였고 (ㄷ)의 '-옵-'은 선어말 어미인 '-시-'와 함께 쓰였는데, 이들 예문에 실현된 '-습-/-옵-'은 객체 높임의 기능과는 상관없다. 그리고 (ㄹ)에서는 '-습-'이 상대 높임의 선어말 어미인 '-이-'와 함께 쓰여서 상대 높임이나 공손의 뜻을 강화했다. 『첩해신어』가 17세기 후반의 실제 입말을 반영한 문헌인 것을 감안할 때에, 이 시기에는 '-습-'에서 객체 높임 기능이 거의 사라졌음을 짐작할 수 있다.36)

〈 상대 높임의 선어말 어미 〉 중세 국어에서는 상대 높임의 선어말 어미가 '-이-/-잇-'의 형태로 쓰였는데, 근대 국어의 시기에는 '-이-/-잇-'의 형태로 바뀌었다. 그리고 '-습-' 등이 객체 높임의 기능을 잃어버리게 됨에 따라서, '-습-'과 '-이-/-잇-'이 결합되어서 상대 높임의 기능을 가진 새로운 문법 형태가 나타나게 된다.

(61) ㄱ. ᄀ장 아름다이 너기ᄂᆡ이다   [첩신-초 6:5]
     ㄴ. 우리도 듯고 ᄀ장 아름다와 ᄒᆞᄂᆡ이다   [첩신-초 3:13]
     ㄷ. 이 잔으란 브듸 다 자ᄋᆞᆸ소 엇디 남기링잇가   [첩신-초 3:52]

(62) ㄱ. 본듸 먹디 못ᄒᆞᆸ것마ᄂᆞᆫ 다 먹습ᄂᆞ이다   [첩신-초 3:6]
     ㄴ. 쇼인이 몬져 슬올 ᄡᅥᄉᆞᆯ 이리 御意ᄒᆞ시니 감격히 너기ᄋᆞᆸᄂᆡ이다 [첩신-초 3:2]
     ㄷ. 우리 이룰 禮예 삼ᄉᆞ오리잇가   [첩신-초 3:8]

(63) ㄱ. ᄯᅩ 소곰은 山에서도 파ᄂᆡ여 ᄆᆡᆼ기ᄂᆞᆫ 法도 잇습ᄂᆡ다   [신심 12]
     ㄴ. 간교ᄒᆞᆫ 재조 잇ᄂᆞᆫ ᄉᆞ름을 여호 갓다 ᄒᆞᆸᄂᆡ다   [신심 6]

(61)과 (62)에서 (ㄱ)과 (ㄴ)의 평서문에서는 '-ᄋᆞ이-/-이-'가 쓰여서, (ㄷ)의 의문문에서는 '-잇-'이 쓰여서 청자를 아주 높여서 표현하였다. (61)에 실현된 '-이-'와 '-잇-'은 선어말 어미의 형태만 바뀌었을 뿐이지 상대 높여서 표현하는 기능은 중세 국어와 동일하다. 그런데 (62)에서는 '-습-/-ᄋᆞᆸ-/-ᄉᆞ오-' 등의 선어말 어미가 객체 높임 기능을 상실함에 따라서, '-이-'와 함께 실현되어서 '-습ᄂᆡ이다/-ᄋᆞᆸᄂᆡ이다'의 형태가 새로 나타났다. 이러한 형태가 19세기 후반의 문헌에는 (63)처럼 '-습ᄂᆡ다/-ᄋᆞᆸᄂᆡ다'로 나타났는데, 이들 형태도 20세기 초의 국어에서 '-습니다/-ᄋᆞᆸ니다'로 바뀌어서 쓰였다. 현대 국어에서는 이들 형태가 평서형의 종결 어미인 '-습니다/(으)ㅂ니다'의 형태로 바뀌었다.

〈 주체 높임의 선어말 어미 〉 주체 높임의 선어말 어미인 '-으시-'는 중세 국어 이래로 근대 국어와 현대 국어에 이르기까지 보편적으로 쓰이고 있다.

---

36) 현대 국어에서는 '-사오-/-사옵-/-옵-/-오-' 등의 변이 형태로 쓰여서, 청자에게 공손한 태도를 나타내는 기능을 발휘한다(공손 표현).

(64) ㄱ. **正官**은 뉘시온고   [첩신-초 1:15]

　　ㄴ. **텬지 긔특이 너겨 그 어미를 비단 의복과 침셕을 주시다**   [오행 효41]

　　ㄷ. **샹졔 어엿비 너기샤 직녀를 나리워 그 쳐를 삼으시고**   [태감 1:2]

(ㄱ)의 '뉘시온고'와 (ㄴ)의 '주시다', (ㄷ)의 '너기샤, 삼으시고'에서는 모두 주체 높임의
선어말 어미인 '-시-'가 실현되어서, 문장의 주어로 표현되는 대상인 '正官, 텬즈, 샹졔'
를 높여서 표현하였다.

　　그런데 16세기 중반 이후부터는 선어말 어미인 '-시-'의 형태가 일부 환경에서 15세
기의 국어와는 다른 형태로 실현되거나, '-시-'가 다른 선어말 어미와 결합하는 순서가
바뀌었다.

(65) ㄱ. **앗가 숩던 뻐딘 빈를 御念入ᄒ셔 肝煎ᄒ웁소**   [첩신-초 1:21]

　　ㄴ. **소양 아니 ᄒ셔도 島主ㅣ 아라셔 案內 솔오링이다**   [첩신-초 6:22]

(66) ㄱ. **님그미 쏘 翠麟 ᄆᆞ를 도로혀 보시더라**   [두언-중 24:24]

　　ㄴ. **父母ㅣ 치워ᄒ시거든 ᄌᆞ식이 혼자 덥게 아니ᄒ며**   [경언-중 34]

중세 국어에서는 '-시-'에 모음으로 시작하는 어미가 결합하면, 그 모음의 종류에 관계
없이 '-시-'가 '-샤-'로 변동하고 해당 모음은 탈락하였다. 반면에 근대 국어에서는
(65)처럼 '-시-'에 모음으로 시작하는 어미인 '-어'나 '-어도'가 결합하면 각각 '-셔'와
'-셔도'로 축약된다. 그리고 중세 국어에서는 '-시-'와 '-더-' 혹은 '-시-'와 '-거-'가
결합할 때에는 각각 '-더시-'와 '-거시-'의 순서로 실현되었다. 그러나 근대 국어에서는
이들 선어말 어미의 결합 순서가 (66)처럼 '-시더-'와 '-시거-'의 순서로 결합되었다.
근대 국어 시기에 나타나는 이러한 변화는 현대 국어에서도 그대로 이어졌다.

(나-2) 시간 표현의 선어말 어미

　　근대 국어에서 시간을 표현하는 선어말 어미 체계는 중세 국어에 비해서 큰 변화가
있었다. 먼저 '-엇-'이 완료를 표현하는 선어말 어미로 굳어졌다. 그리고 현재 시제를
나타내는 선어말 어미 '-ᄂᆞ-'가 '-는-/-ㄴ-'의 형태로 바뀌었으며, 미래 시제를 표현하
는 선어말 어미인 '-리-'를 대신하여 '-겟-'이 새로이 생겼다.

　　〈 '-앗-'의 형성〉 15세기의 중세 국어 때부터 완료의 뜻을 나타내는 보조 용언인 '-아
/-어/-야 잇다/이시다' 등이 '-앳다/-엣다/-얫다' 등으로 축약되어서 '완료 지속'의 뜻

으로 쓰였다. 이렇게 축약된 형태가 16세기 국어에서부터 하나의 선어말 어미로 굳어져 갔다. 곧, 17세기 이후의 근대 국어에서는 그 전의 '완료 지속'의 뜻에서 '지속'의 뜻이 약화되고, 그 결과로 '완료'의 동작상을 나타내는 선어말 어미인 '-앗-/-엇-/-얏-/-엿 -'이 성립되었다.

(67) ㄱ. 千餘 箇 뵈 시른 큰 비를 딜러 가져갓더니　　　　[박언 중13]

ㄴ. 자네네도 내 망발홀디라도 샤ᄒ시믈 一入 미덧습늬이다　[첩신-초 9:16]

ㄷ. 붓그림을 모로는 거시 되얏ᄉ오니　　　　　　　　　[첩신-초 9:13]

ㄹ. 우리를 모로는가 녀겨 부러 이리 ᄒ엿습는가　　　　[첩신-초 2:10]

(68) ㄱ. 리명샹 씨가 리근비의게 구빅 원문 먹은 줄노 괴록ᄒ엿스니 [독신 2권 49호]

ㄴ. 군부에셔 ᄯ 최쥰덕의게 하ᄉ ᄒ나를 식혀 주엇스면　　[독신 1권 59호]

(67)의 (ㄱ)에서는 '-앗-'이, (ㄴ)에서는 '-엇-'이, (ㄷ)에서는 '-얏-'이, (ㄹ)에서는 '-엿-' 이 쓰여서 완료의 동작상을 나타내었다. 그리고 (68)은 『독립신문』(1896)에 실린 글인데 여기서는 '-엿-/-엇-' 등의 형태가 현대 국어처럼 '-였-/-었-'의 형태로 바뀌었다.

〈 '-ᄂ-'의 변화 〉 동사에서 현재 시제를 표현하는 선어말 어미인 '-ᄂ-'는 그 형태가 근대 국어의 말까지 쓰였다. 그리고 또 한편으로는 '-ᄂ-'는 모음 아래에서는 점차적으 로 '-ㄴ-'으로, 자음 아래에서는 '-는-'으로 형태가 바뀌었다.

먼저 중세 국어에 쓰였던 현재 시제의 선어말 어미인 '-ᄂ-'는 근대 국어의 말까지도 지속적으로 쓰였다.

(69) ㄱ. 츄ᄌ곳 머그면 즉제 ᄂ리ᄂ니라　　　　　　　　　[구보 4]

ㄴ. 므슴 비 몃 칙이나 가옵ᄂ고　　　　　　　　　　　[첩신-초 4:7]

ㄷ. 고기 잡ᄂ 비 사름을 쥬어 구ᄒ엿더니　　　　　　[태감 1:25]

ㄹ. 天命이 스스로 定ᄒ실 바ㅣ 잇ᄂ니라　　　　　　　[국소 36]

(ㄱ)에서는 'ᄂ리다'의 평서형에서, (ㄴ)에서는 '가다'의 의문형에서, (ㄷ)에서는 '잡다'의 관형사형에서, (ㄹ)에서는 '잇다'의 평서형에서 '-ᄂ-'의 형태가 쓰였다. 특히 (ㄷ)의 『태 상감응편도설언해』(1852)와 『국민소학독본』(1895)처럼 19세기 후기에 간행된 문헌까지 '-ᄂ-'가 쓰인 예를 발견할 수 있다.

그런데 이미 16세기부터는 아주 드물지만 '-ᄂ-'가 모음 아래에서 '-ㄴ-'으로 바뀐 예가 나타나며, 17세기 후기부터는 자음 아래에서 '-는-'으로 바뀐 예가 나타났다.

(70) ᄂᆞ미 날 아로ᄆᆞᆯ 구티 아니ᄒᆞ다 ᄒᆞ거늘　　　　　　　　[번소 9:54]

(71) ㄱ. 常言에 닐오ᄃᆡ ᄒᆞ나히 가매 빅이 온다 ᄒᆞᄂᆞ니라　　　[박언 하34]
　　　ㄴ. 뉘 날을 블으ᄂᆞ뇨 相公이 너를 브르신다　　　　　　[오전 1:41]

(72) ㄱ. 常言에 닐오ᄃᆡ 만일 非理엣 일을 ᄒᆞ면 반ᄃᆞ시 그 앙화ᄅᆞᆯ　[박언 중28]
　　　밧는다 ᄒᆞ니
　　　ㄴ. 내 드ᄅᆞ니 병든 사름의 똥이 쓰면 낫는다 ᄒᆞ고　　　[오행 열53]

(73) ㄱ. 그저 다ᄅᆞᆫ 사름의 ᄒᆞ는 양을 보는또다　　　　　　　[오전 4:1]
　　　ㄴ. 너ᄂᆞᆫ 아즉 一을 알고 二를 모르는도다　　　　　　　[국소 16]

16세기 초기에 간행된 『번역소학』(1518)에는 (70)처럼 모음으로 끝나는 어간 아래에서 현재 시제의 선어말 어미로서 '-ㄴ-'이 쓰였으나, 16세기에는 이러한 예가 극소수로 발견된다. 그런데 17세기와 18세기의 근대 국어에서는 '-ㄴ-'의 쓰임이 늘어나서, (71ㄱ)의 '온다'와 (71ㄴ)의 '브르신다'에서 모음으로 끝난 어간 아래에서 '-ㄴ-'이 쓰였다.[37] 그런데 17세기와 18세기에는 (72)처럼 자음으로 끝난 어간 뒤에서도 '-ᄂᆞ-'가 '-는-'으로 바뀐 예가 나타난다.[38] '-는-'의 형태는 더욱 확대되어서 (73)처럼 감동 표현의 선어말 어미인 '-도-'의 앞에서도 실현되었다. 이러한 변화에 따라서 현대 국어에서는 동사에 실현된 현재 시제의 선어말 어미의 변이 형태로서 '-ㄴ-'과 '-는-'이 쓰이게 되었다.

〈'-겟-'의 출현〉 중세 국어에서 미래 시제는 '-리-'로 표현되었는데, '-리-'는 근대 국어를 거쳐서 현대 국어까지 계속 쓰이고 있다. 그런데 18세기 후반에 '-겟-'이 등장하여 기존의 '-리-'와 함께 쓰이게 되었다.

첫째, 중세 국어부터 쓰였던 '-리-'가 근대 국어의 말까지 지속적으로 쓰였다.

---

37) (70)에서 '아니ᄒᆞᄂᆞ다'에 실현된 '-ᄂᆞ-'에서 /ㆍ/가 탈락하여 '-ㄴ-'의 형태가 됨에 따라서, '아니ᄒᆞᄂᆞ다'가 '아니ᄒᆞᆫ다'로 바뀐 것이다.

38) '밧ᄂᆞ다'가 '밧는다'로 바뀌고 '낫ᄂᆞ다'가 '낫는다'로 바뀌는 변화는, /ㄴ/이 첨가될 음성적인 조건이 갖추어져 있지 않기 때문에, 음운론적으로는 설명되지 않는다. 이러한 변화는 '유추 작용'으로 설명할 수 있다. 곧, '오ᄂᆞ다'가 '온다'로 바뀜에 따라서 '밧ᄂᆞ다'도 /ㄴ/을 첨가하여 '밧는다'의 형태로 만듦으로써 두 형태가 모두 /ㄴ다/로 되게 한 것이다(허웅, 1983: 453).

(74) ㄱ. 내 닉일 通州 尙書 마즈라 가리라   [박언 중29]

　　ㄴ. 모든 皇子ㅣ 일 죽으니 前後에 열호로 혜리러니   [어내 2:61]

　　ㄷ. 이 음덕으로 경시 ᄌ손의게 미츠리니   [태감 1:30]

(74)에서는 중세 국어 때부터 쓰였던 '-리-'가 (ㄱ)의 17세기, (ㄴ)의 18세기, (ㄷ)의 19세기의 문헌에 두루 쓰였음을 확인할 수 있다. 이러한 '-리-'는 현대 국어에도 의고적(擬古的)인 성격을 띠면서 일부 문어체 문장에서 지속적으로 쓰이고 있다.

　둘째, 18세기와 19세기 교체기에 새로운 형태의 미래 시제의 선어말 어미인 '-겟-'이 나타난다.

(75) ㄱ. 집의 길니 뎐ᄒ면 미스가 되게 ᄒ엿다 ᄒ니   [한만 1:3]

　　ㄴ. 병이 이러ᄒ니 어딕 살게 ᄒ얏ᄂ가   [한만 3:231]

(76) ㄱ. 우리 아바님 어마님이 다 됴화ᄒ시겟다   [한만 1:61]

　　ㄴ. 아모리 ᄒ여도 못살겟다 ᄒ시고   [한만 2:157]

(77) ㄱ. 도적 씌문에 인민들이 엇지 살넌지 모로겟스니   [독신 1권 70호]

　　ㄴ. 그 쇼위를 궁구ᄒ면 즁히 다스리겟스나   [독신 2권 28호]

18세기 말과 19세기 초의 교체기에 혜경궁 홍씨가 궁중에서 지은 『한듕만록』(1895년 이후)에는 (75)처럼 보조 용언의 구성으로 '-게 ᄒ엿-'이나 '-게 ᄒ얏-'의 형태가 나타났다. 이러한 형태가 축약되어서 (76)처럼 미래 시제를 표현하는 선어말 어미인 '-겟-'이 출현하게 되었다.39) 그리고 19세기 말에는 (77)처럼 '-겟-'이 다시 '-겠-'의 형태로 바뀌어서 현대 국어까지 그대로 쓰이고 있다.40)

　이처럼 미래 시제의 선어말 어미인 '-겟-'이 18세기 말에 등장하자, 기존의 '-리-'와 새로 나타난 '-겟-'은 현대 국어까지 경쟁을 벌이게 되었다. 그 결과 현대 국어에서는 '-리-'가 의고적의 문법 형태로 되어서 일부 문어체의 문장에서만 한정적으로 쓰이고,

---

39) 'ᄒ게 ᄒ얏-'의 형태는 '사동'의 뜻과 함께 '장차 어떠한 지경에 이름'의 뜻을 나타내었는데, 이 형태가 축약되어서 'ᄒ겟-'으로 바뀌면서 사동의 의미가 축소되고 '장차(미래)'의 뜻이 강화된 것으로 보인다. 이러한 변화를 추정하면 '-게 ᄒ얏- 〉 *-게얏- 〉 -겟-'의 축약 과정을 거쳐서 '-겟-'이 형성된 것으로 보인다(나진석, 1971: 302; 허웅, 1983: 459).

40) 19세기 말에는 '-앗-/-엇-/-엿-'이 '-았-/-었-/-였-'으로 바뀌었는데, 동일한 시기에 '-겟-'도 '-겠-'으로 형태가 바뀌었다.

일반적인 구어체 문장에서는 '-겠-'의 형태가 쓰이고 있다.

(나-3) 태도 표현의 선어말 어미

중세 국어에서 나타난 '태도 표현'으로는 '확인 표현', '원칙 표현', '감동 표현'이 있었다. 근대 국어의 시기에는 태도 표현을 실현하는 선어말 어미 중에서 확인 표현의 선어말 어미는 그 기능이 거의 사라졌다. 반면에 원칙 표현과 감동 표현의 선어말 어미는 그 종류가 줄어들고 기능이 약화되기는 했지만, 일부의 선어말 어미는 근대 국어를 거쳐서 현대 국어까지 쓰이고 있다.

〈 확인 표현의 선어말 어미 〉 15·16세기의 중세 국어에서는 확인 표현의 선어말 어미로 '-아-/-어-, -거-, -나'가 구분되어서 쓰였다. 그러나 근대 국어의 시기부터는 이러한 확인 표현의 선어말 어미는 문법적인 범주로서의 기능을 점차로 상실하였다.

(78) ㄱ. 도적의 듕의셔 웨여 닐오듸 쟝슈 홍봉스ㅣ 죽<u>거</u>다 ᄒ더라   [동삼 충1:64]

    ㄴ. 애 뎌 킈 저근 金숟ㅣ 것구러디<u>거</u>다   [박언 중52]

    ㄷ. 老夫人 오시<u>거</u>다   [오전 3:33]

    ㄹ. 아ᅌᆞ야 네 오<u>나</u>다   [오전 6:33]

(79) ㄱ. 나ᄂᆞᆫ ᄒᆞ올어미라 能히 玉 ᄀᆞᆮᄒᆞᆫ ᄆᆞᅀᆞ맷 며느리를 보<u>아</u>리여   [내훈-초 서:7]

    ㄴ. 나ᄂᆞᆫ 홀어미라 能히 玉 ᄀᆞᆺᄒᆞᆫ ᄆᆞᅀᆞᆷ앳 며느리를 <u>보랴</u>   [어내 서:7]

(78)에서 (ㄱ)의 '죽거다', (ㄴ)의 '것구러디거다', (ㄷ)과 (ㄹ)의 '오나다'에서 '-거-'와 '-나' 등이 쓰였는데, 이들 예문을 통하여 18세기까지는 확인 표현의 선어말 어미가 쓰인 것을 알 수 있다. 그러나 15세기 말에 발간된 『내훈』(1475)과 18세기 초에 발간된 『어제내훈언해』(1737)에 쓰인 문장을 비교해 보면, 확인 표현의 선어말 어미가 18세기 초기부터 점차로 사라졌음을 알 수 있다. 곧 (79)에서 (ㄱ)의 『내훈』에는 '보아리여'처럼 확인 표현의 '-아-'가 쓰였으나, (ㄴ)의 『어제내훈언해』에는 '보랴'처럼 '-아-'가 실현되지 않았다. 이처럼 중세 국어에 쓰였던 확인 표현의 선어말 어미는 근대 국어 시기에 점차로 그 쓰임이 줄어들었고, 문법적인 기능 또한 거의 소멸되었다. 이에 따라서 근대 국어 말기와 현대 국어에서는 명령형의 종결 어미인 '-아라/-어라/-거라/-너라'나 연결 어미인 '-거늘, -거든, -거나, -거니와' 등에 형태적인 흔적이 남아 있을 뿐이다.

〈 원칙 표현의 선어말 어미 〉 중세 국어에서 '원칙 표현'의 선어말 어미로 쓰인 '-니-'는 근대 국어의 말까지 그대로 쓰였으나, 그 기능은 매우 약화되었다.

(80) ㄱ. 다른 나라 병이 … 빅강의 들게 말아샤 가ᄒᆞ니이다   [동삼 충1:11]

ㄴ. 아모 촌에 사는 사ᄅᆞᆷ 王大戶ㅣ 이셔 證ᄒᆞ엿ᄂᆞ니이다   [박언 하54]

ㄷ. 비록 그 몸이나 ᄯᅩᄒᆞᆫ 保전홈이 어려우니이다   [어내 2:78]

ㄹ. 안직 왈 긔도ᄒᆞ여 유익지 아니ᄒᆞ니이다   [태감 4:3]

ㅁ. 國家ᄅᆞᆯ 爲ᄒᆞ야 맛당히 盡忠하고 竭力ᄒᆞᆯ 거시니이다   [신심 25]

원칙 표현 선어말 어미인 '-니-'는 (80)에서처럼 근대 국어의 초기인 17세기부터 말기인 19세까지 지속적으로 쓰였다. 다만, 근대 국어의 후기로 갈수록 '-니-'의 문법적인 기능이 차차로 퇴화하였다. 곧, 현대 국어에서는 의고적인 문체의 문장에서 평서형 종결 어미인 '-다'에 결합되어서, '-니라'의 형태로 평서형 종결 어미로만 쓰인다.

〈 감동 표현의 선어말 어미 〉 중세 국어에서 쓰인 '-도-/-돗-/-옷-/-ㅅ-' 등은 근대 국어에서도 감동 표현의 선어말 어미로 쓰였다.[41)]

첫째, '-도-/-로-, -돗-/-롯-, -ㅅ-' 등이 감동 표현의 선어말 어미로 쓰였다.

(81) ㄱ. 큰형아 네 나히 하도다   [노언 상57]

ㄴ. 형아 네 ᄆᆞᆯ을 아지 못ᄒᆞᄂᆞᆺ도다   [청노 5:13]

ㄷ. 어미 닐오ᄃᆡ 이 반ᄃᆞ시 거경이로다   [오행 붕4]

(82) ㄱ. 새 그를 어제 브텨 보내돗더라   [두언-중 23:29]

ㄴ. 내 三十歲브터 곳 듕ᄆᆡ되야 이제 니르러 ᄀᆞᆺ 너희 두   [오전 3:32]
世間에 親家ᄅᆞᆯ 보앗ᄂᆞ니 진실로 드믈이 잇도소이다

ㄷ. 御對面ᄒᆞ셔야 ᄌᆞ셔히 ᄉᆞᆯ오려 ᄒᆞᆫ 일이로소이다   [첩신-초 7:14]

ㄹ. 그 사ᄅᆞᆷ들히 ᄯᅩ 達達 사ᄅᆞᆷ으로셔 도망ᄒᆞ야 나온 이롯더라   [노언 상45]

(83) ㄱ. 階砌예 올아 玉冊을 받고 冠冕을 노피 스고 金鍾ㅅ 소리ᄅᆞᆯ   [두언-중 4:21]
듣소라

ㄴ. 患難 하매 便安히 사디 몯ᄒᆞ소라   [두언-중 8:43]

(81)에서는 감동 표현의 선어말 어미로 '-도-/-로-'가 실현되었다. 곧 (ㄱ)에서는 감동

---

41) 중세 국어에서 감동 표현의 선어말 어미로 쓰였던 '-애-/-에-/-얘-/-게-'는 근대 국어에는 그 뒤에 실현되는 평서형의 종결 어미인 '-라(←-다)'와 결합하여서, '-애라/-에라/-얘라/-게라' 등으로 감탄형의 종결 어미가 되었다.

표현의 선어말 어미로 '-도-'가 실현되었고, (ㄴ)에서는 현재 시제의 선어말 어미인 '-
ᄂᆞ-'의 뒤에서 '-도-'가 '-또-'의 형태로 변동하였으며, (ㄷ)에서는 서술격 조사의 어간
뒤에서 '-도-'가 '-로-'로 변동하였다. (82)에서는 감동 표현의 선어말 어미로서 '-돗
-/-롯-'가 실현되었다. 먼저 (ㄱ)과 (ㄴ)에서는 '-돗-'이 실현되었으며, (ㄷ)과 (ㄹ)에서
는 서술격 조사의 뒤에서 '-돗-'이 '-롯-'으로 변동하였다. (83)에서는 감동 표현의 선
어말 어미로서 '-ㅅ-'이 쓰였다.42) 이처럼 근대 국어에서 쓰인 감동 표현의 선어말 어
미는 15세기 국어의 시기에서 쓰였던 감동 표현의 선어말 어미의 변이 형태와 거의 동
일하다.43)

둘째, 선어말 어미인 '-ᄂᆞ-, -시-, -더-'의 뒤에 감동 표현의 선어말 어미인 '-옷-'이
실현될 수 있었다.

(84) ㄱ. 淑景殿에 香을 픠우며 望雲亭에 므를 ᄲᅳ리놋다   [두언-중 24:6]

ㄴ. 嗚呼ㅣ라 직극ᄒᆞ샷다   [어내 발문 5]

ㄷ. 진실로 이러ᄒᆞ면 우리 맛당이 미리 네게 謝禮ᄒᆞ염즉 ᄒᆞ닷다 [청노 6:23]

감동 표현의 선어말 어미인 '-옷-'이 (ㄱ)에서는 '-ᄂᆞ-'에, (ㄴ)에서는 '-시-'에, (ㄷ)에서
는 '-더-'에 붙어서 각각 '-놋-', '-샷-', '-닷-'의 형태로 실현되었다. 이처럼 '-ᄂᆞ-, -시
-, -더-'에 '-옷-'이 결합되는 방식은 중세 국어에서 결합되는 방식과 동일하다.

이처럼 감동 표현의 선어말 어미는 근대 국어의 시기에도 선어말 어미로서의 자격을
유지하였다. 그러나 현대 국어의 시기에는 대부분의 감동 표현의 선어말 어미는 사라지
고 '-도-'만 남게 되었는데, 마지막 남은 '-도-'마저도 '-도다'의 형태로만 실현되어서
의고형의 감탄형 종결 어미로만 쓰이고 있다.

(나 -4) 화자 표현과 대상 표현의 선어말 어미

화자 표현과 대상 표현의 선어말 어미는 17세기의 근대 국어에서부터 불규칙하게 실
현되었다. 이에 따라서 18세기부터는 인칭과 대상 표현의 선어말 어미가 점차로 실현되
지 않았다.

첫째, 근대 국어에서는 화자 표현의 선어말 어미가 점차로 쓰이지 않게 되었다.

---

42) '-소라'는 '-ㅅ-'의 뒤에 화자 표현의 선어말 어미인 '-오-'가 실현된 복합 형태이다.

43) '-도-'는 17·18세기까지는 감동 표현의 선어말 어미로 쓰였으나, 19세기에는 평서형의 종결 어미
인 '-다'와 결합하여 감탄형의 종결 어미인 '-도다'의 형태로 실현되었다. 현대 국어에서는 '-도다'
가 의고적인 문어체에만 쓰이는 감탄형 종결 어미로 쓰인다.

(85) ㄱ. 내 당당이 너를 머구리라   [동삼 효1]

ㄴ. 내 얻디 ᄎ마 혼자 먹고 살기를 구ᄒ리오   [동삼 열38]

(86) ㄱ. 우리도 듯고 ᄀ장 아름다와 ᄒ뇌이다   [첩신-초 3:13]

ㄴ. 사름이 만ᄒ니 내 뎌를 티디 못ᄒ리로다   [오전 1:12]

ㄷ. 내 여긔셔 하직ᄒᄂ이다   [오행 효5]

(85)는 『동국신속삼강행실도』(1617)에 쓰인 문장이다. (ㄱ)에서는 화자가 주어로 쓰이면서 서술어로 쓰인 '먹다'에 화자 표현의 선어말 어미인 '-우-'가 실현되었다. 반면에 (ㄴ)에서는 화자가 주어로 쓰였지만 서술어로 쓰인 '구ᄒ다'에 '-오-'가 실현되지 않았다. 이처럼 근대 국어의 초기에는 화자 표현의 선어말 어미가 불규칙하게 실현되었는데, 근대 국어의 후기로 갈수록 화자 표현의 선어말 어미가 쓰임이 줄어들었다. 예를 들어서 (86)의 (ㄱ)에서는 'ᄒ뇌이다' 대신에 'ᄒ뇌이다'로, (ㄴ)에서는 '못ᄒ리로다' 대신에 '못ᄒ리로다'로, (ㄷ)에서는 '하직ᄒᄂ이다' 대신에 '하직ᄒᄂ이다'로 실현되었다. 이처럼 화자 표현의 선어말 어미는 근대 국어에서 17세기 초기까지만 쓰이다가 18세기 이후로는 점차로 쓰이지 않았다.

둘째, 근대 국어에서는 대상 표현의 선어말 어미도 점차로 쓰이지 않게 되었다.

(87) ㄱ. 有蘇氏라셔 妲근로 紂의 게 드려늘 紂ㅣ 惑ᄒ야 아니   [내훈-초 서 3]

드롤 마리 업서 맛드논 사ᄅᄆ란 貴히 ᄒ고 아쳗논 사라ᄆ란 주기더니

ㄴ. 有蘇氏라셔 妲근로 紂의게 드려늘 紂ㅣ 惑ᄒ야 아니 드를   [훈언 서 3]

말이 업서 맛당히 녀기ᄂ 사름으란 貴히 ᄒ고 아쳐ᄒᄂ 사름으란 주기더니

(ㄱ)은 15세기에 간행된 『내훈』(1475)에 쓰인 문장이고, (ㄴ)은 18세기에 간행된 『어제내훈언해』(1737)에 쓰인 문장이다. 이 두 문장을 비교하면 (ㄱ)의 '드롤, 맛드논, 아쳗논'에는 대상 표현의 선어말 어미인 '-오-'가 실현되어 있으나, (ㄴ)의 '드를, 맛당히 녀기ᄂ, 아쳐ᄒᄂ'에는 대상 표현의 '-오-'가 실현되지 않았다.44) 이를 통해서 근대 국어에서는 후기로 갈수록 대상 표현의 선어말 어미가 쓰이지 않았음을 알 수 있다.

---

44) 『두시언해』의 초간본(1481)과 중간본(1632)을 비교함으로써도 근대 국어 시대에 대상 표현의 선어말 어미가 사라진 사실을 확인할 수 있다. (보기) 내 뒷논 새 詩(초간본) / 내 뒷ᄂ 새 詩(중간본) [6:41], 得홀 배(초간본) / 得홀 배(중간본) [6:52], 너희 ᄒ논 일롤(초간본) / 너희 ᄒᄂ 이를(중간본) [15:34])

2.1.2.3. 활용 방식의 특징

중세 국어에서는 어간과 어미가 결합하는 과정에서 어간이나 어미가 두 가지 이상의 형태로 쓰이던 것이 있었다. 그런데 근대 국어에서는 두 가지 활용 형태가 하나의 활용 형태로 통합되어서 용언의 활용이 단순화하는 경향이 있었다.

첫째, 중세 국어에서 두 가지로 구분되었던 어간의 형태가 근대 국어에서 하나의 형태로 통일된 예가 있다. 먼저, 중세 국어에서는 '녀다(行)'와 '니다(行)'가 어미의 종류에 따라서 어형이 구분되었으나, 근대 국어에서는 '녜다(行)'로 통일되었다.45)

(88) ㄱ. 이 道롤 조차 발 뒷ᄂᆞ니 모다 녀게 ᄒᆞ니라   [월석 12:13]

ㄴ. 어셔 도라 니거라   [월석 8:101]

(89) ㄱ. 내 길흘 조차 날호여 녜여 기ᄃᆞ려 오노라 ᄒᆞ니   [노언 상1]

ㄴ. ᄒᆞᄅᆞ 아홉 站식 열 站식 녜거늘 네 엇디 즐겨 웃듬 믈을   [박언 8]
가져오디 아니ᄒᆞᄂᆞᆫ다

중세 국어에서는 (88ㄱ)처럼 일반적인 환경에서는 '녀-'의 형태로 실현되었는데, (88ㄴ) 처럼 선어말 어미인 '-거-'와 어말 어미인 '-거' 앞에서는 '니-'의 형태로 실현되었다. 따라서 동일한 어간이 그것이 결합하는 어미에 따라서 '녀-'와 '니-'의 형태로 달리 실현된 것이다. 그러나 (89)의 근대 국어에서는 '녀다'와 '니다'가 어미의 형태와 상관없이 모두 '녜다'로 통합되어서 어간 형태가 단일화되었다.

중세 국어에서는 존재를 나타내는 동사인 '이시다'와 '잇다'가 그것이 결합하는 어미의 종류에 따라서 어형이 구분되었으나, 근대 국어에서는 '잇다'로 통일되었다.46)

(90) ㄱ. 山行 가 이셔 하나빌 미드니잇가   [용가 125장]

ㄴ. 大愛道ㅣ 드르시고 ᄒᆞᆫ 말도 몯ᄒᆞ야 잇더시니   [월석 7:1]

---

45) 중세 국어에서 '녀다'는 규칙 용언으로 처리하고, '니다'는 선어말 어미 '-거-'와 어말 어미 '-거' 앞에서 변동하는 불규칙 용언으로 처리하였다.

46) 중세 국어에서 '이시다'는 규칙 용언으로 처리하고, '잇다'는 자음으로 시작하는 어미 앞에서 변동하는 불규칙 용언으로 처리하였다.

(91) ㄱ. 그 밧 상업순 일이 만흐니 져러홀 딕가 어딕 <u>이스리잇</u>가   [한만 5:398]

ㄴ. 사름이 다 혼 어미로딕 우리는 홀노 두 어미가 <u>잇</u>노라   [한만 1:16]

중세 국어에서는 (90ㄱ)처럼 일반적인 모음이나 매개 모음을 수반하는 어미 앞에서는 '이시-'의 형태로 실현되는데, (90ㄴ)처럼 자음으로 시작하는 어미 앞에서는 '잇-'으로 실현되었다. 그런데 근대 국어의 시기에는 '이시-'의 형태가 사라지고, (91)처럼 어미 형태와 상관없이 모든 환경에서 '잇-'의 형태로만 쓰였다.

둘째, 중세 국어에서 두 가지로 구분되었던 어미의 형태가 근대 국어에서는 하나의 형태로 단순화된 경우가 있다.

중세 국어에서는 특정한 형태 아래에서 어미의 /ㄱ/이 불규칙하게 탈락하였다.[47]

(92) ㄱ. 살면 모딕 죽<u>고</u> 어울면 모딕 버으는 거시니   [월석 2:15]

ㄴ. 절로 살<u>오</u> 절로 주구미 누에고티예 잇둧 ᄒ며   [석상 11:35]

중세 국어에서 (92ㄱ)의 '죽고'는 연결 어미가 '-고'의 형태로 실현되었는데, (92ㄴ)의 '살오'는 /ㄹ/로 끝나는 어간 뒤에서 연결 어미가 '-오'의 형태로 실현되었다.

그러나 근대 국어에서는 중세 국어에서처럼 /ㄱ/이 탈락하는 경우가 대부분 사라져서, 어미의 활용 형태가 단순화하였다.

(93) ㄱ. 이 째 남계운과 뇌만츈 두 사룸이 사로잡혀 죽<u>고</u>   [삼행 충33]

ㄴ. 내 遼東城 안히 살<u>고</u> 印 친 글 쏘혼 잇노라   [몽노 3:14]

(94) ㄱ. 니시는 셔울 사룸이니 종실부 홍슈열의 쏠이<u>오</u> 유흑   [동삼 열3:88]

홍셩남의 안해라

ㄴ. 當時에 혼 降人이 이시니 일홈은 打油ㅣ<u>요</u> 姓은 張氏라   [오전 7:33]

근대 국어에서는 (93ㄱ)의 '죽고'와 (93ㄴ)의 '살고'처럼 어간의 형태와 관계없이 모두 '-고'로만 실현되어서 어미의 형태가 단순화하였다. 다만, 서술격 조사인 '-이-'의 뒤에

---

47) 중세 국어에서 /ㄱ/으로 시작하는 어미인 '-거늘, -거니, -거니와, -거든; -고, -고져'는, /ㄹ/ 받침이나 반모음 /j/로 끝나는 용언의 어간, 서술격 조사와 '아니다', 그리고 선어말 어미 '-리-'의 뒤에서 /ㄱ/이 줄어졌다. 곧, '-거늘, -거니, -거니와, -거든; -고, -고져'가 어간의 음성적 환경에 따라서, '-어늘, -어니, -어니와, -어든; -오, -오져'로 불규칙하게 변동하였다.

서만 연결 어미인 '-고'에서 /ㄱ/이 탈락하여 (94ㄴ)처럼 '-요(←이오)'의 형태로 바뀌었다. 그러나 전체적으로 볼 때에 근대 국어에서는 중세 국어에 비해서 활용 어미의 형태가 단순화하였다.

셋째, 중세 국어에서는 어간이 /ㄹ/나 /르/로 끝나는 용언은 모음으로 시작하는 어미와 결합하면, 'ㄹㄹ' 형과 'ㄹㅇ' 형의 두 가지 방식으로 활용하였다.

(95) ㄱ. 須達이 … 부텨 뵈ᅀᆞᆸᄂᆞᆫ 禮數를 <u>몰라</u>   [석상 6:20]
　　 ㄴ. 法이 펴디여 가미 믈 <u>흘러</u> 녀미 ᄀᆞᆮ틀씨   [석상 9:21]
　　 ㄷ. 나랏 말ᄊᆞ미 中國애 <u>달아</u> 文字와로 서르 ᄉᆞᄆᆞᆺ디 아니ᄒᆞᆯ씨   [훈언]
　　 ㄹ. 엇뎨 <u>게을어</u> 法을 아니 듣ᄂᆞᆫ다   [석상 6:11]

(95)의 중세 국어에서는 '모ᄅᆞ다(不知), 흐르다(流)'는 '몰라, 흘러'처럼 'ㄹㄹ' 형으로 활용하였고, '다ᄅᆞ다(異), 게으르다(怠)'는 '달아, 게을어'처럼 'ㄹㅇ' 형으로 활용하였다.

그러나 근대 국어에서는 이들 용언의 활용 방식이 통일되어서 모두 'ㄹㄹ' 형으로만 활용하였다.

(96) ㄱ. 을싱이 예게 자피여 니거늘 주근 동 산 동 <u>몰라</u>   [동삼 속열:1]
　　 ㄴ. 도적이 머리과 엇게를 텨 헤티니 피 <u>흘러</u> ᄂᆞ치 니피엇더라   [동삼 열2:83]
　　 ㄷ. 져머셔브터 셩이며 ᄒᆡᆼ실이 샹녜 사ᄅᆞᆷ과 <u>달라</u>   [동삼 열8:60]
　　 ㄹ. 오히려 <u>게을러</u> 나라 근심ᄒᆞ고 집 니즐 혬이 업스니   [어내 2:42]

근대 국어에서는 'ㄹㅇ' 형이 사라져서 (96)의 '몰라, 흘러, 달라, 게을러'처럼 그 활용 형태가 모두 'ㄹㄹ' 형으로 단순화하였다.

넷째, 중세 국어에서는 형태소와 형태소가 결합하는 과정에서 모음 조화 현상이 폭넓게 적용되었는데, 16세기 이후에는 이러한 모음 조화 규칙이 점차로 허물어졌다. 그 결과로 중세 국어에서 모음 조화 현상에 따라서 분화되었던 어미의 형태가 근대 국어에서 단일화된 예가 나타났다.

(97) ㄱ. 댱슈 스무에 긴흔 일이나 믈건을 슬피며 구ᄒᆞ야 <u>엇으면</u>   [사필 35]
　　 ㄴ. 아모 ᄢᆡ나 아모 곳이나 희ᄉᆞ빗홀 바로 <u>밧으면</u> 곳 여름이오 [사필 4]

근대 국어의 후기에는 (97)에서 (ㄱ)의 '엇으면(←언-+-으면)'과 (ㄴ)의 '밧으면(←받-+-

으면)'처럼 어간의 음성적인 조건에 관계없이 어미의 형태가 '-으면'으로 단일화하여 실현되었다.[48] 이와 같이 근대 국어에서는 모음 조화에 따라서 발생하는 어미 형태의 분화가 중세 국어에 비해서 많이 줄어들었다.

2.1.2.4. 불규칙 활용

근대 국어에서 일어나는 불규칙 활용에는, 어간이 불규칙하게 활용하는 것과 어미가 불규칙하게 활용하는 것이 있다.

가. 어간의 불규칙 활용

근대 국어에서 어간이 불규칙하게 활용하는 예로는, 'ㅅ' 불규칙 활용, 'ㅂ' 불규칙 활용, 'ㄷ' 불규칙 활용, 'ㄹ/르' 불규칙 활용 등이 있다.

〈 'ㅅ' 불규칙 활용 〉 일부 용언에서 /ㅅ/ 종성으로 끝나는 어간이 모음[49]으로 시작하는 어미와 결합할 때에, /ㅅ/이 탈락하였다.

(98) ㄱ. 닛다, 닛고, 닛노라, 닛는, 닛고져

ㄴ. 니서, 니스니, 니스며, 니슨…   [중세 국어]

ㄷ. 니어, 니으니, 니으며, 니은…   [근대 국어]

예를 들어서 '닛다(繼)'에 모음으로 시작하는 어미인 '-어, -으니, -으며, -은' 등이 붙어서 활용하면, 중세 국어에서는 (ㄴ)의 '니서, 니스니, 니스며, 니슨'처럼 어간의 끝소리 /ㅅ/이 /ㅿ/으로 바뀌었다. 그러나 근대 국어 시기에는 /ㅿ/이 사라졌으므로, (ㄷ)의 '니어, 니으니, 니으며, 니은'처럼 어간 끝소리인 /ㅅ/이 탈락하였다.[50]

〈 'ㅂ' 불규칙 활용 〉 일부 용언에서 /ㅂ/ 종성으로 끝나는 어간이 모음으로 시작하는 어미와 결합할 때에, /ㅂ/이 /ㅗ/, /ㅜ/나 /w/로 바뀌었다.

---

48) 중세 국어에서는 모음 조화에 따라서 '어드면(얻-+-으면)'과 '바드면(받-+-ᄋ면)'으로 실현되어서, 어미의 형태가 '-으면/-ᄋ면'으로 달리 실현되었다.

49) 이때의 모음은 일반적인 모음뿐만 아니라, '-ᄋ니/-으니, -ᄋ며/-으며, -은/-은' 등에 실현된 /·/, /ㅡ/와 같은 매개 모음을 포함한다.

50) 어간이 /ㅅ/으로 끝나는 용언 중에서 불규칙하게 활용하는 용언에는 '낫다(優, 癒), 웃다(笑), 젓다(搉), 줏다(拾), 짓다(作)' 등이 있다. 반면에 규칙적으로 활용하는 용언에는 '벗다(脫), 빗다(梳), 솟다(出), 싯다(洗)' 등이 있다.

(99) ㄱ. 눕다, 눕고, 눕노라, 눕는, 눕고져

　　　ㄴ. 누버, 누브니, 누브며, 누븐 …　　　　　　　　　　[중세 국어]

　　　ㄷ. 누워, 누우니, 누우며, 누운 …　　　　　　　　　　[근대 국어]

예를 들어서 '눕다(臥)'에 모음으로 시작하는 어미인 '-어, -으니, -으며, -은' 등이 붙어서 활용하면, 중세 국어에서는 (ㄴ)의 '니버, 니브니, 니브며, 니븐'처럼 어간의 끝소리 /ㅂ/이 /ㅸ/으로 바뀌었다. 그러나 근대 국어 시기에는 /ㅸ/이 사라졌으므로, (ㄷ)의 '누워, 누우니, 누우며, 누운'처럼 어간의 끝소리인 /ㅂ/이 /ㅗ/, /ㅜ/나 /w/로 바뀌었다.[51]

　〈'ㄷ' 불규칙 활용〉 일부 용언에서 /ㄷ/ 종성으로 끝나는 어간이 모음으로 시작하는 어미와 결합할 때에, /ㄷ/이 /ㄹ/로 바뀌었다.

(100) ㄱ. 씨돋다, 씨돋고, 씨돋노라, 씨돋는, 씨돋고져

　　　　ㄴ. 씨드라, 씨드르니, 씨드르며, 씨드른 …　　　　[중세와 근대 국어]

예를 들어서 '씨돋다(覺)'에 모음으로 시작하는 어미인 '-아, -으니, -으며, -은' 등이 결합하여 활용하면, 중세 국어와 마찬가지로 근대 국어에서도 (ㄴ)의 '씨드라, 씨드르니, 씨드르며, 씨드른'처럼 어간의 끝소리인 /ㄷ/이 /ㄹ/로 바뀌었다.[52]

　〈'른/르' 불규칙 활용〉 근대 국어에서는 어간이 /른/나 /르/로 끝나는 일부 용언의 어간이, 모음으로 시작하는 어미 앞에서 어간의 끝 모음인 /·/나 /ㅡ/가 탈락하고 동시에 어간에 /ㄹ/이 첨가된다.[53]

(1) ㄱ. 正官은 빈멀믜 ᄒᆞ여 인ᄉᆞ 몰라 아릭 누어습ᄂᆡ　　　[첩해-초 1:15]

　　ㄴ. 時節이 녜과 달라 아므란 雜說이나 이실가 너겨　　　[첩해-초 3:13]

---

51) 어간이 /ㅂ/으로 끝나는 용언 중에서 불규칙하게 활용하는 용언에는 '곱다(麗), 굽다(燔), 덥다(曙), 돕다(助), 춥다(寒)' 등이 있다. 반면에 규칙적으로 활용하는 용언에는 '굽다(曲), 닙다(服), 잡다(執, 捕), 좁다(狹)' 등이 있다.

52) 어간이 /ㄷ/으로 끝나는 용언 중에서 불규칙하게 활용하는 용언에는 '걷다(步), 긷다(汲), 씨돋다(覺), 다돋다(到), 일콛다(曰)' 등이 있다. 반면에 규칙적으로 활용하는 용언에는 '걷다(收), 굳다(堅), 돋다(出), 믿다(信), 얻다(得)' 등이 있다.

53) 중세 국어에서는 '셜라, 몰라'처럼 /ㄹ/만 첨가되는 'ㄹㄹ형'의 활용 형태와 '달아, 길어'처럼 유성 후두 마찰음이 첨가되는 'ㄹㅇ형'의 활용 형태가 있는데, 이들은 모두 규칙 활용으로 처리하였다.

(2) ㄱ. 이 후애 술이 만일 다시 힝ᄒ면 나라히 반ᄃ시 쓰라   [계윤 22]

　　　망ᄒ리니

　　ㄴ. ᄉ천만 원가량식 <u>치러</u> 주어야 배상을 다 갑흘 터이니   [독신 2권 35호]

근대 국어에서는 (1)처럼 '모ᄅ다, '다ᄅ다'가 각각 '몰라, 달라'로 활용하였다. 그런데 근대 국어에서 어간의 끝소리가 /ᄅ/나 /르/로 끝나는 용언 중에서 '니르다/니ᄅ다(至), 프르다(靑), 누르다(黃)' 등은 각각 '니르러/니ᄅ러, 프르러, 누르러'로 활용한다('러' 불규칙 활용 참조). 이처럼 '니르러/니ᄅ러, 프르러, 누르러'와 같은 활용 형태가 있다는 사실을 감안하면, '몰라, 흘러, 달라, 게을러'의 활용 방식을 'ᄅ/르' 불규칙 활용으로 설정할 수 있다. 또한 어간이 'ᄅ/르'로 끝나는 '쓰르다/쓰ᄅ다, 치르다'가 (2)처럼 '쓰라, 치러'처럼 변동하는 양상(='ᄋ/으' 탈락)도 감안하면, (1)의 '몰라'와 '달라' 등은 현대어처럼 'ᄅ/르' 불규칙 활용으로 처리된다.

나. 어미의 불규칙 활용

　근대 국어에서 어미가 불규칙하게 활용하는 것에는 '러' 불규칙 활용, '여' 불규칙 활용, '나라/너라' 불규칙 활용이 있으며, /ㄷ/이 /ㄹ/로 바뀌는 불규칙 활용 등이 있다.
〈 '러' 불규칙 활용 〉 '니르다(至), 푸르다(靑), 누르다(黃)'의 어간에 '-어'로 시작하는 어미가 결합하면, 어미의 '-어'가 '-러'로 불규칙하게 바뀐다.

(3) ㄱ. 쇠등의 시러 가 큰 내히 <u>니르러</u> 스스로 ᄲᆡ뎌 주그니라   [동삼 열5:56]

　　ㄴ. 나조ᄒᆞᆯ 向ᄒᆞ야 믌겨리 져기 <u>프르러</u> 가ᄂ니   [두언-중 13:26]

　　ㄷ. 나못니피 <u>누르러</u> 듣고 龍ㅣ 正히 蟄藏ᄒᆞ얏거늘   [두언-중 25:29]

'ᄅ/르'로 끝나는 어간에 어미인 '-어'가 붙어서 활용하면 어간의 /ᄋ/, /ㅡ/가 탈락하는 것이 일반적이다('ᄋ·ㅡ' 탈락). 그런데 '니르다/니ᄅ다, 프르다, 누르다'의 어간에 연결 어미인 '-어'가 붙어서 활용하면, (3)처럼 어미인 '-어'가 '-러'로 불규칙하게 바뀐다.
〈 '야/여' 불규칙 활용 〉 'ᄒᆞ다'나 '어근+ᄒᆞ다'의 짜임으로 된 파생 용언의 어간에 연결 어미인 '-아'나 선어말 어미인 '-아-'가 결합하여 활용하면, 각각 '-야/-여'나 '-여-'로 불규칙하게 바뀐다.

(4) ㄱ. 도적이 그 ᄌᆞ식글 주기고 겁박ᄒᆞᄃᆡ ᄆᆞ춤내 굴티 아니ᄒᆞ<u>여</u>   [동삼 열8:32]

　　ㄴ. 每日에 돈 더ᄂᆞ기 ᄒᆞ<u>야</u> 집을 도라보디 아니ᄒᆞᄂᆞ니   [오전 1:10]

ㄷ. 네 엇지 이리 괴롭게 ᄒᆞ엿ᄂᆞ뇨   [태감 3:62]

ㄹ. 쳥 듯ᄂᆞᆫ 사ᄅᆞᆷ들은 나라를 파라먹고 도망ᄒᆞ여라   [독신 1권 97호]

(ㄱ)의 '아니ᄒᆞ여', (ㄴ)의 'ᄒᆞ야', (ㄷ)의 'ᄒᆞ엿ᄂᆞ뇨', (ㄷ)의 '도망ᄒᆞ여라'처럼 어간 'ᄒᆞ-'의 뒤에 어미인 '-아, -앗- -아라'가 결합되면, 각각 '-여/-야, -엿-, -여라'의 불규칙한 형태로 바뀐다.54)

〈 '나라/너라' 불규칙 활용 〉 중세 국어까지는 '오다'에 실현되는 명령형 어미의 일반적인 형태로 '-라'가 쓰였으며, '오나라'의 형태에서 '-나-'는 확인 표현의 선어말 어미로서의 기능을 유지하고 있었다. 그런데 근대 국어의 시기에 선어말 어미 '-나-'의 문법적인 기능이 소멸되자, '오다'의 명령형 어미로서 '오라'와 '오나라'로 실현되었다.

(5) ㄱ. 大娘子야 네 오라 내 네게 分付ᄒᆞ쟈   [오전 4:28]

   ㄴ. 죽으려 ᄒᆞ거든 갓가이 오라   [오행 열26]

(6) ㄱ. 네 ᄯᅩ 더러로 오나라   [노언 상52]

   ㄴ. 네 아직 나갓다가 ᄒᆞᆫ 디위 기드려 다시 오나라   [노언 하1]

(7) ㄱ. 이리 오너라 졀묘ᄒᆞ다 게 안젓다가 ᄒᆞᆫ 듸 더 부쳐 다고 [남원고사 21]

   ㄴ. 어셔 이리 나오너라 어셔 밧비 나오너라   [남원고사 27]

근대 국어의 시기에 나타나는 (6)의 '오나라'는 (5)의 '오라'에 대한 불규칙 활용형으로 처리할 수 있다. 곧, 일반적인 용언에서는 명령형 어미로서 '-라'가 쓰였지만, '오다'의 간 뒤에서는 불규칙하게 '-나라'로 실현되는 것으로 처리하는 것이다. 그리고 19세기 이후의 근대 국어의 후기부터는 (7)처럼 '-나라'의 형태가 '-너라'로 바뀌어서 현대 국어까지 이르고 있다('너라' 불규칙 활용).

〈 어미의 /ㄷ/이 /ㄹ/로 바뀌는 불규칙 활용 〉 /ㄷ/으로 시작하는 어미인 '-다, -도다, -더-' 등이, 서술격 조사와 '아니다', 그리고 선어말 어미인 '-리-, -더-, -니-' 뒤에 실현될 때는, 각각 '-라, -로다, -러-'로 불규칙하게 변동하였다.

---

54) 15세기에는 '-야'의 형태만 쓰이다가 16세기 중엽부터 근대 국어 중기까지에는 '-야/-여'가 함께 실현되었다. 그리고 근대 국어 후기인 19세기부터는 '-여'로만 실현되어서 현대 국어에 이르고 있다('여' 불규칙 활용).

(8) ㄱ. 쳥풍은 묽은 ᄇᆞ람이란 말이라　　　　　　　　　[오행 열44]

　　ㄴ. 이 곳이 이 놀 곳이 아니로다　　　　　　　　　[오전 5:9]

　　ㄷ. 老身이 뎌 少年時를 當ᄒᆞᆷ애 진실로 견듸디 못ᄒᆞ리러라　[오전 6:2]

(ㄱ)에서는 평서형 종결 어미인 '-다'가 서술격 조사의 어간 뒤에서 '-라'의 형태로 활용
하였으며, (ㄴ)에서는 '아니다'의 어간 뒤에서 감탄형의 종결 어미인 '-도다'가 '-로다'의
형태로 활용하였다. 그리고 (ㄷ)에서는 회상의 선어말 어미인 '-더-'가 미래 시제의 선
어말 어미인 '-리-'의 뒤에서 '-러-'의 형태로 활용하였다. 이들은 모두 특정한 형태소
뒤에서 불규칙하게 활용한 예이다.

2.1.3. 수식언

'수식언(修飾言)'은 체언이나 용언 등을 수식(修飾)하면서 그 의미를 한정(限定)하는 단
어의 갈래인데, 이러한 수식언에는 '관형사'와 '부사'가 있다.

2.1.3.1. 관형사

가. 관형사의 개념

'관형사(冠形詞)'는 체언을 수식하면서 체언의 의미를 제한(한정)하는 단어의 갈래이다.

(1) ㄱ. 금슈는 새 피ᄅᆞ 나 금빗 ᄀᆞᆮ단 말이라　　　　　[태집 7]

　　ㄴ. 이 弟子들희 葬送홈을 닙ᄂᆞ니　　　　　　　　[오전 1:5]

　　ㄷ. 우리 세 弟兄이 ᄀᆞ장 和氣ᄒᆞ여　　　　　　　[오전 1:2]

(ㄱ)에서 '새(新)'는 성질이나 상태의 실질적인 의미로 체언인 '피'의 의미를 한정하며,
(ㄴ)에서 '이(此)'는 지시의 의미로 체언인 '弟子들ᄒ'의 의미를 한정하며, (ㄷ)에서 '세
(三)'는 수량의 의미로 체언인 '弟兄'의 의미를 한정한다. 이처럼 관형사는 체언 앞에서
관형어로 기능하며, 그 뒤에 체언의 의미를 한정하는 단어의 갈래이다.

나. 관형사의 종류

관형사는 의미·기능에 따라서 '성상 관형사, 지시 관형사, 수 관형사'로 나뉜다.

〈 **성상 관형사** 〉 '성상 관형사(性狀 冠形詞)'는 성질이나 상태의 실질적인 의미로 체언을 수식하는 관형사이다. 이러한 성상 관형사에는 '뿐(他), 모든/모든(全), 새(新), 온갇/온갓(各種), 헌(弊)' 등의 단어가 있다.

(2) ㄱ. 내 너희 모든 伴黨들ᄃᆞ려 닐ᄋᆞ노니   [박언 중:25]

　　 ㄴ. 새 거슬 어드는 반ᄃᆞ시 쳔 ᄒᆞ더라   [동신 효5:1]

　　 ㄷ. 뿐 남진에 난 ᄌᆞ식   [역유 보 33]

　　 ㄹ. 아비 병이 극ᄒᆞ여 온갇 약기 효험 업거늘   [동신 효8:48]

　　 ㅁ. 나모 헌 거시 곳 굼긔 마겨 누어지디 몯ᄒᆞᄂᆞ   [두집 하:48]

(2)에서 (ㄱ)의 '모든(全)', (ㄴ)의 '새(新)', (ㄷ)의 '뿐(他)', (ㄹ)의 '온갇(各種)', (ㅁ)의 '헌(弊)'은 각각 그 뒤의 체언인 '伴黨들, 것, 남진, 약ㄱ(← 약), 것' 등을 실질적인 의미로 수식하면서 그 체언의 의미를 한정한다.

〈 **지시 관형사** 〉 '지시 관형사(指示 冠形詞)'는 발화 현장이나 문맥 속에 있는 대상을 가리키면서 체언을 수식하는 관형사이다. 지시 관형사로는 '이, 그, 뎌/져 ; 어느/어ᄂᆞ/어늬/어누/어닉, ᄆᆞ슷/ᄆᆞ삼/무삼/무슴/ᄆᆞᄉᆞ ; 아모' 등이 있다.

첫째, '이, 그, 뎌/져'는 어떤 대상을 직접적으로 가리키는 정칭의 지시 관형사이다. '이, 그, 뎌' 중에서 '이'는 화자에게 가까운 대상을, '그'는 청자에게 가까운 대상을, '뎌/져'는 화자와 청자 모두에게 먼 대상을 가리키면서 체언을 수식한다.

(3) ㄱ. 이 二三日 안히는 江湖에 브트실 씨시니   [첩신 7:14]

　　 ㄴ. 그 남근 油衫과 및 栢이 爲上이라   [가언 5]

　　 ㄷ. 뎌 도적들히 그 븨엣 物件을 다 앗고   [박언 중:13]

'이, 그, 저'는 정칭의 지시 관형사인데, '이'는 화자에게 가까운 대상을, '그'는 청자에게 가까운 대상을, '뎌/져'는 화자와 청가 모두에게 먼 대상을 가리키면서 그 뒤의 체언의 이미를 한정한다.

둘째, '어느/어누'와 'ᄆᆞ슷/ᄆᆞ슴' 등은 그것이 수식하는 대상이 어떠한 것인지 물을 때에 쓰는 미지칭(未知稱)의 지시 관형사이다.

(4) ㄱ. ᄆᆞ삼 使命이 잇ᄂᆞ니잇고   [오언 1:2]

　　 ㄴ. 어늬 곳에 뻐 이셔심을 보고   [중용언해 3:3]

ㄷ. 엇뎐 사ᄅᆞᆷ의게 좃차 ᄇᆡ호ᄂᆞ뇨 [오전 2:6]

(ㄱ~ㄷ)의 '므삼, 어ᄂᆡ, 엇뎐'은 미지칭의 지시 관형사로서, 각각 그 뒤에 실현된 '使令, 곳, 사ᄅᆞᆷ'을 수식하였다.

셋째, '아모/아무'는 사람이나 사물을 특별히 정하지 않고 두루 가리켜서 말할 때에 쓰는 부정칭(不定稱)의 지시 관형사이다.

(5) ㄱ. 얻지 至今 아모 긔쳑도 업ᄉᆞᆸᄂᆞᆫ고 [인대 4:17]

ㄴ. 내 曹操ᄅᆞᆯ 아무 째예 파ᄒᆞ면 [삼총 7:7]

(ㄱ)과 (ㄴ)의 '아모'와 '아무'는 부정칭의 지시 관형사로서 각각 그 뒤에 실현된 체언인 '긔쳑'과 '째'를 수식하였다.

〈수 관형사〉 '수 관형사(數 冠形詞)'는 수량 혹은 순서의 의미를 나타내면서, 그 뒤에 실현되는 체언을 수식하는 관형사이다.

첫째, 'ᄒᆞᆫ, 두, 세/서/석, 네/넷/넉, 다ᄉᆞᆺ/닷/단, 여슷/여ᄉᆞᆺ/엿, 닐굽/닐곱, 여듧, 아홉, 열, 열ᄒᆞᆫ, 열둘/열두 … 스믈/스므, 셜흔 …' 등은 수량의 뜻을 나타내면서, 그리고 '첫, 둘재, 세재, 네재, 다ᄉᆞᆺ재, 여ᄉᆞᆺ재, 닐굽재, 아홉재…' 등은 순서의 뜻을 나타내면서 그 뒤에 실현되는 체언을 수식한다.

(6) ㄱ. ᄒᆞᆫ 소리예 스므 거름맛감 가고 [병학지남 1:7]

ㄴ. 두 桶을 ᄒᆞᆰ 우희 펴 고ᄅᆞ고 [신자 10]

ㄷ. 銀 석 냥 엿 돈에 혜고 [노언 상:13]

(7) ㄱ. 첫 ᄀᆞ올히 이 亭子ᄅᆞᆯ 여희요라 [두언-중 3:35]

ㄴ. 니쳔 부ᄉᆞ와 둘재 ᄉᆡᆼ원 보고 가시니 [병자일기 199]

ㄷ. 신평 ᄆᆞᆺ오라바님과 세재 오라바님 약쥬 만히 안쥬 ᄀᆞ초 ᄒᆞ여 오시니 고맙ᄉᆞᆸ다 [병자일기 57]

(6)에서 (ㄱ)의 'ᄒᆞᆫ, 스므', (ㄴ)의 '두', (ㄷ)의 '석'과 '엿'은 수량을 뜻을 나타내면서 그 뒤의 체언인 '소리, 거름, 桶, 냥, 돈' 등을 수식하였다. 그리고 (7)에서 '첫', 둘재, 세재' 등은 순서의 뜻을 나타내면서 그 뒤의 체언인 'ᄀᆞ올ㅎ, ᄉᆡᆼ원, 오라바님'을 수식하였다.

2.1.3.2. 부사

가. 부사의 개념

'부사(副詞)'는 다양한 문법적인 단위를 수식하여 그것의 의미를 한정하거나, 특정한 말을 다른 말에 이어 주는 단어의 갈래이다.

(8) ㄱ. 잡시 ᄀ장 됴흐니라   [노언-하 2]

　　ㄴ. 가슴 두드려 울고 밥 아니 먹고 죽다   [동신 속효:29]

(9) ㄱ. 小人이 비록 나히 하나 엇디 곳 슈례ᄒ료   [노언 상:57]

　　ㄴ. 다만 冠帶 ᄒ시미 됴홀가 시프외 그러면 冠帶도 ᄒ옴새   [첩신 7:12]

(8)에서 (ㄱ)의 'ᄀ장'은 형용사인 '됴흐니라'를, (ㄴ)의 '아니'는 동사인 '먹고'를 수식하였다. 그리고 (9)에서 (ㄱ)의 '비록'은 이어진 문장의 앞절인 '小人이 나히 하나'를 수식하였으며, (ㄴ)의 '그러면'은 앞 문장과 뒤 문장을 이어주는 기능을 한다.

나. 부사의 유형

부사는 특정한 문장 성분을 수식하는 '성분 부사'와 문장이나 절을 수식하는 '문장 부사'로 구분한다.

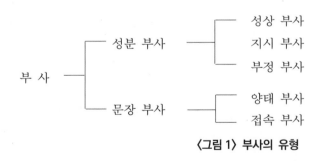

〈그림 1〉 부사의 유형

(나-1) 성분 부사

'성분 부사(成分 副詞)'는 문장 속에서 특정한 문장 성분만을 수식하는 부사이다. 성분 부사는 의미와 기능에 따라서 '성상 부사, 지시 부사, 부정 부사'로 구분된다.

〈 **성상 부사** 〉 '성상 부사(性狀 副詞)'는 주로 그 뒤에 실현되는 용언을 성질이나 상태의

뜻으로 수식하는 부사이다.55)

(10) ㄱ. 손애 <u>계요</u> 서ᄅ 단ᄂᆞ니라　　　　　　　　　[가언 5:12]

　　ㄴ. 이곳이 <u>ᄀᆞ쟝</u> 놀기 됴ᄒᆞ니이다　　　　　　　[오전 1:4]

　　ㄷ. 그러면 <u>도로</u> 너를 주마　　　　　　　　　　[노언 하:18]

　　ㄹ. 이녁이 <u>믜오</u> 대졉ᄒᆞᄂᆞᆫ 체ᄒᆞ여　　　　　　[인대 1:17]

　　ㅁ. 다 잘 되답ᄒᆞᆯ다　　　　　　　　　　　　　　[소아론 3]

　　ㅂ. 이 거리에 와 입을 <u>벙웃벙웃</u> ᄒᆞᄂᆞ뇨　　　　[오전 1:10]

(10)에서 '계요, ᄀᆞ쟝, 도로, 믜오, 잘, 벙웃벙웃' 등의 부사는 각각 성질이나 상태의 실질
적인 의미를 나타내면서 특정한 서술어(용언)인 '단ᄂᆞ니라, 됴ᄒᆞ니이다, 주마, 대졉ᄒᆞᄂᆞᆫ,
되답ᄒᆞᆯ다, ᄒᆞᄂᆞ뇨'를 수식한다.

〈 **지시 부사** 〉 '지시 부사(指示 副詞)'는 발화 현장에서 특정한 장소나 방향, 방법 등을 직접
가리키거나(直示), 앞선 문맥에서 이미 표현된 말을 대용(代用)하는 부사이다.56)

첫째, '이리, 그리, 뎌리; 이러ᄐᆞ시, 뎌러ᄐᆞ시' 등은 정칭(定稱)의 지시 부사이다.

(11) ㄱ. 나ᄂᆞᆫ 그저 <u>이리</u> 니ᄅᆞ리라　　　　　　　　　[노언 상:17]

　　ㄴ. <u>그리</u> 흐터디면 곳 집의 가ᄂᆞ냐 엇디ᄒᆞᄂᆞ뇨　　[박언 상:22]

　　ㄷ. 나도 <u>뎌리</u> ᄉᆡᆼ각ᄒᆞ엿노라　　　　　　　　　[박언 중:31]

　　ㄹ. <u>이러ᄐᆞ시</u> 극진히 行下ᄒᆞ시니　　　　　　　[첩신 7:5]

　　ㅁ. 엇디 괴로오믈 <u>뎌러ᄐᆞ시</u> ᄒᆞᄂᆞ뇨　　　　　　[오행 열:22]

(ㄱ)의 '이리, 그리, 뎌리'와 (ㄴ)의 '이러ᄐᆞ시, 뎌러ᄐᆞ시'는 정칭의 지시 부사로서, 각각
서술어로 쓰인 '니ᄅᆞ리라, 흐터디면, ᄉᆡᆼ각하엿노라, 行下ᄒᆞ시니, ᄒᆞᄂᆞ뇨'를 수식하였다.
둘째, '어드러, 엇디'는 미지칭의 지시 부사이며, '아ᄆᆞ리'는 부정칭의 지시 부사이다.

---

55) 이러한 성상 부사에는 '계오/계요/계유, 급히, ᄀᆞ쟝, 너무, 더욱, 도로, 믜오, 벙웃벙웃, 수이, ᄲᆞᆯ리,
　　아조, 잘, 흔갓, 기리, ᄀᆞᆺ, 몬져, ᄆᆞᄎᆞᆷ내, 미양, 비로소, ᄇᆞ야흐로, 불셔, 시방, 아직, 엿ᄐᆡ, 요ᄉᆞ이, 이윽
　　고, 잠ᄭᅡᆫ, 져져긔, 처음, ᄒᆞ마' 등이 있다.

56) 이러한 지시 부사에는 공간을 지시하는 지시 부사로서 '이리, 그리, 뎌리/져리, 이리져리, 어드러'
　　등이 있고, 방법을 지시하는 지시 부사로서 '이러ᄐᆞ시, 뎌러ᄐᆞ시/져러ᄐᆞ시, 엇디/엇뎨, 아ᄆᆞ리' 등이
　　있다.

(12) ㄱ. 이제 <u>어드러</u> 가ᄂᆞ다   [노언 상:1]

    ㄴ. <u>엇디</u> 種類ㅣ 긋처디디 아니ᄒᆞ리오   [오전 1:8]

    ㄷ. 대부인ᄭᅴ <u>아므리</u> ᄒᆞ고져 ᄒᆞ신들 아니 겨시면 뎌러ᄒᆞ시랴   [병자일기 156]

(ㄱ)의 '어드러'와 (ㄴ)의 '엇디'는 미지칭의 지시 부사로서, 그 뒤의 서술어인 '가ᄂᆞ다'와 '긋처디디 아니ᄒᆞ리오'를 수식하였다. 그리고 (ㄷ)의 '아므리'는 부정칭의 지시 부사로서, 그 뒤의 서술어인 'ᄒᆞ고져 하신들'을 수식하였다.

〈 **부정 부사** 〉 '부정 부사(否定 副詞)'는 긍정문을 부정문으로 바꾸어 주는 부사인데, 이 에는 '아니'와 '몯/못'이 있다.

(13) ㄱ. 南으로 녀 오니 길히 더옥 <u>아니</u> 환ᄒᆞ도다   [두언-중 1:20]

    ㄴ. 밥 <u>아니</u> 먹고 졍신 아득ᄒᆞ면 ᄯᅩ 죽ᄂᆞ니라   [언두 하:8]

(14) ㄱ. 엇디 연으로 미타불을 <u>몯</u> 보리오   [권요 33]

    ㄴ. 거상 버스매 뼈 즁ᄌᆞ로셔 ᄉᆞ당을 <u>못</u> 셸 거시라   [동신 효5:1]

(13)의 '아니'는 문장으로 표현된 내용을 단순하게 부정하거나, 주체의 의지로써 문장의 내용을 부정하는 뜻을 나타낸다. (ㄱ)처럼 형용사인 '환ᄒᆞ도다'를 서술어로 하는 문장에 서는 '아니'를 실현하여 '오라다'의 내용을 단순하게 부정하였으며, (ㄴ)처럼 동사인 '먹 고'를 서술어로 하는 문장에서는 주체의 의지로써 '먹다'의 내용을 부정하였다. 반면에 (14)의 '몯'은 '할 수 없음' 혹은 '불가능성'의 뜻을 더하면서 문장의 내용을 부정한다. 곧 (ㄱ)은 '외적인 조건 때문에 어찌할 수 없이 '미타불'을 보지 못함'을 나타내었고, (ㄴ) 은 '외적인 조건 때문에 어찌할 수 없이 'ᄉᆞ당'을 세우지 못함'을 나타낸다.

(나-2) 문장 부사

'문장 부사(文章 副詞)'는 문장이나 절 전체를 수식하는 부사인데, 이에는 '양태 부사'와 '접속 부사'가 있다.

〈 **양태 부사** 〉 '양태 부사(樣態 副詞)'는 문장(절)의 전체 내용에 대하여, '추측, 필연, 가정, 양보, 기원, 부정, 의혹, 당위'와 같은, 화자의 태도나 주관적인 판단을 표현하는 부사이 다.57)

---

57) 근대 국어에 쓰인 양태 부사의 예로는 '맛당히(當), 모로매/모로미(須), 반다기/반ᄃᆞ시/반드시(必),

(20) ㄱ. <u>맛당히</u> 스믈탕의 황년과 방풍과 년효를 가ᄒ야 머겨 [언두 70]
　　　음긔를 보ᄒ고 양긔를 믈리티라

　　 ㄴ. 이 무른 <u>모로매</u> 다 斬伐홀디니 [두언-중 2:53]

　　 ㄷ. 이제 왕이 <u>반다시</u> 션비를 닐위고져 홀딘ᄃᆡ [십사 2:90]

　　 ㄹ. <u>아마도</u> 고기만 자시고 즌 광어과 즌 여슬 즐기더라 [계일 상:12]

　　 ㅁ. <u>믈읫</u> 우리 빅셩 다ᄉ리는 사ᄅᆞᆷ은 거의 ᄯᅩ한 넘녀홀씨어다

　　 ㅂ. <u>아므려나</u> ᄆᆞ음을 다ᄒ여 니기웁소 [첩신 9:17]

　　 ㅅ. <u>힝혀</u> 시러곰 아름다온 소늘 慰勞ᄒ놋다 [두언-중 16:35]

(21) ㄱ. <u>만일</u> 믿시 티붉고 근티 두렫ᄒ야 블어디고 ᄆᆞ지면 [언두 15]
　　　손애 기티ᄂᆞ니는 힝역이오

　　 ㄴ. 澤國에셔 <u>비록</u> 비를 브즈러니 ᄇ라나 더운 하늘해 [두언-중 3:19]
　　　ᄆᆞᄎᆞ매 즌홀기 열도다

(20)에서 (ㄱ~ㄷ)의 '맛당히, 모로매, 반다시'는 화자가 문장의 내용을 당위적이거나 필연적인 사실로 인식함을 나타낸다. (ㄹ)의 '아마도'는 문장의 내용에 대한 일반적인 추측을 나타내며, (ㅁ)의 '믈읫'은 대략적인 추측을 나타낸다. (ㅂ)의 '아므려나'는 어떤 사실을 양보해서 판단함을 나타내며, (ㅅ)의 '힝혀'는 '어쩌다가 혹시'처럼 일어나 가능성이약한 추측의 뜻을 나타낸다. 그리고 (21)에서 (ㄱ)의 '만일'은 이어진 문장의 앞절의 내용에 대한 가정을 나타내며, (ㄴ)의 '비록'은 양보를 나타낸다.

이처럼 '맛당히, 모로매, 반다시, 아마, 믈읫, 아므려나, 힝혀, 만일, 비록' 등의 양태 부사는 문장이나 절의 전체 내용에 대한 화자의 태도나 주관적인 판단을 나타낸다.

　〈 **접속 부사** 〉 '접속 부사(接續 副詞)'는 단어와 단어를 이어서 명사구를 형성하거나, 앞의 문장과 뒤의 문장을 이어 주는 부사이다.58)

　접속 부사는 그것이 이어 주는 말의 단위에 따라서 '단어 접속 부사'와 '문장 접속부사'로 나눌 수 있다.

　첫째, '단어 접속 부사'는 단어와 단어를 이어서 명사구를 형성하는 기능을 한다.

　아마, 믈읫, 아므려나(且), 힝혀 ; 만일(萬一), 비록,' 등이 있다.

58) 접속 부사는 접속 기능만 있는 것과, 접속 기능과 함께 대용 기능이 있는 것이 있다. 접속 부사
　중에서 '믿/및, 또, ᄯᅩ한, 혹' 등은 대용 기능은 없고 접속 기능만 있다. 반면에 '그러나, 그러면,
　그런ᄃᆞ로, 이런ᄃᆞ로' 등과 같이 '그, 이' 등이 붙어서 형성된 접속 부사는 접속 기능뿐만 아니라,
　앞의 문장을 대용하는 기능도 갖추고 있다.

(22) ㄱ. 수릿군과 믿 수릭에 펴는 딕들히 츠츠로 힝군ᄒ다가   [연지 22]

　　　ㄴ. 도저기 주거 지아비와 믿 ᄌ식 두 주검 아오라 블 디ᄅ다 [동신 열8:69]

(ㄱ)에서 '믿'은 명사인 '수릿군'과 '수릭에 펴는 딕들ᄒ'을, (ㄴ)에서 '믿'은 '지아비'와 'ᄌ식'을 이어서 이들 단어들을 하나의 명사구로 만들었다.

　둘째, '문장 접속 부사'는 앞의 문장과 뒤의 문장을 특정한 의미적인 관계로 이어 주는 기능을 한다.

(23) ㄱ. 이제 世俗이 襲이 잇고 大小斂이 업ᄉ니 厥흔 배 하도다   [가언 5:17]

　　　　 그러나 古者애 士는 襲衣三稱이오

　　　ㄴ. 내 이 여러 물 가져 풀라 가노라 그러면 ᄀ장 됴토다   [노언 상:7]

　　　ㄷ. 이는 신이 아래 이셔 더러운 거슬 먹디 아니흔 연괴라   [언두 상:11]

　　　　 ᄯ 글오딕 혼팀ᄒ여 자며 ᄌ치욤과 놀라 가만히 ᄒᄂ니는

　　　　 쟝츳 힝역 ᄯ리흘 증휘라

(ㄱ)에서 접속 부사인 '그러나'는 앞 문장과 뒤 문장의 사이에 실현되어서 '대조'의 의미 관계로, (ㄴ)에서 '그러면'은 '조건'의 의미 관계로, (ㄷ)에서 'ᄯ'는 '첨가'의 의미 관계로 앞 문장과 뒤의 문장을 이었다.

　그런데 중세 국어와 마찬가지로 근대에서는 접속 부사가 이어진 문장 속의 앞절과 뒷절 사이에 실현되어서, 연결 어미의 접속 기능을 강화하는 경우가 있다.

(24) ㄱ. 어진 도리를 닷디 몯ᄒᆯ식 그런ᄃ로 이제 귀보를 몯 버스니 [권요 5]

　　　ㄴ. 개도 보디 못ᄒ고 ᄯ 범도 보디 못ᄒ고   [박언 하:24]

　　　ㄷ. 비록 그 行호미 ᄲᅢ 잇고 施호미 곧이 이시나 그러나   [가언 1:서3]

　　　　 講구호미 본딕 볽고 혹習호미 본딕 넉디 아니ᄒ면

(24)에서 접속 부사인 '그런ᄃ로, ᄯ, 그러나'는 이어진 문장의 앞절 뒤에 실현된 연결 어미 '-ᆯ식, -고, -나'의 의미를 다시 표현하였다. 이 경우의 접속 조사는 연결 어미의 접속 기능을 강화하는 기능을 한다.59)

---

59) (22)와 (23)에 쓰인 접속 부사들의 주된 기능은 특정한 말을 수식하는 것이 아니라 이어 주는 것이다. 이러한 점을 감안하면 이들 단어들을 부사로 처리하기보다는 접속사(接續詞)로 처리할 가능성이 있다(나찬연, 2017ㄱ: 278).

2.1.4. 독립언

독립언(獨立言)은 문장 속의 다른 말과 문법적인 관계를 맺지 않고 독립적으로 쓰이는 단어의 갈래이다. 독립언으로는 '감탄사(感歎詞)'가 있는데, 감탄사는 화자가 '기쁨, 슬픔, 놀람, 불만' 등과 같은 내적 감정을 직접적으로 표출하는 '감정 감탄사'와 '대답, 다짐, 부름, 시킴' 등의 의지를 직접적으로 표출하는 '의지 감탄사'로 나뉜다.

(1) ㄱ. 主人 형아 애 또 王가든 형이로괴야   [노언 상:15]
    ㄴ. 익 므스 일이옵관듸 이대도록 어렵사리 니르웁시는고   [첩신-초 5:21]

(2) ㄱ. 어와 아름다이 오옵시도쇠   [첩신-초 1:2]
    ㄴ. 어와 어와 그장 됴쓰외   [첩신-초 9:1]

(3) ㄱ. 오호ㅣ라 나의 고굉과 경지와 나의 빅료는 다 나의   [계윤 19]
       긔유홈을 드르라
    ㄴ. 오회라 중용에 굴오듸 하늘이 명ᄒ신심을 일온 성품이라 ᄒ고[척사윤음 1]

(4) ㄱ. 이바 내 너드려 니르마   [박언 상:30]
    ㄴ. 이바 네 닷 돈을 더디 말고 네 고디식흔 갑슬 니르면   [노언 하:20]
       그저 흔 말에 네게 갑프마

(1)의 '애/익'와 (2)의 '어와' (3)의 '오호ㅣ라/오회라'는 화자가 청자를 의식하지 않고 자신의 감정을 표출하는 데에 그치는 '감정 감탄사(感情 感歎詞)'이다. 그리고 (4)의 '이바'는 화자가 청자를 부르는 말이다. 이러한 부름말은 화자가 자기의 요구나 판단을 청자에게 적극적으로 표현하는 '의지 감탄사(意志 感歎詞)'이다.

2.2. 단어의 형성

단어의 형성법은 실질 형태소인 어근에 어근이 결합하여서 '합성어'를 형성하거나, 어근에 파생 접사가 붙어서 '파생어'를 형성하는 문법적인 방법이다.

2.2.1. 합성어

어근과 어근이 합쳐져서 새로운 단어를 형성하는 문법적인 절차를 '합성법'이라고 한다. 여기서는 합성어의 최종 품사를 기준으로 삼아서, 근대 국어의 합성어의 유형을 '명사 합성어, 동사 합성어, 형용사 합성어, 관형사 합성어, 부사 합성어'로 분류한다.

가. 명사 합성어

명사 합성어는 어근과 어근이 결합하여 형성된 새로운 명사이다.

〈 통사적 합성어 〉 '통사적 합성법'으로 형성된 합성 명사는 다음과 같다.

(1) ㄱ. 밤낮, 오좀쏭; 믌고기, 댱맛비, 둙의알, 쇠가족; 눈엣가시, 눈엣동즈
　　ㄴ. 춘믈, 늘즘싱; 즈름길, 가름길

(1)의 합성어는 통사적 합성법으로 형성된 합성 명사이다. 먼저 (ㄱ)의 예는 명사와 명사가 결합하여 형성된 합성어 예이다. 곧, '밤낮'과 '오좀쏭'은 명사와 명사가 직접 결합하여 합성어가 되었다. '믌고기'와 '댱맛비'는 명사와 명사 사이에 관형격 조사인 '-ㅅ'이 실현되어서, 그리고 '둙의알'과 '쇠가족'은 명사와 명사 사이에 관형격 조사인 '-의'와 '-ㅣ'가 실현되어서 합성어가 되었다. '눈엣가시'와 '눈엣동즈'는 명사에 위치를 나타내는 부사격 조사인 '-에'와 관형격 조사인 '-ㅅ'이 실현되어서 합성어가 되었다. 다음으로 (ㄴ)의 예는 용언의 활용형과 명사가 합성된 예이다. 곧, '춘믈'과 '늘즘싱'은 용언의 관형사형에 명사가 결합하여서, '즈름길'과 '가름길'은 용언의 명사형에 명사가 결합하여서 합성어가 되었다.

〈 비통사적 합성어 〉 '비통사적인 합성법'으로 형성된 합성 명사는 다음과 같다.

(2) 후리그믈, 쓰믈, 접칙; 붉쥐

'후리그믈, 쓰믈, 접칙, 붉쥐'는 용언의 어간에 명사가 직접적으로 결합하여 합성 명사가 되었다. 이들은 용언의 어간 뒤에 실현되어야 할 관형사형 전성 어미가 실현되지 않은 채로 명사를 수식하는 구조를 하고 있다는 점에서 비통사적 합성 명사이다.

나. 동사 합성어

동사 합성어는 어근과 어근이 결합하여 형성된 새로운 동사이다.

〈 **통사적 합성법** 〉 통사적 합성법으로 형성된 용언으로는 앞 어근이 동사인 것과 앞 어근이 명사인 것이 있다.

첫째, 동사 어근과 동사 어근이 결합하여 새로운 합성 동사를 형성할 수가 있다.

> (3) ㄱ. ᄃ려가다, ᄂ려오다, 사라나다, 써닙다, 더러내다
>
> ㄴ. 깃거ᄒ다, 믜여ᄒ다, 두려ᄒ다; 믜워ᄒ다, 저퍼ᄒ다
>
> ㄷ. 싣허지다, 느러지다, 써지다

(ㄱ)의 'ᄃ려가다'는 동사의 연결형인 'ᄃ려(ᄃ리-+-어)'에 동사인 '가다'가 결합해서, (ㄴ)의 '깃거ᄒ다'는 '깃거(짓-+-어)'에 'ᄒ다'가 결합해서, (ㄷ)이 '싣허지다'는 '싣허(싫-+-어)'에 '지다'가 결합해서 합성어가 되었다.60)

둘째, 명사 어근에 동사 어근이 결합하여 새로운 합성 동사를 형성할 수 있다.

> (4) ㄱ. 귀먹다, ᄂ닉다
>
> ㄴ. 쑴쑤다, 녀름짓다
>
> ㄷ. 압셔다, 뒤써지다

합성 동사를 이루는 명사 어근과 동사 어근은 특정한 통사적인 관계를 맺고 있다. 곧, (ㄱ)의 '귀먹다'는 명사 어근인 '귀'와 동사 어근인 '먹다'가 결합하였는데, 앞 어근인 '귀'와 뒤 어근인 '먹다'는 '주어-서술어'의 통사적인 관계를 맺고 있다. (ㄴ)의 '쑴쑤다'에서 '쑴'과 '쑤다'는 '목적어-서술어'를 통사적인 관계를 맺고 있으며, (ㄷ)의 '압셔다'에서 '앞'과 '셔다'는 '부사어-서술어'의 통사적인 관계를 맺고 있다.

〈 **비통사적 합성법** 〉 비통사적 합성법으로 형성된 다음과 같은 예가 있는데, 주로 동사 어간과 동사 어간이 직접적으로 결합하여서 형성되었다.

> (5) 깁보태다, 넘나다, 듣보다/듯보다, 얽미다, 긻셔다, 거두치다

---

60) (3ㄴ)에 제시된 '-어ᄒ-'나 '-어 ᄒ-'의 구성에 대한 문법적인 성격을 규명하기가 쉽지 않다. 첫째, 허웅(1975: 87)에서는 15세기의 중세 국어에 쓰인 (3ㄴ)의 예를 앞의 용언이 연결 어미인 '-어'를 통해서 뒤의 용언인 'ᄒ다'에 이어진 통사적 구성으로 보았다. 둘째, 이기문(1998: 217)과 이승연(1998: 259)에서는 근대 국어를 대상으로 하여 (3ㄴ)의 예를 어근과 어근이 결합한 합성 용언으로 처리하였고, 이광호(2004: 193)에서는 '-어ᄒ-'를 동사를 파생하는 접미사로 처리하였다. 셋째, 고영근·구본관(2008: 228)에서는 현대 국어에 쓰인 '-어하-'를 동사를 파생하는 접미사로 보았다.

'깁보태다'는 동사의 어간인 '깁(補)-'에 '보태(添)-'가, '넘나다'는 동사의 어간인 '넘(跳)-'에 '나(出)-'가, '듣보다'는 동사의 어간인 '듣(聽)-'에 '보(見)-'가 직접적으로 결합하여 합성 동사를 형성하였다. 이들 합성 동사는 동사와 동사가 결합하는 과정에서 연결 어미인 '-고'나 '-아/-어'가 실현되지 않았으므로 비통사적 합성 동사이다. 이러한 비통사적 합성법으로 파생되는 동사의 종류가 중세 국어에서는 매우 많았으나, 근대 국어와 현대 국어로 내려올수록 그 종류가 줄어들었다.

다. 형용사 합성어

형용사 합성어는 어근과 어근이 결합하여 형성딘 새로운 형용사이다.

〈 통사적 합성법 〉 명사 어근과 형용사 어근이 통사적 합성법으로 결합하여서 새로운 형용사가 형성될 수가 있다.

(6) ㄱ. 갑스다/갑싼다, 기름지다/기름지다, 비브르다/비브릇다, 숨츠다, 입츠다
    ㄴ. 놈붓그럽다

(ㄱ)에서 '갑스다'는 명사 어근인 '값(價)'에 형용사 어근인 '스(值)-'가 결합하였는데, 합성어 속에서 '값'과 '스다'는 '주어-서술어'의 통사적인 관계를 맺고 있다. 그리고 (ㄴ)의 '놈붓그럽다'는 명사 어근인 '놈(他)'에 형용사 어근인 '붓그럽(恥)-'이 결합하였는데, 여기서 '놈'과 '붓그럽다'는 '부사어-서술어'의 통사적인 관계를 맺고 있다.

〈 비통사적 합성법 〉 형용사의 어근과 형용사 어근이 비통사적인 합성법으로 결합하여서 새로운 형용사가 형성될 수가 있다.

(7) 검븕다, 검프르다, 굳세다, 놉궂다, 됴궂다, 일늦다

'검븕다'는 형용사 어근인 '검(黑)-'에 형용사 어근인 '븕(赤)-'이 붙어서, '놉궂다'는 형용사 어근인 '놉(高)-'에 형용사 어근인 '궂(低)-'이 결합해서 합성 형용사가 형성되었다. 이들 합성 형용사는 형용사의 어간에 연결 어미가 실현되지 않고 뒤 형용사의 어간이 직접적으로 결합하였으므로, 비통사적 합성 형용사이다.

라. 관형사 합성어

관형사 합성어는 어근과 어근이 결합하여 형성된 새로운 관형사인데, 대부분 통사적 합성어이다.

     (8) ㄱ. 온갖/온간

          ㄴ. 흔두, 두서/두어/두세, 서너, 네다숫, 네대엿, 다엿, 여닐곱/여닐굽, 닐여둛, 열아홉

          ㄷ. 열나믄(믄)/여라문, 스므나믄(믄), 셜흔나믄(믄), 예숨나믄, 닐흔나믄

(ㄱ)의 '온갖/온간'은 관형사 어근인 '온(全)'에 명사 어근인 '갖(← 가지, 種)'이 결합하여서, (ㄴ)의 '흔두'는 관형사 어근인 '흔(一)'에 관형사 어근인 '두(二)'가 결합하여서 합성 관형사가 형성되었다. (ㄷ)의 '열나믄(믄)'은 수사 '열(十)'에 동사 '남다(餘)'의 관형사형인 '남은/남은'이 결합하여서 합성 관형사가 되었다.

마. 부사 합성어

  부사 합성어는 어근과 어근이 결합하여 형성된 새로운 부사이다.

  첫째, 명사 어근과 명사 어근이 합쳐서 합성 부사가 형성될 수 있다.

     (9) ㄱ. 밤낮; 가지가지, 째째, 조각조각, 스이스이

          ㄴ. 여긔저긔

(ㄱ)에서 '밤낮'은 명사 어근인 '밤(夜)'과 명사 어근인 '낮(晝)'이 결합하여서, '가지가지'는 명사 어근인 '가지'가 되풀이되어서 합성 부사가 되었다. 그리고 (ㄴ)의 '여긔저긔'는 대명사 어근인 '여긔'와 '저긔'가 결합하여 합성 부사가 되었다.

  둘째, 부사 어근과 부사 어근이 합쳐서 합성 부사가 형성될 수 있다.

     (10) ㄱ. 이리져리

           ㄴ. ᄌ로ᄌ로/자로자로, ᄌ곰ᄌ곰/갓금갓금

(ㄱ)의 '이리져리'는 부사 어근인 '이리'와 '저리'가 결합하여서, 'ᄌ로ᄌ로'는 부사인 'ᄌ로'가 겹쳐서 합성 부사가 되었다.

  셋째, 부사나 부사와 유사한 성격을 띠는 불완전 어근이 반복되어서, 의성어나 의태어로 쓰이는 합성 부사가 형성될 수 있다.

     (11) ㄱ. 징강징강, 와삭와삭

          ㄴ. ᄀ만ᄀ만, 거물거물, 드믓드믓, 부슬부슬, 아몰아몰, 우묵우묵, 주굴주굴

          ㄷ. 도곤도곤, 야굼야굼, 터덕터덕, 퍼석퍼석

(ㄱ)의 '징강징강'은 '징강'이 되풀이되어서 의성 부사가 형성되었으며, (ㄴ)의 'ᄀ만ᄀ만'은 'ᄀ만'이 되풀이되어서 의태 부사가 형성되었다. (ㄷ)의 '도곤도곤'은 '도곤'이 되풀이서 되어서 형성된 부사인데, 문맥에 따라서 의성 부사로 쓰이기도 하고 의태 부사로 쓰이기도 한다.

2.2.2. 파생어

파생법은 어근과 접사의 상대적인 위치에 따라서 두 가지 유형으로 나뉜다. 곧, 어근의 앞에 파생 접두사가 붙어서 새로운 단어를 만드는 '접두 파생법'과 어근의 뒤에 파생 접미사가 붙어서 새로운 단어를 형성하는 '접미 파생법'이 있다.

2.2.2.1. 접두 파생어

접두 파생법은 어근에 파생 접두사가 붙어서 새 단어를 형성하는데, 이때에 파생 접두사는 어근의 품사를 바꾸지 않는 특징이 있다. 따라서 파생 접두사에는 어근의 의미를 제한하는 '한정적 기능'만 있고 어근의 문법적인 성격을 바꾸는 '지배적 기능'은 없다. 접두 파생어로는 '체언의 파생어'와 '용언의 파생어'가 있다.

〈 체언의 접두 파생법 〉 체언의 접두 파생어는 체언인 어근에 파생 접두사가 붙어서 형성된 새로운 체언(명사)이다.

> (12) 굴/갈가마괴, ᄀ랑/가랑비, 강술, 겹니블, 곰ᄃ릭, 군ᄆ음, 늘고기, 납거믜, 널문, 넙나물, 다숨어미

(12)에서 '굴-/갈-'은 '무늬(紋)'의 뜻을, 'ᄀ랑-/가랑-'은 '가늘다(細)'의 뜻을, '강-'은 다른 것이 섞이지 않은(純)의 뜻을, '겹-'은 '겹치다(複)'의 뜻을, '곰-'은 '곰(熊) 모양'의 뜻을 나타낸다. 그리고 '군-'은 '쓸데없다(雜)'의 뜻을, '늘-'은 '미가공(生)'의 뜻을, '납-'은 '넓적하다(廣)'의 뜻을, '널-'은 '널빤지(板)'의 뜻을, '넙-'은 '넓다(廣)'의 뜻을, '다숨-'은 '가짜(假)'의 뜻을 나타낸다.

> (13) 댓무우, 덧니, 돌미나리, 된밥, 들기름, 딜그릇, 뫼(뫼)누의, 민손, 메(멧)곳, 무쇠

(13)에서 '댓-'은 '억세고 크다(壯大)'의 뜻을, '덧-'은 '거듭(重)'의 뜻을, '돌-'은 '야생(野)'

이나 '질이 낮다(低質)'의 뜻을, '된-'은 '건조하다(乾)'나 '힘들다(苦)'의 뜻을, '들-'은 '야생(野)'의 뜻을 나타낸다. 그리고 '딜-'은 '흙(土)'의 뜻을, '말-/맛-'은 '맏이(孟)'의 뜻을, '민-'은 '비다(白)'의 뜻을, '메-/멧-'은 '휘돌다(旋)'의 뜻을, '무-'는 '물(水)'의 뜻을 나타낸다.

(14) 민며느리, 수닭/수톩, 쉿/쉰/숫무우, 싀어미, 아♀누의, 아춘아들, 암물, 올벼, 이듬히, 출기장, 춥뿔쥭, 츠돌

(14)에서 '민-'은 '미리(豫)'의 뜻을, '수-/수ㅎ-'은 '수컷(雄)'의 뜻을, '쉿-/쉰-/숫-'은 '거칠다(蕪)'의 뜻을, '싀-'는 '시집(媤)'의 뜻을, '아♀-'는 '아우(弟)'나 '어린(少)'의 뜻을 나타낸다. '아춘-'은 '작다(小)'의 뜻을, '암-/암ㅎ-'은 '암컷(雌)'의 뜻을, '올-'은 '이르다(早)'의 뜻을, '이듬-'은 '다음(次)'의 뜻을, '출-/츠-'는 '찰지다(粘)'나 '야무지다/굳다(堅)'의 뜻을 나타낸다.

(15) 춤기름, 표범, 풋ㄴ물, 한(할)아비, 항것, 한듸, 핫바디

(15)에서 '춤-'은 '진짜(眞)'의 뜻을, '표-'는 '얼룩무늬가 있는(彪)'의 뜻을, '풋-/풋-'은 '어리다(靑, 未熟)'의 뜻을, '한-/할-/항-'은 '크다(大)'의 뜻을, '한-'은 '바깥(外)'의 뜻을, '핫-'은 '솜(綿)'의 뜻을 나타낸다.

〈용언의 접두 파생어〉 용언의 접두 파생법은 용언인 어근에 파생 접두사가 붙어서 형성된 새로운 용언이다.

(16) 답싸히다, 덧늬다, 데쁘다, 되츠다, 뒤눕다, 마ᄆᆞ르다, 무덥다, 박츠다, 붓도도다, 뷔틀다

(16)에서 '답-'은 '첩첩이(累)'의 뜻을, '덧-'은 '겹쳐서 더(累加)'의 뜻을, '데-'는 '매우(甚)'의 뜻을, '되-'는 '돌이켜(回)'의 뜻을, '뒤-'는 '반대로(反)'나 '뒤집어(逆)'의 뜻을, '마-'는 '물기가 없다(燥)'의 뜻을 나타낸다. 그리고 '무-'는 '물기가 많게(濕)'의 뜻을, '박-'은 '세게, 힘차게(强)'의 뜻을, '붓-'은 '더욱(尤)'의 뜻을, '뷔-'는 '힘 있게 바싹 꼬면서(拗)'의 뜻을 나타낸다.

(17) 브르짖다, 브르쁘다, 비웃다, 싀새오다, 싀노랗다, 얄밉다, 엇버히다, 에굽다, 여어보다, 엿보다

(17)에서 '브르-/브릅-'은 '크게, 강하게'의 뜻을, '비-'는 '얕잡거나 업신여겨(卑)'의 뜻을, '싀-/시-'는 '강조'의 뜻을, '얄-'은 '약빠르게'의 뜻을 나타낸다. 그리고 '엇-'은 '한쪽으로 조금 비뚤어서'의 뜻을, '에-'는 '약간 휘우듬하게'의 뜻을, '여어-'와 '엿-'은 '남몰래(偸)'의 뜻을 나타낸다.

(18) 져보리다, 즐타다, 짓치다, 티쓰다, 치돋다, 휘젓다, 횟쭈루다, 흐놀이다

(18)에서 '져-'는 '등을 져(背)'의 뜻으로, '즐-/줏-/즌-/짓-'은 '마구'의 뜻을, '티-/치-'는 '위로 올려서(上)'의 뜻을, '휘-'와 '횟-'은 '심하게'나 '마구'의 뜻을, '흐-'는 '짓궂게'의 뜻을 나타낸다.

2.2.2.2. 접미 파생어

접미 파생어는 어근에 파생 접미사가 붙어서 새로운 단어를 형성하는 단어 형성법인데, 파생 접미사는 '한정적 기능'으로도 쓰일 수 있고 '지배적 기능'도 쓰일 수 있다. 접미 파생어는 파생법에 의하여 형성된 단어의 품사에 따라서, '체언 파생법', '용언 파생법', '부사 파생법', '조사 파생법' 등으로 분류할 수 있다.

가. 체언의 접미 파생어

〈 체언 파생법의 유형 〉 파생 체언은 어근의 품사에 따라서 '체언에서 파생된 것'과 '용언에서 파생된 것'과 '수식언에서 파생된 것'으로 구분된다.

첫째, 체언 어근에 파생 접미사가 붙어서 다시 체언으로 파생될 수가 있다. 이들 파생 접미사는 어근의 품사나 문법적인 성질을 바꾸지 않으므로 한정적 기능으로 쓰였다.

(19) 李가, 벗님닉, 손님, 번빅, 저희, 그듸, 노롯바치, 씌쟝이, 쇠아지, 부헝이, 뿌라기, 도적딜, 벼맡, 힛발; 글월 터럭, 가족, 기동, 겨드랑

(20) 둘재/둘째, 닐굽재, 다숫재, 여숫재, 아홉재

(19)는 명사 어근에 파생 접미사인 '-가, -닉, -님, -빅, -희, -듸/-딕, -바치/-밧치/-아치, -쟝이, -아지/-야지, -이, -아기, -딜/-질, -맡/-맏, -발; -월, -억, -옥, -옹, -으랑' 등이 붙어서 다시 파생 명사가 된 단어이다. 이들 파생 접미사는 어근에 특정한 뜻만

더할 뿐이지[61] 어근의 문법적인 성질을 바꾸지 않았기 때문에 한정적 기능으로 쓰였다. 그리고 (20)의 예는 양수사(量數詞)의 어근에 순서를 나타내는 파생 접미사인 '-재/-째'가 붙어서 서수사를 형성하였다.

둘째, 동사나 형용사인 어근에 '-ㅁ/-음, -이, -기, -애, -개, -엄/-암, -어리, -이/-의, -이, -아괴' 등의 파생 접미사가 붙어서 명사로 파생될 수가 있다. 이들 파생어에 쓰인 접미사는 어근의 품사를 바꾸므로 지배적 기능으로 쓰였다.

  (21) ㄱ. 싸홈, 춤, 노름
      ㄴ. 밥짓이, 노리, 다듬이
      ㄷ. 쓰레밧기, 아기나키
      ㄹ. 노래, 늘개, 무덤, 쑤지람, 귀먹어리

  (22) ㄱ. 깃븜, 게으름
      ㄴ. 노픠, 기릐 ; 노피, 기리
      ㄷ. 가마괴

(21)은 동사 어근에 파생 접미사가 붙어서 명사로 파생된 단어이다. (ㄱ)에서는 동사 어근에 '-ㅁ/-음'이 붙어서, (ㄴ)은 '-이'가 붙어서, (ㄷ)은 '-기'가 붙어서, (ㄹ)은 '-애, -개, -엄/-암, -어리'가 붙어서 명사로 파생되었다. (22)는 형용사 어근에 파생 접미사가 붙어서 명사로 파생된 단어이다. (ㄱ)에서는 형용사 어근에 '-ㅁ/-음'이 붙어서, (ㄴ)에서는 '-이/-의'나 '-이'가 붙어서, (ㄷ)에서는 '-아괴'가 붙어서 명사로 파생되었다.

셋째, 관형사와 부사의 어근에 '-엄/-음, -이, -재' 등의 파생 접미사가 붙어서 체언으로 파생될 수가 있다.

  (23) ㄱ. 처엄, 처음
      ㄴ. 기러기, 개고리
      ㄷ. 첫재

(ㄱ)의 '처엄/처음'은 관형사인 '첫'에 명사 파생 접미사인 '-엄/-음'이 붙어서 명사로 파생되었으며, (ㄴ)의 '기러기'와 '개고리'는 의성 부사인 '기럭'과 '개골'에 '-이'가 붙어

---

61) '글월, 터럭, 가족, 기동, 겨드랑'에서 '-월, -억, -옥, -옹, -으랑'의 의미가 파악되지 않는다.

서 명사로 파생되었다. 그리고 (ㄷ)의 '첫재'는 관형사인 '첫(初)'에 순서의 의미를 나타내는 접미사인 '-재'가 붙어서 '첫재'가 쓰였다.[62]

〈 체언 파생어의 특징 〉 근대 국어의 체언 파생법에는 다음과 같은 특징이 나타난다.

첫째, 근대 국어에서는 용언을 명사로 파생시키는 접미사로서, 중세 국어에서부터 널리 쓰이던 '-이', '-ㅁ/-음/-옴/-움'뿐만 아니라 '-기'의 쓰임도 늘어났다.

둘째, 중세 국어에서 명사형 전성 어미로 쓰였던 '-옴/-움'의 형태가 근대 국어에서는 대체로 '-ㅁ/-음'으로 바뀌었다. 그리고 중세 국어에서 대체로 '-ㅁ/-음'으로 실현되었던 명사 파생 접미사는 근대 국어에서는 기존의 '-ㅁ/-음'뿐만 아니라 '-옴/-움'으로도 실현되었다. 이에 따라서 근대 국어에서는 명사형 전성 어미인 '-ㅁ/-음'과 명사 파생 접미사인 '-ㅁ/-음/-옴/-움'의 형태가 서로 혼용되는 경우가 많았다.[63]

셋째, 중세 국어와 17·18세기의 근대 국어에서는 형용사인 '크다, 높다, 깊다, 길다' 등에서 파생된 명사의 형태는 '킈, 노픽, 기픽, 기릐' 등이었다. 그러나 19세기부터는 명사 파생 접미사인 '-익/-의'의 형태가 '-이'로 바뀜에 따라서, 파생 명사인 '킈, 노픽, 기픽, 기릐'도 각각 '키, 노피, 기피, 기리'의 형태로 바뀌었다.

(24) 킈 〉 키, 노픽 〉 노피, 기픽 〉 기피, 기릐 〉 기리

결과적으로 19세기 이후의 국어에서는 파생 명사인 '키, 노피, 기피, 기리'는 파생 부사인 '키, 노피, 기피, 기리'와 형태가 같아졌다.

넷째, 중세 국어에서 복수 접미사로 쓰였던 '-들'과 '-희'는 근대 국어에도 그대로 쓰였으나, 중세 국어의 '-내'는 근대 국어에서는 형태가 '-네'로 바뀌었다.

(25) ㄱ. 임진왜난애 각 딘 쟝슈들와 각 읍 원들이 머리늘 들고   [동삼 충1:62]

　　 ㄴ. 어느 짜해 너희 쎼 무티엿느뇨   [두언-중 1:37]

　　 ㄷ. 쇼인네는 본듸 못 먹습건마는 감격ᄒ오매 먹기를 과히   [첩신-초 2:6]

　　　　 ᄒ엿ᄉ오니

---

62) 중세 국어에 쓰였던 'ᄒ낟재/ᄒ낫재'가 사라지자 서수사의 어휘 체계에 빈칸이 생겼는데, '첫재'는 서수사의 어휘 체계의 빈칸을 보충한 것이다(보충법).

63) 중세 국어의 동사 '츠다(舞)'에 대응되는 근대 국어 단어는 '추다(舞)'이다. 중세 국어에서 명사인 '춤(舞)'은 동사인 '츠다'의 어근에 파생 접미사인 '-움'이 붙어서 파생된 명사이다. (보기: 누른 홁 밋 두들겐 하늘 돌기 춤츠놋다 [두언-초 7:28]) 반면에 근대 국어에서 '춤'은 동사인 '추다'의 어근에 파생 접미사인 '-ㅁ'이 붙어서 파생된 명사이다. (보기: 노래ᄒ고 춤추는 거슨 몸이 믓도록 다 쥬공의 복에 밋엇노라 [삼총 8:11])

중세 국어에서는 체언에 붙어서 복수(複數)를 나타내는 접미사로 '-들', '-희', '-내'가 있었는데, 근대 국어에서 '-들'과 '-희'는 중세 국어와 다름 없이 쓰였다. 곧, (ㄱ)에서는 일반적인 복수 접미사로 '-들'이 쓰였으며, (ㄴ)에서는 인칭 대명사인 '너' 뒤에 '-희'가 쓰였다. 그런데 중세 국어에서 쓰였던 '-내'는 근대 국어에서 형태와 의미가 바뀌었다. 곧, 중세 국어에서 높임의 뜻과 복수의 뜻을 함께 나타내었던 '-내'는, 근대 국어에서는 (ㄷ)의 '쇼인네'처럼 그 형태가 '-네'로 바뀌었다. 또한 근대 국어의 '-네'는 높임의 뜻이 사라지고 '그 사람이 속한 무리'라는 뜻으로 쓰였다.

다섯째, 근대 국어에 쓰인 서수사는 양수사에 '-재'가 붙어서 파생되었는데, '제일(第一)'의 뜻을 나타내는 서수사로 '첫재'가 쓰인 것이 특징이다.

(26) 첫재, 둘재/둘째, 다숫재, 여숫재, 닐굽재, 아홉재

근대 국어에서는 '第一'의 뜻으로 쓰이는 서수사로서 '첫재'가 쓰였다. 이는 중세 국어의 'ᄒ낟재/ᄒ낫재'를 보충법으로 대신한 것인데, 관형사인 '첫'에 접미사인 '-재'가 붙어서 형성되었다. 그리고 중세 국어에서는 서수사를 형성하는 접미사의 형태로 '-자히/-차히/-재/-채' 등이 쓰였는데, 근대 국어에서는 '-재/-째'의 형태로 통일되었다.

나. 동사 접미 파생어

(나-1) 동사 접미 파생어의 유형

동사 파생법은 어근의 품사에 따라서 '동사 어근, 형용사 어근, 명사 어근, 부사 어근, 불완전 어근'에서 형성된 파생법 등으로 구분된다.

〈 동사 어근에서 파생 〉 동사 어근에 파생 접미사가 붙어서 다시 동사로 파생될 수가 있다.

첫째, 동사 어근에 강조 기능의 접미사가 붙어서 다시 동사로 파생될 수 있다.

(27) 거스리왇다, 니르왓다, 그스리티다, 씬치다, 거슬쓰다

(27)에서 '거스리왇다, 니르왓다, 그스리티다, 씬치다, 거슬쓰다' 등은 각각 동사 어근인 '거스리(逆)-, 니르(起)-, 그스리(逆)-, 씬(覺)-, 거슬(逆)-' 등에 강조를 나타내는 접미사인 '-왇-/-왓-, -티-/-치-, -쓰-'가 붙어서 다시 동사로 파생되었다.

둘째, 동사 어근에 사동 접미사가 붙어서 사동사가 파생될 수가 있다.

(28) ㄱ. 누기다, 닑히다, 늘리다, 남기다; 도도다, 일우다, 늣추다, 솟고다, 넘구다; 사르다[64]

　　 ㄴ. 띄우다, 셰오다, 틔오다, 픠오다

(ㄱ)의 예는 동사 어근인 '눅(減)-, 닑(讀)-, 늘(長)-, 남(餘)-; 돋(出)-, 일(成)-, 늣(遲)-, 솟(噴)-, 넘(越)-; 살(生)-'에 사동 접미사인 '-이-, -히-, -리-, -기-; -오-/-우-, -호-/-후-, -고/-구-; -으-,'가 붙어서 된 사동사이다. 그리고 (ㄴ)의 '띄우다, 셰오다, 틔오다, 픠오다' 등은 동사 어근인 '쁘(浮)-, 셔(立)-, 튼(乘, 燒)-, 프(發)-'에 사동 접미사인 '-ㅣ-'와 '-우-/-오-'가 겹쳐져서 사동사로 파생되었다.

　셋째, 동사 어근에 피동 접미사가 붙어서 피동사로 파생될 수가 있다.

(29) ㄱ. 쌓이다, 믜이다, 걸리다, 가티다, 담기다

　　 ㄴ. 믈리이다, 잡피이다, 쪼치이다

(ㄱ)의 예는 타동사의 어근인 '쌓(積)-, 믜(繫)-, 걸(揭)-, 간(囚)-, 담(舍)-'에 피동 접미사인 '-이-, -리-, -히-, -기-' 등이 붙어서 피동사로 파생되었다. 그리고 (ㄴ)의 '믈리이다, 잡피이다, 쪼치이다'는 동사 어근인 '믈(咬)-, 잡(執, 捕)-, 쫓(從)-'에 피동 접미사인 '-리-, -히-, -이-'와 '-이-'가 겹쳐서 실현되어서 피동사로 파생되었다.

　〈 **동사가 아닌 어근에서 파생** 〉 '명사 어근, 형용사 어근, 부사 어근, 불완전 어근'에 '-ㅎ-, -Ø-, -우-, -이-, -히-, -후-'의 파생 접미사가 붙어서 동사로 파생된 단어가 있다.

(30) ㄱ. 겨를ㅎ다, 쑤종ㅎ다, 씌ㅎ다

　　 ㄴ. 씌다, ᄀᆞ물다, 신다, 품다

　　 ㄷ. 길우다, 더러이다, 붉히다, 늣추다

　　 ㄹ. 오락가락ㅎ다, 다ㅎ다, 아니ㅎ다, 그리ㅎ다

　　 ㅁ. 향ㅎ다, 험ㅎ다, 뎐ㅎ다

(ㄱ)의 '겨를ㅎ다'는 명사 어근인 '겨를(暇)'에 파생 접미사인 '-ㅎ-'가 붙어서 동사로 파생되었다. (ㄴ)의 '씌다'는 명사 어근인 '씌(帶)'에 무형의 파생 접미사 '-Ø-'가 붙어서 동사로 파생되었다. (ㄷ)의 '길우다, 더러이다, 붉히다, 늣추다'는 형용사 어근인 '길(長)-,

---

64) '사르다'는 17세기 초인 『언해두창집요』(1608)에 쓰였으나, 그 외의 근대 국어 문헌에서는 발견되지 않는다. (보기) 언지는 피를 사르는 디라 [두집 상26]

더럽(汚)-, 흙(土)-, 늦(遲)-'에 사동 접미사인 '-우-, -이-, -히-, -후-' 등이 붙어서 동사로 파생되었다. (ㄹ)의 '오락가락ᄒ다' 등은 부사 어근인 '오락가락'에 파생 접미사인 '-ᄒ-'가 붙어서 동사로 파생되었으며, (ㅁ)의 '향ᄒ다'는 불완전 어근인 '향(向)'에 '-ᄒ-'가 붙어서 동사로 파생되었다.

(나-2) 동사 접미 파생어의 특징

근대 국어에서 나타나는 동사 파생법의 특징은 사동사나 피동사에서 찾을 수 있다.

첫째, 근대 국어에서 사동 접미사로는 '-이-' 계열의 '-이-, -히-, -리-, -기-'와 '-오-' 계열의 '-오/우-, -ᄋ-, -호-/-후-, -고/-구' 등이 쓰였다. 근대 국어의 후기로 갈수록 '-이-'는 '-히-, -리-, -기-'로 교체되었고, '-오-'나 '-ᄋ-'가 '-리-'로 교체되었다.

(31) ㄱ. 니기다(→ 익히다), 말이다(→ 말리다), 웃이다(→ 웃기다)

　　　ㄴ. 살오다/사ᄅ다(→ 살리다)

곧, (ㄱ)에서 '니기다(習: 닉-+-이-)'가 '익히다'로, '말이다(勿: 말-+-이-)'가 '말리다'로, '웃이다(笑: 웃-+-이-)'가 '웃기다'로 바뀌었다. 이러한 예는 사동 접미사인 '-이-'가 각각 '-히-, -리-, -기-'로 교체되는 경향을 보여 준다. 그리고 (ㄴ)에서 17세기 초에 쓰인 '살오다(活: 살-+-오-)'와 '사ᄅ다(活: 살-+-ᄋ-)'는 근대 국어의 후기에 '살리다'로 바뀌었는데, 이는 사동 접미사인 '-오-'나 '-ᄋ-'가 '-리-'로 교체되는 경향을 보여 준다.

둘째, 중세 국어에서는 'ᄒ다(爲)'에 '-ㅣ-'가 붙어서 의 사동사가 '히다(使)'로 쓰였는데, 근대 국어에서는 '히이다'가 'ᄒ이다'로 변하거나 '시기다/식이다'로 교체되었다.

(32) ㄱ. 釋迦牟尼佛이…에구든 모딘 衆生을 降服히시ᄂ다　　　　[석상 11:4]

　　　ㄴ. 사ᄅᄆ로 히여 기픈 슬표믈 베프게 ᄒᄂ다　　　　　　[두언-초 9:27]

(33) ㄱ. 나라희셔 云革이를 功臣 ᄒ이시고　　　　　　　　　[동삼 속삼 충:4]

　　　ㄴ. 공헌대왕됴애 정문ᄒ시고 참봉을 ᄒ이시니라　　　　[동삼 효4:83]

(34) ㄱ. ᄀᄅ치고 시기ᄂ 일을 듯디 아니ᄒ며　　　　　　　　[경언-중 2]

　　　ㄴ. 이십 겨유 된 아히를 오쳔 병마 맛기는 벼슬 식이자 ᄒ기는 [한만 5:394]
　　　　　실노 나라흘 져ᄇ리는 일이오

15세기의 국어에서는 '히다'에 붙는 사동 접미사의 형태가 '-ㅣ-'였으므로, '히다'의 사동사는 (32)처럼 '히다'의 형태로 쓰였다. 그런데 16세기부터는 '히다'의 사동사가 (33)처럼 '히이다'로 표기되기 시작하였는데, 이 형태는 대략 18세기 후반까지 쓰였다. 그러나 19세기부터는 (34)처럼 '히이다'가 사라지고 '시기다/식이다'가 새로 생겼다. '시기다/식이다'는 현대 국에서는 '시키다'의 형태로 바뀌어서 쓰이고 있다.

다. 형용사 접미 파생어

〈형용사 접미 파생어의 유형〉 형용사이 접미 파생어는 어근의 품사에 따라서 '형용사에서 파생된 것, 동사에서 파생된 것, 명사에서 파생된 것, 부사에서 파생된 것, 불완전 어근에서 파생된 것' 등으로 구분된다.

첫째, 동사나 형용사 어근에 '-갑-, -ㅂ/-브-, -압-/-업-, -ㅂ-' 등의 파생 접미사가 붙어서 형용사로 파생될 수가 있다.

(35) ㄱ. 늣갑다

　　　ㄴ. 골프다, 아프다, 믿브다, 깃브다; 앗갑다, 놀랍다, 늣겁다, 붓ᄼ럽다, 어즈럽다, 그립다

(ㄱ)의 '늣갑다'는 형용사 어근인 '늣(低)-'에 파생 접미사인 '-갑-'이 붙어서 다시 형용사로 파생되었다. 그리고 (ㄴ)의 '골프다, 놀랍다, 그립다' 등은 동사 어근인 '곯(飢)-, 놀라(驚)-, 기리(譽)-'에 파생 접미사인 '-ㅂ/-브-'와 '-압-/-업-/-ㅂ-'이 붙어서 형용사로 파생되었다.

둘째, 명사 어근에 '-답-, -롭-, -ᄒ-, -스럽-, -되-, -젓-' 등의 파생 접미사가 붙어서 형용사로 파생될 수가 있다.

(36) ㄱ. 곧답다, 얼운답다

　　　ㄴ. 슈고롭다, 해롭다, 새롭다

　　　ㄷ. 고요ᄒ다, 독ᄒ다

　　　ㄹ. 어룬스럽다, 원슈스럽다

　　　ㅁ. 졍셩되다, 그릇되다

　　　ㅂ. 의심젓다, 망녕젓다, 지간젓다

(ㄱ)의 '곧답다'는 '곧(←곳, 花)'에 형용사 파생 접미사인 '-답-'이 붙어서, (ㄴ)의 '슈고롭

다'는 '슈고(受苦)'에 '-롭-'이 붙어서 형용사로 파생되었다. (ㄷ)의 '고요ᄒ다'는 '고요(靜)'에 '-ᄒ-'가 붙어서, (ㄹ)의 '어룬스럽다'는 '어룬(長)'에 '-스럽-'이 붙어서 형용사로 파생되었다. (ㅁ)의 '졍셩되다'는 졍셩(精誠)'에 '-되-'가 붙어서, (ㅂ)의 '의심젓다'는 '의심(疑心)'에 '-젓-'이 붙어서 형용사로 파생되었다.

셋째, 부사나 관형사 어근에 '-ᄒ-, -롭-' 등의 파생 접미사가 붙어서 형용사로 파생될 수가 있다.

(37) ㄱ. ᄀᆞ득ᄒ다, 못ᄒ다, 아니ᄒ다, 반득반득ᄒ다
ㄴ. 외롭다

(ㄱ)에서 'ᄀᆞ득ᄒ다'는 부사 어근인 'ᄀᆞ득(滿)'에 형용사 파생 접미사인 '-ᄒ-'가 붙어서, (ㄴ)에서 '외롭다'는 관형사 어근인 '외(孤)'에 '-롭-'이 붙어서 형용사로 파생되었다.

넷째, 불완전 어근에 '-둡-/-답-, -랍-/-롭-, -ᄒ-' 등의 파생 접미사가 붙어서 형용사가 파생될 수가 있다.

(38) ㄱ. 아름답다, 아릿답다
ㄴ. 보도랍다, 苦롭다
ㄷ. 험ᄒ다, 壯ᄒ다, 튼튼ᄒ다

(ㄱ)의 '아름답다'와 '아릿답다'는 불완전 어근인 '아름'과 '아릿'에 형용사 파생 접미사인 '-답-'이 붙어서 형용사로 파생되었다. (ㄴ)의 '보도랍다'와 '苦롭다'는 '보도'와 '苦'에 '-랍-/-롭'이 붙어서, (ㄷ)의 '험ᄒ다, 壯ᄒ다, 튼튼ᄒ다'에서는 '험(險), 壯, 튼튼(强)'에 '-ᄒ-'가 붙어서 형용사로 파생되었다.

〈 형용사 접미 파생어의 특징 〉 근대 국어의 형용사 파생법에서는 다음의 특징이 나타난다.

첫째, 중세 국어에서 쓰인 형용사 파생 접미사인 '-롭-/-ᄅᆞᄫᅵ-/-ᄅᆞ외-'와 '-둡-/-ᄃᆞᄫᅵ/-ᄃᆞ외-'는 근대 국어에서는 각각 '-롭-'과 '-되-'로 단순화되었다.

(39) ㄱ. 해<u>롭</u>다, 효도<u>롭</u>다
ㄴ. 졍셩<u>되</u>다, 그릇<u>되</u>다

(ㄱ)의 접미사 '-롭-'은 중세 국어의 '-롭-/-ᄅᆞᄫᅵ-/-ᄅᆞ외-'의 형태를, (ㄴ)의 접미사 '-되-'는 중세 국어의 '-둡-/-ᄃᆞᄫᅵ-/-ᄃᆞ외-'의 형태를 계승한 것이다. 이들은 파생 접미

사의 형태가 단순화된 예이다.

둘째, 18세기의 국어에서는 '-스럽-'과 '-젓-'이 형용사 파생 접미사로 새로 쓰였다.

(40) ㄱ. 원슈스럽다, 어룬스럽다, 촌스럽다
    ㄴ. 의심젓다, 망녕젓다, 지간젓다

(ㄱ)의 접미사 '-스럽-'은 18세기의 근대 국어의 시기에 나타나서, 현대 국어에서도 매우 생산적으로 쓰이고 있다. 그리고 접미사 '-젓-'도 18세기 국어에서부터 나타나는데, '-젓-'은 파생력이 약해서 몇몇 단어만 파생하였다. 그리고 '-젓-'은 현대 국어에서 '-쩍-'의 형태로 바뀌어서, '의심쩍다, 미심쩍다, 겸연쩍다' 등의 형용사를 파생하고 있다.

라. 부사 접미 파생어

〈 부사 접미 파생어의 유형 〉 부사 파생어는 어근의 품사에 따라서 '부사에서 파생된 것, 명사에서 파생된 것, 동사에서 파생된 것, 형용사에서 파생된 것, 불완전 어근에서 파생된 것' 등으로 구분된다.

첫째, 부사 어근에 '-이, -내, -옥/-욱' 등의 파생 접미사가 붙어서 다시 부사로 파생될 수가 있다.

(41) ㄱ. ᄀ득이, 일즉이
    ㄴ. 못내, 더옥

(ㄱ)의 'ᄀ득이'과 '일즉이'는 부사인 'ᄀ득(滿)'과 '일즉(早)'에 '-이'가 붙어서 부사로 파생되었다. 그리고 (ㄴ)의 '못내, 더옥, 도로혀'는 부사인 '못(不能), 더(益)'에 접미사인 '-내'와 '-옥/-욱'이 붙어서 부사로 파생되었다.

둘째, 체언 어근이나 불완전 어근에 '-로/-으로, -소/-조, -이/-히' 등의 파생 접미사가 붙어서 부사로 파생될 수가 있다.

(42) ㄱ. 날로, 진실로, 갓가스로
    ㄴ. 몸소/몸조, 손소/손조
    ㄷ. 감격이/感激히, ᄀ졀이/ᄀ졀히, 평안이/평안히, 당당이/당당히, 맛당이/맛당히

(ㄱ)의 부사는 명사 어근인 '날(日), 진실(眞實), 갓갓(種種)'에 접미사 '-(으)로'가 붙어서,[65] (ㄴ)의 부사는 명사 어근인 '몸(身)'과 '손(手)'에 접미사인 '-소/-조'가 붙어서 부사로 파생되었다. (ㄷ)의 부사는 어근인 '감격(感激), 근절(懇切), 평안(平安), 당당(堂堂), 맛당(當)'에 부사 파생 접미사인 '-이'나 '-히'가 붙어서 부사가 되었다. 이들 부사는 대부분 동일한 어근에 '-이'와 '-히'가 다 붙을 수 있는 것이 특징이다.

셋째, 동사나 형용사의 어근에 '-이, -오, -호' 등의 파생 접미사가 붙어서 부사로 파생될 수가 있다.

(43) ㄱ. 가비야이, 너비, 노피, 어엿비
　　　ㄴ. 게을리, 달리, 샐리, 뎔리, 비블리
　　　ㄷ. 고로, 비브로
　　　ㄹ. 알마초, ᄀ초

(ㄱ)의 부사는 형용사 어근인 '가비얍(輕)-, 넙(廣)-, 높(高)-, 어엿브(麗)-'에 접미사인 '-이'가 붙어서 파생되었다. (ㄴ)의 부사는 'ㄹ/르'의 불규칙 활용을 하는 형용사 어근인 '게으르(怠)-, 다ᄅ(異)-, 샌ᄅ(速)-, 뎌르(短)-, 비브르(飽)-'에 '-이'가 붙어서 파생되었다. (ㄷ)의 부사는 형용사 어근인 '고ᄅ(均)-'와 '비브르(飽)-'에 '-오'가 붙어서 파생되었다. (ㄹ)의 부사는 형용사 어근인 '알맞(宜)-'과 '곷(具)-'에 '-호'가 붙어서 파생되었다.

넷째, 동사 어근에 '-오/-우'의 파생 접미사가 붙어서 부사로 파생될 수가 있다.

(44) 너모/너무, 도로, 비로소/비루소, 조초

(44)에서 '너모, 도로, 비로소, 조초'는 동사 어근인 '넘(越)-, 돌(回)-, 비롯(始)-, 좇(從)-'에 부사 파생 접미사인 '-오/-우'가 붙어서 부사로 파생되었다.

다섯째, 대명사인 '이, 그, 뎌'에 파생 접미사인 '-리'가 붙어서 부사로 쓰일 수 있다.

(45) 이리, 그리, 뎌리

중세 국어에서도 지시 대명사인 '이, 그, 뎌'에 파생 접미사인 '-리'가 붙어서, '이리, 그리, 뎌리'의 파생 부사가 쓰였다. 근대 국어에서도 마찬가지로 (45)의 '이리, 그리, 뎌리'

---

65) '-로/-으로'는 '방편'의 뜻을 나타내는 부사격 조사였는데, 여기서는 부사 파생 접미사로 쓰였다.

가 방향이나 방법의 뜻을 나타내는 파생 부사로 쓰였다.

〈부사 접미 파생어의 특징〉 근대 국어의 부사 파생어에는 다음과 같은 특징이 나타난다.

첫째, 15세기 국어에서는 '손소, 몸소'의 파생 부사가 쓰였다. 그런데 16세기부터 /△/ 가 음운 체계에서 사라지게 되자, 각각 '손조/손소'와 '몸조/몸소'로 형태가 바뀌었다.

> (46) ㄱ. 졔예 차반을 반드시 만히 ㅎ며 조히 ㅎ고 <u>손조</u> 쟝만ㅎ더라 [동삼 효5:75]
>
> ㄴ. 열 설에 아비 병들거늘 <u>손소</u> 스스로 약 달히며 [동삼 효6:27]
>
> ㄷ. 쳠졍 됴헌은…<u>몸조</u> 받 가라 양친ㅎ니 [동삼 충1:36]
>
> ㄹ. 녹슈 박진은… 집비 가난ㅎ야 <u>몸소</u> 받 가라 뻐 치더니 [동삼 효1:90]

15세기 국어에 쓰였던 '손소'와 '몸소'는 근대 국어에서는 (46)처럼 '손조/손수'와 '몸조/몸소'의 형태로 바뀌었다. 이처럼 하나의 단어가 두 가지 형태로 쓰인 현상은 18세기까지 이어졌는데, 현대 국어에서는 이들 부사가 각각 '손수'와 '몸소'로 단일화되었다.

둘째, 근대 국어에서는 '르/르' 불규칙 활용을 하는 용언에 부사 파생의 접미사인 '-이'가 붙으면, 파생 부사의 형태가 '달리(異)'와 '샐리(早)'처럼 'ㄹㄹ'의 형태로 단일화되었다.

> (47) ㄱ. 너희 이 거슬 날와 <u>달이</u> 너기디 말라 [월석 4:60]
>
> ㄴ. 그 뫼히 구룸 곧ㅎ야 부르ᄆ라와 <u>샐리</u> 古仙山애 가니라 [월석 7:31]

> (48) ㄱ. 다ᄉᆞᆫ 쭐을 졔ᄉᆞ하기늘 평싱과 <u>달리</u> 아니 ㅎ니라 [동삼 효1:7]
>
> ㄴ. 네 맛당히 <u>샐리</u> 피ㅎ야 한아비와 아븨 주검을 간슈ㅎ라 [동삼 효6:61]

중세 국어에서는 '르/르' 불규칙 활용을 하는 용언에 부사 파생의 접미사 '-이'가 붙으면, (47ㄱ)의 '달이'처럼 'ㄹㅇ'의 형태를 취하는 부사와 (47ㄴ)의 '샐리'처럼 'ㄹㄹ'의 형태를 취하는 것이 있었다. 반면에 근대 국어에서는 (48)의 '달리'처럼 중세 국어에서 나타났던 'ㄹㅇ'의 형태가 'ㄹㄹ'의 형태에 합류되었다.

셋째, 근대 국어에서는 부사 파생 접미사로서 '-이'와 '-히'가 매우 생산적으로 쓰였는데, 이들은 동일한 환경에서 수의적으로 교체되어서 쓰이는 경향이 있었다.

> (49) 이러히 [월석 7:65], 퍼러히 [금언 80], 훤츨히 [두언-초 6:20]

> (50) ㄱ. 감격이/感激히, 근졀이/근졀히, 평안이/평안히, 당당이/당당히, 맛당이/맛당히
>
> ㄴ. 반드시, *반드히 / *반닷히

(49)의 '이러히, 퍼러히, 훤출히'처럼 중세 국어에 쓰인 파생 접미사인 '-히'는 파생력이 약하여 많이 쓰이지는 않았다.[66] 그러나 근대 국어에서는 부사 파생 접미사로서 '-이'뿐만 아니라 '-히'가 생산적으로 쓰였는데, 대부분 (50ㄱ)처럼 '-이'와 '-히'가 동일한 어근에서 수의적으로 교체되는 특징이 있다. 이러한 현상을 보면 근대 국어의 시기에는 부사 파생 접미사인 '-이'와 '-히'의 형태나 의미가 구별되지 않았음을 알 수가 있다. 다만, (50ㄴ)의 '반드시(必)'만은 예외적으로 어근인 '반듯(直)-'에 부사 파생 접미사로서 '-이'만 붙을 수 있었고 '-히'는 붙지 않았다.

마. 조사 접미 파생어

근대 국어의 일부 조사는 용언 어근이나 체언 어근에 접미사가 붙어서 형성되었다.
첫째, 용언의 어간이나 서술격 조사의 어간에 활용 어미가 붙어서, 접속 조사가 파생될 수가 있다.

(51) ㄱ. 입호고 코는 어이 므스 일 조차셔 후루룩 빗죽호느니   [고시조], [청영]

    ㄴ. 김시는… 셩이며 힝실이 곧고 묽더니   [동삼 열8:27]

(ㄱ)의 '-호고'는 '호다(爲)'의 어간인 '호-'에 연결 어미인 '-고'가 붙어서 접속 조사로 파생되었다. 그리고 (ㄴ)의 '-이며'는 서술격 조사의 어간인 '-이-'에 연결 어미인 '-며'가 붙어서 접속 조사로 파생되었다.
둘째, 체언에 조사가 결합하거나 용언의 어간에 연결 어미가 결합하여서, 보조사가 파생될 수가 있다.

(52) 힝세의 웃듬 일이 글밧긔 쏘 잇는가   [만언사]

(53) ㄱ. 댱공예는 … 조샹브터 구디를 혼가지로 사니   [오행 종족47]

    ㄴ. 다른 믈조차 다 뎐염호여 해야디로다   [노언 상17]

    ㄷ. 미나리를 됴히 너교문 녜로 오매 野人인둘 알리로다   [두언-중 7:13]

(52)에서 '밧긔'는 명사 어근인 '밧(外)'에 부사격 조사인 '-의'가 결합하여 보조사인 '밧

---

66) 중세 국어에서 '-히'는 용언 파생 접미사인 '-호-'에 부사 파생 접미사인 '-이'가 결합하는 과정에서 '-호-'의 /·/가 탈락한 형태이다.

긔'가 파생되었다. 그리고 (53)에서 (ㄱ)의 '브터'는 동사 어근인 '븥(附)-'에 연결 어미인 '-어'가 붙어서, (ㄴ)의 '조차'는 동사 어근인 '좇(從)-'에 연결 어미인 '-아'가 붙어서, (ㄷ)의 '-인들'은 서술격 조사의 어간인 '-이-'에 연결 어미인 '-ㄴ들'이 붙어서 보조사 인 '-인들'이 파생되었다.

2.3. 문장 성분

특정한 언어 형식이 문장 속에서 나타내는 통사적인 기능을 문장 성분이라고 한다. 이러한 문장 성분으로 쓰일 수 있는 문법적인 단위로는 '어절(단어), 구, 절' 등이 있다.

문장 성분의 유형에는 주성분으로 '서술어, 주어, 목적어, 보어'가 있고, 부속 성분으로 는 '관형어'와 '부사어'가 있고, 독립 성분으로는 '독립어'가 있다.

2.3.1. 서술어

서술어(敍述語)'는 주어로 표현되는 대상(주체)의 동작이나 상태, 성질 등을 풀이하는 문 장 성분이다. 서술어는 대체로 용언이나 서술격 조사의 활용형으로 실현된다.

첫째, 용언이나 '체언 + 서술격 조사'가 문장이나 성분절에서 서술어로 쓰일 수 있다.

(1) ㄱ. 몸이 平安ᄒ면 <u>가리라</u>   [몽노 1:2]

ㄴ. 그 병이 <u>극ᄒ매</u> 미처   [동신 효 7:60]

ㄷ. 어딜며 에엿세 <u>너기기예</u> 두터이 ᄒ믄   [여훈 하:24]

ㄹ. 플레 돕가 즛브라 <u>쓴</u> 마늘 다 나게 ᄒ고   [구황 보 2]

ㅁ. 四海 다 <u>믉고</u> 八方이 自然히 <u>平安ᄒ더니</u>   [팔세아 1]

ㅂ. 쳐녀 뎡시는 고려 신우 적 <u>사름이라</u>   [동신 효 1:62]

(ㄱ)의 '가리라'는 동사의 종결형이, (ㄴ)의 '극ᄒ매'는 형용사의 명사형이, (ㄷ)의 '너기기 예'는 동사의 명사형이, (ㄹ) '쓴'은 형용사의 관형사형이, (ㅁ)의 '믉고'와 '平安ᄒ더니'는 형용사의 연결형이, (ㅂ)의 '사름이라'는 체언과 서술격 조사의 종결형이 문장이나 성분 절 속에서 서술어로 쓰였다.

둘째, 본용언과 보조 용언이 결합된 구성이 하나의 서술어로 쓰일 수 있다.

(2) ㄱ. ᄑᆞᆯ히 오히녀 어믜 주검을 안고 잇더라 [동신 효 8:15]
ㄴ. 긔별ᄒᆞ심 ᄀᆞ티 ᄂᆡ일은 天氣 됴ᄒᆞᆯ가 시브다 [첩신 6:13]
ㄷ. 내 두 쌍 새 훠ᄅᆞᆯ다가 다 ᄃᆞᆫ녀 해야 ᄇᆞ리게 ᄒᆞ고 [박언 상:32]

(ㄱ)의 '안고 잇더라', (ㄴ)의 '됴ᄒᆞᆯ가 시브다', (ㄷ)의 '해야 ᄇᆞ리게 ᄒᆞ고'는 각각 본용언인 '안고, 됴ᄒᆞᆯ가, 해야'에 보조 용언인 '잇더라, 시브다, ᄅᆞ리게 ᄒᆞ고'가 실현되었다. 이렇게 본용언과 보조 용언이 구성에서는 본용언만 실질적인 의미를 나타내고 보조 용언은 문법적인 의미만 나타내므로, 본용언과 보조 용언이 함께 하나의 서술어로 기능한다.

2.3.2. 주어

'주어(主語)'는 서술어로 표현되는 동작, 상태, 성질의 주체를 나타내는 문장 성분이다. 주어는 체언이나, 체언 구실을 하는 구나 절에 주격 조사가 붙거나, 이들 조사가 생략된 채로 실현되기도 한다. 근대 국어에서 주어가 실현되는 방식은 중세 국어의 방식과 차이는 없으나, 주격 조사의 형태가 중세 국어 시대에 비해서 다양하게 실현되었다.

첫째, 체언, 명사구, 명사절 등에 주격 조사인 '-이, -ㅣ, -∅, -가'와 높임의 뜻을 나타내는 주격 조사의 변이 형태인 '-씌셔/-쎄셔 ; '-겨셔/-겨오셔/-겨ᄋᆞᆸ셔/-겨ᄋᆞ오샤/-계셔/-계ᄋᆞᆸ셔, -쎄옵셔/-께옵셔' 등이 붙어서 주어로 쓰일 수 있다.

(3) ㄱ. 그 벗이 이제 미처 올가 못올까 [노언 상:1]
ㄴ. 부뫼 그 ᄠᅳ들 앗고져 ᄒᆞ거늘 [동신 열 1:75]
ㄷ. 비를 마저 습긔 터럭 굼긔 엉긔여 침졈ᄒᆞ야 [마언 하:48]

(4) ㄱ. 병든 아ᄒᆡ가 비록 어육을 달라 ᄒᆞ여도 [두경 11]
ㄴ. 疏蛀ᄂᆞᆫ 니가 성긔고 버레 먹단 말이라 [여언 2:17]
ㄷ. 경고가 거의 이경이 넘엇더라 [계윤 10]

(5) ㄱ. 信使씌셔 구ᄐᆡ여 말리ᄂᆞᆫ 고로 [첩신-초 8:31]
ㄴ. 曾祖쎄셔 나시면 믄득 從兄弟과 믿 再從兄弟 이실 거시니 [가언 1:17]
ㄷ. 東萊겨셔도…언머 슈고로이 건너시도다 념녀ᄒᆞ시고 [첩신-초 1:22]
ㄹ. 입궐 후 션인겨오셔 경계ᄒᆞ오시ᄃᆡ [한만 1:2]

(6) ㄱ. <u>ᄂᆞ준 이 노픈 이 밧들미</u> 합당ᄒᆞ도다   [오전 2:24]

　　 ㄴ. <u>ᄲᅩᆷ 내기</u> 더욱 됴ᄒᆞ니라   [두집 상:14]

(3)에서는 체언(구)에 주격 조사가 붙어서 주어로 쓰였다. 곧, (ㄱ)은 자음으로 끝난 체언 뒤에 '-이'가, (ㄴ)은 모음으로 끝난 체언 뒤에 '-ㅣ'가, (ㄷ)은 반모음 /j/로 끝난 체언 뒤에 '-∅'가 주격 조사로 쓰였다. 그리고 (4)에서는 모음으로 끝난 체언 뒤에 주격 조사인 '-가'가 붙어서 주어로 쓰였으며, (5)에서는 체언 뒤에 높임의 뜻을 나타내는 주격 조사인 '-ᄭᅴ셔, -ᄭᅦ셔, -겨셔도, -겨요셔' 등이 붙어서 주어로 쓰였다. (6)에서 (ㄱ)의 'ᄂᆞ준 이 노픈 이 밧들미'는 'ᄂᆞ준 이 노픈 이 밧듦'의 명사절에 주격 조사 '-이'가 실현되어서, (ㄴ)의 'ᄲᅩᆷ 내기'는 'ᄲᅩᆷ 내기'의 명사절에 주격 조사인 '-∅'가 실현되어서 주어로 쓰였다.

둘째, 체언이나 명사구에 보조사가 붙어서 주어로 쓰일 수도 있는데, 이때에는 주격 조사는 생략된 것으로 본다.

(7) ㄱ. <u>너ᄂᆞᆫ</u> 朝鮮 사ᄅᆞᆷ이라   [몽노 1:6]

　　 ㄴ. <u>判事네도</u> 同道ᄒᆞ야 오쇼셔   [첩신-초 1:2]

(ㄱ)에서 '너ᄂᆞᆫ'은 체언인 '너'에 보조사인 '-ᄂᆞᆫ'이, (ㄴ)의 '判事네도'는 체언인 '判事네' 보조사인 '-도'가 붙어서 주어로 쓰였다. 이 경우에는 (ㄱ)에는 평칭(平稱)의 주격 조사인 '-ㅣ'가 생략된 것으로 처리하고, (ㄴ)에는 존칭의 주격 조사인 '-ᄭᅴ셔'가 생략된 것으로 처리한다.

셋째, 중세 국어와 마찬가지로 하나의 이중 주어 구문이 쓰였다.

(8) ㄱ. <u>小人이</u> 비록 <u>나이</u> 하나 엇디 곳 수례ᄒᆞ료   [노걸 상:57]

　　 ㄴ. <u>흰 ᄆᆞᆯ이</u> 네 발이 검고 <u>눌은 ᄆᆞᆯ이</u> <u>부리가</u> 희면 다 흉ᄒᆞ고   [마경 상:9]

(ㄱ)은 이중 주어 구문인데, '小人이'는 안은 문장 속의 주어로 쓰였고, '나이'는 안긴 문장 속의 주어로 쓰였다. 그리고 (ㄴ)에서 앞절인 '흰 ᄆᆞᆯ이 네 발이 검고'와 뒤절인 '눌은 ᄆᆞᆯ이 부리가 희면'도 각각 이중 주어 구문이다. (ㄴ)에서 앞절의 '흰 ᄆᆞᆯ이'와 뒤절의 '눌은 ᄆᆞᆯ이'는 안은 문장의 주어로 쓰였고, 뒤절의 '네 발이'와 '부리가'는 안긴 문장의 주어로 쓰였다.

2.3.3. 목적어

'목적어(目的語)'는 타동사가 표현하는 동작의 대상이 되는 문장 성분이다. 목적어는 체언 혹은 체언 구실을 하는 구나 절에 목적격 조사인 '-올/-롤, -을/-를, -ㄹ'이 붙어서 실현되거나, 목적격 조사가 생략된 채로 실현되기도 한다.

첫째, 체언이나 명사구, 명사절에 목적격 조사가 붙어서 목적어로 쓰일 수 있다.

(9) ㄱ. (김샹건은) 임진왜난내 <u>아비롤</u> 조차 죵군ᄒ야   [동신 효6:45]
    ㄴ. 네 <u>므슴 말을</u> 니ᄅᄂ다   [박언 상:14]
    ㄷ. 大馬島主 블셔 <u>(우리롤) 보내믈</u> 위ᄒ야 비롤 내다 ᄒ읍ᄂ   [첩신-초 8:30]
    ㄹ. (쥬경안는) 아비 죽거늘 <u>쥭 먹기롤</u> 삼 년을 ᄒ고   [동신 효6:76]

(ㄱ)의 '아비롤'은 체언인 '아비'에 '-롤'이 붙어서, (ㄴ)의 '므슴 말을'은 명사구인 '므슴 말'에 '-을'이 붙어서, (ㄷ)의 '(우리롤) 보내믈'은 명사절인 '(우리롤) 보냄'에, '-을'이 붙어서, (ㄹ)의 '쥭 먹기롤'은 명사절인 '쥭 먹기'에 '-롤'이 붙어서 목적어로 쓰였다.

둘째, 형식적으로는 목적어로 실현되었지만, 의미상으로는 다른 문장 성분인 경우가 있다.

(10) ㄱ. <u>文物을</u> 녜롤 스승ᄒ샤미 하시니(文物多師古)   [두언-중 6:24]
     ㄴ. 네 츳자 보아 잡아다가 <u>날을</u> 주고려   [박언 상:30]
     ㄷ. 사오나온 <u>風俗을</u> 사ᄅ미 나촐 막ᄌᄅ고   [두언-중 15:17]

(11) 네 油紙帽롤 가져와 <u>날을</u> ᄒ나홀 빌려 주고려   [박언 상:57]

(10)에서 (ㄱ)의 '文物을'은 의미적으로는 '文物이'와 같이 주격으로, (ㄴ)의 '날을'은 '나의게'와 같이 부사격으로, (ㄷ)의 '風俗을'은 '風俗으로'와 같이 방편을 나타내는 부사격으로 쓰였다. 그리고 (11)에서 '날을'과 'ᄒ나홀'은 형식적으로는 목적어가 두 개 실현된 것처럼 보이지만, 의미적으로는 앞의 '날을'은 '나의게'와 같이 부사격으로 쓰였다. 그리고 (11)에서는 형식적으로 보면 목적어가 '날을'과 'ᄒ나홀'로 두 개가 실현되어서 이중 목적어 구문으로 보인다. 그러나 의미적으로 볼 때에는 '날을'은 '나의게'와 같이 상대를 나타내는 부사격으로 쓰였다.[67]

셋째, 체언 뒤에 목적격 조사 대신에 보조사가 쓰이거나, 목적격 조사가 생략된 채로 목적어로 쓰일 수 있다.

(12) ㄱ. <u>소옴은</u> 每 넉 냥의 뵈 흔 필애 프라   [노걸 상:13]

　　ㄴ. <u>됴흔 겨집도</u> 다른 사름이 엇느니   [노걸 하:38]

　　ㄷ. 음간ᄒ여 <u>두 냥 반만</u> 간ᄉᄒ엿다가   [두집 상:6]

(13) ㄱ. 토ᄒ고 즈츼고 <u>밥</u> 몯 먹ᄂ니는 안히 허흔 디오   [두집 상:55]

　　ㄴ. 故魚網 <u>믈고기</u> 잡는 오란 그믈   [동의보감 1:21]

(12)에서 (ㄱ)의 '소옴은', (ㄴ)의 '됴흔 겨집도', (ㄷ)의 '두 냥 반만'은 모두 체언 뒤에 목적격 조사가 실현되지 않고 보격 조사인 '-은, -도, -만'이 붙어서 목적어로 쓰였다. 그리고 (13)에서 (ㄱ)의 '밥'과 (ㄴ)의 '믈고기'는 목적격 조사가 생략된 채로 목적어로 쓰였다.

2.3.4. 보어

　'보어(補語)'는 '되다/ᄃ외다'와 '아니다'가 서술어로 쓰일 때에 주어와 함께 반드시 실현되어야 하는 문장 성분이다. 보어는 체언이나 체언 역할을 하는 구나 절에 보격 조사인 '-이, -ㅣ, -∅, -가'가 붙거나, 이들 조사가 생략된 채로 실현된다.

(14) ㄱ. 나는 ᄣᆞ 딕휜 <u>신해</u> 되여시니   [동신 열2:89]

　　ㄴ. 사름이란 거슨 아모리 <u>富者가</u> 되어도   [인대 6:6]

　　ㄷ. 어버이 져머셔 <u>홀어미</u> 된 줄를 어엿비 너겨   [동신 속렬:2]

(15) ㄱ. 뒤트ᄂ니는 이는 <u>경풍증이</u> 아니니   [두언 상:63]

　　ㄴ. 모다 아ᄅ시ᄃ시 내 <u>罪가</u> 아니오매   [인대 3:19]

(16) ㄱ. 믈읫 男이 ᄂ뮈 <u>계후</u> 되니   [가언 14]

　　ㄴ. 자ᄂ네도 아ᄅ실 <u>ᄲᆞᆫ</u> 아니라   [첩신 4:2]

(14)는 '되다'가 서술어로 쓰인 문장인데, (ㄱ)의 '신해'는 명사인 '신하'에 '-ㅣ'가 붙어서,

---

67) 목적격이 아닌 '-을/-를' 등을 학교 문법에서는 '목적격 조사의 보조사적 용법'으로 처리한다.

(ㄴ)의 '富者가'는 '富者'에 '-가'가 붙어서, (ㄷ)의 '홀어미'는 '홀어미'에 '-∅'가 붙어서 보어로 쓰였다. (15)는 '아니다'가 서술어로 쓰인 문장인데, (ㄱ)의 '경풍증이'는 '경풍증'에 '-이'가 붙어서, (ㄴ)의 '내 罪가'는 명사구인 '내 罪'에 '-가'가 붙어서 보어로 쓰였다. (16)에서 (ㄱ)의 '느믜 계후'는 '되다'가 서술어로 쓰인 문장에서 명사구인 '느믜 계후'가, (ㄴ)의 '아르실 뿐'은 '아니다'가 서술어로 쓰인 문장에서 명사구인 '자녀네도 아르실 뿐'이 보격 조사가 생략된 채로 보어로 쓰였다.

2.3.5. 관형어

'관형어(冠形語)'는 그 뒤에 실현되는 체언을 수식하면서 체언의 의미를 한정(제한)하는 문장 성분이다. 관형어로 쓰일 수 있는 말은 '관형사, 체언 + 관형격 조사, 체언(구), 관형절, 문장' 등이 있다.

첫째, 관형사가 단독으로 관형어로 쓰일 수 있다.

(17) ㄱ. <u>모든</u> 사름이 다시 중두려 무로딕   [박언 상:34]
     ㄴ. <u>이</u> 뻬예 다두라 그 믈이 변화티 몯ᄒᆞ야 도로 위예 드ᄂᆞ니 [오전 1:5]
     ㄷ. 우리 <u>세</u> 弟兄이 ᄀᆞ장 和氣ᄒᆞ여   [오전 1:2]

(ㄱ)에서는 성상 관형사인 '모든'이, (ㄴ)에서는 지시 관형사인 '이'가, (ㄷ)에서는 수 관형사인 '세'가 관형어로 쓰여서, 그 뒤의 체언인 '사름, 뻬, 兄弟'를 수식하였다.

둘째, 체언(구)에 관형격 조사인 '-익/-의, -ㅣ'가 붙어서 관형어로 쓰일 수 있다.

(18) ㄱ. 사름<u>의</u> 짜딘 니나 아히 근니 더 됴ᄒᆞ니   [두집 하29]
     ㄴ. 김시ᄂᆞᆫ 금귀현 사름이니 진사 뎡명<u>의</u> 안해라   [동삼 열8:20]
     ㄷ. 老身이 미양 人家<u>ㅣ</u> 師儒를 마자 딕졉ᄒᆞ야   [오전 1:18]
     ㄹ. 이 두 가<u>짓</u> 거슬 믿들려 ᄒᆞ면 여슷 獨皮를 쓰리로다   [박언 상:29]

(ㄱ)의 '사름의, 진사 뎡명의, 人家ㅣ, 이 두 가짓'은 각각 체언(구)에 관형격 조사인 '-익, -의, -ㅣ, -ㅅ'이 붙어서 관형어로 쓰여서, 그 뒤에 실현된 '짜딘 니, 안해, 師儒, 것'을 수식하였다.

셋째, '체언 + 체언'의 구성에서 앞 체언이 관형어로 쓰일 수 있다.

(19) ㄱ. 허둥민은 <u>태인현</u> 사룸이니   [동신 효3:7]

　　ㄴ. 이 놀애는 오직 당당이 <u>하놀</u> 우희 잇ᄂ니   [두언-중 16:53]

(ㄱ)의 '태인현'과 (ㄴ)의 '하놀'은 체언 단독으로 뒤의 체언인 '사룸'과 '우ㅎ'을 수식하여 관형어로 쓰였다.

　넷째, 관형절이 관형어로 쓰일 수 있다. 이때 관형절의 서술어에는 관형사형 어미인 '-ㄴ, -ㄹ' 등이 실현되는데, 선어말 어미 '-ㄴ' 앞에는 시제를 나타내는 선어말 어미인 '-ᄂ-, -더-, -Ø-'가 함께 실현될 수 있다.

(20) ㄱ. <u>後에 오ᄂ</u> 믈 트니는 엇졔 머물리오   [두언-중 11:18]

　　ㄴ. <u>젹은</u> 술위란 말고 그 저 <u>큰</u> 술위예 시러 가쟈   [박언 상:13]

　　ㄷ. <u>나히 아홉인</u> 졔 아비 사오나온 병 어덧거늘   [동신 효3:15]

(ㄱ)에서는 관형절인 '後에 오ᄂ'가, (ㄴ)에서는 관형절인 '젹은'과 '큰'이, (ㄷ)에서는 관형절인 '나히 아홉인'이 관형어 쓰여서, 그 뒤에 오는 체언을 수식하였다.

　다섯째, 문장에 관형격 조사인 '-ㅅ'이 붙어서 체언을 수식할 수 있다.

(21) ㄱ. 競競은 <u>삼가닷</u> 마리라   [여언 하:34]

　　ㄴ. 戰戰은 <u>저프닷</u> 마리라   [여언 하:33]

　　ㄷ. <u>혼ᄃ닷</u> ᄠᅳ디라 (弄得)   [어록해-중 14]

(ㄱ)의 '삼가닷'은 주어가 생략된 문장인 '삼가다'에, (ㄴ)의 '저프닷'은 '저프다'에, (ㄷ)은 '혼ᄃ다'에 관형격 조사인 '-ㅅ'이 붙어서 관형어로 쓰였다.

　다섯째, 문장에 관형사형 전성 어미인 '-ㄴ' 붙어서 체언을 수식할 수 있다.

(22) ㄱ. <u>운 사룸이 뻐 아래 사룸을 에엿비 녀기단</u> 마리니   [여언 하:18]

　　ㄴ. 姑息은 <u>안즉 안즉 ᄒ고 그른 일도 고티디 아니란</u> 마리라   [여언 하:18]

　　ㄷ. 貞婦는 <u>어딘 안히란</u> 마리라   [여언 하:13]

　　ㄹ. <u>긴히 着ᄒ단</u> 말이라 (着緊)   [어록해-중 24]

(ㄱ)의 '운 사룸이 뻐 아래 사룸을 에엿비 녀기단'은 온전한 문장인 '운 사룸이 뻐 아래 사룸을 에엿비 녀기다'에 관형사형 전성 어미인 '-ㄴ'이 실현되어서 관형어로 쓰였다.

그리고 (ㄴ)은 주어가 생략된 문장인 '안즉안즉 ᄒ고 그른 일도 고티디 아니라'에, (ㄷ)은 '어딘 안히라'에, (ㄹ)은 온전한 문장인 '긴히 着ᄒ다'에 관형사형 전성 어미인 '-ㄴ'이 실현되어서 관형어로 쓰였다.[68]

2.3.6. 부사어

'부사어(副詞語)'는 '서술어, 관형어, 부사어, 문장' 등을 수식하면서 그 의미를 한정하거나, 단어와 단어 또는 문장과 문장을 잇는 문장 성분이다. 부사어는 그 기능에 따라서 '수식 기능의 부사어'와 '접속 기능의 부사어'의 두 종류로 나누어진다.

〈 **수식 기능의 부사어** 〉 부사어가 서술어, 부사어, 절, 문장 등을 수식할 수 있다.

첫째, 부사가 단독으로 부사어로 쓰일 수 있다.[69]

(23) ㄱ. 이곳이 ᄀ장 놀기 됴ᄒ니이다   [오전 1:4]

      ㄴ. 나는 그저 <u>이리</u> 니ᄅ리라   [노언 상:17]

      ㄷ. 南으로 녀 오니 길히 더옥 <u>아니</u> 환ᄒ도다   [두언-중 1:20]

      ㄹ. <u>아마도</u> 녈구롬 근쳐의 머믈셰라   [관동별곡]

      ㅁ. 내 이 여러 ᄆᆯ 가져 풀라 가노라 <u>그러면</u> ᄀ장 됴토다   [노언 상:7]

(ㄱ)의 'ᄀ장' (ㄴ)의 '이리', (ㄷ)의 '아니', (ㄹ)의 '아마', (ㅁ)의 '그러면' 등은 부사로서 각각 그 뒤에 실현된 '됴ᄒ니이다, 니ᄅ리라, 환ᄒ도다, 고기만 자시고 즌 광어과 즌 여슬 즐기더라'을 수식하였다. 그리고 (ㅁ)의 '그러면'는 부사어로 쓰여서 앞 문장과 뒤 문장을 이었다.

둘째, 체언이나 명사구, 명사절에 부사격 조사가 붙어서 부사어로 쓰일 수 있다.[70]

(24) ㄱ. 또 父親이 겨시든 날에 同郡 安府判으로 더브러 交好ᄒ더니 [오전 1:1]

      ㄴ. 이는 小人의 <u>어믜 동싱의게</u> 난 아이오   [노언 3:14]

      ㄷ. 每日에 <u>漢ㅅ 션븨들과</u> 흔듸셔 글 빈호니   [노언 상5]

---

68) (22)와 같은 특수한 형태의 관형절은 원래는 인용절을 안은 문장에서 서술어로 쓰인 'ᄒ'에 'ᄒ-'가 생략된 것으로 파악한다. 예를 들어서 (22ㄱ)에서 '운 사ᄅᆷ이 뼈 아래 사ᄅᆷ을 에엿비 <u>녀기단</u> 마리니'는 '운 사ᄅᆷ이 뼈 아래 사ᄅᆷ을 에엿비 녀기다 ᄒᄂᆫ 마리니'에서 인용 동사인 'ᄒ-'가 생략된 형태이다.

69) 부사가 단독으로 부사어로 쓰인 다양한 예와 기능은 이 책의 167쪽 이하의 내용을 참조.

70) 체언에 부사격 조사가 실현되어서 부사어로 쓰인 다양한 예와 기능은 이 책의 114쪽을 참조.

ㄹ. 칼ᄒ로 죽디 몯ᄒ면 노ᄒ로 목ᄆᆡ야 주구리라 ᄒ고   [동삼 속열13]

ㅁ. 이 엇디 양을 모라 범을 팀과 다ᄅ리오   [오행 충57]

ㅂ. 골픈 제 ᄒᆞᆫ 입 어더 먹으ᄆᆡ 브른 제 ᄒᆞᆫ 말 어듬도곤   [노언 상64]
   나으니라

ㅅ. 이 곳에 사는 사ᄅᆷ들이 약ᄃᆡ를 마쇼보다 더 만히 쓰ᄂᆞ니라 [사필 145]

ㅇ. 사ᄅᆷ이 이셔 쥬홍이 모반ᄒᆞ다고 ᄒᆞ거ᄂᆞᆯ   [태감 2:12]

(24)의 밑줄 친 말은 모두 체언에 부사격 조사가 붙어서 부사어로 쓰인 예이다. 이러한 부사절은 체언이나 명사구, 명사절의 뒤에 실현된 부사격 조사에 따라서 다양한 의미를 나타내는데, (ㄱ)의 '-에'는 위치를, (ㄴ)의 '-의게'는 상대를, (ㄷ)의 '-과'는 공동을, (ㄹ)의 '-ᄋᆞ로'는 방편을, (ㅁ~ㅅ)의 '-과', '-도곤', '-보다'는 비교를, (ㅇ)의 '-고'는 인용을 나타낸다.

셋째, 부사절이 부사어로 쓰일 수 있다. 부사절은 서술어로 쓰인 용언의 어간에 부사 파생 접미사인 '-이'가 붙거나, 종속적 연결 어미인 '-게/-긔/-긔, -ᄃ록/-도록, -둣/-ᄃᆺ/-ᄃ시' 등이 붙어서 성립된다.

(25) ㄱ. (뎡슈견이) 셔모 셤김을 싱모의게 다름이 업시 ᄒᆞ더라   [동신 효8:51]

ㄴ. 軍兵의 소리ᄂᆞᆫ 이제 니르리 뮈놋다   [두언-중 3:18]

ㄷ. (함븨) 아비 죽거ᄂᆞᆯ 침실의 빈소ᄒᆞ고 다ᄉᆞᆫ ᄯᆞᆯ을   [동신 효1:7]
   졔ᄉᆞᄒ기ᄂᆞᆯ 평싱과 달리 아니ᄒᆞ니라

(26) ㄱ. (유언겸이) 어미 죽거ᄂᆞᆯ 무덤을 디킈여 피 나게 울어   [동신 3:77]

ㄴ. (최효손이) 모ᄆᆡ 뭇도록 분묘 디킈니라   [동신 효2:9]

ㄷ. 傾盆雨 퍼붓듯 오ᄂᆞᆫ 비   [방언유석 5]

(25)에서 (ㄱ)의 '싱모의게 다름이 업시', (ㄴ)의 '(軍兵의 소리) 이제 니르리', (ㄷ)의 '평싱과 달리'는 서술어로 쓰인 '없다, 니를다, 다ᄅ다'의 어간에 부사 파생 접미사인 '-이'가 붙어서 부사어로 쓰였다. 그리고 (26)에서 (ㄱ)의 '피 나게', (ㄴ)의 '몸이 뭇도록', (ㄷ)의 '퍼붓듯'은 서술어로 쓰인 '나다, 뭇다, 퍼붓다'의 어간에 종속적 연결 어미인 '-게, -도록, -둣' 등이 붙어서 부사어로 쓰였다.

넷째, 관형어(관형절)와 그것의 수식을 받는 부사어성 의존 명사를 포함하는 전체 구성이 부사어로 쓰일 수 있다.

(27) ㄱ. <u>뎌의 니ᄅᆞᄂᆞᆫ 대로</u> 좃다 (從他說)　　　　　　　　[어록해-중 32]

　　 ㄴ. 우리ᄂᆞᆫ 길 녜ᄂᆞᆫ 나그내라 ᄯᅩ 즐겨 <u>므슴 손인 양</u> ᄒᆞ리오　[노언 상:38]

　　 ㄷ. 曹操ㅣ 흔 여러 믈 튼 이를 거ᄂᆞ리고 <u>ᄂᆞᄂᆞᆫ ᄃᆞ시</u> 오니　[삼총 2:10]

　　 ㄹ. 하 셜워 애를 뻐 <u>ᄐᆞᄂᆞᆫ 듯</u> 간댱이 졸고　　　　　　[계축일기 상:38]

(ㄱ)의 '뎌의 니ᄅᆞᄂᆞᆫ 대로', (ㄴ)의 '므슴 손인 양', (ㄷ)의 'ᄂᆞᄂᆞᆫ ᄃᆞ시', (ㄹ)의 'ᄐᆞᄂᆞᆫ 듯'은 부사어로 쓰여서, 그 뒤에 오는 서술어 '좃다, ᄒᆞ리오, 오니, 간댱이 졸고'를 수식하였다. 이들 부사어는 관형어(절)로 쓰인 '뎌의 니ᄅᆞᆫ, 므슴 손인, ᄂᆞᄂᆞᆫ, ᄐᆞᄂᆞᆫ'의 뒤에 부사어성 의존 명사인 '대로, 양, ᄃᆞ시, 듯'이 결합하여 그 전체 구성이 부사어로 쓰였다.

〈 **접속 기능의 부사어** 〉 접속 부사가 부사어로 쓰여서, 단어와 단어나 절과 절이나 문장과 문장을 잇는다.

(28) ㄱ. 수릿군과 <u>밋</u> 수릐에 ᄯᅥᆫᄂᆞᆫ 디틀히 ᄎᆞᄎᆞ로 ᄒᆡᆼ군ᄒᆞ다가　　[연지 22]

　　 ㄴ. 내 이 여러 믈 가져 플라 가노라 <u>그러면</u> ᄀᆞ장 됴토다　[노언 상:7]

　　 ㄷ. 어진 도리를 닷디 몯ᄒᆞᆯᄉᆡ <u>그런ᄃᆞ로</u> 이제 귀보를 몯 버스니 [권요 5]

(ㄱ)에서 '밋'은 체언인 '수릿군'과 '수릐'를 이었으며, (ㄴ)에서 '그러면'은 이어진 문장 속에서 앞절과 뒷절을 이었으며,[71] (ㄷ)에서 '그런ᄃᆞ로'는 앞 문장과 뒤 문장을 이었다.

2.3.7. 독립어

'독립어(獨立語)'는 문장 안의 다른 성분과 직접적인 관련이 없는 성분이다. 독립어는 감탄사 단독으로 쓰이거나, 체언에 호격 조사가 붙어서 쓰인다.
　첫째, 감탄사가 단독으로 독립어로 쓰일 수 있다.

(29) ㄱ. <u>의</u> 므스 일이옵관듸 이대도록 어렵사리 니ᄅᆞ옵시ᄂᆞᆫ고　[첩신-초 5:21]

　　 ㄴ. <u>어와</u> 아름다이 오옵시도쇠　　　　　　　　　　　　[첩신-초 1:2]

　　 ㄷ. <u>오회라</u> 즁용에 굴오듸 하늘이 명ᄒᆞ심을 일온 셩품이라 ᄒᆞ고[척윤 1]

　　 ㄹ. <u>의바</u> 내 너ᄃᆞ려 니ᄅᆞ마　　　　　　　　　　　　　[박언 상:30]

---

71) 중세 국어나 근대 국어의 접속 부사는 (28ㄱ)처럼 '-과'와 같은 접속 조사 뒤나 (28ㄷ)처럼 '-으나, -으니, -을씨' 등의 연결 어미 뒤에서 쓰일 수 있는 것이 특징이다(이 책의 173쪽을 참조).

(29)에서 '익, 어와, 오회라, 이바' 등은 감탄사가 단독으로 독립어로 쓰인 예이다. 이들 감탄사 중에서 '익, 어와, 오회라'는 '감정 감탄사'이며, '이바'는 말하는 이가 듣는이를 부르는 말(=부름말)로 기능하는 '의지 감탄사'이다.

둘째, 체언에 호격 조사인 '-아/-야'와 '-이여/-여'가 붙어서 독립어로 쓰일 수 있다.

    (30) ㄱ. 先生아 老身이 退歸ᄒᆞᄂᆞ니 오늘 세 아히의 賢愚善惡이   [오전 1:20]

               다 先生ᄭᅴ 잇ᄂᆞ니이다

         ㄴ. 아희야 닉은 ᄂᆞ믈 잇거든 가져와 나그너들의게 드리라   [청노 3:7]

    (31) ㄱ. 어디다 老夫人이여   [오전 6:32]

         ㄴ. 슬프다 奉孝여 어엿브다 奉孝여 앗갑다 奉孝여   [삼총 9:16]

(30)에서 '先生아'와 '아희야'는 체언인 '先生'과 '아희'에 호격 조사인 '-아/-야'가 붙어서 독립어로 쓰였다. 그리고 (31)에서 '老夫人이여'와 '奉孝여'는 '老夫人'과 '奉孝'에 호격 조사인 '-이여'와 '-여'가 붙어서 독립어로 쓰였다.

2.4. 문장의 짜임새

문장은 기본적으로 주어와 서술어로써 어떠한 일의 상태(성질)나 움직임을 표현한다. 그런데 하나의 문장에는 주어와 서술어가 한 번만 나타날 수도 있지만, 어떤 경우에는 두 번 이상 나타날 수도 있다.

    (1) ㄱ. 이거시 큰 원쉬 아니가   [박언 하20]

         ㄴ. 네 날ᄃᆞ려 뎌긔 景致를 니르라   [박언 상29]

    (2) ㄱ. 김시는 금귀현 사름이니 진사 뎡명의 안해라   [동삼 열8:20]

         ㄴ. 누에는 뽕닙을 먹는 버러지라   [신심 2:5]

(1)의 문장처럼 주어와 서술어가 한 번만 실현된 문장을 '홑문장(單文)'이라고 한다. 반면에 (2)의 문장처럼 주어와 서술어가 두 번 이상 나타난 문장을 '겹문장(複文)'이라고 한다. 겹문장으로는 '이어진 문장'과 '안은 문장'이 있다. (2ㄱ)의 문장은 앞절인 '김시는 금귀

현 사룸이니'와 뒷절인 '진사 뎡명의 안해라'가 연결 어미인 '-니'에 의해서 나란히 이어져서 된 겹문장인데, 이러한 문장을 '이어진 문장(接續文)'이라고 한다. 그리고 (2ㄴ)의 문장은 관형절인 '쏭닙을 먹는'을 관형어로 안고 있는데, 이러한 문장을 '안은 문장(內包文)'이라고 한다.

근대 국어의 문장 유형을 짜임새에 따라서 그림으로 정리하면 다음과 같다.

〈그림 1〉 짜임새로 분류한 문장의 유형

2.4.1. 이어진 문장

두 개 이상의 홑문장이 연결 어미에 의해서 이어져서 더 큰 문장이 될 수 있는데, 이러한 문장을 '이어진 문장(接續文)'이라고 한다. 이어진 문장은 앞절과 뒷절의 의미적 관계에 따라 '대등하게 이어진 문장'과 '종속적으로 이어진 문장'으로 구분된다.

2.4.1.1. 대등하게 이어진 문장

'대등하게 이어진 문장'은 앞절과 뒷절이 의미적으로 대등한 관계로 이어진 문장으로서, 앞절과 뒷절은 '나열, 선택, 대조' 등의 의미적 관계를 나타낸다.

(3) ㄱ. 四海 다 묽고 八方이 自然히 平安ᄒᆞ더니　　　　　　　[팔세아 1]

　　ㄴ. 후에 이런 사룸이 해 長進티 못ᄒᆞ며 子孫이 해 昌盛티　　[오전 1:18]
　　　　못ᄒᆞᄂᆞ니

(4) ㄱ. 우리 가면 혹 일<u>으나</u> 혹 <u>느즈나</u> 그저 뎌긔 자고 가쟈   [노언 상:9]

　　 ㄴ. ᄀᆞᆯ 밍ᄀᆞ라 쓸믈에 ᄆᆞ라 입 안해 ᄇᆞᄅᆞ<u>거나</u> 혹   [태집 72]

　　　　 ᄆᆞᄅᆞᆫ 굴를 셰허 ᄇᆞᄅᆞ라

　　 ㄷ. 집에 오신 손님을 박ᄃᆡᄒᆞ<u>든지</u> 히ᄒᆞ<u>든지</u> ᄒᆞᄂᆞᆫ 거슨 야만에 [독신 1:104]

　　　　 일이요

(5) 이 文章은 翰林院의 밋디 못ᄒᆞ<u>나</u> 法度ᄂᆞᆫ 嚴홈이 按察司에셔   [오전 1:15]

　　 디나도다

(3)의 문장은 '나열'의 의미를 나타내는 연결 어미 '-고, -으며'를 통해서 앞절과 뒷절이 이어졌다. 그리고 (4)의 문장은 '선택'의 의미를 나타내는 연결 어미인 '-으나~-으나, -거나~-거나, -든지~-든지'를 통해서, 그리고 (5)의 문장은 '대조'의 의미를 나타내는 연결 어미인 '-으나'를 통해서 이어졌다. 이들 문장은 앞절과 뒷절이 의미적으로 대등한 관계에 있으므로 '대등하게 이어진 문장'이라고 한다.[72)]

2.4.1.2. 종속적으로 이어진 문장

'종속적으로 이어진 문장'은 앞절과 뒷절의 의미가 서로 독립적이지 못하고, 앞절의 의미가 뒷절의 의미에 이끌리는 관계로 이어진 문장이다. 종속적으로 이어진 문장의 앞절과 뒷절은 '조건, 이유, 원인, 의도, 전환' 등의 매우 다양한 의미적 관계로 이어진다.[73)]

(6) ㄱ. 네 오<u>면</u> 네 죽기ᄅᆞᆯ 면ᄒᆞ리라   [동삼 열:3]

　　 ㄴ. (밥) 짓기를 일 ᄒᆞ<u>던들</u> 져기 먹기 죠흘러니   [박언 하:45]

　　 ㄷ. 쳔세 밧게 사ᄅᆞ<u>랴고</u> 무흔 탐심 닐와드니   [염불보권문 44]

　　 ㄹ. 凡事를 너모 극진히 ᄒᆞ려 ᄒᆞ<u>다가</u> 도로혀 일오지 몯ᄒᆞᄋᆞᆸᄂᆞ니 [인대 1:30]

　　 ㅁ. 개며 ᄆᆞᆯ의 니ᄅᆞ러도 다 그러ᄒᆞ<u>곤</u> ᄒᆞᄆᆞᆯ며 사ᄅᆞᆷ이ᄯᆞ녀   [가언 2:12]

---

72) (3~5)의 문장에서 확인할 수가 있듯이 대등하게 이어진 문장의 앞절과 뒷절은 구조적으로나 의미적으로 대칭성(對稱性)이 있다. 그리고 대등하게 이어진 문장에는 이러한 대칭성뿐만 아니라, 앞절과 뒷절의 순서를 바꾸어도 의미에 변화가 생기지 않는 교호성(交互性)도 함께 나타난다(김일웅, 1993: 255; 나찬연, 2017: 333).

73) '종속적으로 이어진 문장'을 형성하는 '종속적 연결 어미'의 다양한 유형과 기능에 대하여는 이 책의 144쪽을 참조.

ㅂ. 다힝이 노뫼 겨시되 다른 봉양홀 형뎨 업스니　　　　　[오행 효6]

ㅅ. 사괴는 쁘든 늘글스록 쏘 親ᄒ도다　　　　　　　　　[두언-중 21:15]

ㅇ. 學 잇ᄂᆞᆫ 이 반ᄃᆞ시 몸이 몿도록 맛티디 못홀 理 업스니라 [오전 3:9]

ㅈ. 모든 벗들의 名字를 다 써 쳥ᄒ라 가쟈　　　　　　　[박언 상:23]

(ㄱ)의 '-으면'은 조건(구속)의 뜻을, (ㄴ)의 '-은ᄃᆞᆯ'은 양보의 뜻을, (ㄷ)의 '-오려'는 의도의 뜻을, (ㄹ)의 '-다가'는 전환의 뜻을, (ㅁ)의 '-곤'은 전환의 뜻을, (ㅂ)의 '-되'는 설명의 뜻을, (ㅅ)의 '-을스록'은 비례의 뜻을, (ㅇ)의 '-도록'은 도달의 뜻을, (ㅈ)의 '-라'는 가치의 뜻을 나타내면서, 앞절과 뒷절을 이어서 종속적으로 이어진 문장을 형성하였다.

2.4.1.3. 이어진 문장의 통사적 제약

이어진 문장에서 앞절에 특정한 연결 어미가 실현되면 뒷절의 종결 방식이 제약을 받는 경우가 있다(허웅, 1975: 521; 고등학교 문법, 2010: 298).

첫째, 이어진 문장의 앞절에서 연결 어미 '-니'의 앞에 주관적인 믿음을 표현하는 선어말 어미 '-거-, -아-/-어-'가 실현되면, 뒷절은 '앞절의 내용을 뒤집는 뜻'을 표현하면서 의문형으로 끝맺는다.

(7) ㄱ. 길히 멀거니 엇디 能히 來ᄒ리오　　　　　　　　[시언 2:13]

　　ㄴ. 내 알고 그듸 알거니 엇디 알리 업다 니ᄅ리오　　[내훈-중 3:48]

(ㄱ)의 '멀거니'와 (ㄴ)의 '알거니'처럼 연결 어미 '-니'가 실현된 서술어에 확인 표현의 선어말 어미인 '-거-'나 '-어-'가 실현되면, 뒷절의 서술어는 '未ᄒ리'와 '니ᄅ리오'처럼 의문형으로 끝맺는다.

둘째, 이어진 문장에서 앞절의 서술어에 연결 어미인 '-관ᄃᆡ/-완ᄃᆡ'가 실현되면, 앞절에는 반드시 의문사(疑問詞)가 실현되고 뒷절은 의문형으로 끝맺는다.

(8) ㄱ. 의 므스 일입관ᄃᆡ 이대도록 어렵사리 니ᄅᆞᆸ시ᄂᆞᆫ고　[첩신 5:21]

　　ㄴ. ᄒᆞᄂᆞᆫ 배 므스 이리완ᄃᆡ 상녜 區區ᄒᆞᄂᆞ니오　　　[두언-중 17:5]

(ㄱ)의 '일입관ᄃᆡ'와 (ㄴ)의 '이리완ᄃᆡ'처럼 앞절의 서술어에 연결 어미인 '-관ᄃᆡ/-완ᄃᆡ'가 실현되면, 앞절에는 '므스'와 같은 의문사가 실현되고 뒷절의 서술어는 '니ᄅᆞᆸ시

눈고'와 '區區 다 니오'처럼 의문형으로 끝맺는다.

셋째, 이어진 문장에서 앞절의 서술어에 연결 어미 '-을디언뎡/-을지언뎡' 등이 실현되면, 뒷절은 부정문(否定文)이 된다.

(9) ㄱ. 송나라 귀신이 <u>될디언뎡</u> 다른 나라 신해 되디 아니ᄒ리라   [오행 충:50]
    ㄴ. 법률 외에 일은 죽<u>을지언뎡</u> 시ᄒᆼ 아니 ᄒᄂᆫ 거시오   [독신]

(ㄱ)의 '될디언뎡'과 (ㄴ)의 '죽을지언뎡'처럼 앞절의 서술어에 연결 어미 '-ㄹ디언뎡/-을지언뎡'이 실현되면, 뒷절은 '아니ᄒ리라'와 '아니'처럼 부정의 요소가 표현되어서 부정문이 된다.

넷째, 이어진 문장에서 앞절의 서술어에 연결 어미인 '-곤/-온' 등이 실현되면, 뒷절에는 대체로 '하믈며'와 같은 부사가 실현되고 서술어로 실현되는 체언이나 용언의 명사형 뒤에는 영탄과 반문의 뜻을 나타내는 '-이ᄯ녀/-ㅣᄯ녀, -가, -랴' 등의 의문 조사나 의문형 어미가 실현된다.74)

(10) ㄱ. 개며 ᄆᆞᆯ의 니르러도 다 그러ᄒ곤 ᄒᄆᆞᆯ며 사름이ᄯ녀   [가언 2:12]
     ㄴ. 至誠은 神을 感ᄒ곤 ᄒᄆᆞᆯ며 이 有苗ㅣᄯ녀   [서전언해 1:36]
     ㄷ. 뎌 鳥를 본ᄃᆡ 오히려 벋을 求ᄒᄂᆫ 소리를 ᄒ곤 ᄒᄆᆞᆯ며   [시언 9:9]
        사름이 ᄡᆞᆫ 友生을 求티 아닐 것가
     ㄹ. 天의 命을 斷홈을 아디 몯ᄒ곤 ᄒᄆᆞᆯ며 그 능히 先王의   [서전언해 2:35]
        烈을 從ᄒᄂᆞᆫ다 니르랴

(10)에서는 앞절의 서술어에 '그러ᄒ곤, 感ᄒ곤, ᄒ곤, 몯ᄒ곤'처럼 연결 어미인 '-곤'이 실현되었다. 이때 뒷절에는 대체로 'ᄒᄆᆞᆯ며'와 같은 부사가 실현되고, 뒷절에서 서술어처럼 기능하는 체언이나 용언의 명사형 뒤에 '-이ᄯ녀/ㅣᄯ녀, -가, -랴'와 같은 의문 조사나 의문형 어미가 붙는다. 이들 문장은 '반문(反問)'이나 '설의(設疑)'의 뜻을 나타내는 수사 의문문의 형식으로 표현된다.

---

74) '-이ᄯ녀'는 강조를 나타내는 '-이ᄯᆫ(보조사)'에 호격 조사 '-(이)여'가 붙어서 문장 전체가 반문(反問)과 감탄의 뜻을 나타내는 의문문처럼 쓰였다(허웅, 1975: 359·386).

2.4.2. 안은 문장

문장 속에서 하나의 성분처럼 쓰이는 홑문장을 '안긴 문장'이라 하고, 이 안긴 문장을 포함하고 있는 전체 문장을 '안은 문장'이라 한다. 안긴 문장을 '절(節)'이라고도 하는데, 이러한 안긴 문장에는 '명사절, 관형절, 부사절, 서술절, 인용절' 등이 있다.

2.4.2.1. 명사절을 안은 문장

'명사절(名詞節)'은 문장 속에서 명사처럼 기능하는 절로서, 명사형 전성 어미인 '-옴/-움/-음, -기' 등이 붙어서 이루어진다. 명사절은 명사처럼 문장 속에서 여러 가지 문장 성분으로 쓰일 수 있는 것이 특징인데, 이러한 명사절을 포함하고 있는 전체 문장을 '명사절을 안은 문장'이라 한다.

근대 국어에 쓰인 명사절은 용언이나 서술격 조사에 명사형 전성 어미인 '-옴/-움/-음'과 '-기'가 실현되어서 명사절이 형성될 수 있다.[75]

> (11) ㄱ. 믹이 싀라디고 준느니는 <u>닝흔 약 머구미</u> 가티 아니 ᄒ니라 [두집 상:57]
>   ㄴ. 張昭ㅣ <u>孫權의 군스 니르켜믈</u> 듯고   [삼총 3:22]
>
> (12) ㄱ. <u>힝역 고티기</u>는 숡슈의 증편 ᄢ듯 홀거시니   [두집 상:39]
>   ㄴ. <u>소느로 티며 디ᄅ기</u>를 니기고   [연지 17]

(11)에서 (ㄱ)의 '닝흔 약 머굼'과 (ㄴ)의 '孫權의 군스 니르켬'은 서술어로 쓰인 '먹다'와 '니르켜다'의 어간에 명사형 어미인 '-움'과 '-ㅁ'이 붙어서 명사절이 되었다. 그리고 (12)에서 (ㄱ)의 '힝역 고티기'와 (ㄴ)의 '소느로 티며 디ᄅ기'는 서술어로 쓰인 '고티다'와 '디ᄅ다'에 명사형 어미인 '-기'가 붙어서 명사절이 되었다.

2.4.2.2. 관형절을 안은 문장

'관형절(冠形節)'은 문장 속에서 관형어로 기능하는 절로서, 용언의 어간에 관형사형

---

75) 중세 국어에서는 명사형 전성 어미로서 '-옴/-움'이 '-기'보다 많이 쓰였는데, 근대 국어 시기 이후로 '-기'의 쓰임이 지속적으로 늘어났다. 그 결과로 현대 국어에서는 명사형 전성 어미로서 '-기'가 '-음'보다 훨씬 많이 쓰이게 되었다.

전성 어미가 실현되어서 성립된다. 그리고 이러한 관형절을 포함하고 있는 전체 문장을
'관형절을 안은 문장'이라고 한다.

　관형절은 서술어로 쓰인 용언에 관형사형 전성 어미인 '-은/-ㄴ'이나 '-을/-ㄹ'을 실
현시켜서 성립된다.

(13) ㄱ. <u>요ᄉ이 墓祭애 土神의 ᄒᄂᆫ</u> 禮를 보니 오로 滅裂ᄒᆫ 디라　　　[가언 10:47]

　　　ㄴ. 도적기…<u>민시의 나히 졈은</u> 줄놀 보고 범코져 ᄒ거늘　　　[동삼 열5:33]

　　　ㄷ. 그 어미 <u>바믹 범의게 더위여 간</u> 배 되니　　　[태감 2:69]

　　　ㄹ. <u>孫宰ㅣ 안잣던</u> 堂을 븨워 편안히 居케ᄒ야　　　[두언-중 1:13]

(14) ㄱ. <u>고기 자블</u> 사ᄅ미 비를 이어 큰 그므를 드마　　　[두언-중 16:63]

　　　ㄴ. 샹궁이 <u>됴홀</u> 일노 니ᄅ니　　　[계일 하:37]

(13)에서 (ㄱ)의 '요ᄉ이 墓祭애 土神의 ᄒᄂᆫ', (ㄴ)의 '민시의 나히 졈은', (ㄷ)의 '(그 어
미) 바믹 범의게 더위여 <u>간</u>', (ㄹ)의 '孫宰ㅣ 안잣던'은 서술어로 쓰인 'ᄒ다, 졈다, 가다,
앉다'의 어간에 관형사형 어미 '-은'이 붙어서 관형절이 되었다. 그리고 (14)에서 (ㄱ)의
'고기 자블'과 (ㄴ)의 '됴홀'은 서술어로 쓰인 '잡다'와 '둏다'의 어간에 관형사형 어미인
'-ㄹ'이 붙어서 관형절이 되었다.

2.4.2.3. 부사절을 안은 문장

　'부사절(副詞節)'은 문장 속에서 부사어로 기능하는 절인데, 용언의 어간에 파생 접미
사인 '-이'거 붙거나 연결 어미인 '-게, -도록/-ᄃ록, -듯/-ᄃ시' 등이 붙어서 이루어진
다. 그리고 이러한 부사절을 포함하고 있는 전체 문장을 '부사절을 안은 문장'이라고
한다.[76]

(15) ㄱ. (뎡ᄉ견이) 셔모 셤김을 <u>싱모의게 다름이 업시</u> ᄒ더라　　　[동신 효8:51]

　　　ㄴ. 東으로 遼水에 너므며 <u>北 녁그로 滹沱애 니르리</u>　　　[두언-중 5:24]
　　　　　星象과 風雲괘 깃븐비치 和調ᄒ도다

　　　ㄷ. 侯夫人은 厚ᄒ야 모든 庶ᄌ를 ᄉ랑호ᄃᆡ <u>내 나ᄒ니와 달리</u>　　　[내훈-중 3:26]
　　　　　아니 ᄒ더니

---

76) '부사절을 안은 문장'의 성립 조건과 특징에 대하여는 나찬연(2017: 342)을 참조.

(16) ㄱ. 아모 거스로 마고 다다 <u>긔운 아니 나게</u> 더퍼 두고   [두집 상:21]

     ㄴ. (최효손이) <u>모미 믓도록</u> 분묘 디킈니라   [동신 효2:9]]

     ㄷ. 傾盆雨 <u>퍼븟듯</u> 오는 비   [방언유석 5]

(15)와 (16)에서 밑줄 친 말은 주어와 서술어의 구조를 갖추고 있으면서, 그 뒤에 실현되는 서술어(용언구)를 수식하고 있다. 곧, (15)에서 (ㄱ)의 '싱모의게 다름이 업시'와 (ㄴ)의 '北 녁그로 瀍沱애 니르리'는 각각 '싱모의게 다름이 없(다), 北 녁그로 瀍沱애 니르(다), 내 나흐니와 다른(다)'에 부사 파생 접미사인 '-이'가 붙어서 부사절이 되었다. 그리고 (16)에서 (ㄱ)의 '긔운 아니 나게'와 (ㄴ)의 '모미 믓도록'과 (ㄷ)의 '퍼븟듯'은 각각 '긔운 아니 나(다), 모미 믓(다), (비) 퍼븟(다)'에 종속적 연결 어미인 '-게', '-도록', '-듯'이 붙어서 부사절이 되었다.77) 이렇게 부사절을 형성하는 문법적 형태소로는 파생 접미사인 '-이'와 종속적 연결 어미인 '-게, -도록/-드록, -듯/드시, -아셔/-어셔, -으면' 등이 있는데 그 수효가 대단히 많다.

2.4.2.4. 서술절을 안은 문장

'서술절(敍述節)'은 문장 속에서 서술어로 쓰이는 절인데, 이러한 서술절을 포함하고 있는 전체 문장을 '서술절을 안은 문장'이라고 한다.78) 서술절에는 그것이 서술절임을 나타내는 문법적인 형태가 따로 없는 것이 특징이다.

(17) ㄱ. **외로윈 남기** <u>고지 프니</u>   [두언-중 3:3]

     ㄴ. 셕결명산은 믈이 <u>간경의 열이 싸혀 흰 ᄀ플이</u> 눈의 ᄀ리온 ᄃᆞᆯ 고티ᄂᆞ니라   [마언 상:101]

(18) ㄱ. ᄌᆞ식 빈 **겨집이** <u>묵이 굳세고</u>   [태집 38]

     ㄴ. 小人이 비록 <u>나히 하나</u> 엇디 곳 수례ᄒᆞ료   [노언 상:57]

---

77) 『고등학교 문법』(2010: 164)에서는 현대어를 대상으로 설명하면서, '-이'를 부사 파생 접사로, '-게, -도록, -아서, -으면' 등을 부사형 전성 어미 또는 종속적 연결 어미로 처리한다. 그러나 (15)의 '없이', 니르리, 달리'는 일반적인 부사와는 달리 부사절 속에서 서술 기능을 나타내는 것이 특징이다. 이러한 점에서 '-이'를 부사형 전성 어미로 보려는 견해도 있다(『고등학교 문법 교사용 지도서』, 2009: 202 참조).

78) '서술절을 안은 문장'의 특징과 조건에 대하여는 나찬연(2017: 343)을 참조.

(19) 이제 **天下ㅣ** <u>車ㅣ 軌ㅣ 同ㅎ며</u>   [중용언해-중 44]

서술절은 서술어가 비행동성(non-action)의 의미적 특질을 가진 용언, 곧 과정성(process)
이나 상태성(state)을 표현하는 용언에서만 나타난다. (17)의 문장에서 서술어로 쓰인 '프
다'와 '싸히다'가 동사로서 과정성이나 완료 지속의 의미적 특징이 나타나며, (18)의 문
장에서 서술어로 쓰인 '굳세다'와 '하다'는 형용사로서 상태성의 의미적 특징이 나타난
다. 이러한 의미적인 특징으로 말미암아서 (17)의 '고지 프니'와 '간경의 열이 싸혀'는
각각 안은 문장의 전체 주어인 '외로왼 남기'와 '믈이'에 대하여 서술어로 쓰였다. 그리고
(18)의 '묵이 굳세고'와 '나이 하나'는 'ᄌ식 빈 겨집이'와 '小人이'에 대하여 서술어로
쓰였다. (19)의 문장은 서술절이 두 개가 겹친 구조이다. 곧, 안은 문장의 전체 주어인
'天下ㅣ'에 대하여 '車ㅣ 軌ㅣ 同ㅎ며'가 서술어로 쓰였으며, 서술절 속의 주어인 '車ㅣ'에
대하여 '軌ㅣ 同ㅎ며'는 다시 서술어로 쓰였다.

2.4.2.5. 인용절을 안은 문장

'인용절(引用節)'은 다른 사람의 말이나 생각을 따온 절인데, 다른 절과는 달리 온전한
문장의 형식을 갖추고 있는 것이 특징이다. 이때 인용절을 포함하고 있는 문장을 '인용
절을 안은 문장'이라고 하는데, 이러한 인용절을 안은 문장에는 'ᄒ다'나 '니ᄅ다' 등의
인용 동사가 서술어로 쓰이는 것이 특징이다.
18세기 후기까지 간행된 문헌에서는 인용을 나타내는 부사격 조사 없이 인용절 뒤에
인용 동사인 'ᄒ다'만 쓰였다.

(20) ㄱ. 네 主人의게 닐러 <u>삿과 집자리를 가져오라</u> ᄒ고   [청노 5:1]

   ㄴ. 악쇼년이 글오ᄃᆡ <u>세 놈이 엇디 이런 어딘 형을 두엇ᄂᆞᆫ고</u>   [오행 효48]
    ᄒ고

예를 들어서 『청어노걸대』(1765)와 『오륜행실도』(1797)에서는 (20)처럼 인용절에 격조사
없이 인용 동사인 'ᄒ다'만을 실현하여 인용절을 안은 문장을 형성하였다.[79]

---

79) 17세기와 18세기에도 인용의 부사격 조사와 인용 동사가 함께 실현되지는 않았지만, 불완전한
   형태로 인용절이 나타난 예가 있다.
   (보기) ㄱ. 이애 닐오ᄃᆡ <u>내 아미타불이 셔로브터 오샤 날로 보빅좌</u>   [권념요록 29]
       <u>주믈 보로라 코 말 믓고 죵ᄒᆞ니라</u>

19세기 중엽 이후에는 인용 동사와 함께 인용의 부사격 조사인 '-고'나 '-라고'가 함께
실현되는 예가 나타난다.

(21) ㄱ. 사름이 이셔 <u>쥬홍이 모반ᄒ다고</u> ᄒ거눌   [태감 2:12]

ㄴ. 정동 신문샤에 왓단 말을 ᄌ셰히 안 후에야 <u>드러오라고</u>   [독신 1:5]
ᄒ며

ㄷ. <u>죠곰치라도 욕되게ᄂ 평화를 구ᄒ지 안노라고</u> ᄒ엿다더라 [매일신문 1:1]

(22) ㄱ. 엘리자베드는 "<u>죽어도 좋아요.</u>"라고 대답하려 하였다.   [약한자의 슬픔]

ㄴ. 그래도 父母는 달라서 화가 나시면 "<u>네가 그리하다가는</u>   [빈처]
<u>末境에 벌엉방이가 되고 말것이야.</u>"라고 ᄯ중은 하셔도

19세기 중반에 간행된 『태상감응편도설언해』(1852)와 19세기 후반에 간행된 『독립신문』
(1896)에서는 (21)에서처럼 인용을 나타내는 부사격 조사인 '-고'와 인용 동사인 'ᄒ다'를
실현하여 인용절을 형성하였다. 그리고 (21)과 같은 20세기 초에 간행된 소설 작품에서
는 현대 국어에서 직접 인용을 나타내는 부사격 조사인 '-라고'가 나타났다.

ㄴ. 우리의게 졍이 만하 ᄡᅡ라 가지라 고 날마다 와 보채니   [일동장유가 3:77]
ㄷ. 아ᄎᆷ의 왜놈이 와 빈 ᄐ라 고 ᄅ청ᄒ되 역즁이 나리라고   [일동장유가 2:2]
승션을 말나더니

『권념요록』(1637)에서는 (ㄱ)처럼 인용 동사인 'ᄒ고'의 /ㆍ/가 줄어서 '코'의 형태로 표현되었다가,
『일동장유가』(1764)에서는 'ᄒ고'의 'ᄒ-'가 줄어서 '-고'의 형태로 인용의 표지가 사용되었다. 이
처럼 '코'와 '고'의 형태로 인용의 부사격 조사가 발달하여, 19세기 말에 '-고 하다'로 표현되는
인용절이 나타난 것으로 보인다.

제3장 어휘와 의미

조선 전기의 후기 중세 국어와 조선 후기의 근대 국어에서는 어휘와 의미의 영역에서도 몇 가지 특징이 나타난다. 제3장의 '어휘와 의미'에서는 중세 국어와 근대 국어에서 나타나는 어휘와 의미의 특징을 통시적인 관점에서 살펴본다.[1]

3.1. 어휘 체계의 변화

중세와 근대 국어에서 나타나는 어휘 체계의 특징을 '한자어의 확대'와 '차용어의 유입'으로 나누어서 살펴본다.

3.1.1. 한자어의 증가

조선 시대에는 중국의 문물이나 사상과 철학이 조선에 크게 영향을 끼치게 되었다. 곧, 한문학과 성리학은 조선의 지배 계층이 갖추어야 할 필수적인 교양으로 자리잡았으며, 조선 초기부터 시행된 과거 시험에서도 대부분 한문학과 유교 경서의 내용이 출제되었다. 이렇게 한자와 한문이 중시됨으로써 언어 생활에서도 상당수의 고유어가 한자어

---

1) 제3장에서 제시된 어휘는 '김형규(1981), 나찬연(2009, 2013, 2015), 김동소(1998), 이기문(1998)' 등에 수록된 자료를 참조하였다.

로 교체되었다. 그리고 조선 초기에 세종과 세조 대에 시도되었던 불경을 언해하는 과정에서도 한자어가 많이 유입되었다. 이처럼 어휘 체계 내에서 한자어가 차지하는 비중이 늘어나고 특정한 한자어를 일상적으로 자주 쓰다 보니, 특정한 한자어를 고유어인 것으로 잘못 인식하는 수도 있었다.

〈 고유어의 한자어로 교체 〉 중세 국어와 근대 국어의 시기에는 중국에서 들어온 새로운 문물과 함께 이들의 개념을 표현하는 새로운 한자어가 많이 유입되었다. 뿐만 아니라 이 당시에 들어온 한자어가 기존의 고유어를 대신하는 경향이 뚜렷하게 나타났다. 이러한 경향은 중국과의 접촉이 빈번해지고 성리학을 기반으로 한 중국의 사상과 문화가 우리나라에 영향을 끼친 데에 원인이 있을 것이다.

15세기 시대에 간행된 『석보상절』과 『월인석보』에 나타난 다음 내용을 비교하면, 중세 국어 시대에 한자어가 늘어나는 경향을 확인할 수 있다(김형규, 1981: 111).

(1) ㄱ. 쥬의 坊이어나 뷘 겨르ㄹ뷘 싸히어나 자시어나 ᄀᆞ올이어나 巷陌이어나 ᄆᆞ슬히어나
　　　　제 드론 야ᅌᆞ로 어버ᅀᅵ며 아ᅀᆞ미며 이든 벋드려 힚ᄀᆞ장 불어 닐어든　　[석상 19:1]

　　 ㄴ. 僧坊애 잇거나 空閑ᄒᆞᆫ 싸히어나 城邑과 巷陌과 聚落과 田里예 드룬 다비 父母 宗親
　　　　善友 知識 爲ᄒᆞ야 히믈 조차 불어 닐어든　　　　　　　　　　　　　　[월석 17:45]

(ㄱ)의 『석보상절』은 1448년(세종 30)에 출간되었고, (ㄴ)의 『월인석보』는 10년 정도 지난 1459년(세조 4)에 출간되었다. (1)에서 동일한 내용을 기술한 (ㄱ)과 (ㄴ)의 문장을 비교할 때에, 약 10년 뒤에 발간된 (ㄴ)의 『월인석보』에는 그 이전에 발간된 (ㄱ)의 『석보상절』보다 한자어가 훨씬 많이 사용된 것을 알 수 있다.

이렇게 고유어보다 한자어를 많이 쓰는 경향은 근대 국어까지 지속적으로 이어졌다. 이러한 경향에 따라서 중세 국어에 사용되었던 고유어를 그 뒤의 시기에는 한자어로 바꾸어서 사용한 예가 상당히 많다.

(2) ㄱ. 가난ᄒᆞᆫ히 → 凶年(흉년), ᄀᆞ룸 → 江(강), 거웃 → 鬚髯(수염), 곁 → 吐/助詞(토/조사), 고마 → 妾(첩), 그위 → 官廳(관청), 그위실 → 官吏(관리)/官職(관직)/訟訴(송소), 기르마 → 鞍裝(안장), 녀계 → 娼女(창녀)/妓生(기생), 노릇바치 → 俳優(배우-), 노연 → 官人(관인), 누리(뉘) → 世上(세상), 다숨어미 → 繼母(계모), 디위 → 回(회)/境界(경계), 머귀 → 梧桐(오동), 뫼 → 山(산), 마술 → 官廳(관청), 미르 → 龍(용), 샤옹 → 男便(남편), 슈룹 → 雨傘(우산), 슬기 → 知慧(지혜), 시름 → 愁心(수심), 아ᅀᆞᆷ → 親戚(친척)/眷黨(권당), 아름 → 私(사), 어버ᅀᅵ → 父母(부모)/兩親(양친), 아ᄎᆞ아들 → 甥姪

(생질), 온 → 百(백), 유무 → 消息(소식)/便紙(편지), 위안 → 東山(동산), 지아비 → 男便(남편), 지어미 → 妻(처), 져근덧 → 暫間(잠간), 져자 → 市場(시장), 죽사리 → 生死(생사), 지령 → 醬(장), 잣 → 城(성), 즈믄 → 千(천), 천/쳔량 → 財貨(재화), 하리 → 讒訴(참소), 해자 → 費用(비용)

ㄴ. 가득ᄒ다 → 急(급)하다, 가시다 → 變更(변경)하다, 가ᅀᆞ멸다 → 豊富(부유)하다, 가줄비다 → 比喩(비유)하다, 겨르릅다 → 閑暇(한가)하다, 고마ᄒ다 → 恭敬(공경)하다, 과ᄒ다 → 稱讚(칭찬)하다, 그르츠다 → 救濟(구제)하다, 기리다 → 稱讚(칭찬)하다, ᄀᆞᅀᆞ말다/ᄀᆞᅀᆞ알다 → 주관(主管)하다/支配(지배)하다, 글외다 → 亂暴(난폭)하다/反抗(반항)하다, 녀름짓다 → 農事(농사)하다, 머리좃다 → 敬禮(경례)하다, 머흐다 → 險(험)하다, 뮈다 → 動搖(동요)하다, ᄆᆞᅀᆞ져브다 → 容恕(용서)하다, 배다 → 敗(패)하다, 바ᄃ랍다 → 危險(위험)하다, 번득ᄒ다 → 分明(분명)하다, 뵈아다 → 催促(재촉)하다, 브스왜다 → 騷亂(요란)하다, 스치다 → 想像(상상)하다, ᄉᆞᄆᆞ다 → 通(통)하다, 어여다 → 避(피)하다, 오ᄋᆞᆯ다 → 完全(완전)하다, 조ᅀᆞ릅다 → 重要(중요)하다, 입다 → 昏迷(혼미)하다

ㄷ. 거르기 → 大端(대단)히, 념념으로 → 漸漸(점점)/次次(차차), 샹녜 → 恒常(항상)/普通(보통), 아룹뎌 → 私私(사사)로이, 어루 → 可(가)히, ᄒ다가 → 만일(萬一)에

(ㄱ)은 고유어의 체언이, (ㄴ)은 고유어의 용언이, (ㄷ)은 고유어의 부사가 한자어로 바뀐 예이다. 이들 한자어는 기존의 고유어를 대신해서 국어의 어휘 체계에서 뿌리를 내렸다. 이처럼 체언, 용언, 부사 등이 한자어로 바뀌었다는 것은 대부분의 품사에서 고유어가 한자어로 대체되었다는 것을 뜻한다.[2]

〈 한자어의 고유어화 〉중세 국어와 근대 국어에서 한자어의 쓰임이 확대되어 일상 생활에서 널리 사용되자, 언중들은 일부 한자어를 고유어로 잘못 아는 경우도 있었다. 이렇게 고유어로 인식된 한자어의 어휘는 한자로 적지 않고 한글로 적는 것이 보통이었다.

(3) ㄱ. 餓鬼ᄂᆞᆫ 주으린 귓거시라   [월석 1:46]
    ㄴ. 靑衣 긔별을 슬바ᄂᆞᆯ 아바님 깃그시리   [월천 기23]
    ㄷ. 恩愛호미 남진과 겨집괘 恭敬호ᄆᆞ로 비릇ᄂᆞ니라   [두언 11:25]
    ㄹ. 先妣ᄂᆞᆫ 祠堂애 든 녀편들히라   [내훈 1:75]

---

2) 그런데 이처럼 한자어를 선호하는 경향이 강해지자, 어떤 때에는 고유어를 한자어로 잘못 인식하여 한자로 표기하는 경우도 있었다. (보기 : 긔운(↛ 氣韻)[석상 1:41], 산힝(↛ 山行)[용가 125장])

ㅁ. 또 三年 侍墓ㅎ니 <u>대되</u> 거상을 아홉 히를 ㅎ니라　　　　[속삼 효24]

ㅂ. 菹 <u>딤치</u> 조　　　　[훈자 중11]

ㅅ. <u>빈치</u> 숭(菘) 俗呼白菜　　　　[훈자 상14]

ㅇ. 一切 衆生이 <u>샹녜</u> ᄀ장 便安케 ᄒ노니　　　　[월석 20:98]

ㅈ. 相ᄋᆫ <u>양ᄌᆡ</u>라　　　　[석상 서:1]

ㅊ. 龍ᄋᆫ 고기 中에 <u>위두ᄒᆞᆫ</u> 거시니라　　　　[월석 1:14]

ㅋ. <u>즈걋</u> 오ᄉᆞ란 밧고　　　　[월석 1:5]

ㅌ. 이베 됴ᄒᆞᆫ <u>차반</u> 먹고져 ᄒᆞ며　　　　[월석 1:32]

ㅍ. 明行足ᄋᆞᆫ ᄇᆞᆯ근 <u>힝뎌기</u> ᄀᆞᄌᆞ실 씨라　　　　[석상 9:3]

(3)에서 '귓것(鬼-), 긔별(期別), 남진(男人), 녀편(女便), 대되(大都), 딤치, 빈치(白菜), 샹녜(常例), 양ᄌᆞ(樣子, 樣恣), 위두(爲頭), 차반(茶飯), 힝뎍(行蹟)'3) 등은 한자어 어휘이지만, 이들은 고유어로 인식되어서 대부분 한글로 표기되었다.

　　그리고 어휘가 나타내는 의미가 바뀌어서, 원래의 한자어와는 관련이 없이 고유어화 한 단어도 있다.

　　(4) ㄱ. 艱難, 分別, 衆生
　　　　ㄴ. 가난, 분별, 즁ᅌᅵᆼ

'가난, 분별, 즁ᅌᅵᆼ' 등은 원래의 한자어에서 형태나 의미가 바뀌어서 마치 고유어처럼 쓰였다. '가난'은 '艱難(간난)'에서 제1음절의 /ㄴ/이 탈락하고 의미도 [일반적인 어려움]에서 [빈곤, 貧困]으로 바뀌었다. '분별(分別)'은 원래는 [서로 다른 일이나 사물을 구별하여 가름]의 뜻이었는데, 이와 같은 원래의 뜻과 함께 [걱정, 愁]의 뜻으로도 쓰였다.4) '즁ᅌᅵᆼ(衆生)'은 불교에서 온 한자어인데, 한자어의 원래 뜻인 [모든 살아 있는 무리]와 함께 새로운 뜻인 [짐승, 獸]의 뜻으로 쓰였다. 특히 [짐승, 獸]의 뜻으로 쓰일 때에는 그 형태도 '즘ᅌᅵᆼ'로 바뀌어서, 현대 국어에서는 '짐승'의 형태로 된다.

　〈 불교 한자어의 증가 〉15세기에는 불교에 관련된 서적이 많이 번역되었는데, 특히 세

---

3) 이 밖에 '내죵(乃終), 긔운(氣運), ᄂᆡ일(來日), 댱샹(長常), 뎌(笛), 뎔(利), 도즉(盜賊), 만일(萬一), 먹(墨), 바리(鉢), 반(半), 부텨(佛體), 붇(筆), 위ᄒᆞ다(爲-), 쟝ᄎᆞ(將次), 젼혀(全-), ᄌᆞ갸(自家, ?), 힝혀(幸-)' 등의 한자어도 고유어로 인식되어서 대체로 한글로 표기되었다.

4) 중세 국어에서는 '분별'이 '구분(區分)'의 뜻과 '걱정(愁)'의 두 가지 뜻으로 쓰였으나, 근대 국어 이후에는 다시 원래의 뜻인 '구분'의 뜻으로만 쓰였다.

조 시대에는 '간경도감(刊經都監)(1461)'을 설치하여 불교 서적을 우리말로 번역하였다. 이 과정에서 수많은 불교 용어가 한자어로 음역되거나 의역되어서 우리말의 어휘 체계에 많이 들어왔다.

중국를 통하여 한자어로 유입된 불교에 관련한 어휘 중에서 15세기 국어에 쓰였던 어휘를 보이면 다음과 같다.

(5) 釋迦(석가, Śākya), 三昧(삼매, samādhi), 禪(선, jhāna), 阿修羅(아수라, asura), 涅槃(열반, nirvāṇa), 夜叉(야차, Yaka), 乾達婆(건달바, Gandharva), 伽樓羅(가루라, garuda), 彌勒(미륵, Maitreya), 袈裟(가사, kasāya)

(6) 보시(布施, dāna), 見性(견성, dhyana), 極樂(극락, Sukhāvatī), 발원(發願), 如來(여래, tatha-gata), 慈悲(자비, maitrī-karunā), 解脫(해탈, vimokṣa), 衆生(중생, sattva), 善知識(선지식, kalyamitra), 세간(世間, loka)

불교 관련 원전은 주로 고대 인도어인 '범어(梵語, Sanskrit)[5]'나 '팔리어(Pali語)[6]'로 기록되었는데, 이를 중국어로 번역하는 과정에서 음역(音譯)하거나 의역(意譯)하여서 한자로 표기하였다. (5)에서 (ㄱ)은 한자의 소리(音)를 이용하여 고대 인도어의 음을 나타낸 어휘이며, (ㄴ)은 한자의 뜻(意)을 이용하여 고대 인도어의 뜻을 나타낸 어휘이다. 그러나 성종(成宗) 시대부터 억불숭유 정책이 강화됨에 따라서, 16세기 이후에는 불교 관련 한자어가 늘어나는 경향이 약화되었다.

3.1.2. 차용어의 유입

중세 국어에 쓰인 한자어들은 중국어의 원음대로 쓰인 것이 아니라, 대부분 국어의 음운 체계에 동화되어서 조선의 한자음으로 쓰였다. 그런데 중국어, 몽골어, 여진어(女眞

---

5) '범어(梵語, Sanskrit)'는 기원전 4~5세기경에 시작된 고대 인도어인데, 이는 지배 계층이 사용하는 고급 언어로서 문학 작품과 불교 경전에 사용된 언어이다. 현재 북방 불교 경전의 고대 원본은 대부분 범어로 기록되어 있다.

6) '팔리어(Pali語)'는 인도 중부지방의 언어를 기초로 하고 BC 2세기부터 2세기경에 걸쳐 발달한 언어이다. 현재 현재 스리랑카·미얀마·타이·캄보디아의 각국에 남아 있다. 아소카왕 이후는 불타의 철리(哲理)를 이 언어로써 설하게 되었다. '팔리'란 '성전본문(聖典本文)'을 의미하며 불전(佛典)을 기록하는 문어(文語)로서 쓰이게 되자 산스크리트의 영향도 많이 받았다. 5세기 이후 인도·스리랑카·미얀마·타이 등 여러 나라에서 남방(南方) 소승불교의 성전에 사용하였다.

語) 등으로부터 직접 들어온 일부 차용어(借用語)들은 출신 언어의 발음을 그대로 유지하면서 국어의 어휘 체계에 유입되어 쓰였다.

〈 중국어에서 온 차용어 〉 중국어에서 온 차용어 중에는 조선의 한자음으로 표기하지 않고, 그 말을 차용할 당시의 중국어의 발음에 가깝게 표기한 어휘가 있다. 15세기와 16세기의 후기 중세 국어에 유입된 차용어는 대부분 중국으로부터 유입되었다고 해도 과언이 아닌데, 이 시기에 차용된 중국어 어휘로는 다음과 같은 것이 있다.

(7) ㄱ. 쇼로 쳔 사마 흥졍ᄒᆞᄂᆞ니라   [월석 1:24]

　　ㄴ. 布施ᄂᆞᆫ 쳔량을 펴아 내야 ᄂᆞᆷ 줄 씨라   [월석 1:12]

　　ㄷ. 퉁 부플 티면 十二億 사ᄅᆞ미 몯고   [석상 6:28]

　　ㄹ. 즁님낸 다 나가시고 갸ᅀᅳ를 몯 다 설어졧더이다   [월석 23:74]

　　ㅁ. 모든 比丘ㅣ …이 짜햇 훠와 신과… 醍醐와ᄅᆞᆯ 닙디   [능언 6:96]
　　　　 아니ᄒᆞ면

　　ㅂ. 靑玉案을 비르서 입곡 블근 노 ᄂᆞᄆᆞᄎᆞ란 ᄎᆞ디 말라   [두언초 8:49]

　　ㅅ. 닐굽잿 미수엔 스면과 상화   [번박 6]

(8) 감토(敢頭, 감투), 갸ᅀᅳ(家事, 그릇붙이, 세간), 고리(栲, 고리짝), 노/로(羅, 비단), 다홍(大紅, 다홍색), 비ᄎᆡ(白菜, 배추), 망긴/망근/망건(網巾, 망건), 먹(墨, 먹), 무궁화(木槿花, 무궁화), 무면/무명(木棉, 무명), 붇(筆, 붓), 비단(匹段, 비단), 보ᄇᆡ/보븨/보뵈(寶貝), 사당/사탕(砂糖, 사탕), 샹투/샹토(上頭, 상투), 솨ᄌᆞ/사ᄌᆞ(刷子, 솔), 슈슈(蜀黍, 수수), 심ᄉᆞ(心兒, 심지), 죠리(笊籬, 조리), 진디/진딧/진짓(眞的, 진짜의), ᄌᆞ디(紫的, 자주), 쳔(錢), 쳔량(錢粮, 재물), 투구(頭盔, 투구), 퉁(銅, 동), 피리(觱篥, 피리), 햐처(下處, 숙소)

(7)에서 '쳔(錢, 재물), 쳔량(錢糧, 재물), 퉁(銅, 동), 갸ᅀᅳ(家事, 그릇붙이, 세간), 훠/훠ᄋᆞ(靴, 가죽신), 노(羅), 상화/샹화(霜花, 만두)' 등은 15세기와 16세기의 문헌에 나타난 중국어 차용어이다. 이들 차용어는 대체로 의복, 옷감, 기구, 장식 등의 의식주와 문화 생활과 관련되어 있는 것이 특징인데, 이는 중국어에서 들어온 문물과 함께 차용어도 함께 들어왔기 때문일 것이다. 16세기 문헌 중에는 주로 『번역박통사』나 『훈몽자회』에서 중국어 차용어가 많이 나타난다. 그리고 (8)에 제시된 차용어는 15세기와 16세기에 쓰인 중국어의 차용어의 목록이다(김동소, 1998: 165).

〈 몽골어에서 온 차용어 〉 몽골어의 차용어는 13세기에 이후에 고려가 원나라의 지배를 받으면서 유입되었다(김동소, 1998: 167 참조).

(9) 가리/갈비, 고라니, 구리(銅), (눈)보라, 보라매, 송골매, 슈라(水剌, 수라), 사돈(查頓), 오
랑캐

13세기 이후의 고려 시대에는 몽골어의 차용어가 꽤 많이 유입된 것으로 보이는데, 특히
'말(馬), 매(鷹), 군사, 관직' 등에 관련된 어휘가 많았다. 그러나 14세기 후반에 고려가
몽골의 지배에서 벗어나게 되자 대부분의 몽골어 차용 어휘는 소멸하였지만, 이들 중에
서 (9)와 같은 일부 단어는 그대로 남아서 지금까지 쓰이고 있다.
  〈 만주어에서 온 차용어 〉 중세 국어의 시기에는 소수의 여진어(만주어)가 유입되었다.

(10) 투먼(豆漫), 워허(斡合), 퉁컨(童巾)

여진어에서 들어온 차용어는 주로 지명과 관련된 어휘들인데 몇 어휘가 『용비어천가』에
기록되어 있을 뿐이다.

3.2. 의미의 변화

언어의 변화는 '음운, 어휘, 문법' 등의 모든 면에서 함께 일어나는데, 이러한 변화는
시간의 흐름 속에서 지속적으로 일어난다. 이 중에서 '의미의 변화'는 어떤 말의 중심적
인 의미를 편향되게 사용함으로써 일어나는 현상이다.

〈그림 1〉 '어리다'의 의미 변화 과정

〈그림 1〉에서처럼 중세 국어에서 '어리다'는 [愚]의 뜻으로 쓰였다. 그러나 근대 국어
시기를 거치면서 [幼]의 의미로도 쓰므로, 근대 국어 시기의 일정 기간 동안 [愚]와
[幼]의 두 가지 뜻으로 쓰였다. 이렇게 두 의미를 함께 쓰다가 현대 국어에서는 '어리다'
는 [幼]의 의미로만 쓰이게 된다. 결국 거의 500년의 기간에 걸쳐서 점진적으로 의미
변화가 생긴 것이다.

3.2.1. 의미 변화의 원인

울만(Ullman, 1962: 197-210)에서는 의미 변화의 원인을 ① 언어적 원인, ② 역사적 원인, ③ 사회적 원인, ④ 심리적 원인, ⑤ 외국어의 영향, ⑥ 새로운 명명의 필요성 등 모두 여섯 가지로 들었다.

가. 언어적 원인에 따른 의미 변화

'언어적 원인(linguistic cause)'은 음운이나 단어의 형태 또는 문장의 구조와 같은 언어 내적 요소가 의미 변화의 원인이 되는 것이다. 언어적인 언어 변화 원인으로는 '전염', '생략', '민간 어원' 등이 있다.

〈 **언어의 전염** 〉 어떤 단어가 특정의 다른 단어와 많은 맥락 속에서 함께 사용되고 그러한 결합이 습관적으로 일어나면, 한 단어에 다른 단어의 의미가 전이되는 경우가 있다. 이러한 언어 변화의 원인을 '전염(傳染, contagion)'이라고 한다.

(1) ㄱ. 그는 고기를 <u>전혀</u> 입에 대지 <u>않는다</u>.   [완전히]

　　 ㄴ. 너 영희를 좋아하니?

　　　 <u>전혀</u>.   [否定]

(2) ㄱ. 나는 할 말이 <u>별로</u> <u>없다</u>.   [특별히]

　　 ㄴ. 이 커피숍은 좀 <u>별로</u>네.   [否定]

(1)과 (2)에서 '전혀'와 '별로'는 (1)과 (2)의 (ㄱ)처럼 [완전히]와 [특별히]의 뜻을 나타내는 부사였는데, 이들 단어가 부정하는 뜻을 나타내는 단어인 '않다'와 '없다'와 함께 쓰인다. 따라서 '전혀'와 '별로'에 부정의 뜻이 전이되어서 (1)과 (2)의 (ㄴ)처럼 '부정(否定)'의 뜻을 나타내는 부사로 쓰이기도 한다. 이와 같은 의미 변화는 '전혀'와 '별로'가 각각 부정의 뜻을 나타내는 '않다'와 '없다'와 함께 실현되기 때문에 일어나는 현상이다.

〈 **언어의 생략** 〉 합성어에서 하나의 어근을 '생략(省略, ellipsis)'해도 생략된 어근의 의미가 합성어에서 남은 어근의 단어에 전이되는 수가 있는데, 그 결과로 남은 어근에 새로운 의미가 더해져서 의미가 바뀌는 수가 있다.

(3) ㄱ. 감기에 걸려서 <u>코</u>(← 콧물)가 많이 흐른다.

　　 ㄴ. 영희는 파티에 <u>미니</u>(← 미니스커트)를 입고 나타났다.

(4) 아침(← 아침밥), 핵(← 핵무기), 머리(← 머리털), 보름(← 보름날), 꽁초(← 담배꽁초), 에어컨(← 에어컨디셔너), 파마(← 퍼머넌트 웨이브)

(3ㄱ)에서 '코'는 '콧물'에서 '물'이 생략되어서 쓰인 형태이며, (3ㄴ)에서 '미니'는 '미니스커트'에서 '스커트'가 생략되어서 쓰인 형태이다. 이렇게 합성어에 들어 있는 한쪽의 어근이 생략됨으로써 '코'가 '콧물'의 의미를, '미니'가 '미니스커트'의 뜻을 새롭게 얻게 되었다.

〈 **민간 어원** 〉 민간에서 전승되는 역사적인 사실을 바탕으로 해서 특정한 단어의 어원을 설명하는 것을 '민간 어원(民間語源, folk etymology)'이라고 일컫는다. 이처럼 민간 어원에 따라서 어떤 단어를 그것과 소리가 유사한 또 다른 단어와 결부시킴으로써, 단어의 의미가 변화하기도 한다.[1]

(5) ㄱ. 힝ㅈ쵸마 → 행주(幸州)치마

ㄴ. 아츤셜[2] → 까치설, 아츤고개 → 까치고개, 아츤셤 → 아치섬(朝島)[3]

ㄷ. 소나기 → 소(牛) 내기

ㄹ. 나락 → 나록(羅祿)[4]

(ㄱ)에서 '힝ㅈ쵸마'는 16세기부터 존재하던 어휘인데,[5] 민간에서 언중들이 '힝ㅈ'의 어원이 행주(幸州)의 형태와 관련이 있는 것으로 해석한 것이다. 곧 언중들이 1593년에 전라도 순찰사 권율이 행주산성에서 왜적을 크게 물리친 '행주대첩'의 사건과 관련짓게 되자, '힝ㅈ'는 땅이름인 '행주(幸州)'의 의미를 새롭게 얻게 되었다. (ㄴ)에서 '아츤'은 중세 국어에서 '작다(小)'의 뜻을 나타내는 말인데, 민간에서 언중들이 '아츤'을 그와 형태가 유사한 '까치(鵲)'나 '아침(朝)'과 관련지어서 해석함으로써, '아츤'이 '까치'나 '아침'

---

1) '민간 어원'은 언어학적인 지식이 없는 일반 언중들이 역사적인 속설에 바탕에 두고 언중들이 임의적으로 부여한 의미이기 때문에 학문적인 가치는 없다.

2) '아츤셜'에서 '아츤'은 '작은(小)'의 뜻을 나타내는 접두사이므로 '아츤셜'은 '작은설'이다.

3) '아치섬(朝島)'은 부산광역시에 있는 '영도(影島)'에 딸려 있는 작은 섬이다. 현재 한국해양대학교가 있는 섬이다.

4) '나락'은 원래 '벼(禾)'를 이르는 말인데, 이 말을 신라(新羅)에서 관리들에게 지급하던 '녹(祿)'이라는 뜻으로 잘못 해석한 것이다.

5) '힝ㅈ쵸마'는 부엌일을 할 때 옷을 더럽히지 아니하려고 덧입는 작은 치마인데, 16세기 초에 간행된 『훈몽자회』(1527)에 실려 있다. '힝ㅈ쵸마'에서 '힝ㅈ'는 그릇, 밥상 따위를 닦거나 씻는 데에 쓰는 헝겊을 뜻하며, '쵸마'는 '치마(裳)'를 뜻한다.

의 새로운 의미를 얻게 되었다. (ㄷ)에서 '소나기'를 민간의 언중들이 "예전에 농부들이 소나기 구름을 보고서 비가 올지 안 올지 '소(牛)'를 걸고 내기를 했다."라고 하는 말에서 생겼다는 속설에 따라서, '소나기'에 '소(牛)를 걸고 내기하다'라는 새로운 뜻을 부여한 것이다. (ㄹ)에서는 언중들이 '나락'을 신라 시대에 관리들에게 주는 '녹봉(祿俸)'에서 온 것으로 보는 속설에 따라서 어원을 해석한 것인데, 이에 따르면 '나락'이 '신라 시대의 녹봉'이라는 새로운 뜻을 얻게 된다.

나. 역사적 원인에 따른 의미 변화

'과학, 제도, 기술, 풍속, 관습' 등이 변화함에 따라서 사물이나 단어의 개념은 바뀌었지만, 그에 대한 명칭이 변화하지 않는 경우에는 단어의 의미가 바뀔 수 있다.

〈 **지시물의 실제적인 변화** 〉 '지시물의 실제적인 변화'는 기술이나 제도, 관습 등이 달라짐에 따라서, 실제로 지시물이 바뀌어서 단어의 의미가 바뀌는 것이다.

(6)   [증기기관차] 〉 [디젤기관차] 〉 [전동기관차]

/기관차/

(7) ㄱ. 바가지, 수세미, 배(船), 차(車), 역(驛)

ㄴ. 영감(令監), 대감(大監)6), 양반(兩班)7), 전차(電車)

ㄷ. 집현전, 홍문관, 사헌부, 의금부

(6)에서 '기관차'는 작동 방식에 따라서 1960년대까지는 '증기 기관차'를 가리켰으며, 1970년대에서 1980년대까지는 '디젤 기관차'를, 1990년대 이후에는 '전동 기관차'를 가리켰다. 이렇게 지시물에 변화가 생김으로써 결과적으로 단어의 의미가 바뀔 수 있다. (7)에서 (ㄱ)의 '바가지'나 '배(船)'은 지시물이 바뀌었고, (ㄴ)의 '영감'과 '양반'은 지시물이 소멸되었으며, (ㄷ)에서 '집현전'과 '홍문관'은 지시물과 명칭이 모두 소멸된 예이다.

〈 **지시물에 대한 태도의 변화** 〉 지시물에 대한 감정적 태도가 바뀜에 따라서, 결과적으로 새로 생긴 말에 의미의 변화를 가져올 수 있다.

(8) 새터민(〈탈북자〉, 기사(〈운전사〉, 우체부(〈집배원〉, 가사 도우미(〈파출부〉, 변소(〈화장실〉

---

6) '영감(令監)'은 조선시대에 정삼품과 종이품의 벼슬아치를 이르던 말이며, '대감(大監)'은 정이품 이상의 관직을 가진 현직자나 산직자(散職者)에 대한 존칭이다.

7) '양반(兩班)'은 조선시대에 문반(文班)과 무반(武班)을 아울러서 부르던 말이다.

(8)에서 '탈북자'가 '새터민'으로 명칭이 바뀌었고, '변소'가 '화장실'로 명칭이 바뀌었다. 이는 동일한 지시 대상에 대한 태도가 부정적인 것에서 긍정적인 것으로 바뀐 것인데, 결과적으로 새로운 어휘(새터민)에 기존의 어휘의 뜻(탈북자)이 담기게 되었다.

다. 사회적 원인에 따른 의미 변화

사회에 속해 있는 계층이나 조직에 따라서 사용하는 말의 의미가 달라질 수 있다.

〈 의미의 일반화 〉 '의미의 일반화(generalization)'는 특수한 사회 집단의 언어가 일반적인 용법에 차용되거나, 보다 넓은 사회 집단에서 채택되어 일반적인 의미를 새롭게 나타내는 것이다.

> (9) ㄱ. 박사(전문가), 사령탑[8](최고 책임자)
>
> ㄴ. 왕(일인자), 여왕(최고 지위자), 왕자(아들), 공주(딸)
>
> ㄷ. 안타(성공), 대타(대행), 홈런(대성공), 골인(성사)
>
> ㄹ. 십자가(희생), 공양(돌봄), 보시(봉사), 도사(특출한 사람)
>
> ㅁ. 대장(최고 지위 사람), 졸병(하급자), 부대(같은 무리), 작전(계획), 저격수(특정한 인물에 대한 공격자)
>
> ㅂ. 왕초(우두머리), 똘마니(부하)
>
> ㅁ. 수술(근본적 개선)

(ㄱ)에서 '박사, 왕, 안타, 십자가, 대장, 왕초, 수술'은 모두 특정한 전문적인 분야에서만 쓰이던 말이다. 그런데 이들 단어의 쓰임이 확대되어서 각각 '전문가, 일인자, 성공, 희생, 최고 지위의 사람, 우두머리, 근본적인 개선' 등의 일반적인 의미로 쓰이게 되어서, 결과적으로 특수한 의미에서 일반적인 의미로 확대되었다.

〈 의미의 특수화 〉 일반 사회에서 널리 쓰이던 말이 특수 집단에서 쓰이게 되면서, 의미가 전문화 또는 특수화되는 것을 '의미의 특수화(specialization)'라고 한다.

> (10) ㄱ. 말씀(성경), 복음(기쁜 소식, 그리스도의 가르침), 시험(시련), 곡차(술)
>
> ㄴ. 영감(검사), 구속(잡아 가둠)
>
> ㄷ. 학교(교도소), 회사(범죄 조직), 공장(경찰서), 연장(범죄 도구)

---

8) '사령탑(司令塔)'은 원래 군함이나 항공 기지에서 지휘관들이 잘 보고 지휘할 수 있도록 만든 탑 모양의 장소이다.

(ㄱ)의 '말씀'은 일반적으로 말의 '높임말'로 쓰이다가 기독교계에서 '성경'의 뜻으로 쓰였다. 그리고 (ㄴ)의 '영감'은 일반적으로는 '나이가 많은 사람'의 뜻으로 쓰였는데, 법조계에서는 '검사'를 이르는 말로 특수하게 사용한다. (ㄷ)의 '학교'는 일반적으로는 '교육 기관'의 뜻으로 쓰이나 범죄 집단에서는 '교도소'의 뜻으로 특수하게 쓰인다.

라. 심리적 원인에 따른 의미 변화

화자의 심리적 특성이나 경향에 따라서 일어나는 의미 변화의 원인을 '심리적 원인 (psychological cause)'이라고 한다.

〈 관심에 따른 의미 변화 〉 화자가 어떤 사실에 관심을 가질 때에, 그 사실이 화제의 중심이 되어서 퍼져 나가기도 하고(확장), 다른 쪽에서 유사한 것을 끌어다가 관련짓기도 한다(견인).

(11) ㄱ. 개인 파산의 '쓰나미' 현상, 금융 시장의 '빅뱅' 현상
    ㄴ. 바가지(철모), 갈매기(계급장), 콩(총알)

(ㄱ)에서 '쓰나미'는 원래 '지진 해일'의 뜻으로 쓰이는 과학 용어였다. 그러나 2004년에 발생했던 인도네시아의 쓰나미와 2011년에 있었던 동일본의 쓰나미 사태 이후로, 일반 사회에서 '쓰나미'에 대한 관심이 높아진 결과로 '쓰나미'가 '큰 재앙'의 뜻으로 의미가 확장(擴張, expansion)되어서 쓰였다. '빅뱅(BigBang)'은 원래 천문학과 물리학에서 쓰이는 학술 용어인데 초기 우주에서 일어난 '대폭발'을 이르는데, '빅뱅' 또한 일반 사회에서 '대변혁'이라는 뜻으로 의미가 확장되어서 쓰였다. 그리고 (ㄴ)에서 군대 사회에서 '철모'를 '바가지'로 부르기도 하는데, 이렇게 되면 '바가지'의 단어가 '철모'의 의미를 새롭게 얻게 된다. 이는 특정한 언어 집단의 언중들이 특정한 대상에 관심이 높기 때문에, 유사한 사물의 의미를 견인(牽引, attraction)하여서 표현한 것이다.

〈 금기에 따른 의미 변화 〉 일반적으로 사회 관습상 해서는 안 될 일이나 피해야 할 것을 금기(禁忌, taboo)라고 하는데, 언어에도 직접 언급하는 것을 피해서 달리 말하는 일이 있다. 이때에 금기어 대신에 쓰이거나 남의 기분을 나쁘게 하지 않기 위해 쓰는 말이 '완곡어(婉曲語, euphemism)'이다.

(12) ㄱ. 산신령(호랑이), 산중호걸(호랑이), 마마(천연두), 손님(천연두), 밉다(예쁘다)
    ㄴ. 악성 종양(암), 편치 않다(아프다), 돌아가다(죽다), 대변(똥), 소변(오줌)
    ㄷ. 바람(간통), 짝짓기(교미), 부부 관계(성행위), 고추(남자 성기), 가슴(유방)

(ㄱ)의 예는 어떠한 대상이나 현상에 대한 공포감을 해소하기 위하여 생성한 완곡 표현으로서, 심마니들이 금기어인 '호랑이'를 완곡어인 '산신령'으로 바꾸어서 표현했다. (ㄴ)의 예는 불쾌감을 해소하기 위하여 생성한 완곡 표현으로서, '암(癌)'을 '악성 종양'으로 바꾸어서 표현한 것이다. 마지막으로 (ㄷ)의 예는 성(性)과 관련된 거북함을 해소하기 위하여 생성한 완곡 표현으로서, '간통(姦通)'을 '바람'으로 표현한 것이다. 이렇게 금기어를 다른 완곡어로 바꾸어서 표현함에 따라서 '산신령, 악성 종양, 바람' 등의 완곡어는 각각 금기어인 '호랑이, 암(癌), 간통(姦通)'의 새로운 뜻을 포함하게 되었다.

마. 외국어의 영향에 따른 의미 변화

외국어가 차용되어서 국어의 단어에 없었던 의미가 들어옴에 따라, 기존의 국어 단어가 새로운 의미를 얻게 되는 수가 있다.

(13) ㄱ. star : [星], [장군], [인기 연예인]
　　 ㄴ. 별 : [星] + [장군] + [인기 연예인]

(ㄱ)의 'star'는 영어에서 '星'의 뜻 이외에도 '장군'이나 '인기 연예인' 등의 주변적인 뜻으로 쓰이고 있다. 그런데 'star'의 단어가 유입되자, 영어 'star'의 의미에 영향을 받아서 국어의 '별(星)'도 '장군'이나 '인기 연예인'의 새로운 의미를 얻게 되었다.

바. 새로운 명칭의 필요성에 따른 의미 변화

새로운 사물이 등장하면 그것을 지시하는 새로운 명칭이 필요하며, 이러한 새로운 명칭이 필요함에 따라서 기존 단어에 의미의 변화가 일어난다.

(14) ㄱ. 빨래방, 놀이방, 노래방 : '방(房)'의 의미 변화
　　 ㄴ. 커피 자판기에서 커피를 뽑다. : '뽑다'의 의미 변화

(ㄱ)의 '빨래방'은 빨래를 전문으로 해 주는 업소가 생겨남으로써 이를 표현할 명칭이 필요하였는데, 새로운 명칭 대신에 기존에 쓰던 '방(房)'을 이용하여 '빨래방'이라는 표현을 만들었다. 그리고 (ㄴ)의 '커피를 뽑다'는 인스턴트 커피를 자동 판매기에서 원료에 물을 타서 자동으로 만들어 낸다고 하는 새로운 개념에 대한 명칭을 기존의 동사인 '뽑다'를 이용하여서 표현한 것이다. 이렇게 되면 기존의 단어인 '방'과 '뽑다'에 각각 '업소'

나 '인스턴트 커피를 자동판매기로 제조해서 기계 밖으로 내다'라는 의미가 덧붙게 된다.

3.2.2. 의미 변화의 유형

울만(Ullman, 1951/1957)은 기능적인 측면에서 의미 변화를 '언어의 보수성(保守性)에 따른 의미 변화'와 '언어의 개신성(改新性)에 따른 의미 변화'의 유형으로 분류하였다. 여기서 '언어의 보수성에 따른 의미 변화'는 언어 기호 자체는 변하지 않았는데, 언어 기호에 대응되는 개념이 변함으로써 결과적으로 언어 기호의 의미가 변한 것이다. 반면에 '언어의 개신성에 따른 의미 변화'는 유사(類似)나 인접(隣接)과 같은 연상 작용에 따라서 언어 기호의 명칭이나 의미 자체가 변한 것이다.

(A) 언어의 보수성(保守性)에 따른 의미 변화
   (가) 지시물의 실제적인 변화
   (나) 지시물에 대한 태도의 변화

(B) 언어의 개신성(改新性)에 따른 의미 변화
   (가) 명칭(name)이 전용된 경우
      ① 의미 사이의 유사성 때문에 명칭이 전용된 경우
      ② 의미 사이의 인접성 때문에 명칭이 전용된 경우
   (나) 의미(sense)가 변화된 경우
      ③ 명칭 사이의 유사성 때문에 의미가 전용된 경우
      ④ 명칭 사이의 인접성 때문에 의미가 전용된 경우
   (다) 명칭과 의미가 함께 전용된 경우

〈표 1〉 의미 변화의 유형

3.2.2.1. 언어의 보수성에 따른 의미의 변화

'과학, 제도, 기술, 풍속, 관습' 등이 변화함에 따라서 사물이나 단어의 개념은 바뀌었지만, 그에 대한 명칭이 변화하지 않는 경우에는 단어의 의미가 바뀔 수 있다.

가. 지시물의 실제적인 변화에 따른 의미 변화

'지시물의 실제적인 변화'는 기술이나 제도, 관습 등이 달라짐에 따라서, 실제로 지시물이 바뀌어서 단어의 의미가 바뀌는 것이다.

    (15) /기관차/ ─ [증기기관차] 〉 [디젤기관차] 〉 [전동기관차]

    (16) ㄱ. 바가지, 수세미, 배(船), 차(車), 역(驛)

        ㄴ. 망나니, 감투, 영감(令監), 양반(兩班)

(15)에서 '기관차'는 작동 방식에 따라서 1960년대까지는 '증기 기관차'를 가리켰으며, 1970년대에서 1980년대까지는 '디젤 기관차'를, 1990년대 이후에는 '전동 기관차'를 가리켰다. 이렇게 지시물에 변화가 생김으로써 결과적으로 단어의 의미가 바뀔 수 있다. (16)에서 (ㄱ)의 '바가지'나 '수세미' 등은 지시물 자체의 형태나 기능이 바뀌었다. 그리고 (ㄴ)의 '망나니, 영감, 양반' 등은 그 말이 지시하는 대상이 원래의 대상에서 다른 대상으로 교체되었다.9)

나. 지시물에 대한 태도의 변화에 따른 의미 변화

    지시물에 대한 감정적 태도가 바뀜에 따라서, 새 말에 의미의 변화가 생길 수가 있다.

    (17) 화장실(변소), 기사(운전사), 새터민(탈북자), 집배원(우체부), 가사 도우미(파출부)

예를 들어서 '변소(便所)'가 '화장실(化粧室)'로 명칭이 바뀌었는데, 이는 동일한 지시 대상에 대한 태도가 부정적에서 긍정적으로 바뀌게 된 결과이다. 결과적으로 새로운 어휘인 '화장실'에 기존의 어휘의 뜻인 '변소'가 담기어서 의미의 변화가 일어났다.

3.2.2.2. 언어의 개신성에 따른 의미 변화

    언어 변화의 유형 중에서 '언어의 개신성(改新性, innovation)'은 연상 작용에 따라서 명칭이나 의미가 변하는 것을 말한다. 이러한 연상 작용은 '유사(類似, similarity)'와 '인접(隣

---

9) '바가지'는 예전에는 식물인 '박(匏瓜)'으로 만들었는데 현대에는 플라스틱으로 만들었다. '수세미' 또한 수세미 외의 열매 속으로 만들었는데 현대에는 플라스틱이나 쇠로 만들고 있다. '망나니'는 예전에 사형을 집행할 때에 죄인의 목을 베던 사람이었는데, 현대에는 언동이 몹시 막된 사람을 비난조로 이르는 말이다. '감투'는 머리에 쓰던 의관(衣冠)의 하나였는데, 지금은 벼슬이나 직위를 속되게 이르는 말로 쓰이고 있다. '화장실(化粧室)'은 원래는 화장(化粧)을 하는 데 필요한 설비를 갖추어 놓은 방이라 뜻을 지시하였는데, 지금은 주로 '변소'의 뜻으로 쓰이고 있다.

接, contiguity)'으로 나뉜다.

가. 명칭이 전용된 경우

의미 사이의 '유사성'과 '인접성'에 따라서 어휘의 명칭이 변화될 수가 있다.

(가-1) 의미 사이의 유사성에 따른 명칭의 전용

명칭 n_1과 의미 s_1가 결합된 단어가 있고, 이 단어가 의미 s_1과 유사한 의미 s_2 또는 의미 s_3를 나타내야 할 경우가 있다. 이때에 s_2 또는 s_3에 대응되는 명칭인 n_2 또는 n_3가 없거나 머리 속에 쉽게 떠오르지 않을 때나 혹은 어떤 이유로 부적절하다고 생각될 때에는, n_1이 s_2 또는 s_3를 가리키기 위해서 사용될 수 있다.

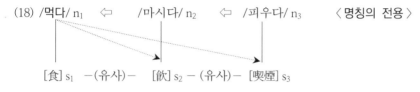

(18) /먹다/ n_1 ⇐ /마시다/ n_2 ⇐ /피우다/ n_3 〈명칭의 전용〉

[食] s_1 ─(유사)─ [飮] s_2 ─(유사)─ [喫煙] s_3

〈그림 2〉 의미의 유사성에 따른 명칭의 전용

명칭인 /먹다/ (n_1)가 기존의 의미인 [食](s_1) 이외에 또 다른 의미인 [飮](s_2)과 [喫煙](s_3)을 가리키게 되면 동의 현상, 즉 '은유(mataphor)'가 발생한다. 곧 '술을 마시다'를 '술을 먹다'로 표현하거나 '담배를 피우다'를 '담배를 먹다'라고 표현하면, 원래 표현하고자 한 의미(원관념)인 [飮]과 [喫煙]을 그것과 비슷한 의미(보조 관념)인 [食]에 비유한 꼴이므로, 은유적인 표현과 마찬가지이다. 결과적으로 '먹다'의 단어가 [食]의 뜻 이외에도 [飮]과 [喫煙]의 뜻으로 쓰이므로 의미가 확장되었다.

이처럼 의미 사이의 유사성 때문에 명칭이 변화된 경우는 '의인적 은유', '동물적 은유', '공감각적 은유', '의미의 추상화' 등으로 나눌 수 있다.

(19) ㄱ. 산머리, 밭머리; 산허리; 안경다리, 책상다리; 파도가 춤춘다

　　ㄴ. 오리발, 까치발, 쥐꼬리, 새 발의 피, 파리 목숨, 올챙이 시절, 햇병아리, 파리 날리다, 게 눈 감추듯

　　ㄷ. 구수한 목소리, 부드러운 색, 분수처럼 흩어지는 푸른 종소리, 일곱 가지 색깔의 거짓말

　　ㄹ. 보람[표적] 〉 보람[가치], 격지[나막신] 〉 격지[켜10)], 노릇[연희] 〉 노릇[역할]

(ㄱ)의 '산머리'는 '머리'를 보조 관념으로 한 의인적 은유, (ㄴ)의 '오리발'은 '발'을 보조 관념으로 한 동물적 은유, (ㄷ)의 '구수한 목소리'는 청각을 미각으로 표현한 공감각적 은유, (ㄹ)의 '보람'은 의미의 추상화에 해당한다. 이들은 모두 의미 사이의 유사성에 따라서 명칭이 변화된 예이다.

(가-2) 의미 사이의 인접에 따른 명칭의 전용

어떤 단어가 지시하는 사물이나 개념 자체가 시간적으로나 공간적으로 인접(隣接)해 있기 때문에, 그 단어가 나타내는 의미 s_1과 의미 s_2 사이에도 인접성이 나타날 수 있다. 이러한 의미 사이의 인접성에 따라서 단어의 명칭이 전용된 경우가 있다.

(20) ㄱ. 동궁(세자), 가슴(유방), 마패(어사), 가게(차양, 노점)

　　ㄴ. 저녁(저녁밥), 아침(아침밥), 가을(추수), 초파일(석탄일)

　　ㄷ. 몽진(왕의 피난), 부도나다(망하다), 북망산(北邙山, 죽음)

(ㄱ)에서 동쪽의 궁궐이라는 뜻을 나타내는 '동궁(東宮)'의 명칭이 [세자, 世子]의 뜻을 나타내는 것은 공간적인 인접성에 따라서 명칭이 바뀐 예이다. 그리고 (ㄴ)에서 '저녁 (夕)'의 명칭이 [저녁밥, 夕飯]을 나타내는 것은 시간적인 인접성에 따라서 명칭이 바뀐 예이다. (ㄷ)에서 '먼지를 뒤집어 쓰다'의 뜻을 나타내는 '몽진(蒙塵)'의 명칭이 [왕의 피난]을 나타내는 것은 인과적인 인접성에 따라서 명칭이 변한 예이다.

의미의 인접성으로 명칭이 변한 것은 인접의 범위에 따라서 환유와 제유로 나뉜다.

첫째, '환유(換喩, metonymy)'는 어떤 개념이나 사물을 그것과 늘 가까운 관계에 있는 다른 사물이나 개념으로 바꾸어서 표현하는 방법이다.

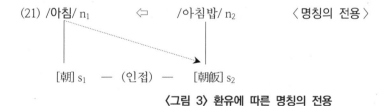

〈그림 3〉 환유에 따른 명칭의 전용

명칭인 /아침/(n_1)이 기존의 의미인 [朝](s_1) 이외에 다른 의미인 [朝飯](s_2)을 나타낼 수

---

10) '켜'는 포개어진 물건의 하나하나의 층을 이른다.

있는데, 이는 '아침'과 '아침밥'이 서로 시간적으로 인접해 있기 때문에 생긴 현상이다. 곧, [朝](s_1)와 [朝飯](s_2)의 의미 사이에 나타나는 인접성에 따라서, 특정한 단어의 명칭인 /아침/(n_1)이 다른 단어의 명칭인 /아침밥/(n_2)을 대신하게 된 것이다. 결국 '아침'이라는 단어가 [朝]의 뜻 이외에도 [朝飯]의 뜻을 나타내므로 단어의 의미가 확장된 것이다.

이렇게 두 의미의 인접에 따라서 명칭이 바뀌는 예는 '원인과 결과', '결과와 원인', '용기와 내용물', '시간과 사물', '구상과 추상'의 인접 현상으로 인한 예가 있다.

(22) ㄱ. 손 씻다(절연하다), 맹자(맹자의 저서)

ㄴ. 떨다(겁내다), 북망산(죽음), 몽진(왕의 피난), 부도나다(망하다)

ㄷ. 대포(술)

ㄹ. 아침(아침밥), 저녁(저녁밥)

ㅁ. 태극기(대한민국), 자리(위치), 꽃다발(축하)

(ㄱ)의 '손 씻다'는 '원인과 결과'의 인접 관계로 [절연하다]의 뜻을, (ㄴ)의 '떨다'는 '결과와 원인'의 관계로 [겁내다]의 뜻을 나타낸다. (ㄷ)의 '대포'는 '용기와 내용물'의 관계로 [술]의 뜻을, (ㄹ)의 '아침'은 '시간과 사물'의 관계로 [아침밥]의 뜻을, (ㅁ)의 '태극기'는 '구상과 추상'의 인접 관계로 [대한민국]의 뜻을 함께 나타낸다.

둘째, '제유(提喩, synecdoche)'는 의미 영역이 좁은 단어 대신에 의미 영역이 넓은 단어를 쓰거나, 반대로 의미 영역이 넓은 단어 대신에 의미 영역이 좁은 단어를 쓰는 등과 같이, 의미 영역이 다른 두 단어 사이에서 일어나는 의미 변화이다.

〈그림 4〉 제유에 따른 명칭의 전용

(23)에서 동일한 명칭인 /손/이 원래의 [手](s_1)뿐만 아니라 [人](s_2)의 뜻을 함께 나타내며, (24)에서 동일한 명칭인 /머리/도 원래의 [頭](s_1)뿐만 아니라 [頭髮](s_2)의 뜻을 함께 나타낸다. 이들은 모두 '손'과 '머리'가 각각 '사람'과 '머리카락'에 인접해 있기 때문에 일어나는 현상이다. 다만 '손'이 [人]의 뜻을 나타내는 것은 '부분-전체'의 인접 관계이며 '머리'가 [頭髮]의 뜻을 나타내는 것은 '전체-부분'의 인접 관계이다.

(25) ㄱ. 입(가족), 손(사람), 고추(아들), 약주(술), 빵(식량)

　　ㄴ. 머리(머리카락)

　　ㄷ. 영감(노인), 아저씨(젊은 남자), 세례(덮어 씀), 복음(반가운 소식), 십자가(희생),
　　　　해부(분석), 감투(벼슬), 출혈(손해)

　　ㄹ. 서울(수도), 강태공(낚시꾼), 돈키호테(저돌적인 사람)

(ㄱ)의 '입'은 '부분-전체'의 인접 관계로 '가족'의 뜻을 나타내며, (ㄴ)의 '머리'는 '전체
-부분'의 관계로 '머리카락'의 뜻을 나타낸다. 그리고 (ㄷ)의 '영감'은 '특수-일반'의
관계로 '노인'의 뜻을 나타내며, (ㄹ)의 '서울'은 '고유 명사-보통 명사'의 관계로 '수도'
의 뜻을 나타낸다. 이들은 모두 특정한 단어의 명칭이 의미의 인접 관계에 따라서 새로
운 의미에도 쓰임에 따라서 의미가 변화한 예이다.

나. 의미가 전용된 경우

(나-1) 명칭 사이의 유사성에 따른 의미의 전용

　의미상으로 관련이 없는 두 단어의 명칭이 음성적으로 유사하여, 한 명칭(n_1)이 다른
명칭(n_2)의 의미(s_2)를 대신함으로써 일어나는 의미의 변화이다.

(26)　/힝ᄌ쵸마/ n_1 ─ (유사) ─ /행주치마/ n_2

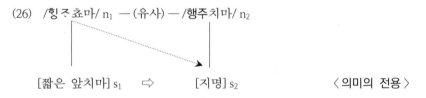

　　　　[짧은 앞치마] s_1　⇨　　[지명] s_2　　　　　　〈의미의 전용〉
〈그림 5〉 명칭 사이의 유사성에 따른 의미의 변화

명칭 n_1과 의미 s_1이 결합된 단어와 명칭 n_2와 의미 s_2가 결합된 단어는 원래는 의미적인
관련성이 전혀 없었으나, 음운 변화가 발생하여 n_1과 n_2가 비슷해지자 s_2를 뜻하기 위하
여 n_1을 사용하게 되는 현상이다. 이렇게 되면 n_1은 s_1의 의미 이외에 s_2의 의미도 나타내
게 되어, 결과적으로 의미 변화(의미 확대)가 이루어진다.

　첫째, '민간 어원(民間語源, folk etymlology)'에 따라서 의미의 변화가 일어날 수 있다.

　(27) 행주치마(힝ᄌ쵸마), 한량, 소쩍새, 까치설(아츤설)

〈그림 4〉에서 /행주치마/의 /행주/가 지명인 [幸州]의 의미를 아울러서 나타내게 된다. 그리고 '한량(閑良)'은 원래 '벼슬을 하지 못하고 놀고 먹는 무반(武班)'이란 뜻이었다. 그러나 /한량/〉/할량/으로 발음되는 과정에서 /할/이 그것과 명칭이 비슷한 [弓]에서 연유한 것으로 생각하여, 오늘날에는 '놀고 먹는 건달'이라는 뜻으로 쓰이게 되었다. '소쩍새'를 '솥이 적다'라는 의미와 관련을 시킨다든지, '까치설(〈아촌설〉'을 '까치'와 관련을 시켜서 해석하는 것도 마찬가지로 민간 어원에 의한 의미의 변화에 해당된다.

둘째, '한자 부회(漢字附會)'에 따라서 의미의 변화가 일어날 수 있다. 곧 어원이 불분명한 고유어를 그것과 비슷한 명칭의 한자에서 그 어원을 찾으려는 노력에서 의미의 변화가 일어난 것이다.

(28) ㄱ. 생각(生覺 ×) : 싱각 〉 생각

ㄴ. 가난(家難 ×) : 간난(艱難) 〉 가난

ㄷ. 마감(磨勘 ×) : 막(막다, 障)-+-암(명사 파생 접미사)

(ㄱ)의 '생각'은 중세 국어의 '싱각'에서, (ㄴ)의 '가난'은 한자어인 '간난(艱難)'에서, 그리고 (ㄷ)의 '마감'은 동사인 '막다'의 어근 '막-'에 명사 파생 접미사인 '-암'이 붙어서 된 파생어이다. 그런데 일부 언중들은 그 명칭이 비슷한 한자어인 '生覺', '家難', '磨勘'에서 온 것으로 생각하여 이들 한자어의 의미를 새롭게 부여한 것이다. 이렇게 되면 원래의 단어의 의미에 새로운 의미가 부여되어서 단어의 의미가 바뀌게 된다.

(나-2) 명칭 사이의 인접성에 따른 의미의 전용

동일 문맥 안에서 빈번히 쓰이는 두 명칭 간에, 한 명칭(n_1)이 다른 명칭(n_2)의 의미(s_2)를 대신함으로써 일어나는 의미의 변화이다.

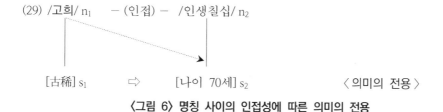

(29) /고희/ n_1 － (인접) － /인생칠십/ n_2

[古稀] s_1 ⇨ [나이 70세] s_2 〈 의미의 전용 〉

〈그림 6〉 명칭 사이의 인접성에 따른 의미의 전용

사람의 나이가 70세인 것을 '고희(古稀)'라고 하는데, 이는 당나라의 시인인 두보가 지은 '곡강(曲江)'이라는 한시에 나오는 '人生七十古來稀'에서 유래했다. 여기서 '고희(古稀)'의 원뜻은 [예로부터 드물다(古來稀)](s₁)인데, 이 구절이 '인생칠십(人生七十)'과 붙어서 쓰이다 보니 /고희/(n₁)가 [나이 70세](s₂)라는 새로운 뜻을 나타내게 되었다. 결국 관습적으로 쓰이는 '人生七十古來稀'라는 한시의 구절에서 '人生七十'이 생략된 형태인 '古稀'가 사람의 나이 70세를 뜻하게 된 것이다. 이러한 현상은 두 명칭이 항상 붙어서 실현되는 관습적 표현에서 일부 구절이 생략됨으로써 단어의 의미가 바뀐 예이다.

의미 변화의 원인 중에서 '전염'과 '생략'에 따른 의미 변화의 예가 이에 해당한다.[11]

(30) 숙맥(< 菽麥不辨),[12] 청상(< 靑孀寡婦),[13] 불혹(< 四十而不惑),[14] 고희(< 人生七十古來稀)

(31) ㄱ. 전혀   : 전혀 ~ 않다, 전혀 ~ 없다
    ㄴ. 별로   : 별로 ~ 않다
    ㄷ. 아무도 : 아무도 없다

(30)에서 '숙맥(菽麥)'은 원래 [콩과 보리]라는 뜻인데, 이 말은 '숙맥불변(菽麥不辨)'에서 온 말이다. '菽麥不辨'에서 '不辨'을 생략하여 '菽麥'이 [세상 물정을 잘 모르는 것]을 뜻하게 되었다. '청상(靑孀), 불혹(不惑), 고희(古稀)' 등도 모두 인접한 표현 중에서 한 표현이 생략(ellipsis)됨에 따라서 생긴 의미의 변화이다. (ㄴ)에서 '전혀, 별로, 아무도' 등의 부사는 대부분 '않다'나 '없다' 등의 부정적인 서술어와 함께 쓰임에 따라서, 원래의 단어에는 없던 부정의 의미로 쓰이는 예이다. 곧 '전혀, 별로, 아무도'와 같은 부사만 표현함으로써 부정의 의미로 쓰이는 경우가 있는데, 이때에는 '않다'나 '없다'가 나타내는 부정의 의미가 부사에 전염(contagion)된 것이다.

다. 명칭과 의미가 함께 전용된 경우

명칭과 의미 간의 복합 관계에 따라서 의미가 전용된 것이 있다. 이러한 예는 매우 드문데, 국어에서는 '가리키다(指)/가르치다(敎)'의 예가 있다.

현대 국어에서 쓰이는 '가리키다(指)'와 '가르치다(敎)'는 원래 15세기 국어에서 동일한

---

11) '전염(傳染)'과 '생략(省略)'에 따른 의미 변화에 대해서는 이 책 393쪽의 내용 참조.
12) '숙맥불변(菽麥不辨)'은 콩인지 보리인지를 구별하지 못한다는 뜻으로, 사리 분별을 못하고 세상 물정을 잘 모르는 것을 이르는 말이다.
13) '청상과부(靑孀寡婦)'는 '젊어서 남편을 잃고 홀로된 여자'를 뜻하는 말이다.
14) '사십이불혹(四十而不惑)'은 마흔 살을 달리 이르는 말이다. 이는 『논어』의 '위정편(爲政篇)'에서, 공자가 마흔 살부터 세상일에 미혹되지 않았다고 한 데에서 나온 말이다.

단어인 'ᄀᆞ르치다(指/敎)'에서 '의미 분화'가 일어남에 따라서 '형태 분화'까지 일어난 단어이다.

(32) ㄱ. 머리 하ᄂᆞᆯ홀 <u>ᄀᆞ르치고</u> (멀리 하늘을 가리키고)   [금삼 2:11]
　　 ㄴ. 訓은 <u>ᄀᆞ르칠</u> 씨오 (訓은 가르치는 것이고)   [훈언 1]

곧 15세기 국어에서는 (ㄱ)의 'ᄀᆞ르치다'는 '指(가리키다)'의 뜻을 나타내고, (ㄴ)의 'ᄀᆞ르치다'는 '敎(가르치다)'의 뜻을 나타내어서 다의어로 기능하였음을 알 수 있다.

　15세기 국어에서 나타나는 'ᄀᆞ르치다' 명칭과 의미의 유사성에 따라서 현대 국어에서도 명칭과 의미의 유사성이 그대로 나타난다.

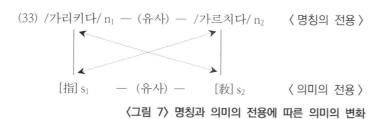

(33) /가리키다/ n_1 — (유사) — /가르치다/ n_2 〈 명칭의 전용 〉

　　 [指] s_1 　 — (유사) — 　 [敎] s_2 　 〈 의미의 전용 〉

〈그림 7〉 명칭과 의미의 전용에 따른 의미의 변화

현대 국어에서 '가리키다(指)'와 '가르치다(敎)'는 명칭과 의미의 양면에서 서로 유사하기 때문에, 특히 입말에서 이 두 단어가 혼용되는 경우가 많다. 먼저 명칭을 기준으로 해서 의미의 변화 양상을 살펴보면, /가리키다/(n_1)가 원래의 [指](s_1)의 뜻과 함께 새로운 뜻인 [敎](s_2)를 나타내기도 하고, /가르치다/(n_2)가 원래의 [敎](s_2)의 뜻과 함께 새로운 뜻인 [指](s_1)를 나타내기도 한다. 반대로 의미를 기준으로 해서 명칭의 변화 양상을 살펴보면, [指](s_1)가 원래의 명칭인 /가리키다/(n_1)와 함께 새로운 명칭인 /가르치다/(n_2)로 표현되기도 하고, [敎](s_2)가 원래의 명칭인 /가르치다/(n_2)와 함께 새로운 명칭인 /가리키다/(n_1)로 표현되기도 한다. 따라서 현대어에서 '가리키다'와 '가르치다'는 명칭과 의미가 양쪽 모두가 유사하기 때문에 단어의 의미가 복합적으로 바뀐 예이다.

3.2.3. 의미 변화의 실제

　단어의 의미가 바뀌게 되면, 그 단어가 나타내는 지시 대상이 바뀌거나 그 단어의 도덕적·윤리적 가치가 바뀐다. 여기서는 15세기 이후의 중세 국어와 근대 국어에서 일어난 의미 변화의 양상을 고유어와 한자어로 나누어서 살펴본다.

3.2.3.1. 고유어의 의미 변화

고유어에서 일어난 의미 변화는 '의미의 교체', '의미의 축소', '의미의 확대'의 세 가지 유형으로 나누어진다.

< 의미의 교체 > 단어가 나타내는 특정한 의미가 다른 의미로 단순하게 교체된 경우가 있다. 이처럼 의미가 교체된 예로는 '이바디, 스랑ᄒ다, 어엿브다, 어리다, 싁싁ᄒ다, 그위실, 쁘다/스다, 아비/어미' 등이 있다.

첫째, '이바디'는 [음식 접대, 接待]의 뜻에서 [기여, 寄與]의 뜻으로 바뀌었다.

    (1) ㄱ. 神靈을 請ᄒ고 즁ᄉᆡᆼ 주겨 夜叉羅利 等을 <u>이바드며</u>   [석상 9:17]

       ㄴ. 믈근 <u>이바디</u>를 마져 니ᄅ고져 컨마ᄅᆫ   [두언 7:25]

'이바디'는 15세기 국어에서 동사인 '이받다'에서 파생된 명사로서 [接待]의 뜻으로 쓰였다. 그런데 현대 국어에서 '이바지'로 형태가 바뀌어서 [寄與]의 뜻으로 쓰이고 있다.

둘째, '스랑ᄒ다'는 [생각하다, 思]의 뜻에서 [사랑하다, 愛]의 뜻으로 바뀌었다.

    (2) ㄱ. 迦葉이…묏고래 이셔 道理 <u>스랑ᄒ더니</u>   [석상 6:12]

       ㄴ. 刺史ㅣ ᄒᆞᆫ 번 사호고져 <u>스랑ᄒᄂᆞ니</u>(思一戰)   [두언 8:23]

    (3) ㄱ. 어버ᅀᅵ 子息 <u>스랑호ᄆᆞᆫ</u> 아니한 ᄉᆞᅀᅵ어니와   [석상 6:3]

       ㄴ. 오직 내 직조를 <u>스랑ᄒ놋다</u>(只愛才)   [두언 7:34]

    (4) <u>ᄉᆡᆼ각 ᄉ</u> (思)   [유합 하11]

'스랑ᄒ다'는 15세기 국어에서 (2)처럼 [思]의 뜻으로 쓰이다가 그 뒤의 시기에는 (3)처럼 [愛]의 뜻으로도 쓰였다.[1] 이처럼 '스랑'이 [愛]의 뜻을 나타내게 되자, '스랑'을 대신하여 [思]의 뜻을 나타내는 단어로서 (4)의 'ᄉᆡᆼ각'이 새로 생겨났다. 이처럼 [愛]의 뜻으로 쓰이는 '스랑하다'가 세력을 얻게 되자, '스랑ᄒ다(愛)'와 유의어로 쓰였던 기존의 어휘인 '괴다(寵)'와 '닷다(愛)'는 세력을 잃고 사라졌다.

셋째, '어엿브다'는 [불쌍하다, 憫]의 뜻에서 [아름답다, 美]의 뜻으로 바뀌었다.

---

1) 원래 '愛'는 생각하는 곳에서 싹트기 때문에 '스랑'이 곧 '愛'의 뜻을 나타내게 된 것으로 보인다.

(5) ㄱ. 光明을 보숩고 몰라 주구려 ㅎ니 긔 아니 <u>어엿브니잇가</u>   [월천 기103]

    ㄴ. 須達이 … 艱難ㅎ며 <u>어엿븐</u> 사ᄅ믈 쥐주어 거리칠ᄊᆡ   [석상 6:13]

(6) ㄱ. 憫然은 <u>어엿비</u> 너기실 씨라   [훈언 2]

    ㄴ. 내 百姓 <u>어엿비</u> 너겨 (我愛我民)   [용가 50장]

15세기 국어에서 형용사인 '어엿브다'는 (5)처럼 [憫]의 뜻으로만 쓰였으나, 부사인 '어 엿비'는 (6)처럼 [憫]이나 [美]의 뜻으로 두루 쓰였다. 현대 국어에서는 '어엿브다'가 '예 쁘다'로 형태가 바뀌어서 [美]의 뜻으로만 쓰이는 점을 감안할 때에, '어엿브다'는 근대 국어 시기에 [憫]에서 [美]의 뜻으로 바뀐 것으로 추정된다.

    넷째, '어리다'는 [어리석다, 愚]의 뜻에서 [어리다, 幼]의 뜻으로 바뀌었다.

(7) ㄱ. 愚는 <u>어릴</u> 씨라   [훈언 2]

    ㄴ. 우리 므리 <u>어리오</u> 鈍ㅎ야 (我輩愚鈍ㅎ야)   [능언 7:67]

(8) ㄱ. 老萊子ㅣ 楚ㅅ 나라 사ᄅᆷ이라 냥친을 효도로이 봉양ㅎ더니   [소언 4:16]

       디낸 나히 닐흔에 <u>어린</u> 아히 노ᄅᆺ슬 ㅎ야 (嬰兒喜)

    ㄴ. 늘그며 <u>어리며</u> 병들며 부녜 능히 오지 못ㅎᄂᆫ 이ᄂᆫ 식구   [경신 78]

       혜고 계일ㅎ야 ᄡᆞᆯ을 주라

'어리다'는 15세기 국어에서 (7)처럼 [愚]의 뜻을 나타내었는데, 16세기 이후의 국어에서 는 (8)처럼 [幼] 뜻을 나타내었다.

    다섯째, '싁싁ㅎ다'는 [엄하다, 嚴]나 [장엄하다, 莊嚴]의 뜻에서 '씩씩하다(莊)'의 뜻으 로 바뀌었다.

(9) ㄱ. 여슷 하ᄂᆞᆯ래 宮殿이 <u>싁싁ㅎ더라</u>   [석상 6:35]

    ㄴ. 밧그로 <u>싁싁ᄒᆫ</u> 스승과 벗이 업고   [어내 3:15]

'싁싁ㅎ다'는 중세 국어와 근대 국어에서 (ㄱ)처럼 [莊嚴]이나 (ㄴ)처럼 [嚴]의 뜻으로 쓰였는데, 현대 국어에서는 그 형태가 '씩씩하다'로 바뀌어서 [莊]의 뜻을 나타낸다.

    여섯째, 15세기 국어에서 '그위실'은 [관직, 官職]이나 [공무, 公務]의 뜻으로 쓰였다. 그런데 16세기 이후에 그 형태가 '구실'로 바뀌면서 기존의 [官職]과 [公務]의 뜻과 함께,

[부역, 賦役]이나 [조세, 租稅]의 뜻으로도 쓰였다. 그러나 현대 국어에서 '구실'은 [역할, 役割]의 뜻으로만 쓰이고 있다.

(10) ㄱ. 王裒이 슬허 <u>그위실</u> 아니 ᄒ고 ᄂᆞᆷ 글 ᄀᆞᄅ치고 이셔　　　　　　[삼행 효15]

ㄴ. 靜이 아릭 사오나온 <u>그위실</u>을 因ᄒᆞ야 接足을 親히
받ᄌᆞ오니　　　　　　[선언 서13]

(11) ㄱ. 우리도 代官의 <u>구실</u>이면 아므려도 ᄀᆞᅀᆞᆷ알기 어려올
양이오니　　　　　　[첩신 4:22]

ㄴ. 그 문의 졍표ᄒᆞ고 그 집 <u>구실</u>을 영히 덜라 ᄒᆞ시니라　　　[번소 9:67]

ㄷ. 브즈러니 질삼ᄒᆞ야 <u>구실</u> 딕답ᄒᆞ더니　　　　　　[속삼 열1]

(10)의 '그위실'은 15세기 문헌에 쓰인 예인데, 대체로 '官'으로 번역된 것으로 보면 [官職]이나 [官吏]의 뜻으로 쓰였음을 알 수 있다. 그리고 (11)의 '구실'은 16세기 이후의 국어에서는 (ㄱ)처럼 기존의 뜻인 [官職]이나 (ㄴ)과 (ㄷ)처럼 새로운 뜻인 [賦役]과 [租稅]의 뜻으로 쓰였음을 알 수 있다. 현대 국어에서는 형태가 '구실'로 바뀌어서 자기가 마땅히 해야 맡은 바 [役割]의 뜻으로 쓰이고 있다.

일곱째, '싼다/스다'는 원래 [그만한 가치가 있다, 同値]나 [값이 높다, 高價]의 뜻으로 쓰였는데,[2] 현대 국어에서 이 단어는 [값이 낮다, 低價]의 뜻으로 바뀌었다.

(12) ㄱ. 八分 ᄒᆞᆫ 字ㅣ 비디 百金이 ᄊᆞ니　　　　　　[두언 16:16]

ㄴ. 빗 갑슨 <u>ᄊᆞ던가</u> 디던가　　　　　　[번노 상9]

(13) 價値 갑싼다　　　　　　[동유 하26]

15세기와 16세기의 국어에서 '싼다/스다'는 (12)의 (ㄱ)처럼 [同値]의 뜻으로 쓰이거나, (12)의 (ㄴ)처럼 [高價]의 뜻으로 쓰였다. 그리고 18세기의 문헌인 『동문유해』(1748)에서도 '갑싼다'가 (13)처럼 [同價]의 뜻을 나타내었다. 이 점을 감안하면 '싼다'가 현대 국어처럼 [低價]의 뜻을 나타낸 것은 19세기 이후인 것으로 추정된다(이기문, 1998: 230). 결국 15세기 중세 국어에서 '싼다/스다'는 [高價]나 [同價]의 뜻을 나타내었는데, 현대 국어에

---

2) 현대 국어에서도 중세 국어처럼 '그만한 가치가 있다.'의 뜻으로 쓰인 예도 있다. (보기) 지은 죄를 보면 그는 맞아 죽어도 <u>싼다</u>.

서는 정반대의 뜻인 [低價]의 뜻으로 쓰이는 것이다.3)

여덟째, '아비'와 '어미'는 평칭에서 비칭으로 정감적인 의미가 바뀌었다.

(14) ㄱ. 아비옷 이시면 우리를 어엿비 너겨 能히 救護ᄒ려늘   [월석 17:21]

ㄴ. 安樂國이는 아비를 보라 가니 어미 몯 보아 시름 깊거다   [월석 8:87]

(14)의 15세기 국어에서 '아비'와 '어미'는 존칭(尊稱)으로 쓰였던 '아바님'과 '어마님'에 대하여 뜻(평칭)의 뜻을 나타내었다. 그런데 19세기 말에 '아버지'와 '어머니'라는 평칭의 어휘가 새로이 나타나면서, 기존에 평칭으로 쓰였던 '아비'와 '어미'는 현대 국어에서 비칭으로 뜻으로만 쓰였다.4) 그 결과 현대 국어에서는 '아버님/어머님'이 존칭으로, '아버지/어머니'가 평칭으로, '아비/어미'가 비칭으로 구분되어서 쓰이고 있다.

〈 의미의 축소 〉 두 가지의 의미를 나타내던 단어가 하나의 의미를 잃어버리고 나머지 의미로만 쓰여서, 결과적으로 의미가 축소된 경우가 있다. 이처럼 의미가 축소된 예로는 'ᄇ라다, 여위다, 힘, 빌, 늙다, 얼굴, 치다' 등이 있다.

첫째, 'ᄇ라다'는 중세 국어에서 [바라보다, 望見]와 [바라다, 希望]의 두 가지 뜻을 나타내다가, 점차로 의미가 축소되어서 [바라다, 希望]의 뜻으로만 쓰였다.

(15) ㄱ. 世尊이 須達이 올 ᄯᅵᆯ 아ᄅᆞ시고 밧긔 나아 걷니더시니   [석상 6:20]
須達이 ᄇ라ᅀᆞᆸ고 몯내 과ᄒᆞᅀᆞ바 ᄒᆞᄃᆡ

ㄴ. 슬프다 됴ᄒᆞᆫ 싸홀 머리 돌아 ᄇ라오니 ᄒᆞᄂᆞᆯ 오티   [두언 7:10]
茫茫ᄒᆞ도다

(16) ㄱ. ᄒ다가 記 得디 몯ᄒᆞ면 한 ᄇ라믈 치오미 업스리라 (望)   [법언 4:49]

ㄴ. ᄇ랄 희(希), ᄇ랄 긔(冀)   [신유 하30]

(17) 劉寬이…본향 平陵이랏 싸히 가셔 구윗 문을 ᄇ라보고 걷거늘 [번소 10:4]

15~16세기의 중세 국어에서 'ᄇ라다'는 (15)와 (16)처럼 [望見]과 [希望]의 두 가지 뜻을

---

3) 15세기 국어에서 'ᄊᆞ다(그만한 값이 있다)'가 '빋(가격)'과 자주 결합하면서, '빋ᄊᆞ다(高價)'로 실현되었다. 그런데 그 이후에 '빋ᄊᆞ다'의 형태가 '비ᄊᆞ다'로 바뀜에 따라서, 언중들이 'ᄊᆞ다'를 '비-ᄊᆞ다'의 대립어로 오인해서, 현대 국어에서는 '싸다'가 '가격이 낮다(低價)'의 뜻으로 쓰이게 되었다.

4) '아버지'와 '어머니'라는 어휘는 1880년(고종 17)에 프랑스의 리델(Ridel) 주교 등이 편찬한 『한불자뎐』(韓佛字典)에 "아버지 父", "어머니 母"로 표제어로 올라 있다.

나타내었다. 그런데 16세기 초에 (17)처럼 'ᄇ라다'에 '보다(見)'가 합성되어서 형성된 '바라보다'가 등장하여, 'ᄇ라다'가 나타내던 [望見]의 뜻을 대신하게 되었다. 이에 따라서 현대 국어에서 '바라다'는 [希望]의 뜻으로 쓰이고, '바라보다'는 [望見]의 뜻으로 구분되어 쓰였고, 결과적으로 'ᄇ라다'는 의미가 축소된 것이다.

둘째, '여위다'는 중세 국어에서 '수척하다(瘦瘠)'와 '물이 마르다(渴)'의 두 가지 뜻을 나타내다가, 점차로 의미가 축소되어서 '여위다(瘦瘠)'의 뜻으로만 쓰였다.

(18) ㄱ. 흔 낱 ᄲᆞᆯ을 좌샤 술히 <u>여위신ᄃᆞᆯ</u> 金色잇든 가시시리여　　　[월천 기62]
　　 ㄴ. 힛 光이 倍倍히 더버 … 모시 다 <u>여위며</u> … 江이 다　　　[월석 1:48]
　　　　 여위며

(19) ㄱ. <u>여위다</u> 瘦　　　　　　　　　　　　　　　　　　　[동유 상18]
　　 ㄴ. 黃河水 다 <u>여위여</u> 씌만치 되올지나　　　　　　　　[고금가곡 고시죄

'여위다'는 (18)의 중세 국어와 (19)의 근대 국어에서 모두 [瘦瘠]과 [渴]의 두 가지 뜻으로 쓰였다. 그런데 현대 국어에서는 '여위다'가 [渴]의 뜻을 'ᄆᆞᄅ다(→마르다)'에 넘겨 주고 [瘦瘠]의 뜻으로만 쓰이고 있다.

셋째, '힘'은 중세 국어에서 [힘살, 筋肉]이나 [힘, 力]의 두 가지 뜻으로 쓰이다가, 점차로 의미가 축소되어서 [힘, 力]의 뜻으로만 쓰인다.

(20) ㄱ. 갓과 고기와 <u>힘</u>과 쎠와ᄂᆞᆫ 다 ᄯᅡ해 감ᄃᆞᆯ 곧ᄒᆞ니라　　[원언 상1-2:137]
　　 ㄴ. 사ᄉᆞᄆᆡ <u>힘</u>을 므레 ᄃᆞᆷ가　　　　　　　　　　　　[구간 6:10]

(21) ㄱ. 勇ᄋᆞᆫ <u>힘</u>세며 ᄂᆞᆯ날 씨오 猛ᄋᆞᆫ ᄆᆡᄫᅩᆯ 씨라　　　[석상 3:21]
　　 ㄴ. 力士ᄂᆞᆫ <u>힘</u>센 사ᄅᆞ미라　　　　　　　　　　　　　[월석 2:6]

'힘'은 15세기 문헌에는 (19)처럼 구체성을 띤 [筋肉]의 뜻으로 쓰이거나 (20)처럼 추상적인 [力]의 뜻으로 두루 쓰였다. 그런데 현대 국어에서는 '힘'이 [筋肉]의 뜻으로는 쓰이지 않고 [力]의 뜻으로만 쓰이므로 의미가 축소되었다.

넷째, '빋'은 중세 국어에서 [값, 價]과 [빚, 債]의 두 가지의 뜻을 나타내다가, 점차로 [빚, 債]의 뜻으로만 쓰였다.

(22) ㄱ. 일훔난 됴흔 오시 비디 千萬이 ᄊᆞ며   [석상 13:22]

　　 ㄴ. 네 내 목수믈 지며 내 네 비들 가파   [능언 4:31]

15세기 국어에서 '빋'은 (ㄱ)처럼 [價]의 뜻을 나타내기도 하고, (ㄴ)처럼 [債]의 뜻을 나타내기도 하여 다의적으로 쓰였다. 그러나 현대 국어에서 '빚'은 [債]의 뜻으로만 쓰여서, 15세기 국어에 비해서 의미가 축소되었다.

　　다섯째, '늙다'는 중세 국어에서 [늙다, 老]와 [저물다, 暮]의 두 가지 뜻을 나타내다가, 현대어에서는 [늙다, 老]의 뜻으로만 쓰였다.

(23) ㄱ. 늘근 션ᄫᅵᄅᆞᆯ 보시고 (接見老儒)   [용가 82]

　　 ㄴ. 江湖앤 보미 늘거 가ᄂᆞ니 (江湖春慾暮)   [두언 15:49]

(ㄱ)에서 '늙다'는 15세기 국어에서 [老]와 [暮]의 뜻을 나타내는 다의어였는데, 현대 국어에서는 [暮]의 뜻은 '저물다'로 이관되고 [老]의 뜻으로만 쓰인다. 이에 따라서 현대 국어에서는 '늙다'가 중세 국어에 비해서 의미가 축소되었다.

　　여섯째, '얼굴'은 중세 국어에서 [모습, 形象]이나 [틀, 型]과 같은 포괄적인 뜻을 나타내다가, 현대 국어에서는 [얼굴, 顔]의 구체적인 뜻을 나타내게 되었다.

(24) ㄱ. 얼구른 그리메 逼近ᄒᆞ니 家門엣 소리ᄂᆞᆫ 器宇ㅣ 잇도다   [두언 8:25]

　　　 (形象丹青逼)

　　 ㄴ. 얼굴 型   [훈자 상24]

15세기와 16세기 국어에서 '얼굴'은 (24)의 (ㄱ)처럼 [形象]이나 (ㄴ)처럼 [型] 등의 뜻으로 쓰였다. 반면에 현대 국어에서는 [顔]의 뜻으로만 쓰이므로, 결과적으로 의미가 축소되었다.

　　일곱째, '즛'은 중세와 근대 국어에서 [모양, 模樣]이나 [동작, 動作]의 두 가지 뜻으로 쓰였는데, 현대 국어에서는 [動作]의 뜻으로만 쓰여서 의미가 축소되었다.

(25) ㄱ. 그 즈ᅀᅵ 一萬 가지라   [월석 21:24]

　　 ㄴ. ᄒᆞ다가 西子의 즈ᅀᅵ 업스면   [영남 하:74]

(26) 엊그제 션왕이 아니 겨시다고 이 즈슬 ᄒᆞ며   [한만 5:482]

(25)의 '즛'은 15세기 국어에서 [模樣]의 뜻으로 쓰인 예이며, (26)의 '즛'은 근대 국어에서 [動作]의 뜻으로 쓰인 예이다. 반면에 현대 국어에서는 '즛'이 '짓'으로 형태가 바뀌면서 그 의미도 [動作]의 뜻으로만 쓰여서 의미가 축소되었다.

여덟째, '치다'는 중세 국어와 근대 국어에서 [육성, 育成], [양육/사육/봉양, 養育/飼育/奉養] 등의 여러 뜻으로 쓰였는데, 현대 국어에서는 [飼育]의 뜻으로만 쓰이고 있다.

(27) ㄱ. 畜生은 사로미 지븨셔 <u>치는</u> 즁싱이라　　　　　[월석 1:46]
　　ㄴ. 居士는 물군 節介를 녜브터 <u>치고</u>　　　　　　[법언 7:77]
　　ㄷ. 느미 늘근 어미를 <u>치다가</u> 乃終내 몯 ᄒ며　　[삼행 효:5]

(27)에서 (ㄱ)의 '치다'는 [飼育]의 뜻으로, (ㄴ)의 '치다'는 [育成]의 뜻으로, (ㄷ)의 '치다'는 [奉養]의 뜻으로 쓰였다. 이처럼 '치다'는 중세 국어와 근대 국어에서 다의적으로 쓰이다가, 현대 국어에서는 [飼育]의 뜻으로만 쓰여서 그 의미가 축소되었다.

〈 의미의 확대 〉 '의미의 확대(擴大, widing)'는 특정한 단어의 의미가 변화하여, 단어의 지시 범위가 원래의 범위보다 넓어지는 것이다. 이처럼 의미가 확대된 예는 '겨레'가 있다.

'겨레'는 [종친, 宗親]의 뜻에서 [민족, 民族]의 뜻으로 의미가 바뀌어서, 결과적으로 '겨레'가 지시하는 범위가 확대되었다.

(28) ㄱ. 그 시절 넷 가문과 오란 <u>겨레</u>들히 다 能히 이 곧디　　[소언 6:132]
　　　 몯ᄒ더라
　　ㄴ. 가히 다른 <u>겨레</u>예 도라 보낼 거시라　　　　　[동삼 열1:2]
　　ㄷ. <u>겨레</u> 권당으로셔 서로 통간ᄒ면　　　　　　[경민 22]

(29) 우리는 단군의 피를 이어받은 한 <u>겨레</u>이다

(28)의 '겨레'는 중세 국어에서는 [宗親]의 뜻을 나타내었으나, 현대 국어에서는 (29)처럼 [民族]의 뜻으로 쓰인다. 결국 '겨레'는 그 단어가 나타내는 지시 범위가 [宗親]의 뜻에서 [民族]의 뜻으로 확대된 것이다.

3.2.3.2. 한자어의 의미 변화

한자어에서도 시간의 흐름에 따라서 단어의 의미가 바뀌는 경우도 있는데, 중세와 근대 국어의 시기에 단어의 의미에 변화가 일어난 예를 살펴본다.

〈 **의미의 교체** 〉 단어가 나타내는 특정한 의미가 다른 의미로 단순하게 교체된 경우가 있는데, 이처럼 한자어 중에서 의미가 교체된 예는 '人情, 放送, 發明' 등이 있다.

예를 들어서 근대 국어와 개화기 국어에서는 각종 소설류의 작품에서 '人情, 放送, 發明' 등의 한자어가 새로 쓰였는데, 이들 한자어는 현대 국어의 뜻과는 다른 뜻을 나타내었다(이기문, 1998: 229의 내용 참조).

  (30) 人情, 放送, 發明

근대 국어에서는 '人情'이 [뇌물, 賂物]의 뜻을 나타내다가, 현대 국어에서는 '남을 동정하는 따뜻한 마음'의 뜻을 나타내고 있다. '放送'은 근대 국어에서는 [석방, 釋放]의 뜻을 나타내다가, 현대 국어에서는 '음성이나 영상을 전파로 내보내는 일'의 뜻을 나타내고 있다. '發明'은 근대 국어에서는 [변명, 辨明]의 뜻을 나타내다가 현대 국어에서는 '아직까지 없던 기술이나 물건을 새로 생각하여 만들어 냄'의 뜻을 나타내고 있다.

〈 **의미의 축소** 〉 포괄적인 의미를 나타내는 단어가 일부의 의미를 잃어버리고 나머지 의미로만 쓰여서, 결과적으로 단어의 의미가 축소된 예도 있다. 이처럼 한자어 중에서 의미가 축소된 예는 '艱難, 衆生, 分別' 등이 있다.

첫째, '艱難'은 [일반적인 어려움, 難]의 뜻에서 [경제적인 어려움, 貧]의 뜻으로 바뀌어서, 그 의미가 축소되었다.

  (31) ㄱ. 王業 <u>艱難</u>이 이러ᄒ시니   [용가 5장]
     ㄴ. 쳔량 업슨 <u>艱難</u>이 아니라 福이 업슬씨 <u>艱難</u>타 ᄒ니라   [석상 13:57]

  (32) ㄱ. <u>가난</u>ᄒ 히예 후리여 먼 디 플려 갓거늘   [이행 16]
     ㄴ. 君子ㅣ 비록 <u>가난</u>ᄒ나 祭器를 ᄑ디 아니ᄒ며   [소언 2:28]

'艱難(간난)'은 원래는 (31)처럼 한자로 표기되어서 경제적인 어려움을 포함하여 일반적인 어려움인 [難]의 뜻을 나타내었다. 그러나 16세기 이후에는 (32)처럼 한글로 '가난'으로 표기되면서 [貧]의 뜻을 나타내게 되었는데, 결과적으로 의미가 축소되었다.

둘째, 한자어인 '衆生'은 원래 [생명체, 生命體]의 뜻으로 포괄적으로 쓰였는데, 이 단어가 한글로 '즁싱'으로 표기되면서 [짐승, 獸]의 뜻을 나타내어서 의미가 축소되었다.

(33) ㄱ. 法化ᄂᆞᆫ 부톄 큰 法으로 衆生ᄋᆞᆯ 濟渡ᄒᆞ샤 사오나ᄫᆞᆯ   [석상 3:2]
      사ᄅᆞ미 어딜에 ᄃᆞ욀 씨라

     ㄴ. 慈悲ᄂᆞᆫ 衆生ᄋᆞᆯ 便安케 ᄒᆞ시ᄂᆞᆫ 거시어늘   [석상 6:5]

(34) ㄱ. 뒤헤ᄂᆞᆫ 모딘 즁싱 알ᄑᆡ는 기픈 모새 (猛獸)   [용가 30장]

     ㄴ. 비록 사ᄅᆞ믜 무레 사니고도 즁싱 마도 몯호이다   [석상 6:5]

(35) ㄱ. 둗ᄂᆞᆫ 즘싱과 ᄂᆞᄂᆞᆫ 새 다 머리 가ᄂᆞ니   [영남 하35]

     ㄴ. 奇異ᄒᆞᆫ 즘싱이 ᄂᆞᄂᆞᆫ ᄃᆞ시ᄒᆞᆫ 거시 별 ᄲᅥ러디ᄃᆞᆺ ᄒᆞ니   [두언 5:36]

15세기 국어에서는 (33)처럼 '衆生'이 한자로 표기되면 [生命體]의 뜻을 나타내었고, (ㄴ)의 '즁싱'처럼 한글로 표기되면 [獸]의 뜻을 나타내었다. 그러다가 15세기 말이 되면 '즁싱'이 (ㄷ)처럼 '즘싱'으로 형태가 바뀌었는데, 근대 국어를 거쳐서 현대 국어에 오면 이들 단어가 '중생(衆生)'과 '짐승'으로 분화되어서, 형태와 의미가 확실하게 구분된다. 결과적으로 중생(衆生)은 시간이 흐름에 따라서 점차로 의미가 축소되었다.

셋째, '分別'은 15세기에는 [구분, 別]과 [걱정, 憂]의 두 가지 뜻으로 쓰이다가, 현대 국어에서는 [구분, 別]의 뜻으로만 쓰인다.

(36) ㄱ. 分別은 ᄂᆞᆫ호아 ᄀᆞᆯᄒᆡᆯ 씨라   [월석 11:12]

     ㄴ. 네 반ᄃᆞ기 이에 나와 ᄂᆞ믈 分別ᄒᆞ라   [능언 2:33]

(37) ㄱ. ᄒᆞ다가 아ᄃᆞᆯ를 어더 쳔랴ᄋᆞᆯ 맛디면 훤히 快樂ᄒᆞ야   [월석 13:10]
      ᄂᆞ외야 分別 업스리로다

     ㄴ. 나랏 이ᄅᆞᆯ 분별ᄒᆞ야 솗노니   [월석 2:6]

'分別'은 아주 특이한 방식으로 의미가 바뀌었다. 곧, 15세기 국어에서 '分別'은 (36)처럼 [別]의 뜻과 더불어서 (37)처럼 [憂]의 뜻을 나타내기도 하였다. 이처럼 두 가지 뜻으로 혼용되던 '分別'이 현대 국어에서는 [別]의 뜻으로만 쓰이고 있다.

어문 규정

제1장 표준어 규정

1.1. 언어의 변화와 표준어

〈 언어의 변화 〉 언어가 변화하는 것은 언어의 기본적인 속성이라고 할 수 있는데, 이렇게 언어가 변하는 데에는 크게 세 가지 요인이 있다.

첫째는 시간의 흐름에 따른 변화이다. 『훈민정음』(1446)의 서문에서 볼 수 있는 15세기의 말의 모습은 지금의 말의 모습과 확연히 다르다. 또 개화기 때 『독립신문』(1896)에 쓰인 말은 지금의 말과 약간의 차이가 있다는 것을 알 수 있다.

> (1) 나랏말ᄊᆞ미듕귁에달아문ᄍᆞ와로서르ᄉᆞᄆᆞᆺ디아니ᄒᆞᆯᄊᆡ이런젼ᄎᆞ로어린빅셩이니르고져ᄒᆞᇙ
> 배이셔도ᄆᆞᄎᆞᆷ내제ᄠᅳ들시러펴디몯ᄒᆞᇙ노미하니라내이ᄅᆞᆯ윙ᄒᆞ야새로스물여듧ᄍᆞᆼᄅᆞᆯ밍ᄀᆞ노
> 니사ᄅᆞᆷ마다히ᅇᅧ수비니겨날로ᄡᅮ메뼌한킈ᄒᆞ고져ᄒᆞᇙᄯᆞᄅᆞ미니라 『훈민정음 언해본』

> (2) 우리가 독닙신문을 오늘 처음으로 츌판ᄒᆞᄂᆞᄃᆡ 조션속에 잇ᄂᆞᆫ ᄂᆡ외국 인민의게 우리
> 쥬의를 미리 말ᄉᆞᆷᄒᆞᄋᆡ 아시게 ᄒᆞ노라 『독립신문』

이렇게 언어가 시간의 흐름에 따라서 변화하는 것을 '통시적 요인에 따르는 변화'라고 한다.

둘째는 지역의 차이에서 오는 변화이다. 즉 동일한 시대의 말이라도 지역이 다르면 음운·어휘·문법적인 차이를 보이게 되는 것이다. 예를 들어서 河野六郎(1945: 22~23)에

따르면 1940년대에 서울말 '가위(鋏)'에 해당하는 말이 지역에 따라서 다음과 같이 다양한 형태로 나타난다고 한다.

(3) 가위, 가웨, 가왜, 가에, 가애, 가우, 가오, 강웨, 강에, 강애, 강아, 강우, 강새, 가새, 가시개, 가새기, 가시, 과새

우리말 방언은 음운·어휘·문법적인 특징에 따라서 크게 '제주 방언, 경상 방언, 전라 방언, 충청 방언, 경기 방언, 강원 방언, 평안 방언, 함경 방언'으로 나눌 수 있다. 그리고 특정한 방언도 하위 방언권으로 다시 세분할 수 있다. 이렇게 보면 특정한 언어는 의사 소통이 서로 가능한 지역 방언들의 총합이라고 할 수 있다.

물론 동일한 언어에 속하는 방언들 사이에 차이가 심하면 의사소통이 아예 어려운 경우도 있다. 예를 들어 중국어에서는 전체 방언을 7개의 방언으로 구분하는데, 서로 다른 방언을 사용하는 사람들끼리는 의사소통을 자유롭게 할 수 없다고 한다. 이와 같이 지리적 경계로 구분된 방언을 '지역 방언(regional dialect)'이라고 한다.

언어가 변화하는 세 번째 요인은 사회적·계층적인 차이다. 곧 같은 시대, 같은 지역에서 생활하는 사람들의 언어도 직업이나 지위, 성별, 나이, 출신 지역에 따라서 달라질 수 있다.

(4) 민법(民法) 제764조 "명예 회복(名譽回復)에 적당(適當)한 처분(處分)"에 사죄 광고(謝罪廣告)를 포함시키는 것이 헌법(憲法)에 위반(違反)된다는 것의 의미(意味)는, 동조(同條) 소정의 처분(處分)에 사죄 광고(謝罪廣告)가 포함되지 않는다고 하여야 헌법(憲法)에 위반(違反)되지 아니한다는 것으로서, 이는 동조(同條)와 같이 불확정 개념(不確定槪念)으로 되어 있거나 다의적(多義的)인 해석 가능성(解釋可能性)이 있는 조문에 대하여 한정 축소 해석(限定縮小解釋)을 통하여 얻어진 일정한 합의적(合意的) 의미(意味)를 천명한 것이며, 그 의미(意味)를 넘어선 확대(擴大)는 바로 헌법(憲法)에 위반(違反)되어 채택할 수 없다는 뜻이다. 〈헌법 소원(89헌마160)에 대한 판결문〉

(4)는 헌법 재판소의 판결문의 일부인데 글의 형식이나 내용으로 볼 때 법률에 대한 전문적인 지식이 없는 사람은 그 의미를 쉽게 이해할 수 없다. 따라서 (4)에서 쓰인 언어는 직업에 따른 계층어를 많이 반영하고 있다.

최근에 유행하는 사회적 계층어로서 컴퓨터에서 통신을 할 때 쓰이는 언어가 있다.

(5) ㄱ. 뎌희가 ⓔ헌글을쓰능돼다뒬익얼외계언어樂호하더군효글험뎌희능외계인입늬깍?

ㄴ. 저희가 이런 글을 쓰는데 다들 이걸 외계 언어라고 하더군요. 그럼 저희는 외계인입
니까?

(5)에서 (ㄱ)은 컴퓨터의 통신 언어로 쓰인 글인데 이 글의 내용을 풀이하면 (ㄴ)과 같다. (ㄱ)과 같은 통신 언어는 그에 능숙한 젊은이들이 아니면 이해할 수 없는 언어이다. 컴퓨터의 통신 언어가 급격하게 발달하면서 (ㄱ)과 같은 글이 늘어나게 되었는데, 이들 젊은이들이 언어 계층을 형성하면서 그들 집단만이 이해하는 은어와 속어를 만들어내는 실정이다. 이와 같이 사회 계층이나 성별, 직업 등으로 인하여 나뉜 방언을 '사회 방언(social dialect)'이라고 한다. 그리고 지역적 차이와 사회적 계층의 차이에 따라서 언어가 변화하는 것은 '공시적인 요인에 따른 변화'이다.

〈표준어와 표준 발음〉 한 국가의 말은 어떠한 시기, 어떠한 지역, 어떠한 계층의 사람들이 쓰는 말이냐에 따라 그 모습이 달라진다. 곧 15세기의 말의 모습과 현대어의 모습은 차이가 있으며, 같은 현대어라고 하더라도 경상도 지역의 말과 서울 지역의 말의 모습에는 꽤 다름이 있다. 또 같은 서울 지역에서 사용하는 현대어라도 어떠한 계층의 사람들이 쓰느냐에 따라서도 말의 모습은 달라진다.

이렇게 다양한 말의 모습을 그대로 방치하면 정치·경제·교육·문화 등 국가의 모든 분야에서 큰 혼란을 겪게 된다. 그러므로 국가는 여러 가지 지역 방언 가운데에서 정치·경제·교육·문화의 중심이 되는 지역의 말을 바탕으로 하여 표준어를 정하게 된다. '표준어(標準語, standard language)'는 하나의 언어 체계 내부에 존재하는 여러 방언(특히 입말 방언) 가운데 특별히 사회적으로 공용어로 인정받은 방언을 말한다. 표준어를 채택하고 있는 국가들은 대체로 정치·사회·경제·문화의 중심 지역에서 쓰인 말과 현재 많은 사람들이 두루 쓰는 말(공통어, common language)을 표준어로 삼는다.

우리나라에서는 〈표준어 사정 원칙〉의 제1항에 표준어의 개념을 다음과 같이 규정하고 있다.

(6) 표준어는 교양 있는 사람들이 두루 쓰는 현대 서울말로 정함을 원칙으로 한다.

'표준어 사정 원칙'에서는 (6)과 같이 설정한 표준어의 개념을 바탕으로 하여, 각 지역이나 사회 집단에 따라서 다르게 쓰이는 여러 가지 방언 어휘 중에서 표준어를 선정하는 일반적인 원칙을 제시하였다.

한국 사람이면 누구나 똑같이 발음할 것으로 생각하지만, 실제로는 지역이나 개인에

따라서 발음하는 방법이 다를 수 있다.

 (7) ㄱ. 쌀: [쌀], [*살]
   ㄴ. 값이: [갑시], [*가비]
   ㄷ. 흙이: [흘기], [*흐기]

 (8) ㄱ. 엄마: [엄마], [*음마]
   ㄴ. 의사: [의사], [*으사]
   ㄷ. 사과: [사과], [*사가]

예를 들어서 지역에 따라서는 '쌀'을 [살]로 발음하거나, '값이'를 [가비]로 발음하는 사람이 있다. 그리고 '엄마'를 [음마]로 발음하거나 '의사'를 [으사]로 발음하는 사람도 있다.

 표준어를 정확하게 구사하기 위해서는, '표준 어휘'를 사용하는 것뿐만 아니라 '표준 발음'을 정확하게 이해하고 발음하는 것도 중요하다. '표준 발음법'은 이처럼 특정한 언어를 쓰는 화자들 사이에 발음하는 법이 서로 달라서 의사 소통에 지장이 생기는 것을 막기 위하여, 발음할 때의 표준을 정해 놓은 규정이다.

1.2. '표준어 규정'의 풀이

1.2.1. '표준어 규정'의 제정 경과

 여러 가지의 방언 가운데 표준어를 선정하는 작업은 1930년대에 현재의 '한글 학회'의 전신인 '조선어 학회'에서 제정한 『한글 맞춤법 통일안』(1933)과 『사정한 조선어 표준말 모음』(1936)에서 비롯되었으며, 1988년에 공포된 〈표준어 규정〉으로 완성되었다.

 〈표준말 모음〉 '조선어 학회'는 우리의 말과 우리의 글을 연구하여 우리 겨레의 얼을 빛내고, 문화의 독립을 통해서 궁극적으로 민족의 독립을 쟁취하려고 했다. 이러한 사명을 완수하기 위하여 조선어 학회가 실행한 첫 번째 사업이 국어 사전을 편찬하는 일이었다.

 그런데 사전을 편찬하려면 기초 사업으로서 글말을 적는 방법인 한글의 맞춤법을 통일해야 하고, 그 다음에는 지역이나 계층에 따라서 달리 쓰이는 여러 가지 방언 가운데서 표준어를 선정하여야 하였다. 이에 따라서 조선어 학회에서는 먼저 1933년 10월 29일에 『한글 맞춤법 통일안』을 제정하여 공포하였다.

『한글 맞춤법 통일안』의 총론에서는 표준어에 대한 개념을 다음과 같이 정하였다.

(1) "표준말은 대체로 현재 중류 사회에서 쓰는 서울말로 한다."

조선어 학회에서는 『한글 맞춤법 통일안』을 제정하고 나서 표준어를 선정하는 사업을 시작하여 1936년 10월 28일에 〈사정한 조선어 표준말 모음〉을 공포하였다. 〈표준말 모음〉에서는 표준어를 선정하는 기준으로 〈한글 맞춤법 통일안〉의 총론에서 정한 (1)의 원칙을 그대로 따랐다. 『한글 맞춤법 통일안』의 총론의 규정에 따라서 서울말을 중심으로 표준어를 정하였지만, 보편성이 있는 시골말도 일부 반영하였다.

이렇게 해서 조선어 학회에서 발표한 『사정한 조선어 표준말 모음』에서는 총 9,547개의 단어를 선정하였는데, 이에는 표준어 6,321개와 준말 134개, 비표준어 3,082개, 한자어 100개가 포함되어 있다. 그러나 표준어를 사정한 원칙을 설명하는 규정은 별도로 만들지 않았다.

『한글 맞춤법 통일안』과 『사정한 조선어 표준말 모음』을 바탕으로 해서 한글 학회에서는 〈큰 사전(1947~1957)〉을 만들었다. 총 6권으로 구성된 『큰 사전』에는 표준어 140,464개와 기타 어휘 23,661개를 합하여 모두 164,125개의 어휘가 실렸다.

〈현행의 '표준어 규정(1988)'의 제정 과정〉 말이란 세월이 지남에 따라 변화하므로 1936년에 정한 〈표준말 모음〉의 내용과 현실 언어 사이에 차이가 나게 되었다. 그리고 〈표준말 모음〉에서 사정하지 못한 일부 어휘들에 대하여 각종 사전마다 다른 방법으로 처리하게 되어서 국어 생활과 교육에 혼선이 일어나는 경우도 있었다. 뿐만 아니라 〈표준말 모음〉에서는 표준어의 용례만 제시하였을 뿐이지 표준어를 제정하는 원칙에 대한 규정을 두지 않았다. 이에 따라서 표준어를 선정하는 일반 원칙을 새롭게 마련할 필요가 생겼다. 그리고 그 동안 표준어 선정의 기초 작업이 되는 〈표준 발음법〉이 제정되지 않아서 표준 발음을 교육하는 데에 많은 어려움이 있었다.

이러한 문제를 해결하기 위하여 표준어를 제정하는 새로운 원칙인 〈표준어 규정〉을 마련하려는 작업이 1970년대 초부터 시작되었다. 1970년에 문교부에서는 '국어 심의회'에 표준어의 재사정과 표준어 규정을 제정하는 일을 위촉하였다. 이를 계기로 하여 '국어 조사 연구 위원회', '어문 연구 위원회', '국어 연구소' 등의 각종 단체의 심의와 검토를 거친 후, 1988년 1월 19일에 〈표준어 규정〉을 문교부 고시로 발표하였다.

〈표준어 규정〉(1988)에서는 표준어 개정의 실제적인 대상으로 다음과 같은 사항을 들었다(〈국어 어문 규정집〉(2012)의 197쪽 내용을 참조).

① 그 동안 자연스러운 언어 변화에 의해 1936년에 표준어로 규정하였던 형태가 고형(古形)이 된 것.

② 그때 미처 사정의 대상이 되지 않아 표준어로서의 자격을 인정받을 기회가 없었던 것.

③ 각종 사전에서 달리 처리하여 정리가 필요한 것.

④ 방언이나 신조어 등이 세력을 얻어 표준어 자리를 굳혀 가던 것.

1.2.2. '표준어 규정'의 풀이

1988년에 문교부에서 고시한 〈표준어 규정〉의 대략적인 얼개는 다음과 같다.

제1부 **표준어 사정 원칙**

　제1장 총칙

　제2장 발음 변화에 따른 표준어 규정

　　제1절 자음　　　　　　　제2절 모음

　　제3절 준말　　　　　　　제4절 단수 표준어

　　제5절 복수 표준어

　제3장 어휘 선택의 변화에 따른 표준어 규정

　　제1절 고어　　　　　　　제2절 한자어

　　제3절 방언　　　　　　　제4절 단수 표준어

　　제5절 복수 표준어

제2부 **표준 발음법**

　제1장 총칙　　　　　　　제2장 자음과 모음

　제3장 음의 길이　　　　　제4장 받침의 발음

　제5장 음의 동화　　　　　제6장 된소리되기

　제7장 음의 첨가

〈표준어 규정〉은 크게 '표준어 사정 원칙'과 '표준 발음법'으로 구분된다. '표준어 사정 원칙'은 특정한 어휘를 표준어나 비표준어로 선정하는 기준을 제시한 규정이며, '표준 발음법'은 표준어를 발음하는 법에 대한 일반적인 원칙을 제시하는 규정이다.

제1부 표준어 사정 원칙

제1부인 '표준어 사정 원칙'에서는 동일한 의미를 나타내는 여러 가지 어휘 형태 중에서 어느 것을 표준어로 정할 것인가에 대한 기준을 제시한 것이다.

제1장 총칙

제1장의 '총칙'에서는 표준어의 사정 원칙을 정하는 전제 조건으로서 표준어가 무엇인지에 대한 개념을 규정하고, 외래어는 별도로 사정한다는 것을 규정했다.

> **제1항** 표준어는 교양 있는 사람들이 두루 쓰는 현대 서울말로 정함을 원칙으로 한다.

제1항은 표준어의 조건을 명시한 것이다. 제1항의 내용 가운데 '교양 있는 사람들'은 계층적인 조건인데, 이 조건에 따라서 '비어·속어·은어' 등은 표준어의 범위에서 제외된다. 그리고 '두루 쓰는'이라는 말은 많은 사람이 사용하는 '공통어'로서의 특징을 언급한 것이다. '현대'는 표준어가 갖추어야 할 시대적 조건으로서 이 조건에 따르면 예전에는 쓰였으나 지금은 쓰이지 않는 고어나 사어 등은 표준어에서 제외된다. 마지막으로 '서울말'은 지역적 조건을 규정한 것으로, '서울 지역에서 널리 쓰이는 말'을 표준어로 삼는다는 것이다.

> **제2항** 외래어는 따로 사정한다.

외래어는 외국어와는 달리 국어의 고유한 음운·문법·어휘 체계가 반영되는 것이 보통이다. 그러나 비록 외래어가 우리말의 체계 속에 동화되었기는 하지만 국어와는 여러 가지의 면에서 차이가 나므로, 표준어 사정 원칙에서 다루지 않고 따로 사정한다.

제2장 발음 변화에 따른 표준어 규정

제2장의 '발음 변화에 따른 표준어 규정'에서는 원래는 하나의 형태였던 단어가 발음이 변하여 둘 이상의 형태가 생겼을 때에, 이들 단어 형태를 처리하는 원칙을 제시하는

규정이다.

제1절 자음

제1절 '자음'은 특정한 어휘의 자음이 변화됨에 따라서 둘 이상의 단어 형태가 생겼을 때에, 이들 단어 형태를 처리하는 규정이다.

> **제3항** 다음 단어들은 거센소리를 가진 형태를 표준어로 삼는다.
> (보기) 끄나풀(*끄나불), 나팔꽃(*나발꽃), 녘(*녁), 부엌(*부억), 살쾡이(*삵괭이), 칸(*간)

제3항에서는 '끄나풀'처럼 예사소리가 거센소리로 변한 말은 거센소리를 가진 형태를 표준어로 삼았다.

> **제4항** 다음 단어들은 거센소리로 나지 않는 형태를 표준어로 삼는다.
> (보기) 가을갈이(*가을카리), 거시기(*거시키), 분침(*푼침)

제4항에서는 '가을갈이'처럼 거센소리가 예사소리로 변한 말은 예사소리를 가진 형태를 표준어로 삼았다.

> **제5항** 어원에서 멀어진 형태로 굳어져서 널리 쓰이는 것은, 그것을 표준어로 삼는다.
> (보기) 강낭콩(*강남콩), 고삿(*고샅), 사글세(*삭월세), 울력성당(*위력성당)
> **다만**, 어원적으로 원형에 더 가까운 형태가 아직 쓰이고 있는 경우에는, 그것을 표준어로 삼는다.
> (보기) 갈비(*가리), 굴젓(*구젓), 적이(*저으기), 휴지(*수지)

제5항에서는 '강낭콩'처럼 원래의 어원에서 멀어져서 다른 소리로 굳어져서 쓰이는 것은, 어원에서 멀어진 형태를 표준어로 삼았다.

> **제6항** 다음 단어들은 의미를 구별함이 없이, 한 가지 형태만을 표준어로 삼는다.
>
> (보기) 돌(*돐), 둘째(*두째), 셋째(*세째), 넷째(*네째), 빌리다(*빌다)
>
> **다만,** '둘째'는 십 단위 이상의 서수사에 쓰일 때에는 '두째'로 한다.
>
> (보기) 열두째(*열둘째), 스물두째(*스물둘째)

제6항의 본항에서는 '돌/*돐'처럼 예전에는 형태가 유사하면서도 쓰임이 달라서 구분하여 썼으나, 그 의미의 구분이 힘들어서 혼동되었던 단어의 형태를 하나로 통일하여 표준어로 삼았다. [다만]에서는 본항의 내용에 불구하고, 십 단위 이상의 서수사에서는 '둘째' 대신에 '두째'를 표준어로 삼았다.

> **제7항** 수컷을 이르는 접두사는 '수-'로 통일한다.
>
> (보기) 수꿩(*숫꿩), 수나사(*숫나사), 수놈(*숫놈), 수사돈(*숫사돈), 수소(*숫소)
>
> **다만 1.** 다음 단어에서는 접두사 다음에서 나는 거센소리를 인정한다. 접두사 '암-'이 결합되는 경우에도 이에 준한다.
>
> (보기) 수캉아지(*숫강아지), 수캐(*숫개), 수컷(*숫것), 수탉(*숫닭), 수탕나귀(*숫당나귀), 수퇘지(*숫돼지), 수평아리(*숫병아리)
>
> **다만 2.** 다음 단어의 접두사는 '숫-'으로 한다.
>
> (보기) 숫양(*수양), 숫염소(*수염소), 숫쥐(*수쥐)

제7항의 본항에서는 수컷을 이르는 접두사는 '수-/숫-' 중에서 '수꿩'처럼 '수-'로 통일하여 표준어로 삼도록 하였다. [다만 1]에서는 '수캉아지/암캉아지' 등에서는 접두사가 '수ㅎ-/암ㅎ-'의 형태로 굳어진 것을 표준어로 삼았다. [다만 2]에서는 '숫양' 등의 단어는 사잇소리가 나는 것을 인정하여 접두사의 형태를 '숫-'으로 삼았다.

제2절 모음

제2절 '모음'은 특정한 어휘의 모음이 변화됨에 따라서 둘 이상의 단어 형태가 생겼을 때에, 이들 단어 형태를 표준어나 비표준어로 처리하는 규정이다.

제8항 양성 모음이 음성 모음으로 바뀌어 굳어진 다음 단어는 음성 모음 형태를
표준어로 삼는다.
(보기) 깡충깡충(*깡총깡총), 발가숭이(*발가송이), 오뚝이(*오똑이)
다만, 어원 의식이 강하게 작용하는 다음 단어에서는 양성 모음 형태를 그대로
표준어로 삼는다.
(보기) 부조(*부주), 사돈(*사둔), 삼촌(*삼춘)

제3항의 본항에서는 '*깡총깡총'처럼 양성 모음으로 발음되던 단어가 '깡충깡충'처럼
음성 모음으로 바뀌어서 굳어진 단어는 음성 모음의 형태를 표준어로 삼았다. [다만]에
서는 언중들이 어원을 강하게 의식하고 있는 '부조'와 같은 한자어 단어는 중부 지역
사람들이 '부주'처럼 음성 모음으로 발음하더라도, 원래의 양성 모음의 형태를 그대로
표준어로 삼았다.

제9항 'ㅣ' 역행 동화 현상에 의한 발음은 원칙적으로 표준 발음으로 인정하지 아
니하되, 다만 다음 단어들은 그러한 동화가 적용된 형태를 표준어로 삼는다.
(보기) 서울내기(*서울나기), 풋내기(*풋나기), 냄비(*남비), 동댕이치다(*동당이치다)
[붙임 1] 다음 단어는 'ㅣ' 역행 동화가 일어나지 아니한 형태를 표준어로 삼는다.
(보기) 아지랑이(*아지랭이)
[붙임 2] 기술자에게는 '-장이', 그 외에는 '-쟁이'가 붙는 형태를 표준어로 삼는다.
(보기) 미장이(*미쟁이), 유기장이(*유기쟁이), 멋쟁이(*멋장이), 담쟁이(*담장이)

제9항의 본항에서는 원칙적으로 'ㅣ' 역행 동화(모음 동화)에 따라서 형태가 변동한
것은 표준어로 인정하지만, '서울내기' 등의 단어는 동화된 형태를 표준어로 삼았다. [붙
임 1]에서는 '아지랑이'처럼 모음 동화가 일어나지 않은 형태를 표준어로 삼았다. [붙임
2]에서는 기술자[匠人]에는 접미사를 '-장이'가 실현된 형태를 표준어로 삼고, 그 외에는
'-쟁이'가 실현된 형태를 표준어로 삼았다.

> **제10항** 다음 단어는 모음이 단순화한 형태를 표준어로 삼는다.
>
> (보기) 괴팍하다(*괴퍅하다), 미루나무(*미류나무), 으레(*으례), 케케묵다(*켸켸묵
> 다), 허우대(*허위대)

제10항에서는 '*괴퍅하다'처럼 원래 이중 모음의 형태가 '괴팍하다'처럼 단모음으로 바뀐 형태의 단어를 표준어로 삼았다.

> **제11항** 다음 단어에서는 모음의 발음 변화를 인정하여, 발음이 바뀌어 굳어진 형
> 태를 표준어로 삼는다.
>
> (보기) 깍쟁이(*깍정이), 나무라다(*나무래다), 바라다(*바래다), 상추(*상치), 추책(*
> 주착), 지루하다(*지리하다), 튀기(*트기), 허드레(*허드래)

제11항에서는 '*깍정이'가 '깍쟁이'로 변한 것처럼 모음의 발음이 변한 형태의 단어를 표준어로 삼았다.

> **제12항** '웃-' 및 '윗-'은 명사 '위'에 맞추어 '윗-'으로 통일한다.
>
> (보기) 윗넓이(*웃넓이), 윗눈썹(*웃눈썹), 윗니(*웃니), 윗도리(*웃도리), 윗머리(*웃머
> 리), 윗입술(*웃입술)
>
> **다만 1.** 된소리나 거센소리 앞에서는 '위-'로 한다.
>
> (보기) 위짝(*웃짝), 위쪽(*웃쪽), 위채(*웃채), 위층(*웃층), 위치마(*웃치마), 위턱(*
> 웃턱), 위팔(*웃팔)
>
> **다만 2.** '아래, 위'의 대립이 없는 단어는 '웃-'으로 발음되는 형태를 표준어로 삼
> 는다.
>
> (보기) 웃기(*윗기), 웃돈(*윗돈), 웃비(*윗비), 웃어른(*윗어른), 웃옷(*윗옷)

제12항의 본항에서는 접두사인 '웃-'과 '윗-' 중에서 '윗넓이'처럼 '윗-'이 실현된 형태를 표준어로 삼았다. [다만 1]에서는 된소리나 거센소리의 앞에서는 접두사를 '위-'로, [다만 2]에서는 '아래'와 '위'의 대립이 없는 단어에서는 '웃-'을 표준어로 삼았다.

제13항 한자 '구(句)'가 붙어서 이루어진 단어는 '귀'로 읽는 것을 인정하지 아니하고, '구'로 통일한다.
(보기) 구절(*귀절, 句節), 경구(*경귀, 警句), 대구(*대귀, 對句), 시구(*시귀, 詩句), 절구(*절귀, 絶句)
다만, 다음 단어는 '귀'로 발음되는 형태를 표준어로 삼는다.
(보기) 귀글(*구글), 글귀(*글구)

제13항의 본항에서는 '구(句)'가 붙은 단어는 '귀'를 버리고 '구'의 형태를 표준어로 삼으며, [다만]에서는 '귀글'과 '글귀'에서는 '귀'의 형태를 표준어로 삼는다.

제3절 준말

본말이 줄어진 말을 준말이라고 하는데, 제3절에서는 본말과 준말 중에서 두루 쓰이는 것을 표준어로 삼는 것으로 규정했다.

제14항 준말이 널리 쓰이고 본말이 잘 쓰이지 않는 경우에는, 준말만을 표준어로 삼는다.
(보기) 귀찮다(*귀치 않다), 김(*기음), 똬리(*또아리), 무(*무우), 생쥐(*새앙쥐), 솔개(*소리개), 장사치(*장사아치)

제14항에서는 본말과 준말 중에서 '귀찮다'처럼 준말이 널리 쓰이고 '*귀치 않다'처럼 본말이 잘 쓰이지 않으면 준말만을 표준어로 삼는다.

제15항 준말이 쓰이고 있더라도, 본말이 널리 쓰이고 있으면 본말을 표준어로 삼는다.
(보기) 귀이개(*귀개), 낌새(*낌), 돗자리(*돗), 마구잡이(*막잡이), 부스럼(*부럼), 한통치다(*통치다)
다만, 다음과 같이 명사에 조사가 붙은 경우에도 이 원칙을 적용한다.
(보기) 아래로(*알로)

제15항에서는 본말과 준말 중에서 '*귀개'처럼 널리 쓰이지 않는 준말은 버리고 '귀이개'처럼 널리 쓰이는 본말을 표준어로 정했다.

제16항 준말과 본말이 다 같이 널리 쓰이면서 준말의 효용이 뚜렷이 인정되는 것은, 두 가지를 다 표준어로 삼는다.

(보기) 막대기(막대), 노을(놀), 망태기(망태), 머무르다(머물다), 서두르다(서둘다), 시누이(시뉘/시누), 오누이(오뉘/오누), 외우다(외다), 찌꺼기(찌끼)

제16항에서는 '막대기'와 같은 본말과 '막대'와 같은 준말이 둘 다 널리 쓰일 때에는, 본말과 준말을 모두 표준어로 선택하였다.

제4절 단수 표준어

제4절은 '단수 표준어'에 따른 표준어 규정이다. 동일한 뜻을 나타내면서 유사하게 발음되는 둘 이상의 단어 형태 중에서, 한쪽이 다른 쪽보다 현저하게 많이 사용된다고 판단되는 경우에는 그 사용 빈도가 높은 한 어형만을 표준어로 삼는다.

제17항 비슷한 발음의 몇 형태가 쓰일 경우, 그 의미에 아무런 차이가 없고 그 중 하나가 더 널리 쓰이면, 그 한 형태만을 표준어로 삼는다.

(보기) 귀거리(*귀엣고리), 귀띔(*귀띰), 귀지(*귀에지), 다다르다(*다닫다), 댑싸리(*대싸리), 멸치(며루치), 봉숭아(*봉숭화), 상판대기(*쌍판대기), -습니다(*-읍니다), 아궁이(*아궁지), 아내(*안해), 잠투정(*잠투세), 재봉틀(*자봉틀), 짓무르다(*짓물다), 쪽(*짝), 천장(*천정)

제17항에서는 '귀거리'와 '*귀엣고리' 중에서 언중들 사이에서 널리 쓰이는 '귀거리'를 단순 표준어로 삼았다.

제5절 복수 표준어

제5절은 복수 표준어에 따른 표준어 규정이다. 동일한 개념을 나타내는 말이 비슷한 발음을 가진 두 가지 어형을 취할 때나 그 두 어형이 모두 다 널리 쓰이는 경우에는,

둘 다를 표준어로 삼는다.

> **제18항** 다음 단어는 ㄱ(앞 것)을 원칙으로 하고, ㄴ(뒷 것)도 허용한다.
> (보기) 네(예), 쇠가죽(소가죽), 괴다(고이다), 꾀다(꼬이다), 쐬다(쏘이다), 죄다(조이다), 쬐다(쪼이다)

제18항에서는 '네'와 '예'처럼 동일한 뜻을 나타내면서 비슷하게 발음되는 두 단어가 둘 다 널리 쓰이면 둘 다를 복수 표준어로 삼았다.

> **제19항** 어감의 차이를 나타내는 단어 또는 발음이 비슷한 단어들이 다 같이 널리 쓰이는 경우에는, 그 모두를 표준어로 삼는다.
> (보기) 거슴츠레하다/게슴츠레하다, 고까옷/꼬까옷, 고린내/코린내, 구린내/쿠린내, 꺼림하다/께름하다, 나부랭이/너부렁이

제19항에서는 '거슴츠레하다'와 '게슴츠레하다'처럼 어감의 차이를 나타내면서 비슷하게 발음되는 두 단어가 둘 다 널리 쓰이면 둘 다를 복수 표준어로 삼았다.

제3장 어휘 선택의 변화에 따른 표준어 규정

앞에서 다룬 제2장은 특정한 단어의 발음이 변하여 둘 이상의 어형이 생겼을 때에, 이들 어형을 처리하는 규정이었다. 제3장의 '어휘 선택의 변화에 따른 표준어 규정'은 어휘의 발음 변화와 관계없이, 동일한 의미를 나타내는 어휘 중에서 보다 널리 쓰이는 특정한 단어를 표준어로 선정하는 규정이다. 다시 말해서 지역이나 계층의 차이 혹은 시간적 차이 때문에 다르게 쓰이는 둘 이상의 개별 어휘 중에서, 특정한 어휘를 표준어의 선택하고 나머지 어휘를 비표준어로 처리하는 규정이다.

제1절 고어

제1절은 '고어(古語)'에 따른 표준어 규정인데, '고어'란 예전에는 쓰이다가 오늘날은 쓰지 아니하는 옛날의 말이다.

> **제20항** 사어(死語)가 되어 쓰이지 않게 된 단어는 고어로 처리하고, 현재 널리 사용되는 단어를 표준어로 삼는다.
>
> (보기) 난봉(*봉), 낭떠러지(*낭), 설거지하다(*설겆다), 애달프다(*애닯다), 오동나무(*머귀나무), 자두(*오얏)

제20항에서는 '오얏'처럼 이미 사어가 되어서 현재 쓰이지 않는 단어를 버리고, 현재 널리 사용되는 '자두'를 표준어로 삼았다.

제2절 한자어

제2절은 한자어와 고유어의 차이에 따른 표준어 규정이다. 곧, 동일한 뜻을 나타내는 한자어와 고유어가 있을 때에, 그 중에 한 쪽이 널리 쓰이면 널리 쓰이는 것을 표준어로 삼는다.

> **제21항** 고유어 계열의 단어가 널리 쓰이고 그에 대응되는 한자어 계열의 단어가 용도를 잃게 된 것은, 고유어 계열의 단어만을 표준어로 삼는다.
>
> (보기) 가루약(*말약), 구들장(*방돌), 까막눈(*맹눈), 꼭지미역(*총각미역), 나뭇갓(*시장갓), 늙다리(*노닥다리), 두껍닫이(*두껍창), 떡암죽(*병암죽), 마른갈이(*건갈이), 마른빨래(*건빨래), 메찰떡(*반찰떡), 박달나무(*배달나무), 밥소라(*식소라), 사래논(*사래답), 사래밭(*사래전), 삯말(*삯마), 성냥(*화곽), 솟을무늬(*솟을문), 외지다(*벽지다), 움파(*동파), 잎담배(*잎초), 잔돈(*잔전), 조당수(*조당죽), 죽데기(*피죽), 지겟다리(*목발), 짐꾼(*부지군), 푼돈(*분전/푼전), 흰말(*백말), 흰죽(*백죽)
>
> **제22항** 고유어 계열의 단어가 생명력을 잃고 그에 대응되는 한자어 계열의 단어가 널리 쓰이면, 한자어 계열의 단어를 표준어로 삼는다.
>
> (보기) 개다리소반(*개다리밥상), 겸상(*맞상), 고봉밥(*높은밥), 단벌(*홑벌), 마방집(*마바리집), 민망스럽다/면구스럽다(*민주스럽다), 방고래(구들고래), 부항단지(*뜸단지), 산누에(*멧누에), 산줄기(*멧줄기/*멧발), 수삼(*무삼), 심돋우개(*불돋우개), 양파(*둥근파), 어질병(*어질머리), 윤달(*군달), 장력세다(*장성세다), 제석(*젯돗), 총각무(*알타리무), 칫솔(*잇솔), 포수(*총댕이)

제21항에서는 현재 잘 쓰이지 않는 '말약(末藥)'과 같은 한자말을 버리고, 현재 널리 쓰이는 '가루약'과 같은 고유어를 표준어로 삼았다. 제22항에서는 '맞상'과 같은 잘 쓰이지 않는 고유어를 버리고, 널리 쓰이는 한자말인 '겸상(兼床)'을 표준어로 삼았다.

제3절 방언

제3절에서는 '방언(方言)'에 따른 표준어 규정이다. 한 언어에서 특정한 사용 지역 또는 사회 계층에 따라 분화된 말의 체계를 방언이라고 하는데, 특정 지역의 방언이 널리 쓰일 때에 그 방언을 표준어로 처리하는 문제를 다루었다.

> **제23항** 방언이던 단어가 표준어보다 더 널리 쓰이게 된 것은, 그것을 표준어로 삼는다. 이 경우, 원래의 표준어는 그대로 표준어로 남겨 두는 것을 원칙으로 한다.
> (보기) 멍게/우렁쉥이, 물방개/선두리, 애순/어린순
>
> **제24항** 방언이던 단어가 널리 쓰이게 됨에 따라 표준어이던 단어가 안 쓰이게 된 것은, 방언이던 단어를 표준어로 삼는다.
> (보기) 귀밑머리(*귓머리), 까뭉개다(*까무느다), 막빈대떡(*빈자떡), 역겹다(*역스럽다), 코주부(*코보)

제23항에서 '멍게'는 원래는 방언이었는데, 이들 어휘가 널리 쓰이게 되어서 기존의 표준어였던 '우렁쉥이'와 함께 쓰도록 정하였다. 제24항에서 '빈대떡'은 원래는 방언이었지만, 기존에 표준어였던 '빈자떡'보다 널리 쓰이게 되었다. 이에 따라서 '빈자떡'을 버리고 '빈대떡'을 표준어로 정했다.

제4절 단수 표준어

제4절은 '단수 표준어'에 따른 규정이다. 같은 뜻을 가진 두 가지 단어 가운데서 언중들 사이에 널리 쓰이는 단어만을 표준어로 인정한 규정이다. 제25항에서 다루는 단어들은 비록 의미는 동일하지만 그 어원이 다른 단어들인데, 이들 가운데에서 훨씬 많이 쓰이는 단어만을 표준어로 삼고 잘 쓰이지 않는 단어들은 비표준어로 한다. 예를 들어서 '참감자' 등의 잘 쓰이지 않는 말을 버리고, '고구마' 등 압도적으로 많이 쓰이는 말을 표준어로 정하였다.

제25항 의미가 똑같은 형태가 몇 가지 있을 경우, 그 중 어느 하나가 압도적으로 널리 쓰이면, 그 단어만을 표준어로 삼는다.

(보기) –게끔(*–게시리), 겸사겸사(*겸지겸지/*겸두겸두), 고구마(*참감자), 고치다(*낫우다), 골목쟁이(*골목자기), 광주리(*광우리), 괴통(*호구), 국물(*멀국/*말국), 길잡이/길라잡이(*길앞잡이), 까다롭다/까탈스럽다(*까닭스럽다), 까치발(*까치다리), 꼬창모(*말뚝모), 나룻배(*나루), 납도리(*민도리), 농지거리(*기롱지거리), 다사스럽다(*다사하다), 다오(*다구), 담배꽁초(*담배꼬투리/*담배꽁치/*담배꽁추), 담배설대(*대설대), 대장일(*성냥일), 뒤져내다(*뒤어내다), 뒤통수치다(*뒤꼭지치다), 등나무(*등칡), 등때기(*등떠리), 등잔걸이(*등경걸이), 떡보(*떡충이), 똑딱단추(*딸꼭단추), 매만지다(*우미다), 먼발치(*먼발치기), 며느리발톱(*뒷발톱), 명주붙이(*주사니), 목메다(*목맺히다), 밀짚모자(*보릿짚모자), 바가지(*열바가지/*열박), 바람꼭지(*바람고다리), 반나절(*나절가웃), 반두(*독대), 버젓이(*뉘연히), 본받다(*법받다), 부각(*다시마자반), 부끄러워하다(*부끄리다), 부스러기(*부스럭지), 부항단지(*부항항아리), 붉으락푸르락(*푸르락붉으락), 비켜덩이(*옆사리미), 빙충이(*빙충맞이), 빠뜨리다(*삐치다), 뻣뻣하다(*왜긋다), 뽐내다(*느물다), 사로잠그다(*사로채우다), 살풀이(*살막이), 상투쟁이(*상투꼬부랑이), 새앙손이(*생강손이), 샛별(*새벽별), 선머슴(*풋머슴), 섭섭하다(*애운하다), 속말(*속소리), 손목시계(*팔목시계), 손수레(*손구루마), 쇠고랑(*고랑쇠), 수도꼭지(*수도고동), 숙성하다(*숙지다), 순대(*골집), 술고래(*술꾸러기/술부대/술보/술푸대), 식은땀(*찬땀), 신기롭다(*신기스럽다), 쌍동밤(*쪽밤), 쏜살같이(*쏜살로), 아주(*영판), 안걸이(*안낚시), 안다미씌우다(*안다미시키다), 안쓰럽다(*안슬프다), 안절부절못하다(*안절부절하다), 앉은뱅이저울(*앉은저울), 알사탕(*구슬사탕), 암내(*곁땀내), 앞지르다(*따라먹다), 애벌레(*어린벌레), 얕은꾀(*물탄꾀), 언뜻(*편뜻), 언제나(*노다지), 얼룩말(*워라말), –에는/–엘랑, 열심히(*열심으로), 열어제치다(*열어젖뜨리다), 입담(*말담), 자배기(*너벅지), 전봇대(*전선대), 주책없다/주책이다, 주책맞다/주책스럽다, 쥐락펴락(*펴락쥐락), –지만(*–지만서도), 짓고땡(*짓고땡이), 짧은작(*짜른작), 청대콩(*푸른콩), 칡범(*갈범)

제25항은 같은 뜻을 가진 두 가지 단어 가운데서 언중들 사이에 널리 쓰이는 단어만을

표준어로 인정한 규정이다. 앞의 제4절 제17항은 동일한 어원에서 출발하여 발음만 부분적으로 달라진 단어들 중에서, 널리 쓰이는 단어만 표준어로 삼는다는 규정이었다. 그러나 제25항에서 다루는 단어들은 비록 의미는 동일하지만 그 어원이 다른 단어들인데, 이들 가운데에서 훨씬 많이 쓰이는 단어만을 표준어로 삼고 잘 쓰이지 않는 단어들은 비표준어로 한다.

① -게끔/*-게시리 : '-게끔'과 '*-게시리'는 둘 다 현실 언어에서 쓰이고 있다. 그런데 '*-게시리'는 방언의 냄새가 강하고 또한 비슷한 뜻으로 쓰이는 연결 어미인 '-도록'이 표준어로서 널리 쓰이고 있다는 사실도 감안하여서, '*-게시리'를 비표준어로 삼는다.

② *낫우다 : '*낫우다(療)'는 옛말의 형태를 그대로 유지하고 있는데, 현대어에서는 경상 방언에서만 쓰이고 있으므로 '낫우다'를 버리고 '(병을) 고치다'를 표준어로 삼는다.

③ 반나절/*나절가웃 : '반나절'과 '*나절가웃'에서 '*나절가웃'은 '반나절'의 뜻으로는 비표준어로 처리하지만, '하루의 4분의 3'이라는 뜻으로는 표준어로 삼는다.

④ 붉으락푸르락, 쥐락펴락 : 붉으락푸르락', '쥐락펴락'뿐만 아니라 '*푸르락붉으락'과 '*펴락쥐락'이 가능할 것처럼 보인다. 그러나 이와 같이 '-락~-락'으로 합성 부사가 된 단어는 '오락가락', '들락날락' 등과 같이 일정한 어순을 지켜서 형성된다. 이러한 어순을 감안하여 상대적으로 널리 쓰이는 '붉으락푸르락', '쥐락펴락'만을 표준어로 삼는다.

⑤ 안절부절못하다 : '안절부절못하다'는 '못하다'가 붙지 않은 '안절부절하다'와 의미적 차이 없이 쓰이고 있어서 언어 생활에 혼란을 가져오는 말이다. 따라서 이들 어형을 '안절부절못하다'로 고정하여 혼란을 막았다.

⑥ -에는/-엘랑 : 국립국어원에서는 2016년에 '-에는'과 '-엘랑'을 복수 표준어로 인정했다.

⑦ 주책없다/주책이다, 주책맞다/주책스럽다 : 국립국어원에서는 2016년에 '주책없다'와 '주책이다'를 복수 표준어로 인정했으며, 2017년에는 '주책맞다'와 '주책스럽다'도 복수 표준어로 인정했다.

⑧ -지만/*-지만서도 : '-지만'과 '*-지만서도'는 둘 다 널리 쓰이는 말이지만, 이들 중에서 '*-지만서도'는 방언의 냄새가 강하다고 보아서 비표준어로 버리고 '-지만'만 표준어로 삼았다.

제5절 복수 표준어

제5절은 '복수 표준어'에 따른 규정이다. '가는허리'와 '잔허리'처럼 동일한 의미를 가

진 두세 가지 단어가 대등한 세력으로 널리 익어져 쓰이는 경우, 그 두세 가지 단어를
모두 다 표준어로 인정한다는 규정이다.

제26항 한 가지 의미를 나타내는 형태 몇 가지가 널리 쓰이며 표준어 규정에 맞으
면, 그 모두를 표준어로 삼는다.

(보기) 가는허리/잔허리, 가락엿/가래엿, 가뭄/가물, 가엾다/가엽다, 감감무소식/감감
소식, 개수통/설거지통, 개숫물/설거지물, 갱엿/검은엿, -거리다/-대다, 거윗
배/횟배, 것/해, 게을러빠지다/게을러터지다, 고깃간-푸줏간, 곰곰/곰곰이, 관
계없다/상관없다, 교정보다/준보다, 구들재/구재, 귀퉁머리/귀퉁배기, 극성떨
다/극성부리다, 깃저고리/배내옷/배냇저고리, 까까중/중대가리, 꼬까/때때/고
까, 꼬리별/살별, 꽃도미/붉돔, 나귀/당나귀, 넝쿨/덩굴, 녘/쪽, 눈대중/눈어림/
눈짐작, 느리광이/느림보/늘보, 늦모/마냥모, 다기재/다기차다, 다달이/매달,
-다마다/-고말고, 다박나룻/다박수염, 닭의장/닭장, 댓돌/툇돌, 덧장/겉장, 독
장치다/독판치다, 동자기둥/쪼구미, 돼지감자/뚱딴지, 되우/된통/되게, 두동무
늬/두동사니, 뒷갈망/뒷감당, 뒷말/뒷소리, 들락거리다/들랑거리다, 들락날락/
들랑날랑, 딴전/딴청, 땅콩/호콩, 땔감/땔거리, -뜨리다/-트리다, 뜬것/뜬귀신,
마룻줄/용총줄, 마파람/앞바람, 만장판/만장중(滿場中), 만큼/만치, 말동무/말
벗, 매갈이/매조미, 매통/목매, 먹새/먹음새, 멀치감치/멀찌가니/멀찍이, 멱통/
산멱/산멱통, 면치레/외면치레, 모내다/모심다, 모쪼록/아무쪼록, 목판되/모
되, 목화씨/면화씨, 무심결/무심중, 물봉숭아/물봉선화, 물부리/빨부리, 물심
부름/물시중, 물추리나무/물추리막대, 물타작/진타작, 민둥산/벌거숭이산, 밑
층/아래층, 바깥벽/밭벽, 바른/오른[右], 발모가지/발목쟁이, 버들강아지/버들
개지, 벌레/버러지, 변덕스럽다/변덕맞다, 보조개/볼우물, 보통내기/여간내기/
예사내기, 볼따구니/볼퉁이/볼때기, 부침개질/부침질/지짐질, 불똥앉다/등화
지다/등화앉다, 불사르다/사르다, 비발/비용(費用), 뾰두라지/뾰루지, 살쾡이/
삵, 삽살개/삽사리, 상두꾼/상여꾼, 상씨름/소걸이, 생/새앙/생강, 생뿔/새앙뿔
/생강뿔, 생철/양철, 서럽다/섧다, 서방질/화냥질, 성글다/성기다, -(으)세요
/-(으)셔요, 송이/송이버섯, 수수깡/수숫대, 술안주/안주, -스레하다/-스름하
다, 시늉말/흉내말, 시새/세사(細沙), 신/신발, 신주보/독보(櫝褓), 심술꾸러기/
심술쟁이, 쏜쓰레하다/쏜쓰름하다, 아귀세다/아귀차다, 아래위/위아래, 아무
튼/어떻든/어쨌든, 하여튼, 여하튼, 앉음새/앉음앉음, 알은척/알은체, 애갈이/

애벌갈이, 애꾸눈이/외눈박이, 양념감/양념거리, 어금버금하다/어금지금하다, 어기여차/어여차, 어림잡다/어림치다, 어이없다/어처구니없다, 어저께/어제, 언덕바지/언덕배기, 얼렁뚱땅/엄벙땡, 여왕벌/장수벌, 여쭈다/여쭙다, 여태/입때, 여태껏/이제껏/입때껏, 역성들다/역성하다, 연달다/잇달다, 엿가락/엿가래, 엿기름/엿길금, 엿반대기/엿자박, 오사리잡놈/오색잡놈, 옥수수/강냉이, 왕골기직/왕골자리, 외겹실/외올실/홑실, 외손잡이/한손잡이, 욕심꾸러기/욕심쟁이, 우레/천둥, 우지/울보, 을러대다/을러매다, 의심스럽다/의심쩍다, -이에요/이어요, 이틀거리/당고금, 일일이/하나하나, 일찌감치/일찌거니, 입찬말/입찬소리, 자리옷/잠옷, 자물쇠/자물통, 장가가다/장가들다, 재롱떨다/재롱부리다, 제가끔/제각기, 좀처럼/좀체, 줄꾼/줄잡이, 중신/중매, 짚단/짚뭇, 쪽/편, 차차/차츰, 책씻이/책거리, 척/체, 천연덕스럽다/천연스럽다, 철따구니/철딱서니/철딱지, 추어올리다/추어주다, 축가다/축나다, 침놓다/침주다, 통꼭지/통젖, 파자쟁이/해자쟁이, 편지투/편지틀, 한턱내다/한턱하다, 해웃값/해웃돈, 혼자되다/홀로되다, 흠가다/흠나다/흠지다

제26항의 복수 표준어 규정은 동일한 의미를 가진 두세 가지 단어가 대등한 세력으로 널리 익어져 쓰이는 경우, 그 두세 가지 단어를 모두 다 표준어로 인정한다는 규정이다.

여기서는 복수 표준어 중에서 표준어 사정과 관련하여 문제가 되는 사항에 대하여 간략하게 논의한다.

①-거리-/-대- : '-거리-'와 '-대-'는 동작 또는 상태를 나타내는 일부 어근 뒤에 붙어서 '그런 상태가 잇따라 계속됨'의 뜻을 더하는 접미사이다.

　　(1) 서성거리다/서성대다, 출렁거리다/출렁대다, 비틀거리다/비틀대다

'-거리다'와 '-대다'는 의미적 차이도 분명하지 않고, 둘 다 널리 쓰이므로 복수 표준어로 삼았다.

② -뜨리-/-트리- : '-뜨리다'와 '-트리다'는 몇몇 동사의 '-아/어' 연결형 또는 어간 뒤에 붙어서 강조의 뜻을 더하는 접미사이다.

　　(2) ㄱ. 깨뜨리다/깨트리다, 밀뜨리다/밀트리다, 자빠뜨리다/자빠트리다
　　　　ㄴ. 밀어뜨리다/밀어트리다, 넘어뜨리다/넘어트리다

'-뜨리다'와 '-트리다'의 두 가지 어형도 '-거리다'와 '-대다'의 경우와 마찬가지로 둘 다 널리 쓰이므로 복수 표준어로 삼는다. 이 두 어형 사이에 어감의 차이가 있는 듯하지만, 그 차이가 크지 않다고 보아서 복수 표준어로 처리한다.

③ 가뭄/가물 : '가뭄(旱)'과 '가물'을 비교하면 의미적인 차이는 없으나 현대어에서는 '가뭄'이 더 널리 쓰이고 있다. 그러나 아직은 '가물'이 드물지만 쓰는 말로 인정하여 '가뭄'과 '가물'의 두 어형을 모두 표준어로 처리한다.

④ 가엾다/가엽다, 서럽다/섧다, 여쭙다/여쭈다 : '가엾다/가엽다', '서럽다/섧다', '여쭙다/여쭈다'는 두 가지 어형이 널리 쓰이고 있고 그 활용 형태도 다양하게 실현되므로 복수 표준어로 삼는다.

(3) ㄱ. 가엾다 : 가엾어라, 가엾은, 가엾어, 가엾었다
　　ㄴ. 가엽다 : 가여워라, 가여운, 가여워, 가여웠다

(4) ㄱ. 여쭙다 : 여쭈워라, 여쭈운, 여쭈워, 여쭈웠다
　　ㄴ. 여쭈다 : 여쭈어라, 여쭌, 여쭈어, 여쭈었다

(5) ㄱ. 서럽다 : 서러워라, 서러운, 서러워, 서러웠다
　　ㄴ. 섧다 　: 설워라, 설운, 설워, 설웠다

(3~5)의 '가엾다/가엽다', '여쭙다/여쭈다', '서럽다/섧다' 등은 두 가지 어형이 모두 다 쓰이고 있으며, 각 어형에 대하여 여러 가지의 활용 형태가 다 쓰이고 있다. 그러므로 이들 어형은 모두 복수 표준어로 처리한다.

⑤ -으셔요 : '-으셔요'는 '-으시- + -어 + -요'로 형태소 단위로 분석된다.[1] 본말인 '-으시어요'가 줄어져서 '-으셔요'가 되었고, '-으셔요'의 변이형이 '-으세요'이다.

(6) 잡(어간)- + -으시- + -어 + -요 → 잡으셔요/잡으세요

문법적인 형태를 보면 '-으셔요'의 형이 어원에 가까워서 '-으셔요'만을 표준어로 삼았다. 그러나 현실 언어 생활에서 '-으세요' 형이 훨씬 많이 쓰이고 있는 점을 감안하여서 '-으세요'도 복수 표준어로 인정하였다.

⑥ -이어요/ -이에요, -여요/-예요 : 서술격 조사의 '해요체 평서형'인 '-이어요/ -이

---

1) '-으시'는 주체 높임 선어말 어미이며, '-어'는 평서형 종결 어미, '-요'는 종결 보조사이다.

에요'와 '-여요/-예요'가 복수 표준어로 쓰인다. 여기서 '-이어요/ -이에요'의 형태는 자음으로 끝나는 체언 뒤에 쓰이며, '-여요/-예요'의 형태는 모음으로 끝나는 체언 뒤에 쓰인다.

첫째, '사람'처럼 자음으로 끝나는 체언 뒤에서는 '-이어요'의 형태가 쓰이는데, '-이어요'의 변이형이 '-이에요'이다.[2]

  (7) ㄱ. 사람 + -이- + -어요 → 사람이어요
    ㄴ. 사람 + -이- + -에요 → **사람이에요**

문법적인 형태만 고려하면 앞의 '-으셔요/-으세요'와 마찬가지로 '-이어요' 형을 표준어로 삼는 것이 좋다. 그러나 이 말의 현실 발음이 [이에요]로 굳어 가고 있으므로 두 어형을 모두 복수 표준어로 인정하였다.

둘째, '여자'처럼 끝음절이 모음으로 끝나는 체언 다음에는 '-여요/-예요'의 형태로 실현된다.

  (8) ㄱ. 여자 + -이어요 → *여자(이어)요 → 여자여요
    ㄴ. 여자 + -이에요 → *여자(이에)요 → **여자예요**

(8)의 '여자'처럼 받침 없이 모음으로 끝난 명사 다음에는, '-이어-/-이에-'의 형태가 한 음절로 줄어든 다음에 '-요'와 결합하여서 '-여요/-예요'의 형태로 된다.[3]

참고로, 형용사인 '아니다'의 어간에 직접 결합할 때에는 '-어요/-에요'의 형태인 어미가 붙어서 '아니어요/아니에요'로 쓰인다.

  (9) ㄱ. 아니어요(본말) → 아녀요(준말)
    ㄴ. **아니에요**(본말) → 아녜요(준말)

---

2) '-이어요'는 '-이- + -어 + -요'로 분석된다. 여기서 '-이-'는 서술격 조사이며, '-어'는 '해체'의 평서형의 종결 어미이며, '-요'는 높임의 뜻을 나타내는 종결 보조사이다.
3) '-이어요/-이에요'와 '-여요/-예요'의 어형과 관련해서 지금까지 설명한 것을 정리하면 다음과 같다. 받침이 있는 체언 아래에서는 '사람이어요/사람이에요'의 형태로 쓰일 수 있고, '아니다'에 붙을 때에는 '아니어요/아니에요' 혹은 그 준말인 '아녀요/아녜요'의 형태로 쓸 수 있다. 그리고 받침이 없는 체언 아래에서는 '여자여요/여자예요'의 형태로 쓰인다.

이들 '아니어요/아니에요'의 준말이 '아녀요/아네요'이므로 결과적으로 네 가지 어형이 복수 표준어로 인정된다. 그러나 이들 네 가지 형태 중에서 '아니에요'의 형태가 가장 널리 쓰인다.

⑦ 신발/신 : '신발(履)'은 단음절인 '신'만으로는 의사 전달이 정확하게 이루어지지 않을 것을 염려해서, 이를 보완하는 수단으로 '신'에 '발'이 덧붙어서 형성된 합성어이다. 이는 '빗자루'가 '비'에 '자루'가 붙어서 형성된 합성 명사인 것과 마찬가지이다.

⑧ 알은척/알은체 : 합성 명사인 '알은척/알은체'4)에서 '알은'은 'ㄹ' 불규칙 용언인 '알다'가 활용한 꼴이므로, 원칙적으로는 그 어형을 '안'으로 잡아서 '*안척'이나 '*안체'로 잡아야 한다.

(10) [알(어간)- + -ㄴ(관형사형 전성 어미) + 척/체] → *안척/*안체

그러나 이 말의 발음이 [아른]으로 굳어 버린 점을 감안하여, '*안척/*안체'를 버리고 '알은척/알은체'를 복수 표준어로 정하였다.

⑨ 우레 : '우레'는 어원적으로 보면 '울다'의 어간 '울-'에 명사 파생 접미사인 '-에'가 붙어서 만들어진 순우리말 파생어이다.

(11) [울(울다, 鳴)- + -에(명사 파생 접미사)] → 우레

그런데 언중들이 이 말을 한자어에서 온 말로 잘못 생각하여 흔히 '우뢰(雨雷)'로 잘못 적는 경우가 많았다. 표준어 규정에서는 이러한 현상을 바로잡아서 원래의 순우리말 '우레'만을 표준어로 삼았다. 그리고 '우레'와 의미가 유사하고 언중들 사이에 널리 쓰이는 '천둥(← 天動)'도 표준어로 처리하였다.

제2부 표준 발음법

누구나 국어 어휘를 똑같이 발음할 것 같지만, 실제로 발음하는 것을 보면 그렇지 않은 경우가 많다. 이처럼 사람들이 서로 발음하는 법이 달라서 의사소통에 지장이 생긴다면 효과적인 국어 생활을 할 수 없다. 〈표준 발음법〉은 이러한 혼란을 방지하기 위하여 발음할 때의 표준(標準)을 정하여 놓은 규정이다.

---

4) 알은척/알은체 : 어떤 일에 관심을 가지는 듯한 태도를 보이는 것이다.

제1장 총칙
제2장 자음과 모음
제3장 음의 길이
제4장 받침의 발음
제5장 음의 동화
제6장 된소리되기
제7장 음의 첨가

〈표 1〉 표준 발음법의 얼개

제1장인 총칙에서는 표준어를 발음하는 법에 대한 일반적인 원칙을 제시하였다. 곧 총칙의 제1항은 '표준어의 실제 발음'을 따른다는 기본적인 원칙 아래에서, '국어의 전통성'과 '국어의 합리성'을 고려해서 정한다는 것이다.

> **제1항** 표준 발음법은 표준어의 실제 발음을 따르되, 국어의 전통성과 합리성을 고려하여 정함을 원칙으로 한다.

첫째, 표준 발음법은 기본적으로 '표준어의 실제 발음'을 따른다. 곧 〈표준어 사정 원칙〉의 총칙 제1항에서 표준어를 "교양 있는 사람들이 두루 쓰는 현대 서울말"로 규정함에 따라서, 현재 지금 교양 있는 서울 사람들이 실제로 사용하는 발음을 표준 발음으로 정한다는 것이다. 따라서 발음처럼 특정 지역에 편중되고 개인의 언어 습관에 따라서 발음하는 하는 것은 표준어의 발음으로 인정하지 않는다는 것이다.

둘째, 국어의 '전통성'과 '합리성'은 국어사적인 전통성과 음운론적인 타당성을 말한다. 곧 현대 국어는 그 이전에 이미 고대 국어, 중세 국어와 근대 국어의 기반 위에서 형성된 언어 체계이다. 따라서 현대 국어에서 특정한 어휘의 발음에 여러 가지의 변이형이 생겼을 때에는 가급적이면 국어사적인 전통을 고려해서 표준 발음을 정한다는 것이다.

(1) ㄱ. ㅟ [y] / [wi]   (2) ㄱ. 馬 [말] cf. 言 [말 :]
    ㄴ. ㅚ [ø] / [we]   ㄴ. 罰 [벌] cf. 蜂 [벌 :]

(1)에서 현대어에서 전설 고모음인 'ㅟ'와 전설 중모음인 'ㅚ'는 현실 언어에서는 대부분의 언중들이 이중 모음인 [wi]와 [we]로 발음하고 있다. 그러나 18세기 말부터 서울 지역

어에서 '귀'와 '괴'를 단모음인 [y]와 [ø]로 발음해 왔는데, 〈표준 발음법〉에서는 이러한 국어사적인 전통을 감안하여 '귀'와 '괴'를 단모음으로 인정하고 있다. 그리고 근대 국어 이래로 현대 서울말에서는 (2)처럼 단어에서 긴소리와 짧은 소리가 구분되어 쓰여 왔다. 그런데 경상도 지역의 언중들이나 서울 지역의 젊은 사람들 중에서는 단어의 장단을 구분하지 않고 발음하는 사람이 많다. 이처럼 현실 언어에서 장단을 구분하지 않는 발음이 쓰이기는 하지만, 근대 국어 이후로 장단을 구분하여 발음하는 국어사의 전통에 따라서 장단을 구분하는 것을 표준 발음으로 정한다.

그리고 현실 언어에서 사용되는 발음이 예전의 국어사적인 전통과 달라져 있다고 하여도, 국어 음운론의 이론적인 합리성에 근거하여 표준 발음을 정하는 경우도 있다.

(3) ㄱ. 꽃을 [꼬츨/꼬슬], 젖을[저즐/저슬], 낮을[나츨/나슬]
ㄴ. 멋있다[머딛따/머싣따], 맛있다[마딛따/마싣따]

(ㄱ)에서 '꽃을, 젖을, 낮을'은 비록 청소년 계층에서 [꼬슬], [저슬], [나슬]으로 발음하는 경향이 있으나, '연음 법칙'이라는 음운론적인 규칙을 고려하여 [꼬츨], [저즐], [나츨]을 표준 발음으로 정했다. 그리고 (ㄴ)에서 '멋있다'와 '맛있다'도 현실 언어에서는 대부분 [머싣따]와 [마싣따]로 발음하고 있으나, 평파열음화와 연음 규칙의 음운론적 이론에 따라서 [머딛따]와 [마딛따]의 발음도 표준 발음으로 인정하고 있다.

이처럼 '표준 발음'은 국어에서 실제로 사용되는 현실 발음을 기반으로 정하되, 국어사적인 전통성과 국어 음운론의 이론적 합리성을 고려하여 정한 것이다.

제2장인 '자음과 모음'에서는 국어의 자음 음소와 모음 음소의 목록을 정하였다. 〈표준 발음법〉에서는 표준어의 자음 음소를 'ㄱ, ㄲ, ㄴ, ㄷ, ㄸ, ㄹ, ㅁ, ㅂ, ㅃ, ㅅ, ㅆ, ㅇ, ㅈ, ㅉ, ㅊ, ㅋ, ㅌ, ㅍ, ㅎ'의 19개로 정하였다. 그리고 표준어의 모음을 'ㅏ, ㅐ, ㅑ, ㅒ, ㅓ, ㅔ, ㅕ, ㅖ, ㅗ, ㅘ, ㅙ, ㅚ, ㅛ, ㅜ, ㅝ, ㅞ, ㅟ, ㅠ, ㅡ, ㅢ, ㅣ'의 21개로 정하였다. 이들 모음 중에서 'ㅏ ㅐ ㅓ ㅔ ㅗ ㅚ ㅜ ㅟ ㅡ ㅣ'는 단모음(單母音)으로 발음하며, 'ㅑ ㅒ ㅕ ㅖ ㅘ ㅙ ㅛ ㅝ ㅞ ㅠ ㅢ'는 이중 모음으로 발음한다고 규정하였다.

제3장인 '음의 길이'에서는 음의 길이에 따른 대립인 긴소리와 짧은소리의 두 가지 발음을 표준 발음으로 인정하였다. 그리고 긴소리는 단어의 제1음절에서만 인정하고 둘째 음절 이하에서는 짧게 발음하는 것으로 정했다.

제4장인 '받침의 소리'에서는 음절의 받침에 오는 자음에 적용되는 음운 법칙을 제시하였다. 국어의 자음은 총 19개인데 이들 자음 중에서 음절의 끝소리(종성)에서 발음될 수 있는 자음은 'ㄱ, ㄴ, ㄷ, ㄹ, ㅁ, ㅂ, ㅇ'의 7개로 한정된다. 이러한 제약 때문에 음절의

끝 자리에 이 일곱 자음 이외의 자음이 오게 되면 이 7개의 자음 중의 하나로 바뀌어서 발음되는데, 이 현상을 '음절의 끝소리 규칙'이라고 한다. 이러한 '음절의 끝소리 규칙'은 그것이 적용되는 소리의 종류에 따라서, '평파열음화'와 '자음군 단순화'로 나누어서 규정하였다.

제5장인 '음의 동화'에서는 발음을 편하게 하기 위하여 인접한 두 음운이 서로 닮는 현상을 다루고 있는데, 주로 앞이나 뒤의 소리의 조음 위치나 조음 방법이 비슷해지거나 같아지는 현상이다. 〈표준 발음법〉에서는 '음의 동화' 현상을 '구개음화, 비음화, 유음화, 자음의 위치 동화, 모음 동화, 모음 조화' 등으로 나누어서 자세히 다루었다.

제6장인 '된소리되기'는 두 형태소가 이어지는 과정에서 앞 형태소의 끝소리의 영향을 받아서 뒤 형태소의 예사소리가 된소리로 바뀌는 현상을 이른다. 〈표준 발음법〉에서는 된소리되기를 '국밥[국빱]'처럼 장애음의 뒤에서 일어나는 것과 '갈등[갈뜽]'처럼 유성 자음의 뒤에서 일어나는 것의 두 유형으로 나누어서 다루었다. 그리고 '문고리[문꼬리]'처럼 사이시옷이 표기되지 않았으나 사잇소리 현상에 따라서 예사소리가 된소리로 바뀌는 현상도 함께 다루었다.

제7장인 '음의 첨가'에서는 형태소와 형태소가 합쳐져서 합성 명사가 될 때에 그 사이에 음운이 덧붙은 현상을 다루었다. 〈표준 발음법〉에는 '음의 첨가' 현상을 '솜이불[솜니불]'과 같은 일반적인 "ㄴ'의 첨가' 현상과 함께, '냇가[내까/낻까]'처럼 사이시옷이 표기된 합성어에서 일어나는 된소리되기를 아울러서 다루었다.[5]

---

5) 〈표준 발음법〉의 2장~6장에서 다루고 있는 세부 내용은 『학교 문법 1』의 제2부인 '음운론'에서 이미 자세하기 기술하였으므로, 여기서는 〈표준 발음법〉의 내용 체계만 설명하는 데에 그친다.

제2장 한글 맞춤법

표준어가 입말을 중심으로 언어를 표준화한 결과라면, '한글 맞춤법(정서법, orthography)'은 표준어를 글자로 적는 방법을 표준화한 것이다. 최초의 한글 맞춤법은 일제 강점기 시기인 1933년10월 29일에 '조선어 학회'에서 〈조선어 마춤법 통일안〉이라는 책으로 발표하였다. 이후 몇 차례의 개정을 거쳐서 1988년에 문교부 고시 88-1호로 현행의 〈한글 맞춤법〉이 공포되어서, 1989년 이후 지금까지 시행되고 있다.

2.1. '한글 맞춤법'의 특징

한글의 낱글자는 음소 문자이기 때문에, 원칙적으로는 각 단어를 소리 나는 대로 적어야 한다. 그러나 〈한글 맞춤법〉에서는 단어를 소리 나는 대로 적는 것을 원칙으로 하되, 독서의 효율을 높이기 위해서 변동된 형태의 기본 형태를 밝혀서 적기도 한다.

〈 모아쓰기 〉 한글은 음소 글자이므로 한 글자가 하나의 음소를 대표한다. 이러한 점을 고려하면 한글은 영어의 알파벳처럼 풀어서 적어야 한다. 그러나 한글은 훈민정음을 창제할 당시부터 모아쓰기를 해 왔는데, 이는 『훈민정음 해례본』의 다음과 같은 규정 때문이다.

(1) ㄱ, ·, ㅡ, ㅗ, ㅜ, ㅛ, ㅠ 附書初聲之下, ㅣ, ㅏ, ㅓ, ㅑ, ㅕ 附書於右. 凡字必合而成音.

　　ㄴ, ·, ㅡ, ㅗ, ㅜ, ㅛ, ㅠ는 초성의 아래에 붙여 쓰고, ㅣ, ㅏ, ㅓ, ㅑ, ㅕ는 초성의 오른쪽에 붙여 쓴다. <u>모든 글자는 반드시 합쳐야 소리를 이룬다.</u>

『훈민정음 해례본』에 나타난 규정에 따라서 한글은 창제된 이래로 줄곧 음절 단위로 모아서 적는 것을 원칙으로 삼았다. 예를 들어 입말 [손님]을 풀어서 적으면 'ㅅㅗㄴㄴㅣㅁ'처럼 되는데, 이들 낱글자를 모아 적어서 '손님'으로 적었다.

    [손님] ┬ ⟨모아쓰기⟩: 손님
          └ ⟨풀어쓰기⟩: ㅅ ㅗ ㄴ ㄴ ㅣ ㅁ

이렇게 모아쓰기를 하게 된 것은 두 가지 이유 때문이라고 추측한다. 첫 번째 이유는 훈민정음 창제 이전부터 줄곧 사용해 왔던 한자가 모두 음절의 소리 단위로만 쓰였다는 점이다. 이 때문에 한글도 한자에 맞추기 위하여 음절 단위로 모아서 적었을 가능성이 크다. 그리고 두 번째 이유는 모아쓰기를 하면 한글과 한자의 글꼴이 조화를 이룰 수 있다는 점이다. '국민(國民)'을 풀어 쓰면 'ㄱㅜㄱㅁㅣㄴ'과 같이 되는데, 이것은 國民과 비교할 때 글꼴이 아주 다르다. 한글과 한자를 혼용할 것을 염두에 두었기 때문에, 한글과 한자의 글꼴을 비슷하게 할 필요가 있었으므로 모아쓰기를 한 것이다.

    한글은 위와 같은 두 가지 이유 때문에 모아쓰기를 시작하였지만, 결과적으로 모아쓰기를 함으로써 우리말을 적을 때에 표의성이 높아지는 효과가 생긴다.

(2) ㄱ. 먹으니   (3) ㄱ. ㅁㅓㄱㅇㅡㄴㅣ
    ㄴ. 먹으면서   ㄴ. ㅁㅓㄱㅇㅡㅁㅕㄴㅅㅓ
    ㄷ. 먹겠다   ㄷ. ㅁㅓㄱㄱㅔㅆㄷㅏ

(2)와 같이 모아쓰기를 하게 되면 어간의 꼴이 '먹'으로 고정되어 어간과 어미가 시각적으로 구분되는 효과가 나타난다. 이에 반하여 (3)처럼 풀어쓰기를 하면 (2)에서 나타나는 시각적 효과를 얻을 수 없다. 결국 한글은 음절 단위로 모아쓰게 된 결과 표의성이 생기게 되어 독서 효율이 높아지게 되었다.

    ⟨ 원형 밝혀 적기 ⟩ 한글은 한 단어가 나타내는 음소를 하나의 글자로 표현하는 소리글자이기 때문에 소리 나는 대로 적는 것이 원칙이다. 곧 '잠자리, 개구리, 사람' 등의 단어는 그것이 [잠자리, 개구리, 사람]으로 소리 나기 때문에 '잠자리, 개구리, 사람'으로 적는다.

    한글은 소리글자이므로 ⟨한글 맞춤법⟩ 제1항에서도 다음과 같이 규정하여 소리 나는 대로 적는 것을 제1의 원칙으로 삼고 있다.

    (4) 한글 맞춤법은 표준어를 <u>소리대로 적되</u>, 어법에 맞도록 함을 원칙으로 한다.

이처럼 소리 나는 대로 글자를 적는 표기법을 '음소적 표기법(phoneticism)'이라고 한다. 그런데 이처럼 소리 나는 대로 한글을 적었을 때에는 문제가 생길 수 있다.

(5) ㄱ. 꽃-+-이	(6) ㄱ. 꼬치	(7) ㄱ. 꽃이
ㄴ. 꽃-+-도	ㄴ. 꼳또	ㄴ. 꽃도
ㄷ. 꽃-+-만	ㄷ. 꼰만	ㄷ. 꽃만

(5)의 예들은 체언인 '꽃'에 조사인 '-이, -도, -만'이 붙은 것인데, 이들 단어를 소리 나는 대로 적으면 (6)과 같이 '꼬치, 꼳또, 꼰만'으로 적어야 한다. 이렇게 소리 나는 대로 적으면 체언의 형태가 '꽃, 꼳, 꼰'으로 각각 달리 적히게 되어서, 독자들이 글을 읽을 때에 혼동할 수 있다. 이에 반하여 (7)처럼 적는다면 '꽃'의 형태가 바뀌더라도 동일한 형태소의 형태를 일관되게 적을 수 있는 장점이 있다.

'형태 음소적 표기법(ideographicism)'은 단어가 활용을 할 때에 형태가 달라지는 문제를 방지하고 글자의 시각적 효과를 극대화하기 위하여 나타난 표기법이다. 형태 음소적 표기법에서는 표준어를 적을 때에 두 가지 점을 고려한다.

첫째, 한 형태소가 여러 변이 형태로 바뀌어 실현되더라도 기본 형태로 적는다.

(8) 값 → [값, 갑, 감]

(9) ㄱ. 값+이 → [갑시]
 ㄴ. 값+도 → [갑또] ─ '값이, 값도, 값만'
 ㄷ. 값+만 → [감만]

예를 들어 형태소 '값'은 음운적 환경에 따라서 '값, 갑, 감'으로 변동하지만 이를 소리 나는 대로(변이 형태대로) 적지 않고 기본 형태인 '값'으로 적는다. 형태소가 변동하는 것과는 관계없이 기본 형태를 고정하여, 의미를 효율적으로 파악할 수 있게 하는 것이다.

둘째, 형태소와 형태소의 경계를 구분하여 적는다.

(10) { 닭 } + { -이, -을, -에, -에게 }

(11) ㄱ. 닭+이   → [달기]
 ㄴ. 닭+을   → [달글] ─ '닭이, 닭을, 닭에게'
 ㄷ. 닭+에게 → [달게게]

체언인 '닭'의 뒤에 모음으로 시작하는 조사가 오면 체언의 끝 자음이 뒤 음절로 넘어가게 되어서 [달기, 달글, 달게게] 등으로 발음된다. 이렇게 소리 나는 대로 적으면 체언 부분과 조사 부분이 구분되지 않아서 이들 단어의 의미를 파악하기가 쉽지 않게 된다. 이러한 현상을 막기 위하여 체언과 조사의 형태를 구분하여 '닭이, 닭을, 닭에게'로 표기하는 것이다.

> (12) ㄱ. 먹고[먹꼬], 죽고[죽꼬]
>   ㄴ. 먹으니[머그니], 죽으니[주그니]
>   ㄷ. 먹는다[멍는다], 죽는다[중는다]

그리고 (12)처럼 용언의 활용 형태를 적을 때에도 어간과 어미의 형태를 구분하여 표기함으로써, 문자를 통한 의미를 효율적으로 파악하게 한다.

이렇게 의미 파악의 능률을 높이기 위하여 〈한글 맞춤법〉의 제1항의 두 번째 조건으로 '어법에 맞게 함'이라는 규정을 두게 되었다. 곧 체언이나 어간의 꼴을 고정시켜서, 그 단어가 어떻게 활용하든지 간에 동일한 글자로 적는다. 이와 같이 한 단어의 여러 변이 형태 중에서 기본 형태를 밝혀 기본형을 세우고, 분철까지 하여 원형을 밝혀서 적는 표기 방법을 '형태 음소적 표기법(ideographicism)'이라고 한다. 결국 〈한글 맞춤법〉은 음소적 표기법을 기반으로 하되, 형태 음소적 표기법을 지향한다.

2.2. '한글 맞춤법'의 원리

2.2.1. '소리대로 적기'와 '원형 밝혀 적기'의 원리

〈한글 맞춤법〉에서 가장 핵심이 되는 내용은 '표준어를 소리 나는 대로 적을 것인가, 아니면 원형을 밝혀 적을 것인가'이다. 곧 표음주의를 따를 것인가 아니면 표의주의를 따를 것인가의 문제이다. 이 문제에 대한 절대적인 원칙은 없지만, 〈한글 맞춤법〉에서는 대략 다음과 같은 몇 가지 기준에 따라 '소리대로 적기'와 '원형 밝히기'를 적용한다.

하나의 형태소로 이루어진 단어이면서 변동이 일어나지 않는 것은 소리 나는 대로 적는다. 곧 [달]은 '달'로, [감자]는 '감자'로, [하늘]은 '하늘'로 적는다. 이는 하나의 형태소로 된 단어가 형태 변화를 보이지 않기 때문에 소리 나는 대로 적는 것이다. 반면에 한 단어(어절) 속의 형태소에 변동이 일어나는 경우에는, 이를 소리 나는 대로 적기도 하고 형태소의 원형을 밝혀 적기도 한다. 여기서 '소리 나는 대로 적기'와 '원형을 밝혀서 적기'는 대략 다음의 세 가지 기준에 따라서 결정된다.

---

① 변동의 유형에 따른 기준
② 복합어에서 밑말의 확실성에 따른 기준
③ 복합어에서 접사의 파생력에 따른 기준

〈표 2〉 음소적 표기와 형태 음소적 표기의 기준

다음은 변동이 일어나는 단어를 적는 데에 적용되는 ①~③의 기준에 대하여 자세하게 알아보기로 한다.

2.2.1.1. 변동의 유형에 따른 기준

〈한글 맞춤법〉의 규정 가운데 많은 부분이 '단어를 소리 나는 대로 적을 것인가, 아니면 원형을 밝혀 적을 것인가'의 문제를 다루고 있다. 〈한글 맞춤법〉에서는 대략 몇 가지의 기준을 바탕으로 위의 문제에 대한 결정을 내린다.

가. 보편적·필연적인 변동은 원형을 밝힌다

보편적이면서 필연적인 변동은 특정한 조건 아래에서 어떠한 경우에라도 반드시 일어나므로 변동의 결과를 예측할 수 있다. 따라서 이러한 단어는 소리의 변화와 관계없이 원형을 밝혀서 적더라도 글을 읽는 사람이 발음을 혼동할 염려가 없다.

(1) ㄱ. 잎[입], 옷[옫], 있고[읻꼬], 낮[낟], 꽃[꼳], 바깥[바깓], 밖[박], 부엌[부억]

ㄴ. 값[갑], 앉고[안꼬], 외곬[외골]

ㄷ. 술이[수리], 먹어[머거], 속옷[소곧]

ㄹ. 먹는다[멍는다], 받는[반는], 앞만[암만], 남루[남누], 종로[종노], 섭리[섬니]

ㅁ. 신라[실라], 난로[날로], 칼날[칼랄]

ㅂ. 굳이[구지], 같이[가치]; 밭이[바치], 붙이다[부치다]

ㅅ. 입학[이팍]; 좋고[조코], 많다[만타], 옳지[올치] ; 잡히다[자피다], 먹히다[머키다]

ㅈ. 입고[입꼬], 앞길[압낄], 젖소[젇쏘] ; 책도[책또] ; 넘고[넘꼬], 신더라[신떠라]

(1)에서 (ㄱ)의 단어들은 평파열음화, (ㄴ)은 자음군 단순화, (ㄷ)은 연음 법칙, (ㄹ)은 비음화, (ㅁ)은 유음화, (ㅂ)은 구개음화, (ㅅ)은 자음 축약(거센소리되기), (ㅇ)은 '된소리되기'의 보편적-필연적 음운 변동이 일어나는 환경에 놓여 있다. 그러므로 (1)의 어휘들은 모든 경우에(보편적 변동) 그리고 반드시(필연적 변동) 변동된 대로 발음된다. 이러한 경우에는 독서 효율을 높이기 위해서 '잎, 먹는다, 굳이, 입학, 입고'처럼 원형을 밝혀서 적더라도 글을 읽는 사람은 반드시 [입, 멍는다, 구지, 이팍, 입꼬]로 발음하게 되므로 발음상의 혼동은 일어나지 않는다. 따라서 (1)처럼 특정한 단어가 보편적이면서 필연적으로 변동할 때에는 독서 효율을 높이기 위해서 원형을 밝혀서 적는다.

이렇게 보편적이면서 필연적으로 변동하기 때문에 원형을 밝혀 적는 변동으로는 '평파열음화, 자음군 단순화, 연음 법칙, 비음화, 유음화, 구개음화, 자음 축약(거센소리되기), 된소리되기' 등이 있다.

나. 한정적·필연적 변동은 소리대로 적는다

한정적·필연적 변동은 특정한 단어들에서는 변동이 반드시 일어나기는 하지만, 그와 같은 음운적 환경에 놓인 다른 단어들에는 변동이 일어나지 않는 변동이다. 이처럼 한정적·필연적인 변동이 일어나는 단어를 변동된 대로 적지 않으면, 글을 읽는 사람은 변동이 일어나지 않는 형태에 이끌려서 변동되지 않은 형태로 발음을 그릇되게 할 가능성이 있다. 따라서 한정적 변동을 하는 단어들은 원형을 밝히지 않고 소리 나는 대로 적는다.

한정적·필연적인 변동을 하기 때문에 소리 나는 대로 적는 변동 현상에는 '불규칙 활용, /ㅡ/ 탈락, 모음 조화, 매개 모음 탈락이 있고, 합성어에서 어근과 어근이 결합할 때에 일어나는 /ㄴ/ 첨가, /ㅂ/ 첨가, /ㅎ/ 첨가, /ㄹ/ 탈락, /ㄹ/의 /ㄷ/ 되기' 등이 있다.

〈 불규칙 활용 〉 불규칙 활용을 하는 용언의 어간과 어미는 반드시 소리 나는 대로 적어야만 한다.

(2) ㄱ. 걷+어 → [거러]　　(3) ㄱ. 닫+아 → [다다]　　(4) ㄱ. 걷어 → [*기더]
　　 ㄴ. 잇+어 → [이어]　　　　 ㄴ. 벗+어 → [버서]　　　　 ㄴ. 잇어 → [*이서]
　　 ㄷ. 곱+아 → [고와]　　　　 ㄷ. 꼽+아 → [꼬바]　　　　 ㄷ. 곱아 → [*고바]

(2)의 '걷다, 잇다, 곱다'의 어간인 '걷-, 잇-, 곱-'은 어미인 '-아/어'와 결합하면 [거러, 이어, 고와]로 발음된다. 그러나 (3)의 '닫다, 벗다, 꼽다'의 어간은, (2)와 동일한 음운적인 환경에 놓여 있지만, 어미인 '-아/어'와 결합하더라도 변동하지 않고 [다다, 버서,

꼬배]로 발음된다. 그런데 만약에 (4)처럼 원형을 밝혀서 '긷어, 잇어, 곱아'로 적으면, 변동이 일어나지 않는 (3)의 예에 이끌려서 잘못된 발음인 [*기더, *이서, *고배]로 발음할 수 있다. 곧 한정적인 변동을 하는 단어들은 원형을 밝혀서 적으면 오히려 글을 읽는 사람이 발음을 잘못하게 될 가능성이 있는 것이다. 이러한 문제점 때문에 불규칙 활용을 하는 용언의 어간과 어미는 소리 나는 대로 적는다.

〈ㅡ 탈락〉 어간의 끝소리가 [ㅡ]로 끝나는 말이 [ㅏ]나 [ㅓ]로 시작하는 어미와 결합할 때 [ㅡ]가 탈락하는 경우가 있다.

    (5) ㄱ. 담그 + 어 → 담가   (6) ㄱ. 빠르 + 어 → 빨라   (7) ㄱ. 푸르 + 어 → 푸르러
        ㄴ. 바쁘 + 어 → 바빠   ㄴ. 다르 + 어 → 달라   ㄴ. 이르 + 어 → 이르러

(5)와 (6)에서 어간의 끝소리인 [ㅡ]가 어미인 '-아'와 '-어' 앞에서 탈락하였는데, 이러한 현상을 '으' 탈락이라고 한다. 그런데 (7)과 같이 동일한 음운적인 환경이지만 [ㅡ]가 탈락하지 않는 경우가 있다. 따라서 (5~6)에서 어간의 원형을 밝혀서 '*담그어, *바쁘어'와 '*빠르어, *다르어'로 적는다면, 실제로는 발음하지 말아야 하는 어간의 끝 모음 [ㅡ]를 그대로 발음하여 [*담그아], [*바쁘아], [*빠르어], [*다르어]로 그릇되게 발음할 수가 있다. 따라서 (5)와 (6)처럼 [ㅡ]가 탈락하는 용언의 어간은 소리 나는 대로 적는다.

〈모음 조화〉 우리말에는 [ㅏ, ㅗ] 등의 양성 모음은 양성 모음끼리 어울리고 [ㅓ, ㅜ, ㅡ, ㅣ] 등의 음성 모음은 음성 모음끼리 어울리는 현상이 있는데, 이를 '모음 조화'라고 한다.

    (8) ㄱ. 막-아, 막-아서, 막-아도, 막-아야, 막-아라, 막-았-다 [양성 어간+양성 어미]
        ㄴ. 먹-어, 먹-어서, 먹-어도, 먹-어야, 먹-어라, 먹-었-다 [음성 어간+음성 어미]

(8)처럼 용언이 활용할 적에는 일부의 활용 어미 가운데서 '-아/-어, -아서/-어서, -아도/-어도, -아야/-어야, -아라/-어라' 및 '-았-/-었-' 등은 모음 조화에 따라서 실현된다.
    그러나 모음 조화는 보편적으로 일어나는 것이 아니고, 일정한 한정된 범위에서만 일어난다.

    (9) ㄱ. 막+는, 막+느냐, 막+으면, 막+으니
        ㄴ. 먹+는, 먹+느냐, 먹+으면, 먹+으니

예를 들어서 (9)에서 어간의 끝소리가 (ㄱ)의 '막-'처럼 양성 모음일 경우나, (ㄴ)의 '먹-' 처럼 음성 모음일 경우에 모두 음성 모음인 [ㅡ]로 실현된 어미가 결합되었다. 따라서 모음 조화는 보편적으로 일어나는 변동 현상이 아닌 것을 확인할 수 있다. 결국 (9)에서 처럼 모음 조화에 따라서 변동하는 말들은 소리 나는 대로 적어야 한다.

〈 매개 모음의 탈락 〉 매개 모음(고룸소리)의 [ㅡ]는 모음과 [ㄹ] 뒤에서 없어지는데, 이러한 매개 모음의 탈락 현상이 일어날 때도 소리 나는 대로 적어야 한다.

(10) ㄱ. 먹으니(먹+으니), 높으며(높+으며), 잡으면(잡+으면)

　　 ㄴ. 보니(보+으니), 만들며(만들+으며), 자면(자+으면)

(11) ㄱ. 앞으로(앞+으로), 손으로(손+으로)

　　 ㄴ. 소로(소+으로), 칼로(칼+으로)

(10ㄱ)과 같이 자음으로 끝나는 어간 다음에는 어미가 '-으니, -으며, -으면'의 꼴로 실현되었다. 그런데 동일한 어미가 (10ㄴ)처럼 모음으로 끝나거나 [ㄹ]로 끝나는 어간 다음에 실현될 때는 '-니, -며, -로'의 꼴로 변동한다. 그리고 (11)의 (ㄱ)에서처럼 자음으로 끝나는 체언 다음에는 조사 '-으로'가 실현되는데, 모음이나 /ㄹ/로 끝나는 체언 다음에서는 '-로'로 실현된다. 이때 '-으니, -으며, -으면, -으로'의 형태를 기본형(원형)으로 잡고, 매개 모음 [ㅡ]가 탈락된 형태인 '-니, -며, -면, -로'를 변동된 형태로 잡게 된다. 이렇게 매개 모음 [ㅡ]가 모음과 [ㄹ] 뒤에서 탈락하는 현상을 '매개 모음의 탈락'이라고 하는데, 이러한 '매개 모음의 탈락'은 보편적인 변동이 아니다.

(12) 이으니(잇+으니), 그으며(긋+으며), 나으며(낫+으며), 나으면(낫+으면),

　　 지으므로(짓+으므로)

곧 (12)처럼 모음으로 끝난 어간에 모음으로 시작하는 어미가 결합된 예가 있으므로, (10)과 (11)의 (ㄴ)에서 나타나는 '매개 모음의 탈락'은 한정적 변동이다. 따라서 매개 모음이 탈락한 단어는 소리 나는 대로 적어야 한다.

(13) ㄱ. *보으니　　　　　(14) ㄱ. *[보으니]

　　 ㄴ. *만들으며　　　　　　 ㄴ. *[만드르며]

　　 ㄷ. *소으로　　　　　　　 ㄷ. *[소으로]

　　 ㄹ. *칼으로　　　　　　　 ㄹ. *[카르로]

만일 앞의 (10~11)의 (ㄴ)을 (13)처럼 원형을 밝혀서 적으면, 표기와 실제의 발음이 어긋 나게 되어서 글자 생활이 혼란스러워진다. 곧 (13)처럼 원형을 밝혀서 적으면 매개 모음 이 탈락하지 않는 (12)의 예에 이끌려서 (14)처럼 그릇되게 발음할 수 있기 때문이다.

다. 임의적 변동은 표준 발음에 따른다

형태소와 형태소가 결합할 때에 그들이 임의적 변동을 하는 경우에는 다음의 원칙에 따라서 적는다. 곧 원형만을 '표준 발음'으로 인정한 것은 반드시 원형을 밝혀 적고, 원형 과 비기본 형태 둘 다를 '표준 발음'으로 인정하는 경우에는 '원형 밝히기'와 '소리 나는 대로 적기'를 모두 다 인정한다.

(1) 원형을 밝혀 적는 경우

〈 모음 동화 〉 '모음 동화'가 일어날 수 있는 단어들은 변동된 발음과 변동되지 않은 발음이 모두 쓰일 수 있기 때문에 '모음 동화'는 임의적인 변동이다. 그러나 〈표준어 규정〉에서는 변동되지 않은 형태만을 표준 발음으로 인정되기 때문에 원형을 밝혀서 적는다(〈표준어 사정 원칙〉 제9항).

(15) 먹+이, 먹+이+다, 잡+히+다, 벗+기+다 ……

(16) ㄱ. [머기], [머기다], [자피다], [벋끼다] ……
     ㄴ. [메기], [메기다], [재피다], [벧끼다] ……

(17) 먹이, 먹이다, 잡히다, 벗기다 ……

곧, (15)의 단어들은 화자의 개인적인 발음 습관에 따라서 (16ㄱ)으로 발음하는 사람도 있고 (16ㄴ)으로 발음하는 사람도 있다. 그런데 〈표준어 사정 원칙〉 제9항은 모음 동화 ('이' 역행 동화) 때문에 (16ㄴ)처럼 발음하는 단어는 표준어로 인정하지 않는다. 이에 따라서 비록 (16ㄴ)처럼 발음하는 사람이 있더라도 〈한글 맞춤법〉에서는 원형을 밝혀서 '모음 동화'가 일어나지 않은 (17)과 같은 형태로 적는다.

〈 자음의 위치 동화 〉 '자음의 위치 동화'는 화자의 발음 습관에 따라서 수의적으로 일어 나므로, '자음의 위치 동화'에 의한 변동도 임의적인 변동이다. 이와 같이 '자음의 위치 동화'에 따라서 변동이 일어나는 현상은 표준 발음으로 인정하지 않는다(〈표준 발음법〉 제21항).

(18) 듣+보다, 신+발, 신+문, 감+기 ……

(19) ㄱ. [듣뽀다], [신발], [신문], [감기] ……
　　ㄴ. [듭뽀다], [심발], [심문], [강기] ……

(20) 듣보다, 신발, 신문, 감기

곧 (18)과 같은 형태소 결합에서는 화자의 발음 습관에 따라 (19)의 (ㄱ)이나 (ㄴ)처럼
두 가지 방법으로 발음할 수 있다. 이때 (19)의 (ㄱ)은 변동이 일어나지 않은 발음이고
(ㄴ)은 '자음의 위치 동화'의 변동이 일어난 발음이다. 그런데 〈표준 발음법〉의 제21항에
서는 (19)의 (ㄴ)처럼 '자음의 위치 동화'에 따라서 변동된 형태를 표준 발음으로 인정하
지 않으므로, 〈한글 맞춤법〉에서는 (20)처럼 원형을 밝혀서 적는다.

(2) 원형을 밝히거나 소리대로 적을 수 있는 경우

　형태소와 형태소가 결합할 때 두 음소가 한 음소로, 또는 두 음절이 한 음절로 줄어지
는 일이 있는데 이를 '축약'이라고 한다. 그리고 한 단어 안에서 형태소의 소리가 없어지
거나, 형태소와 형태소가 결합할 때에 특정한 음운이 없어지는 것을 '탈락'이라고 한다.
　이렇게 한 단어에서 축약이나 탈락이 일어난 말을 준말이라고 하고, 원래의 형태의
말을 본말(본딧말)이라고 한다. 〈한글 맞춤법〉 제5절의 '준말'에서는 줄어진 경우에는
준 대로, 줄지 않은 경우에는 줄지 않은 대로 적는다고 규정하고 있다.
　〈 반모음화 〉 온전한 모음이 반모음이 되어, 뒤의 모음과 한 음절이 되는 수가 있다.

(21) ㄱ. 쏘+았+다 → [쏘앋따], [쐈다]
　　ㄴ. 두+어+라 → [두어라], [둬라]
　　ㄷ. 뜨+이+다 → [뜨이다], [띄다]
　　ㄹ. 그리+어　→ [그리어], [그려]

(22) ㄱ. 쏘았다, 쐈다
　　ㄴ. 두어라, 둬라
　　ㄷ. 뜨이다, 띄다
　　ㄹ. 그리어, 그려

(21)은 모음 [ㅗ, ㅜ, ㅡ, ㅣ]로 끝난 어간에 '-아/-어, -았-/-었-, -이-' 등이 어울린 경우이다. 이때는 [쏘았따, 두어라, 뜨이다, 그리어]처럼 본말대로 발음되는 경우도 있고, [뒤라, 쏴따, 띠다, 그려] 등으로 줄어지는 경우도 있다. 이때 줄어진 형태의 변동은 임의적인 변동인데, 〈한글 맞춤법〉에서는 (22)에서처럼 원형을 밝혀 적을 수도 있고 준 대로 적을 수도 있다(〈한글 맞춤법〉 제35항).

　〈'ㅏ' 혹은 '하'의 탈락〉 'ㅏ' 혹은 '하'가 탈락되는 것은 두 가지 현상으로 나뉜다.

　첫째, 'ㅏ'의 탈락으로서 현상으로서, 어간의 끝음절 [하]의 [ㅏ]가 탈락되고 나서 [ㅎ]이 다음 음절의 첫소리와 어울려 거센소리로 되는 현상이다.

　　(23) ㄱ. 다정+하+다 → [다정하다], [다정타]
　　　　ㄴ. 흔+하+게　→ [흔하게], [흔케]

　　(24) ㄱ. 다정하다, 다정타
　　　　ㄴ. 흔하게, 흔케

(23)의 '다정하다, 흔하게' 등은 화자의 발음 습관이나 의도에 따라 달리 발음된다. 〈한글 맞춤법〉에서는 (24)와 같이 변동이 일어나지 않은 본말과 변동이 일어난 준말을 모두 허용한다(〈한글 맞춤법〉 제40항).

　둘째, '하'의 탈락으로서 파열음이나 파찰음 사이에서는 [하] 음절 전체가 탈락된다.

　　(25) ㄱ. 생각+하+다 (못해) → [생각하다], [생각다]
　　　　ㄴ. 깨끗+하+지 (않다) → [깨끗하지], [깨끗지]

　　(26) ㄱ. 생각하다 (못해), 생각다 (못해)
　　　　ㄴ. 깨끗하지 (않다), 깨끗지 (않다)

(25)에서 '생각하다(못해)'와 '깨끗하지(않다)' 등은 말하는 사람의 의도나 습관에 따라서 [생각하다, 깨끗하지]처럼 본말로 발음되기도 하고, 혹은 [생각다, 깨끗지]와 같이 준말로 발음되기도 한다. 그러므로 (26)처럼 본말이나 준말의 형태로 적을 수 있는 것이다(〈한글 맞춤법〉 제40항).

　이처럼 〈한글 맞춤법〉에서는 표준어에서 본말과 준말이 모두 쓰일 때에는, 원칙적으로 본말과 준말의 형태를 모두 적을 수 있도록 하였다.

지금까지 살펴본 '변동의 유형에 따른 표기 원리'를 정리하면 다음과 같다.

변동의 유형	적는 방법	변동 규칙의 종류	보기
보편적· 필연적 변동	원형을 밝혀서 적음	평파열음화	잎[입], 옷[옫], 꽃[꼳], 부엌[부억], 같다[갇따]
		자음군 단순화	읽다[익다], 닭[닥], 값[갑], 밟다[밥따]
		연음 법칙	사람이[사라미], 손을[소늘], 먹어[머거], 잡아[자바]
		비음화	먹는다[멍는다], 잡는[잠는], 닫느냐[단느냐]
		유음화	신라[실라], 난로[날로], 칼날[칼랄]
		구개음화	굳이[구지], 같이[가치], 밭이[바치], 맏이다[마지다]
		자음 축약	입학[이팍], 눕히다[누피다], 좋고[조코], 많다[만타]
		된소리되기	책도[책또], 집보다[집뽀다], 닫거나[닫꺼나]
한정적· 필연적 변동	소리대로 적음	불규칙 활용	지어[지어], 고와[고와], 길어[기러], 빨라[빨라] ; 오너라[오너라], 하여라[하여라], 푸르러[푸르러] ; 담가[담가], 만드니[만드니], 노래서[노래서]
		모음 조화	막아[마가], 막아서[마가서], 막아도[마가도]; 먹어[머거], 먹어서[머거서], 먹어도[머거도]
		'一' 탈락	담그+어→담가[담가], 바쁘+어→바빠[바빠]
		매개 모음의 탈락	먹으니[머그니], 막으니[마그니], 잡으면[자브면]; 보니[보니], 만들며[만들며], 자면[자면]
		'ㄴ' 첨가	사랑니[사랑니], 틀니[틀니], 송곳니[송곤니]
		'ㅂ' 첨가	좁쌀[좁쌀], 볍씨[볍씨], 휩싸다[휩싸다]
		'ㅎ' 첨가	머리카락[머리카락], 암캐[암캐], 수컷[수컷]
		'ㄹ'의 탈락	따님[따님], 마소[마소], 바느질[바느질], 싸전[싸전]
		'ㄹ'이 'ㄷ' 되기	사흗날(사혼날), 숟가락[숟까락], 푿소[푿소]
임의적 변동	원형을 밝힘	모음 동화	먹이[메기], 고양이[고앵이], 잡히다[재피다], 벗기다[벤기다]
		자음의 위치 동화	듣보다[듭뽀다], 신발[심발], 감기[강기]
	원형이나 소리대로 적음	반모음화	쏘았다[쏘앋따]/쐈다[쏻따], 두어라[두어라]/뒈라[뒈라], 뜨이다[뜨이다]/띄다[띠다]
		'ㅏ' 탈락	다정하다/다정타, 흔하게/흔케
		'하' 탈락	생각하다 못해/생각다 못해, 깨끗하지/깨끗지

〈표 1〉'변동의 유형'에 따른 표기 방법

2.2.1.2. 밑말의 확실성에 따른 기준

가. 밑말이 분명한 복합어는 밑말의 원형을 밝힌다.

첫째, 합성어나 파생어로 된 체언 가운데 밑말이 분명한 것은 밑말의 원형을 밝혀 적어서 의미 파악의 효율을 높인다.

(27) ㄱ. 팥알[파달], 웃옷[우돋]
　　 ㄴ. *파달, *우돋

곧 '팥알'은 비록 [파달]로 소리 나지만 밑말의 원형을 밝혀서 '팥알'로 적음으로써 '팥알'이 '팥'과 '알'에서 온 말임을 분명하게 해 준다. 만일 '팥알'을 소리 나는 대로 적어서 '*파달'로 적으면 합성어의 밑말을 깨닫기가 힘들기 때문에 단어의 뜻을 파악하기가 쉽지 않다. 이러한 문제를 해결하기 위하여 기존에 쓰이고 있는 '팥'과 '알'의 형태를 합성어에서 그대로 유지시켜서 한글 표기에 표의성을 높이는 것이다. 파생어인 '웃옷'도 밑말인 '웃-'과 '옷'의 원형을 밝혀 적음으로써 이 말이 접두사 '웃-'과 어근의 '옷'에서 온 말임을 분명히 한다. 만일 이 단어도 소리 나는 대로 적어서 '*우돋'으로 적는다면 밑말과의 형태적인 관련성을 파악하기가 어렵다. 그러므로 복합어의 밑말이 분명할 때에는 원형을 밝혀서 적는다.

둘째, 합성 용언도 밑말이 분명할 때에는 밑말의 원형을 밝혀서 적음으로써, 의미 파악하는 데에 도움을 준다.

(28) ㄱ. 넘어지다, 늘어나다, 돌아가다, 엎어지다
　　 ㄴ. *너머지다, *느러나다, *도라가다, *어퍼지다

'넘어지다, 늘어나다, 돌아가다, 엎어지다'는 각각 [너머지다, 느러나다, 도라가다, 어퍼지다]로 소리난다. 그러나 이들은 '넘다, 늘다, 돌다, 엎다'에서 온 말이 분명하므로 합성어의 밑말을 밝혀서 (ㄱ)처럼 적는다.

나. 밑말이 분명하지 않거나 밑말의 뜻에서 멀어진 복합어는 소리 나는 대로 적는다.

첫째, 밑말이 분명한 복합어는 원형을 밝혀서 적지만, 밑말이 분명하지 못한 복합어는 소리 나는 대로 적는다.

복합어의 원형을 밝혀 적는 것은 복합어의 밑말을 글자의 꼴에 반영하여 의미 파악을 쉽게 하기 위해서이다. 그러나 복합어의 밑말이 무엇인지 알 수 없을 때에는 원형을 밝히려고 해도 그렇게 할 수가 없다.

(29) 골병, 부리나케, 아재비

(29)에서 '골병, 부리나케, 아재비' 등은 그 밑말이 무엇인지 분명하지 않다. 먼저 '골병'은 밑말을 '골(골수)＋병(病)', '골(骨)＋병(病)', '곯＋병(病)' 등으로 상정해 볼 수 있는데 이들 중 어느 것이 밑말인지 분명하지 않다. 그리고 '부리나케'는 의미상으로 보면 '불이＋나게'로 분석된다. 그런데 밑말을 '부리나게'로 잡으면 [부리나게]로 발음되어야만 하는데, 실제의 발음이 [부리나케]로 나기 때문에 발음 형태와 의미가 서로 호응하지 않게 된다. 결국 '부리나케'는 밑말이 정확하지 않은 말로 처리하여 소리 나는 대로 적는다. '아재비'도 어원적으로는 '아슥(弟)＋아비(父)'로 분석된다. 이러한 어원을 보면 현대어에서도 '앗＋애비'로 분석하여 '*앗애비'로 적을 수 있을 듯하다. 그러나 현대어에서는 '*앗'이라는 형태소가 쓰이고 있지 않으므로 밑말의 원형을 밝혀 적을 수가 없다. 이렇게 복합어의 밑말이 분명하지 않아서 원형을 밝혀 적을 수 없을 때에는 소리 나는 대로 '아재비'로 적을 수밖에 없다.

둘째, 복합어 중에서 밑말의 뜻에서 멀어진 뜻을 나타내는 것도 밑말의 원형을 밝히지 않고 소리 나는 대로 적는다.

(30) ㄱ. 다리(髢)
ㄴ. 무녀리
ㄷ. 목거리(목병)

(31) ㄱ. 달(縣 : 동사)＋이(명사 파생 접미사) → *달이
ㄴ. 문(門 : 명사)＋열(開 : 동사의 어간)＋이(명사 파생 접미사) → *문열이
ㄷ. 목(頸 : 명사)＋걸(着 : 동사의 어간)＋이(명사 파생 접미사) → *목걸이

(30)의 (ㄱ)에서 '다리'의 사전상의 뜻은 '여자의 머리털의 숱을 많아 보이게 하려고 덧넣었던 딴머리'다. 단어의 뜻과 형태를 보면 '다리'는 동사 '달다(縣)'의 어간에 접미사 '-이'가 붙어서 된 단어이므로, 원형을 밝혀서 적는다면 '*달이'로 적어야 한다. 그러나 '다리'의 사전적 의미는 '달아 놓은 물건'이라는 밑말의 뜻에서 멀어졌기 때문에 원형을 밝혀

서 적는 것은 의미 파악에 도움이 되지 않는다. (ㄴ)에서 '무녀리'의 사전적 의미는 '한 태에 낳은 여러 마리의 새끼 가운데서 맨 먼저 나온 새끼'이다. 이 단어의 뜻도 밑말의 뜻인 '문을 열 이'라는 뜻과는 멀어져 있으므로 '*문열이'로 적지 않고 소리 나는 대로 '무녀리'로 적는다. 끝으로 (ㄷ)에서 '목거리(목병)'도 사전상의 뜻으로는 '목이 붓고 몹시 아픈 병(病)'이다. 만일 이 단어의 밑말이 단순히 '목에 걸린 것' 혹은 '목에 거는 것'이라는 뜻일 때는 원형을 밝혀서 '*목걸이'로 적는 것이 효율적이다. 그러나 이 단어는 '목에 걸린 병'의 일종으로 밑말의 뜻과는 상당히 멀어져 있을 뿐만 아니라, 언중들도 이 단어의 밑말을 인식하지 못하기 때문에 그냥 소리 나는 대로 적는다.

용언의 어간에서 파생된 말도 밑말의 뜻에서 바뀐 것은 소리 나는 대로 적는다.

 (32) ㄱ. 반듯(直)＋이 → 반드시(必), *반듯이

    ㄴ. 곧(直)＋히＋다 → 고치다(改), *곧히다

(32)에서 부사 '반드시(必)'를 형태소로 분석해 보면 이 단어는 형용사 '반듯하다'의 어근 '반듯-'에 접미사 '-이'가 붙어서 된 파생어이다. 형태를 감안하면 이 단어는 '반듯이'로 적을 가능성이 있다. 그러나 '반드시'는 '꼭(必)'의 의미로 쓰이고, 밑말의 뜻인 '정(正)'이나 '직(直)'의 뜻과는 멀어져 있으므로, 소리 나는 대로 적는다. 그리고 '고치다(改)'는 '곧다(直)'에서 온 말이므로 '곧히다(곧게 만들다)'로 적을 가능성이 생긴다. 하지만 '고치다(改)'는 '고장이 나거나 못 쓰게 된 물건을 손질하여 제대로 되게 하다.'의 뜻으로 쓰이므로, '곧다(直)'와 그 의미가 꽤 멀어져 있다. 그러므로 이 단어는 소리 나는 대로 '고치다'로 적는다. 만일 이 단어의 원형을 밝혀서 '곧히다'로 적으면 '곧게 하다'의 뜻으로 해석될 가능성이 크기 때문이다.

다음과 같은 합성 용언도 밑말이 본래의 뜻에서 멀어졌으므로, 소리 나는 대로 적는다.

 (33) ㄱ. 드러나다, 사라지다, 쓰러지다, 나타나다, 부러지다

    ㄴ. *들어나다, *살아지다, *쓸어지다, *낱아나다, *불어지다

(33)의 '드러나다, 사라지다, 쓰러지다, 나타나다, 부러지다'는 어원적으로 보면 '들다(入)＋나다(出), 살다(燒)＋지다(落), 쓸다(掃)＋지다(落), 낱다(現)＋나다(出), 불다(?)＋지다(落)'로 분석할 수 있으나, 현대어에서 이들 단어는 그것을 짜 이루고 있는 개별 어근의 뜻과는 달라져 버렸다. 따라서 이들 단어는 (ㄱ)처럼 소리 나는 대로 적는다.

이와 같이 복합어 중에서 밑말이 분명한 것은 어근의 원형을 밝혀서 독서 효율을 높인

다. 그러나 복합어 중에서 밑말이 분명하지 않거나 밑말의 뜻에서 멀어진 것은 소리 나는 대로 적는다.

2.2.1.3. 접사의 파생력에 따른 기준

가. 파생력이 강한 접사가 붙어서 된 파생어는 어근의 원형을 밝혀 적는다.

파생력이 강한 접사는 쓰이는 빈도가 높기 때문에 언중들이 이들 접미사의 형태나 기능을 인식하고 있을 가능성이 높다. 따라서 파생력이 강한 접사가 붙어서 된 파생어들은 원형을 밝혀서 적음으로써 독서의 효율을 높일 수 있는 것이다. 또한 파생력이 강한 접사에 붙을 수 있는 어근은 몇몇의 예외를 제외하고는 대체로 밑말의 의미나 형태가 분명하다. 이러한 특징 때문에 명사 파생 접미사 '-이, -음'과 부사 파생 접미사 '-이, -히'가 붙어서 된 파생어는 원형을 밝혀서 적는다.

(34) ㄱ. 길-+-이 : [기리] — 길이 / *기리
　　 ㄴ. 같-+-이 : [가치] — 같이 / *가치

예를 들어, '길이'는 비록 [기리]로 발음되더라도 '길이'로 적음으로써 이 말이 동사 '길다'의 어근에 접미사 '-이'가 붙어서 만들어진 파생어라는 것을 분명하게 알 수 있게 한다. 마찬가지로 '같이'도 발음이 [가치]로 나지만 원형을 밝혀서 '같이'로 적음으로써 이 말이 형용사 '같다'의 어근에 접미사 '-이'가 붙어서 된 말임을 분명히 하여 독서의 효율을 높이는 것이다.

〈한글 맞춤법〉에서는 다음과 같은 접사가 붙은 파생어는 어근의 원형을 밝혀서 적는다.

첫째, 파생력이 강한 접사로는 먼저 명사 파생 접미사 '-이, -음'과 부사 파생 접미사 '-이, -히'를 들 수 있다.

(35) ㄱ. 길이, 깊이, 높이, 다듬이, 땀받이, 달맞이, 먹이, 미닫이, 벌이, 벼훑이, 살림살이, 곰배팔이, 바둑이, 삼발이, 애꾸눈이, 육손이, 절뚝발이/절름발이
　　 ㄴ. 묶음, 믿음, 얼음, 엮음, 울음, 웃음, 졸음, 죽음, 앎

(36) ㄱ. 같이, 굳이, 길이, 높이, 많이, 실없이, 좋이, 짓궂이, 곳곳이, 낱낱이, 몫몫이, 샅샅이, 앞앞이, 집집이
　　 ㄴ. 밝히, 익히, 작히, 급히, 꾸준히, 도저히, 딱히

(35)와 (36)에서 확인할 수 있듯이 명사 파생 접미사 '-이, -음'과 부사 파생 접미사 '-이, -히'는 파생어를 많이 만들 수 있다. 이처럼 파생어를 많이 만들 수 있으면 이들 파생 접미사가 명사를 만들거나 부사를 만드는 데에 두루 쓰일 수 있다.

둘째, 사동사와 피동사를 만드는 접미사 '-기-, -리-, -이-, -히-, -구-, -우-, -추-, -으키-, -이키-, -애-'와 강조의 기능을 가진 접미사 '-치-, -뜨리-/-트리-'도 파생력이 강하다. 따라서 이들 파생 접사가 붙어서 된 말들도 어간의 원형을 밝혀 적는다.

> (37) ㄱ. 맡기다, 뚫리다, 낚이다, 굳히다, 돋구다, 돋우다, 갖추다, 일으키다, 돌이키다, 없애다
>   ㄴ. 놓치다, 엎치다, 부딪뜨리다/부딪트리다, 쏟뜨리다/쏟트리다

피동, 사동, 강세 접미사는 여러 어근에 붙을 수 있어서 보편적 성격이 강하므로 이들 접미사가 쓰인 단어는 원형을 밝혀 적는다. 그리고 이들 접미사는 실질적인 의미보다는 문법적인 의미를 나타내는 형식 형태소이다. 곧 이들은 어간 뒤에 붙는 어미와 성격이 비슷한데, 용언의 어간에 어미가 붙을 때에 그 어간의 원형을 밝혀 적기로 한 이상 이들 파생 접사가 붙어서 이루어진 말들도 어간의 원형을 밝혀 적는다.

셋째, 명사를 용언으로 파생하는 접미사 '-하다'도 생산력이 강하므로, 이것이 붙어서 된 용언도 '-하다'의 원형을 밝혀서 적는다.

> (38) ㄱ. 공부-하다, 일-하다, 자랑-하다, 선전-하다, 농구-하다, 생각-하다, ……
>   ㄴ. 성실-하다, 차분-하다, 순-하다, 조용하다, 날씬-하다, 노-하다……

접미사 '-하다'는 (38)에서처럼 어근에 붙어서 그 어근을 용언으로 만드는 접미사로서 널리 쓰이고 있다. 따라서 (38)의 단어들은 모두 원형을 밝혀서 적는다. 이처럼 '-하다'는 파생력이 대단히 세기 때문에, 다음과 같이 밑말의 의미를 알 수 없는 경우에도 '-하다'의 원형을 밝혀서 적는다.

> (39) ㄱ. 딱하다, 착하다, 텁텁하다, 푹하다
>   ㄴ. *따카다, *차카다, *텁터파다, *푸카다

(39)에서 '딱하다, 착하다, 텁텁하다, 푹하다' 등은 어근의 뜻이 분명하지 못하다. 곧 '딱-(?), 착-(?), 텁텁-(?), 푹-(?)' 등의 밑말의 뜻이 분명하지 않으므로, 이들은 소리 나는 대로 '따카다, 차카다, 텁터파다, 푸카다'로 적는 것이 원칙이다. 하지만 〈한글 맞춤법〉

제26항에서는 접미사 '-하다'가 파생력이 세다는 점을 고려해서 '딱하다, 착하다, 텁텁하다, 푹하다'도 밑말의 원형을 밝혀서 적는다.

나. 파생력이 약한 접사가 붙어서 된 파생어는 소리 나는 대로 적는다.

앞에서 제시한 '-이, -음, -히, -하다'와 피동, 사동, 강세 접미사를 제외한 대부분의 접미사들은 파생력이 약하므로, 그것이 붙어서 파생되는 단어의 수가 적다. 곧 이들 접미사는 제한적으로만 쓰이는 파생 접미사라고 할 수 있다.

(40) ㄱ. 귀+먹+어리 → 귀머거리   *귀먹어리

      ㄴ. 맞+웅   → 마중   *맞웅

      ㄷ. 꼴+악서니 → 꼬락서니   *꼴악서니

      ㄹ. 믿+업+다 → 미덥다   *믿업다

(40)의 '귀머거리, 마중, 꼬락서니, 미덥다'는 각각 '귀먹-, 맞-, 꼴, 믿-'에 접미사 '-어리, -웅, -악서니, -업-'이 붙어서 된 파생어이다. 이들 단어에 붙은 파생 접미사들은 다른 파생어를 만드는 경우가 드물다. 앞에서 설명한 '-이, -음, -히' 등과 같이 파생력이 강해서 보편적으로 널리 쓰이는 파생 접미사는 그 기능이나 의미를 언중들이 쉽게 인식할 수 있어서 원형을 밝혀 적었다. 그러나 (40)에서 제시한 파생력이 약한 접미사는 널리 쓰이지 않기 때문에 그 기능이나 의미를 언중들이 쉽게 인식할 수 없다. 또 일반 언중들은 이러한 접사가 붙어서 된 단어를 파생어로 보지 않고 하나의 단일어와 같이 생각하는 경향이 강하다. 그러므로 이들 단어는 밑말의 원형을 밝히기보다는 소리 나는 대로 적는 것이 좋다.

맞춤법은 문법적인 지식이 없는 일반 언중을 대상으로 한 규칙이다. 여러 단어에 널리 쓰이는 접사는 언중들이 그 기능과 의미를 잘 알고 있을 가능성이 높으므로, 이들 접사가 쓰인 단어는 원형을 밝혀 적는 것이 독서 효율을 높이는 작용을 한다. 그러나 극히 제한적으로 쓰이는 파생 접사가 붙어서 된 단어를 적을 때는 원형을 밝히는 것이 언중의 문자 생활에 도움이 되지 않기 때문에 소리 나는 대로 적는다.

〈한글 맞춤법〉에서는 위와 같은 세 가지의 기본 표기 원리와 더불어서, 부수적으로 '표기 관습의 원리'와 '동형성의 원리'도 원형 밝히기와 소리대로 적기의 기준으로 삼기도 한다.

2.2.2. '띄어쓰기'의 원리

〈한글 맞춤법〉의 총론 제2항에서는 띄어쓰기의 대원칙으로 "문장의 각 단어는 띄어 씀을 원칙으로 한다."라고 규정하고 있다. 제2항의 원칙에 적용을 받는 말은 자립성이 있는 말, 즉 '체언, 용언, 수식언, 독립언' 등이다. 그런데 단어 가운데 조사는 자립성이 없으므로 〈한글 맞춤법〉의 제41항에서는 "조사는 그 앞말에 붙여 쓴다."라고 규정하고 있다. 제2항과 제41항의 규정을 종합해 보면 우리말에서는 결과적으로 어절을 단위로 하여 띄어 쓰는 셈이다.

    (1) ㄱ. 철수는 헌 신을 밖으로 던졌다.
        ㄴ. 어머나, 달이 정말 밝네.

예를 들어 (1)에서 '헌, 던졌다, 어머나, 정말, 밝네'는 각각 관형사, 동사, 감탄사, 부사, 형용사로서 단독으로 띄어쓰기 단위로 쓰였으며, '철수는, 신을, 밖으로, 달이'는 체언에 조사가 붙어서 띄어쓰기 단위로 쓰였다.

    그리고 복합어는 '어근 + 어근' 혹은 '어근 + 파생 접사'의 짜임새를 하고 있는데, 복합어는 이미 하나의 단어로 굳은 말이므로 복합어를 구성하는 구성 요소들은 서로 붙여 쓴다.

    (2) ㄱ. 포수는 산꼭대기에서 강물을 바라보았다.
        ㄴ. 형님은 한 말들이 자루에 햇감자를 처넣었다.

(2ㄱ)에서 '포수, 산꼭대기, 강물, 바라보다'는 각각 '포 + 수', '산 + 꼭대기', '강 + 물', '바라(아) + 보다'의 짜임으로 된 합성어다. 그리고 (2ㄴ)의 '형님, 말들이, 햇감자, 처넣다'는 '형 + -님', '말 + -들- + -이', '햇- + 감자', '처- + 넣다'의 짜임으로 된 파생어이다. 이들 합성어와 파생어는 어근과 어근이나, 어근과 파생 접사를 붙여서 적는다.

    이처럼 띄어쓰기는 〈한글 맞춤법〉의 제2항과 제41항의 규정을 원칙적으로 따르되, 이 규정으로 해결할 수 없는 사항은 제42항~제50항의 규정을 따른다.

    (가) 의존 명사의 띄어쓰기는 제42항의 규정을 따른다.

    (3) 이 일은 나도 할 <u>수</u> 있다.

(나) 단위를 나타내는 명사의 띄어쓰기는 제43항의 규정을 따른다.

    (4) ㄱ. 우리는 금 서 돈에 개 한 마리를 샀다.
        ㄴ. 두 시 삼십 분 오 초 / 두시 삼십분 오초

(다) 수를 적는 말의 띄어쓰기는 제44항의 규정을 따른다.

    (5) 십이억 삼천사백오십육만 칠천팔백구십팔(12억 3456만 7898)

(라) 두 말을 이어주는 말과 열거하는 말의 띄어쓰기는 제45항의 규정을 따른다.

    (6) ㄱ. 사무실 겸 살림집
        ㄴ. 책상, 걸상 등이 있다.

(마) 단음절 단어가 연이어 나타날 때의 띄어쓰기는 제46항의 규정을 따른다.

    (7) ㄱ. 그 때 그 곳 / 그때 그곳
        ㄴ. 좀 더 큰 것 / 좀더 큰것

(바) 보조 용언의 띄어쓰기는 제47항의 규정을 따른다.

    (8) ㄱ. 불이 꺼져 간다. / 불이 꺼져간다.
        ㄴ. 잘도 놀아만 나는구나! 네가 덤벼들어 보아라. 잘난 체를 한다.

(사) 사람의 성명과 관련된 고유 명사의 띄어쓰기는 제48항의 규정을 따른다.

    (9) 김양수, 서화담, 채영신 씨, 최치원 선생, 충무공 이순신 장군, 남궁억 / 남궁 억

(아) 성명을 제외한 고유 명사의 띄어쓰기는 제49항의 규정을 따른다.

    (10) 한국 대학교 사범 대학 / 한국대학교 사범대학

(자) 전문 용어의 띄어쓰기는 제50항의 규정을 따른다.

    (11) 만성 골수성 백혈병 / 만성골수성백혈병

2.3. '한글 맞춤법' 규정의 개요

〈한글 맞춤법, 1988〉은 본문인 제1장 총칙, 제2장 자모, 제3장 소리에 관한 것, 제4장 형태에 관한 것, 제5장 띄어쓰기, 제6장 그 밖의 것 등 제6장 제56항으로 짜여 있다. 이러한 본문에 더하여서 [부록]으로 '문장 부호'를 다루고 있다.

제1장 총칙

제2장 자모

제3장 소리에 관한 것
    제1절 된소리   제2절 구개음화
    제3절 'ㄷ' 소리 받침   제4절 모음
    제5절 두음 법칙   제6절 겹쳐 나는 소리

제4장 형태에 관한 것
    제1절 체언과 조사   제2절 어간과 어미
    제3절 접미사가 붙어서 된 말   제4절 합성어 및 접두사가 붙는 말
    제5절 준말

제5장 띄어쓰기
    제1절 조사
    제2절 의존 명사, 단위를 나타내는 명사 및 열거하는 말 등
    제3절 보조 용언
    제4절 고유 명사 및 전문 용어

제6장 그 밖의 것

[부록] 문장 부호

제1장의 '총칙'에서는 〈한글 맞춤법〉의 대원칙을 규정한 것으로 '표준어를 소리대로 적되 어법에 맞도록 하며(1항), 각 단어는 띄어 쓴다(2항)'는 대원칙을 밝혔다.

제2장의 '자모'에서는 글자 생활의 기본이 되는 글자의 명칭과 그 배열의 순서를 밝히고 사전에서 단어의 배열 순서에 대한 기준을 정하였다.

제3장의 '소리에 관한 것'에서는 특정한 단어에서 음운 현상이 나타날 때에 이들을 어떻게 적는가에 대한 규정을 제시하였다. 곧 특정한 단어 내부에서 '된소리, 구개음화, ㄷ 소리 받침, 두음 법칙' 등의 음운 변동이 일어날 때에, 그러한 단어를 어떻게 적을 것인지에 대한 규정을 정하였다. 아울러서 제4절 '모음'에서는 모음 [예]와 [의]를 적는 방법을 규정하였다. 곧 [예]와 [의]는 쓰이는 환경에 따라서 다양하게 발음될 수 있는데, 이렇게 다양하게 실현되는 [예]와 [의]의 변이된 발음을 한글로 적는 방법을 제시하였다. 끝으로 제6절 '겹쳐나는 소리'에서는 '똑딱똑딱', '쌕쌕'처럼 한 단어 속에서 동일하거나 유사한 음절이 겹쳐서 나는 부분은 동일하게 적는다는 것을 규정하였다.

제4장의 '형태에 관한 것'에서는 단어를 부려쓸 때나 새로운 단어가 만들어질 때에 나타나는 표기상의 문제를 다루었다. 제4장의 1절에서는 체언과 조사를 구분하여 적는다고 규정하였다. 그리고 제2절에서는 어간과 어미는 구별하여서 적음을 밝힘과 아울러서 불규칙적으로 활용하는 단어는 소리 나는 대로 적도록 규정하였다. 제4장의 3절과 4절은 조어법에 관련된 맞춤법 규정으로서, 제3절은 어근에 접미사가 붙어 된 말을 적는 방법에 관한 규정이고, 제4절은 어근과 어근이 결합해서 된 합성어나, 어근에 접두사가 붙어서 된 접두 파생어를 적는 방법에 대한 규정이다. 끝으로 제5절은 본말이 줄어서 준말이 될 때에 생기는 맞춤법의 문제를 다루었다.

제5장의 '띄어쓰기'에서는 총론 제2항의 '각 단어는 띄어 쓴다'와 제41항의 '조사는 그 앞말에 붙여 쓴다'는 원칙적인 규정을 정하였다. 그리고 이 두 규정으로 해결할 수 없는 사항은 제42항~제50항의 규정에 따른다. 이들 규정의 세부 내용은 '의존 명사, 단위를 나타내는 명사, 수를 적는 말, 두 말을 이어주는 말과 열거하는 말, 연이어 나타나는 단음절 단어들, 보조 용언, 사람의 성명과 관련된 고유 명사, 성명을 제외한 고유 명사, 전문 용어' 등의 띄어쓰기를 규정한 것이다.

제6장의 '그 밖의 것'에서는 특별히 어떠한 절로 묶을 수 없는 개별적인 사항에 대한 맞춤법 규정을 모은 것이다. 제6장에서는 부사를 파생하는 접미사 '-이'와 '-히'를 구분해서 적는 방법, 속음(俗音)으로 나는 한자어의 적기, [ㄹ] 뒤에서 된소리 발음되는 어미의 적기, 된소리로 나는 접미사의 적기, '맞추다'와 '뻗치다'의 적기, '-더라, -던'과 '-든지'를 구분하여 적기 등에 관한 규정을 다룬다. 그리고 제6장의 제57항에서는 발음이 비슷하지만 그 의미가 다른 단어들을 구분하여 적는 방법을 소개하였다.

[부록]에서는 '문장 부호'에 관한 규정으로서 문장을 한글로 적을 때에 사용되는 부호

의 종류, 명칭, 기능 등을 규정했다. 곧, '마침표(= 온점 .), 물음표(?), 느낌표(!), 쉼표(= 반점 ,), 가운뎃점(·), 쌍점(:), 빗금(/), 큰따옴표(" "), 작은따옴표(' '), 소괄호(( )), 중괄호({ }), 대괄호([ ]), 겹낫표(『 』), 겹화살표괄호(≪ ≫), 홑낫표(「 」)와 홑화살괄호(〈 〉), 줄표(—), 붙임표(-), 물결표(~), 드러냄표(˙)와 밑줄(지), 숨김표(○, ×), 빠짐표(□), 줄임표(……) 등에 관한 소개와 사용법을 제시하였다.

제3장 외래어 표기법

3.1. 외래어 표기의 기본 원칙

외래어란 다른 언어 체계의 어휘를 국어의 체계에 빌려 와서 사회적으로 사용이 승인된 말을 이른다. 외래어에는 국어의 음운 체계·문법 체계·어휘 체계의 특징이 반영되어 있기 때문에, '외래어'는 국어의 어휘이고 〈외래어 표기법〉은 외국에서 들어온 국어를 대상으로 하는 표기법이다.

외래어는 어느 외국어로부터 받아들였는가에 따라 상당히 많은 유형으로 나눌 수 있다. 국어에서 일반적으로 외래어라고 하면 중국의 한자에서 온 외래어는 제외하고 기타 동양이나 서양에서 들어온 이르게 된다.

고유어나 한자어의 표기를 통일하기 위하여 〈한글 맞춤법〉의 규정이 마련되어 있듯이 외래어를 표기할 때에도 표기 형태를 통일하여야 한다.

(1) ㄱ. placard　　: 플래카드, *프랭카드, *플랙카드, *프랑카드
　　ㄴ. supermarke : 슈퍼마켓, *슈퍼마켙, *슈퍼마킷, *수퍼마켓, *수퍼마켙

예를 들어서 일상 언어에서 'placard'를 '플래카드, *프랭카드, *플랙카드, *프랑카드' 등으로 적고, 'supermarket'도 '슈퍼마켓, *슈퍼마켙, *슈퍼마킷, *수퍼마켓, *수퍼마켙' 등으로 적는 경우가 많다. 이렇게 되면 언어 생활이 매우 혼란스러워지므로 외래어의 표기를 통일하는 일이 필요하다. 〈외래어 표기법〉은 이와 같은 혼란을 방지하기 위하여

외래어의 어형을 통일되게 적기 위하여 마련한 규정이다.

외래어를 적을 때에는 〈한글 맞춤법〉을 따르는 것이 아니라, 〈외래어 표기법〉에 따라야 한다. 곧 비록 외래어가 국어에 동화된 말이기는 하지만, 출신 언어에 나타나는 특질을 고려해서 적어야 하기 때문에 〈외래어 표기법〉을 따로 정한 것이다. 〈외래어 표기법〉은 조선어 학회에서 제정한 〈외래어 표기법 통일안〉(1940), 해방 후에 제정된 〈로마자의 한글화 표기법〉(1958)을 거쳐서 지금은 〈외래어 표기법〉(1986)이 시행되고 있다.

> **제1항** 외래어는 국어의 현용 24자모만으로 적는다.

제1항은 외래어를 표기할 때에는 어떤 나라에서 들어온 외래어를 표기하든 간에 현행 한글에 없는 새로운 글자를 만들어서 표기하지는 않는다는 규정이다. 수많은 외래어에 나타나는 모든 음운을 한글에 반영하기 위하여 일일이 새로운 문자를 만들다 보면, 외래어를 표기하는 데에 필요한 글자의 수가 한정 없이 늘어날 수 있다. 따라서 외래어를 표기할 때에는 현재 쓰이고 있는 한글의 자모 24자만으로 적는다.

예를 들어서 한글의 자모에는 영어의 [f], [v], [z]의 발음에 정확하게 대응되는 것이 없다. 따라서 이들 발음을 정확하게 적기 위하여 현행의 한글 자모에는 없는 'ㆄ, ㅸ, ㅿ'의 글자를 사용하자고 주장하는 이도 있다.

하지만 모든 외래어의 수많은 발음을 정확하게 표기하기 위하여 이에 대응되는 새로운 글자를 일일이 만들어 낸다는 것은 불가능하다. 그리고 외래어는 외국어와는 달리 국어의 음운 체계와 어휘 체계에 동화된 어휘이므로 현행의 한글 자모만으로도 적을 수 있어야 한다. 이러한 이유로 때문에 외래어는 현용의 24개의 한글 자모만으로 적기로 하였다.

> **제2항** 외래어의 1음운은 원칙적으로 1기호로 적는다.

음소 글자인 한글은 당연히 국어의 1음운을 1글자로만 적도록 되어 있다. 이러한 한글 표기의 원칙을 외래어 표기에도 그대로 적용하여 외래어의 1음운을 1기호로 적는다는 것이다. 곧 특정한 국가에서 들어온 외래어의 특정한 음운을 여러 종류의 한글 자모를 이용하여 적는다면 외래어 표기에 일관성이 없어져서 혼란이 일어날 수 있기 때문이다.

예를 들어서 'fashion'은 '패션'으로 적고 'file'은 '화일'로 적어서 영어의 [f]를 'ㅍ'과

'ㅎ'으로 적거나, 혹은 'biscuit'은 '비스킷'으로 'bus'는 '뻐스'로 적어서 영어의 [b]를 'ㅂ'과 'ㅃ'으로 적는 경우가 있다. 그러나 이렇게 하나의 음운을 둘 이상의 기호로 적으면 외래어의 표기에 일관성이 없으므로 혼란이 생긴다. 따라서 외래어의 1음운은 원칙적으로 1기호로 적는다.

다만, 원래의 외국어로서는 하나이던 음운이 그것이 외래어가 되는 과정에서 둘 이상으로 소리 나는 경우가 있는데, 이때는 예외적으로 두 가지 이상의 글자를 사용할 수도 있다.

(2) [t] : 테이블, table[teibl], 트라이앵글, triangle[traiæ ŋgl], 샷, shot[ʃɑt]

예를 들어서 영어의 자음인 [t]는 table[teibl]에서는 '테이블'과 같이 'ㅌ'로 적지만, triangle[traiæŋgl]에서는 '트'로, shot[ʃɑt]에서는 '샷'과 같이 'ㅅ'으로 적는다.

> **제3항** 받침에는 'ㄱ, ㄴ, ㄹ, ㅁ, ㅂ, ㅅ, ㅇ'만을 적는다.

국어의 음절 구조상 받침으로 쓰일 수 있는 소리는 [ㄱ, ㄴ, ㄷ, ㄹ, ㅁ, ㅂ, ㅇ]의 7자음뿐이다. 이 일곱 자음 이외의 자음을 받침 소리로 가진 형태소가 실현될 때에는 이 일곱 자음 중의 하나로 바뀌게 된다.

이러한 음절 구조에도 불구하고 〈한글 맞춤법〉에서는 국어의 받침을 적는 데에 모든 자음을 다 쓸 수 있도록 하였다. 예를 들어서 '낫, 낮, 낱'이 모두 [낟]으로 소리날지라도 각각의 단어의 원형을 밝히기 위하여 받침을 각각 달리 표현한 것이다.

받침 표기에서 원형을 밝히는 것은, 이들 단어가 자음 앞에서 나타나거나 단독으로 실현되면 모두 [낟]으로 발음되지만 '-으로'와 같이 모음으로 시작하는 형태소 앞에서 나타나면 [나스로, 나츠로, 나트로] 등과 같이 발음되기 때문이다.

(3) ㄱ. 낫+으로 → [나스로]⎤
　　ㄴ. 낮+으로 → [나츠로]⎬—[낟]#
　　ㄷ. 낱+으로 → [나트로]⎦

그런데 외래어를 표기할 때에는 굳이 이와 같이 원형을 밝힐 필요가 없다. 예를 들어 'book'에 모음으로 시작하는 조사 '-이, -을, -에'를 붙이면 [부키, 부클, 부케]로 발음되지 않고, [부기, 부글, 부게]로 발음된다. 또한 'shop'에 조사 '-이, -을, -에'를 붙이면,

[쇼피, 쇼플, 쇼페]로 소리 나지 않고 반드시 [쇼비, 쇼블, 쇼베]로만 소리난다.

(4) book [buːk], shop [ʃɔp]

(5) ㄱ. book + 이 → [부기], *[부키]　　(6) ㄱ. shop + 이 → [쇼비], *[쇼피]

　　ㄴ. book + 을 → [부글], *[부클]　　　　ㄴ. shop + 을 → [쇼블], *[쇼플]

　　ㄷ. book + 에 → [부게], *[부케]　　　　ㄷ. shop + 에 → [쇼베], *[쇼페]

곧 외래어의 끝음절의 받침 소리가 [k]와 [p]일 때에는 [k]는 [ㄱ]으로, [p]는 [ㅂ]으로 소리 나므로 'book, shop'은 '북, 숍'으로 적어야 한다.[1] 이처럼 외래어를 적을 때에는 받침 글자로 'ㄱ, ㄴ, ㄹ, ㅁ, ㅂ, ㅅ, ㅇ'의 일곱 글자만으로 충분히 적을 수 있다.
　　여기서 한 가지 유의할 사항이 있다. 국어에서는 음절의 끝소리로 날 수 있는 자음에 'ㄷ'이 포함되는 반면에 외래어 표기에는 'ㄷ' 대신에 'ㅅ'이 쓰인다.

(7) ㄱ. robot#　　　→ [로봇]　　(8) ㄱ. biscuit#　　　→ [비스킷]

　　ㄴ. robot + 이 → [로보시]　　　　ㄴ. biscuit + 이 → [비스키시]

　　ㄷ. robot + 을 → [로보슬]　　　　ㄷ. biscuit + 을 → [비스키을]

　　ㄹ. robot + 에 → [로보세]　　　　ㄹ. biscuit + 에 → [비스키세]

(9) ㄱ. 못# → [몯], 못 + 에 → [모세]

　　ㄴ. 깃# → [긷], 깃 + 에 → [기세]

예를 들어 'robot, biscuit'에서 끝음절의 받침은 [t]로 소리 나므로 이들 외래어는 끝음절의 받침을 'ㄷ'으로 적어야 할 것 같다. 그러나 이들 외래어에 모음으로 시작하는 조사 '-이, -을, -에'를 붙여 보면 각각 [로보시, 로보슬, 로보세]와 [비스키시, 비스키슬, 비스키세]로 발음된다. 이는 국어에서 'ㅅ' 받침을 가진 말이 음절 말에서는 [ㄷ]으로 소리 나지만 모음으로 시작하는 조사 아래에서는 [ㅅ]으로 실현되는 현상과 꼭 같다. 결국 외국어의 음절 말의 [t]는 국어에 동화되는 과정에서 [ㅅ]으로 바뀌어서 실현된다고 할 수 있다. 그러므로 외래어 표기를 할 때 음절 말의 받침으로 'ㄷ' 대신에 'ㅅ'을 쓰게 되었다.

---

1) 이러한 현상은 외래어가 국어에 동화되면서 그 음절 구조가 바뀐 것으로 볼 수 있다.

> **제4항** 파열음 표기에는 된소리를 쓰지 않는 것을 원칙으로 한다.

국어의 파열음은 예사소리, 된소리, 거센소리로 제3항으로 대립하는 반면에 유성음과 무성음의 대립이 없다. 따라서 영어, 독일어, 프랑스 어, 일본어처럼 파열음이 유성음과 무성음으로 제2항 대립을 가진 언어에서 유입된 외래어의 파열음을 적는 방법에 문제가 생긴다.

제4항의 규정은 이러한 차이를 고려하여서 외래어의 무성 파열음 [p, t, k]는 거센소리 글자인 'ㅍ, ㅌ, ㅋ'로 적고 유성 파열음 [b, d, g]는 예사소리 글자인 'ㅂ, ㄷ, ㄱ'로 어서, 외래어의 파열음 표기에 된소리 글자인 'ㅃ, ㄸ, ㄲ'를 쓰지 않는다는 규정이다. 곧 대부분의 외국어의 파열음이 제2항 대립하는 것을 고려하여, 이들 국가에서 들어온 외래어의 파열음을 적을 때도 예사소리 글자와 거센소리 글자로만 적는다는 것이다.

무성 파열음 [p, t, k]는 음가가 언어마다 차이가 있다. 곧 영어, 독일어의 무성 파열음은 국어의 거센소리인 [ㅍ, ㅌ, ㅋ]에 가깝다. 반면에 프랑스 어, 러시아 어, 스페인 어, 이탈리아 어의 무성 파열음은 국어의 된소리인 [ㅃ, ㄸ, ㄲ]에 가깝다. 이처럼 언어마다 음가가 조금씩 차이가 나는 무성 파열음 [p, t, k]을 한글의 거센소리로 적을지, 된소리로 적을지를 결정하기가 어렵다. 이 때문에 외래어의 무성 파열음은 모두 거센소리 글자인 'ㅍ, ㅌ, ㅋ'로 통일하여 적기로 하였다. 곧 'Paris'는 '빠리'로 적지 않고 '파리'로, 'conte'는 '꽁뜨'로 적지 않고 '콩트'로 적는다. 그리고 'piano, talent, cream' 등은 각각 '피아노, 탤런트, 크림'으로 적는다.

그런데 영어의 유성 파열음인 [b, d, g]를 국어로 발음할 때에 된소리로 발음하는 경우가 있다. 곧 일반 언중들이 'bus, dollar, gang'을 '뻐스, 딸러, 깽'과 같이 된소리로 발음하기도 한다. 그런데 원래 국어에는 유성 파열음이 독립된 음소로서 인식되지 않으므로 외래어의 유성 파열음은 예사소리 글자인 'ㅂ, ㄷ, ㄱ'이나 된소리 글자인 'ㅃ, ㄸ, ㄲ'으로 적어야 한다. 그런데 앞에서 외래어의 무성 파열음 [p, t, k]를 적을 때에는 된소리 글자를 쓰지 않기로 하였으므로, 외래어의 유성 파열음을 적을 때도 된소리 글자를 쓰지 않는다. 곧 외래어를 국어로 옮길 때 발음을 완벽하게 전사하는 것은 어차피 불가능하므로, 규정을 간결하게 하기 위하여 유성 파열음을 적을 때도 된소리 글자를 쓰지 않고 예사소리 글자인 'ㅂ, ㄷ, ㄱ'로 적는다. 따라서 'bus, dollar, gang'은 '버스, 달러, 갱'으로 적는다.[2]

---

2) 유성 파찰음인 [ʤ]로 발음되는 'jazz, jeep, jam'의 'j'도 된소리 글자를 쓰지 않고 'ㅈ'으로 적어야 하므로, 이들 단어는 '재즈, 집, 잼'으로 적는다. 그리고 마찰음 [s]를 가진 'service, sale, sonata, surfing; circle, census'도 '서비스, 세일, 소나타, 서핑; 서클, 센서스'로 적는다.

외래어의 발음		대응 한글	보기		비 고
			영어 표기	한글 표기	
유성 파열음	[b]	ㅂ	bus	버스	뻐스(×)
	[d]	ㄷ	dollar	달러	딸러(×)
	[g]	ㄱ	gang	갱	깽(×)
무성 파열음	[p]	ㅍ	piano, Paris	피아노, 파리	삐아노(×), 빠리(×)
	[t]	ㅌ	talent, conte	탤런트, 콩트	땔런뜨(×), 꽁뜨(×)
	[k]	ㅋ	cream, cognac	크림, 코냐	끄림(×), 꼬냑(×)

〈표 1〉 파열음의 표기

그런데 파열음을 적을 때에 된소리를 전혀 쓰지 않는 것은 아니다. 곧, '빨치산 (partizan)', '껌(gum)' 등에는 된소리가 글자가 쓰였는데, 이는 이들 단어가 이미 된소리로 굳어져서 널리 쓰이기 때문이다(제5항 참조).

> **제5항** 이미 굳어진 외래어는 관용을 존중하되, 그 범위와 용례는 따로 정한다.

언어는 사회적인 제약을 받는다. 곧 언중들 사이에 널리 사용되어서 이미 굳어진 말은 바꾸기도 어렵고, 또 억지로 바꾸게 되면 글자 생활에 혼란을 일으킬 수도 있다. 따라서 어떠한 외래어가 일단 국어에 들어와 그 형태가 이미 굳어져서 널리 쓰이는 경우에는, 비록 그 어형이 외래어 표기법에 어긋나더라도 관용을 존중하여 널리 쓰이는 형태를 인정한다.[3]

예를 들어 영어 'radio, piano, vitamin'은 〈외래어 표기법〉의 규정대로 표기하자면 '레이디오, 피애노, 바이터민'으로 적어야 한다. 하지만 이러한 외래어는 이미 우리나라에서 오랫동안 쓰여서 '라디오, 피아노, 비타민'으로 아주 굳어져 버렸다. 따라서 이러한 말은 관용어로 처리하여 이전부터 적어 오던 방식대로 적는다.

---

3) 외래어는 원래 다양한 시기와 경로를 통해서 국어에 흡수되었기 때문에, 하나의 표기 원칙만을 적용하여서 외래어를 표기할 수 없는 경우도 있다. 예를 들어서 영어의 'cut'은 '컷'이라고 표기하기도 하고 '커트'라고 하기도 한다. 곧 인쇄 작업을 할 때 쓰이는 도판의 뜻으로 쓰이나, 영화나 사진 술의 용어로 쓰일 때에는 '컷'이라고 한다. 반면에 머리털을 짧게 깎는 행동이나, 테니스나 탁구공을 깎아서 치는 행동을 표현할 때에는 '커트'라고 한다. 현행의 〈외래어 표기법〉을 엄격히 적용한 다면 '컷'으로만 표기해야 하지만, 많은 언중들이 이미 오랫동안 관습적으로 '커트'로 발음하고 있는 언어 현실도 무시할 수는 없다.

3.2. 외래어 표기의 일람표

외래어는 〈표 1〉에 따라 표기한다.

자음			반모음		모음	
국제 음성 기호	한 글		국제 음성 기호	한 글	국제 음성 기호	한 글
	모음 앞	자음 앞 또는 어말				
p	ㅍ	ㅂ, 프	j	이*	i	이
b	ㅂ	브	ɥ	위	y	위
t	ㅌ	ㅅ, 트	w	오, 우*	e	에
d	ㄷ	드			ø	외
k	ㅋ	ㄱ, 크			ɛ	에
g	ㄱ	그			ɛ̃	앵
f	ㅍ	프			œ	외
v	ㅂ	브			œ̃	욍
θ	ㅅ	스			æ	애
ð	ㄷ	드			a	아
s	ㅅ	스			ɑ	아
z	ㅈ	즈			ɑ̃	앙
ʃ	시	슈, 시			ʌ	어
ʒ	ㅈ	지			ɔ	오
ʦ	ㅊ	츠			ɔ̃	옹
dz	ㅈ	즈			o	오
ʧ	ㅊ	치			u	우
ʤ	ㅈ	지			ə**	어
m	ㅁ	ㅁ			ɚ	어
n	ㄴ	ㄴ				
ɲ	니*	뉴				
ŋ	ㅇ	ㅇ				
l	ㄹ, ㄹㄹ	ㄹ				
r	ㄹ	르				
h	ㅎ	흐				
ç	ㅎ	히				
x	ㅎ	흐				

 * [j], [w]의 '이'와 '오, 우', 그리고 [ɲ]의 '니'는 모음과 결합할 때 제3장 표기 세칙에 따른다.
** 독일어의 경우에는 '에', 프랑스어의 경우에는 '으'로 적는다.

〈표 2〉 국제 음성 기호와 한글 대조표

3.3. 외래어의 인명, 지명의 표기 원칙

3.3.1. 표기 원칙

> **제1항** 외국의 인명, 지명의 표기는 제1장, 제2장, 제3장의 규정을 따르는 것을 원칙으로 한다.

외국의 인명(人名)이나 지명(地名)도 외래어이기 때문에, 원칙적으로 다른 외래어처럼 외래어 표기법의 일반적인 규정(제1장, 제2장, 제3장)을 따른다. 다만, 이들이 고유 명사이기 때문에 나타나는 여러 가지 특성을 외래어 표기에 어떻게 반영하는가를 규정한 것이 제4장인 '인명, 지명의 표기 원칙'의 내용이다.

> **제2항** 제3장에 포함되어 있지 않은 언어권의 인명, 지명은 원지음을 따르는 것을 원칙으로 한다.
> (보기) Ankara(앙카라), Gandhi(간디)

제2항에서는 제3장의 외래어의 '표기 세칙'에 표기 방법이 제시되어 있지 않은 언어권의 인명과 지명은 그 지역에서 실제로 쓰이는 인명과 지명의 발음을 반영하여서 적어야 한다는 것을 규정한 것이다.

예를 들어서 터키의 지명인 'Ankara'는 영어식 발음으로는 [ǽŋkərə]인데 이를 '표 1'의 '국제 음성 기호와 한글 대조표'에 따라 적으면 '앵커러'로 적어야 한다. 하지만 제2항에 따르면 'Ankara'를 터키의 현지어에 따라서 '앙카라'로 적는다. 그리고 'Gandhi'는 영어식으로는 [gáːndi] 혹은 [gǽndi]로 발음하는데, 이를 '표 1'에 따라서 적으면 '간디/갠디'나 '간드히/갠드히'로 적어야 한다. 그러나 인도의 현지 발음으로는 'Gandhi'를 [gáːndi]로 부르므로, 국어에서는 원지음에 따라서 '간디'로 적는다.

> **제3항** 원지음이 아닌 제3국의 발음으로 통용되고 있는 것은 관용을 따른다.
> (보기) Hague(헤이그), Caesar(시저)

인명과 지명을 표기할 때에는 원지음을 따른 것이 원칙이지만, 특정한 인명과 지명이 이미 제3국의 발음으로 널리 통용되고 있을 때에는 그 관용적인 표기를 인정한다.

예를 들어서 네덜란드의 지명인 'Hague'는 현지에서는 'Den Haag(덴 하흐)'로 부르는데, 이를 영어식으로 적은 'Hague[héig]'를 '표 1'에 따라서 한글로 표기한 것이 '헤이그'이다. 그런데 원지음인 '덴 하흐'보다 영어식 발음인 '헤이그'가 국제적으로 더 널리 통용됨에 따라서 예외적으로 관용에 따라서 '헤이그'로 적는다. 그리고 'Caesar'는 로마 시대의 통치자인 'Julius Caesar'의 성(姓)인데, 원지음인 라틴어로는 '카이사르'로 적는다. 반면에 'Caesar'를 영어식으로 발음하면 [síːzər]가 되는데, 이를 '표 1'에 따라서 한글로 적으면 '시저'가 된다. 그런데 국제적으로는 원지음인 '카이사르'보다는 영어식의 발음인 '시저'가 더 통용되고 있으므로, 관용에 따라서 '시저'로 적는 것이다.

제4항 고유 명사의 번역명이 통용되는 경우 관용을 따른다.

(보기) Pacific Ocean(태평양), Black Sea(흑해)

고유 명사의 의미를 국어로 번역한 이름이 이미 국어에서 통용되는 경우에는, 고유 명사의 발음을 한글로 표기하는 것이 아니라 관용에 따라서 번역명으로 표기한다.

'Pacific Ocean'과 'Black Sea'는 원지명의 발음과는 관계 없이, 국어에서는 예전부터 번역명인 '태평양(太平洋)'과 '흑해(黑海)'를 통용하고 있다. 이처럼 이미 번역명으로 굳어서 쓰이는 외래어의 고유 명사는 번역명으로 적는다.

3.3.2. 동양의 인명, 지명 표기

여기서 '동양'이라고 하는 말은 중국과 일본을 가리킨다. 이들 나라는 오랜 기간 동안 우리나라와 정치, 경제, 문화적으로 밀접한 관계를 맺어 왔기 때문에, 중국과 일본에서 쓰이는 인명, 지명의 표기법에 대한 원칙을 별도로 정하였다.

그런데 오랜 옛적부터 중국이나 일본의 인명과 지명은 우리나라의 한자음으로 읽어 왔다. 예전에 교통이나 통신의 발달이 어려웠던 시절에 중국이나 일본의 현지 발음을 알 수 없었기 때문에, 불가피하게 인명이나 지명의 고유 명사까지도 우리나라의 한자음으로 적을 수밖에 없었다. 그러나 현대의 〈외래어 표기법〉에서는 중국과 일본의 인명과 지명을 고유 명사로 간주하여, 다른 외국의 고유 명사와 마찬가지로 기본적으로 원지음을 존중하는 태도를 취한다. 이러한 점에서 〈외래어 표기법〉에서는 중국이나 일본의 인명과 지명을 국어의 한자음으로 표기해 온 표기 전통도 고려하고, 인명과 지명을 원지음으로 표기하기를 원하는 현실적인 요구도 수용하는 절충적인 태도를 취한다.

> **제1항** 중국 인명은 과거인과 현대인을 구분하여[4] 과거인은 종전의 한자음대로 표기하고, 현대인은 원칙적으로 중국어 표기법에 따라 표기하되, 필요한 경우 한자를 병기한다.

중국의 옛 인명은 고전의 서적을 통하여 국어의 한자음으로 기록되어서 우리의 생활 속에서 융화되었다. 따라서 표기의 역사성을 고려하여서 중국의 옛 사람의 인명은 우리나라의 한자음으로 적기로 하였다.

(1) ㄱ. 孔子(공자), 項羽(항우), 韓信(한신), 劉備(유비)

ㄴ. 장쩌민(江澤民)/ *강택민, 후진타오(胡錦濤)/ *호금도, 시진핑(習近平)/ *습근평

예를 들어서 (ㄱ)의 '孔子, 項羽, 韓信, 劉備'의 옛 인명은 우리나라의 한자음으로 적어서 '공자, 항우, 한신, 유비'처럼 표기한다. 반면에 (ㄴ)의 인물들은 신해혁명(辛亥革命, 1911)의 이후에 존재하는 현대인의 이름이므로, 중국어 표기법에 따라서 적되 필요한 경우에는 한자를 병기한다.

> **제2항** 중국의 역사 지명으로서 현재 쓰이지 않는 것은 우리 한자음대로 하고, 현재 지명과 동일한 것은 중국어 표기법에 따라 표기하되, 필요한 경우 한자를 병기한다.

제2항의 취지는 제1항의 인명의 경우와 동일하다. 중국의 옛 지명 가운데에서 현재 쓰이지 않는 지명은 고전(古典)을 통하여 우리 한자음으로 이미 굳어져 있다. 그리고 이들 지명은 현대 중국에서는 사용되지 않으므로 현대 중국의 원지음 발음으로 표기하는 것이 별의미가 없다. 따라서 이러한 옛 지명은 우리 한자음으로 표기한다.

---

4) 현대인과 과거인은 1911년에 발생한 중국의 신해혁명(辛亥革命)을 분기점으로 구분한다.

(2) ㄱ. 北平(북평), 三巴(삼파), 大山(대산), 回溪(회계)

ㄴ. 상하이(上海), 베이징(北京), 텐진(天津), 칭타오(青島), 난징(南京)

예를 들어서 (ㄱ)의 '北平, 三巴, 大山, 回溪' 등의 옛 지명은 현대 중국에서는 쓰이지 않는데, 이들 지명은 국어의 한자음으로 '북평, 삼파, 대산, 회계' 등으로 표기한다. 이에 반해서 (ㄴ)의 '상하이, 베이징, 텐진, 칭타오, 난징' 등은 현대에도 중국에서 지명으로 쓰이고 있으므로, 중국어의 표기법에 따라서 적는다.

> **제3항** 일본의 인명과 지명은 과거와 현대의 구분 없이 일본어 표기법에 따라 표기하는 것을 원칙으로 하되, 필요한 경우 한자를 병기한다.

일본의 인명과 지명은 과거와 현대를 구분하지 않고 '일본어 표기법'에 따라서 적는 것을 원칙으로 한다. 중국의 인명과 지명은 예전부터 고전을 통하여 우리나라 사람에게 우리 한자음 적혀서 통용되는 전통이 있었다. 반면에 일본의 인명과 지명은 이러한 전통이 거의 없었고, 우리 한자음으로 적는 경우가 있다고 해도 그 수가 극히 적었다. 따라서 일본의 인명과 지명은 과거와 현대를 구분하지 않고 일본어의 표기법에 따라서 적는다.

(3) ㄱ. 도요토미 히데요시(豊臣秀吉), 도쿠카와 이에야스(德川家康), 이토 히로부미(伊藤博文)

ㄴ. 히로히토(裕仁), 스즈키 이치로(鈴木一朗), 요시모토 하지메(吉本一), 고이즈미 준이치로(小泉純一郎)

(3)에서 (ㄱ)의 '도요토미 히데요시, 도쿠카와 이에야스, 이토 히로부미' 등은 옛날 사람의 이름이며, (ㄴ)의 '히로히토, 스즈키 이치로, 요시모토 하지메, 고이즈미 준이치로' 등은 현대인의 이름이다. 이들은 과거인과 현대인을 가리지 않고 모두 일본어의 발음대로 적었으며, 필요한 경우에는 한자를 병기하여 혼동을 피할 수 있게 하였다.

> **제4항** 중국 및 일본의 지명 가운데 한국 한자음으로 읽는 관용이 있는 것은 이를 허용한다.
> (보기) 東京(도쿄/동경), 京都(교토/경도), 上海(상하이/상해), 臺灣(타이완/대만), 黃河(황허/황하)

제4항은 중국과 일본의 지명 중에서 관용적으로 한국 한자음으로 사용해 오던 것에 한해서, 한국 한자음으로 표기하는 것을 허용하는 규정이다. 이러한 처리는 중국이나 일본의 지명을 한자로 표기해 온 전통도 고려하고, 지명을 원지음으로 표기하기를 원하는 현실적인 요구도 수용하는 절충적인 태도를 취한 것이다. 제4항의 규정에 따라서 '東京'과 '臺灣'은 원지음인 '도쿄', '타이완'으로 적는 것뿐만 아니라 한국 한자음인 '동경', '대만'으로 적는 것도 허용한다.

3.3.3. 바다, 섬, 강, 산 등의 표기 세칙

> **제1항** 바다는 '해(海)'로 통일한다.
> (보기) 홍해, 발트해, 아라비아해

외래어를 표기할 때에 '바다'는 한자말인 '해(海)'로 통일해서 적고, 그 앞 말이 한자어일 때와 외래어일 때를 구분하지 않고 모두 앞 말에 붙여서 적는다. 곧, '홍해, 흑해, 북극해, 남극해' 등에서는 '해'가 우리말 한자어 지명 다음에 실현되었고, '발트해, 아라비아해, 카스피해, 아랄해' 등에서는 외래어로 된 지명에 '해'가 붙었다. 이러한 차이에도 불구하고 '해'는 모두 앞 말에 붙여서 적는다.[5]

> **제2항** 우리나라를 제외하고 섬은 모두 '섬'으로 통일한다.
> (보기) 타이완섬, 코르시카섬 (우리나라: 제주도, 울릉도)

외국의 섬(島)에 붙이는 이름은 모두 '섬'으로 통일하여 적고, 그 앞 말이 한자어일 때와 외래어일 때를 구분하지 않고 모두 앞 말에 붙여서 적는다. 곧, (ㄱ)의 '타이완섬, 코르시카섬, 포클랜드섬' 등에서는 '섬'으로 적고, (ㄴ)의 '제주도, 울릉도, 거제도' 등에서는 '도'로 적었다.

---

[5] 기존에는 (4ㄱ)처럼 한자말로 된 지명 뒤에 쓰이는 '해'는 '홍해, 흑해, 북극해, 남극해'처럼 앞 말에 붙여쓰고, (4ㄴ)처럼 외래어로 된 지명 뒤에 쓰이는 '해'는 '발트 해, 아리비아 해, 카스피 해, 아랄 해'처럼 앞 말에 띄어서 적었다. 그러나 2017년 3월에 발표된 '문화체육관광부고시 제2017-14호'에 따르면, '해, 섬, 강, 산, 산맥' 등은 모두 앞 말에 붙여 적는다.

제4항은 한자를 기준으로 하나의 글자로 된 '산'이나 '강' 등의 이름이 일반적이지 않다는 점을 고려하여서 만든 규정이다. '산(山), 타케(岳) ; 장(江), 카와(川) ; 시마(島)' 등은 중국어와 일본어에서 '산, 강, 섬'을 나타내는 단어이므로, 이들 단어는 원칙적으로 '위산, 온산, 주강, 하야강, 도섬, 히로섬' 등으로 표기해야 한다. 그런데 '산, 타케, 장, 카와, 시마' 앞에 붙은 단어는 1음절의 한자라는 특징이 있는데, 이처럼 1음절의 한자로 된 지명은 일반적으로 잘 쓰이지 않는다. 따라서 (7)에서처럼 '위산, 온타케 ; 주장, 하야카와 ; 도시마, 히로시마' 뒤에 동일한 뜻을 나타내는 '산, 강, 섬'을 다시 붙여서 '위산산, 온타케산 ; 주장강, 하야카와강 ; 도시마섬, 가미시마섬(神島)' 등으로 적는다.

제5항은 관용적인 지명 표기에 관련된 규정이다. 곧 외래어의 원어 중에는 그 자체에 '산, 강, 산맥'의 뜻을 나타내는 말이 들어 있는 것이 있는데, 우리나라 사람들이 이들 외래어에 들어 있는 '산, 강, 산맥'의 뜻을 인식하지 못한 채로 사용하는 경우가 있다. 제5항에서는 이러한 말의 관용적인 쓰임을 인정하여서, 이들 지명에 '강, 산, 산맥'을 겹쳐서 적는 것을 인정한다.

곧, 'Rio Grande'에서 'Rio'는 '강'의 뜻을, 'Monte Rosa'와 'Mont Blanc'에서 'Monte'와 'Mont'는 '산'의 뜻을, 'Sierra Madre'에서 'Madre'는 '산맥'의 뜻을 나타낸다. 그러나 우리나라 사람들은 이들 외래어에서 '산, 강, 산맥'의 뜻을 인식하지 못하기 때문에, 이들 단어 뒤에 '강, 산, 산맥'을 겹쳐서 적어서 '리오그란데강, 몬테로사산, 몽블랑산, 시에라마드레산맥' 등으로 표기해 왔다. 제5항에서는 외래어 지명에서 나타나는 이러한 관용적 표현이 국어에서 이미 굳어진 것으로 인정한 것이다.

[부칙]

(시행일) 이 규정은 공포한 날부터 시행한다. 다만, 제4장제3절 개정 규정은 2017년 6월 1일부터 시행한다.

제4장 국어의 로마자 표기법

4.1. '국어의 로마자 표기법'의 변천

'국어의 로마자 표기법'은 국어를 로마자로 표기하는 방법에 대한 표준 규범이다. 곧 한국어와 한글을 모르는 외국인들을 위하여 도로의 표지판이나 여권, 지도 등에 쓰이는 국어를 로마자로 적는 방법이다.

〈 국어의 로마자 표기법의 역사 〉 국어를 로마자로 적는 방법은 꽤 많이 변화였는데, 이를 간략히 소개하면 〈표 1〉과 같다.

			머큔−라이샤워	문교부	문교부	문교부	문화 관광부
발표 연대			1939년	1948년	1959년	1984년	2000년
표기 원칙			전음법	절충식	전자법	전음법	전음법
자음과 모음의 표기	자음	ㄱ	k/g	k/g	g	k/g	g/k
		ㅋ	k'	kh(k')	k	k'	k
		ㄲ	kk	gg	gg	kk	kk
		ㅈ	ch/j	ch/j	j	ch/j	j
		ㅊ	ch'	chh	ch	ch'	ch
		ㅉ	tch	dch	jj	tch	jj
	모음	ㅓ	ŏ	ŏ	eo	ŏ	eo
		ㅡ	ŭ	ŭ	eu	ŭ	eu

		머큐-라이샤워	문교부	문교부	문교부	문화 관광부
표기 용례	한국	Han-guk	Han-guk	Han-gug	Han-guk	Han-guk
	전주	Chŏnju	Chŏnju	Jeonju	Chŏnju	Jeonju
	금산	Kŭmsan	Kŭmsan	Geumsan	Kŭmsan	Geumsan
특징	모음 표기	구별 부호 사용	구별 부호 사용	단모음 표기에 2글자 사용	구별 부호 사용	단모음 표기에 2글자 사용
	자음 표기	유·무성 구별	유·무성 부분적 구별	유·무성 구별하지 않음	유·무성 구별	자음을 음운 환경에 따라 구별

〈표 1〉 '국어의 로마자 표기법'의 일람표

〈국어의 로마자 표기법(2000)〉 1984년의 로마자 표기법에 나타나는 문제점을 해결하기 위하여 '국립 국어 연구원'이 주관하여 1995년부터 로마자 표기법에 대한 개정 작업에 착수하였다. 곧 학계 전문가로 '로마자 개정 실무 소위원회'를 구성하여 공청회를 열고 각종 여론 조사와 전문가의 연구 검토를 거쳐 2000년에 〈국어의 로마자 표기법〉을 확정하여 발표하였다.

현행의 〈국어의 로마자 표기법〉(2000)은 기본적으로 '내국인 위주로 바꾼 표기법'이라고 할 수 있다. 로마자 표기법이 외국인들을 위한 어문 규정이라고 해도, 그것은 기본적으로 한국인들의 표준 발음과 언어 인식에 맞아야 한다는 것이다. 또한 현행의 〈국어의 로마자 표기법〉(2000)은 글자 생활의 정보화와 기계화를 염두에 두고, 이에 장애가 되는 사항은 없앴다. 특히 타자기나 컴퓨터의 자판에 없는 반달표(˘)는 글자 생활의 기계화를 가로막는 큰 장애 요소며, 현재처럼 컴퓨터나 인터넷의 이용량이 급격하게 증가하는 상황을 고려할 때는 반드시 없애야 할 부호였다. 그리고 어깨점(')은 타자기와 컴퓨터의 자판에서 사용되고 있지만 글자 체계에 이러한 부호를 사용하는 것은 바람직하지 않으므로 이번 개정에서 사용하지 않도록 하였다. 〈국어의 로마자 표기법〉(2000)에서 개정된 주요 내용은 다음과 같다.

① '어, 으'의 표기는 ŏ, ŭ에서 eo, eu로 바뀌었다(반달표 폐지).
② 모음 앞의 무성 자음 'ㄱ, ㄷ, ㅂ, ㅈ'의 표기는 k, t, p, ch에서 g, d, b, j로 바뀌었다.
③ 'ㅋ, ㅌ, ㅍ, ㅊ'의 표기는 k', t', p', ch'에서 k, t, p, ch로 바뀌었다(어깨점 폐지).
④ 'ㅅ'은 경우에 따라 sh와 s로 나누어 적던 것을 s로만 적는다.
⑤ 오래 전부터 쓰던 회사 명, 단체 명 등은 관용을 허용한다.

4.2. '국어의 로마자 표기법'의 규정 풀이

제1장 표기의 기본 원칙

> **제1항** 국어의 로마자 표기는 국어의 표준 발음법에 따라 적는 것을 원칙으로 한다.

국어를 로마자로 표기하는 방식에는 '전음법(轉音法)'과 '전자법(轉字法)'이 있다.

		표기 대상	로마자	표기법
신라	발음	[실라]	Silla	전음법
	철자	ㅅㅣㄴㄹㅏ	Sinra	전자법
종로	발음	[종노]	Jongno	전음법
	철자	ㅈㅗㅇㄹㅗ	Jongro	전자법

〈표 1〉 전음법과 전자법

'전음법(轉音法, 전사법, transcription)'은 우리말의 발음을 그대로 로마자로 옮기는 방법이고, '전자법(轉字法, transliteration)'은 우리말의 글자인 한글의 철자를 로마자로 적는 방법이다. 예를 들어 '신라, 종로'라는 단어를 로마자로 적을 때에, 전음법에 따라 발음을 로마자로 옮기면 Silla, Jongno로 옮겨질 것이다. 그러나 반대로 전자법에 따라 철자를 로마자로 옮기면 Sinra, Jongro로 옮겨진다.

전음법은 발음을 로마자로 옮기기 때문에 우리말을 잘 모르는 외국인에게 우리말 발음을 비슷하게 내도록 하는 데에는 효과적이다. 그러나 이 전음법은 우리말을 일단 로마자로 옮기고 난 후에는 원래의 우리말을 복원하기가 어렵다는 단점이 있다. 곧 발음에 따라 Silla, Jonno로 표기되고 나면 이것을 원래의 한글 꼴인 '신라, 종로'로 복원하는 것은 힘든 일이다. 그리고 우리말의 '신라'나 '실라'는 모두 [실라]로만 발음되기 때문에, 한국어로는 분명히 다른 두 단어가 전음법에 따라서 로마자로 적으면 둘 다 Silla로 적힐 수밖에 없는 문제가 있다.

한편 전자법으로 한글을 로마자로 옮기면, 한글의 특정한 글자는 항상 특정한 로마자에 대응되기 때문에 '한글의 로마자 표기'가 체계적으로 이루어진다. 그리고 전음법과는 달리 로마자로 옮겨진 글자를 다시 한글로 복원하기가 쉽다는 장점이 있다. 그러나 한글의 철자를 기준으로 로마자로 적으면, 우리말을 모르는 외국인이 그것을 보고서 정확하게 발음하기는 어렵다. 우리말의 음운 규칙을 모르는 외국인들은 '신라, 종로'를 Sinra, Jongro로 적어 놓으면 [실라], [종노]로 발음하지 못하고 글자의 꼴에 이끌려서 [*신라 / *신나], [*종로] 등으로 발음할 가능성이 있다.

결국 전음법이나 전자법에는 각각 장단점이 있는데, 현행의 〈국어의 로마자 표기법〉에서는 제1항과 같이 '국어의 표준 발음에 따라 적는 것을 원칙으로 한다.'라고 하여 전음법으로 적는다는 것을 원칙으로 삼았다. 외국인들이 우리말의 발음을 정확하게 발음하는 것이 로마자 표기의 가장 큰 목적임을 생각할 때에, 전음법에서 생기는 몇 가지 불편한 점은 감수할 수밖에 없는 것이다.[1]

> **제2항** 로마자 이외의 부호는 되도록 사용하지 않는다.

1984년의 〈로마자 표기법〉에도 제2항의 규정이 나와 있었으나, 실제로는 반달표(˘)와 어깨점(')을 사용하였기 때문에 엄격하게 지켜진 규정이라고는 할 수 없다. 1984년의 로마자 표기법에서는 자음의 경우 거센소리 계열의 소리 [ㅋ, ㅌ, ㅍ, ㅊ]는 k', t', p', ch'와 같이 어깨점을 찍어서 적었고, 단모음 가운데 '어'와 '으'는 ŏ, ŭ처럼 반달표를 찍어서 적었기 때문이다.

그런데 타자기나 컴퓨터가 발달하여 글자 생활이 점차 기계로 이루어짐에 따라서 로마자 이외의 부호를 사용하는 데에는 큰 어려움이 있었다. 특히 최근에는 인터넷 환경이 급격하게 확산되고, 앞으로 이러한 추세가 더욱 더 확대될 것이 틀림없는 상황에서, 컴퓨터의 자판에 없는 반달표를 로마자로 적으려면 불편하기 짝이 없었다.[2]

로마자 이외의 부호가 가진 이러한 문제점 때문에 2000년에 개정된 〈국어의 로마자 표기법〉에서는 a부터 z까지의 로마자 스물여섯 글자 이외의 부호는 가능한 쓰지 않는다는 원칙을 세웠다. 이러한 내용은 84년의 로마자 표기법에도 규정되어 있었으나, 2000년의 로마자 표기법에서는 그 규정을 더욱 강화한 것이다. 이에 따라 거센소리인 [ㅋ, ㅌ, ㅍ, ㅊ]를 적는 때에는 어깨점을 없애고 k, t, p, ch로 적기로 하였고, 단모음인 '어, 으'를 적을 때에는 반달표 사용하지 않고 로마자 두 글자를 합쳐서 eo와 eu로 적기로 했다.

---

1) 2000년의 '로마자 표기법'에서는 학술적인 용도 등 특수한 상황에서 한글 복원을 전제로 표기할 경우에는 전자법에 따라 할 수 있도록 규정을 마련하였다.

2) 반달표(˘) 나 어깨점(')은 특히 인터넷의 주소를 표기하는 데는 치명적인 걸림돌이 된다.

그러나 2000년에 개정된 '국어의 로마자 표기법'을 적용하여 국어를 로마자로 적을 때에도 부호를 전혀 사용하지 않는 것은 아니다. 부호 가운데 붙임표만은 제한된 조건 하에서 사용할 수도 있다. 예를 들어 발음상 혼동의 우려가 있을 때나(보기: 해운대 → Hae-undae), '도, 시, 군, 구, 읍, 면, 리, 동, 가'의 행정 구역 단위 앞에는 붙임표(-)를 넣는다(보기: 제주도 → Jeju-do, 의정부시 → Uijeongbu-si).

아무튼 2000년의 로마자 표기법은 '84년의 로마자 표기법에 비해서, 로마자 이외의 부호 사용에 엄격해진 것만은 사실이다.

제2장 표기 일람

제1항 모음은 다음 각 호와 같이 적는다.

1. 단모음

ㅏ	ㅓ	ㅗ	ㅜ	ㅡ	ㅣ	ㅐ	ㅔ	ㅚ	ㅟ
a	eo	o	u	eu	i	ae	e	oe	wi

2. 이중 모음

ㅑ	ㅕ	ㅛ	ㅠ	ㅒ	ㅖ	ㅘ	ㅙ	ㅝ	ㅞ	ㅢ
ya	yeo	yo	yu	yae	ye	wa	wae	wo	we	ui

[**붙임 1**] 'ㅢ'는 'ㅣ'로 소리 나더라도 'ui'로 적는다.

　　(보기) 광희문 Gwanghuimun

[**붙임 2**] 장모음의 표기는 따로 하지 않는다.

제1항은 모음의 표기법을 규정하였는데, '단모음의 표기법'과 '이중 모음의 표기법'으로 나누어서 규정하였다.

1. 단모음의 로마자 표기법

단모음은 발음을 할 때 처음과 끝의 입 모양이 변하지 않는 모음인데, 이들 단모음은 원칙적으로 한 글자의 로마자로 표기한다. 그러나 [ㅓ, ㅡ, ㅐ, ㅚ, ㅞ]는 로마자 한 글자로 대응시키기가 어렵기 때문에 두 글자로 적는다. 곧, [ㅓ]는 'eo'로 적고, [ㅡ]는 'eu'로,

'ㅐ'는 'ae'로, 'ㅚ'는 'oe'로, 'ㅟ'는 'wi'로 적는다.

2. 이중 모음의 로마자 표기법

이중 모음은 모음을 발음할 때에 반모음인 [j]와 [w]에 이어서 단모음을 발음하는 모음이다. 이러한 특징을 감안하여 반모음인 [j]를 표기하는 'y'와 [w]를 표기하는 글자인 'w'를 단모음을 적는 로마자를 함께 써서 국어의 이중 모음을 적었다.

    (1) ㄱ. ㅑ(ya), ㅕ(yeo), ㅛ(yo), ㅠ(yu), ㅒ(yae), ㅖ(ye)
         ㄴ. ㅘ(wa), ㅙ(wae), ㅝ(wo), ㅞ(we)
         ㄷ. ㅢ(ui)

(ㄱ)의 'ㅣ'계 이중 모음은 반모음 [j]를 표기하는 로마자 'y'와 단모음을 표기하는 로마자를 함께 적어서, 'ㅑ(ya), ㅕ(yeo), ㅛ(yo), ㅠ(yu), ㅒ(yae), ㅖ(ye)'로 표기한다. (ㄴ)의 'ㅜ'계 이중 모음은 반모음 [w]를 표기하는 로마자 'w'와 단모음을 표기하는 로마자를 함께 적어서, 'ㅘ(wa), ㅙ(wae), ㅝ(wo), ㅞ(we)'로 적는다. (ㄷ)의 'ㅢ'는 [ij]의 음성 형태에 가깝게 'ui'로 표기하였다.

[붙임 1] '의'는 'ㅣ'로 소리 나더라도 'ui'로 적는다.
〈표준 발음법〉의 제5항에 따르면 자음 뒤에 실현되는 'ㅢ'는 [ㅣ]로만 소리난다.

    (2) 늴리리, 닁큼, 무늬, 띄어쓰기, 씌어, 틔어, 희어, 희떱다, 희망, 유희

곧, (2)에서처럼 자음 뒤에 실현되는 'ㅢ'는 모두 [ㅣ]로 발음된다. 따라서 '늴리리'는 [닐리리]로, '닁큼'은 [닁큼]으로, '무늬'는 [무니]로 소리난다. '붙임 1'에서는 비록 (3)처럼 'ㅢ'가 자음 뒤에서 [ㅣ]로 소리 나더라도 로마자로 표기할 때에는 'i'로 적지 않고 이중 모음을 적는 방법으로 'ui'로 적기로 하였다.

    (3) 광희문 Gwanghuimun, 박정희 Bak Jeonghui

(3)에서 '희'는 자음인 'ㅎ' 뒤에 'ㅢ'가 실현되었는데, '희'는 [히]로 발음되지만 'hi'로 적지 않고 'hui'로 적었다.

[붙임 2] 장모음의 표기는 따로 하지 않는다.

〈표준 발음법〉의 제6항과 제7항에서는 국어의 모음은 짧은 소리와 긴 소리를 구분하여 발음하도록 규정하고 있다. 그러나 국어와 마찬가지로 세계의 거의 대부분의 언어에서 '장단'이나 '고저', '강세'와 같은 운소를 표기에 반영한 예가 없다. 따라서 국어에서 발음되는 장모음을 로마자로 적을 때에도 장모음 별도로 표기하지 않는다.

제2항 자음은 다음 각 호와 같이 적는다.

1. 파열음

ㄱ	ㄲ	ㅋ	ㄷ	ㄸ	ㅌ	ㅂ	ㅃ	ㅍ
g, k	kk	k	d, t	tt	t	b, p	pp	p

2. 파찰음

ㅈ	ㅉ	ㅊ
j	jj	ch

3. 마찰음

ㅅ	ㅆ	ㅎ
s	ss	h

4. 비음

ㄴ	ㅁ	ㅇ
n	m	ng

5. 유음

ㄹ
r, l

[붙임 1] 'ㄱ, ㄷ, ㅂ'은 모음 앞에서는 'g, d, b'로, 자음 앞이나 어말에서는 'k, t, p'로 적는다([ ] 안의 발음에 따라 표기함).

(보기) 구미 Gumi, 영동 Yeongdong, 백암 Baegam, 옥천 Okcheon, 합덕 Hapdeok, 호법 Hobeop, 월곶 [월곧] Wolgot, 벚꽃 [벋꼳] beotkkot, 한밭 [한받] Hanbat

[붙임 2] 'ㄹ'은 모음 앞에서는 'r'로, 자음 앞이나 어말에서는 'l'로 적는다. 단, 'ㄹㄹ'

은 'll'로 적는다.

　　(보기) 구리 Guri, 설악 Seorak, 칠곡 Chilgok, 임실 Imsil, 울릉 Ulleung, 대관령
　　　　　[대괄령] Daegwallyeong

제2항은 국어의 자음을 로마자로 표기하는 방법을 규정하였는데, 발음할 때의 조음 방법에 따라서 로마자의 표기 방법을 정리하였다.

1. 파열음의 로마자 표기

국어의 파열음에는 [ㄱ, ㄲ, ㅋ, ㄷ, ㄸ, ㅌ, ㅂ, ㅃ, ㅍ] 등이 있다. 이러한 파열음은 소리의 세기에 따라서 '예사소리, 된소리, 거센소리'로 나뉜다.

첫째, 예사소리 [ㄱ, ㄷ, ㅂ]는 그것이 실현되는 음운론적 환경에 따라서 두 가지 종류의 로마자로 표기한다.

　　(4) 모음 앞(g, d, b) : 고기 gogi, 도다리 dodari, 바보 babo

　　(5) ㄱ. 자음 앞(k, t, p) : 박수 baksu, 돋보기 dotbogi, 압정 apjeong
　　　　ㄴ. 단어 끝(k, t, p) : 물독 muldok, 곧 got, 발굽 balgup

곧, 예사소리인 [ㄱ, ㄷ, ㅂ]가 (4)처럼 모음 앞에 실현될 때에는 유성의 자음자인 'g, d, b'로 적는데, '고기, 도다리, 바보'를 각각 'gogi', 'dodari', 'babo'로 표기한다. 그리고 (5)처럼 자음 앞이나 단어의 끝(어말)에 실현될 때에는 무성의 자음자인 'k, t, p'로 적는다. 이에 따라서 'k, t, p'가 자음의 앞에 실현되는 '박수, 돋보기, 압정'은 각각 'baksu, dotbogi, apjeong'으로 표기하고, 'k, t, p'가 단어의 끝에 실현되는 '물독, 곧, 발굽'은 'muldok, got, balgup'로 표기한다.

둘째, 된소리인 [ㄲ, ㄸ, ㅃ]는 무성 자음자인 'k, t, p'를 겹쳐서 'kk, tt, pp'로 적는다.

　　(6) ㄱ. ㄲ(kk) : 꿀 kkul, 주꾸미 jukkumi
　　　　ㄴ. ㄸ(tt) : 또아리 ttoari, 산딸기 santtalgi
　　　　ㄷ. ㅃ(pp) : 뿌리 ppuri, 오빠 oppa

(ㄱ)의 [ㄲ]는 'k'를 겹쳐서 'kk'로 적어서 '꿀'과 '주꾸미'를 'kkul', 'jukkumi'로 표기하며,

(ㄴ)의 [ㄸ]는 't'를 겹쳐서 'tt'로 적어서 '또아리'와 '산딸기'를 'ttoari'와 'santtalgi'로 표기한다. 그리고 (ㄷ)의 [ㅃ]는 'p'를 겹쳐서 'pp'로 적어서 '뿌리'와 '오빠'를 'ppuri'와 'oppa'로 표기한다.

셋째, 거센소리인 'ㅋ, ㅌ, ㅍ'는 각각 무성의 자음 글자인 'k, t, p'로 표기한다. 국어에서 자음 앞이나 단어의 끝에 실현되는 'ㅋ, ㅌ, ㅍ'는 평파열음화에 따라서 각각 [ㄱ, ㄷ, ㅂ]로 변동한다. 그 결과 'ㅋ, ㅌ, ㅍ'는 자음 앞이나 단어의 끝에서는 모두 [ㄱ, ㄷ, ㅂ]로 발음되어서 로마자로는 'k, t, p'로 적는다. 이러한 이유로 무성의 예사소리 파열음인 [ㄱ, ㄷ, ㅂ]와 거센소리의 파열음인 [ㅋ, ㅌ, ㅍ]를 똑같이 'k, t, p'로 표기할 수 있는 것이다.

2. 파찰음의 로마자 표기

국어의 파찰음에는 [ㅈ, ㅉ, ㅊ]이 있는데, 이들 파찰음은 각각 'j, jj, ch'로 표기한다.

(7) ㄱ. ㅈ(j) : 제주 Jeju, 과자 gwaja

ㄴ. ㅉ(jj) : 짜깁기 jjagipgi, 공짜 gongjja

ㄷ. ㅊ(ch) : 추석 chuseok, 고추 gochu

(ㄱ)에서 파찰음인 [ㅈ]는 유성음으로 실현될 때와 무성음으로 실현될 때를 구분하지 않고, 모두 'j'로 적어서 '제주'와 '과자'를 각각 'Jeju'와 'gwaja'로 표기한다. (ㄴ)에서 [ㅉ]는 j를 겹쳐 적어서 '짜깁기'와 '공짜'를 'jjagipgi'와 'gongjja'로 표기한다.

3. 마찰음의 로마자 표기

국어의 마찰음에는 [ㅅ, ㅆ, ㅎ]가 있는데, 이들 소리는 각각 's, ss, h'로 표기한다.

(8) ㄱ. ㅅ(s) : 사과 sagwa, 가수 gasu

ㄴ. ㅆ(ss) : 쓰레기 sseuregi, 찹쌀 chapssal

ㄷ. ㅎ(h) : 호랑이 horang-i, 대한민국 Daehanmin-guk

(ㄱ)에서 [ㅅ]은 's'로 적어서 '사과'와 '가수'를 각각 'sagwa'와 'gasu'로 표기하며, (ㄴ)에서 [ㅆ]는 'ss'로 적어서 '쓰레기'와 '찹쌀'을 'sseuregi'와 'chapssal'로 표기한다. 그리고 (ㄷ)에서 'ㅎ'는 'h'로 적어서 '호랑이'와 '대한민국'을 'horang-i'와 'Daehanmin-guk'으로 표기한다.

4. 비음의 표기

국어의 비음에는 [ㄴ, ㅁ, ㅇ]이 있는데, 이들 소리는 각각 'n, m ng'로 표기한다.

    (9) ㄱ. ㄴ(n) : 나무 namu, 손바닥 sonbadak

        ㄴ. ㅁ(m) : 말씀 malsseum, 이마 ima

        ㄷ. ㅇ(ng) : 홍어 hong-eo, 멍게 meong-ge

(ㄱ)에서 [ㄴ]은 'n'으로 적어서 '나무'와 '손바닥'을 'namu, sonbadak'으로 표기하며, (ㄴ)에서 [ㅁ]은 'm'으로 적어서 '말씀'과 '이마'를 'malsseum, ima'로 표기한다. 그리고 (ㄷ)에서 [ㅇ]은 'ng'로 적어서 '홍어'와 '멍게'를 'hong-eo'와 'meong-ge'로 적는다.

5. 유음의 표기

국어의 마찰음에는 [ㄹ]이 있는데, 그것이 실현되는 [ㄹ]은 음운론적 환경에 따라서 'r'과 'l'로 구분하여 표기한다.

첫째, 모음 앞에 실현되는 [ㄹ]은 탄설음(彈舌音)인 [ɾ]로 발음되는데, 로마자에는 'ɾ'의 글자가 없으므로 대신에 로마자로 쓰이는 'r'로 적는다.

    (10) 모음 앞(r) : 구리 Guri, 도시락 dosirak

(10)에서 '구리'와 '설악'의 [ㄹ]은 모두 모음 앞에서 [ɾ]로 발음는데, 이러한 [ㄹ]은 'r'로 적어서 각각 'Guri'와 'dosirak'으로 표기한다.

둘째, 자음 앞이나 단어의 끝에서 실현되는 [ㄹ]은 설측음(舌側音)인 [l]로 발음되는데, 이처럼 설측음으로 발음되는 [ㄹ]은 'l'로 적는다.

    (11) ㄱ. 자음 앞(l) : 달밤 dalbam, 들판 deulpan

        ㄴ. 단어 끝(l) : 밤실 Bamsil, 달걀 dalgyal

셋째, 설측음인 [ㄹ]이 겹쳐서 실현된 [ㄹㄹ]은 음운론적인 환경으로는 자음 앞에서 실현되는 설측음 'l'과 모음 앞에서 실현되는 탄설음인 'r'로 적어야 한다. 그러나 실제로는 [ㄹㄹ]은 설측음이 겹쳐서 나는 [ll]로 발음되므로, 'll'로 적는다.

    (12) 울릉 Ulleung, 대관령[대괄령] Daegwallyeong

(12)에서는 '울릉'과 '대관령[대괄령]'의 'ㄹㄹ'은 설측음이 겹쳐서 [ll]로 발음되므로, 'ㄹ
ㄹ'을 'll'로 적어서 이들 단어를 'Ulleung'과 'Daegwallyeong'로 표기한다.

[붙임 1] 'ㄱ, ㄷ, ㅂ'은 모음 앞에서는 'g, d, b'로, 자음 앞이나 어말에서는 'k, t, p'로
적는다.

국어의 파열음이 실현되는 음운론적이 환경에 따라서 두 가지의 로마자 표기법을 설
정하였다. 곧 모음 앞에서 실현되는 [ㄱ, ㄷ, ㅂ]는 외파음(外破音)으로 발음되는데, 이러
한 외파음은 유성 자음의 음가를 나타내는 'g, d, b'의 글자로 적는다. 반면에 자음 앞이
나 단어의 끝에 실현되는 파열음은 내파음(內破音)으로 발음되는데, 이러한 내파음은 무
성 자음의 음가를 나타내는 'k, t, p'의 글자로 적는다.

(13) 모음 앞 : 구미 Gumi, 영동 Yeongdong, 백암 Baegam

(14) ㄱ. 자음 앞 : 옥천 Okcheon, 곧장 kotjang, 합덕 Hapdeok

　　 ㄴ. 단어 끝 : 호박 hobak, 말뚝 malttuk; 호법 Hobeop, 손톱 sontop; 월곶[월곧] Wolgot,
　　　　　　 벚꽃[벋꼳] beotkkot, 한밭[한받] Hanbat

(13)의 '구미, 영동, 백암'에서 [ㄱ, ㄷ, ㅂ]은 모음 앞에 실현되었는데, 이들은 각각 유성
자음인 'g, d, b'로 적어서, 이들 단어를 'Gumi, Yeongdong, Baegam'로 표기한다. 그리고
(14ㄱ)의 '옥천, 곧장, 합덕'에서 [ㄱ, ㄷ, ㅂ]은 자음 앞에 실현되었는데, 이들은 무성 자음
인 'k, t, p'로 적어서, 이들 단어를 'Okcheon, kotjang, Hapdeok'으로 표기한다. 그리고
(14ㄴ)의 '호박, 호법, 월곶' 등에서는 각각 [ㄱ, ㄷ, ㅂ]이 단어의 끝에 실현되었는데, 이들
도 무성 자음인 'k, t, p'로 적어서 각각 'hobak, Hobeop, Wolgot'으로 표기한다.

[붙임 2] 'ㄹ'은 모음 앞에서는 'r'로, 자음 앞이나 어말에서는 'l'로 적는다.
단, 'ㄹㄹ'은 'll'로 적는다.

'붙임 2'의 내용은 국어의 [ㄹ]을 로마자로 적는 방법에 관한 내용으로 본항 5에서
제시한 유음 표기에서 자세히 설명하였다. 따라서 아래에서는 예시를 중심으로 간단하
게 풀이하는 데에 그친다.

(15) ㄱ. 구리 Guri, 설악 Seorak

　　 ㄴ. 칠곡 Chilgok, 임실 Imsil

　　 ㄷ. 울릉 Ulleung, 대관령 [대괄령] Daegwallyeong

(ㄱ)처럼 모음 앞에 실현된 탄설음의 [ㄹ]은 'r'로 적으며, (ㄴ)처럼 자음 앞이나 단어의 끝에 실현된 설측음의 [ㄹ]은 'l'로 적는다. 그리고 (ㄷ)처럼 설측음의 [ㄹ]이 겹쳐서 발음되는 [ㄹㄹ]은 'll'로 적는다.

제3장 표기상의 유의점

제1항 음운 변화가 일어날 때에는 변화의 결과에 따라 다음 각 호와 같이 적는다.

1. 자음 사이에서 동화 작용이 일어나는 경우
   (보기) 백마 [뱅마] Baengma, 신문로 [신문노] Sinmunno, 종로 [종노] Jongno, 왕십리 [왕심니] Wangsimni, 별내 [별래] Byeollae, 신라 [실라] Silla

2. 'ㄴ, ㄹ'이 덧나는 경우
   (보기) 학여울 [항녀울] Hangnyeoul, 알약 [알략] allyak

3. 구개음화가 되는 경우
   (보기) 해돋이 [해도지] haedoji, 같이 [가치] gachi, 맞히다 [마치다] machida

4. 'ㄱ, ㄷ, ㅂ, ㅈ'이 'ㅎ'과 합하여 거센소리로 소리 나는 경우
   (보기) 좋고 [조코] joko, 놓다 [노타] nota, 잡혀 [자펴] japyeo, 낳지 [나치] nachi

   다만, 체언에서 'ㄱ, ㄷ, ㅂ' 뒤에 'ㅎ'이 따를 때에는 'ㅎ'을 밝혀 적는다.
   (보기) 묵호 Mukho, 집현전 Jiphyeonjeon

[붙임] 된소리되기는 표기에 반영하지 않는다.
   (보기) 압구정 Apgujeong, 낙동강 Nakdonggang, 죽변 Jukbyeon, 낙성대 Nakseongdae, 합정 Hapjeong, 팔당 Paldang, 샛별 saetbyeol, 울산 Ulsan

제1항은 국어의 단어 내부에서 형태소와 형태소가 결합하는 과정에서 소리가 바뀔 때에, 변동된 단어를 적는 방법을 제시하였다. 외국인들은 국어에 대한 음운 변동에 대한 내재적인 언어 능력이 없으므로, 제1항에서는 변동이 일어난 단어는 원칙적으로 변동이 일어난 형태대로 로마자로 적기로 하였다. 이에 따라서 '비음화', '유음화', '음운의 첨가', '구개음화', '자음의 축약'에 따라서 변동된 단어는 변동된 형태대로 적는다.

다만, 예외적으로 변동 현상 중에서 '체언에서 나타나는 거센소리되기 현상'과 '된소리되기 현상'은 로마자 표기에 반영하지 않는다.

첫째, 체언에서 나타나는 '거센소리되기'의 현상은 표기에 반영하지 않고, 형태소의 기본 형태대로 적는다.

  (16) 묵호[무코] Mukho, 집현전[지편전] Jiphyeonjeon

(16)에서 '묵호'와 '집현전'은 거센소리되기에 따라서 [무코]와 [지편전]으로 발음되더라도, 원래의 기본 형태대로 'Mukho'와 'Jiphyeonjeon'으로 적는다.

이처럼 체언에서 나타나는 거센소리되기를 인정하지 않는 것은, 일반 언중들이 체언에 대하여 단어의 원 형태에 대한 의식을 매우 강하게 하고 있기 때문이다. 만일 '묵호[무코]'를 소리 나는 대로 적으면 'Muko'가 되는데, 이렇게 적어 놓으면 로마자인 'k'를 '묵'의 끝소리인 [ㄱ]와 '호'의 첫소리인 [ㅎ]가 결합된 거센소리라는 사실을 인식하기 어렵다. 곧, 단순히 소리 나는 대로 'Muko'로만 적어 놓으면, 'Muko'의 원래 형태(발음)가 '무코'인 것으로 오해할 가능성이 있다. 이러한 혼동 가능성을 막기 위해서, 체언에서 일어나는 거센소리되기는 로마자로 표기할 때에 반영하지 않는다.

둘째, '된소리되기'에 따른 변동 현상은 로마자의 표기에 반영하지 않고, 기본 형태대로 적는다.

두 형태소가 이어지는 과정에서 앞 형태소의 끝 소리에 영향을 받아서 뒤 형태소의 예사소리가 된소리로 바뀌는 현상을 '된소리되기(경음화, 硬音化)'라고 한다. 제1항 '4'의 '붙임'에서는 된소리되기는 로마자 표기에 반영하지 않는다고 규정하고 있다.

  (17) ㄱ. 압구정[압꾸정] Apgujeong, 옷고름[옫꼬름] otgoreum

      ㄴ. 낙동강[낙똥강] Nakdonggang, 팔당[팔땅] Paldang

      ㄷ. 죽변[죽뼌] Jukbyeon, 샛별[샏뼐] saetbyeol

      ㄹ. 낙성대[낙썽대] Nakseongdae, 울산[울싼] Ulsan

      ㅁ. 합정[합쩡] Hapjeong, 겁쟁이[겁쨍이] geopjeong-i

(17)의 단어를 이루는 형태소와 형태소가 결합하는 과정에서 예사소리인 [ㄱ, ㄷ, ㅂ, ㅅ, ㅈ]이 된소리인 [ㄲ, ㄸ, ㅃ, ㅆ, ㅉ]로 바뀌었다. 이와 같이 된소리되기가 실현되더라도 이들 단어를 로마자로 적을 때는 예사소리로 적는다.

> **제2항** 발음상 혼동의 우려가 있을 때에는 음절 사이에 붙임표(-)를 쓸 수 있다.
>
> (보기) 중앙 Jung-ang, 반구대 Ban-gudae, 세운 Se-un, 해운대 Hae-undae

〈국어의 로마자 표기법〉에서는 원칙적으로 로마자 이외의 다른 부호는 사용하지 않는다(제1장 2항). 그러나 예외적으로 발음상 혼동이 생길 가능성이 있을 때는 음절 사이에 붙임표(-)를 쓸 수 있다.

(18) ㄱ. 중앙 Jungang, 반구대 Bangudae   (19) ㄱ. 해운대 Haeundae, 세운 Seun
     ㄴ. 중앙 Jun-gang, 반구대 Ban-gudae   ㄴ. 해운대 Hae-undae, 세운 Se-un

(18)과 (19)에서 (ㄱ)처럼 '중앙'과 '해운대'에 붙임표를 쓰지 않고 로마자로 적으면, 각각 'Jungang'과 'Haeundae'로 표기하여야 한다. 이처럼 'Jungang'과 'Haeundae'로 적으면 외국인들이 원래의 발음인 [중앙]과 [해운대]뿐만 아니라 [준강]과 [하은대]로도 발음할 수도 있다. 이와 같이 발음상 혼동할 가능성이 있을 때에는, (18)와 (19)의 (ㄴ)처럼 로마자 표기의 음절과 음절 사이에 붙임표를 넣어서 발음의 혼동을 막을 수 있다.

> **제3항** 고유 명사는 첫 글자를 대문자로 적는다.
>
> (보기) 부산 Busan, 세종 Sejong

낱낱의 특정한 사물이나 사람을 다른 것들과 구별하여 부르기 위하여 고유의 기호를 붙인 이름을 '고유 명사(固有名詞)'라고 한다. 이러한 고유 명사는 영어나 독일어, 프랑스어, 이탈리아 어를 비롯하여 로마자를 사용하여 표기하는 언어에서는 관례적으로 첫 글자를 대문자로 쓴다. 이러한 관례에 따라서 국어의 사람 이름, 땅의 이름, 특수한 사물의 이름 등을 로마자로 표기할 때에는 첫 글자를 대문자로 표기한다.

> **제4항** 인명은 성과 이름의 순서로 띄어 쓴다. 이름은 붙여 쓰는 것을 원칙으로 하되 음절 사이에 붙임표(-)를 쓰는 것을 허용한다(( ) 안의 표기를 허용함).
>
> (보기) 민용하 Min Yongha (Min Yong-ha), 송나리 Song Nari (Song Na-ri)

> (1) 이름에서 일어나는 음운 변화는 표기에 반영하지 않는다.
>
> (보기) 한복남 Han Boknam(Han Bok-nam), 홍빛나 Hong Bitna (Hong Bit-na)
>
> (2) 성의 표기는 따로 정한다.

로마자 표기법의 제4항에서는 〈한글 맞춤법〉에서 규정한 국어의 인명 표기법을 그대로 적용하여 성과 이름의 순서로 적는다. 다만, 서양의 인명 표기법에 따라서 성과 이름은 각각 띄어 쓴다. 그리고 이름 내부의 음절은 붙여 쓰는 것을 원칙으로 하되, 음절 사이에 붙임표(-)를 쓰는 것을 허용한다.

(20) ㄱ. 민용하 Min Yongha / Min Yong-ha
　　 ㄴ. 송나리 Song Nari / Song Na-ri

이러한 규정에 따라서 (ㄱ)의 '민용하'는 'Min Yongha'나 'Min Yong-ha'로, (ㄴ)의 '송나리'는 'Song Nari'나 'Song Na-ri'로 적는다.

(1) 이름의 내부에서 일어나는 음운 변화는 표기에 반영하지 않는다.
(1)에서는 이는 이름을 구성하는 형태소의 원형을 그대로 유지함으로써, 이름 속에 들어 있는 형태소의 기본 형태를 로마자 표기에 반영하고자 하였다.

(21) ㄱ. 한복남[한봉남] Han Boknam / Han Bok-nam
　　 ㄴ. 홍빛나[홍빈나] Hong Bitna / Hong Bit-na

참고로 이름의 내부에서 일어나는 음운 변화 중에서 '평파열음화'에 따르는 변화는 적용한다. 예를 들어서 '빛나'는 먼저 '평파열음화에 따라서 [빈나]로 변한 다음에 다시 비음화에 따라서 [빈나]로 발음된다. 이러한 소리 변동에도 불구하고 제4항의 (1)의 보기에서처럼 '홍빛나'를 'Hong Bitna'로 적는데, 이 경우에 비음화는 로마자 표기에 반영하지 않았지만 평파열음화는 반영한 결과가 된다.

(2) 성의 표기는 따로 정한다.
제4항의 (2)에서는 향후에 성의 표기법을 통일하여서 단일한 로마자 표기법을 만들려

고 하는 규정이다.

그렇지만 '성(姓)'을 로마자로 표기하는 데에는 개인에 따라서 매우 다양한 방법으로 적어 온 관용이 있다. 곧 '성(姓)'은 그 성을 쓰는 개인들이 오랫동안 자의적으로 로마자로 적어 왔고, 그 성씨를 쓰는 가문(家門)에서도 자신의 성을 표기하는 방법에 대하여 매우 다양한 의견을 내놓고 있다. 이러한 이유로 정부에서는 제4항의 (2)의 규정에도 불구하고 성에 대하여 통일된 로마자 표기법을 아직 마련하지 못하고 있다.

제5항 '도, 시, 군, 구, 읍, 면, 리, 동'의 행정 구역 단위와 '가'는 각각 'do, si, gun, gu, eup, myeon, ri, dong, ga'로 적고, 그 앞에는 붙임표(-)를 넣는다. 붙임표(-) 앞뒤에서 일어나는 음운 변화는 표기에 반영하지 않는다.

(보기)	충청북도 Chungcheongbuk-do	제주도 Jeju-do
	의정부시 Uijeongbu-si	양주군 Yangju-gun
	도봉구 Dobong-gu	신창읍 Sinchang-eup
	삼죽면 Samjuk-myeon	인왕리 Inwang-ri
	당산동 Dangsan-dong	봉천1동 Bongcheon 1(il)-dong
	종로 2가 Jongno 2(i)-ga	퇴계로 3가 Toegyero 3(sam)-ga

[붙임] '시, 군, 읍'의 행정 구역 단위는 생략할 수 있다.
(보기) 청주시 Cheongju, 함평군 Hampyeong, 순창읍 Sunchang

제5항에 따르면 '도, 시, 군, 구, 읍, 면, 리, 동' 등의 행정 구역 단위와 '거리'나 '지역'의 뜻을 더하는 접미사인 '가(街)'는 각각 'do, si, gun, gu, eup, myeon, ri, dong, ga'로 적는다. 그리고 이들 단위의 앞에는 붙임표(-)를 넣어서 표기하되, 붙임표의 앞뒤에서 일어나는 음운의 변동은 로마자 표기에 반영하지 않는다. 이러한 로마자 표기는 행정 구역의 고유 명칭과 그에 붙은 단위를 나타내는 말의 형태를 명확하게 구분하여서 표기하기 위한 방편이다.

[붙임] '시, 군, 읍'의 행정 구역 단위는 생략할 수 있다.

'시, 군, 읍'의 단위의 행정 구역은 대부분 관례적으로 '시, 군, 읍'를 생략하고 고유 명사로만 표현하는 경우가 많다. 따라서 '시, 군, 읍'의 지명 단위를 나타내는 말을 로마자로 표기할 때에는 '시, 군, 읍'을 생략하고 표기할 수 있다.

(22) ㄱ. 청주시 Cheongju-si / Cheongju, 경주시 Kyeongju-si / Kyeongju

ㄴ. 함평군 Hampyeong-gun / Hampyeong, 무주군 Muju-gun / Muju

ㄷ. 순창읍 Sunchang-eup / Sunchang, 화양읍 Hwayang-eup / Hwayang

(ㄱ)의 '청주시'와 '경주시'는 'si'를 생략하고 Cheongju와 Kyengju로 적으며, (ㄴ)의 '함평군'과 '무주군'은 '군'을 생략하고 'Hampyeong'와 'Muju'로 적는다. 그리고 (ㄷ)의 '순창읍, 화양읍'은 '읍'을 생략하고 'Sunchang'과 'Hwayang'으로 적는다.

제6항 자연 지물명, 문화재명, 인공 축조물명은 붙임표(-) 없이 붙여 쓴다.

(보기)		
남산 Namsan		속리산 Songnisan
금강 Geumgang		독도 Dokdo
경복궁 Gyeongbokgung		무량수전 Muryangsujeon
연화교 Yeonhwagyo		극락전 Geungnakjeon
안압지 Anapji		남한산성 Namhansanseong
화랑대 Hwarangdae		불국사 Bulguksa
현충사 Hyeonchungsa		독립문 Dongnimmun
오죽헌 Ojukheon		촉석루 Chokseongnu
종묘 Jongmyo		다보탑 Dabotap

자연 지물명, 문화재명, 인공 축조물명은 붙임표(-) 없이 붙여 쓴다. 이는 앞의 제5항에서 행정 구역의 단위인 '도, 시, 군, 구, 읍, 면, 리, 동, 가'를 그 앞에 붙임표를 넣어서 표기하는 처리 방법과는 상반된다. 예를 들어서 '남산'은 '남'과 '산'의 복합어이지만, 이 두 단어를 구분하지 않고 '남산' 자체를 하나의 고유 명사로 처리하는 것이다.

제7항 인명, 회사명, 단체명 등은 그 동안 써 온 표기를 쓸 수 있다.

사람 이름, 회사 이름, 단체 이름 등은 그 동안 사용해 오던 관용적인 표기를 인정하여서, 예전에 쓰던 로마자의 표기 방법 그대로 적을 수 있도록 허용한다. 예를 들어서 사람 이름인 '김유신'을 'Kim Yusin'으로, 회사 이름인 '현대'를 'Hyundai'로, 단체 이름인 '부산대학교'를 'Pusan University'로 적는 것을 허용한 것이다. 다만, 모든 로마자 표기에

대하여 이러한 관용적인 표기를 인정하는 것이 아니라, '인명, 회사명, 단체명'의 세 가지에 한정해서 인정한다.

제8항 학술 연구 논문 등 특수 분야에서 한글 복원을 전제로 표기할 경우에는 한글 표기를 대상으로 적는다. 이때 글자 대응은 제2장을 따르되 'ㄱ, ㄷ, ㅂ, ㄹ'은 'g, d, b, l'로만 적는다. 음가 없는 'ㅇ'은 붙임표(-)로 표기하되 어두에서는 생략하는 것을 원칙으로 한다. 기타 분절의 필요가 있을 때에도 붙임표(-)를 쓴다.

(보기)			
집 jib		짚 jip	
밖 bakk		값 gabs	
붓꽃 buskkoch		먹는 meogneun	
독립 doglib		문리 munli	
물엿 mul-yeos		굳이 gud-i	
좋다 johda		가곡 gagog	
조랑말 jolangmal		없었습니다 eobs-eoss-seubnida	

학술 연구 논문 등 특수 분야에서 한글로 다시 복원할 것을 염두에 두고서 국어를 로마자로 표기할 때에는, '전자법(轉字法)'에 따라서 국어를 로마자로 표기할 수 있다.

[부칙]

① (시행일) 이 규정은 고시한 날부터 시행한다.

② (표지판 등에 대한 경과 조치) 이 표기법 시행 당시 종전의 표기법에 의하여 설치된 표지판(도로, 광고물, 문화재 등의 안내판)은 2005. 12. 31.까지 이 표기법을 따라야 한다.

③ (출판물 등에 대한 경과 조치) 이 표기법 시행 당시 종전의 표기법에 의하여 발간된 교과서 등 출판물은 2002. 2. 28.까지 이 표기법을 따라야 한다.

참고 문헌

강신항(1990), 『훈민정음연구』(증보판), 성균관대학교 출판부.

강인선(1977), 「15세기 국어의 인용구조 연구」, 서울대학교 석사논문.

고경태(1998), 「근대국어의 어말어미」, 『근대국어 문법의 이해』, 박이정.

고성환(1993), 「중세국어 의문사의 의미와 용법」, 『국어학논집』 1, 태학사.

고영근(1995), 「중세어의 동사형태부에 나타나는 모음동화」, 『국어사와 차자표기』(소곡 남풍현 선생 화갑 기념 논총), 태학사.

고영근(2010), 『제3판 표준 중세국어 문법론』, 집문당.

교육인적자원부(2010), 『고등학교 교사용 지도서 문법』, (주)두산동아.

교육인적자원부(2010), 『고등학교 문법』, (주)두산동아.

구본관(1996), 「15세기 국어 파생법에 대한 연구」, 서울대학교 박사논문.

국립국어연구원(1997), 『국어의 시대별 변천 연구: 근대국어』 2.

국립국어원, 『표준 국어 대사전』, 인터넷판.

권용경(1990), 「15세기 국어 서법의 선어말어미에 대한 연구」, 『국어연구』 101, 국어연구회.

권인영(1991), 「18세기 국어의 형태 통어적 연구」, 연세대학교 박사논문.

김동소(1998), 『한국어 변천사』, 형설출판사.

김소희(1996), 「16세기 국어의 '거/어'의 교체에 대한 연구」, 『국어연구』 142, 국어연구회.

김영송(1963), 『방언-음운, 경상남도지 중권』, 경상남도지 편찬위원회.

김영욱(1990), 「중세국어 관형격조사 '이/의, ㅅ'의 기술과 관련된 문제 해결을 위하여」, 『주시경학보』 8, 탑출판사.

김영욱(1995), 『문법형태의 역사적 연구』, 박이정.

김완진(1980), 『향가 해독법 연구』, 서울대 출판부.

김유범(1998), 「근대국어의 선어말어미」, 『근대국어 문법의 이해』, 박이정.

김일웅(1989), 「담화의 짜임과 그 전개」, 『인문논총』 제34집, 부산대학교.

김정수(1984), 『17세기 한국말의 높임법과 그 15세기로부터의 변천』, 정음사.

김정시(1994), 「17세기 국어 종결어미 연구」, 『우리말의 연구』, 우골탑.

김정아(1985), 「15세기 국어의 '-ㄴ가' 의문문에 대하여」, 『국어국문학』 94.

김정아(1993), 「15세기 국어의 비교구문 연구」, 서울대학교 박사논문.

김창섭(1997), 「합성법의 변화」, 국어사연구회 편, 『국어사 연구』, 태학사.

김충회(1972), 「15세기 국어의 서법체계 시론」, 『국어학논총』 5·6, 단국대학교.

김충회(1990), 「겸양법」, 『국어연구 어디까지 왔나』, 동아출판사.

김태자(1987), 『발화분석의 화행의미론적 연구』, 탑출판사.

김형규(1981), 『국어사 개요』, 일조각.

나진석(1963), 『방언-어법, 경상남도지 중권』, 경상남도지 편찬위원회.

나진석(1971), 『우리말 때매김 연구』, 과학사.

나찬연(2011), 『수정판 옛글 읽기』, 월인.

나찬연(2013), 『국어 어문 규범의 이해』, 월인.

나찬연(2013), 『표준 발음법의 이해』, 월인.

나찬연(2017), 제5판 『현대 국어 문법의 이해』, 월인.

나찬연(2020ㄱ), 『중세 국어의 이해』, 경진출판.

나찬연(2020ㄴ), 『중세 국어 강독』, 경진출판.

나찬연(2020ㄷ), 『근대 국어 강독』, 경진출판.

남광우(2009), 『교학 고어사전』, (주)교학사.

노동헌(1993), 「선어말어미 '-오-'의 분포와 기능 연구」, 『국어연구』 114, 국어연구회.

류광식(1990), 「15세기 국어 부정법의 연구」, 건국대학교 박사논문.

류성기(1995), 「국어 사동사에 관한 통시적 연구」, 전주대학교 박사논문.

류성기(1997), 「근대 국어 음운」, 『국어의 시대별 변천 연구 2: 근대국어』, 국립국어연구원.

류성기(1997), 「근대 국어 형태」, 『국어의 시대별 변천 연구 2: 근대국어』, 국립국어연구원.

리의도(1990), 『우리말 이음씨끝의 통시적 연구』, 어문각.

문화체육관광부(2012), 『국어 어문 규정집』, (주)대한교과서.

민현식(1988), 「중세국어 어간형 부사에 대하여」, 『선청어문』 16·17, 서울대학교 국어교육과.

박진호(1994), 「중세국어 피동적 -어 잇- 구문」, 『주시경학보』 13(주시경연구소), 탑출판사.

박희식(1984), 「중세국어의 부사에 대한 연구」, 『국어연구』 63, 국어연구회.

서재극(1969), 「주격 '가'의 생성기반에 대한 연구」, 『신태식박사송수기념논총』.

서정목(1993), 「국어 경어법의 변천」, 『한국어문』 2.

서태룡(1997), 「어말어미의 변화」, 『국어사연구』(오수 전광현·송민 교수 화갑기념논문집),
        국어사연구회.

성기철(1979), 「15세기 국어의 화계 문제」, 『논문집』 13, 서울산업대학교.

성기철(1990), 「공손법」, 『국어연구 어디까지 왔나』, 동아출판사.

손세모돌(1992), 「중세국어의 'ᄇᆞ리다'와 '디다'에 대한 연구」, 『주시경학보』 9, 탑출판사.

송창선(1996), 「근대국어의 사동·피동 표현 양상 연구」, 『문학과 언어』 제17집.

안병희·이광호(1993), 『중세국어문법론』, 학연사.

안주호(1991), 「후기 근대 국어의 인용문 연구」, 『자하어문논집』 8.

양순임(2011), 『제3판 말소리』, 도서출판 월인.

양정호(1991), 「중세국어의 파생접미사 연구」, 『국어연구』 105, 국어연구회.

양주동(1965), 『증정고가연구』, 일조각.

연규동(1998), 『통일시대의 한글 맞춤법』, 박이정

염광호(1998), 『종결어미의 통시적 연구』, 박이정.

우인혜(1988), 「개화기국어의 시제와 상 및 서법에 관하여: 당시의 교과서를 중심으로」, 『한국학논집』 13, 한양대 한국학연구소.

유경종(1995), 「근대국어 피동과 사동 표현의 연구」, 한양대학교 박사논문.

유동석(1987), 「15세기 국어 계사의 형태 교체에 대하여」, 『우해 이병선 박사 회갑 기념 논총』.

이 용(1992), 「18세기 국어의 시상에 관한 연구」, 서울시립대학교 석사논문.

이경희(1998), 「근대국어의 격조사」, 『근대국어문법의 이해』, 박이정.

이관규(2002), 『개정판 학교문법론』, 월인.

이광정(1983), 「15세기 국어의 부사형어미」, 『국어교육』 44·45.

이광호(1972), 「중세국어 '사이시옷' 문제와 그 해석 방안」, 『국어사 연구와 국어학 연구』(안병희 선생 회갑 기념 논총), 문학과지성사.

이광호(1972), 「중세국어의 대격 연구」, 『국어연구』 29, 국어연구회.

이광호(1995), 「후음 'ㅇ'과 중세국어 분철표기의 신해석」, 『국어사와 차자표기』(남풍현 선생 회갑기념), 태학사.

이광호(2004), 『근대 국어 문법론』, 태학사.

이기갑(1978), 「우리말 상대높임 등급체계의 변천 연구」, 서울대학교 석사논문.

이기갑(1981), 「씨끝 '-아'와 '-고'의 역사적 교체」, 『어학연구』 17-2.

이기갑(1987), 「미정의 씨끝 '-으리-'와 '-겠-'의 역사적 교체」, 『말』 12, 연세대 한국어 학당.

이기문(1963), 『국어표기법의 역사적 연구』(신정판), 한국연구원.

이기문(1998), 『국어사개설』(신정판), 태학사.

이기백(1986), 「국어 어미의 사적 연구」, 『논문집』 6집, 한국방송통신대.

이동석(1998), 「근대국어의 파생법」, 『근대국어 문법의 이해』, 박이정.

이숭녕(1958), 「주격 '가'의 발달과 그 해석」, 『국어국문학』 19.

이숭녕(1981), 『중세국어문법』(개정 증보판), 을유문화사.

이숭연(1998), 「근대국어의 합성법」, 『근대국어 문법의 이해』, 박이정.

이숭욱(1997), 『국어문법체계의 사적 연구』, 일조각.

이숭희(1996), 「중세국어 감동법 연구」, 『국어연구』 139, 국어연구회.

이영경(1992), 「17세기 국어의 종결어미에 대한 연구」, 서울대학교 석사논문.

이주행(1993), 「후기 중세국어의 사동법」, 『국어학』 23, 국어학회.

이태영(1985), 「주격조사 {가}의 변화기에 대하여」, 『국어문학』 25, 전북대.

이태영(1991), 「근대국어 -쇠셔, -겨셔의 변천과정 재론」, 『주시경학보』 8.

이태영(1997), 『역주 첩해신어』, 태학사.

이태욱(1995), 「중세국어의 부정법 연구」, 성균관대학교 박사논문.

이현규(1978), 「국어 물음법의 변천」, 『한글』 162.

이현규(1984), 「명사형어미 '-기'의 변화」, 『목천 유창돈 박사 회갑 기념 논문집』, 계명대학
　　　교 출판부.

이현복(2000), 『개정판 한국어의 표준 발음』, 교육과학사.

이현희(1982), 「국어 종결어미의 발달에 대한 관견」, 『국어학』 11, 국어학회

이현희(1982), 「국어의 의문법에 대한 통시적 연구」, 『국어연구』 52.

이현희(1993), 「19세기 국어의 문법사적 고찰, 근대이행기의 사회와 사상」, 『서울대 한국문
　　　화연구소 제5회 학술토론회』.

이홍식(1993), 「'-오-'의 기능 구명을 위한 서설」, 『국어학논집』 1, 태학사.

이희승·안병희(1995), 『고친판 한글 맞춤법 강의』, 신구문화사.

임동훈(1996), 「어미 '시'의 문법」, 서울대학교 박사논문.

장경희(1977), 「17세기 국어의 종결어미 연구」, 『논문집』 16집, 서울대학교 사범대학.

전광현(1967), 「17세기국어의 연구」, 『국어연구』 19.

전광현(1997), 「근대 국어 음운」, 『국어의 시대별 변천 연구 2: 근대국어』, 국립국어연구원.

전정례(1995), 「새로운 '-오-' 연구」, 한국문화사.

정　광(1968), 「주격 '가'의 발달에 대하여」, 『우리문화』 2, 서울대.

정재영(1996), 『중세국어 의존명사 '드'에 대한 연구』(국어학총서 23), 태학사.

정희원(1997), 「역대 주요 로마자 표기법 비교」, 『새국어생활』 제7권 제2호, 국립국어연구원.

조남호(1997), 「근대 국어 어휘」, 『국어의 시대별 변천 연구 2: 근대국어』, 국립국어연구원.

차재은(1992), 「선어말어미 {-거-}의 변천 연구」, 고려대학교 석사논문.

차현실 외(1998), 『현대 국어의 사용 실태 연구』, 태학사.

최기호(1978), 「17세기 국어의 존대법 체계 연구」, 연세대학교 석사논문.

최기호(1981), 「청자존대법 체계의 변천양상」, 『자하어문논집』 1, 상명여자대학교.

최동주(1994), 「선어말 {-더-}의 통시적 변화」, 『주시경학보』 14.

최동주(1995), 「국어 시상체계의 통시적 변화에 관한 연구」, 서울대학교 박사논문.

최현배(1961), 『고친 한글갈』, 정음사.

최현배(1980＝1937), 『우리말본』, 정음사.

한재영(1986), 「중세국어 시제체계에 관한 관견」, 『언어』 11(2), 한국언어학회.

한재영(1990), 「선어말어미 '-오/우-'」, 『국어 연구 어디까지 왔나』, 동아출판사.

한재영(1992), 「중세국어의 대우체계 연구」, 『울산어문논집』 8, 울산대학교 국어국문학과.

허웅(1975＝1981), 『우리 옛말본』, 샘문화사.

허웅(1986), 『국어 음운학』, 샘문화사.

허웅(1989), 『16세기 우리 옛말본』, 샘문화사.

허웅(1992), 『15·16세기 우리 옛말본의 역사』, 탑출판사.

허웅(2000), 『20세기 우리말의 형태론(고침판)』, 샘문화사.

현종애(1991), 「근대국어 명령형 어미 연구」, 서강대학교 석사논문.

홍윤표(1969), 「15세기 국어의 격연구」, 『국어연구』 21, 국어연구회.

홍종선(1981), 「국어 부정법의 변천 연구」, 고려대학교 석사논문.

홍종선(1983), 「명사화어미의 변천」, 『국어국문학』 89, 국어국문학회.

홍종선(1984), 「속격·처격의 발달」, 『국어국문학』 91, 국어국문학회.

홍종선(1986), 「국어 체언화 구문의 연구」, 고려대학교 박사논문.

홍종선(1987), 「국어 시제의 발달」, 『어문논집』 27, 고려대.

홍종선(1992), 「문법사 연구」, 『국어학연구백년사(2)』, 일조각.

홍종선(1998), 『근대국어 문법의 이해』, 박이정.

황선엽(1995), 「15세기 국어의 '-(으)니'의 용법과 기원」, 『국어연구』 135, 국어연구회.

지은이 나찬연은 1960년에 부산에서 태어났다. 부산대학교 국어국문학과를 나오고(1986), 같은 학교 대학원에서 문학 석사(1993)와 문학 박사(1997) 학위를 받았다. 지금은 경성대학교 인문문화학부 국어국문학전공에서 교수로 재직하고 있으면서 국어학 분야의 강의를 맡고 있다.

주요 논저

우리말 이음에서의 삭제와 생략 연구(1993), 우리말 의미중복 표현의 통어·의미 연구(1997), 우리말 잉여 표현 연구(2004), 옛글 읽기(2011), 벼리 한국어 회화 초급 1, 2(2011), 벼리 한국어 읽기 초급 1, 2(2011), 제2판 언어·국어·문화(2013), 제2판 훈민정음의 이해(2013), 근대 국어 문법의 이해 – 강독편(2013), 표준 발음법의 이해(2013), 제2판 벼리 현대 국어 문법(2013), 제5판 현대 국어 문법의 이해(2017), 쉽게 읽는 월인석보 서, 1, 2, 4, 7, 8, 9(2017~2020), 쉽게 읽는 석보상절 3, 6, 9, 11, 13, 19(2017~2019), 제2판 학교 문법의 이해 1, 2(2018), 국어 어문 규정의 이해(2019), 현대 국어 의미론의 이해(2019), 국어 교사를 위한 고등학교 문법(2020), 중세 국어의 이해(2020), 중세 국어 강독(2020), 근대 국어 강독(2020), 제2판 벼리 국어 어문 규범(2020)

*전자메일: ncy@ks.ac.kr

* '학교 문법 교실(http://scammar.com)'의 '문답방'에서는 이 책의 내용과 관련한 학습 자료를 제공하며, '문답방'을 통하여 독자들의 질문에 대하여 지은이가 직접 피드백을 합니다.

인

제2판(수정) 학교 문법의 이해 2

– 차차 표기·중세 국어·근대 국어·어문 규정 –

©나찬연, 2020

2판 1쇄 발행__2018년 08월 15일
2판(수정) 1쇄 인쇄__2020년 03월 10일
2판(수정) 1쇄 발행__2020년 03월 20일

지은이__나찬연
펴낸이__양정섭

펴낸곳__경진출판
　　　　등록__제2010-000004호
　　　　이메일__mykyungjin@daum.net
　　　　사업장주소__서울특별시 금천구 시흥대로 57길(시흥동) 영광빌딩 203호
　　　　전화__070-7550-7776　팩스__02-806-7282

값 24,000원
ISBN 978-89-5996-733-9 93370